“互联网+”背景下商务英语教学研究

杨 娟 著

北京工业大学出版社

图书在版编目（CIP）数据

“互联网+”背景下商务英语教学研究 / 杨娟著. —
北京 ：北京工业大学出版社，2020.6（2022.1 重印）
ISBN 978-7-5639-7503-7

Ⅰ. ①互… Ⅱ. ①杨… Ⅲ. ①互联网络—应用—商务—
英语—教学研究 Ⅳ. ① F7-39

中国版本图书馆 CIP 数据核字（2020）第 122544 号

“互联网+”背景下商务英语教学研究

“HULIANWANG+” BEIJING XIA SHANGWU YINGYU JIAOXUE YANJIU

著　　者：杨　娟
责任编辑：李倩倩
封面设计：点墨轩阁
出版发行：北京工业大学出版社
（北京市朝阳区平乐园 100 号　邮编：100124）
010-67391722（传真）　bgdcbs@sina.com
经销单位：全国各地新华书店
承印单位：三河市明华印务有限公司
开　　本：710 毫米 ×1000 毫米　1/16
印　　张：12.75
字　　数：255 千字
版　　次：2020 年 6 月第 1 版
印　　次：2022 年 1 月第 2 次印刷
标准书号：ISBN 978-7-5639-7503-7
定　　价：58.00 元

版权所有　　翻印必究

（如发现印装质量问题，请寄本社发行部调换 010-67391106）

前　言

当今世界是一个经济全球化和高科技竞争、高度信息化的时代，资本、科学技术、劳动力等生产要素以惊人的速度和空前的规模跨国流动，任何一个国家都不可能完全脱离国际市场竞争而独立存在和发展。当今世界的竞争的实质是科学技术和人才的竞争，哪个国家拥有世界一流的科技人才，掌握世界先进的科学技术，占领世界科技发展的制高点，哪个国家就掌握了国际竞争的主动权，在国际市场竞争的汪洋大海之中就能劈波斩浪，无往不胜。

这对国家人才的培养提出了越来越高的要求。英语是获取知识和信息、进行国际科技交流与合作、境内外投资、进出口贸易等活动的重要工具，英语的运用能力特别是商务英语的运用能力是当今时代人才综合素质中不可或缺的要素之一。高等院校肩负着培养国家建设人才的神圣使命，培养既掌握现代科学技术，又具有高水平英语运用能力的复合型人才，是高等院校义不容辞的责任。

笔者在从事高校英语的教学过程中，就“互联网+”背景下如何提高英语教学质量，有效地培养学生的商务英语的运用能力，以适应国际交流、合作与商务贸易、国际竞争的需要，对英语及商务英语的教学理论进行了一系列的研究和探索，对商务英语的教学理论有了较深入的认识，如对商务英语的教学思想、商务英语的教学原则、商务英语的语言特点、商务英语的教学模式、商务英语的教学方法等方面都进行了一系列的研究与探索，以切实有效地培养学生的商务英语的运用能力，适应未来国家经济建设与发展，以及国际交往、国际竞争的需要。

因为笔者水平有限，书中难免有疏漏之处，敬请同人和广大读者批评指正。

目 录

第一章 “互联网+”背景下商务英语教学的机遇与挑战

第一节 “互联网+教育”概述

一、“互联网+”的内涵与特征

李克强出席首届世界互联网大会时指出，互联网是大众创业、万众创新的新工具。其中“大众创业，万众创新”成为政府工作报告中的重要主题，被称为中国经济提质增效升级的“新引擎”，可见其重要作用。

在全国两会上，全国人大代表马化腾提交了《关于以“互联网+”为驱动，推进我国经济社会创新发展的建议》的议案，对经济社会的创新提出了建议和看法。他呼吁，我们需要持续以“互联网+”为驱动，鼓励产业创新、促进跨界融合、惠及社会民生，推动我国经济和社会的创新发展。马化腾表示，“互联网+”是指利用互联网的平台、信息通信技术把互联网和包括传统行业在内的各行各业结合起来，从而在新领域创造一种新生态。他希望这种生态战略能够被国家采纳，成为国家战略。

李克强在政府工作报告中首次提出“互联网+”行动计划，并提出制订“互联网+”行动计划，推动移动互联网、云计算、大数据、物联网等与现代制造业结合，促进电子商务、工业互联网和互联网金融的健康发展，引导互联网企业拓展国际市场。

通俗地说，“互联网+”就是“互联网+各个传统行业”，但这并不是简单的两者相加，而是利用信息通信技术以及互联网平台，让互联网与传统行业进行深度融合，创造新的发展生态。这相当于给传统行业加一双“互联网”的翅膀，然后助飞传统行业。具体而言，“互联网+金融”的结合，诞生出了很多普通用户触手可及的理财投资产品，如余额宝、理财通以及P2P投融资产品等；“互联网+医疗”，传统的医疗机构由于互联网平台的接入，使得人们在线求医问药成为可能。这些都是最典型的“互联网+”的案例。事实上，“互联网+”有以下六大特征。

一是跨界融合。所谓“+”，本身就意味着跨界，意味着变革，意味着开放，意味着重塑融合。敢于跨界了，创新的基础就更坚实；融合协同了，群体智能才会实现，从研发到产业化的路径才会更垂直。融合本身也指代身份的融合，客户消费转化为投资，伙伴参与创新，等等，不一而足。

二是创新驱动。中国粗放的资源驱动型增长方式早就难以为继，必须转变到创新驱动发展这条正确的道路上来。这正是互联网的特质，用所谓的互联网思维来求变、自我革命，也更能发挥创新的力量。

三是重塑结构。信息革命、全球化、互联网业已打破了原有的社会结构、经济结构、地缘结构、文化结构。权力、议事规则、话语权不断在发生变化。“互联网+”社会治理、虚拟社会治理会是很大的不同。

四是尊重人性。人性的光辉是推动科技进步、经济增长、社会进步、文化繁荣的最根本的力量，互联网的力量之强大来源于对人性的最大限度的尊重、对人的体验的敬畏、对人的创造性发挥的重视。如卷入式营销、分享经济。

五是开放生态。关于“互联网+”，生态是非常重要的特征，而生态的本身就是开放的。我们推进“互联网+”，其中一个重要的方向就是要把过去制约创新的环节卸掉，把孤岛式创新连接起来，让研发由人性决定的市场驱动，让创业的努力者有机会实现价值。

六是连接一切。连接是有层次的，连接性也是有差异的，连接的价值相差很大，但是连接一切是“互联网+”的目标。

二、“互联网+教育”的核心与本质

一所学校、一位教师、一间教室，这是传统教育。一个网络、一个移动终端，几百万学生，学校任你挑、教师由你选，这就是“互联网+教育”。在教育领域，面向中小学、大学、职业教育、IT培训等多层次人群开放课程，可以足不出户在家上课。“互联网+教育”的结果，将会使未来的一切教与学活动都围绕互联网进行，教师在互联网上教，学生在互联网上学，信息在互联网上流动，知识在互联网上成型，线下的活动成为线上活动的补充与拓展。

“互联网+教育”不只是影响创业者，还有一些平台能够实现就业的机会，在线教育平台提供的职业培训能够让一批人实现职能的培训，而自身创业就能够解决就业。李克强提出的“大众创业，万众创新”对于教育而言有深远的影响。例如，极客学院上线一年多，就用近千门职业技术课程和 4 000 多课时帮助 80 多万 IT 从业者用户提高职业技能。

在“中国互联网 + 创新大会”河北峰会上，业界权威专家学者围绕“互联网 + 教育”这个中心议题，纷纷阐述自己的观点。“互联网 +”不仅不会取代传统教育，而且会让传统教育焕发出新的活力。第一代教育以书本为核心，第二代教育以教材为核心，第三代教育以辅导和案例方式出现，如今的第四代教育，才是真正以学生为核心。中国工程院院士李京文表示，中国教育已经迈向 4.0 时代。

其实在“互联网 +”提出之前，互联网教育已经有了近 10 年的发展历史，这表示即使政府不制订“互联网 +”计划，“互联网 + 教育”的模式探索与尝试也已经开展，大数据、云计算、互联网……逐渐与教育相互结合，教育的形态被“智能”的力量重塑，可以说教育行业已经实现了互联网化。互联网成为教育变革的一大契机，但是它只是对传统教育的升级，其目的不是去颠覆教育，更不是颠覆当前学校的体制。基于此，我们认为，“互联网 + 教育”的核心和本质就是基于信息技术，实现教育内容的持续更新、教育模式的不断优化、学习方式的连续转变以及教育评价的日益多元化。

（一）“互联网 + 教育”：教育内容的持续更新

“互联网 + 课程”，不仅仅产生网络课程，更重要的是它让整个学校课程从组织结构到基本内容都发生了巨大变化。正是因为具有海量资源的互联网的存在，才使得高等院校各学科课程内容全面拓展与更新，适合大学生的诸多前沿知识能够及时地进入课堂，成为学生的精神食粮。课程内容艺术化、生活化也变成现实。通过互联网，学生获得的知识之丰富和先进，完全可能超越教师。除了对必修课程内容的创新，在互联网的支持下，各类选修课程的开发与应用也变得天宽地广，越来越多的学校能够开设上百门的特色选修课程，诸多从前想都不敢想的课程如今都成了现实。

（二）“互联网 + 教育”：教学模式的不断优化

“互联网 + 教学”，形成了网络教学平台、网络教学系统、网络教学资源、网络教学软件、网络教学视频等诸多全新的概念。由此，不但帮助教师树立了先进的教学理念，改变了课堂教学手段，大大提升了教学素养，而且，更令人兴奋的是传统的教学组织形式也发生了革命性的变化。正是因为互联网技术的发展，以先学后教为特征的“翻转课堂”才真正成为现实。同时，教学中的师生互动不再流于形式，通过互联网，完全突破了课堂上的时空限制。学生几乎可以随时随地随心地与同伴沟通，与教师交流。在互联网天地中，教师的主导作用得到了最大限度发挥，教师通过移动终端，能即时地给予学生点拨指导。同时，教师不再居高临下地灌输知识，更多的是提供资源的链接，实施兴趣的激发，进行思维的引领。由于随时可以通过互联网将教学的触角伸向任何一个领域的任何一个角落，甚至可以与远在千里之外的各行各业的名家能手进行即时视频聊天，因此，教师的课堂教学变得更为自如，手段更为丰富。当学生在课堂上能够获得他们想要的知识，能够见到自己仰慕的人物，能够通过形象的画面和声音解开心中的各种疑惑，可以想象，他们对于这一学科的喜爱将是无以复加的。

（三）“互联网+教育”：学习方式的连续转变

“互联网+学习”，创造了如今十分红火的移动学习，但它绝对不仅仅是作为简单的随时随地可学习的一种方式而存在的概念，它代表的是学生学习观念与行为方式的转变，通过互联网，学生学习的主观能动性得以强化，他们在互联网世界中寻找到学习的需求与价值，寻找到不需要死记硬背的高效学习方式，寻找到可以解开他诸多学习疑惑的答案。研究性学习倡导多年，一直没能真正得以应用和推广，重要的原因就在于它受制于研究的指导者、研究的场地、研究的资源、研究的财力物力等，但随着互联网技术的日益发展，这些问题基本都能迎刃而解。在网络的天地里，学生对研究对象可以轻松地进行全面的多角度的观察，可以对相识与陌生的人群做大规模的调研，甚至可以进行虚拟的科学实验。当互联网技术成为学生手中的利器时，学生才能真正确立主体地位，摆脱学习的被动感，自主学习才能从口号变为实际行动。大多数学生都将有能力在互联网世界中探索知识，发现问题，寻找解决的途径。“互联网+学习”，对于教师的影响同样是巨大的，教师远程培训的兴起完全基于互联网技术的发展，而教师终身学习的理念也在互联网世界里变得现实。对于多数使用互联网的教师来说，他们十分清楚自己曾经拥有的知识，是以这样的速度在锐减老化的，也真正懂得“弟子不必不如师，师不必贤于弟子”的道理。互联网不但改变着教师的教学态度和技能，同样也改变了教师的学习态度和方法。他们不再以教师的权威俯视学生，而是真正蹲下身子与学生对话，成为学生的合作伙伴，与其共同进行探究式学习。

（四）“互联网+教育”：教育评价的日益多元

“互联网+评价”，这就是另一个热词——“网评”。在教育领域里，网评已经成为现代教育教学管理工作的重要手段。学生通过网络平台，给教师的教育教学打分，教师通过网络途径给教育行政部门及领导打分，而行政机构也通过网络大数据对不同的学校、教师的教育教学活动及时进行相应的评价与监控，确保每个学校、教师都能获得良性发展。换句话说，在“互联网 +”时代，教育领域里的每个人都是评价的主体，同时也是评价的对象，而社会各阶层也将更容易通过网络介入对教育的评价。此外，“互联网 + 评价”改变的不仅仅是上述评价的方式，更大的变化还有评价的内容或标准。例如，在传统教育教学体制下，教师的教育教学水平基本由学生的成绩来体现，而在“互联网 +”时代，教师的信息组织与整合、教师教育教学研究成果的转化、教师积累的经验通过互联网获得共享的程度等，都将成为教师考评的重要指标。

总之，随着“互联网 +”被纳入国家战略的顶层设计，就意味着“互联网 +”时代的正式到来，教育工作者只有顺应这一时代变革，持续不断地进行革命性的创造变化，才能走向新的境界和高度。

三、“互联网 + 教育”带来的变化

移动互联网与信息技术的惊人发展，逐渐改变着人们的工作方式、学习方式、思维方式，也使得高等教育发生了多方面的变化，包括高等教育观念的更新、教育资源的日益丰富、学习时空的多维性、学习者主体地位的确立、课程教学模式的多样化等。

（一）高等教育观念的更新

以往对高等教育的认知中，一是将高等院校与教室、黑板、多媒体讲台、课桌、粉笔这一典型的班级授课制联系在一起；二是将教师、教材、课堂作为教学过程的中心，认为高等教育偏重于传授学生理论知识，学生只是知识的被动接收者。但是，随着大数据、计算机、互联网络的发展，各种网站、论坛、微博、微信、教育 App 被广泛地运用于高等教育，对高等教育观念产生重大影响。教师授课及学生受教育的地点不受地域限制，可以是线上也可以是线下，教学设计立足学生的主体地位，授课方式变得灵活多变。并且，高等教育日益要求学生除了掌握各门学科的基础知识、理论外，更注重学生信息获取、分析、加工、运用与创新、沟通、协作等能力的培养。

（二）教育资源的丰富性

千百年来，教育是不为大多数人所拥有的稀缺资源。如今，3G、4G 网络信号已基本覆盖到家庭、学校、交通工具等场所，只要接入互联网，无论是国

内外名校的公开课程，还是世界各地名师专家的科研成果，都跨越时空的限制扑面而来。高校的教师和学生已较为普遍地利用互联网及相关信息技术寻找教学资料和感兴趣的知识。此外，基于“互联网 +”产业模式的在线教育产品和平台也越发普及，如在线教育公司“100 教育”的网上留学免费外语课程，这些课程能更好地实现高校学生随时随地学习、反复学习、碎片式学习。

（三）学习时空的多维性

伴随着移动学习终端的出现和发展，学生可以利用自习、散步、活动间隙，通过智能手机的教育类 App、微信订阅号、搜索功能等访问目标资源获得新知，而且很多高校建立了图书馆微信公众平台，很多书籍都有微信二维码，学生只要“关注”“扫描”就可浏览到相关的消息或查看想看的书籍。这些基于移动互联网的技术、移动学习方式已成为当前高校学生课后学习、交流的大众化工具，让学生处处可学、时时能学成为可能。

（四）学习者主体地位的确立

在互联网、现代化教育条件下，高校学生的学习形式日益强调以学生个别化需求学习为主、教师辅导和集体学习为辅。一方面，主张学生在学校和教师指导下，根据人才培养目标和计划，自定学习计划、进度来完成大学的相关课程和要求；另一方面，高等院校教师在教学组织方面，强调教学过程中通过各种网络平台和技术对相关课程设立情景主题和单元进行交互式的学习，不断启发学生、设定任务、提供辅导，培养学生在课前，课中、课后主动进行相关课程内容、信息、资料的获取、分析、发散等能力。

（五）课程教学模式的多样化

随着云技术、大数据的发展，互联网带来了教学模式的变革。微课、慕课、翻转课堂、移动、游戏、虚拟现实等各式新鲜的教学方式正逐渐走进课堂。在华中科技大学的一堂广告创意策划课上出现了“弹幕教学”模式，学生一边听教师讲课，一边通过手机网络发送疑问、提出看法，这些疑问和看法会出现在教师的课件屏幕上，然后授课教师根据学生的反馈，随时调整授课内容和方式。上海交通大学则将“慕课”与“一屏多显”技术相融合，打造了基于“互联网 +”的“云教室”，一张网、一个移动终端，便能实现“课程任意选，教师任性挑”的“私人定制”式教育。这些都成为依靠信息技术和网络平台促进教育发展、推动教学改革、提高教学质量的创新案例。

四、借力“互联网 + 教育”实现教育的突破

要发挥“互联网 + 教育”在高等教育中的教学效益，不能只依赖于互联网的作用，必须充分发挥教师、学生、学校的主观能动性。

（一）高素质的时代性教师是优化高等教育的主体

顺应互联网潮流是高校教育变革的必然选择，但互联网只是工具和手段，教师才是高等教育变革和发展的根本。高校教师只有用更高的标准严格要求自己，才能更好地实现个人的超越。

1. 加强自身的学习

作为从事高等教育的一线教师，要跟得上时代，除了接受慕课和翻转课堂的理念外，还要能够开发和利用先进的教学资源，学习并熟练掌握和应用现代教育技术，不断将最新的教学资源和教学手段融于教学活动中，为学生创设一个最佳的学习环境，同时课后跟学生分享专业及相关教学资源，如建立个人教学网页、上传辅导材料、微课到各种网络平台上（如微博、微信公众号）。

2. 教学模式和设计的创新

考虑学生情况，设计有效的移动互联网化的课堂教学，包括课前，课中、课后充分考虑如何激发学生对知识建构的兴趣，尽量与网络最新资讯事物相联系巧设情景来组织协作学习，启发诱导学生通过互联网及其他各种渠道关注与课程相关内容去发现学习、评价、纠正错误，并最终完成相关知识意义的正确建构。

3. 教学研究的重视

“互联网 + 教育”背景下，高校教育的变革还在探索中。高校教师应加强教育改革、教学研究，花更多的时间和精力了解“数字一代”学生学习的特点、规律；研究课堂教学模式、教学方法的改革；研究如何利用互联网移动新技术提高学生自主学习、信息搜索和利用、发现问题并解决问题的能力。

（二）完善的学校措施是优化高等教育的保障

1. 提高学生信息素养并开展网络自律意识教育

面对庞大的信息海洋，高等院校当务之急是提高学生的信息素养。一是培养学生对信息敏锐的把握程度；二是针对性地培养学生获取和处理信息的能力；三是提高学生主动学习的愿望和自我控制的能力。与此同时，学校需要开展相应的网络自律意识教育，让学生自愿地认同网络社会规范并能结合自身实际自觉践行。

2. 建构适应“数字教师”需求的教师培养模式

学校需将培养满足“数字一代”学生需求的“数字教师”提上议程。第一，大力倡导把互联网先进信息技术引入教学课堂及教学设计中，并对相关教学情况进行评估；第二，提高对高校教师信息化教学手段运用的培训，并奖励那些在教学过程将互联网及信息化技术运用较好的教师，鼓励他们将经验向其他教师交流和指导：第三，积极鼓励在校教师与其他院校教师、各类培训机构、各类企业的协同创新，探索适合当下教学的学生培养模式，教师培养模式；第四，开展相关互联网、信息化教学的大赛并组织教师到那些创新教学设计、教学模式的兄弟院校参观、学习和交流。

3. 强化“智慧校园”的设施建设

一方面，高校应支持教师和学生使用智能终端设备开展教与学，全面推动数字应用在学校各领域的普及和深度融合，并做好网络信号的覆盖以及网络的稳定维护和安全防范；另一方面，高校应充分借鉴优势学校资源实现共享，如电子图书馆资源的共享、优质教师资源的共享，充分利用云服务、大数据等技术，对现有教育教学管理流程和方法进行重构。

（三）组建自律学习群成学习型团队是突破高校教育变革的有效途径

现实中，通过互联网进行的学习与交流，没有规范的纪律要求，没有明确的学习计划和学习目标，没有监督，很难让学生形成好的学习效果。不少学生成为低头族，自主学习意识、自律意识、团队合作意识薄弱。要突破这一弊端，除了教师需要改变，同时应该围绕学生的学习需求，建立教师间、学生间、教师与学生间的自律学习群或学习型团队。可利用微博、微信等新移动技术，自发建立有共同学习目标、学习规范的自律微群和学习型团队，学生不受时空限制地通过智能移动设备在自律群、学习团队群的平台上获取资源，实现与教师的有效互动，实现互相监督、互相激励，互相学习、互相讨论、互相分享。教师则在这些学习群及学习团队中进行有针对性的指导，定时将专业信息发送给自律学习群、学习团队，并与之一起讨论或分享习得体会。

第二节　“互联网+”给商务英语教学带来的机遇

随着工业社会向信息社会的过渡转型，国际化和信息化已经成为高等教育发展的必然趋势。特别是“互联网+”时代的到来，以及最近几年大规模公开在线课程的广泛兴起，正在引发世界范围内高等教育格局的竞争与变革。在这种背景下，中国高等教育的发展方式正在全面转型，而这种转型也给中国高校教育带来了更多的机遇。

一、“互联网 +”让高校教育从封闭走向开放

“互联网 +”打破了权威对知识的垄断，让教育从封闭走向开放，使得优质的教育资源不再局限于少数的名校之中，人们不分国界、老幼都可以通过网络接触到最优质的教育资源。在全球开放的时代下，正在加速形成一个基于全球性的知识库，通过互联网，人们可以随时随地地从这个知识库中获取各国各地区优质的学习资源。

李克强说，为切实把教育事业办好，我们要保证投入，花好每一分钱，畅通农村和贫困地区学子纵向流动的渠道，让每个人都有机会通过教育改变自身命运。在我国，教育尤其是高校教育的质量具有较大的差距。进入大学之前，虽然城市之间与城乡之间不可避免地会出现师资力量的差距，但是由于总体上大家接受的都是基本一样的标准化教育，相互之间的差距也并不是非常明显。但是，高校教育却与之不同，同一个专业在不同的学校所开设的课程是不一样的，培养手法也是不一样的，再加上学校开设课程时间的长短以及教师对于课程方面研究的程度、课程解读的不同，都会造成不同的效果。《中共中央关于在高等学校中指定一批重点高校的决定》中，决定设置全国重点高等学校，保证一部分学校能够培养较高质量的科学技术干部和理论工作干部，提高我国高等学校的教育质量和科学水平。而后，《中共中央关于增加全国重点高等学校的决定》中，决定在原有的基础上增加 44 所大学，一共 64 所院校。我国高校数目从 1985 年的 1 016 所上升到了 2020 年的 3 041 所。根据国家建设重点院校的政策可知，为了支持学校的建设，国家的财政性教育经费很大一部分给了 985、211 工程的学校，而剩余的经费才能分配到其他院校。

国家财政性教育支出、预算内教育支出虽然在稳步地上升，但是与发达国家相比还是具有较大的差距。此外，财政性教育支出占 GDP 比重这一项，我国一直都在 20% 左右，但是发达国家这一数字可以达到 50%，最少的也在 35%。这样一来，我国高校的资源就出现了僧多粥少的现象，随着高校数量的增加，那些普通院校等到的国家的支持也就越少，能够提供的教育质量也随之减少，导致最优质的教育资源都集中在少数的 985 等重点高校中，而其他院校则很少能得到优质的教师和政策支持。但是通过互联网，高校学生能够通过网

络接触到985等重点高校的教育资源，同时通过互联网，可以跨地域跨时间段重复地针对一个知识点进行反复的学习，加深对知识的理解，不至于在短短的45分钟或是一个小时的课堂上强行接收所有的知识点，且不担心知识点的遗漏。由此，知识获取的效率大幅提高，也为终身学习的学习型社会建设奠定了坚实的基础。

二、"互联网+"降低了学生接受高校教育的成本

佩尤公众与媒体研究中心的一项研究发现，60%的美国成年人认为，大学对于国家的发展具有积极的作用；84%的大学毕业生认为，对他们而言，接受高等教育的费用支出是一项很好的教育投资。但是，该中心的另一项调查发现，75%的受访成年人认为，对大多数美国人来说，上大学太贵了，几乎难以负担；57%的受访者说，美国高等教育体系没能让学生及其家庭的花费物有所值。瓦里斯是坦佩雷大学荣誉教授、联合国教科文组织首席研究员，他认为不同的教学实施模式会强化不平等，提出"经济因素将在很大程度上决定高等教育的命运，传统的面对面式的高等教育将成为少数人的特权，部分教育领域则需要实现全球的标准化，在许多情况下，这还将会降低教育水准"。

我国家庭中子女的教育支出在家庭可支配收入中占的比重不断增长，大多数学生尤其是所谓的非热门专业的学生在毕业后却很难得到相应的投资回报。而"互联网+"出现后却不一样，互联网强调的是用户可以免费享用各种资源。由此，"互联网+教育"使得高校学生能够通过较低的成本得到更优质的教育资源，从而促进更多的学生去主动学习，避免了很多由于家庭贫困而上不起大学的学生得不到优质的教育。中国广西大学教授、美国环境保护署科学顾问委员会前主任巴恩斯预言："大学日趋增长的成本难以为继，尤其是在高校教育全球化日趋增长的情况下，更是如此。所以，借助网络实施高等教育的做法才会迅猛发展，这种方式更加经济、高效。"

互联网极大地放大了优质教育资源的作用和价值，从传统一位优秀教师只能服务几十名学生扩大到能服务几千名甚至数万名学生，使得高校教师能够从繁重的教学任务中解脱出来。另外，互联网联通一切的特性让跨区域、跨行业、跨时间的合作研究成为可能，这也在很大程度上规避了低水平的重复，避免教师一年又一年重复的教学讲解。

三、“互联网 +”改变了高校教育的教学模式并加速了教育的自我进化能力

通过互联网，使得教师和学生的界限不再泾渭分明，改变了传统的“以教师为中心”的授课形式，使其转变成“以学生为中心”的形式。在“校校通、班班通、人人通”的“互联网 +”时代，学生获取知识已变得非常快捷，师生间知识量的天平并不必然偏向教师，教师必须调整自身定位，让自己和学生成为学习的伙伴和引导者。

中国的应试教育以考试结果作为划分学生优劣的标准，甚至更为偏激地认为成绩优秀的学生必然品德也是优良的。这种划分方式致使许多偏科但具有特殊才能的学生的发展受到了阻碍，泯灭了许多学生的才能。而在互联网中的用户思维就是指在价值链的各个环节都要“以用户为中心”去思考问题，根据用户的需求进行服务。在“互联网 +”时代下，利用大数据分析学生的特点，准确分析学生的兴趣爱好、认知水平、接受能力等，然后在此基础上进行因材施教。例如，美国亚利桑那州立大学是美国最大的公立大学，拥有 72 000 名学生，该校采取了一个在线教育服务商的“动态适配学习技术”来提高学生的数学水平，2 000 名学生通过使用该系统两个学期之后，该校的辍学率下降了 56%，毕业率从 64% 上升到了 75%。因此，利用大数据进行学生特性的分析，然后为学生提供相应的教学能够更为有效地提升学生的学习效果。现在为了满足学生的需要，互联网为学生提供多种学习模式，如体验式学习、协作式学习及混合学习等模式。而其中最具特点的是 4A（Anytime、Anywhere、Anyway、Anybody，即何时、何地、何种方式、何人）学习模式，即学生可以在任何时间、在任何地点、以任何方式、从任何人那里学习。这也在一定程度上体现了我国培养学生尤其是大学生自主学习的理念。

传统教育体系中包括教育对象和教育环境两大体系。教育对象指的是学生，而教育环境则包括了学习主体以外的周围的事物，包括教师、教学内容、教学条件等。在传统的教学系统中，我们的出发点和落脚点在于考试和升学，对于人的发展则关注得比较少，因此我国的学生总是在经过反反复复地打磨后成了一个个标准的产品，个体之间缺少差异性。但英国著名教育理论家怀特提出，学生是有血有肉的人，教育的目的是激发和引导他们的自我发展之路。也就是说，教育的核心是要充分调动人的主体意识，使其在学习、发展过程中变“被动”为“主动”，产生积极主动的心理状态，从而提高自身的认知水平和学习效率。而互联网时代则正好强调的就是主动性和创新性，通过提升学生的主动性来提升教育的能力。

首先，当“互联网 +”进入现有的教育体系之后，打破了原有的教育体系的平衡，敲开了教育原本封闭的大门，为传统的教育体系提供了新的知识信息源泉，使得原有的学生子系统能够更为快捷和方便地与外部的大系统进行知识的交互，获取信息，因此推动了自身知识的增长，从而推动教育的自我进化能力。其次，互联网的虚拟环境能够为学生创造一个拟真世界，学生能够利用互联网从三维的视角去认知、探索世界。陶行知曾经说过“劳力上劳心”才是创新人才的办学模式。陶行知批评说，中国的教员、学生，实在太迷信书本了。他们以为书本可以耕田、织布、治国、平天下；他们以为要想耕田、织布、治国、平天下，只要读读书就会了。陶行知认为，学习应该是实践与认知相结合的过程，而非沉浸在书本中，但是我国传统的教育却是一味地学习书本的知识，甚至是过时的知识，所以才会出现所谓的纸上谈兵的现象。而“互联网 +”的时代，学生能够通过网络中的拟真世界进行相应的一些实践，并随时根据网络的信息更新知识，如管理专业的学生能够通过网上进行沙盘模拟获知与企业运营相关的知识等，由此加强学生的实践操作能力。

“互联网 +”也催生出了相关的教育市场，教育要素自发在国际流动，使中国高校教育面临市场化和国际化的冲击，普通高校面临严重的优质生源危机，高校教育受到了深远的影响。因此，在接下来的章节中，我们将探讨如何借助互联网在高等教育中产生的越来越广泛而深入的影响，通过提升大学生的研究性学习能力来提升其创新思维与创新能力。

第三节　“互联网 +”给商务英语教学带来的挑战

进入 21 世纪，互联网的广泛应用和普及对人类文明和社会进步带来的巨大冲击，促进了人类学习方式、方法和习惯的改变。政府工作报告明确提出“建设世界一流大学和一流学科”，这是继政府工作报告中提出要“加快建设一批世界一流大学”之后，又一次提出这一目标。可以预计，今后很长一段时间，高校教育都会统筹所有的重点建设经费到一个目标之下，那就是建设世界一流大学和世界一流学科。然而，如何建设世界一流大学和世界一流学科？加州大学伯克利分校原校长田长霖认为，世界一流大学的重要标志是要有世界一流的科研成果，但不能只看论文发表的数量有多少，最重要的是要在某一个领域真正达到世界一流。由此可见，随着“互联网 +”时代的到来，中国的高校教育必将面对新的挑战。

一、“互联网 +”使中国高校教育面临市场化的冲击

新技术催生出了相关的教育市场，大规模公开在线课程开始备受人们的关注。斯坦福大学计算机科学教授塞巴斯蒂安·特龙宣布将在网上免费公开自己的秋季课程，并附上课后练习题和随堂小测验后，其选课人数迅速增加。社会公众认为，大规模公开在线课程不仅能充分利用有限的教师资源来教授大量课程，达到教学成果最大化的目的，还可以降低人们求学的经济成本，缓解高校教育面临的经济压力。虽然在线课程让更多人“走进了”课堂，但它依然饱受争议，德尔班科坚称：“传统课堂上的教学体验是在线课程无法替代的。”另外，他告诉记者，在线课程会催生教育界的超级巨星。例如，哈佛大学政治哲学领域教授迈克尔·桑德尔因在网上公开了自己的演讲而声名大噪，随即拥有了数量庞大的追随者。然而，这却给那些没有名气的教授带来了压力，使他们很难在教学中得到安全感。德尔班科对记者表示，如今真正需要思考的是，有多少人能从在线课程中获得真才实学？关于学生是谁、学生的具体问题是什么、怎样有针对性地解决学生的问题等问题，都需要教师与学生进行面对面的交流来寻找答案。

无论是否存在争议，大学已经发现竞争对手正在侵蚀自己的传统使命，它们包括营利性大学和可汗学院等非营利性学习组织、系列讲座的提供商等网络课程在线服务机构，还有为特定行业和职业提供指导和认证服务的大批专业培训中心。相比实体教育机构，它们都能更快捷地提供规模化的网上教学服务。因此，尽管有时受制于财务预算短缺和抵制变革的学术文化的影响，高等教育管理者仍在努力回应，并着手进行改革。佩尤研究中心对大学校长的一项调查发现，超过 3/4 的受访者声称他们学校提供网上课程。有一半的受访校长认为，未来十年中，他们学校会有大部分学生注册至少一部分网络课程。近年来，弗吉尼亚州大学有关大学校园变革的紧迫性和变革速度的争论很是热烈。校董事会认为，校长沙利文未谋求快速的变革，因此经过表决要求她下台。教师、学生和校友一片哗然，一阵骚动之后，董事会改变了原来的决定，恢复了沙利文的校长职务。不过，学校在她复职的一周内宣布：本校要加入私人开办的在线教学服务公司“在线教育”。这意味着该校将会加入其他诸多精英研究性大学的一个团体——这些学校包括杜克大学、约翰霍普金斯大学、普林斯顿大学、斯坦福大学、宾夕法尼亚大学等，成为“在线教育”网络联盟机构的一个成员。截至 2020 年，“在线教育”的大规模开放式网络课程已对其学生免费提供，

从而使全球数百万人获得了不受限制地聆听该国一些最知名大学课程的机会。此外，其他年轻公司也以类似方式吸引了数量惊人的六位数学生注册。

二、"互联网+"使中国高校教育面临国际化的冲击

事实上，经济全球化的迅猛发展，使得人力资源和物质资源在世界范围内的跨国、跨地区流动成为新常态。这种资源的流动已经渗透到教育领域——教育要素自发在国际流动，教育资源自发寻求优化配置，世界各国间的教育交流日益频繁，竞争更加激烈，形成了教育国际化的大趋势。教育国际化既是经济全球化的必然产物，也是各国政府教育战略的重要目标。各国在人才培养目标、教育内容、教育手段和方法的选择上，不仅要以国内社会经济发展的需求为前提，还要适应国际产业分工、贸易互补等经济文化交流与合作的新形势。因此，教育国际化的本质，归根到底就是在经济全球化、贸易自由化的大背景下，各国都想充分利用"国内"和"国际"两个教育市场，优化配置本国的教育资源和要素，抢占世界教育的制高点，培养出在国际上有竞争力的高素质人才，为本国的国家利益服务。

从方法论的角度讲，教育国际化，就是用国际视野来把握和发展教育。从各国的教育国际化实践来看，教育要素在国际的流动，最早始于各国高等教育之间，并由此波及中等教育、基础教育、职业教育等领域。著名教育问题研究专家钟秉林认为，教育领域的人力资源流动就是教师和学生的流动，物质资源流动就是教学资源的流动，如课程、教材、课件等。而这些要素流动的载体，就是各类不同形式的国际教育项目。据调查，到2019年年底，我国依法批准设立和举办的实施本科以上高等学历教育的中外合作办学项目832个、办学机构62个。实际上，未经审批的但是已经实际存在的合作办学项目，可能是这个数字的几倍之多。从全国高校整体情况看，包括本科、至少2/3的高校已经有自己的中外交流或合作办学项目。合作办学就是一个载体，通过这个载体，国际化的课件、教材，都可以流动起来，同时伴随着学生和教师的国际流动。更重要的是，随着师生资源和教学资源的流动，必然伴随着教育观念、教学方式、管理方式的跨国流动与融合。这是各国教育谋求发展的一个重要机会，很有挑战性。通过教育国际化进行资源重新配置的方式很多，如出国留学与来华留学、访学游学与国际会议、合作研究与联合培养、结成友好学校等，这些途径为教育国际化搭建了平台，为国际教育要素的流动提供了载体。

三、“互联网 +”使普通高校面临缺乏优质生源的挑战

互联网将最优质的课程以一种近乎免费的方式提供给广大学生，在海地地震之后成立的“人民大学”，就是互联网教学的雏形。在这里，学生能够免费或是缴纳少部分的学费进行学习获得学分。按此模式发展，如果互联网教育发展到了一定的程度，并且能够提供受到社会认可的证书，那么相当一部分学子在没有进入所谓的重点院校之后，也不会退而求其次地进入一所普通院校，甚至是学习自己不喜欢的专业。他们可以通过互联网学习大学应该学到的知识，并且得到社会的认可。这样一来，首先，我国很多二、三本院校的师资资源本就比不上重点院校的师资资源丰富，而在“互联网 +”教育的时代，又不能与网络上提供的教学资源相比。其次，学校为了维持其基本的运转和基础设施的建设，就必须向学生收取超过互联网时代网络学校的费用，这样在成本上面又无法相抗衡。最后，在互联网教育不够发达的时代，高校学生之所以选择一所普通高校就读，甚至在分数不够的情况下选择一个自己并不喜欢的专业就读，很大一方面的原因是为了获得学位，受到社会认可。但是，当互联网教育也能够提供一样的学位认可，且学生能够自主进行专业的选择，那么高校就会受到互联网教育的冲击。而且，高校进行的是学生基础理论的教学，主要目的是让学生学会思考。这就注定了高校即使自降身价也无法与一般的技术院校去争夺学生资源，这样一来，高校无法招收到学生，没有资金的运转，也不可能去获取更好的教师资源，如此循环下去，普通高校势必面临严重的优质生源危机。

四、“互联网 +”使大学生受到学习碎片化的影响

祝智庭认为，学习碎片化起始于信息碎片化，进而带来知识碎片化、时间碎片化、空间碎片化、媒体碎片化、关系碎片化等。即学习者可以利用乘坐公交车、课间休息、睡前十分钟等的零碎时间，通过网络获取一些零碎的知识进行学习。碎片化学习资源具有短小精悍、结构松散，传播迅速、生命周期短，去中心化、多元化与娱乐化以及多方式表达、多平台呈现的特点。而也正是因为这些特点，导致学生对网络学习产生障碍。首先，碎片化知识短小精悍、结构松散，促进了学生认知方式的转变，对新知识的呈现形态提出新的要求，学生适应了简短的信息阅读方式，可能会对较长的信息和图书阅读产生不适感。而且长期以来，我们受到的高校教育都是系统的知识教育，而结构松散的知识要求学生能够对知识进行加工建构，如若不行，学生就会产生认知的障碍，甚至以偏概全。其次，碎片化知识传播迅速、生命周期短，这样对学生的记忆能

力提出要求。一直以来，高校学生都习惯了纸质书籍这种连续的、线性的知识获取方式，先后信息相互联系具有一体性，这样便于学生对于知识进行记忆。但是，碎片化知识以短时间记忆为主，因此学生日后进行信息的提取时可能产生虚构和错构，导致信息失真。最后，碎片化信息去中心化、多元化和娱乐化等特点，导致学生的思维不能集中，产生思维跳跃。知识碎片的多元化导致学生正在思考的内容很容易被环境中时刻变化的新信息吸引，尤其是娱乐信息吸引，无法围绕一个主题进行深入思考。同时，由于大量碎片化知识和信息唾手可得，而其中大量的信息内容空虚、缺乏价值甚至是毫无价值，而学生对于这类信息全盘接受而不加以思考，导致思维活动空洞，毫无深度可言。正是因为互联网下的教育与各行各业的知识在不断融合，知识不断更新拓展，知识的复杂度加强，信息以指数级增长，且呈现出碎片化的形式，可用的资源虽丰富却也鱼龙混杂。在传统的学习模式下，学生一直接受的是填鸭式的教育，对于知识实行的是全盘接受，不须考虑其他。但是，在互联网时代，却需要学生对知识信息进行加工处理，而这对于学习能力不足、信息加工处理能力不足的学生来说是一个巨大的挑战。

五、“互联网 +”使大学生受到心理健康和人际关系的双重冲击

互联网由于其信息的易得性和娱乐性成了人们主要的信息获取和沟通的来源，但是由于我国对于互联网管理的法制相对不健全，管理比较被动等原因，导致互联网上的信息以及教育视频良莠不齐，包含了部分反动言论和宗教色彩的信息。

与此同时，虚拟性是互联网的一个重要特点。在互联网中一切的事物都是虚拟的，然而正是这一特性，使得我们的学生具有了虚拟的身份，而现实中的人际关系却变得冷漠起来。传统的教学使学生在集体环境中生活，参与多样化的集体活动，在与他人的交往过程中，无形地就培养了他们的群体意识、集体主义观念和团结协作的精神。而网络环境是一个相对自闭的环境，纯粹的网络学习是通过一套网络设备完成相互交流的，这样人与人之间直接交往的机会急剧减少，教师与学生之间的情感不能直接感受到，教师与学生之间仅仅是通过QQ、微信、BBS、E-mail 等网络工具进行交流，人与人之间建立的关系是一种虚拟的人际关系，一种不现实的关系。这种虚拟的关系，使得学生的群体意识淡薄，不利于健康个性及人格的发展，不利于人与人之间的协作共事、共同生活。

第二章　国内外商务英语教学理论梳理

第一节　商务英语的教学思想

一、商务英语教学分析

（一）商务英语教学现状

社会对商务英语的需求，使得在目前高校英语专业中，商务英语成为热门的专业方向。这一方面反映出社会对复合型外语人才的不断需求，另外也说明在对外开放的浪潮下，一些对商务英语急功近利的吹捧，使人们不免会对商务英语盲目崇拜，这必然隐含了诸多不合理因素。例如，认为商务英语类课程最大的特点是英语语言技能与商务专业知识的密切结合，但这只是商务英语课程要求的一个方面。商务知识是一个很宽泛的概念，它既包括专业性的知识，也包含普世性的知识，但有时候人们往往忽视了对商务能力的培养。这一特点决定了教师在教学中既要注重对学生英语语言能力的培养，同时还应重视强化学生的商务专业技能。因而商务英语教学目标还应包括两个方面，即培养学生的语言能力及专业技能。值得关注的是，关于商务能力的培养，很难量化，参照标准也很难。另外从事商务英语的教师由于商务实战经验，或者本身的商务能力不足，这就增加了培养学生商务能力的难度。安德森和克拉斯沃尔等人在《布鲁姆教育目标分类学》中以认知过程维度的研究为基础，综合分析了商务英语专业的主要课程的教学目标，发现大多课程还是以传授知识作为教学目标的主要内容（注重知识的记忆、理解、应用），而很少涉及分析、评价、创造等思维能力培养的领域，并且还是以量化的知识输入作为衡量的标准。

现今大多数观点认为，商务英语教学介于一般语言学科与商务管理学科之间，其强调扎实的语言基本功、宽广的知识面、充足实用的商务知识和较高的实践能力。其模式是一种跨学科、跨专业，培养复合型专门人才的模式。商务英语与大学英语教学的不同主要在于它们所涉及的专业领域不同，后者是前者的铺垫和基础。二者的培养目标及相关课程设置也不完全相同。从范畴上来讲，商务英语属于专门用途英语。金晶华又将专门用途英语细分为两类：一般商务用途英语和专门商务用途英语。一般商务用途英语主要针对缺乏工作经验的学习者，以商业为背景，课程设计类似于普通大学英语，在语言技能基础上教授一般的商务背景知识，着重培养学生在一般商业环境中使用语言的能力。而专门商务用途英语主要是指为企业或职场人员设计的专业课程，这类课程专业性较强，学习者需有一定的相关商务知识或工作经验。实际上，商务英语是一个非常宽泛的概念，可以是办公英语、外贸、营销、接待等方面。它是一个在特殊环境下的交流工具，它随着交流的深入而深入，甚至可以说是一个环境的产物。第二，商务英语的培养目标在本质上与通用英语没有太大的区别，两者从内在来讲，强调的是培养学生成为完整的个体，从知识、素质、修养等多个方面。从外在讲，商务英语更具有专业性，局限于一定的工作及生活环境。需要认清的是，既然商务英语是环境的产物，那么它会随着环境的变化而变化。任何的商务都是在具体的实物或者服务中体现的，脱离了真实情景讲商务英语是没有意义的。然而在千差万别的情景中，在商务英语教学的过程中需要寻求其共性和差异性，这必然是在系统里才能更好地把握。因此商务英语只是一个大系统下的小系统，它的培养目标和专业设置并非与通用英语完全不同，而是存在着一种融合渗透的关系。

另一突出的现象是人们对商务英语师资的关注。商务英语教学对授课教师的素质要求很高。教师要有扎实的英语基础、宽广的知识面和足够的商务专业知识。但目前商务英语教学队伍的现状是令人担忧的，师资力量匮乏和专业化程度不高是当前商务英语教学的瓶颈。究其原因，主要是85%的商务英语授课教师都是原有外语系或外语学院的专业课英语教师，甚至是大学英语教师。即使在一些国内知名的院校，英语语言学或文学专业出身的商务英语教师也要占到一半以上。尽管他们在英语语言驾驭能力上具有优势，但在国际经济学、国际法学等专业知识方面欠缺太大，尤其缺乏实践能力。许多教师在上课时只能硬着头皮讲授连自己都不太懂的知识内容，更别说指导学生解决现实中的商务问题了。这样的教师队伍是无法胜任商务英语职业教育的。如此教学只能有以下结果：一是照本宣科，简单问题一掠而过，复杂问题避而不谈；二是商务英语课名不副实，汉语很可能在课堂上占主导地位；三是内容已经使教师感到力不从心，科学的教学方法和教学模式就更无从谈起。

师资的匮乏确实成为影响教学效果的重要因素，但很少有人思考师资匮乏背后的原因。在需求大于供给的情况下，采用速成的方式培养我们的教师和学生都是不可取的。商务英语的教学是一个同化的过程，需要时间的磨砺，如果用太浮躁的心情去面对教学会事倍功半。

师生需要一个多元化的平台，使其亲身参与到商务活动之中，而不能仅仅停留在说教上。否则即便是一个实战经验丰富的教师，学生听起课来也未必能心领神会。国外对项目教学的研究由来已久，但在国内还未涉及的另一个方面就是项目压力对学习的影响。

我们的结论是，除开它的诱因和表象，紧张既可以产生愉快也可以产生不安，这既可能是有利的，也可能是不利的。这是一个值得注意的问题。因为，把项目教学法看作一个整体，就应该从整体的角度看待，需要尽量地从各种不同层面、不同角度、不同途径将问题提出来。尤其是引入新的教学方法的时候，需要适度考虑师生面临不适应的情况。

（二）对商务英语教材的分析

根据国内相关分析研究指出，国内出版社出版的教材按照其所涉及的主要语言技巧（听、说、读、写、译）和其重点内容可分为七大类：翻译类、听说类、商务专业知识类、写作类、阅读类、综合类、词典类。商务教材不仅近几年在数量上剧增而且在内容上也有所拓展，其内容由原来仅限于外贸流程各环节的知识和谈判技巧扩大到诸如国际市场营销、国际商务管理、国际商务合作、国际商法、国际商务策略、国际商务礼仪、国际商务文化等，成为一个涵盖极为广泛的跨学科的专业或课程。

商务英语教材中由于缺乏商务实践经验与语言教学有效结合，使教学成为知识的罗列，而且缺少一种系统的教学内容和模式，往往把很多商务环境割裂开来教授。例如，在国际商务合作课程中，中间会涉及很多商务礼节、国际商法、商务文化等。其次，关于真实性的争论，商务英语针对的不全是母语为英语的对象，英语作为国际通用语言，在不断全球化的进程中，它又在不断地统一，尽量更新、简化，但依然以西方现代文明基本的惯用语作为主导。

正如威多森所述，真实性教材必须要有适应它们的学员学习需求和目的的修辞结构，当然这是个复杂的问题，真实性语料的产生并非因为学术，而是为了传递信息、社会交往等，而且真实并不等同于准确。例如，莫罗认为，以非英语为母语的国际商务谈判和肥皂剧的脚本都可以被认为是真实性语料；华莱士认为，现实生活的文本，并不是为了教学目的而写的；哈默相信，真实文本材料是为那些母语的人设计的，对那些使用这些语言的人来说，这些文本就是真实的。

二、生本思想

（一）生本思想的由来

1. 生本思想的提出

生本思想即以学生为中心的理念，第一次由皮亚杰在他的儿童中心论中提到，它认为学生是认知过程中参与学习的主体。他认为教育的真正目的并非增加儿童的知识，而是设置充满智慧刺激的环境，让儿童自行探索，主动学到知识。因此我们在教育中要注意发挥学生的主体性，不要把知识强行灌输给学生，而要向他们展示能够引起他们兴趣的材料，促使儿童依靠自己的力量解决学习中的问题。

2. 生本思想的核心内涵

生本思想的核心，即以学生为本，课堂内和课堂外的教学活动，都要以学生为主体。重视学生的需求、目的、兴趣、能力、学习风格，调动学生的主观能动性，让他们有目的地学习和使用语言。教师承担的职责是组织教学活动，培养学生应用能力，激励学习积极性。生本思想体现了人文主义的教学法。人文主义教学法就是将学生的情感、思想、知识和学习内容结合在一起，学生从精神到语言和行为都要全身心地投入。在英语教学过程中，要满足学生的情感要求，拆除学生心理屏障，提高他们自信心。

（二）生本思想的理论基础

人本主义学习理论是20世纪50年代末到60年代初期兴起的一个心理学流派。人本主义学习理论的代表人物是罗杰斯，他认为："人类具有天然的学习潜能，但是真正有意义的学习只发生在所学内容具有个人相关性和学习者能主动参与之时；个体在他们自身内部就有巨大资源，如果能提供一定的具有推动作用的心理气氛，那么，这些资源就能被开发。"换句话说，只要有一个良好的学习环境，学生就可以凭借自身的力量，自动、自我地完成学习任务。根据人本主义理论，教师要了解学生的兴趣和爱好，尊重学生在课程内容上的选择权，充分挖掘学生的内在潜能，注重学生的个人观点，尊重学生的个性发展要求，强调学生的个人价值，把促进学生的全面发展作为教学的最终目标。要转变以教师为中心的教学模式，教师要转换成学生学习的推动者和帮助者。

（三）生本思想的角色分担

1. 教师角色

教师不是知识的讲授者，而是“课程的开发者”“教育行动的研究者”和“知识探究的激励者、组织者和指导者”。生本思想虽然强调以学生为主，但是，这并不意味着教师角色不重要，反而更加重要。在英语教学中，教师主要承担设计教学活动，调动学生积极性和热情。教师还要学会倾听学生的诉求，掌握学生内心情感的变化和起伏，帮助学生排忧解难。

2. 学生角色

学生是语言学习的主体，学生不仅可以自主参加学习活动，而且应对自己的学习负责，由被动学习到主动学习。学生是教学活动主体和中心，是学习的自控者和管理者。在英语教学中，教师应当尊重学生和相信学生，让学生有机会表达自己的观点，学生有自我展示能力和情感的机会。当学生实现自我的需求得到满足时，反过来，进一步推动了学生学习的主观能动性和热情。

生本思想在商务英语课堂教学中实行形成性评价与终结性评价相结合，教师评价与自我评价相统一。“终结性”评级主要是区分学生学习结果的优劣程度，“形成性”评价主要是评价教学过程中存在的问题，促进课堂教学水平的提高，它是一种过程评价。学生自我评价不是横向比较，而是一种纵向比较，比较自己前后各个时间（如学期）不同的学习情况。自我评价有利于学生自己找到自己的问题，主动承担责任，找到解决问题的方法。

三、研究性教学思想

（一）研究性教学思想的定义和特征

研究性教学思想不是把传授知识视为教学的最终目的，而是教师为学生创造获取知识的优越条件，让学生在知识探究中形成自己的思考、体验和理解，在教学过程中教师尽心创设一种类似科学研究的教学情境、方法和途径。教师通过指导学生选择和确定与学科相关的问题进行研究性学习，学生在主动探索、思考和实践过程中发展学习兴趣、探究能力、创造个性和真正发现知识的价值与意义，自愿吸收知识、应用知识，解决与学科相关的实际问题，获得新颖的研究经验，从而培养学生的创造能力和创新精神，提升学生的综合素质。教师也在持续研究学生的理解能力并在与学生合作探究知识的过程中发展教学理论、知识和专业素养。

这就是研究性教学思想的核心，以创造新知为特点，成为研究性教学不同于其他教学法的亮点。

研究性教学思想认为，学生是有学习能力的主体，学生的学习具有选择性、独立性、自觉性和创造性。在教学过程中，教师的重要任务不是传统意义上的知识传授，而是向学生提出与教学内容相关的系列问题，然后组织学生主动地就相关问题查阅资料、收集相关书籍和文章、自主阅读和学习、思考有关问题，最终教师和学生就相关问题进行讨论并掌握有关知识，即用类似于科学研究方式让学生获取知识、应用知识和解决问题。在研究性教学中，教师和学生的关系不再是教与被教的关系，而是就某研究论题共同研究和探讨的合作关系。

研究性教学思想及其教学模式具有以下几大特征。一是注重问题意识及其思想的系统培养。作为一种以问题为中心的教学思想所形成的教学模式，打破了以往僵化的教学理念及其教学模式，教师的教学活动是有针对性地选择教学研究主题、设置教学问题环节、引导学生产生疑问、思考问题、主动探索和得出结论的过程。问题就像一条连续不断的线索贯穿整个教学活动过程。二是注重培养学生的参与意识。研究性教学思想倡导学生培养参与意识，研究性教学模式有别于灌输式教学模式的另一特点是要求全体参与，教学不再只是教师的事情，更是学生自己的任务。课堂从“单向主导”变为“平等互动”，学生可以及时反馈自己的想法和展示自己的论证。三是注重培养学生的兴趣意识。科学家爱因斯坦曾说“兴趣是最好的老师”。学生对自己感兴趣的专业或事物往往会热心接触、观察和积极从事有关研究性学习活动，并注意探索与学科专业相关的科学奥秘，学生的专业兴趣与认识和情感相联系，一般说来，对专业的认识越深刻，热爱的情感越炽烈，专业学习的兴趣也就会越浓厚。四是注重对学习过程的跟踪和评价。研究性教学与其他讲授式教学模式的不同之处，还在于其不仅重视学生的学习结果，而且更重视学生的学习过程、思维方法和创新意识的提高。研究性教学提倡“在做中学”的理念，在质疑的前提下自主对所学的内容有所选择、判断、解释和运用，最终有所发现、探索和创造。

（二）西方教育领域研究性教学思想的形成和实践

西方的研究性教学思想可以追溯到古希腊苏格拉底的“产婆术”。18 世纪法国启蒙思想家和教育家卢梭在《爱弥儿》中提出，人天生具有探究的愿望，教育应尊重这一天性，满足儿童的探究愿望。这种在教育中鼓励学生主动发现的思想，类似于今日的研究性教学思想。19世纪初期，德国教育学家威廉·冯·洪堡在柏林创立了第一所集研究和教学为一体的洪堡大学，并主张把研究引入整个教学过程。在威廉·冯·洪堡看来，教学活动的本质就是引导学生去认识真正的世界，这一认识过程必然是一个探索过程，而不只是一个教条的接受过程。

威廉·冯·洪堡在洪堡大学所进行的研究性教学实践为研究性教学思想的产生奠定了理论与实践的基础，其影响深远，意义重大。其后，美国思想家杜威在《民主主义与教育》一书中论证了科学研究的必要性，从理论上论证了科学探究的必要性，并以此为基础创立了“问题教学法”。20世纪初，美国著名教育思想家布鲁纳等提出了“发现教学模式”及其理论。他在《教育过程》一书中提出应重视科学的知识结构，重视发展学生智力、培养学习能力的新教育观，并率先倡导“发现法”，即尽可能引导学生自己去发现的学习方法。他认为，发现是教育儿童的主要手段，并强调说，“如果我们要展望对学校来说什么是特别重要的问题，我们就得问怎样训练几代儿童去发现问题，去寻找问题”。20世纪90年代后，美国博耶研究型大学本科教育委员会的两份报告引发并推动了美国研究性教学的开展。该报告发表后，各研究型大学纷纷为本科生参与科研创造条件，真正将本科开展研究性教学付诸实践。之后，欧洲各国和日本也纷纷效仿美国对研究性教学进行探索与尝试。报告中提出要通过课题研究培养学生自己发现问题、自主学习思考、自主进行判断、自主解决问题的素质和能力，规定学生可以选择自己感兴趣和关心的研究课题。

（三）中国研究性教学思想的形成和实践

我国古代思想家和教育家孔子最早论述了教育问题，他认为“学而不思则罔，思而不学则殆”，这句话的主要意思是阐述学习与思考都很重要，即研究性学习，避免只是死读书，却不肯动脑筋思考，或者只是冥思苦想，却不认真读书。这句话表达了孔子“学与思结合”的教学思想，孔子倡导的“学与思结合”已经具有研究性教学的思想特点。孔子之后的中国教育思想家不断弘扬其学思结合、学疑结合的思想，注重培养学生的问题意识和质疑精神。战国后期儒家思想的主要代表人荀子从唯物主义观点出发，对研究性学习进行过阐述，其实就是采取形象比喻的办法，把学与习结合起来，是带有实践意义的学习。春秋战国后，更多的学者重视学习与思考的结合，如唐代文学家韩愈主张把“学习”和“求新”有机结合起来，在原有学习的基础上求新，达到“抒意立言，自成一家新语”。宋代理学大师张载提出，“有可疑而不疑者，不曾学；学则须疑”。南宋著名思想家和教育家朱熹认为，为学要自己下功夫，强调学习的自主性。

他强调“读书始读，未知有疑。其次则渐渐有疑。中则节节是疑。过了这一番，疑渐渐释，以至融会贯通，都无所疑，方始是学”。可见朱熹特别重视学生提出的疑难，这里所说的从无疑到有疑再到解疑的过程，其实是发现问题和解决问题的过程。由此可见，中国古代教育思想已经明显体现了研究性教学注重主体、注重实践、注重应用和注重创新的特征。现代著名教育家蔡元培认为，大学教学不是“灌输固定知识”的注入式教学，而是引导和启发学生研究学问的教学，他主张“凡大学必有各种科学的研究所”，认为大学应研究高深学问，大学生当以研究学术为天职。在教学方法上，他重视启发式教学，提倡自我学习和自我研究的方法。这对今天高等学校对研究性学习教学的探索无疑具有重要的借鉴和指导意义。

（四）研究性教学思想在大学英语教学中的运用

教育部颁布了《关于加强高等学校本科教学工作提高教学质量的若干意见》与《关于进一步加强高等学校本科教学工作的若干意见》。这两个文件极大地促进了我国高等学校对研究性教学的重视，对大学英语教学具有指导性作用，也成为大学英语教学改革的重要方向。提倡大学教师把自己的科学研究带上讲台，就是要把教授的科研成果体现在具体的教学过程中，使科学研究成果尽早、不断和及时进入大学教学内容，使教学过程具有探究性和实践性。两个文件中明确指出，要积极推进研究性教学，提高大学生的创新能力。这是国家本科教育文件首次明确使用“研究性教学”一语，这是我国借鉴国际先进教学经验推进我国教学改革的重要举措，标志着以研究性教学为突破口、推动并优化本科教育改革，已经成为国家教育部门对高校教育的新要求。至此，围绕大学研究性教学思想的理论研究和实践探索纷纷在高等学校展开，特别在高校英语教学中被广泛实践和推广，积累了一定的经验，取得了相当好的教学效果。

（五）研究性教学思想对商务英语教学改革的影响

新中国成立后，我国大学外语教学只注重对苏联语法翻译模式的借鉴，长期忽视对世界其他国家教育研究与发展成果的了解与借鉴，从而导致我国的英语教学发展缓慢、教学问题突出和教学效果不明显，英语学习几乎演变为背单词、学语法和翻译句子等固定步骤。与研究性教学相比，在传统的语法翻译教学模式下的高校英语教学，方法过于单一，内容过于僵化，要求过于统一，越来越不适应当今社会对创新人才和人才多样化的要求。因此，对高校英语进行教学改革成为时代的必然选择，其影响表现在多个方面。

1. 创新教学理念

首先，研究性教学要求教师放弃传统的教学观念，充分认识教师角色的转变。教师不仅仅是课堂的知识传播者，更是课堂的组织者、问题引导者和论题参与者。这就要求教师有开放意识和开阔视野，把教学知识内容与教学问题有机结合，改变现有教材中答案式的平行叙述，通过某一知识点中包含的一个或几个疑难问题，引导学生自己从多角度思考和寻找解决问题的有效方法。研究性教学对教师自身素质和专业知识提出更高的教学要求，只有把基础知识和创造性探讨相结合、把做学问的严谨态度与灵活多样的研究途径相统一，教师在教学活动中才会收放自如，才能更好地应对学生在教学—学习过程中的询问和困惑。总之，在研究性教学中，师生对问题的研究和探讨不仅被当成一种活动，应该把它上升为一种思想、原则和态度。教师应立足于原有的知识体系，增强教学的研究性成分，把传统的教学形式改造成为研究性的探讨形式，培养学生的问题意识、研究意识和创新意识。

2. 优化教材体系

传统的高校英语教材是纸质的分册教材，教材的课文、单词、注释和练习内容有限，并且没有音频、视频和网站链接。这种教材的规模和编排已经完全不能适应研究性英语学习的要求。因此，英语教学改革必然导致对高校英语教材的改革。新型的大学英语教材应包括配套的电子或网络教学系统。如果没有这样的网络教学系统，再好的大学英语教材也是没有生命力的。英语的学科特点决定了英语教材必须走向国际化，最原汁原味的英语自然是英语原版的文章和材料，从国际市场寻找最好的精品教材直接引入我国的公共和专业英语教材中，是帮助学生接触地道英语的最好途径。如高等教育出版社的“大学体验英语”教学包中的《听说教程》是培生教育出版集团最新教材的引进改编版，其中录音带和 CD 光盘是聘请国内著名高等学校的权威英语教师根据国情精心改编，使之成为既达到国际一流水平又具有中国特色的精品听说教材。又如清华大学出版社的《新时代交互英语》，是该社在国际著名的朗文公司和汤姆森学习集团等最新原版录像、教学课件及文字教材的基础上，组织美国密歇根州立大学等国内外 30 多家单位、90 多位专家学者重新改编的教材。总之，高校英语教学改革必然导致高校英语教材的变化和教材配套资料的变化。

3. 改革教学方法

传统的“一根粉笔、一块黑板和一本书”的教学方式已经不能适应研究性英语教学模式，研究性教学往往会走出课堂教室，进入语言实验室、多媒体实验室、图书馆、数据库、班级微信群等现代传媒领域。教学活动基本上不会是应试性传输—接受型教学形式，教学内容也不再是对所谓的知识点的讲解，课堂内容可能是对整个内容的思考和探讨，教师将自己某些科学研究课题适当地引入课程教学，实现理论教学和科研实践相结合，不断引发学生对科学研究更深刻的理解，总结科学研究规律，把握学科发展的精髓，更好地传播科学知识，促进和推动教学活动的开展以及教学水平的提高。教师精心设计一些教学问题，循循善诱，左右开导，步步启发，将学生带入设计好的研究问题中，通过小组讨论或和教师讨论感受和了解问题的实质、核心和内容。在整个教学环节中，学生看到的学习不再是一本书中的课文，可能是与课文内容相关的新闻报道、科学实验、科普节目、研究报告或相关评论等；学生听到的也不再是简单的课文朗读，可能是总统讲话、名人演讲、诗歌朗诵或影视作品。研究性教学极大地丰富了许多大学课程的教学形式，同时极大地激发了学生的学习热情。这种热情最终会转化为学习动力，使教师灌输性的课堂转化为师生互动的课堂，使被动学习转化为自主学习。

4. 完善考核制度

研究性英语教学的意义在于培养具有创新思维和知识全面的高素质人才，原有的以期末考试定成绩的考核评价体系远远不能适用于研究性教学。单一的考试由于题型固定、命题有限、答案单一等因素严重阻碍了学生研究性学习的开放性思维，因此，对考核评价方式的改革势在必行。研究性教学的考核方式应该是多途径、多元化和多角度的成绩和能力的综合评判。具体的给分方式可能是课堂讨论、实例分析、数据收集、文献综述、学期论文和任务完成等多个方面表现的综合评定。

第二节　商务英语的教学方法

商务英语教学法中几种主流的教学法：交际法、任务法、项目教学法、案例教学法、情境教学法（多媒体教学法）等。由于培养人才目标的不同，针对不同的市场，研究院校的商务英语专业与大学本科商务英语专业的教学法有一定的差异，商务英语更强调实践性，而本科商务英语更倾向专业知识的传授，实践机会比较少。

一、任务教学法及其在商务英语教学中的应用

（一）任务教学法

任务教学法一般都分为三个阶段，即前期任务、执行任务和后续任务。其通常具备以下五个特征：

①强调通过用目标语进行交互作用活动来学习交际；

②将真实语篇引入学习情景；

③为学习者提供机会，让他们把注意力不仅仅集中于语言，而同时集中于过程本身；

④提升学习者个人的经历，把这些经历看作课堂学习的重要贡献成分；

⑤试图将课堂语言学习与课外语言的激活联系起来。

由于商务英语课程属于特殊用途英语范畴，其教学要求与一般的通用英语课程的教学要求有所不同，这就使得我们应用任务教学法的具体过程和步骤也不尽完全相同。特殊用途英语课程教学要求目标明确、针对性强，其课程设计的精髓就在于目标需要分析。因此，特殊用途英语课程的教师在运用任务教学法之前，要首先了解学习者的目的和动机，分析学习者将来使用英语的情况，找出他们在交际过程中所需要的语言知识和技能，然后有针对性地设计任务，组织教学。笔者所教的商务英语课程就要求教师在比较系统地介绍商务知识、帮助学生了解和熟悉商务环境的同时，更要侧重于进一步巩固并提高学生在基础英语阶段所学到的语言知识和听、说、读、写的技能，并结合具体的商务内容，有针对性地扩大词汇量，培养学习者阅读理解有关商务材料的能力并最终达到能熟练运用商务英语进行商务活动的教学目标。

（二）任务教学法的产生与发展

任务教学法是在20世纪80年代交际法较为盛行的历史背景下产生的，当时意念功能大纲和程序教学模式非常流行。任务教学法的理论依据主要是第二语言习得理论，主张学习者通过语言运用发展规则系统，强调语言学习的重点应该主要放在意义上，语言形式虽然也受到一定的关注，但主观性和随意性较大。所谓“任务”，就是学习者用目的语进行理解、操练、产出与互动的任一课堂活动，而且学习者主要关注意义而不是形式。任务应该具备完整性，其本身就是一项交际行为。一般认为，一项任务应具有以下五个特征：①以意义为主；②有某种交际问题需要解决；③同现实真实世界的活动具有可比性；④完成任务优先；⑤完成任务的评估标准是以其结果为依据的。其实，“任务”这

一术语在国内外语教学领域并非生词。教育部制定的《高等学校英语专业基础阶段英语教学大纲》便倡导在教学中要"设计某些以完成任务为目的的语言活动"，在《高等学校英语专业基础阶段英语教学大纲》中又进一步规定，"在教学中要多开展以任务为中心的、形式多样的教学活动"，赋予了"任务更加突出的地位。教育部更是在《全日制义务教育普通高级中学英语课程标准》中明确规定高中英语教师就应该尽量采用任务型的教学途径。

（三）任务教学法在商务英语教学中的应用

1. 任务教学法的五项原则

威利斯曾就任务教学法的实施提出过五项原则：

①提供有价值和真实的语言材料；

②运用语言；

③所选任务能激发学生应用语言；

④适当注重某些语言形式；

⑤不同学习阶段重点也应不同。

2. 任务教学法的六个教学步骤

在这五项原则的科学指导下，又根据使用的具体的教材的具体内容，将课堂设计进一步细化为基础知识铺垫、前期任务导入、学生自主学习、分组学习讨论、真实语料点评和书面汇报总结六个教学步骤。

（1）基础知识铺垫

作为任务教学法的第一个步骤，笔者首先向学生简要介绍本章要学习的主要内容，然后再介绍一些与广告相关的概念、术语和常识，例如，广告的定义，广告的类型，广告的媒体，选择广告媒体的影响因素，等等。

（2）前期任务导入

例如，在一次有关酒的课程教学中，笔者针对教学内容引入我们日常生活当中较为熟悉的酒类广告的话题，并逐步导入前期任务：啤酒公司在大学校园内搞广告促销是否有违商家的职业道德？法定饮酒年龄从 18 岁提高到 21 岁是否可以有效防止大学生酗酒现象的发生？学校官员允许啤酒商赞助学校运动会是否属于行为不当？该步骤至关重要，一定要确保导入的任务既要与所要学习的内容相关，又要能激发起学生学习的兴趣和热情，否则会直接影响到后面教学步骤的顺利实施。笔者导入的大学校园的啤酒促销、大学生酗酒以及学校运动会的啤酒赞助商三个前期任务都是学生经常讨论的熟悉话题，因此很容易激发学生的学习兴趣和讨论热情。

（3）学生自主学习

因为对导入的任务感兴趣、有热情，学生的自主学习更积极、更有效。为了完成任务，他们会主动阅读广告相关内容，仔细查找与任务相关的资料，并在必要的时候向教师寻求帮助。该环节强调以学生的自主学习为中心，让学生进一步了解并掌握广告的相关知识，为后面的分组学习讨论、真实语料点评打下坚实的基础。而教师的角色则由传统的课堂权威转变成任务的设计者、组织者和学习的协助者。这种转变有助于培养并强化学生的自主学习和独立意识。

（4）分组学习讨论

学生在学习广告相关术语、了解相关专业背景知识之后，再用目的语以小组讨论、配对练习、角色扮演、正反方辩论等形式来完成教师设计的任务时就显得得心应手、游刃有余了。该环节通过分组学习讨论的方式将整个班级拆分为多个小组，这样就可以最大限度地为每位学生创造交流的机会，避免了以前那种一个班级总是那几个学生积极发言而大多数学生旁观的局面出现。由于学生的英语水平参差不齐，教师在该环节不应过分拘泥于学生语言形式和语法错误，而应侧重强调任务的意义，鼓励学生积极参与。最后，教师再就学生完成任务的效果进行分析评估，并提醒学生有意识地去逐步培养自己的商务意识、跨文化意识、话语策略和决策能力。

（5）真实语料点评

特殊用途英语课程教学的一个突出特点就是需要给学生提供真实语料，而日新月异的计算机多媒体技术和网络的发展使得教师为学生提供集视频、音频、图像和文字于一体的真实语料成为可能。让学生运用自己所学的专业知识对真实案例进行分析点评一直是任务教学法当中最受学生欢迎的教学环节。真实语料点评一方面为学生提供了一个理论联系实际的机会，有助于提高他们今后分析问题、解决问题的能力；另一方面又可以让学生现学现用，觉得自己学到的知识很实用，可以派上用场，而不是与现实脱节的无用知识。笔者在该环节当中就给学生播放了麦当劳最新的促销广告，其中有顾客跪求商家打折的片段，并让学生运用自己所学的专业广告知识就此广告发表自己的观点。

（6）书面汇报总结

在执行和完成任务过程当中，学生自然运用语言的机会很多，独具中国特色的“中式英语”时常出现。虽然我们在分组学习讨论和真实语料点评的两个环节鼓励学生多用目的语讨论，但为了防止在集中关注意义的同时损害了语言形式的发展，教师有必要在后续任务阶段让学生提交一份有关任务的书面汇报总结。增加这一环节主要有两个方面的考虑：一方面可以帮助学生系统地梳理一下所学的内容，达到“温故而知新”；另一方面又可以通过规范、地道的书面语来督促他们逐步更正自己的“中式英语”，并最终过渡到商务环境中的标准英语。

（四）任务教学法的优势

和传统的语法翻译教学模式比较起来，任务教学法有以下几个明显的优势。

首先，任务教学法彻底改变传统的“应试教学”模式，将要掌握的学习内容分解为一个个需要完成且具有一定挑战性的任务，有效地激发了学习者的主观能动性和学习的自觉性；而笔者借助计算机多媒体现代教育技术针对特定任务和情景添加的一些相关的图像图表、音频视频资料，作为一种“理解性输入”的多维立体信息，因其生动形象、图文并茂，不仅符合克拉申的“i+1”输入理论（信息输入量略高于学生现有的水平），更可以充分调动学生的兴趣和动机，强化信息刺激，使得学生对所学知识有更直观的认识和了解，学习效果更扎实、更持久，极大地提高了单位时间内的教与学效率。

其次，任务教学法加强了实用性英语教学，特别突出和加强了学生的听说与交流能力的训练与培养，以适应社会对有较强国际竞争能力人才的需求。任务教学法强调学习过程、有目的的交际和意义表达，鼓励学生多开口，注意培养学生在真实环境中应用英语解决实际问题和困难的综合能力。计算机多媒体技术的融入也使得教师设计模拟任务和提供真实语料更为便捷。教学当中补充的音、视频内容涉及商务英语的方方面面，从生产管理到物流配送，从人才招聘到职业培训，从广告策划到市场营销，从金融证券到国际贸易，应有尽有。对于有相关专业知识背景的学生来说，这种特定语境下的音、视频资料既可以巩固自己的专业知识，又可以提高自己的英语听说水平。这种图文并茂、生动形象的多维立体信息输入使学生学得轻松、学得愉快，更重要的是学得更投入。

最后，任务教学法培养了学生的团队意识，提高了解决实际问题的能力。教师将学习内容分解成一个个具有一定挑战性的任务，学生必须通过与他人沟通合作去发现问题、分析问题，直至最终找到解决问题的方法。该环节模拟出来的商务环境使得身处象牙塔的大学生能有机会尝试解决一个近似真实的工作任务，最大限度地为学生创造交流的机会。这种强调任务的意义而非语言的形式的教学可以让学生在心理障碍最小的状态下自然习得语言，并通过完成任务、解决问题来理解团队精神，有意识地去培养自己的商务意识、跨文化意识、话语策略和决策能力，并最终实现在走出校门之后能很快地融入社会中去的目的。

为了全面了解此次商务英语教学探索与实践的效果，笔者特意在一次问卷调查的最后增加了一道主观题，让学生结合自身的实际感受具体谈谈他们对任务教学法以及此次商务英语课程教学改革尝试的看法和建议。从我们收集到的反馈信息来看，绝大多数学生在肯定任务教学法的同时，对教师提出了更高的要求，如希望教师多学习一些经济管理类知识，多结合一些国内外最新的相关案例进行教学（尤其是英语视频资料）等。这对于非科班出身的专业英语教师来说，虽然有很大的难度，但使其意识到了自身的一些不足，明确了今后努力的方向。

二、项目教学法及其应用

（一）项目教学法的内涵

项目教学是美国进步教育运动的真正产物，其详尽清晰的界定首先是由美国教育家基尔帕特里克在其论文“项目教学法”中提出的。20 世纪 70 年代，项目教学在北欧和中欧历经了伟大的复兴。许多当今的教育改革运动——“综合学校运动”、社区教育运动、开放课程和实用教学都用到了项目教学。在美国职业技术教育以及其他领域中谈及建构主义、探究学习、问题教学和设计教学时，项目教学被称为最佳和最适当的方法之一。“项目”的理念源于 17 世纪，法理学家的“案例分析”和行政人员的“沙盘演练”术语系出同类，与试验、案例分析和沙盘演练的相似之处在于都根源于职业的专业化；与试验、案例分析、沙盘演练的不同之处在于项目教学法不是经验性的、解释性的和策略性的学习，而是一种“建造”性学习。

项目教学法是通过“项目”的形式进行教学。为了使学生在解决问题中习得一个完整的体系，所设置的项目包含多门课程的知识。项目教学法就是在教师的指导下，将一个相对独立的项目交由学生自己处理。信息的收集、方案的设计、项目实施及最终评价，都由学生自己负责，学生通过对该项目进程的了解并把握整个过程及每一个环节中的基本要求。这是一种典型的以学生为中心的教学方法。

（二）项目教学法的优势

在教师讲授、学生接受的传统的教学模式影响下，中国学生形成了严重的依赖性和惰性。这种性格的养成不但不利于学生现在的学习，对其以后的工作也造成障碍。项目教学模式，是一种实战型，没有现成的答案，需要师生共同参与、合作，而且结果又是未知的一种教学模式。教师也不再是传统意义上的讲授者，扮演更多的角色则是"引导者"，帮助学生通过对项目的学习，了解现实商务工作环境、程序，对商务活动形成一个基本的概念。提出相关的问题引导学生独立思考形成自己的看法，促使全班学生参与到讨论中来，最终产生令人满意的学习效果。运用项目教学模式一扫传统教学呆板、单调的教学方式，能够激发师生间主动参与的兴趣，使学习变成解决一个又一个现实的任务，而且在其中也有利于教师的反思性教学，是对师生能力的一次又一次的考验和提升。因此，学生会对学习充满热情，学习动机自然也得到提升。

（三）项目教学法的特点

国内学者将项目教学法嫁接到商务英语教学中，将其商务英语专业教学直接与学习者将来的职业挂钩，商务英语项目教学就是针对相关的语言教学，使学生和他们将来的职业建立关系，给其任务，使其完成一些有职业价值的项目。总结归纳部分学者的观点，项目型教学法的主要特点主要有 5 点。①实践性：项目的主题与真实世界密切联系，使学生的学习更加具有针对性和实用性。②自主性：提供学生根据自己的兴趣选择内容和展示形式的决策机会，使学生能够自主、自由地进行学习，从而有效地促进学生创造能力的发展。③发展性：长期项目与阶段项目相结合，构成为实现教育目标的认知过程。④综合性：具有学科交叉性和综合能力的运用的特点。⑤开放性：体现在学生围绕主题所探索的方式、方法和展示、评价具有多样性和选择性。

综上所说，商务英语教学落脚点还是在语言的学习，通过项目的形式，在语言的学习过程中，学生自主学习的能力、社会交际能力、特定环境中语言多样性，肢体语言和话语能力等都得到很好的发展。这些也都是语言阶段性发展的重要标志。项目教学法是一种教育理念，可以细化为行之有效的教学策略和应用较为普遍的教学方法。商务英语引入项目教学法旨在不仅将理论与实践相结合，而且着重于人的整体发展，它关注学生在项目中每一步的成长，它是一种建构性的学习。

在把商务英语作为一个有明显特征的语体的前提下，把商务活动的内容以项目教学的形式运用于课堂教学。因此它的主要特征除了前人所述，还有整体性和可迁移性。

（四）项目教学法的适用范围

此类课程是商务英语专业的必修主干课，属于本专业方向的专门知识和技能类课程，要求学生掌握专业课程的基本概念和运用技巧，突出培养学生获取知识的能力、运用知识的能力、发现问题的能力、分析问题的能力、独立解决问题的能力和创新的能力，并结合专业课学习培养学生的商务决策能力。例如，在邮件中尽量不要使用“I want”（想要）之类的词表示要求，“I would like”更显得尊重对方，“I am interested in”（感兴趣）也是提出请求建议或寻求意见的比较好的选择。在工作中使用问句表现自己愿意承担更多的责任，“Is there anything else you'd like me to do？”（还有什么需要我做的吗？）。努力工作是一个方面，如果能做到既能干又有效率，会得到别人更多的欣赏。比如，“I'll get right on that.”表示会马上开始着手处理，或者是“I'll get that to you by 6 p.m.”告之他人一个具体的时间，会让自己的话更具信任度。

在实际教学中，教师可以把以上举例融入项目中，设计出有趣的现实的问题做引导，例如，English a Boss Like to Hear（如何讨老板欢心），然后利用工作中的实际场景，进行讲解。阿德里娅·斯坦伯格的著作《真实的学习，真实的工作》关于未来职场的真实性的设想，包括 6 个项目的设计标准：真实性，学术严谨性，应用性，积极探索性，与成人世界相连，实践的评估。将项目教学法运用于此类课程，首先要保证项目提出的问题是有真实意义的。其次项目提出问题的能力是符合课程标准的，学生能在项目中发展出新的思维习惯（如提出问题，语言，逻辑思维，毅力等）。再次要保证项目的实用性，要培养学生的工作能力（如团队协作、沟通、组织和分析信息的能力等）。最后，学生要在项目中进行积极的探索。这样既可以使学生掌握商务英语的基础知识，深刻把握商务活动中涉及的疑难问题，又能让学生学会如何在现实生活中运用商务技能来解决问题，使学生达到懂商务英语、用商务英语的目的。

（五）项目教学法在商务英语教学中的实施

与项目相关的辅助类课程，主要目的是进一步充实和延伸专业基础课和专业课所确定的专业方向，拓宽学生的知识面，增强学科间的相互渗透，突出素质教育和个性化教育目标。教师可以根据不同类型的课程，如语言文学类、文化类和国际商法类等课程的特点，选择适合这一类课程的方案进行项目教学，可以使学生深刻地掌握该课程。

有针对性地运用项目教学法，发挥其在商务英语教学中对语言发展的促进作用，促进语言系统的发展变化。在当前，关注个体语言发展吸引了大部分人的注意力，人们通常会对语言的各个组成部分进行分析对比研究，如语言、词汇、语法、句法等。然而因为语言系统本身处于不断变化发展的过程，它会随着时间的推移以及社会环境、遗传因素、个人不同的背景等很多因素的影响发生改变。项目教学法用于商务英语教学，就可以很好地克服这点。它不仅仅强调建构主义中人们对知识的建构，强调认知、情感以及社会文化等因素的共同作用，同时也不排除以华生和斯金纳为代表的行为主义语言发展观点，承认语言的学习需要靠不断地模仿和练习。

在针对特殊语境下的商务英语语言变化这一过程中，主要体现为特定语言与日常语言的转换。在真实的项目设计中，我们需要考虑不同身份的差异（年龄、性别、地位、心理特征等）。因而，从心理语言学的角度出发，探讨商务语言模式，语言生成与语言理解两者的相互作用，从而揭示商务人士内在心理变化过程，描述商务语言的发展变化过程。

项目教学法所依托的复杂性思维范式要求在教学的过程中把系统的外语教学框架中的艺术因素与科学因素相结合，因此，无论单一地强调哪一种范式都会有所偏颇。企图用一元范式或二元范式来解读复杂的外语教学是行不通的。将项目教学法运用于商务英语教学，探究不仅仅是简单的线性因果关系，它关注的还有教学中的情境性、时间性、偶然性，以及在这一特殊环境下复杂的教学活动和具有鲜活生命的师生。

三、交际法及其在商务英语教学中的应用

语言教学可以说是一项在教学理论或原则指导下教师指导学生解决问题的活动。教师的课堂教学活动都是在某种理论或原则的指导下进行的，教学的成功在于理论的正确指导，在于教师采用与理论相适应的教学手段，并根据学生的具体情况发挥个人的创造性。在目前高校英语专业中，商务英语是较为热门的专业方向，经贸英语、国际商务英语、外贸函电、外贸实务、商务谈判等都属于商务英语类课程范畴。英语专业中开设此类课程能更好地满足社会对外语类复合型人才的需求，也是英语专业教学改革的方向。与英语专业中的其他课程相比较，商务英语类课程最大的特点是语言技能与专业知识的密切结合，这一特殊性决定了教师在教学中既要注重培养学生的英语语言技能，同时还应讲授商务专业知识，这无疑对英语教师提出了更高的要求，使教师觉得教授此类课程有较大的难度。此外，为了能取得理想的教学效果，达到预期的教学目标，该如何运用某种教学理论的指导，采用何种教学手段，这也是教师苦苦思索和探求的另一个重要问题。

（一）交际法的内涵及其主要特点

交际法又称功能意念法。它是一种既培养学生语言能力又培养其交际能力的教学法，其理论主要来自社会语言学、心理语言学和乔姆斯基的转换生成语法。交际法语言教学理论的最突出的特点是重视对学生语言交际能力的培养。它克服了传统教学法重形式轻内容、重语言系统成分学习而轻语言实际应用等方面的局限性，真正体现了语言的交际作用。

事实上，学习一门语言，最终目的就是交际，即用语言来传递、交流信息，表达思想感情。该理论的另一个特点是重视语言使用的恰当性。就是说，学习语言不仅仅是学习语言系统成分的正确用法，而且应学会语言的使用场合，即在不同场景下如何恰当、准确使用语言。换言之，学习语言除了要学习语言规则，即语音、语法、词汇的各种规则，还应掌握其语用规则、各种文化词汇等。交际法的创始人之一，著名的应用语言学家威多森认为，掌握一门语言意味着掌握其词汇、句法，而且会在语言交际中进行恰当应用。该理论的第三个主要特点是，它体现了现代社会对外语教学的目标要求。交际法是 20 世纪 70 年代在欧洲兴起的外语教学法，这一语言教学理论的确立，从不同侧面反映了随着社会经济、科技和文化的发展以及各国交往的日趋频繁，社会对具有交际能力的外语人才的不断需求。

（二）交际法在商务英语教学中的实践

外语教学的任务是培养能在不同文化背景中进行交际的人才，这是外语教学的指导思想。商务英语教学也没有背离这一教学宗旨，从某种意义上说，商务英语教学对培养涉外交际人才的要求更高。也就是说，它旨在培养语言技能与专业技能相结合的复合型涉外交际人才，这也反映了当今社会对外语教学的新要求。在明确商务英语的教学目标任务后，接下来就是如何在正确、可行的教学理论或原则的指导下来实施、开展教学活动。如前所述，交际教学法语言教学理论正是在当今社会对涉外交际人才的不断需求这一背景下兴起并流行的，而且该理论的核心思想就是语言交际能力的培养。因此我们认为，交际教学法可以作为指导商务英语教学的语言教学理论。

1. 采用“分两步走”策略来组织、开展教学活动

如前所述，商务英语最明显的特点是语言技能与商务专业知识的密切结合，这在客观上要求教师既要注重对学生语言技能的培养，强化学生的听、说、读、写、译等各方面的能力，而且还应重视商务专业知识讲授，使学生具有扎实

的商务专业知识。交际法教学原理已经表明，语言学习不仅要学习语言的系统成分，而且应重视语言的实际应用。因此我们认为，在商务英语教学中，教师可“分两步走”来组织、实施课堂教学。“分两步走”主要是指把整个教学安排分为两个环节。第一个环节，即所谓第一步，是指教师首先对基本商务专业知识进行讲解，如对一些基本理论、基本概念、技术术语、专业词汇等进行介绍、分析，使学生能有较全面的了解。第一步应以教师为中心，教师必须用英语作为课堂语言，并详尽阐述、讲解专业知识。因此，教师不仅要有娴熟的语言技能，而且应具备良好的专业素养。第二个环节，即第二步，是指教师组织学生并以学生为中心开展形式多样的课堂活动，进行各项语言技能及商务技能的训练，如专项讨论、案例分析、单证制作、模拟洽谈、辩论、口（笔）译练习等。商务英语是应用性很强的一门学科，具有很强的实用性和操作性，因此组织丰富多样的课堂教学活动不仅是必要的，而且是完全可行的。值得注意的是，在第二步中，教师应着力营造一种商务气氛，使各种操练能在一定的商务氛围中进行，以取得更佳效果。不难看出，这两步之间是密切联系，不可分割的，第一步应是第二步的基础和必要条件，第二步则是第一步的目的和归宿。“分两步走”充分体现了交际教学法对语言教学的要求，而且也使语言技能与专业知识融会贯通。

2. 重视对商务专业基础知识及商务英语语言特征的分析

交际法是一种既培养学生语言能力又培养其交际能力的教学法。对语言的学习，掌握语音、语法及词汇的各种规则，可为语言交际能力的培养奠定扎实的基础，因此对语言系统知识的讲解是符合交际教学法客观要求的。我们知道，商务英语类课程一般大都在英语专业的高年级阶段开设，学生已具备较扎实的英语语言基础，因此在这一阶段无须对普通语言知识进行精讲。由于在低年级阶段学生没有学过商务类课程，学生对国际商务基础知识、基本概念、操作环节了解很少，尤其是对一些技术术语、专业词汇及缩略词更觉得生疏，难以理解和掌握，因此教师应把某一商务领域的基础知识、操作流程、基本概念、专业词汇及术语的讲解作为重点，比如，讲授国际货物贸易时，教师应就货物贸易的数量、品质、包装、价格、运输、保险、支付、检验、索赔、仲裁、不可抗力等内容作为一个整体系统讲解，并最终体现在一份国际货物销售合同之中，使学生从整体上加以把握。此外，商务英语有较为明显的语言特征，如用词规范、句子结构严谨、惯用术语及缩略词、套语频繁、法律文体等，这是商务英语的重点和难点，也是与普通英语的不同之处。因此对于教师而言，在讲解语言知识时，不宜对普通英语的语言系统过多精讲，而应重点分析、讲解商务英语的语言特征，尤其是对与普通英语中的常见用法极易混淆或令人费解的一些专业词汇、技术术语、习惯用法、缩略词等则更应详尽分析、比较，讲清、讲透。频繁使用专业词汇是商务英语的主要语言特征之一。许多专业词汇蕴涵深层的含义，是商务英语学习中的重点和难点。比如，《国际贸易术语解释通则》中的有关买卖双方的权利义务划分、风险转移、运输方式、保险等规定最终体现在 13 个价格术语之中，而且这些价格术语又以缩略词形式出现。作为国际贸易惯例，这些价格术语明确了买卖双方的权利和义务，并为合同履行、争端解决（如仲裁、诉讼）提供了依据。同样，国际贸易中的有关支付方面的各种规定亦包含在几个术语之中，相关缩略词分别对支付的整个操作规程、适用范围做了详尽描述，供当事人选用。此外，还有许多普通词用作术语的例子。

① We are sending you the offer subject to our final confirmation.

② Please establish the confirmed L/C 20 days before the date of shipment.

③ The seller shall present the following documents required for negotiation/collection to the banks.

以上 3 个例句中的 Offer、Confirm、Negotiation 及 Collection 是英语中常用的词汇，分别理解为"提供""确认""谈判"及"收集"，但在商务英语中这些词则通常作为专业词汇，分别含有"报价""保兑""议付"及"托收"的意思。与普通用法截然不同，这些词汇在商务环境中包含丰富的专业知识，如果不能理解其特定含义和特殊用法，就会影响商务活动的顺利进行，甚至导致严重后果。

3. 强化学生的商业文化意识，增强对商业文化的敏感性

交际教学法的一个显著特点就是重视语言使用的恰当性，即学会在不同场合恰当、准确地使用语言。这就要求在语言交际过程中，不仅要遵循语言的基本规则，如语音、语法及词汇的各种规则，而且应把握反映深层目的语文化内涵的各种语用规则、交际风格及文化词汇的用法，以便使交际顺利进行。如前所述，商务英语教学主要是培养在涉外商务环境中进行交际的人才，因此我们同样应注意文化因素在涉外商务环境中对交际所产生的影响，尤其是不同的商业文化在这方面的作用。商业文化主要包括国人在商业活动中的经营理念、经营管理方法、商业心理、商业价值观等方面的内容。研究者发现，不同国家的商业文化存在着很大的差异，在涉外商务交往中因商业文化差异所引起的商业文化冲突会严重阻碍商务活动的顺利进行。

（1）在经贸洽谈方面

在涉外经贸洽谈过程中，往往会因谈判人员的性格特点、谈判方式、行为举止及价值观等方面的差异引起商业文化冲突。事实上，不少谈判人员对经贸活动中所遇到的具体情况往往无意识地参照自己的文化价值观。例如，中国公司的商务人员见到外商时会递上一支烟。在中国，向客人敬烟是表示礼貌和友好，而在国外，特别是欧美国家有不少人反对吸烟，向客人敬烟反而是不礼貌的表现。因此，商务人员应避免"文化参照"，适应异国文化差异。在商务谈判中，商务人员应熟悉别国的文化背景，把握谈判对方的性格特点，以便在谈判中处于主动的地位。

（2）在涉外商业广告设计方面

由于不同文化背景中的消费者的需求、消费心理、品位及爱好等存在着很大的差异，因而在涉外商业广告设计方面，也会面临诸多文化因素的干扰。这就要求广告设计者要更多地了解异国文化背景，尤其对那些反映异国民族文化的语言词汇，即所谓的文化词汇有较深刻的理解。例如，在德国，"啤酒"一语有着丰富的文化底蕴，反映出该民族的饮食传统及消费爱好，它是广大消费者喜爱的饮料，德国啤酒有很好的声誉。因此一则奶酪广告，可以用一大杯起泡沫的啤酒来烘托主题，以迎合消费者的品位和消费心理；而在法国，如用一杯红葡萄酒来代替啤酒，则更能迎合消费者的心理，红葡萄酒为法国人所钟爱，具有悠久的历史。一则成功的涉外商业广告取决于对异国语言文化的理解，唯有如此，才能更好地传递广告主题及广告信息，才能体现广告的商业功能。

由此可见，对异国商业文化的介绍应是商务英语教学的重要组成部分，教师应注重对不同国家之间商业文化差异的分析，强化学生的商业文化意识，增强对商业文化的敏感性。

4. 着力运用多种教学手段，强化学生的语言技能及商务技能

传统教学法片面强调语言系统成分的学习，而忽视语言的实际应用。而交际教学法不仅重视语言系统成分的学习，而且强调语言的实际运用，注重对学生交际能力的培养。交际能力培养是外语教学的目标和任务，是从事教学活动的根本出发点和归结。商务英语教学也应从培养学生的涉外商务交际能力这一目标要求为出发点，着力运用形式多样的教学手段和技巧，开展丰富多彩的课堂教学活动，使学生在语言技能及商务技能等方面得到训练和强化。在具体教学活动中，教师可根据教学内容的安排，有针对性地选择合适的教学手段，组织学生进行商务、语言技能的训练。这方面常用的教学手段主要有以下几种。

（1）课堂辩论

教师有针对性地设计一些真实典型的案例，比如，国际贸易中因当事人在货物质量、交货时间、货物运输、货物保险及价款支付等方面所引发的争端，以及在国际投资中因生产、管理、销售及利润分配等问题引发的纠纷等案例。教师可要求学生运用所学知识对所存在的问题进行分析，并提出解决方案。一般来说，解决争端的方法主要有协商、调解、仲裁及诉讼四种，而且对争端的解决会有各种不同的意见。因此教师可要求学生对不同的解决方案进行分析、辩论，进而认定何种方案更为合理、公正。此外，对一些教材中有争议的问题，尤其是某些理论上的争议，亦可让学生各抒己见，共同探讨。

（2）模拟洽谈

国际贸易及国际投资是国际商务活动的两个主要方面，而这些商务活动离不开洽谈这一环节，因此模拟洽谈既可培养学生的语言技能，亦可强化他们的商务技能。采用这种方法时，教师应事前选定合适的主题，比如，订立销售合同、合资经营、委托销售、专利转让或许可等作为洽谈主题，然后将学生分成几个小组，并将“外方代表”“中方代表”“翻译”“法律顾问”等角色分配给学生，供其选择扮演，故这种方法亦可称为“角色扮演”。

（3）单证制作

单证制作是从事国际贸易必不可少的环节，单证在国际贸易中具有很重要的作用，例如，提单不仅是运输合同的证明，而且是货物所有权的凭证；信用证则是银行付款的保证；其他单证如商业发票、形式发票、订单、装箱单、质量证书、原产地证、保险单及汇票等也都有其相应的作用。单证不仅体现了当事人的权利和义务，而且是仲裁或诉讼时不可或缺的证据。因此让学生亲自动手制作单证是此类课程重要的实践环节，有利于培养学生的商务技能。

（4）野外作业

商务英语类课程的教学不应局限于课堂教学，教师应设法创造条件为学生提供现场观摩、考察及实践的机会。比如，与企业、海关、商检局、港务局及银行等单位建立关系，作为学生的实习基地，并组织学生到这些单位参观、考察和实习，此外，还可鼓励学生参加各类贸易洽谈会、展销会，直接与外商交流。通过亲自体验，无论在语言应用方面还是在商务操作方面，学生都会有新的感受和提高。

语言教学离不开教学理论的指导。教学实践证明，运用交际教学法不仅能提高课堂教学效果、活跃课堂气氛、培养学生兴趣、增进师生交流，而且能使学生在语言技能及商务技能等方面得到很好的锻炼和强化。由此可见，交际法是目前指导商务英语教学的一种较为可行的语言教学理论。

四、情境教学法及其在商务英语口语中的应用

语言学习的目的在于交流沟通，而口语交流更是商务沟通中关键的环节。商务英语口语课程着重培养学生国际商务交际能力，除一般口语对学习者的语音、语调、表达要求外，商务英语口语还要求学生能够在一系列的商务情景下，如接待客户、商务谈判、业务陈述、市场营销等，能地道流畅地表达，从而完成商务任务。因此，商务英语口语课程对学生的综合素质要求较高。而院校商务英语专业的学生普遍口语基础薄弱，掌握的商务知识又均为理论知识而缺少实操经验，这就造成了商务英语口语课程难以达到教学目标。如何巧妙灵活应用不同的教学方法以提高课堂教学效果已成为商务英语口语课程教师不断探索的课题。

（一）情境教学法的内涵

情境教学法在1950年被首次提出，亦称为视听教学法，指在教学过程中，教师根据教学内容引入或创设具有一定情绪色彩，生动具体的场景，以引起学生的表达兴趣，从而培养学生用英语理解和表达的能力。

情境教学法主要借助多媒体、图片、实物、故事、音乐、身体语言等方法结合课程内容创设教学情景，能较好地启发学生的形象思维，帮助学生理解、掌握具体的知识技能，以达到表达、行为与情感的一致。因其更加侧重听力及口语表达的训练，其区别于其他教学法的特点之一是在教学课堂上不能出现本土语言。情境教学法在口语教学中有着以下优势：一是能让学生在真实情景中达到从形象感知到抽象理性的顿悟；二是能激发学生的学习兴趣与热情，使学习成为自觉、主动的活动，敢于表达。

（二）情境教学法的原则

情境教学法要求所创设的情景要具有真实性及实用性，同时所选情景材料难度要适中，情景应照顾到学生实际水平参差不齐的现实情况，以促使学生全面发展。笔者认为，在院校的商务英语口语教学中应用情境教学法同时还应注意以下三个原则。

1. 创设情景由易及难，帮助学生建立学习口语的信心

学生普遍对自己的口语不自信，认为自己基础较差，在课堂上往往不敢主动发言，即使被教师点名发言，也总是以“I'm sorry，I don't know.”来回答，未能很好地把握实际的口语操练机会。而商务英语主题下的口语更是要求学生具备一定的商务英语知识，因此在创设相关主题情景时，建议由易及难，如可

从简单地与日常生活联系较紧密的“商务会面”“商务介绍”开始。教师同时在课堂上多鼓励学生发言，帮助学生建立自信心，从而使其能积极主动地去学习。

2. 创设情景与教学目标紧密结合，教师应及时作出有效评价

商务英语口语教学与普通口语教学相比，有其“商务性”特点，情景的创设应根据教学目标，选取实际而真实的商务情景，切忌为了迎合学生的实际水平而使所设情景过于“普通生活化”，以致没有任何商务主题。同时，对学生在情景表演里的表现，教师应从商务英语语言积累、商务技巧及商务礼仪等方面及时对学生进行指导、评价，以使学生真正在情景教学中学有所得。

3. 商务英语口语教师应不断提高自身商务实践能力

商务英语口语课程的高要求决定了口语教师须由口语表达能力强，有实际的相关企业工作经验的复合型优秀教师来胜任。但因受到现实条件及相关体制的限制，目前很多院校的商务英语口语教师只是由英语专业或商务英语专业出身的教师担任，教师的综合素质较低。为此，教师应不断加强自身素质及能力的提高，加强对商贸活动的实际情景的准确把握，才能真实地创设语言情景，为学生提供正宗的商务情景主题，以提高学生的商务口语交际能力。

（三）情境教学法在商务英语口语教学中的应用

院校培养人才的直接目标是为社会输送面向生产、建设、服务和管理第一线的高技能人才。因此，对院校商务英语专业学生的要求是学生毕业参加工作后能直接从事商务方面的工作，因而在平时教学过程中创设真实、有效的职场情景对商务英语口语教学能起到很好的作用。具体应用主要有以下两点。

1. 学生角色扮演融入情景

角色扮演是指让学生在模拟的工作环境下扮演一定的角色进行对话表演。学生以自己的实际行动来打造情景，通过演练学习，提高自己的实际交际能力。角色扮演可以锻炼学生的胆量，提高学生的自信心，使学生能在轻松的环境下展示其对商务英语的理解及掌握，能更好地让学生把思想感情与语言表达融为一体，学得生动而深刻。例如，给学生布置一个任务，自由成立小组（5～6人一组），每个小组成立自己的一家虚拟公司且须给公司设立不同工作岗位，组员每次课轮流从事自己公司的不同工作岗位的工作。如在讲到“接待客户”这一情景时，学生即可根据自己在公司的职责，分工讨论，再与另一公司即另一组的学生进行情景模拟。由此，不仅带动了学生的学习热情和参与积极性，

也能更好地发挥学生的想象力及创造力。另外，工作环境的情景模拟也可以使教师在课堂上对商务英语专业的学生的商务礼仪知识进行巩固，使学生毕业后更能适应实际的工作环境。

2. 多媒体教学创设直观情景

多媒体教学以其丰富的表现形式弥补了普通教学的枯燥乏味，使课程做到视听结合，情景交融，让学生更好地理解相关内容，增加了学生进行相关联想的线索，从而调动了学生的学习积极性。随着全球经济一体化进程的不断发展，我国加入 WTO 后的逐步开放，国际商贸活动日益频繁，也面临着更多国际商务活动的挑战。通过多媒体手段，教师可以搜集最新的国际商贸动向，收集国际商务活动的新鲜案例，通过图片、视频等方式展示给学生，开阔学生视野。如笔者在讲授"商务交流""商务谈判"的商务情景时，为使学生有更直观的了解，从相关网站搜集了关于商务谈判成功及失败的真实案例视频。并要求学生在观看视频的过程中，记录下商务谈判相关的流程、成功或失败的原因所在。由此，不仅锻炼了学生的英语听、写能力，更能让学生在真实的情景中积极主动地去感悟商务谈判的相关语言技巧，从而取得较好的教学效果。

综上所述，情境教学法在商务英语口语教学中是有效实用的教学方法。运用情境教学法时，教师应在结合实际教学经验的基础上，不断提高自身能力，结合学生的实际水平，创新方法，采取更多的灵活技巧把学生的注意力、兴趣引导到学习对象上，从而引导学生自主地学习、探究。

五、案例教学法及其在商务英语翻译中的应用

（一）案例教学法的内涵

案例教学法是指在学生掌握了有关的基础知识和基本理论的基础上，教师根据教学目的和内容的要求，运用典型案例，引导学生利用所学知识，就具体问题进行思考分析，最终解决实际问题的教学方法。这种教学法由美国哈佛大学工商管理研究生院首创，后普遍推广到各校商业、工商管理类和教育、法律类等专业。由此看来，案例教学法和商务英语有着很深的渊源，因为案例教学法就是为商业而出现的。从以往毕业生的反馈情况来看，商务英语翻译教学更注重实践，通俗来讲，就是学生的动手能力。给出一篇商务文章，能否又快又好地翻译出来，这对用人单位来说是最重要的，当然，对学生能否就业也至关重要。而案例教学法最大的特点就是模拟实践经验，增强翻译实践的能力。

下面笔者就根据教学中遇到的实际情况，探讨案例教学法在商务英语翻译中的应用。

（二）案例教学法与其他教学法的区别

1. 教学材料不同

传统讲授法使用的是教科书，案例教学法则主要使用案例材料。

2. 教学过程不同

案例教学的过程不是教师的讲授，而是学生课前的准备、课堂上的分析、辩论和课后案例报告的撰写。教学任务的主角不再是教师，而是学生。

3. 教学的目的不同

传统的教学法注重的是知识的传授，而案例教学法则注重学生实践能力的培养。实践能力原则是案例教学的第一原则。实践能力是案例教学的出发点和立足点，通过案例教学，可以培养学生的思维能力、分析能力、判断能力以及运用所学到的知识处理复杂问题的能力。

（三）商务英语翻译与其他翻译的区别

商务英语翻译与其他普通英语翻译或文学翻译最大的区别在于文本环境的不同。何谓文本环境呢？就是文本中所体现出来的文化知识背景。也就是说，普通英语中以及文学中的场景和故事都来源于人们熟悉的日常生活，原文中的用词也不涉及专业化的知识；从这一方面来说，商务英语就要复杂得多，因为商务英语的文本环境都是商务背景，有很多商务术语和惯例。

（四）案例教学法的实施环节

案例教学没有固定的模式，但不论为何种模式，都离不开几个基本实施环节。只有有效实施这些环节，才能保证整个案例教学的成功。通常而言，案例教学包含以下几个基本环节。

1. 案例准备

案例教学的第一个环节是准备案例。教师应着手收集、编写、设计与教学内容相适应的案例，如前所述，案例必须要具有真实性或拟真性，教师不得随意杜撰。根据我们的案例教学实践，在编写教案时，已经按教学内容和教学进度将案例收编在内，这些案例可以从网上下载或从有关中、英文版的国际贸易、国际金融、国际商务的案例教材中选编，如果是中文案例，尚需将其译为英文。以商务英语为例，我们共选编、设计了 30 个与商务英语教材配套，且与教学内容相适应的案例，这些案例涵盖了出口价格、货物质量、出口包装、货物检验、出口保险、国际结算、知识产权、技术转让、国际投资、国际承包、市场营销、索赔、仲裁等国际经贸领域中的重要内容，具有较强的实践性。然后，教师将这些案例材料分发给学生，学生按要求对某一案例进行课外个人学习。值得注意的是，教师应充分考虑到分析此案例时所涉及的知识点，以及在讨论中可能出现的问题，并引导学生提前查找、阅读相关资料以及思考如何应对下一步的分析、讨论。例如，教师可就国际贸易中如何保护知识产权这一重要问题设计这样一个案例：中国公司A从日本公司B进口一批设备，并转售到韩国C公司，而韩国一家厂商D发现其侵犯了它的专利权，于是，D向当地法院提出请求，要求禁止该货物销售，并要求赔偿，A则要求B承担其违约责任，双方遂发生了争议。

在分析、讨论之前，教师将此案例分发给学生，要求学生阅读相关的国际公约及国际惯例，以便找到分析该案例的理论依据。这就是案例的准备阶段。第二步为课堂分析、辩论。此环节又可细分为几个步骤，首先教师将全班学生分为若干小组，以小组为单位进行分析、讨论、辩论，教师应督促每个学生积极参与，用英语发表自己的观点和见解，在自己发言结束后，要善于听取别人的见解，汲取他人的新观点。小组讨论结束后最好能形成统一的意见或认识。其次，各小组可指派代表向全班对案例做分析，并阐述各自的观点，做小结发言。此时教师的角色好比主持人，主要任务是组织、引导学生讨论，注意把握讨论的方向，避免偏离讨论的方向和正题。此外，教师还应善于营造自由讨论的气氛和环境，并设法使学生成为讨论的主角。

值得一提的是，教师在讨论中不要直接表露自己的观点，以免学生产生依赖心理。若学生的观点不一致，可使其展开讨论；若学生分析判断有错误，教师可采取间接提问的方式，使学生意识到问题出在哪里，自觉加以修正。案例的分析、辩论必须以英语为课堂语言，教师应鼓励学生珍视难得的发言机会，大胆主动地表达自己对问题的见解，以锻炼自己的口语表达能力、思辨应变能力以及灵活运用知识的能力。例如，在对上述有关知识产权保护的案例进行分析、讨论时，我们不难发现该案例的焦点问题是“B公司是否应承担违约责任”。无疑，经过小组及全班热烈的讨论，学生将会用已有的理论知识阐述各自的看法、主张，并自然形成两种截然不同的观点：一种观点是“B公司不应承担违约责任”，另一种观点是“B公司应承担违约责任”。

2. 案例总结

案例分析、讨论结束后，教师应及时总结本次讨论。总结并非是简单地给出所讨论案例的答案，况且不少案例并没有标准答案，而是指出本次案例讨论的思路，讨论的难点、重点，主要解决的问题，如何运用理论知识，并评述本次讨论的不足之处与成功之处，等等。此外，教师还可对学生的表现加以评价，并对学生的课堂表现作为平时成绩记录在案，以激励学生下次更好地参与讨论。例如，教师对上述案例进行分析、总结时，指出该案例分析的理论依据应是《联合国国际货物销售合同公约》中的第 42 条之规定，而分析的切入点则是“B 公司是否事先知道货物转售一事”。

3. 撰写案例报告

最后一个环节是撰写案例报告。通过小组、全班讨论，要求学生在课后撰写案例报告，以英文书面形式将案例进行理性的分析和总结。一个案例报告就是一篇小论文，撰写案例报告不仅可以培养学生的书面表达能力，也为毕业论文及相关学术性论文的撰写奠定了基础。教师对学生撰写案例报告的格式规范、文体等要有明确的要求，并要对学生的书面总结进行批改。同理，教师要求学生对该知识产权保护的案例依照一定格式、规范要求以英文书面形式进行分析、总结。

第三节　商务英语的教学模式

一、商务英语教学模式总述

商务英语教学模式是在普通英语教学理论和 ESP 教学理论基础上发展起来的，成为一种突出多种以学习为中心或以学生为中心的教学法的总和，如所谓的全英或双语教学法、情景设置法、问答法、任务教学法、交际教学法等，所有这些教学法均试图体现商务英语在教学目标、课程设置、教材建设、师资培养和评估管理机制等方面与普通英语教学模式的区别性。

（一）培养目标

根据全国商务英语研究会审定的《高等学校商务英语专业本科教学要求》（试行）的指导意见，高等学校商务英语专业的培养目标旨在培养具有扎实的英语基本功、宽阔的国际视野、专门的国际商务知识与技能，掌握经济学、管理学和法学等相关学科的基本知识和理论，具备较强的跨文化交际能力与较高的人文素养，能在国际环境中熟练使用英语从事经贸、管理、金融等领域的商务工作的复合应用型商务英语人才。与其他专业相比，商务英语专业培养目标具有特殊性，培养既精通外语又懂得商务知识的复合型人才成为以学习为中心和时代发展的必然。商务英语的培养目标是要培养融语言知识、策略能力和背景知识为一体的高素质、复合型人才，以适应全球化时代经济社会发展的需要。具体地说，商务英语培养目标具有双重性和实用性等特征，它不但培养学生听、说、读、写、译等综合运用英语语言的能力，而且培养学生学习和了解商务专业知识基础和跨文化交际的实际应用能力。与特殊用途英语相比，商务英语的培养目标更加宽泛，使学生能够了解与商务活动有关的商务背景知识及商务环境中不可避免的一些基本工作内容，广泛接触和掌握商务英语词汇，而特殊用途英语的培养目标相对限制于英语语言在特定学科领域或行业语境中，如化学、金融、医药、法律等学科领域的交际技能培养。

（二）课程设置、教学内容和教材建设

1. 课程设置

同样，根据全国商务英语研究会审定的《高等学校商务英语专业本科教学要求》（试行）的指导意见，高等学校商务英语专业的知识和能力构成涵盖四个知识模块的主要内容，包括语言知识与技能模块、商务知识模块、跨文化交际能力模块和人文素养模块。其中，语言知识与技能模块主要分为语音、词汇和语法知识，听、说、读、写、译技能和语言交际技能等；商务知识模块主要包括经济学、管理学、法学、商务技能等；跨文化交际能力模块主要包括跨文化思维能力、跨文化适应能力和跨文化沟通能力；人文素养模块主要包括政治思想素养、创新思维和中外文化素养。高等学校商务英语专业的课程设置中，四年的专业课程总学时不低于 1 800 学时，各学校在安排教学计划时，可以根据本校的培养目标、专业特色及现有的教学条件，开设相应的专业必修课和选修课，安排教学时数。

2. 教学内容

各课程开课的大体比例为语言能力课程占 50% ～ 60%，商务知识课程占 20% ～ 30%，跨文化交际能力课程占 5% ～ 10%，人文素养课程占 5% ～ 10%，毕业论文（设计）和专业实习、实践不计入总课时。与其他专业相比，商务英语专业课程设置、教学内容和教材建设具有特殊性，相关建设在不断完善之中。

商务英语培养目标的独特性也要求商务英语教学法内容和教材建设能够体现学生参与性强、师生互动性高的教学内容和生动活泼的体验式教学环节，例如，课程设置、教材和教学内容需要设计更多的商业案例分析或商务谈判假设环境，让学生能够参与其中，相互交流，自由表达思想，完成特定商业模拟和角色扮演任务等，使学生浸泡在某种商务情景之中，充分调动自主学习能力，以提高学生的商务英语语言交际能力和相关商务知识技能。

3. 教材建设

在教材建设方面，商务英语与特殊用途英语也存在一些明显的差异性，如根据剑桥大学出版社英语语言教学出版书目，商务英语教材主要包括不同级别的系列教材。而在中国，类似特殊用途英语的专业化教材也有，但不够全面或系统，但在商务英语教材建设方面，多分为基础英语教材和商科教材，其中商科教材多使用国外原版教材，如经济学原理、管理学原理、市场营销、人力资源管理等，同时辅助一些国内案例或自编著作等；基础英语教材，如综合英语、听力等，多为自编商务英语教材或使用出版的普通英语教材或商务英语系列教材。

国内也在出版相关系列教材，如高等教育出版社出版或正在出版的商务英语综合教程系列教材和体验商务英语系列教材等。在实际课程设置方面，商务英语已经发展得比较系统化，如院校三年制的商务英语专业教学一般总学时为1 600学时，其中课程开设在第一学年以“语言基础”课程为主，兼顾专业基础技能的训练，使学生掌握必需的语言基础知识技能和一定的专业技能。从第二学年起根据专业岗位的需要开设专业核心课程，使学生能够精一条专业主线，如外贸、函电与单证、进出口业务等相关知识。在第二学年的第二学期让学生选修一些与专业相关的课程，用于拓展专业范围，加强专业特色教育，为学生更好地适应工作岗位打下坚实的基础。在第三学年第一学期应设置国际商务知识课程，包括商务翻译、商务谈判技巧、商务英语阅读、口译技巧等专业课程，同时注重理论与实践相结合，使学生真正做到学而会用，用而熟练。

同样，在本科商务英语的课程设置方面，总学时一般为1 800学时及以上，总体上语言类课程占70%左右，商科类课程占30%左右，大学一年级以普通英语课程为主，着重语言基础知识的培养；大学二年级以普通英语课程为主，商务类基础知识课程为辅，注重英语在一般商务环境中的应用；到了三年级，课程以商务专业类课程为主；到了四年级第一学期，语言类课程除了高英写作和口译两门课程之外，其他都是专业类选修课，而四年级下学期基本不设必修课课程学习，让学生实习，并同时进行论文写作，要求用英语撰写国际贸易、金融、企业管理、文化等方面的论文，锻炼他们专业知识和英语综合技能的运用和实践能力。

总之，与普通英语教学模式，甚至与特殊用途英语教学模式相比，商务英语教学模式在人才培养目标、课程设置、教材建设、教学方法和评估机制等方面存在区别性特色。例如，商务英语培养目标具有双重性和实用性等特征，它不但培养学生听、说、读、写、译等综合运用英语语言的能力，而且培养学生学习和了解商务专业知识基础和跨文化交际的实际应用能力；商务英语课程设置具有独特性，在商务英语课程设置方面，总体上语言类课程占 70% 左右，商科类课程占 30% 左右；商务英语商务类课程教学法具有独特性，全英或双语教学成为商务英语商务类课程教学的基本教学模式；商务英语教师队伍具有特殊性，复合型师资队伍建设成为主流等。

（三）商务英语师资培养

目前，我国商务英语专业的授课教师主要分为三大类：第一类是教授英语语言类课程的纯英语语言教师，这部分教师的专业背景完全是英语语言文学，几乎与商务无任何关系；第二类主要是讲授商务英语类课程的教师，这些教师的背景较为复杂，部分也是无任何商务背景的英语语言教师，部分教师则是英语专业毕业后有一定的商务实践背景，或经过一定的经济学或相关学科的培训和进修，还有部分教师则在本科阶段主修英语专业，研究生阶段则为经济类专业；第三类为讲授商务专业课程的教师，主要是以商科背景的外语教师或非外语院系的经济管理类专业教师为主。

考虑到商务英语专业的学科性质以及人才培养目标定位，商务英语教师必须经过系统的英语语言知识和技能的训练，具备英语教师的基本素质，此外，还应具有一定的商务专业背景或商务实践经历，具备基本的商务知识结构。因此，我们认为，具有一定商科背景的英语教师讲授商务英语及商务专业课程较为合适，此类教师既熟悉英语教学规律，又具有一定的商务知识体系。如果纯英语语言类教师教授此类课程，则因其知识结构单一、商务专业知识缺乏等原因而难以胜任这一角色；而如果由其他经济管理类专业教师用中文讲授商务专业课程，则背离了该专业的基本教学要求，即便用英语讲授，也因其课堂语言质量问题或不熟悉英语教学的特点和规律等原因而难以取得理想的教学效果。

由于各校的师资情况差异较大，目前一些外经贸、外国语院校因其师资力量较强，基本上由商科背景的教师主讲商务英语及商务专业类课程，教学效果及人才培养质量也相对较高。而国内多数院校缺乏足够的复合型商务英语教师，此类课程多数由纯英语语言类教师担纲，因其缺乏商务知识，课堂教学仍沿用基础英语的教学模式，教学效果不甚理想。据相关调查分析，目前商务英语教师具有一定的商科背景和实践经验或具备一定的商务知识结构。可以说，师资队伍建设是目前商务英语专业建设中面临的一个突出问题，这不仅关系到该专业的人才培养质量，也将对该专业的学科建设、后续发展等产生重大影响。为了缓解商务英语师资队伍短缺这一问题，学校应在加大师资引进力度的同时，由商学院或企业组织部分较有潜力的英语教师进行商务专业知识的专门培训和进修，或与国外院校合作，选送相关教师赴国外合作院校完成经济管理类专业的进修，经过一两年的专业培训或课程进修，这些教师可胜任相关课程的教学工作。

商务英语是英语语言学与国际商务相结合而形成的一个边缘性语言学科，具有交叉性、应用型、复合型的特点。商务英语专业主要培养具有扎实的英语语言基础、宽厚的人文素养、系统的国际商务知识、较强的跨文化交际能力的应用型、复合型商务英语人才。这是一种外语与国际商务密切结合的人才培养模式。商务英语的专业属性仍是英语语言学，而非经济学、管理学等其他学科。商务英语专业的具体培养模式、课程体系、教学内容、教学手段、评价模式等必须强调商务英语的“英语本色”，商务英语教师也主要归属于英语语言学学科，这是该专业教育最为根本的原则性问题：如果片面强调经济学、管理学等其他学科的知识体系而忽视英语教学的自身特点和规律，商务英语专业就会失去应有的特色和活力，甚至变为其他商科专业。

（四）商务英语教学管理机制

目前，商务英语教学管理机制多样化，但主要以下列四种方式为主，即商务英语课程组、商务英语教研室、商务英语系和商务英语学院。其中，商务英语课程组或商务英语教研室管理机制主要适合于将商务英语当作一个课程而不是一个专业管理的高等学校，从属于学院英语系或外语系，以课程组为单位具体负责相关课程的教学任务；商务英语系管理机制主要适合于将商务英语视为一个专业而不仅是一个课程管理的高等学校，从属于学校的外语学院、商务英语学院或者商学院，负责商务英语本科或专科课程教学、学生培养等管理工作；商务英语学院管理机制主要适合于将商务英语视为一个学科而不仅是一个专业管理的高等学校，从属于高等院校作为单独设立的二级机构，负责商务英语学科发展、专业设置、学生招生、学生培养等管理工作。

二、商务英语教学模式具体分析

商务英语课程主要的特点是英语语言技能和商务专业知识密切结合，这就给商务英语教师提出了更高的要求，他们不但要在教学中培养学生的英语语言能力，同时还要向学生讲授专业的商务知识。传统的教育模式已不再完全适应新时代的商务英语教学，因此，商务英语教师为了能够完成商务英语教学任务，达到预期的教学目标，实现理想的教学效果，该运用怎样的商务英语课堂教学模式，这是商务英语教师一直以来都在探究的一个重要问题。

（一）商务英语教学模式的存在的问题

随着世界经济飞速发展，国际间贸易交往日益频繁，商务英语教学得到快速发展，一些院校也培养了一批商务英语人才。但是，从全国情况看，商务英语教学存在着较大的问题：其一，很多高等院校都开设商务英语专业，但各高校的教学计划、内容差别很大，没有统一的商务英语教学大纲，没有权威的教材，难以找到真实商务背景下的教材辅助材料，如一些公司的年度报表、会议记录、纪录片等；其次，在师资上，绝大多数从事商务英语教学工作的教师，没有商务英语的学历背景，对真实的商务工作环境也不很了解，在教学方法上仍较多地采用传统的普通英语的教学模式，造成教与学的双重被动；再次，能够利用英文教授商务英语以及其他专业课程的教师仍在少数，无法满足竞争日渐激烈的商界的需求；最后，从应用的角度看，学生的书本学习与社会实习仍不能有效结合起来。此外，商务英语教学还存在以下几点问题。

第一，传统的大班授课决定了采用传统的普通英语的课堂教学模式，而商务英语课堂教学适合采取小班授课，但是学校并没有根据专业需要调整班级人数，这也给商务英语教师与学生实现多向交流、多维互动增添了困难。

第二，在教学设施方面，现代化的教学必须有现代化的教学设施相匹配，如幻灯、投影、多媒体技术、互联网资源等。这些设施不仅可以使商务英语教学更加便捷、直观、高效，还可以大大激发学生学习的积极性。现在各高校里面虽然有多媒体教室，可是数量有限而且维护不及时，经常是数量有限的多媒体教室也得不到充分有效的利用。学生学习商务英语主要还是靠黑板和录音机，教师对计算机辅助语言教学这一外语教学发展的新趋势的了解和认识不够。

第三，现有的教学资源没有得到充分利用，不少教师的计算机还仅仅用作文字处理。商务英语教师应该如何利用互联网资源，如何利用远程教学网实现资源共享，这些都是未来商务英语教学面临的新问题，也是商务英语教学现代化的突破点和新起点。

（二）商务英语课堂教学模式的改进对策

我们可以看到商务英语教学的现状不容乐观，很多方面达不到商务英语课堂教学的目标和要求，商务英语课堂教学还存在很多问题。要解决这些问题，改善商务英语教学的现状，可以通过调整师资队伍，提高商务英语教师整体素质，通过改善商务英语教材或改善学校的硬件教学设施等。笔者认为主要还是要通过改进商务英语课堂教学模式来达到商务英语教学目的。

1. 传统的普通英语教学模式下的商务英语课堂教学模式与交际法相结合

受中国传统的儒家文化、中庸思想等的影响，中国传统的教育模式长期在课堂教学中占统治地位。中国的传统文化认为教师是知识的传授者，而学生是被动的接收者。“师者，所以传道受业解惑也”，教师的职责被概括为传道、授业、解惑，其中的传道和授业都是从教师到学生的过程，也即教师是知识经验的所有者，而学生则被认为是接受教师教诲的人。传统的教育模式也在一定程度上影响了中国学生的学习风格，比如，习惯依赖性学习，有过分依赖教师的学习习惯；更倾向于被动地接收教师教授的知识；更喜欢模仿教师“先看后做”，期望教师成为绝对的权威。所以，教师要在一定程度上尊重学生这些长期以来形成的旧的学习风格，传统教育模式的某些适合学生学习风格的方面还是要保留的。虽然学生从小学甚至幼儿园就开始学习英语了，但是商务英语的学习一般都是在上了大学之后开始的，商务英语知识还是相当匮乏的。可见学习商务英语基础知识还是需要传统教育模式下的商务英语课堂教学模式的，教师要对基本的商务专业知识进行讲解，比如，对一些基本理论、基本概念、贸易术语、商务专业词汇等进行介绍、分析，使学生能有较全面的了解。这就是以教师为中心，教师详尽阐述、讲解专业商务知识的过程。只是要在这个层面上有所突破，在学生有了一定的商务英语知识储备的基础上，结合交际法，注重学生商务英语交际能力的培养，能够使学生把学到的商务知识灵活表达和运用。

重形式轻内容、重语言系统成分学习而轻语言实际应用等方面的局限性，真正体现了语言的交际作用。交际教学法的教学观认为掌握一门语言就是要掌握一种“交际能力”，这也正是商务英语教学的目的和要求。商务英语最明显的特点就是商务专业知识与商务交际能力的密切结合，这就要求教师既要注重讲授商务专业知识又要重视学生的商务交际能力的培养，要求教师运用交际法，根据商务英语的实用性和操作性，以学生为中心展开一些商务英语课堂活动，进行案例分析、模拟操作、单证制作、商务洽谈等。

2. 商务案例教学模式与学生体验性学习相结合

商务案例教学是在学生掌握了有关基本商务知识和基本商务技能操作理论的基础上，在教师的精心策划和指导下，根据商务英语课堂教学目的和教学内容的要求，运用典型商务案例，将学生带入特定时间的现场进行案例分析，通过学生的独立思考或集体协作，进一步提高其识别、分析和解决某一具体商务问题的能力，同时培养正确的管理理念、工作作风、沟通能力和协作精神的商务英语教学方式。其基本原则有两条：其一，用案例作为主要教学手段；其二，通过自学和互相学习使学生深入参与整个教学过程。王建文对此做了补充，案例教学法应遵循三个原则，即能力、实践、参与。

20 世纪初，案例教学开始被运用于商务和企业管理学，其内容、方法和经验日趋丰富和完善，并在世界范围内产生了巨大的影响。尤其是在现代社会，经济发展加速，全球市场日益形成，同时市场竞争日趋白热化，在这种情况下，知识、人才的价值和作用日益凸现，特别是对人才知识的实际应用能力、对瞬息万变的市场的快速反应能力以及在不充分信息条件下的准确决策能力提出了更高的要求。在这种情况下，案例教学作为一种行之有效的、务实又明确目的的、以行动为导向的训练越发受到人们的青睐。在全世界范围内享有盛名和被广泛赞誉的是哈佛商学院案例，正是哈佛商学院对案例教学法的成功运用和实施，尤其是使用这种方法为社会培养的大量杰出的工商界骄子，使得案例教学法成为一种风靡全球的、被认为是代表未来教育方向的成功教育模式。

商务案例教学要求教师合理运用典型的商务案例，让学生来进行分析、思考或通过集体协作，最终达到认识问题并解决问题的目的。这样可以使学生成为教学活动的主体，形成学生自主学习、合作学习、研究性学习和探索性学习的开放型的学习氛围。商务案例教学有利于改革传统的教学模式，注重引导学生通过商务案例的分析推导、运用商务专业知识较好地解决实际问题。在这个过程中，教师有意识地引导学生自己收集商务资料和信息，再对资料进行分析，有利于提高学生分析问题和解决问题的能力，也会促使学生学会沟通与合作。体验学习必须把实践摆在学习的首位。那么在商务英语课堂教学过程中，如何进行体验性学习呢？笔者认为，“体验性学习”就是以学生动手操作、直观感受等活动方式，获取感性材料和一定的经验，这就要结合案例教学，让学生进行案例模拟操作，如商务谈判、贸易制单、商务会议、国际会展等；另一方面，商务英语最终的教学目的是让学生能在现实生活中运用，有实际的商务交际能力，教师应尽量创造条件让学生有进行现场观摩、考察以及实践的机会，如可以联系港务局、海事局、海关、商检局以及企业等单位作为学生的实习基地。这样通过学生亲自体验，无论在商务语言运用还是在商务实际业务操作方面，学生都会有新的感受和提高。

3. 学习效果评价与人才培养相结合

学习效果评价是检查商务英语教学质量的重要手段，同时也反映了商务英语专业的人才培养质量。依据商务英语人才培养目标的基本要求，我们可采用软硬两套指标来衡量商务英语专业的人才培养质量，硬指标主要是商务英语专业人才必须具备的基本技能和素养，软指标是在硬指标的基础上学生综合素质的拓展和提升。硬指标主要包括英语语言知识和技能、商务专业知识和技能等基本素养，其中，英语语言知识和技能应占硬指标的 60% ～ 70%，商务专业知识和技能一般占 30% ～ 40%；而软指标则主要包括人文素养、跨文化交际能力、国际视野、创新能力、研究能力等方面的素养。目前，对每一门课程的平时和期末测试仍是检查学生学习情况、评价学习效果的主要手段。因此，测试必须具有较强的科学性，尤其是测试形式、测试范围、题型分布、难易程度等，应能较为客观地反映该专业人才培养质量的相关评价指标。其实，实务中也有不少值得借鉴的测试方式，比如，英语专业四、八级测试可以检查英语语言的综合运用能力，而一些商务类的资格证书考试如外销员、国际商务师等测试也可以检查商务专业知识的熟练程度。此外，期末测试还应与课程论文、小组作业、课堂练习、课外实践、小测验等平时的各项测试结合起来，从软硬两套指标来综合测评各门课程的学习效果，科学、合理地反映人才培养质量。

第四节　商务英语的教学评价

一、教学评价体系概述

（一）评价体系与教学的关系

在教学活动过程中，教师和学生所担任的角色不同，职责不同。首先，教师具有专门的科学文化知识和教育技能技巧，是教学过程的组织者和领导者，表现出了教师的能动性和自主性。其次，以教育对象学生为客体，教师不但要认识了解学生，而且要促使其转变，促成全面发展；最后，教师既是主体又是客体，教师必须时常认识自己、提高自己，教学相长，以更好地完成育人工作。另一方面，在学习过程中，学生是学习活动的主体，教师被学生作为认识和学习的对象，同时，学生也要不断地认识自己，不断地发展和完善自己。因此，帮助教师和学生认识自己的教学或者学习状况，就要合理使用恰当的评价体系。教学评价是教学的一个重要环节，具有导向刺激等功能。全面科学公正的教学评价体系对于实现课程目标意义重大。

英语教育的核心目的是培养学生在工作情景和生活情景中熟练使用英语进行交流，例如，用口语进行对话，用书面语写邮件等应用文，并熟悉自己所在的行业的英语专业词汇，能够阅读和搜集相关资料。明确的教学目标决定了教师在教学的过程中必须建立一个合理的教学机制。与本科院校的研究型教育目的不同，教育侧重培养应用型人才，强调学生的综合能力，所学知识以适用、够用为度。所以，教师在教授英语时不仅是为了提高学生的语言基础知识，还要注重培养学生的语言应用能力。学生在学习时，应理解英语作为一种工具在将来工作中的重要性。

（二）传统的英语学习评价体系

单项的以纸笔考试或标准化考试的成绩为本的终结性评估模式，是多年来为人所诟病的应试教育的主体。这一评估模式的弊端是，评估过程和教学过程相脱离，单纯考查学生知晓什么，而不是学生能做什么。为了追求考试成绩，很多教师在课堂上重视讲解题目，忽略了培养学生的创造力和自主学习能力。而且，这种以一次考试来决定学生的能力优劣的评估模式也给学生的学习带来许多紧张和焦虑的情绪，学生的学习更加被动，导致学习效率下降，事半功倍。对于学生来说，如果无法使用所学的知识，考试分数再高也没有实际意义。

为了避免这种高分低能的应试教育结果，教师会在平时上课时记录学生的课堂表现以及平时作业的成绩，作为平时成绩的参考，再综合最后的期末考试成绩，得出一个比较客观的学生学习情况的评价。但是在这一过程中，评价仍然是以教师的主观判断为主的，教师可以掌握学生的学习进展情况。作为学生来说，对自己的语言掌握和应用能力的了解以及学生之间通过相互的沟通和交流所掌握的信息比教师更为丰富。所以，应该将教师评价和学生评价有机结合。

（三）商务英语教学效果评价

根据全国商务英语研究会审定的《高等学校商务英语专业本科教学要求》（试行）的指导意见，高等学校商务英语的教学评估手段采取形成性评价与终结性评价相结合的方法。在形成性评价中，采用多种评估手段和形式，包括学生自评、学生互评、教师评学、学生评教、教务部门对学生的评价等。在终结性评价中，主要方式包括期末课程考试、水平考试和毕业论文（设计）等形式。

与其他专业相比，商务英语教学效果评估体系具有特殊性，但相关建设比较滞后。目前，商务英语评估体系一直在沿用全国外语专业四、八级考试作为主要评价依据，与普通英语专业的差异性无法体现出来。从总体上讲，本科以上商务英语还没有真正建立起一套完全可行的专业评估机制。

二、教学模式评价体系

（一）形成性评价

形成性评价是教师在教学过程中，对学生学习过程的及时反馈。学生在学习英语的过程中，表现出各自的兴趣、态度、参与度以及语言发展状况。教师对这些表现进行记录并给出判断和评价。这种反馈可以帮助学生及时纠正错误并能指导教师根据教学活动的有效性及时地进行修正。评价的目的是使教师和学生更好地认识自身，从而进行改进，发展得更完善。形成性评价的优势在于可以使教师更好地了解学生的学习情况，对症下药，促进其学习进步。从学生的角度来讲，学生在教学活动中既锻炼了自己的能力，又通过教师的反馈了解自己的长处和不足，从而变被动接收信息为主动的参与者，增强学习的积极性。在形成性评价教学中，改变了以教师为单一主体的情况，学生也成为教学过程的主体，教与学的过程得到了互相促进的统一。

（二）终结性评价

终结性评价是指用来概括一个人成绩的评价，通常在学期末或课程结束时。终结性评价的目标以结果为导向，以数字形式对学生进行评价和比较。终结性评价能够有效地检测学生知识的累积，但是无法反映学生的学习能力和潜力。终结性评价的作用主要是在课程结束时检查学生的学习水平，像高考或是大学里的期末测试，它是建立在学习经验的积累上的评价手段。考试本质上只能表明学生在考试时所掌握的知识，但不能反映学生的整体学习能力，也不能预测学生未来的潜力，只能作为学习过程中的一个片段的反映。对于学生来说，终结性评价就是以分数来反映自己的学习情况，但这一反映并不全面，分数不能完全反映学生的能力和发展潜力这两方面的状况。

（三）商务英语教学与形成性评估体系构建

根据商务英语专业的教学目的，借鉴高校英语教学评估体系的利弊，该文提出关于商务英语专业的评估体系的构建的建议。

商务英语专业是培养服务于各行业所涉及的国内、国外进出口业务及外事活动的单位，培养德、智、体、美全面发展，具有良好的职业道德和敬业精神，具有扎实的英语语言基础和较强的口语交际能力，掌握宽泛的商贸知识，熟练使用现代办公设备，具备运用英语从事商务活动的能力，熟悉通行的行业规则和惯例，能够适应生产、建设、管理和服务第一线需要，从事相关商贸业务、管理、翻译、外事接待、公司文员工作的高素质技能型专门人才。

既然如此，教学中，英语作为一门操作性的工具就应该与实践相结合，使学生在实践中更好地体会语言的应用，而不是单纯地学习语言本身。相应的评价体系也就必须适应实践操作。

对于培养学生的职业技能而言，形成性评价更易于达到教学目标。商务英语的最终教学目标强调职场情景中的英语运用能力的培养，教师会设计一些具有商务背景的情境任务，来训练和考查学生在这一环境中的反应，既涉及语言也涉及学生的情商水平，如团队合作，沟通技能和创新能力等。显然，这些能力不能仅靠终结性的考试来进行评价。形成性评价中的学生自评、互评和档案记录，帮助学生了解自己在完成任务过程中的表现，同时也能参照他人的表现来反思自己。

三、课程评价体系

目前在国内商务英语的课程设置方面几乎都是围绕英语和商务两大模块进行双语或全英教学，然而对于各门课程建构的必要性和可行性缺乏系统的理论支持和设置原则。随着商务英语的获批，越来越多的人开始关注和提倡商务英语的课程改革，但许多人忽略了课程评价理论的应用。

CIPP 评价模式是由美国著名教育评价家斯塔弗尔毕姆及其同事于 20 世纪 60 年代末 70 年代初提出来的。在很长的时间内，CIPP 模式主要包括了四种评价即四个步骤：背景评价（Context Evaluation）；输入评价（Input Evaluation）；过程评价（Process Evaluation）；成果评价（Product Evaluation）。取这四种评价的英文的首字母，即形成所谓的"CIPP 模式"。

斯塔弗尔毕姆的 CIPP 评价模式是近年来公认的优秀的一般评价模式，一些学者也把 CIPP 模式运用到高校课程评价中，形成 CIPP 课程评价体系。随着商务英语的获批，课程体系建构的研究也受到更多的关注。CIPP 模式作为公认的、实用性强的评价模式，强调教育评价的改进作用，因此特别适用于商务英语课程体系的改进。从CIPP评价模式出发，分析目前课程体系的现状，发现存在的问题并给出建议，以推进和完善商务英语课程体系建设。

（一）CIPP评价模式简介

课程评价是课程开发的基本问题和核心环节。回顾我国对课程评价模式的研究和应用，我国的评价工作多数是以拉尔夫·泰勒的目标导向评价模式为中心的。该模式把目标、教学过程与评价作为一个循环圈，预先设定的目标是评价的唯一标准，评价的对象是目标中规定或涉及的对象，很显然这种模式“将预先选择的目标提升到过程之上而且外在于过程本身，然后再根据目标选择经验并加以组织，最后通过评价确定目标的达成度”。但随着教育理念的发展，这种目标导向评价难以评价教育活动中的非预期效果，例如教师和学生的即兴发挥，以人为本的教育理念不能得到真正地体现。在目标模式基础上发展起来的过程导向模式更能满足教育实际的需求。

（二）阶段划分

不过，从21世纪初开始，斯塔弗尔毕姆重新反思自己的评价实践，感到四步骤的CIPP模式还不足以描述和评价长期的、真正成功的改革方案。为此，他对其作出了补充和完善，把成果评价分解为影响（Impact）、成效（Effectiveness）、可持续性（Sustainability）和可推广性（Transportability）四个阶段。

下面是构成该评价模式的具体内容。

1. 背景评价（Context Evaluation）

背景评价即对所在环境的需求、资源、问题和机会的评价。“需求”主要包括那些为实现目的所必需的、有用的事物，“资源”是指在本地可以得到的专家和提供的服务，“问题”是指在满足需要时必须克服的障碍，“机会”主要指满足需要和解决相关问题的时机。

背景评价的主要目的在于：①描述所需服务的背景情况；②界定预期的受益人并评定其需要；③弄清满足需要所存在的问题和障碍；④界定本地资源和资助时机；⑤评定方案、教学和其他服务目标的清晰度和适切性。背景评价的基本取向在于确认方案目标与方案的实际影响之间的差距，本质上属于诊断性评价。

2. 输入评价（Input Evaluation）

输入评价即在背景评价的基础上，对达到目标所需的条件、资源以及各备选方案的相对优点所做的评价。其实质是对方案的可行性和效用性进行判断，对本方案的设计和工作计划、本方案的财政预算等进行评价。评价者的任务包括鉴别和调查已有的方案，以便作为新方案的对照，评价方案建议的策略。

3. 过程评价（Process Evaluation）

过程评价即对方案实施过程作连续不断的监督、检查和反馈。其目的一是为方案制定者、管理人员、执行人员提供反馈信息，以便了解方案实施的进度以及是否有效地利用可用的资源；二是用于发现方案实施过程中的潜在问题，为修正方案提供指导；三是为定期评估方案的参与人员的工作情况提供有效信息。总之，过程评价在于调整和改进实施过程，本质上属于形成性评价。

4. 影响评价（Impact Evaluation）

影响评价即对方案到达、影响目标受众的程度作出评价。该环节所要回答的问题是：①观察到了何种影响（肯定的和否定的、预期的和非预期的）？②各类资助人怎样看待这些影响的价值和优点？③获得满足了方案预期对象需要的程度如何？

5. 成效评价（Effectiveness Evaluation）

成效评价即对结果的品质和重要性进行评价。评价者的主要任务包括访问主要的利益相关者；选择合适的受益人，进行深度的个案研究；汇总和评价方案对于社区的成效；撰写评价报告；把成效评价报告整合到不断更新的方案档案库中，以及整合到最终的评价总报告中。

6. 可持续性评价（Sustainability Evaluation）

可持续评价即方案成功地制度化，并将长久地得以实施下去。评价者访问方案领导和职员，方案的受益人确定是否有可持续的可能性和必要性，并通过讨论和反馈确定可持续性的程度。

7. 可推广性评价（Transportability Evaluation）

在一定程度上，方案能够被调适和应用于别处，评价者需要撰写可推广性评价，提出具体的改善措施，并提供给委托人和公认的利益相关者。

CIPP 模式是一种以过程为导向的决策模式，其主旨是目标的合理性和可行性，评价并不是为了证明，而是为了改进，评价不应单纯地以教学目标为中心，应以决策为代表的社会为中心。评价应为决策服务，为决策收集、组织和报告信息，它是“为决策提供有用信息的过程”。因此 CIPP 评价模式的介绍与分析对丰富现行的商务英语课程体系建构有着指导和实践意义。

第三章　商务英语人才培养体系建构

第一节　商务英语人才培养目标

一、商务英语人才培养目标定位的意义

某个专业的人才培养定位是其所在高校人才培养定位的反映。一般意义上来讲，高校定位反映了一所高校培养什么样的人才，怎样培养人才，人才的就业去向以及学校在教育系统中、在国家或地区经济社会发展中所处的位置。目前高等教育界关于高校定位的定义有多种不同的版本。刘献君认为高等学校定位是指高等学校在办学过程中如何确定自己的身份和地位。周绍森、储节旺认为高等学校定位是指高等学校向社会提供劳务的品种、数量和质量，并对高校在未来经济社会发展中的战略地位和发展方向做出战略选择。张耀萍与袁建辉认为高等学校定位是指学校根据时代、社会与高等教育发展的要求，在自身条件和水平的基础上制定该校中长时期的发展目标。按照里斯与特劳特定位理论的观点，高等学校定位的定义可以表述为高等学校如何实施差异化、凸显核心优势、创造第一、做到与众不同、实现类的独特性，在社会公众心目中占据一个独特的有利的高校位置。事实上，高校人才培养目标定位的理论也是适用于任何一个专业的人才培养定位的。

中国高等教育现已进入大众化阶段，成为全世界大学生在校人数最多的高等教育大国。高等教育市场化的概念也正在深入人心，大学必须在竞争中把握生存和发展的主动权，并在发展中形成自身的特色和优势，这是高等院校的生存之本。尽管目前就业市场对商务英语人才呈现出旺盛的需求，但是对于任何一个特定的办学主体来说，如果人才培养目标定位不够恰当、缺乏特色，不仅影响人才培养效果和毕业生就业，还会影响专业的长远发展。对于商务英语专

业的人才培养而言，明确人才培养目标定位是保证毕业生在就业市场拥有竞争力的基本要求，也是学科建设的必要条件，其积极意义体现在以下几个方面。

（一）发掘自身优势，增强专业竞争力

高等教育市场化的进程使得人才培养必须与市场需求紧密结合。如果地方院校与重点院校在人才培养目标上没有差异，各个院校都追求同一个标准，那么实力偏弱的院校必然会在市场竞争中败下阵来。在高等教育市场中通过不断地细分市场，每个高校会找到自己区别于其他院校的定位，同时也应该找到自己的特色。特色就是优势，只有凭借特色优势才能在激烈的市场竞争中获得较好的发展。卡内维尔认为，新型的消费者型的学习者需要高质量的教育、便捷及时的反馈、个性化的产品和服务，这些营造了高等学校的新环境。而用人单位对人才的需求构成了另一种消费者群体。

面对双重的需求、双重的竞争环境，商务英语专业办学主体必须防止模仿跟风的办学方法，要积极发掘自己的优势，也就是自己院校所拥有的各种特色元素，努力培养，倾力打造，最终变成人才在市场中的竞争优势，在市场中找到自己的份额。有的院校所在城市是沿海发达经济区，拥有众多的涉外企业，本身与涉外企业有着一定的协作关系。学校就可以利用这些资源打造自己人才突出的实践能力。实践能力就成了该校的特色优势。有的院校在管理类学科上有着突出的教学和科研成就，完全可以凭借自己的专业优势打造国际商务管理能力突出的商务人才。在突出自身优势的基础上，在人才培养、科学研究、社会服务、专业设置、服务面向、生源、师资要求、校园文化建设等方面可以做出相应的规划设计和各种制度要求，从而强化自身的整体竞争力。

（二）为改革办学模式确定方向

总的来看，许多院校的商务英语专业办学效果并不理想，培养出的人才在社会上认可度低，其根本原因是人才培养工作受制于传统的办学模式。我国高校传统的人才培养模式源于苏联的高等教育体系，学科专业设置强调专而精，培养规格整齐划一，犹如工业流水线。这样的培养模式满足了新中国成立后社会主义建设初期对各类专业技术人才的需求，为当时的经济建设、社会发展做出了贡献．在我国建设和发展的前期发挥了较好的作用。但随着改革开放和社会主义市场经济的建立，我国的发展现状要求高等教育培养出个性鲜明、知识基础宽厚、视野开阔、具有自主学习能力和社会适应能力的多样化、复合型人才，尤其是在我国提出了建设创新型国家的目标，要求高校更加重视学生创新精神和实践能力培养的背景之下，人才培养工作面临巨大的压力。

在这样的时代背景下，我国许多高校仍在沿袭传统的专业化培养模式。在实际教学工作中，多数院校仍然没有摆脱英语语言文学教学的旧模式，可谓“穿新鞋，走老路”。只有厘清培养类型，确定人才培养目标，能够使全体教育工作者更新理念、更加重视学生的个性发展，通过个性化人才培养模式的构建，从根本上突破我国当前本科人才培养模式僵硬划一的困局，优化人才成长的制度机制和文化环境，通过在培养理念、专业设置、课程体系、教学制度、教学管理以及隐性课程等方面开展积极和富有成效的探索，促进学生的全面、协调和可持续发展，展现本专业的人才培养优势。

就目前我国高校办学状况而言，与人才培养目标种类划分相适应的本科教育模式可以形成三种设计思路，一是以提高综合素质为目标的通识教育模式，重视学生的心智训练和综合能力，强调培养各行业的领军人才；二是以形成专业素养为目标的专业教育模式；三是以适应就业为目标的应用本科教育模式。随着时代的发展和社会的进步，各行业对人才的需求标准越来越高，许多行业都提出需要既具备较高专业素养又要有深厚人文素养和应用能力的人才标准，目前，国际商务相关行业对商务英语人才的需求就呈现出这种高度综合性的特征。因此，商务英语专业在建构人才培养模式时，应该考虑这种高度综合性的人才目标需求，把上述三种人才培养模式加以融合，建构独具特色的人才培养模式，也就是要综合通识教育、专业教育和应用型教育各模式的特点进行综合设计。

对于这个存在时间只有不到 10 年的专业来说，设计出适合其人才培养目标的人才培养模式成了当务之急。可以确定的是，为了实现新时代的教学目标，主要任务就是与传统学术形态决裂，更好地适应环境。

人才培养目标决定培养模式。确定人才培养目标定位有利于高效处理人才培养模式中的 9 对关系，有利于设计出科学合理的人才培养模式。这 9 对关系具体如下。

1. 人才培养和市场需求的关系

商务英语应用性本科教育的着眼点是开放的区域经济与社会发展的需要，国际化是区域经济发展的一个重要内容。所以国际商务人才要做到“立足地市、为地方服务为主”。专业设置和培养目标的制定要依据详细的市场调查和论证，既要有针对性，使培养的人才符合需要，又要具有一定的前瞻性和持续性，避免随着市场变化频繁调整培养计划。

2. 学科与应用的关系

“学科”与“应用”是本科教育专业和课程体系建设的两个要素。在以应用性教育为主的专业建设中，要以应用为导向。以应用为导向就是以社会经济发展为导向，以市场需求为导向，以就业需要为导向。学科建设以科学研究为主要内容，是专业建设的重要基础，起支撑作用，专业要依托学科进行建设。商务英语学科是新兴的交叉学科，它的人才培养更需要学科建设为其提供理论支撑。这种现实决定了商务英语学科的建设应该以应用研究为基础，为商务英语专业应用型人才培养探索适合的教学模式。

3. 分析与综合的关系

学术性教育强调学科教育，学科教育的特点是重视分析。学科作为科学的分类可以不断细分，形成不同等级的学科。分析性课程和教学是学术性教育的重要内容，也是科学研究和工程设计所需要的基本能力。但完成一项实际工作任务，不仅需要一定的分析能力，还需要相应的知识、技能、组织、协调等各方面的综合性应用能力，因此应用性教育在强调分析性教学的同时，往往更强调综合性教学。确定商务英语人才培养的目标有利于商务英语综合性课程的设置和教学体系的设置工作。

4. 传授与学习的关系

本科教学的重要内容是知识传授，传统的讲授法是最便捷的知识传授方式，目前依然占据重要地位，但是在商务英语人才培养过程中，知识与实践的统一才算是完整的知识。在知识的传授中要强调采用“启发式”的教学法，引导学生思考问题、主动学习。同时商务英语本科教育主要强调对实际工作的适应性和创造性，强调在实际工作平台上的经验、技能、技术和知识的协调统一，培养重点在于应用能力和建构能力的提升。能力的培养在于学生主动学习，不能靠被动地接受。因此，构建商务英语人才培养模式时要考虑制订有利于培养学生主动学习精神的方案。

5. 基础课程与专业课程的关系

商务英语专业与传统的英语语言文学专业课程的内部逻辑结构有巨大差别，所以它们的学科基础应该有所差别。许多院校在商务英语专业基础课的设置上仍然采用英语语言文学类的基础课，旨在奠定学生坚实的语言基础。但是复合型人才培养的目标使得商务英语本科教育必须建构一组新的公共基础课程。在这组公共基础课程中有些课程应与专业课程相衔接，表现出明显地为专业课程服务的性质。而专业课程与基础课程的比例也应有所调整，专业课程应占有更大的比例。

6. 理论教学与实践教学的关系

理论来自实践，又为实践服务。商务活动的实践性决定了我们的教学应着眼于培养学生的实践能力。商务英语本科教育应把实践教学课程列入专业核心课程，在实践教学中促进学生应用能力的提高和理论学习的深化。一般来说，在应用性教育的教学进程中应安排比较集中的实践教学课时和综合性的实践教学课程。理论教学应与实践教学相衔接，其内容的更新一定要与行业实践的更新、方法的改进同步进行。

7. 实验与训练的关系

实践教学包括实验、试验、实习、训练、课程设计、毕业设计等多个具体的教学环节，每个环节培养的目的不同，如实验目的侧重于验证、加强理论知识的掌握和培养学生的研究能力、设计能力。训练则是一种规范的掌握技术的实践教学环节。实验能够强化学生对知识的掌握、对问题的分析，训练能够增强商务实务操作能力。商务英语本科教育的实践教学应该既重视实验又重视训练，综合提高学生的实践能力。

8. 专业教育与通识教育的关系

专业教育更多考虑生产服务一线的实际要求，突出应用能力的培养。但随着国际商务环境的复杂化和全球整体从业人员的素质提高，我们更需要具有深厚人文基础的人才应对日益复杂的商务环境。我们需要对传统的专业教育进行改革。在教育教学过程中，不仅要注重培养学生的专业能力，更要注重培养学生的职业道德、关键能力、综合素质和人格品质，使学生成长为高素质人才。

9. 学校与企业的关系

应用型人才的培养给学校增加了一项重要的任务，即为实践教学提供平台。商务英语本科院校要紧密依托涉外商务企业，取得当地政府支持，建立高校和产业界互利互惠的合作机制，建立校外人才培养基地和实习基地，形成产学研结合的教育形式。

（三）为学科建设找到价值参照

商务英语学科的发展实践是其主体获得学科身份的重要基础，但是其中日益显现出来的诸多问题和矛盾也是商务英语学科主体陷入身份困境的主要原因，比如，学科定位一直存在着以下问题：以英语能力为核心的评价与交流机制以及以语言文学为中心的项目评审机制均存在冲突；与商务英语跨学科发展相关的学术团体和学术交流十分稀少；本学科对复合型人才的培养以及对交叉领域问题的研究深度与社会需求存在较大差距。这些客观现实使得学科主体商务英语专业的教学人员与学生对其学科身份感到困惑不清，在自我认知与社会认知两个方面都存在问题。这既不利于主体在正常的学术生活中获得必要资源，也不利于其从学科身份中获得应有的情感激励和行为支持。因此，学科建设必须找到自身的价值参照点，很显然，人才培养的恰当定位能够为本学科的建设找到价值参考点。我们可以从以下人才培养定位的三个视角为学科建设提供参照。

1. 学科的交叉性优势

学科的核心优势是指学科主体在动态发展中培养起来的一种用以实现目标的根本能力。学科的核心优势具有一种杠杆效应，能将当前与未来发展统一起来，能将各种优势整合起来，而且是主体多样化发展的基石。商务英语专业的目标是培养同时具有跨文化能力和商务能力、具有国际视野的复合型人才，研究跨文化商务领域中的现象、问题和规律，可以说交叉性就是商务英语学科的核心优势。这种交叉并非英语和某种商务知识的静态交叉，而是处于不断发展的动态之中。而只有在动态发展中将商科和英语学科进行深度交叉和融合，该学科才能够在动态交叉中不断吸收新的学科营养，它不但可以将当前和未来的发展统一起来，而且可以充实商务英语学科内容，为今后实现多样化发展创造基础和条件。对于学科建设而言，人才的核心优势就是该学科的核心优势。学科建设将集中力量，以教学研究和科学研究为主要手段实现人才培养和学科建设双重目标。

2. 学科特色优势

人才的特色优势就代表了学科优势所在。特色优势是主体在与竞争对手的对比中，既区别于又优于对手的能力，它既是可持续的，又不易被模仿。商务英语人才的特色主要在于它突出人文素质教育的英语语言教育与商务学科教育结合。商务英语学科可以把自己学科所特有的跨文化特色、语言特色、人文特色与商务特色结合作为自己的优势继续发挥作用。各高校可以结合自身优势，在学科交叉的基础上，找准一个具体领域作为核心优势来进行长期培育。比如，对于英语语言理论具有高深研究理论水平和理论能力的院校，学科建设可以集中于商务语言的研究，打造自己在商务语言理论研究方面的权威地位以及培养高端商务翻译人才的优势。具有跨文化研究基础和能力的院校可以以跨文化领域为突破，在该领域进行较深入的研究，具有商务学科理论优势的院校可以以商务能力为突破，进行跨学科研究，使自己院校在培养优秀国际商务管理人才和业务人员方面呈现独有的特点。

3. 学科竞争优势

竞争优势是商业竞争领域用得最为普遍的概念，但是人们常常将其与特色优势混淆使用。竞争优势可以是一种能力，也可以是一种资源，它不易被模仿或复制，其主体因此在总体表现上比竞争对手更优秀更出色。对于商务英语学科而言，竞争优势主要来自本学科培养出来的人才在就业市场的竞争力。人才的竞争优势保证学科在教育领域拥有一席之地。为了保证人才的竞争优势，学科会基于人才培养目标在教学工作和科研工作上加大力度，促进有关学科建设的各项工作的进程，比如加强学术和教学梯队的建设，深化学科理论的研究，营造浓厚的学术氛围，使得商务英语学科具有更强的生命力。

二、商务英语人才培养目标的定位

（一）应用型人才

高校分类为人才培养定位提供了重要的参照。通过高校的分类来指导办学定位，有利于规范、约束高校自身的管理行为，有利于提高高校在办学过程中的自我监控能力和反思能力，并能及时纠正办学实践中的失误，进而避免教育资源的配置针对性差、有效性低等问题的出现。商务英语专业的办学主体首先应该确定自己所在高校属于何种类型，承担着什么样的职能，这样才可以找准目标，集中优势，充分发挥自己的职能。

高等学校的职能包括教育职能、科学研究职能和服务社会职能，不同高等学校以及不同学科专业承担职能的侧重面是有所不同的。大学必须有所侧重地履行社会职能。大学分类办学不仅是时代的必然要求，也是高等教育发展的内在需要。

根据高等学校职能与其培养的未来人才能力状况可将大学分为创造（创新）型、研究型、研究应用型、应用研究型、应用型、职业型等 6 个类型层次。学校职能特征与未来化人才能力特征一致，这些分类既反映不同类型层次学校的职能特征，又反映主要未来化人才的能力特征。所有大学构成一个金字塔，职业大学（学院）数量最多，位于基础层，从该层开始往上，各层次大学数量依次递减。创造（创新）型大学数量最少，位于金字塔的顶层。创造（创新）型大学是研究型大学的延伸和发展。创造（创新）型大学为创新型国家服务，这是高等教育发展与国家经济建设发展相适应的需要，也是历史赋予高等教育的重大使命。

目前，中国正处在经济高速发展阶段，越来越多的企业从劳动密集型转向高科技型，要求在本科层次上培养出大批生产一线急需的、具有较强解决实际问题能力的应用性人才。同时，中小企业竞争激烈，质量和水平迅速提升，要求员工具有较强的职业竞争力。在这种形势下，商务英语专业需要摆脱传统本科教育注重学术教育的单一人才培养模式，加大应用性人才培养力度。

一些发达国家和地区早在20世纪60年代就陆续开始发展应用性高等教育，迄今已经建立起符合本国特点的应用性教育人才培养模式，这些人才培养模式既体现了应用性教育的本质特征，又有各自独立的特色。其共同点主要表现为目标一致；面向市场需求，实施专业教育；重视实践教学，校企合作紧密；以本科教育为主，形成包括研究生教育在内的应用性教育体系。

《高等学校商务英语专业本科教学要求》（试行）（以下称《教学要求》）对商务英语本科专业的培养目标是"培养具有扎实的英语基本功、宽阔的国际化视野、合理的国际商务知识与技能，掌握经济、管理和法学等相关学科的基本知识和理论，具备较高的人文素养和跨文化交际与沟通能力，能在国际环境中用英语从事商务、经贸、管理、金融、外事等工作的复合型英语人才"。

我国开设商务英语专业的本科院校有64所，除对外经济贸易大学以外，其余均为地方性高校，而且多数院校归类于应用研究型或应用型大学，加上各类职业大学，我国开设商务英语专业的大专院校共有2 000多所。尽管对外经济贸易大学是一所教育部直属院校，但是该校并未把自己定位于研究型大学，而是把自己定位于研究教学型大学，因此其人才培养目标包括研究型和应用型两类人才。各地方高校多为应用研究型或应用型，除了少数毕业生继续深造，成为研究型人才外，主要人才类型为具有较高专业素养和就业能力的应用型人才。很显然，各个院校的职能划分和《教学要求》表明，"应用型"是商务英语专业人才的首要特征，是人才培养工作的首要目标。

（二）具有特色的复合型人才

1. 复合——英语专业的出路

复合型人才是指获得了本专业以外第二（甚至第三，但极少）个专业的基本知识和基本技能，成为能适应跨专业、跨学科工作和研究的人才。美国当代高等教育专家克拉克·克尔说过，当高等教育为社会服务时，它不仅要遵循自己内在的发展逻辑，还必须回应外部社会不断变化的环境。商务英语专业的产生也是基于原有英语语言文学专业在社会发展过程中表现出的“不适应”而对英语人才培养目标做出调整的结果。对于我国社会经济新发展对人才的需求，英语专业的“不适应”主要体现在五个方面：思想观念的不适应；人才培养方式的不适应；课程设置和教学内容的不适应；学生知识结构、能力和素质的不适应；教学管理的不适应。这五个“不适应”的根本原因在于人才培养工作与社会需求的脱节。中国社科院发布的《中国大学生就业报告》将英语专业列为“红牌”专业。传统的英语教育在面对社会新需求时必须对单一的语言文学人才培养方式做出调整。教育部《关于外语专业面向21世纪本科教育改革的若干意见》（以下称《若干意见》）提出了复合型外语人才的培养建议，即外语与其他有关学科知识结合的外语人才的培养，并指出这种复合型外语专业人才是社会主义市场经济对外语专业教学的要求，也是新时代的需求。这是第一次在有关外语教学的官方文件中提出复合型人才培养的观点。外语专业复合型人才的培养意见是在总结了单一型高校外语专业教学近年来存在的问题基础上提出来的。《若干意见》第一次清楚地阐述了21世纪外语专业人才的培养规格：扎实的基本功、宽广的知识面、一定的专业知识、较强的能力、较好的素质。

英语语言与商务的结合不仅促进了新型人才的出现，而且对英语和商务两种社会活动领域的未来发展都具有较大的促进作用。在未来产业结构升级中，英语对经济实践的贡献将会更大，例如，语言认知与创新思维的关联、商务语类语用研究与国际商务沟通、人文精神与创意产业、体验经济的关系等都将是语言推动经济的具体体现，其也能够提高语言研究的现实应用价值。同时，国际商务活动属于一种跨文化的语言交际活动，这恰恰也给外国语言的研究和教学提供了丰厚土壤。全球化和经济转型的交叉进程促成了我国越来越高的经济外向度，这一客观现实决定了我国目前及今后相当长一段时间内英语教学的“复合化”道路，尤其是与经济贸易等学科的复合，这也是商务英语学科在我国逐渐兴起的原因。

2. 特色适应市场的选择

当前，我国高等教育面临前所未有的发展时机，但国际人才大竞争、全球经济大开放、高新科技大发展、知识经济大崛起、多元文化大汇合以及经济体制大转轨的环境也为现代高校的发展提出了严峻的挑战。基于高等教育发展背景及当前我国高校办学现状的分析，形成办学特色成为高校办学的必然选择。

复合是人才培养的趋势，并不能构成人才的特色。所谓“特色”，是指“事物所表现的独特的色彩、风格等"。"特色"有三层基本含义：一是"人无我有"，即独特性或个性；二是"人有我优"，即杰出性或优质性；三是"人优我新"，即开拓性或创新性。克拉克在《高等教育系统》一书中认为，"当普遍的不景气发生时，没有特色的院校除在经费预算中的固定位置外，对资源没有特殊权利。作为一个可以与其他院校相互替代的院校，可能被负责削减预算的官员选作多余的单位进行大手术或破产拍卖。各种各样的公共当局更可能试图褒奖那些想办出特色的院校，而不是安于常态的院校。"

特色专业是高校在一定办学思想指导下并在长期办学实践中逐步创建的独具特色、富有个性风貌的专业。具体地说，特色专业应当是指其专业办学条件、建设水平、教学管理、教学改革成果和人才培养质量等在国内外达到一流水平或者在国内外具有影响和知名度的专业，具有人无我有，人有我优，人优我新等特征。我们在确定复合型商务人才的目标时还需要注意的是学生的语言能力与哪些具体的商务知识和商务能力相结合，如何满足社会的"复合"要求，英语语言课程需要与哪种商务类课程相结合，两种学科各自的课程比例应该如何确定，商务类课程与语言类课程将以何种形式进行有机的融合等问题。我们还应该考虑由于目标过于分散而致使两种能力都不能达到预期目标的可能。这些问题和担忧的解决过程亦即专业特色的形成过程。

商务英语专业是语言与商务相结合所产生的专业，相对于英语专业来说，具有了一定的特色，可是，当今社会对人才的需求呈现出的综合趋势使得复合人才的培养成为潮流，"英语+商务"特色将很快成为一种基本要求，而不再突出。首先，英语语言与商务学科交叉并非英语学科所特有的下属学科。经济类学科和管理类学科都在复合式人才培养方面下功夫。他们都在强化本学科与英语语言的结合，在人才培养中也在制定相应的复合式战略目标与培养策略。市场需要的是复合型人才，并不会计较人才毕业于哪个专业。真正起决定性作用的是人才的质量。其次，随着商务英语学科的发展与壮大，开办商务英语专业的院校越来越多。在商务英语学科内部，也会出现各学校人才间的互相竞争。如果没有自己的特色优势，商务英语本身那种"与生俱来"的特色优势也会很快消磨殆尽。商务英语专业要想真正保持自己的特色就需要构建与其他竞争对手生态位分离的标志，这就是专业特色建设。

关于高校办学特色的内容，许多学者从不同角度提出各自观点。徐斯亮认为，根据办学特色表现形式可将其内容分为两大类，即显性内容与隐性内容。显性内容是指那些以精神的物化产品和精神性行为为表现形式，通过视听器官能感受到的直观内容，主要包括学校的自然环境、学科环境、内部运行机制、规章制度以及学校徽标等内容。隐性内容主要包括学校的办学理念、价值取向、道德规范、学术氛围、学校精神等内容。根据办学特色的可感知程度和抽象程度可以将其划分为三个层次：完全的物化层、行为特征层和理念层。物化层主要是指学校拥有的自然环境、建筑物、教学科研设施、学科专业建设和实验室建设、机构设置、学校徽标等方面表现出的特色和优势，往往表述为先进或落后、新颖或陈旧、单一或丰富等。行为特征层是学校办学特色的主体，内容最丰富，包括组织行为特征和个体行为共性特征。理念层主要包括学校的办学理念、办学思想、价值取向、学校精神等，这是办学特色系统的核心、灵魂与原动力。

董泽芳认为，高校办学特色反映为办学思想的特色，包括办学主张的特色、办学理论的特色等；办学主体的特色，包括校长的特色、教师的特色与学生的特色等；办学模式的特色，包括目标模式特色、结构模式特色、功能模式特色、体制模式特色与运行机制特色等；办学环境特色，包括外环境特色与内环境特色、硬环境与软环境特色等。此外，还反映在教学的特色、科研的特色、服务的特色、管理的特色等许多方面。

纪秋颖等把生态位的原理引入高校办学特色理论中，对专业特色进行了形象的表述。

高校可以视作一个生物组织体，符合生态位原理，这是因为，一方面，作为社会中的文化主体，一个大学或一个专业由一定的物质和精神要素所组成；另一方面，大学或专业作为由活生生的若干人所组成的有机系统，它必有一定的生命轨迹，并表现出与自然界中的生物体相似的类生物性能。大学自身独有的校风、学风、师资水平、学科专业、制度规范、教学与研究方式等自然基础和所处的区域环境等社会基础即构成了高校特有的“生态位”基础。遵循生态位理论，生态位差异大的大学，彼此之间的竞争就小；反之，生态位越近似的大学，相互竞争就越大。并且在生态位高度重叠的大学之间，在高等教育社会资源有限的情况下，会面临激烈的竞争，竞争力强的大学会打败竞争力弱的大学，或者竞争力弱的高校通过寻求差异化的市场和资源梯度来避免残酷的竞争。所以，对于那些由于争夺有限资源导致生态位重叠的大学，应该利用特有的“生态位”基础找寻特有的“生态位”，寻求特色发展，通过生态位分离来降低竞争强度，实现共存，经济和社会对商务英语专业人才的需求是多层次的，我们既要满足经济社会的一般需求，又要主动适应发展需要，为国际组织、政府部门和跨国公司和地方企业培养高素质人才。商务英语的内涵非常丰富，没有一所院校的培养目标能够涵盖所有国际商务活动所涉及的职业需求。这种现状也为各院校商务英语特色人才培养提供了绝佳的机会。开办商务英语本科专业的院系负责人应该思考如何扬长避短，办出特色，在为学生潜在的发展可能打下坚实专业基础的同时，根据学校的办学基础、办学能力、办学传统和长期形成的办学经验，逐渐形成各自的特色，构建竞争优势。例如，对外经济贸易大学以自己严格的英语语言训练、经济贸易学科的高层次理论和实践教学塑造学生优秀的语言能力和商务实践管理能力。其商务英语专业毕业生中一部分具有较强研究能力的成员会通过更高学位的研读继续从事相关领域的研究工作，其余毕业生能够胜任绝大多数高层次商务活动的翻译、谈判和企业管理工作。这样的人才培养定位与竞争对手在生态位上形成了鲜明的分离。地方应用型院校的商务英语专业可以从自己的学科优势出发，结合学生的优势和地方经济特点确定自己的“生态位”。例如，河北经贸大学依托本校强势专业——会计专业，制定了“语言学学士 + 管理学学士”的双学士培养目标，为毕业生拓宽就业门路，实现了人才培养“生态位”与其他院校商务英语专业“生态位”的分离。

值得一提的是，广东外语外贸高校依托自己深厚的语言教学实力和多年来的商务专业优势，为商务英语专业设定了“国际通用型商务人才”的培养目标。全英教学手段是该专业人才特色的保障。学生的语言与商务形成了有机结合。他们的特色体现在先进的国际通用原版教材、涵盖英语主干课程和跨文化商务交际课程的全英教学和学院创造的大量的目标语浸泡环境。

刘汝婷基于对广东外语外贸高校工商管理学院与商务英语学院培养目标、英语课程和商务课程设置、测试体系、师资结构、就业情况 5 个方面的差异性研究得出结论：除测试体系之外，商务英语专业在培养目标、课程设置、师资力量和就业情况上都具备了独特的竞争力。

学生在相关学科认知、跨文化意识与能力以及商务环境中运用英语的能力显示出比其他院校高出许多的优势，在就业市场有较强的竞争力。在就业去向和就业区域分布上也呈现出比较高端的趋势。广东外语外贸高校在构建自己独特的人才培养“生态位”基础上体现了自己的特色。

（三）国际化人才

1. 国际化人才的概念

智库百科对国际化人才的描述是：具有国际化意识和胸怀以及国际一流的知识结构，视野和能力达到国际化水准，在全球化竞争中善于把握机遇和争取主动的高层次人才，或者是指那些通晓专业国际惯例，能够熟练使用外语，具有较强的不同文化适应能力，具备国际视野，通过接受一定程度的专业教育，获得专门技能知识和资格的专业人才。

也有学者从高校的中心任务，即培养人才的角度来探讨，把对国际化人才的理解分为两种：一是从理想主义的维度，即主要培养学生的全球相互依赖意识，增进国际理解；二是从实用主义的维度，即主要培养学生将来在国际环境中工作所需要的一些知识和技能。而中科院院士、英国诺丁汉大学校长杨福家教授在接受采访时表示，高等教育国际化就是要培养融通东西文化的一流人才，在经济全球化中更好地为各自国家的利益服务。

许多发达国家制定了鼓励高等教育国际化发展的法律和政策，在人才培养目标方面增加国际化内容。美国、日本、欧洲等发达国家和地区较早提出“高等教育国际化”“国际化人才”的观念，关注“国际视野”“国际合作”“国际问题研究”等领域并采取了一系列措施，在一定程度上推动了本国政治、经济、文化等方面的全球化扩张。而我国迈入高等教育国际化的道路较晚，但也在加快高等教育国际化进程。

商务英语专业在全国范围内教育国际化的步伐迈得最大、最为突出，其人才培养目标充分体现了我国高等教育人才培养国际化的目标，而且是我国首个提出国际化人才培养目标的专业。这说明商务英语专业在我国高校国际化方面已经占据领先地位。商务英语专业毕业生的国际化能力是一种不同于普通大学生能力的就业竞争力，它是在一般基础上加以提炼和提升形成的独有能力，是支撑学生过去、现在和将来的竞争优势能力，突出表现在经济全球化形势下的就业优势和可持续发展能力。由此可见，“国际化”是国际商务专业人才的就业核心竞争力的主要组成部分。

2. 商务英语人才国际化的重要性

当今世界知识经济加速发展，世界经济发展的动力已由物质资源转为人力资本。而且促进国家国际竞争力提升的人才首先必须是国际化人才。

商务英语专业学生是将要参与我国对外贸易和各种涉外商务活动的未来人才。他们未来的工作内容、工作性质和工作环境决定了他们的国际化属性。商务英语人才国际化的重要性体现在三个层面。①决策层面。全球化进程和日新月异的科技进步使得国际商务环境越发复杂，越发需要高瞻远瞩的战略眼光。知己知彼，百战不殆。只有具备了国际视野和国际化思维，才能够站在全球化的角度，以更全面、更前瞻的眼光看待和思考问题，制定出科学合理的国际商务策略，实现商务目的。②操作层面。具体的业务操作离不开贸易规则。任何一个商务活动细节都需要遵守特定的贸易规则。作为 WTO 的成员国，中国对外贸易和其他国际商务活动必须要遵守其各项贸易规则。作为国际商务从业人员，精通贸易规则是最基本的要求，这能够保证业务的顺利进行，并且防止自己的利益受到损害。当然，贸易规则不可能约束所有的商务活动，各国的文化传统不同、习惯做法各异，有时甚至会有很大的冲突。如果不熟悉国外的商业习惯和特定国家的规则，不但达不到目的，有时甚至会给自己带来巨大的经济损失。在具体业务的操作过程中，每一个细节都体现着从业人员的国际商务操作能力和国际事务处理能力。③交际层面。国际商务活动本质上是一种跨文化活动。在跨文化交际中，人们往往倾向于借助母语规则、交际习惯、文化背景及思维方式来表达思想。这就是民族中心意识。民族中心意识不利于国际商务活动的顺利开展。在对学生的专业教育中融入跨文化交际能力培养可以帮助学生克服民族中心意识，跨越障碍，将跨文化交际中的问题减到最少。可以说人才国际化的一个重要内涵就是跨文化交际能力的形成。

3. 国际化商务英语人才的构成要素

结合理论研究和商务英语教学实际情况，国际化人才的培养主要包含三部分内容，即国际化意识、国际化知识和国际化能力。

国际化意识包括国际理解意识、相互依存意识、和平发展意识和国际正义意识。“国际人”必须保持广阔的视野，加强对不同文化的理解，养成尊重不同文化的态度。国际化意识是指导人们正确处理跨文化交际活动的决定性因素。

在国际化知识方面，商务英语专业的学生除了要掌握英语语言知识和国际商务知识以外，还需要了解更多国际方面的知识，如国际时事与政治、本民族在国际社会中的地位与作用、世界发展历史与趋势、东西方文化对比知识、各国宗教知识等。此外，“国际人”还必须掌握一定的世界地理知识，所有这些知识均有助于从业者了解世界、走向世界，增进他们与世界各地贸易伙伴的沟通与了解。

国际化能力包括独立思考能力、跨文化交际能力、参与竞争能力、信息处理能力、终身学习能力、创新能力、经受挫折能力，等等。要想在国际竞争中获得胜利，国际化思维是前提，跨文化交际能力是基础，创新是关键，也就是说未来的国际化商务人才需要以国际化思维作为行动指导，在跨文化商务交流活动中通过自己的学习能力、信息处理能力以及耐受挫折能力，不断创新经营方式，拓展经营领域，为行业的发展和进步做出贡献，实现自身、企业和国家的多重发展目标。

（四）创新型人才

对于什么是创新型人才，社会各界都有自己不同的定义。在教育界，创新型人才是指具有创新、创造和创业方面的潜在能力的人才。在科学家的眼中，创新是科学发现、发明创造，创新型人才就是这些科学界的开拓者与发明家。而实业家看重的创新型人才则是具备创业能力与知识运用能力，能够创立一个实业、带动一个产业向前发展的人才，这种创新型人才往往能融知识、技术、管理于一体，具有敏锐的眼光、坚强的体魄和无限的创造力。由此看来，基于各行业自身发展的需要，往往不能在什么是创新型人才的问题上达成共识，但人们对创新人才的性质认识是一致的，即创新型人才必须具备创新的意识、精神和品质，同时又必须具备创新实践的潜质和能力。

我国传统的教育思想是以知识的继承为基础、以知识的掌握为中心的教育思想。因此，在教学中强调学生对知识的记忆、模仿和重复的练习。这些传统教育思想最大的缺点是注重知识的传授，而忽视了对学生能力和素质的培养。因此，新的培养模式就是要鼓励学生独立思考，培养他们的批判精神和能力，让学生学会解决问题，而不是一味地重复标准答案。多年来，英语语言的工具性在英语教育中逐渐根深蒂固，其结果是教学过程过于注重语言知识和语言技能的训练，致使英语专业学生的能力缺陷非常突出，那就是缺乏独立思考能力，不易产生独到的见解。这样培养出来的人才缺乏个性和灵活性，很难适应新形势下的社会需求。令人感到失望的是，商务英语专业设立以来，不少高校仍然采用英语专业传统的教学思路，注重英语语言知识和商科专业知识的学习，而忽略了学生解决实际问题的能力训练。商务活动最大的特点就是它的“复杂性”，在复杂多变的商务领域，从业人员的创新能力显得尤为可贵，因为这种能力可以帮助他们应对各种不可预测的复杂问题。

创新体现在“新”字上。“新”意味着不同，就是与旧的、传统的思维或方法的不同。在某种程度上，创新型人才的培养就是强调人的个性发展，是一个人独特性的表现和张扬。个性的充分发展是创造性思维的基础，而独特的个性则是创新型人才的特征。所以我们的人才培养方案需要保证学生个性的充分发展。个性的发展和发挥需要有相应的环境和氛围。在学制、课程设置、教学活动设计、教学评价体系设计中应该保证创造宽松的、自由的、追求真理的学习环境和学习氛围。

只有在有利于创新的制度下学生才能真正地发挥出自己的个性，才不会泯灭了创新意识、创新精神，能充分挖掘自身的创新潜能。归根结底，办学主体在商务英语人才培养方案的制订中一定要融入创新能力的培养理念。

（五）地方性人才

1. 人才培养国际化与区域化的关系

教育发展的外部规律告诉我们教育总会努力适应社会经济发展的需要，与经济发展趋势保持一致。目前，世界经济发展日益呈现出两大趋势，即全球化与区域化。经济全球化与区域化既是空间的两极，是整体与局部的关系，也是时间的两端，是未来和现在的关系。经济全球化以区域经济为起点，待区域经济实力壮大后再通过融合并经由区域经济集团化达到全球经济一体化。

这种趋势反映在高等教育领域中就是人才培养国际化与区域化同时并存的特征。今天为地方经济服务的人才将是未来参与国际经济活动的国际化人才。人才培养的国际化是为了让学生形成国际化视野，以便更好地参与到全球化进程中去。而人才培养的区域化是为了培养学生为本国、本地区经济发展服务的能力。教育的国际化与区域化是远景与现实的关系。商务英语人才是将要参与国际商务活动的人才，但是，离开了地方经济的发展与繁荣，国际化商务活动就无从谈起，国际化人才也将面临无用武之地的尴尬处境。教育实践证明，区域化是不可回避的话题，服务于地方经济是商务英语人才的立足点。

目前，我国人才培养国际化与区域化呈现出既矛盾又统一的关系。经济发展落后地区急需大量区域化人才以满足区域经济建设的需要，对于国际化人才的需求似乎不太迫切，而且教育资源的不足也阻碍了国际化人才目标的实现。由于我国不同地区在自然条件、经济基础和文化传统等方面存在一定差异，各地区高等教育的数量、资金投入、规模与质量差异较为明显。其表现为高等教育在东、中、西部的区域布局相对不均衡；全国重点大学、重点学科、重点实验室和研究基地大部分集中在东部发达地区；高等教育的投入差距也比较明显；师资水平上也存在区域差异。在一些地区，人才培养的国际化与区域化似乎无法统一起来。

然而，不能否认的是国际化人才培养的需求可以给我国许多地方院校的商务英语教育发展带来机遇与有利条件。我们可以通过越来越多的国际交流活动引进国际先进的办学理念和管理经验、吸引优质的资源和资金、聘用国外高水平大学的高级管理人才和高水平学者为我们带来先进的办学理念。通过派遣留学生和学者互访、参与国际会议和学术交流以及合作办学等都可以提升所培养人才的国际视野。具有国际化视野的人才是帮助地方经济实现飞跃的原动力。地方经济的发展会进一步推动高校在培养人才方面的综合能力。

参照国际人才培养标准能够提升地方人才的素质。商务英语人才培养要立足地方经济，在分析国家和社会对人才需求的同时，认真研究国际上同类学校的人才培养标准、发展现状与趋势，并按照高等教育发展规律与本区域特点确定合理的高校发展定位。只有这样，才能全面提高办学水平，提高人才培养质量，才能拓展与深化国际交流，并为区域经济社会发展服务。

2. 商务英语专业人才培养与地方经济发展的关系

从世界范围来讲，高等教育区域化是国际高等教育发展的一种趋势。西方发达国家高等教育发展的历程更能证明这一点。从英国 1826 年伦敦大学的创立到美国 1861 年颁布《赠地法案》创建起大批的赠地学院，再到 20 世纪美国社区学院的发展以及联邦德国采取的由地方承担高等教育发展的主要职责等一系列措施，这些高等教育发展实践表明，高等教育区域化道路在促进区域经济发展和社会进步中起了相当积极的作用，而且区域化也是经济和高等教育相互促进的极为有效的方式。

在我国，地方高校人才培养的任务主要是为地方经济建设输送人才。区域经济是指在社会劳动地域分工的基础上，随着经济发展而逐步形成的各具特色、联系紧密的区域经济综合体。区域产业结构是社会劳动分工的具体体现。区域产业结构决定着人才需求的类型和规格，即社会专业化分工产生人才的分类，不同行业对人才的需求也各不相同。由于企业规模和产品结构的不同，同一技术管理岗位所需人才的特性也有所不同。地方经济对人才需求的特性决定着什么类型的人才受社会青睐，因此地方高校的人才培养要结合区域经济的发展状况，找到各自的定位，在我国 2 200 余所高校中，隶属教育部和其他部委管理的不到 100 所，其余均为地方政府管理或民办体制，我们可以称其为地方性大学。地方高校作为国家高等教育体系的重要组成部分，必须有自己明确的人才培养定位，否则便失去了其作为地方高校的意义，同时也会极大地弱化其在地方经济社会发展中的作用。

地方高校承担着为区域输送人才、满足区域经济对人才的需求的任务。一方面人才供给总量要满足区域经济增长的需要，另一方面人才供给的结构要与产业结构相匹配。从商务英语人才供给总量看，由于近年来地方高校招生规模增长，实现了高等教育的历史性跨越，基本上满足了人才增长的数量需求。但从人才供给的结构看，存在人才供给结构与地方人才需求结构错位的现象，许多涉外企业在英语人才方面存在缺口，而一些毕业生却找不到理想的职业。改变人才培养与社会需求脱节的问题，需要地方高校对人才培养的定位进行反思。

3. 地方性商务英语人才特征

在制定人才培养目标时，地方特色的体现也是人才区别于其他院校的有力证明。可以从三个方面突出人才的地方性。①面向地方经济。与部属高校相比，地方高校更接近经济发展一线地带，是面向地方的人才输出主体，它的质量越高，地方经济社会发展的造血功能就越强，发展的后劲和活力就越充足，就越能实现经济发展的各项目标。经济全球化影响着我国各个角落。地方经济的发展越来越离不开国际商务活动。地方需要成为商务英语人才主要的市场所在。作为一个有着巨大市场需求的办学主体，设立商务英语专业的地方高校要有效履行自身社会责任，确保人才适应地方经济发展需要。要从根本上改变人才培养与实际需求不相适应的状况，地方高校必须对地方的有关经济社会发展长远规划有科学的认识和把握，在人才培养方面与地方经济发展同步。这也正是在大力实施科教兴国战略的今天，地方政府和人民对地方高校发展寄予厚望、着力支持地方高校发展的重要原因。②依托地方经济优势。面向地方、依托地方不仅是地方高校专业建设的立足点，也是地方高校专业发展的着力点，首先，因为地方高校对地方社会资源具有绝对的独占性，因此，依托区域资源开展专业建设，既体现地方高校的本质属性，又有别于重点大学，彻底改变"千校一面""人云亦云"的专业建设状况，也只有根据学校的办学条件与所在地区经济的优势，才能培养出其他院校不能匹敌的、适应本地经济需要的商务人才。其次，地方优势产业的发展必然会聚集一大批优秀的行业经营管理人才。这无疑是十分可贵的教育资源。将这些企业的成功经验和市场竞争的实际案例带进课堂，对拓展学生的知识面，掌握企业经营和管理所需要的知识和技能，培养学生参与和适应社会竞争的健康心态，都是非常有帮助的。③服务地方企业。地方企业是地方经济发展的主要推动力，决定着地方经济的发达程度。科技和人才是一个行业前进和发展的源泉，因此人才的培养主要应服务于当地企业的需要，在定位方面就应考虑当地行业的特点。如河北省秦皇岛是一个外向型经济较发达的城市，当地可以培养偏向国际会展、国际合作方向的商务英语人才。内陆地区外向型经济还不太发达，可以突出本地需要来培养人才，如招商引资方面、本地土特产出口方面、当地特色旅游方面的商务英语人才。

（六）通才+专才型人才

通才教育是为了培养具有高尚情操、高深学问、高级思维，能自我激励、自我发展的人才。通才教育重视知识的综合性和广泛性，注重理智的培养和情感的陶冶；而专才教育比较注重学生实际工作能力的培养。专才教育专业划分详细，重理论学习和基础知识，培养的人才短期内具有不可替代性。但两种培养模式都各自有着不容忽视的缺陷。通才教育模式下人才往往由于涉猎过分广博，学科的深入发展受到影响，以至于专业知识欠缺，无法迅速胜任工作；但专才教育模式在专业划分过细的情况下，片面强调职业教育，会造成学生知识面狭窄、后期发展无力的后果。我国教育模式是沿袭20世纪50年代苏联模式演变而来的，其优点是专业划分细、注重理论学习、学生基础知识扎实，但存在能力培养不足，综合性、应用性不够等弱点，而且不符合学生就业的实际市场需求。

第二次世界大战以来，由于科学技术的发展突飞猛进，社会对人才的需求呈现出高度分化与高度综合的特征。一方面要求专业教育继续培养“专门人才”以适应工业化大生产和社会分工的需要，另一方面则要求教育培养出适应科学技术综合化发展并能有效解决社会问题的“通才”，要求人们不仅懂技术、有科学素养，还要懂得如何处理人与人、人与社会、人与自然、人与国家、国家与国家的关系，要有人文精神，并且要用人文精神来驾驭科学精神，避免人成为“机器化的人”，成为“技术的奴隶”。为使科学技术与人类文明同向发展，并实现人类社会的可持续发展，通识教育被再次推上了历史的舞台。

专才与通才不应对立起来，专才教育不是对通才教育的否定。商务英语人才的培养正面临着复杂的人才需求环境。国际商务活动涉及不同国家的政治、经济、文化、宗教、哲学等多个领域，需要从业人员不仅具有扎实的商务专业知识、熟练的商务技能，还要具有综合的人文素质来应对这种复杂的从业环境。多数涉外企业对于人才的需求中明确地提出了“具有较高的人文素质”这样的要求。较高的人文素养也是构成国际化人才的必要素质。没有宽广的知识面也不可能形成国际化的思维方式和国际化视野。这些内外因素决定了商务英语的人才培养方案中必须考虑通才教育与专才教育的结合。在人才培养方案的制订中，我们可以通过课程设置、教学体系和教学评价体系等方面的科学设计，体现专才与通才培养相结合的教育理念。

第二节　商务英语人才能力结构

21世纪是信息时代，是知识经济时代，是科学技术高度发展，自然与社会科学相互渗透，经济日益全球化的时代。随着我国加入WTO，市场经济的不断推进以及对外政治、经济、文化、技术等国际交往的日益频繁，社会对外语人才的需求急剧增加，商务英语就应运而生。商务美语专业的创办和以后的发展，要重点厘清三个问题：首先，市场要求商务英语人才的知识和技能要达到什么水平或标准；其次，商务英语人才的知识结构、专业技能和素质结构是什么；第三，怎样才能培养出符合市场需求的商务英语人才。因此，只有创建适应时代发展需求的新型商务英语专业人才培养模式，根据社会和市场的需要，并且结合商务英语专业人才培养的特点，培养在能力、知识和素质结构等几个方面都能适合社会主义市场经济需要的，能够适应即将出现的新领域所需的商务英语人才，才能满足社会的发展变化，满足社会对应用型商务英语人才的需求。

一、知识结构

知识结构要注意基础知识和专业知识的合理配置。知识结构要注重基础知识和专业知识并重。要先掌握基础知识和基础规律，重视基础是应对多变的社会环境的基本策略。基础知识是指本源性的知识，也就是事物的共性，只有抓住事物的共性才能做到举一反三。学生有了坚实的基础知识，学会了学习的方法，培养出自学能力，那么，就可以在知识信息不断更新的信息时代，在走出校门、走向社会后，继续扩展自己的知识面，优化和更新自己的知识，不断重新构建新的知识框架，才能适应瞬息万变的社会。商务英语专业既要重基础，又要重专业，不可片面地强调专业而荒废基础，也不可片面重视基础而剥夺专业基础的课时分配。基础课的定位要准确。真正体现基础性，不可照搬或简单修改语言文学专业本科课程体系，培养的是具有较扎实的英语语言基础和较强的英语交际能力并适应国际商务第一线需求的高等应用型专门人才。

二、能力结构

能力就是指保证一个人能够顺利进行实践活动的稳定的心理特征。具体到商务英语专业，主要由以下三个方面组成。

（一）获取知识的能力

"授之以鱼"不如"授之以渔"。教师在传授基础知识的同时，要注重学生能力的培养。学生只有具备了学习能力，才能在工作岗位上不断更新知识结构和能力结构，从而适应社会发展的岗位需求。在获取知识能力的培养方面，提倡以学生为主体的教学模式。也就是以学生为中心，充分发挥学生的主体作用，让学生实现从"学会"到"会学"的飞跃，让学生能够主动构建和更新知识框架，学习并且掌握新的运用商务知识和英语知识处理商务事务的技能，为学生今后的学习和不断发展打下坚实的基础。

（二）运用知识的能力

就是指人在社会实践活动当中，能够运用所学知识去分析问题和解决问题的能力。运用知识的能力体现在活动方面，体现智力和能力的结合。培养商务英语学生运用知识的能力就要让学生到校内外实训基地参加实践活动，用他们在理论教学中培养出来的英语能力进行具体的商业事务处理活动，发挥实践教学的作用，让学生用理论指导实践并为实践服务，又能够从实践中加深对理论的理解，实现知识与能力的融合。

（三）创新能力与职业能力

能力的培养都离不开实践，实践是检验真理的唯一标准。创新和职业能力的培养必须让学生融入社会中去，充分发挥校内外实训基地的作用。商务英语专业的人才只有具备了这样的能力，才能够灵活地处理各种涉外商业事务。

三、素质结构

（一）英语素质

英语素质是指对英语的掌握程度，包括语感、语音语调以及用英语处理商务中的涉外事务的综合素质。英语听说读写译各项能力能够协调一致发展，尤其是听说能力领先，才能逐步培养英语素质。英语素质是商务英语专业的灵魂，离开了英语素质或英语素质不突出，没有特色，商务英语专业就将失去生命及其存在价值。

（二）心理素质

心理素质主要包括人的情感素质、意志素质、认知素质和个性素质。其中情感素质和意志素质影响个人的成就动机和情绪水平；认知素质影响人的智力水平和思维水平；而个性素质影响人的气质与个性特征。心理素质一旦出现危机，就会影响个体的发展乃至造成难以预料的后果。商务英语专业要培养学生的成就动机，使学生看到高职商务英语的长处和优点，他们也渴望成功，学生运用良好的学习氛围，促使其构造积极的自我意象，从而引导学生对自己正确定位，培养学生的情绪控制能力。

总之，我们确定了商务英语专业的实践教学目标，也就是培养学生在国际化的商务环境下的英语运用能力和商务沟通能力，了解国际商务工作的环境及相关岗位的职业能力要求，了解外贸业务流程的各个环节，熟悉外贸业务涉及的主要文件及单证，满足相关就业岗位的技能要求。与此同时，通过各种形式的社会实践活动，提高学生的综合技能。对实践教学目标的准确定位能够使实践教学改革的方向更加清晰。

第三节　商务英语人才培养方案

一、跨境电商及其对商务英语人才的需求

跨境电商是指分属不同关境的交易主体，通过电子商务平台达成交易，进行支付结算，通过跨境物流送达商品、完成交易的一种国际商业活动。李克强总理在过去两年的政府工作报告中均指提出要加大进出口贸易模式的创新，推动跨境电商的进一步发展，国内外企业在“互联网 +”的基础上进行深度合作，让中国企业广泛受益。

跨境电商的迅速发展给中国社会带来了巨大的创业契机，但也对高校的人才培养提出了更高的要求。面对社会的需求，中国各高校的商务英语专业急需思考如何将其原有的专业教育和当前的创业教育相结合，如何能够推动学生利用校内所学到的知识和技能在跨境电商平台上进行创新创业。对于高校商务英语专业来说，这是一个难得的发展机遇，当然同时也是一个巨大的挑战。各高校必须顺应经济的发展需要，对其商务英语人才培养模式进行深入的思考，将改革落到实处，才能真正为社会培养出符合企业发展需求的高端跨境电商人才。

二、培养商务英语专业人才遇到的问题

目前，中国高校为跨境电商所培养的商务英语人才还远达不到行业标准，究其原因，会发现其人才培养过程主要存在以下几个问题。

首先，人才培养目标定位不明确。跨境电商行业需要的是懂英语、会电商、通晓物流管理、明白资金流转的跨境电商运营人才，而非略懂皮毛、似是而非的毕业生，但目前商务英语专业的课程设置大多只有“国际商务英语”“国际贸易实务”“商务英语函电”这样的传统商务英语相关课程，跨境电商方面的核心课程几乎没有，缺乏针对性和系统性，如何能培养出行业所需要的人才呢?

其次，高校自身的商务英语专业的师资力量非常薄弱。目前很多高校的商务英语专业都存在师资缺口，而且从事商务英语专业教学的不少教师都是英语语言文学背景出身，其自身就缺乏充分的商务经验和相关知识，也没有系统的学习过，只是因为学校要开设商务英语专业的课程转而去研究商务英语专业教学，这样的教师是无法教出高水平的学生的。即使是商务英语专业的教师，也有很大一部分是研究生毕业就进入高校当教师的，并没有从事过任何商务实践，根本无法实现教学效益的最大化，这就在很大程度上制约了学生对商务知识的理解和掌握，影响了他们进行相关的商务实践活动。

最后，缺乏真实的商务模拟环境。目前很多高校都开设了实践实训课程，作为课堂教学的有效延伸和补充，这确实能够培养学生的专业实践能力。然而，真实的商品交易过程与计算机商务软件虚拟出来的商务环境还是有很大区别的，学生需要在真实的跨境电商平台上参与商品交易，锻炼实际操作能力，这就需要各高校积极加强与校外商务企业合作，尽可能给学生创造条件，建立实践基地。鉴于此种种问题，高校急需制定出更有针对性的商务英语人才培养方案。

三、创新创业发展的商务英语人才培养方案

（一）明确培养目标，完善课堂体系

跨境电商涉及了商品交易的方方面面，包含电商平台上产品的发布、下单、付款、物流运输、售后等各个环节。而且涉及的顾客绝大部分是外国人，因此电商所需要的人才必须具备用英语洽谈商务的能力，熟悉跨境电商的运营过程，并且能够顺利通过电商平台进行各项商业活动。为了达到这一目标，商务英语专业课程体系不仅需要开设“商务英语谈判”“国际贸易函电”以及“国际贸易实务”等传统商务课程，提升学生的语言交流能力，让他们掌握必备的商贸知识，而且应该增加“跨境电商实务”以及“跨境电商店铺管理”等核心课程，有针对性地培养学生掌握跨境电商运营管理的专业能力。同时，要与时俱进的修改传统商务课程的内容，如根据跨境电商平台上的真实发生的往来信件，在“国际贸易函电”课程中增加跨境电商的相关部分。另外，增加学生的实训操作，可以利用现有的电商平台鼓励学生自主创业，经营自己的店铺，还可以设立项目经费用以支持学生的各种创新创业实践活动，为学生的职业可持续发展提供资助。

（二）提升商务英语教师团队的专业素质

跨境电商的发展虽然迅猛，但历史不长，可利用的相关教材和资源并不多。虽然在实践操作中有很多案例和资料，但要转化为教学资源进入课堂，这个过程还是很漫长的，很多资源都在积累过程当中。同时，目前高校中，既能教授英语又熟悉跨境电商操作的教师寥寥无几，很多跨境电商的专业课都是由普通商务英语教师担任的，他们自身并不具备跨境电商平台的实际操作经验，也没有系统学习过相关的知识体系。因此在教授学生的过程中，很大程度上只能根据搜集到的相关教材和资料进行系统的翻译，无法把跨境电商所涉及的进出口贸易知识以及如何进行平台实操给学生讲透彻，讲到位，这就直接影响了学生学习的深度和广度。因此，高校要加强教师团队的培训工作，提升教师队伍的专业素养质，首当其冲就是要让相关教师熟悉和掌握跨境电商运营平台，提高他们的实操水平。为此，高校可以到跨境电商企业中邀请相关的专业人士，对教师队伍进行专业培训，帮助他们梳理教学资料，进行教学设计；另外，高校还可以组织专业教师定期到跨境电商企业参观学习，甚至可以安排相关教师到企业进行长时间的实习，以得到更为准确的第一手资源，这将极大地提升教师跨境电商运营平台的实操水平，而只有教师掌握了跨境电商交易的精髓，积累了最为真实的案例，才能让学生迅速成长起来。

（三）加强校企合作，提升学生创新创业能力

加强校企合作，是培养跨境电商人才的不胜法宝。高校既可以积极引入跨境电商专业人才，在校内设立实训基地，用以培养教师和学生的电商平台实操能力，也可以与跨境电商企业联合，在校外建立人才培养基地。这样，学生在完成校内相关专业知识的学习后就可以直接过渡到校外的人才培养基地进行实习训练，训练过程中有专业人士监督，出现问题也有专业人士解答。毫无疑问，这将极大地提高学生的电商平台操作能力以及创新创业的实践能力。经过这样的实践考验过的学生，必将思维活跃，既懂得理论，又具备实践能力，符合跨境电商的人才招聘标准。

高校还可以在校内举办一些创新创业的实践活动，如“大创杯”“互联网 +”等，设立奖励机制，鼓励学生参加，可以培养学生们的创新思维。高校还可以鼓励学生积极参加校外的创新创业实践活动，如由中国国际贸易学会和全国外经贸职业教育教学指导委员会联合举办的创新创业能力大赛，它搭建了一个全新的跨境电商校企合作平台，以赛促学，学生借助这个平台可以参与企业的实际运营，掌握跨境电商运营所具备的知识和技能。另外，高校教师还可以引导

学生做市场调研，寻找商机，制定创业计划，或者鼓励学生利用亚马孙、敦煌网等现有的跨境电商平台上开创自己的店铺，利用语言优势与国际客户对接，真实地运营店铺，这样才能熟悉电商交易规则。为此，高校最好在校内设立一定的创业基金，用以帮助那些有前景的创业计划进入实施阶段，从而真正做到鼓励大学生创业。

第四节　商务英语人才培养模式

一、商务英语人才培养模式的发展

中国的商务英语教学可以追溯到20世纪50年代初，当时的课程被称作“外贸英语”，并一直沿用到20世纪80年代。自20世纪50年代以来，我国商务英语教学走过了一条非常曲折的发展道路，然而这一复杂艰辛的历程最终使商务英语逐渐发展成为一门“显学”专业。无论是商务英语专业的名称演变、培养模式、办学主体、办学层次、课程设置，还是商务英语学术研究、教育政策与规划，均表明我国商务英语专业正在逐渐形成。“外贸英语”后来更名为“财经英语”“经贸英语”“商贸英语”，直至今天的“商务英语”，商务英语曾数易其名，其间也经历了从一门课程到初具规模的一个专业的发展过程。如今，商务英语这门专业也已逐渐得到人们的认同。商务英语的培养模式在多年的探索中也已逐渐变得明朗，目前呈现出一种多元化态势。

首先，从培养路径来看，商务英语专业已经历了至少5种形式：商科或其他专业+少量商务英语课程、商科或其他专业主修+商务英语辅修、商务英语专业、商务英语主修+其他专业辅修、双学位。从办学思想、师资力量、开设课程的差异来看，目前已逐渐形成了“英语+商务”模式、“商务+英语”模式和“商学专业”模式。

其次，从课程设置来看，我国商务英语已从若干门商务语言技能课程逐渐发展成为比较全面的商务英语课程体系。20世纪50年代至20世纪80年代中期，商务英语教学仅限于“老三门”外贸英语课程（“外贸英语函电”“西方报刊经贸文章选读”“外贸英语口语”）。上海外国语学院英语系增设的各类选修课近40门，包括语言、文学、历史、地理、文化、经贸、新闻、外交、法律、宗教等。该系英语语言文学专业与商务英语有关的选修课程包括“外贸英语”“英语外贸函电写作”“国际金融”“国际贸易”“进出口业务”等。有的学校高年级增设专业倾向的课程，如广州外国语学院从三年级开始开设了国际金融、国际经济、外贸函电、出口程序等课程。《普通高校社会科学本科专业目录》将专门用途外语（外贸）纳入外语专业目录，并将其培养目标定位为"培养从事外贸专业外语教学工作、外贸翻译与情报资料工作、外贸业务管理工作的高等专门人才"。专门用途外语（外贸）专业设置了十余门课程，主要课程包括"基础外语""外贸外语"（含外贸函电及商业谈判口语）、"所学外语语言理论基础""所学语言国家概况""国际关系史""国际商法与国际贸易""宏观与微观经济学""世界经济地理""中国对外贸易政策与法令""应用数学""汉语""第二外国语""业务实习"等。20 世纪 90 年代至 21 世纪期间，许多高校开始了对复合型英语专业人才培养的探索并开设了一些商务英语方向的课程，其中，教育部颁布的《高等学校英语专业英语教学大纲》将"国际贸易实务""国际商业概论""经济学概论""国际金融概论""涉外企业管理概论"等课程以"相关专业知识课程"列入英语专业的"选修课"。商务英语获批为"目录外试办专业"。随后制定的《高等学校商务英语专业本科教学要求》（试行）设计了较全面的商务英语课程体系，涵盖了四大课程模块：①语言知识与技能课程群（包括高级商务英语、商务口译、商科经典选读、金融英语、法律英语等）；②商务知识与技能课程群（包括工商导论、国际贸易、国际贸易实务、国际营销、国际金融、电子商务、会计学、统计学、创业与创新等）；③跨文化交际课程群（包括国际商务谈判、英语演讲、商务沟通、国际商务礼仪、国际商务文化、企业文化、商业伦理等）；④人文素养课程群（包括欧美文化概论、欧美戏剧鉴赏、中国文化概要等）。

再次，从办学主体及其规模来看，已从最初的部分经贸和财经类高校设立商务英语课程扩展到各类各层次学校中的外语院系均开设商务英语专业或开办商务英语方向。建立的北京对外贸易学院设立了外贸外语系。后成立的上海对外贸易学院在上海外国语学院外贸外语系的基础上设立了外贸外语系。商务英语办学层次也开始呈现出多样化。部分院校还在外国语言学及应用语言学或英语语言文学二级学科下设置了商务英语研究方向并开始招收硕士研究生。

最后，从语言技能的训练方面来看，许多院校都针对高年级学生以英语为工具进行了商务学科内容的传授。20 世纪 80 年代基本上是以教师为中心的满堂灌式的教学方法，如今以学习者为中心的教学理念正在为商务英语教师所接受，教学中更加注重学生的参与，课堂讨论、学生角色扮演等活动丰富了教学形式。教学手段也伴随着计算机和网络技术的发展而拥有了多媒体教学和网络教学平台。教师可以从视、听、说各个角度丰富学生的学习体验，让学生感受更生动的英语环境下的商务氛围，这些都可以促进商务英语教学活动的发展。

二、当前商务英语人才培养模式存在的弊端

在人才培养工作方面，多数院校并没有根据不同定位来设计与之相适应的人才培养模式，这是因为整体教学理念和教学活动还没有摆脱英语语言文学教学的旧模式，可谓“穿新鞋，走老路”，培养模式与培养目标严重不匹配。目前许多用人单位对商务英语专业毕业生的反馈意见并不令人乐观。现行商务英语人才培养模式的问题主要存在于培养路径、课程设置、教学体系和人才培养评价体系几个方面。

（一）培养路径不科学

要达到目标，必须通过一定的路径，人才培养也是如此，整体来看，除了广东外语外贸大学和对外经济贸易大学商务英语专业以外，全国各高校商务英语专业的人才培养主要呈现出三种路径，即英语 + 商务知识、英语 + 汉语商务课程、通用英语 + 商务英语。

第一种，英语 + 商务知识。在传统的英语课程中添加少量的商务知识，如“经贸英语”“外经贸英语写作”等。学生从所修的本科英语专业课程中获取比较笼统和肤浅的商贸专业知识。虽然了解了一些国际商务概念和术语，不过，并没有架构起商务系统的知识体系，商务实际操作能力也不强。

第二种，英语 + 汉语商务课程。在英语专业课程之外增加用汉语开设的商务课程，由商贸专业的教师用汉语授课，专门讲授较为系统的商贸理论和操作，不涉及英语语言知识或语言训练。由于汉语开设的商务课程受学分总量的限制，商科课程门数少，学生依然无法获得足够的商务知识或操作技能。该模式的缺陷是汉语授课，用汉语教材，汉英术语不接轨，学生无法用英语从事商务工作。

第三种，通用英语 + 商务英语。在大学前两年，主要学习英语专业的语言应用课程和文化课程。三四年级设置一系列商务英语类课程，必修和选修都有，如“进出口贸易英语”“国际营销英语”“商贸法规英语”“国际金融英语”等。这些商务英语类课程形成系列，商科知识增加了系统性，有了深度和广度。不过，该模式还是把前两年的教学重点放在了通用英语语言知识和技能学习方面，在语言和商务两种能力的衔接上出现了断裂，前期的通用语言课程不能支持后期陡然增加的语言陌生度和难度。

（二）课程设置不够完善

尽管《高等学校商务英语专业本科教学要求》（试行）为商务英语专业设计了涵盖语言知识与技能课程群、商务知识与技能课程群和人文素养课程群三

大课程模块的课程体系。然而，在具体实施过程中，许多院校教的课程设置还不能够达到要求，主要体现在以下五个方面。

1. 师资力量不足，因人设课

由于缺乏充足的商务英语师资力量，只有少数专业课程可以进行英语或双语授课，许多商务课程不能采用英语授课，也由于缺乏精通商务的语言教师，商务英语课程的讲授方式也局限在语言知识和技能的训练上。这些做法割裂了语言与商务有机融合的纽带。

2. 通用英语课设置量过大

就目前我国高中和高校英语教育现状来说，存在着重复现象。近些年高中阶段的英语学习已经使多数学生获得了进一步进行专业英语学习的知识储备和能力。可是进入大学阶段后，根据学校的课程安排，学生仍然会在英语语言基础知识和技能训练方面投入大量的精力，这不仅造成资源和精力的浪费，还会使学生产生厌倦情绪，失去学习的兴趣和动力。有必要在语言的基础学习阶段融入专业领域的学习，逐渐适应后期英语环境下对专业知识的深入和系统学习。

3. 缺乏过渡性课程

学习的过程是渐进的，有层次的。通用英语和专业英语之间的跨越需要一个渐进的过程。如果通用英语结束后立即进入商务英语课程的学习，学生会对专业领域词汇和语言感到措手不及。专业知识的深度使得学生对语言的关注大大降低，这也不利于商务和语言的有机融合。

4. 实践课程太少，不利于学生应用能力、创新能力的培养

多数商务英语专业的课程设置都对实践课程采取了边缘化的做法。一方面，这是由于对实践课程的不重视造成的，另一方面，缺乏实践平台也使得许多院校放弃实践课的开展。

5. 通识课程不够全面，难以满足素质要求

人文素质主要指一个人在广博的人文知识基础上能够灵活运用知识、积极思考、正确看待问题，具有运用各种综合知识解决实际工作中的问题的创新意识和能力素质。各学校开设的选修课是通识教育的主要阵地。不过从整体情况来看，人文教育课程不足，在各校选修课程中缺乏对世界形势分析的课程，同时也缺乏全面介绍中外哲学体系、文学文化体系、政治以及宗教体系的课程。没有对中西方社会文化全面的了解，学生的人文素养就难以提升。

（三）教学体系落后

教学体系的问题主要体现在五个方面：教学方法陈旧；教材缺乏科学性；教师素质有待提高；缺乏实践教学平台；课程考核体系不科学。

1. 教学方法陈旧

《高等学校商务英语专业本科教学要求》（试行）提出了商务英语教学应以学生为中心、教师为主导，注重培养学生的学习能力、研究能力和解决问题的能力。不过，由于传统教学方法的长期影响以及传统文化影响下学生个性较内敛、缺乏主动精神、缺乏创新意识的原因，课堂活动仍然难以体现真正以学生为中心的指导思想。尽管多数教师已经具有了以学生为中心的教学理念，然而由于教师自身对"以学生为中心"的教学活动缺乏了解，也缺乏必要的指导，教学改革并不顺利，学生的主体地位尚未树立起来。尽管部分教师会时常组织一些课堂活动，但是在整个教学系统中，这种与传统形式截然不同的教学方式还未深入人心，同时没有配套的评价体系形成，许多教师没有勇气进行颠覆性的教学方法改革。因此，对于多数商务英语教师来说，教学方法的改革仍旧任重道远。

2. 教材缺乏科学性

教材缺乏层次性、综合性和实用性。对于从未接触过商务知识的学生来说，英语与商务的结合需要梯度合理、层次分明的教材，能够循序渐进地学习商务英语。而目前的教材或者太偏重语言的训练，忽略商务内容的渐进加入，或者只考虑商务内容的介绍，而忽略学生语言能力的渐进式训练，难度突然变大，使学生难以接受。教材综合性不够，使得学生不能同时在各种能力上得到训练，比如，学生三年级和四年级偏重商务内容的学习，教材一般偏重商务知识的介绍而忽略学生英语听、说、读、写、译各种技能的训练。而英语语言能力的培养需要持续不断地训练才能保持在较高的水平。使用缺乏综合性的教材会妨碍学生英语和商务复合能力的培养。教材中内容主观随意性大的问题也很突出，有些教材选用国外的文献材料，然而内容却东拼西凑，目的不明确，前后缺乏有机的联系，学生很难通过学习这些教材提高应用能力。

3. 教师素质有待提高

承担商务英语教学工作的教师绝大多数是由英语语言文学专业教师转行而来的，其擅长的是英语语言教学，但缺乏系统商务知识和商务实践能力。由于财力有限，各院校很少为这样的教师提供专业进修、专业实践的机会，教师只能凭借业余时间的自学来补充商务知识，知识结构缺乏系统性。不少院校的商务英语专业还会聘请商务学科的专业教师来讲授专业课程，但是这些教师的英语授课能力有限，不能满足英语与商务的结合教学。这些现实使得英语语言和商务学科教学缺乏有机结合，呈现割裂的状态。如果情况得不到改善，商务英语教学效果会受到巨大影响，进而影响整个学科的未来发展。

4. 缺乏实践教学平台

实践教学需要教学管理部门为之搭建平台。工学结合是目前最为适当的方式，然而，工学结合的实践教学在我国大多地区进行得并不顺利，主要原因在于企业一方。出于自身利益的考虑，在建立校企合作关系方面，企业一般没有学校表现得那般热情。由于缺乏政府有力的财政和政策支持，商务英语专业的“校企合作”仍存在“学校热，企业冷”的现象。陈解放指出，企业积极性不高的问题是一个全球普遍存在的问题。所谓不高是相对学校而言，因为培养人才是学校的主业而非企业的主业，在没有利益驱动的条件下企业的积极性不高是理所当然的。换句话说，在工学结合教育模式的实施中，学校是主办方，企业是协办方。目前，多数主办方还没有找到能够增强协办方积极性的好办法。

5. 课程考核体系不科学

对于商务英语专业这样的应用型人才的培养，课程考核是非常重要的组成部分。课程考核不仅是对教学效果、学生学习情况的一种检验，而且对教学理念、教学方式方法、教学管理工作具有导向作用。落后的测试和评估方法会影响人才培养的效果，阻碍教学方法的改进。目前，商务英语教学评价体系所存在的问题主要有以下几点。①评价标准单一。以卷面成绩为主要评价标准而忽略对动手操作能力和解决实际问题能力的课程考核体系，使得教师和学生双方过多关注课本知识的传授和记忆，而忽略以解决问题为目的的知识的灵活运用。②评价方式方法简单。目前对商务英语教学评价的方法主要是期末测试和课堂考勤结合的方法。只要期末测试成绩合格，平时课堂出勤率达到要求，学生就被认定为成绩合格，此外就是毕业论文的撰写。目前的成绩考核体系缺乏形式多样的测试方法，如口头表述、课程论文、讨论发言、分析报告之类的测试方式。只有通过多种测试方法才能多角度考查学生知识与能力的结合程度，更全面引导教学的改革。③测试构卷不科学。目前商务英语测试比较突出的问题还体现在测试内容上，其主要表现是试卷命题随意性较大，比如，对于同一门课，学生常常发现不同的教师会从自己的主观认识出发进行命题，缺乏统一的测试内容与题型，致使学生掌握的知识与技能呈现不系统、不统一的现象。长此以往，这种现状会导致人才培养规格的混乱，引发社会对商务英语人才质量的质疑，甚至影响专业的未来发展。

（四）缺乏全面的人才培养评价体系

目前，对于一个学科专业的主要评价依据是权威机构对其所在学校的评价，评价机制比较单一。多年来，我国对高校的评价主要来源于各级行政机构的评价结果，评价中过于注重纯研究成果的量化，人才培养评价被严重忽视，后来出现一些将人才培养纳入在内的评价体系。该课题组一直坚持公布其排行榜。到目前为止，它在中国影响最大，也最具权威性。2000 年以前，这个体系只是一种科学研究排名，从 2000 年开始，该排行榜成为一个包含“人才培养”和“科学研究”的办学成果综合性排行榜。但在人才培养的评价方面，该榜仅仅考察博士后、博士、硕士、本科生、专科生的产出数量，仍然难以反映高校人才培养的全面情况。对于以应用人才培养为主要目标的商务英语专业来说，有必要在人才培养模式构建过程中纳入一个能够综合评价学校人才培养效果的评价体系，既能够对人才培养形成一定的监督和促进作用，也能够帮助学校摆脱仅仅依靠科研成果和高学位人才数量进行教育质量评价的束缚和阴影。

三、商务英语人才培养模式的改革

商务英语专业的人才培养模式要体现应用能力、创新能力、人文素质、国际化的人才培养目标，从根本上突破当前模式僵硬化的困局，优化人才成长的文化环境，必须通过在培养路径、课程设置、教学及其运行管理体系、人才评价体系等方面开展积极和富有成效的改革探索，这样才能促进学生的全面、协调和可持续发展，展现本专业的人才培养优势。

（一）商务英语人才培养路径的选择

人才培养目标决定培养路径。要实现真正复合培养，需要通过彻底的复合型路径。我们可以通过两种方式让复合培养更加贴近目标的实现，第一种路径，商务英语专业式。这种方式强调英语和专业自始至终的统一，除全校通修课以外，其余课程采用全英语授课。一年级开始就把基础阶段的英语语言知识和技能同商务学科的基础课内容相结合，形成语言学习专业化的教学模式，为更系统的专业知识学习奠定语言基础。二、三年级的语言学习和商务知识学习逐渐加深，形成语言和专业学习的一体化。从三年级开始，学生通过自由选择，挑选自己感兴趣和擅长的某个商务领域的专业方向学习（英语授课），避免学生商务知识过于泛化和缺乏针对性的现象。第二种路径，双学位式。在修读商务英语专业所规定的课程时，根据本校对于第二学位修读课程的规定，修读完另外一个经济类或管理类专业所规定的所有课程后，获得英语语言文学学士和经济学或管理学学士。

这两种路径都能够达到双学科知识体系的融合，也就是把英语语言和商务学科的课程体系融于一体，让学生在两个学科内尽可能深入地学习系统的专业知识与技能，获得该知识体系的思维方式。这样的学科交叉型人才在市场竞争中更加具有优势。

（二）课程设置的优化

课程设置在人才培养模式的构建中占据着非常重要的地位，课程设置可以看作是人才培养目标和模式的具体体现，也是实现商务英语人才培养的根本途径。课程设置可以体现该校该专业在办学思想、办学条件以及办学特色等方面的整体思想。通过分析我国南方和北方两所有代表性的地方院校的课程设置情况，可以发现当前商务英语专业课程设置中存在的问题，并进而寻求改进措施。

1. 课程设置实例分析

以下是北方某综合院校的商务英语专业和南方某财经类大学商务英语专业的课程设置方案。我们可以通过分析、对比两种课程设置的内容，发现各自的优缺点，为改进课程设置提出建设性意见。

（1）A 校（北方某综合性大学）商务英语专业课程设置

该校课堂教学总学分为 142 学分，实践环节 10 学分，第二课堂不少于 10 学分。课堂教学中通识课模块（全校通修课、学科通修课、文科数学、第二外语、军训及军事理论、开放选修课程）共 62 学分；通用英语课模块（综合英语、听力、交际、写作、翻译）为 44 学分；商务英语课程模块为 8 学分；商务课程模块（商务基础课、商务专业课）为 13 学分，专业选修课为 15 学分。

（2）B 校（南方某财经大学）商务英语专业课程设置

为了适应复合型人才培养目标，B 校对商务英语专业课程设置做了一定的调整，加大了商务课程的英语授课力度。在基础阶段的英语课程里增加了商务内容。

通过比较，可以看出两所高校商务英语专业呈现出不同的办学理念、办学特点和倾向。在商务英语语言知识与技能训练的必修课中，A 校对商务语言能力没有给予应有的重视。而综合英语课程很多，持续 4 个学期，着重训练学生的综合语言能力，不仅设置了综合英语 1、2、3、4，还有听力、高级英语、英汉互译等英语语言文学专业学生必修的英语知识与技能课程。这说明 A 校在英语语言文学的教学方面是很有经验的，但商务英语课程较少，也没有将其放在重要地位。比如，商务英语写作放在了第五学期的选修课一栏，商务英语口译课也放在了专业选修课一栏中，并且开在第六学期，商务沟通（谈判）课程则采用了汉语授课。这样一来，对语言能力的基础训练阶段就缺少了很多商务内容。与高年级的商务专业学科课程也不能实现语言上的对接。相比之下，B 校设置了相对较多的商务英语课程，如国际商务沟通课（英语讲授）、商务英语听说与口译、商务英语写作。但是在英语语言能力总量上，缺乏商务语言的综合能力训练。语言能力相对较弱，不能支撑高年级利用英语进行商务专业学科知识的学习活动。显然，两校的课程设置在语言和商务专业的融合方面，都有自己的长处，但也都呈现出很多不足。

在商务专业课程方面，我们看到 A 校比较注重学生扎实的商务知识学习与吸收，但是英语授课比例明显偏低，这会在高年级的语言训练阶段形成一些空白。B 校的英语授课比例非常高，这是与复合型人才培养的目标相适应的。但是，除了国际金融、国际支付与结算以及国际贸易实务以外，更多的专业课学习都纳入了选修课程范围，如经济学原理、货币金融学、金融实务、人力资源管理等，但是商务类课程也并没有形成体系，学生商务专业课程选修有较大的自由空间，尽管课堂语言使用英语，但在专业知识学习的系统性上会有所欠缺。

从实践课程的设置来看，两校都缺乏充足的专业实践活动。A 校总共只有 10 个学分分配给了实践，这里面还包括毕业论文、毕业实习。这在学生实践能力培养方面几乎起不到任何实质性的作用。B 校在实践课上多分配了 4 个学分，而且让商务实践涵盖了大学 4 年 8 个学期的全部时间。不过仔细分析，这 8 个学期的实践并没有做出具体的课时安排，包括周课时数与总课时数。其中，需要深入企业进行的商务实践课只占 2 个学分。可以看出，商务实践并没有真正成为 B 校商务英语课程设置与教学的重要组成部分。

从人文素质课程的设置来看，两个院校都还不算全面。全校通修课和自由选修课是各校培养学生人文素养的主要阵地。上面所列各表格中没有包括两校所开全校通识课程和全校自由选修课程，但经过课题组成员仔细地阅读和分析，发现两所院校尽管在全校通修课程方面有马克思主义原理、毛泽东思想概论、法律基础、思想品德、体育等全校通识课程，自由选修课也设置了诸如文学鉴赏、影视欣赏、音乐欣赏等课程，但是，培养国际化创新型人才所需要的拓展国际视野和创新思维的课程比较欠缺，需要补充，这是课程改革的一个方向。

2. 课程设置改革建议

A、B 两个院校的课程设置情况反映了全国范围内多数院校商务英语专业的课程设置问题。整体上讲，各院校的课程设置都不能满足社会对具有国际化视野、较高人文素养和创新精神的复合型人才的需求，应该从以下几个方面改进课程设置。

（1）设置语言训练和专业学习紧密结合的语言课程

在基础阶段的语言训练课程方面，不宜采取模块化的方式把语言和商务割裂。应该在前 4 个学期设置连续的基础商务英语课程，替换之前的单纯训练语言能力的综合英语课程，把单纯的语言能力训练成为以商务知识学习为目的的语言训练。这个阶段的商务知识应该涵盖经济学的基础知识，并且要保证难度逐级递进，在这个过程中打好语言与商务知识的双重基础。

（2）专业课程学习继续与英语语言结合

高年级的商务专业知识学习应采用全英语授课或双语授课方式，而且不放弃在学习过程中语言能力的训练。专业内容要包括国际贸易、国际金融、国际企业管理三大基本知识模块的学习，同时保证语言与专业知识难度逐级递进的课程安排方式。

（3）增加专业选修课数量

为了适应学生自身需求的多样化和人才市场对人才需求的多样化现实情况，商务类专业课程设置应跳出以国际贸易学科为主的圈子，增加更多以英语或英汉双语为授课语言的相关学科课程，并且能够成体系地进行安排，以便于学生可以根据自己擅长和喜欢的方向选择专业系列课程，比如，除了与国际贸易专业相关的系列课程，还可以设置国际会计、国际保险、国际商法等相关学科的系列课程，为学生深入学习某个商务领域的知识提供条件。这是培养个性化人才的必要条件之一。

（4）丰富全校通修课内容

全校通修课和选修课是对学生进行通识教育的最佳阵地。全校通修课和全校自由选修课程群也应该设立旨在培养学生国际化视野和人文素质的课程。如世界经济形势和政治形势分析等课程可以让学生形成国际化的思维习惯。国际化特色并非只有通过专门设课才能完成，在课程的内容选择上，应该尽量加入国际化内容。比如，在教材选用和补充材料的提供方面，应该选取以当今国际热门话题为题材的教学材料。一个人的人文素养的提高离不开他对人类文明成果的了解，学校的通修课模块或选修课模块中应设立一些对东西方文化介绍比较全面和深入的课程，如设置一些西方哲学思想、东方传统文化思想、东西方文化对比之类的课程。

（5）增加实践课时量

实践课程的缺乏使得学生没有面对问题和解决问题的机会，也就谈不上创新精神和创新能力的培养。所以要加大实践课的课时分配量，其课时量应该达到专业课课时总量的 20% 左右。

①可以把实践课程分配到每一门专业课程的课时之中。比如，国际营销课程的最后几节课可以让学生带着任务，到企业进行调研和实践，最后撰写报告，用以检验其学习效果。②专门腾出更多的实践课课时，到涉外企业进行业务实训。为了保证实践课的良好效果，要注意尽量选择在本地涉外企业进行商务实践活动，并且要在教师的监管之下完成实践任务，不能放任自流，这样的安排有利于为地方经济建设培养人才，凸显商务英语专业的特色。

（三）改善教学及其运行管理体系

商务英语专业教学及运行体系改革主要应该从教学理念、教师素质、课堂教学方法与手段、实践教学、教材建设和课程考核体系六个方面进行。

1. 树立以学习者为中心的课堂教学理念

商务英语教学的目的是培养学生在具体的商务工作环境中运用语言的能力。商务英语教学强调通过以意义交流为目的的任务与活动，而不是语言知识如语法、词汇、句型等练习，让学生在实践过程中经历真实和综合的事务，在实践和运用中巩固和加强技能，内化认知学习。教学活动强调语言的输出，重视语言交际能力的培养，其表现形式是以学生为中心，以任务为途径，沿着开放式的路径到达既定的目标。在课堂环境下，应该倡导师生共同组织任务与活动，共同置身于语言交际的教学环境中。教师的主要任务是提供充足的语言材料输入，如语法、词汇、听说读写等语言知识，创造充分的条件让学生以目的语为媒介进行大量的交互性活动。学生的任务是在教师指导下完成语言材料的输入，令其和自身已有的知识架构进行对接和融合，最后通过语言输出完成教师指定的语言训练任务。这样，课堂教学的师生角色就很清楚了，学生是教学的主体，教师并非教学活动的中心，而只是教学活动的主导者，师生间事实上是一种合作的关系，课堂教学要突出学生的角色，淡化教师的角色。

2. 培养双师型教师素质

作为商务英语教师应该同时具备英语语言知识、教学技能和商务专业知识。

教师不仅要传授课本知识，还应该结合当前国内外经济形势，帮助学生建构自己的知识与能力体系。在相关的学生学习需求报告中，多数学生希望自己的教师既具有丰富的商务学科知识和从业经验，又能够结合英语语言给学生提供商英一体的学科知识体系，并能够培养他们的商务实践能力。教师的素质关系着商务英语专业在就业市场的认可度。"双师型"教师是商务英语专业教师必须具有的资格。教育部制定的"双师型"资格标准中，把教师"具备讲师（或以上）专业技术职称"作为必要条件，其他条件包括"某种行业的专业实践技能、职业素质或执业资格"均为充分条件，教师只要满足其中一条就可以被认定为"双师型"教师。刘长育认为目前国际商务英语教师可分为三个层次，即初级（从语言或文学专业转过来并热爱国际商务的英语教师）、中级（英语教师+中层商务主管经历+国际商务师或相当资质）和高级（英语教师+高层商务主管经历+高级国际商务师或相当资质）。为了加强"双师型"队伍建设，商务英语教师应该不断学习，自我提高，保证自己的知识体系与现实社会保持一致。高校商务英语专业的管理者也应该尽力为教师提供专业进修和业务实践的机会，还可以把外企、涉外企业中具有丰富工作经验并热爱教书育人的专业人士请进学校，确保教师队伍的素质。

3. 采用先进的教学方法与手段

要体现以学习者为中心的教学思想，必须从课堂教学方法和手段入手，在教学活动的设计过程中，追求教学内容和教学方法与学习者学习目的和需求的和谐与统一。哈钦森和沃特斯认为，以学生为中心的交际法和特殊用途英语相互关系密切而被普遍运用于特殊用途英语教学中，并且被认为是行之有效的教学法。在我国 30 年的商务英语教学实践中，教育工作者探索了许多行之有效的教学方法，帮助学生创造贴近真实商务语境的教学环境，其目的是让学生在课堂的环境中体验商务实践氛围。这其中最具效力的有案例教学法、任务教学法和情境教学法等。

案例教学法是从 20 世纪 80 年代开始引入我国的，后广泛运用于工商管理、公共管理、国际商务等实践性、应用性强的专业教学领域。由于商务英语与以上领域的专业共性和亲缘关系，教师也逐渐接受案例教学法在其教学中的应用。由于案例教学法的基本理念是强调通过真实的语言活动培养学生的语言实用能力，所以它与交际教学法是一脉相承的，或者说是交际教学法的一种衍生模式。商务英语本身具有很强的实用性和不同的实践领域分类，其基本语言活动一般都以信息为焦点，以任务为引导，语言训练模式基本上都以一个商务事件为一个教学单元，事情发生、发展和结束的过程就是教学过程，教学带有“叙事性”。同时，其语言训练也具有很强的融合性，将听、说、读、写、译按事件发生的顺序交叉进行，具有整体教学的特点。商务英语教学的这种特性使其非常适应案例教学的运用。在具体操作上，商务英语案例教学的程序一般按照案例准备—案例分析—案例讨论—案例总结—撰写案例报告—语言知识总结和语言技能复习—案例模仿演示等步骤进行，总体环节比较好把握，可操作性强。

任务教学法是指在课堂教学过程中通过师生共同协商完成某些任务，使学习者自然地习得语言、发展中介语和促进外语学习。任务教学法还强调通过口头或书面交际共同获得意义。任务教学法最大限度地提供学习的机会，调动学生潜在的运用和创造语言的能力。学生在执行任务的过程中获得与他人磋商、交流、协调、合作的练习机会和表现；并在完成任务的过程中生成、领会和应用语言知识和交际知识，发展听、说、读、写等语言技能以及交际技能；发展认知力、情感调控力及学习能力等潜能；培养自己发现问题、分析问题、解决问题的能力。威尔斯提出了实施任务教学法的五项原则：①提供有价值和真实的语言；②运用语言；③所选任务能激发学生应用语言；④适当注重某些语言形式；⑤不同阶段侧重点不同。他还设计了完成任务的三个阶段，即前期任务、执行任务和任务之后。曾文雄基于以上实施任务模式及商务英语的特点建立了一个任务实施模式用以发展学生的商务英语口语。前期任务的目的是疏通、突出和实施与任务有关的语言。首先，教师需要介绍任务的意义及重要性，激发学生积极参与的热情。其次，我们可以以明示教学或隐性教学的方式，为学生提供真实的预设任务练习，使他们获得一定的语言知识以完成后续任务。前期任务能减轻学习者在执行任务中的心理负荷，缓解实际应用语言时的压力。同时我们要求学生做好任务准备，准备即将使用的语言及要表达的意思，以获得更准确、更流利、更得体的语言。执行任务期强调以意义为中心的活动，强调语言的产出，这是一个促进陈述性知识向程序性知识转变的过程。这个阶段应培养学习者处理问题的策略能力，结合自己的知识应对自然语言环境中的问题，帮助学习者运用得体的话语进行真实的交际。在这个阶段，学习者参与正式的交互性活动，他们被要求以自我表现的方式完成协商性的任务。执行任务的最后阶段是学习的总结阶段，即任务之后阶段，教师将对任务的效果进行评估和分析。教师可以根据学生对自己所承担任务的排列、选择、执行过程及任务与任务间的关系，发现要改进的地方，也让学生了解要努力的方向，并在剩余的时间里调整或重复任务。

情境教学法是由美国心理学家茨霍恩等人首先提出来的。20 世纪 60 年代英国的外语教学大都采取情境教学法。情境教学法适合应用性强的课程，或是被教师用以模拟难以用语言或理论阐述来教授的技能。这种教学法主要采用情景模拟的手段营造逼真的工作环境，编制一套与某个将来要担任的职务情况相似的测试项目，要求学习者处理可能出现的各种问题。这是一种仿真培训方法，目的是使学生在亲身经历的过程中理解并建构知识、发展能力、产生情感、生成意义，是使学习者亲身介入实践活动，通过认知、体验和感悟，在实践过程中获得新的知识、技能和态度的方法。情景模拟教学法的核心特征是通过模拟情境锻炼学生的应用能力，即通过让学生扮演某个个体或群体中的某个角色，在事先设置的情境中参与事务发展过程，并体验事务发展规律与特征，获取相应的知识和技能，提高动手操作能力。

在教学手段方面，现代化的科技手段为商务英语教学提供了多种辅助手段。商务英语课堂教学应该充分利用多媒体、网络化的教学环境为学生提供多种知识建构形式。在课堂之外，学生能够通过浏览电子图书，观看国外电视书目、商务新闻，网络公开课、网络课堂大力拓展商务知识面，获取商务技能。这些多样性、趣味性的教学手段能够激发学生的学习兴趣，增强学习效果。

4. 搭建实践教学平台

商务英语学科的应用性决定了实践教学在该学科教学中的重要地位。学生实践能力的培养最常见的做法是“工学结合法”。这种方法最早出现在英国。此培养模式是通过学校和企业的双向介入，把学生在校的理论学习、基本训练与在企业的实际工作经历有机结合起来，为学生提供一种既能顺利完成学业，又能掌握一定专业工作技能，积累一定工作经验和社会阅历的教育模式。

目前，我国商务英语的实践教学在“工学结合”人才培养理念的影响下，主要呈现为以下几个形式。①商务场景模拟实训。通过网络信息技术我们就可以模拟各种商务活动的场景，学生可以通过参与其中的活动，获得实践经验，并通过软件系统的评价，对自己所学技能进行反思与改进。②学校与企业合作创办校内公司或创建电子商务平台，实现双赢。此模式可以帮助学生掌握典型商务活动的工作过程且能克服企业工作空间拮据的问题，故而有学者认为此模式可以替代学生的校外“顶岗实习”。③组织学生到公司或其他商业实体“内部”进行认知实习。此模式使学生能够体验真实的商务环境，从而加深对就业岗位群的认识。④安排最后一学期为学生自寻企业进行“顶岗实习”。此模式是为了让学生通过顶岗实习感受实际岗位的真实性、复杂性，并获得综合性经历和体验。

为了能够增加企业在“工学结合”方面的积极性，学校有责任向政府部门提出申请，争取得到政府部门的政策支持。同时，学校有责任设法予以调动企业的积极性，主要是从减轻企业的负担这一角度采取一系列措施，其中最重要的是树立“把困难留给自己，把方便留给别人”的观念。这里面涉及学校的有两个任务，即“校企合作”办学关系的建立和学制设置的改革。

第一个任务，“校企合作”办学关系的建立。“校企合作”是一种以市场和社会对人才的需求为导向的办学运行机制，是学校和相关企业双向参与的人才培养过程，也是一种通过利用学校和企业两种不同的教学环境与资源，培养适合不同岗位的应用型人才的教学模式，它的基本内涵是产学合作、双向参与。而目前商务英语专业实践课程的最大难题是现实与理想的矛盾。许多高校为学生设计的实践课程内容多为参观企业的经营活动或为企业做一些简单的工作，学校一般会在短短一周时间内，把大批学生集中到某一家企业进行实习。这不仅不能为学生提供适当的岗位，而且妨碍了企业的正常工作，使校企之间产生根本的利益冲突。在追求利润最大化的今天，企业已经不肯花费时间与精力来应对来自学校的实习人员。

真正的“校企合作”意味着能够为校企双方带来利益的双赢关系。作为培养人才的主办方，高校应主动出击，同涉外企业达成合作协议并制定合作章程，规定双方的权利与义务，让合作双方都能够从中受益。学校能够为企业提供的服务包括英语语言能力、生产管理、财务管理、市场分析与营销等方面的员工培训以及相关领域的理论指导，等等。同时，学校在实习内容、实习时间等的安排方面要尊重企业的管理规定，使学生的实习活动能够为企业带来一定的经济效益。作为校企合作办学的协办方，涉外企业能够从合作中得到很大的收益，自然对来自学校的实习人员持欢迎态度。他们的义务只有一项，那就是为学生提供全方位的实习机会与实习指导。

第二个任务，学制设置的改革。实践教学时间的增加自然会使学生理论学习课时减少，影响书本知识学习。国外同样存在这样的问题。他们的第一种解决办法是延长学制，另一种办法是将学生的工作安排在暑假。学分制的设置使得延长学时成为可能，不过在我国由于目前条件尚不成熟，这种学分制并非属于完全学分制，在学制时长、毕业时间上并未完全放开，为实践课程而延长学时的做法还没有先例。我国高校应尽快进行相应的改革。目前，把暑假安排进教学计划是比较现实的改革方案。每年长达两个月的实习活动对于企业来说已不再是一种“骚扰”，而是一种人力资源的补充。校企双方均能从中受益。企业得到了具有专业理论素质的员工，同时降低了成本。学校为学生提供了良好的实践机会。如上海工程技术大学在不影响教学课时的前提下将暑期适当延长，学生通过4个暑期可以有半年多的真实工作经历，毕业时学校给合格的学生颁发由学校和用人单位共同签发的“实践证书”，使学生在就业市场上取得优势。

5. 改进语言教材内容

科学系统的教材可以为教学提供条件，确保学生循序渐进地获取语言+商务式的知识体系建构，应该避免单纯训练语言技能的教材。在现阶段还没有出现理想的、适合培养目标的教材之前，各学院可以在基础阶段把综合英语和一些培训国际商务从业人员的商务英语书籍结合起来使用。同时，应该呼吁教材出版单位尽快组织教材专家进行商务英语教材的编写。编写人员应该本着“实用性、层次性、综合性和灵活多样性”的原则，根据《高等学校商务英语专业本科教学要求》（试行）的人才培养要求和教学指导，遵循语言学理论、教学理论结合商务学科的知识体系来选择素材用以编写商务英语语言教材。

6. 改进课程考核体系

应该从三个角度对课程考核体系进行改进。①评价标准多样化。改变以卷面成绩为主要评价标准的现状，把平时课堂表现和校内校外实训、实践课程的表现作为重要组成部分纳入考试成绩。②考试形式多样化。除了笔试答卷外，还应该把撰写论文、讨论发言、课堂演讲等各种形式纳入考试形式。③规范试卷内容。构建每一门课程的试题库。从学生知识构建角度和知识认知规律出发设计试卷内容、统一命题、科学管理。

（四）构建科学的人才培养评价体系

除了微观的课程考核体系以外，作为人才培养的主体，各个院校还需要一个更为综合、更为宏观的人才培养评价体系，为整个人才培养工作把握方向，这也是人才培养模式的重要组成部分。为了保证人才培养的质量，国务院颁发的《国家中长期教育改革和发展规划纲要》明确提出要求，“开展由政府、学校、家长及社会各方面参与的教育质量评价活动”。教育部提出建立“利益相关方共同参与的第三方人才培养质量评价制度”。第三方人才培养质量评价越来越受到社会的关注。人才培养质量第三方评价指标体系的构建，是强化教学质量监控工作的重要措施，有利于推进教学改革，更好地适应加入WTO后高等教育形势发展的需要。商务英语专业教育强调培养人才的应用性、复合性、创造性、通用性，而几方面的质量是否达到标准不能由人才培养者自己来认定。以学校及其主管部门以外的第三方为评价主体的人才培养质量评价方案可以客观、全面地反映人才培养质量的高低。我们可以从用人单位、学生、社会几个角度设计质量评价方案。

1. 用人单位对人才培养质量的评价

在第三方人才培养质量评价方案中，用人单位作为用人部门，对高校人才培养质量有着最直接的体会，最有发言权，为了兼顾评价的科学性与操作性，我们可以尝试从四个方面进行用人单位评价指标的设计。第一，要对思想道德修养进行评价。学生不仅要注重政治理论学习，保持理性思维和独立思考能力，遵守党纪国法和其他各项规章制度，还要具有职业道德和社会公德。爱岗敬业、乐于奉献的精神对于一个职场人士来说是非常重要的个人素质，是为企业做出贡献的基本保障。第二，专业知识水平，包括英语语言知识、专业基础知识、学科基础知识和专业领域知识。第三，个人能力，包括英语语言的实际运用能力、运用所学商务专业知识分析问题及解决问题的能力、动手实践能力、运用新思维开创新局面的能力和跨文化交际能力。第四，综合素质，主要从用人单位的角度对毕业生进行整体工作能力的评价，标准不宜硬性统一。

2. 毕业生对人才培养质量的评价

狄敏提出了“教育消费者”的概念。在市场经济条件下，大学可以被看作一个投入—产出系统，教育消费者应该包括两部分，即学生和社会。学生是投入阶段的消费者，通过投资，购买教育服务。社会则是学校产品的消费者。

在中国市场经济概念逐步完善与成熟的阶段，人们正在强化“消费者至上”的意识。高等教育评价也应该以消费者（包括购买服务的学生和购买产品的社会）为导向，以教育消费者为服务对象，将能否满足消费者的需求作为一项重要的指标。作为消费者，学生对商务英语教育服务的评价角度应该包含以下几个方面：商务英语专业课程设置的科学性、合理性；师资配置以及教学质量；本专业培养过程管理的水平；校园整体氛围和课堂教学活动的学风建设的情况；本院校对学生进行职业规划、就业指导服务的质量。

3. 社会对人才培养质量的评价

社会评价侧重于公众评价或舆论评价。赵铁和林昆勇为社会评价列出了一次签约率和就业率两个指标。“一次签约率”指毕业生签约人数占全部总人数的比例，该指标的统计周期一般为当年的 7 月份。一次签约率的统计口径既包括用人单位、学校、学生三方签约的数量，也包括已被用人单位录用的、未签约但有正式函件的人数，同时，因被保送研究生和已考取研究生的毕业生不存在就业问题，因此在统计时也一并记入签约人数。一次签约率能够更为直接地反映毕业生的质量和社会对本专业人才的需求程度。“就业率”是指毕业生就业人数占全部总人数的比例。就业率除了包括一次签约率的指标内容外，还包括继续考研、不急于就业的人数和本人提出自主创业的人数。该指标的统计周期一般为当年的10月和12月。就业率反映了毕业生被社会吸纳和接受的程度，也在一定程度上反映了社会对一个专业的评价。

在建立商务英语人才培养质量评价体系的过程中，除了评价方案的设计，同样重要的是加强教育评估专家队伍建设。作为教育教学质量评价的权威，评估专家在教育评估体系建立过程中有着不可替代的作用。评估专家既要懂得教育教学规律，又要熟悉行业特点、就业趋势，能够客观公正地做出判断。同时，学校有责任联合社会各有关部门成立这样的评价机构，以便于让自己的教育教学质量得到公正和公平的评价，使自己培养的人才突破限制，得到社会认可，同时学校也能够得到更多的改进建议，使自己的人才培养工作更加科学合理。

第四章　商务英语“金课”体系建设

第一节　商务英语“金课”建设标准

2018 年，全国教育大会和新时代全国高等学校本科教育工作会议召开，教育部发布了《外国语言文学类教学质量国家标准》（以下简称《国标》）和《关于加快建设高水平本科教育全面提高人才培养能力的意见》（以下简称“新时代高教 40 条”），旨在培养“六卓越一拔尖”创新型人才。2019 年，教育部办公厅正式发布《关于实施一流本科专业建设“双万计划”的通知》，计划 2019—2021 年，建设 10 000 个左右国家级一流本科专业点和 10 000 个左右省级一流本科专业点。据统计，在国家级一流本科专业点中，外国语言文学类拟建设数量共 609 个，位居第二，彰显了国家对外语本科专业建设和发展的高度重视。以上一系列指示精神对商务英语人才培养质量和教育教学改革提出了明确要求。教育部高教司司长吴岩指出，中国大学不仅要创建“金专”（金牌专业），即“一流专业”，还要打造“金课”（金牌课程），即“一流课程”。在当前我国构建高质量对外开放新格局和“一带一路”建设背景下，围绕“新工科”和“新文科”建设，商务英语专业培养什么样的外语人才和怎样培养外语人才面临诸多机遇和挑战。本文就商务英语“金课”建设的标准和模式展开思考和讨论，以推动我国商务英语一流专业和一流课程的建设。

一、商务英语“金课”的建设标准

商务英语“金课”是商务英语“金专”的核心组成部分，“金专”建设在办学思路和理念、办学定位和特色、师资队伍建设、人才培养体系和模式、教育教学改革、人才培养质量、教学科研水平、教学管理水平、学生创业就业等各方面都要达到一流。具体来说，要按照教育部即将开展的“保合格、上水平、追卓越"的三级专业认证体系，建设商务英语专业，把"金课"建设作为专业认证的重要核心要素，落实到具体指标上，形成可量化、可监测、可评价的"硬杠杠"和"硬指标"。"金课"建设要以教育部领导提出的"两性一度"为标准，即高阶性、创新性和挑战度。"高阶性"指知识、能力、素质有机融合，培养学生解决复杂问题的综合能力和高级思维；"创新性"指课程内容反映前沿性和时代性，教学形式体现先进性和互动性，学习结果具有探究性和个性化；"挑战度"指课程有一定难度，需要跳一跳才能够得着，对教师备课和学生课下学习有较高要求。

《国标》明确规定商务英语专业核心课程为 17 门，这是商务英语专业"金课"体系的内核，围绕这个核心，构建四大课程群，即公共课程群、专业选修课程群、实践实训课程群和毕业论文课程群。"金课"课程群建设要做到"三个坚持"：第一，坚持四个特色，即课程体系和课程结构的完整性、复合性、实践性和人文性四个特色；第二，坚持四个覆盖，即教学内容应覆盖语言、商务、跨文化和人文知识体系；第三，坚持六个评价标准，即课程思政性、能力导向性、思辨创新性、知识复合性、实践实务性和人文通识性六个评价标准。商务英语"金课"建设要始终以学生发展为中心，以学生创业就业为导向，以全人教育为目标，培养符合新时代国家、社会发展需求的复合型、应用型、创新型人才。从教学环节、专业建设、毕业生质量等方面构建高效合理的教学质量保障体系，确保人才培养质量和商务英语专业的可持续发展。

二、商务英语"金课"标准的"六性"

衡量商务英语"金课"要以"六性"为依据，即以课程思政性、能力导向性、思辨创新性、知识复合性、实践实务性和人文通识性为导向。

（一）课程思政性

商务英语"金课"建设的首要任务是贯彻落实全国教育大会关于把立德树人融入专业课程学习的要求，大力推进课程思政建设，落实立德树人的根本任务。"金课"要发挥专业课程的思政教育功能，坚持课程方向的正确性、课程内容的思想性、课程教学的育人性。商务英语课程以西方经济管理知识体系和英美文学文化知识为主，难免涉及西方思潮和价值观。而大学生处于知识体系、思维方式和价值观念的成长期，因此教师要帮助学生正确理解商务英语课程内容中的各种现象、观点、思潮，做好课堂教学的思想性和价值观引领，发挥"金课"的育人作用。

（二）能力导向性

商务英语“金课”建设要着重培养学生的“5+1”能力，即英语应用能力、商务实践能力、跨文化交流能力、思辨与创新能力、自主学习能力五种能力，以及跨学科学习能力。如何将思辨能力与跨文化能力培养贯穿专业教育的全过程，这是我国英语类专业下一步教学改革的重点和难点。能力导向性“金课”包括以下四类：一是英语技能类（如综合商务英语、商务英语听说、商务英语阅读、商务英语写作等）；二是跨文化交际类（如英语演讲与辩论、英汉翻译等）；三是思辨创新类（如西方思想史、英语散文赏析等）；四是商务实践类（如商务谈判、市场营销、外贸实务等）。商务英语“金课”的设计与实施不仅要在理论上符合能力导向性的原则，还要在教学实践层面体现能力培养的新模式和新方法，积极探索将语言应用能力、商务实践能力、跨文化能力、思辨能力培养有机融入语言能力训练和跨专业知识学习之中，使学生具备真正意义上的国际视野、融通中外的人文素养和跨学科解决问题的能力。要建设能力导向性的“金课”，教师首先要掌握和具备真能力，加快能力提升和能力转型，改变能力单一和能力不足的现状。

（三）思辨创新性

《国标》将思辨能力定义为勤学好问，相信理性，尊重事实，谨慎判断，公正评价，敏于探究，持之以恒地追求真理；能对证据、概念、方法、标准、背景等要素进行阐述、分析、评价、推理与解释；能自觉反思和调节自己的思维过程。商务英语“金课”建设突出思辨创新能力培养，从培养学生的商务意识和商务素养入手，加强学生思辨创新能力培养，具体体现为职场思维、商务思维、问题意识、责任意识、合作意识、公平意识、效率意识、质量意识等。有学者指出，课堂教学有五重境界，即沉默、回答、对话、思辨、辩论。要推动“课堂革命”，将课堂教学提升到第四重境界，努力实现第五重境界，才算真正达到“金课”标准。商务英语“金课”教学要努力做到课程模式思辨化、教学设计思辨化、教师讲解思辨化、教学方法思辨化、教材使用思辨化、课堂任务思辨化、教学评价思辨化，把那些娱乐化、表面化、空心化的“伪任务”“伪教学”赶出商务英语的课堂，用“金课”引导学生思考真问题，学会真知识，掌握真本领。建设思辨创新性“金课”对教师提出了更高的要求，教师要主动求变，不断提升个人的思辨创新能力，在教中学、做中学、研中学。

（四）知识复合性

商务英语"金课"的知识复合性体现在三个方面。其一，要做到既教语言又教商务。在文化中学语言，在商务中学文化，牢固树立商务即文化的理念，文商相长，文商相通，逐步培养学生形成复合型知识结构和知识体系，构建语言知识、商务知识、跨文化知识、人文社科知识和跨学科知识等多学科知识体系。其二，商务知识类"金课"要有所选择。商务知识是一个庞大的知识体系，要有所为有所不为，不应面面俱到而失去重点。经济学是学科思辨和思维方法论，要作为重点"金课"加以建设，其他商务知识类"金课"重在学习基础知识和基本理论要点，突出本体知识框架的完整性和体系性，简明扼要，清楚易懂，兼顾学生未来职业发展需求。其三，高质量的商务知识类"金课"标准要有挑战度。全英文商务知识教学对师生都有挑战度，教师要知难而上，联合攻关，使学生在学习商务知识的同时不断强化专业英语学习，坚持运用英语来理解和吸收商务知识，学以致用。因此，应大力提倡"金课"引领的复合型商务英语教师培养，根据国际贸易、国际金融、涉外财务管理、跨境电子商务、国际旅游管理、商务英语教师教育等特色方向建设的需要，培养合格的复合型教师。

（五）实践实务性

商务实践类"金课"是提升商务英语专业培养质量和特色的重要保证，主要包括商务实践实训类课程教学和毕业论文类实践环节。商务实践实训类重点"金课"主要包括国际贸易实务、商务谈判、跨境电商、市场营销、财务管理等。商务英语实践实训"金课"要坚持设计实用型的教学任务，按照难度等级进行分层教学，采用产教融合模式，运用多元化评价方式，创建有利于协同创新的实践实训教学环境。此类"金课"要依托校内模拟仿真实训中心和校外实训实习基地：校内模拟仿真实训中心以高校为主导方，企业为参与方，采取搭建平台，将企业师资和项目引入课堂的模式；校外实训实习基地以企业为依托，以项目为抓手，采用将课堂搬进企业的模式，让学生直接参与企业真实业务和项目操作与管理，积累一手经验，提高动手能力和才干。

毕业论文类实践环节的"金课"要把毕业论文（设计）当成创新实践"金课"进行建设，与专业实践结合起来，使学生在学业导师和企业导师的双重指导下，在第二课堂活动（如商业创意、商务谈判、商务技能等类比赛）和涉外商务活动（如经贸洽谈、招商引资、商品会展等）的基础上，进行选题、设计、调研、完成初稿，并按要求开题、预答辩和正式答辩。通过第二课堂活动和毕业论文实践环节，有意识地培养用人单位需要的职业和岗位能力，弥补课堂教学的不足。“学术论文写作与方法”类的课程要将毕业实践报告内容补充进去，对报告的要求、内容、格式，调研的方法，数据的统计进行介绍和案例分析，弥补现有课程的不足。此外，此类“金课”要突出多层次、分类型的实践教学，组织各种形式的专业实习、创新创业实践和课外社团活动，鼓励学生参加各类专业竞赛，参与国际交流。

（六）人文通识性

商务英语专业不能忽视人文通识教育，要遵循教育部的要求，人文通识教育要“顶到天，宽到边，触到地”。因此，人文通识“金课”建设要瞄准中西方文明史、中西方经济思想史、东西方管理哲学、中外艺术鉴赏、科技发展简史、中国经贸发展史、文科数学等。商务英语专业要在专业教学中防止“金课”不“金”，学生出现思维矮化、人文虚化、素质弱化的现象，过分强调用专业知识增长取代人文素养提高的倾向。同时，要倡导培养学生的人文情怀，强调全面发展的教育理念，为学生成长成才打下坚实的人文基础。商务英语专业人才的培养要将文学和文化学习融入专业训练之中，努力把学生培养成人文知识广博、人文情怀高尚、人文底蕴厚实的外语人才，摆脱机械的外语技能操练，避免外语专业性的弱化、异化和蜕变，甚至降格成其他专业的附庸。在公共大通识教育的基础上，还应开展“专业小通识教育”，作为专业教育的一部分，如商务英语专业须开设人文、商务、法学三类专业通识课程，包括中西方文明史、中西经济思想史、东西方管理哲学、世界经济概览、中国经贸史纲、国际关系概论、国际法入门、区域国别通论等。

三、商务英语“金课”标准的“六度”

商务英语“金课”教学要突出以下六个向度，即语言强化度、技术混合度、模拟实战度、校企联合度、论文创新度和案例丰富度。

（一）语言强化度

商务英语“金课”要强化语言技能教学，因为商务英语人才的外语人才属性没有变，扎实的外语基本功是创新型外语人才的核心素养和看家本领。可以说，加强英语基本功是商务英语专业的核心要求，是复合型专业的必要基础。商务英语强化要做到语言和商务并重，强化语言技能和商务知识学习的结合，大力提倡内容依托语言教学法，通过综合商务英语、商务英语听说、商务英语阅读、商务英语写作等“金课”，强化学生在职场和商务环境下的语言组织能力、语言运用能力和学习策略能力，打牢基础阶段的通用商务英语基本功，为高年级的专业商务英语学习奠定坚实的基础。

（二）技术混合度

商务英语"金课"的突出特征是信息化技术在教学中的应用，打造信息化混合教学模式，具体表现为"金慕课"。今年召开的中国慕课大会提出，大力推动国家精品在线开放课程建、用、学，实现中国高等教育质量的"变轨超车"。商务英语专业要加大线上"金课"研发，探索线上"金课"的多种应用模式，打造校本特色的"金慕课"。商务英语"金课"的建设要充分利用现有的国家级或省级精品在线开放课程，或者根据校本特色量身定做符合本校、本专业方向特点的校级在线开放课程。在此基础上，探索线上线下混合教学新模式，推动商务英语翻转课堂或混合教学方法改革，大力提倡生讲生评、以练代讲、案例点评、研讨辩论、项目探究、边讲边练、角色扮演、平行互动、边做边评、生问生答等教学形式，更为直观地展示教学案例，更为真实地再现商务交际场景，更加坚定地贯彻以学生为中心的理念，将互联网、大数据、人工智能、云计算等信息化技术应用到教学模式改革，真正建立起符合信息化时代特点的商务英语混合教学模式。

（三）模拟实战度

商务英语模拟实践"金课"突出学生商务实践能力培养，是商务英语"金课"建设的重点之一。教育部要求实验实践类课程不能低于总学分的20%，通过打造虚拟仿真"金课"，释放新的教育生产力，破解高校实验实训教学老大难问题，使原来"做不到""做不好""做不了""做不上"的实验实训教学成为可能。商务英语模拟实践"金课"的建设要把握三个关键点。其一，商务实践课程体系建设，从课程内容、课程形态、课程案例、课程流程等方面进行系统化和科学化设计。其二，商务实践教学环境建设，以虚拟仿真商务实验室的建设为依托，以课堂、实验室和网络平台为载体，通过虚拟仿真技术，真实还原或模拟呈现特定的商务实践场景，让学生在校园内就能够身临其境，获得参与商务实践的体验。通过模拟仿真教学环境，让学生操练外贸、金融、财务、营销、法律等实务流程，以帮助其取得职业技能资格证书。其三，商务实践教学团队建设，以既会教又会干，理论知识和实践经验集于一身为目标，打造"双师型"师资队伍。

（四）校企联合度

商务英语“金课”可与行业和企业合作打造，采取校企联合教学模式，聘请兼职行业导师，采用“双导师制”“订单式”培养模式，充分利用校企资源，为学生提供创新创业实践机会，提升人才培养水平。一方面，商务英语教师赴企业、行业挂职和实习，贴近行业，走人企业，更新教学理念，收集教学案例素材，积累行业经验，努力成长为“双师型”教师；另一方面，企业导师参与授课、讲座、分享会、论文（设计）指导、答疑、开题、答辩、评估。通过系列举措，建立起校企协同创新机制和产教融合的新模式，以及复合性、应用性、创新性、创业性“四位一体”的“金课”体系。

（五）论文创新度

毕业论文（设计）指导和教学要按“金课”标准，注重学生创新能力的培养：一方面要加强学术研究能力的培养，提高学术素养和学术规范意识；另一方面，要加强行业调研能力的培养，大力提倡实践报告（如创新创业计划、营销创意方案、商务案例分析、商务翻译及评述等）和调研报告（如企业、行业、市场调研分析等）的撰写。毕业论文（设计）指导和教学要重点加强以下三个方面：一是选题方面，教师要倡导研究性教学，以项目为依托，指导学生以真实问题为导向，广泛深入地查找国内外文献，根据自己的专业兴趣和专业方向选题；二是指导方面，校内外导师共同参与指导项目设计和选题报告撰写，做到学术研究能力和行业研究能力并重；三是评价方面，采用多种形式和多元化的考核评价方法，提高教学的过程性和教学目标的达成度，形成一套毕业设计的形成性评价体系，在项目研究的各个阶段进行多维度评估，跟踪项目进展，保证毕业论文质量。

（六）案例丰富度

商务英语课程要充分利用“案例金课”，以真实的商务环境为背景，让学生通过真实案例，了解和解决商务现实问题，培养未来企业和商场需要的综合能力。案例教学的关键是中外商务案例库的丰富度，这就需要建设一批中外企业案例库、跨文化案例库、中外商业文化案例库、中外人文经典案例库等，要严格选取典型真实的案例，采集多模态和多媒体资源，关注案例的互文性、互语性、真实性、交互性、文化性等。此外，案例教学法要精心设计教学过程，兼顾独立思考与合作讨论，利用头脑风暴、角色扮演、演示汇报、分组辩论、书面总结等形式多样的方法，以及对成功案例和失败案例的分析和讨论，启发学生分析问题和解决问题，提高思辨能力和商务实践能力。

第二节　商务英语"金课"建设内容

商务英语"金课"的建设，能够促进教学质量稳步提升，有助于为国家和社会培养优秀的商务英语专业外语人才。本文着眼于内部和外部教学环境各个教学主体要素的有机结合，力求从多维度、多层次探讨商务英语教学改革，适当增加商务英语的内容难度，挖掘课程深度，以期达到培养学生的创新能力、合作能力和综合商英英语运用能力的教学目标，打造"商务英语金课"。

打造"商务英语金课"顺应了我国高等教育教学改革的工作要求。商务英语"金课"的建设更能从学生的角度出发，紧贴时代特点，提升课程难度和挑战度，使学生产生积极的合作精神和学习动力。"金课"基本的核心意义就是知识的新旧程度、探索程度、广博程度、能力的发展水平、创新能力的培养程度。打造"商务英语金课"就是要提升课程内容的高阶性、创新性和挑战度。于学生而言，需要学生努力跳一跳才能符合学业要求；于教师而言，需要花更多的时间和精力投入备课上课的各个环节中，不仅需要教师有广博精专的知识结构，而且需要教师教育教学能力的创新和课堂创新。

一、合作式教学模式

合作式学习，就是指以小组合作学习为基本形式，系统地利用教学主体要素之间的合作性互动来促进学习，共同完成教学目标的活动。合作式教学模式于教师而言，既能为教师提供更广阔的空间和优秀平台进行合作交流学习，提升教师自身素质和教学质量。于学生而言，合作学习不但能为学生提供全面的活动内容和开放的活动形式，更能使他们在探索外部世界的同时，学会与人交流，促成友谊，使他们进行相互学习，取长补短。但从实际情况看，有相当一部分合作式学习的效果并不理想，并没有实现合作学习应该达到的教学目标，片面追求形式主义，我们在商务英语课程改革过程中必须正视这个问题，不能使合作式学习仅仅停留在理念层面，要培养学生在合作中探知，在交流中学习，积极探索商务英语合作教学模式。

二、合作式教学的要素

作为一门实用性较强的专业必修课程，商务英语课程以培养学生的商务英语综合运用能力为目标，开展商务英语合作式学习，可以从以下几个方面进行。

（一）教师与教师之间的合作

就教师团队建设而言，合作式教学探讨和准备是最为行之有效的方式。通过观摩示范课堂、相互听课、集体讨论备课、教学资源共享、校内外教师优秀教师培训等教师之间的合作交流，不断创新教学内容和教学方法。使团队间教师互通有无，共同探讨，提升商务英语教学技能，更新教学理念，为学生创设基于现代化信息技术的“商务英语金课”。在“互联网＋教育”不断深入的背景下，对教师教学能力而言既是机遇，也是挑战。商务英语团队教师要通力合作，相互学习，努力提升自身的信息技术教学技能，积极参加信息技术相关的技能培训，使现代化科技手段切入整个课堂教学，充分体现现代智慧课堂的高效率、多互动、频合作、重体验。

（二）教师与学生之间的合作

在合作教学模式下，教师的角色要切实发生转变。教师要从管理者、讲授者变为设计者、引领者，更应该作为参与者直接参与到活动中去，在学生需要时给予启发、帮助和指点。师生间是合作学习、相互启发的新型合作伙伴关系。在课程设计的过程中，教师要用智慧启发式的教学模式，注意引导启发学生发现问题和解决问题的能力，问题的设计要符合“金课”标准，适当增加难度，体现创新性，倡导研究与发现、体验与探究相结合的互动合作学习方式，注重培养学生合作交流共享的能力。商务英语教师要关爱学生，充分利用网络平台和移动终端的 App（如微信、QQ、学习通等）加强与学生的沟通交流，更深入地认识学生、了解学生个性，针对学生个性特点进行因材施教。同时，教师要注重培养学生批判性思考和独立思考问题的能力。

（三）学生与学生之间的合作

商务英语以培养学生的商务英语理论与商务英语运用能力为目标。为了达到商务英语人才培养的教学目标，以“合作探究”为基础的商务英语学习需要学生积极主动地融入学习小组的集体学习活动中，积极开展小组互助学习。小组团队成员之间彼此相互熟悉并了解，为团队成员进行广泛深入的合作与交流提供了有利条件，通过积极的探讨发现问题并解决问题，既有助于知识的巩固，还可以充分调动学生的参与度，积极表达自己的意见和想法，合作学习可以帮助学生更好地进行自我反思，进而能够对问题进行更深层次的思考和理解，探究需要合作，合作能使探究更主动、更深入。例如，在进行商务洽谈章节的学习时，可以让各个学习小组以团队形式进行角色扮演，模拟商务谈判的真实情境，通过团队成员的相互合作，明确分工，细化责任，最终实现理论知识的内化，既能培养学生的团队合作精神，又能使学生在探讨和交流中培养学生的创新能力。

（四）校内与校外的良性互助合作与发展

为了贯彻"产学研"融合的商务英语人才培养理念，推进"商务英语"金课的建设进程，需要商务英语教师合理利用社会资源，通过主动联系、主动了解、主动服务的方式，积极加强校内和校外的合作交流，促进商务英语人才培养链的闭环。学校应坚持以学生为主体，以实践能力和创新能力培养的目标，理论和实践教学并重。例如，可以鼓励学生积极参与社团服务和志愿者服务，积极参加校外实践基地的实习任务，通过校内培养与校外实践的有机结合，培养学生的社会责任感，帮助学生明确就业方向。

（五）传统教学环境与信息技术的融合

在信息技术的支持下，通过商务英语线上"金课"的建设，利用线上平台（蓝墨云班课、课堂派、雨课堂等）师生之间可以互相交流、共享资源。充分利用慕课线上"金课"挖掘课程资源，也可以将线上"金课"进行本地化改造，打造适合本校的商务英语"金课"，网络资源的开发和利用可以极大程度地丰富商务英语的课程内容。就授课方式而言，"互联网+"背景下催生的各种新颖教学方式如慕课、微课等的有效利用，使得教学方式更加灵活多样，使课堂时间的利用更加合理，使更多学生能够积极主动地参与教学活动，也可以打破时空壁垒，提升学生的自主学习能力和合作学习能力。就课程评价而言，信息技术的有效利用，可以让教师更直接、更有效地实施学情诊断分析，实时进行智能化、立体化的学习过程记录与评价，实现以终结性评价为主向以过程化教学评价的转变，使师生之间的关系更密切，学习更高效、考核更加精准。

总之，建设"商务英语金课"需要教师加强与团队之间的合作交流，通过互帮互助、相互学习的方式最大限度地发挥团队力量，提升授课质量。教师还要充分利用网络平台深入了解学生，引导学生进行积极的互动探讨，坚持以学生合作为中心，通过师生合作的纽带调动学生的学习积极性和主动性，培养学生的团队合作精神。同时，要将现代化信息技术贯穿整个教学环节，力求与校外实习企业的深入合作，为商务英语教学创设优良的外部教学环境。从多维度、多层面、全方位实现各个教学主体间的有机融合，达到合作共赢，共同促进"商务英语金课"的建设和教学改革的具体实施，提升教学质量和教学效果。

第三节　商务英语“金课”的实施

英语是高校大学生的必修基础课，如果教师不认真研究相应的教学方法，很容易造成“水课”现象增多，更多的学生会对英语课堂失去兴趣，而大学高质量高技能人才的培养目标，急需我们研究如何打造“金课”。笔者使用理论研究及经验总结的方法，通过对有效教学的反思，总结了打造“金课”的策略。

在《国家职业教育改革实施方案》的总体要求和目标中，提出把发展高等职业教育作为优化高等教育结构和培养大国工匠、能工巧匠的重要方式，职业院校要培养高素质劳动者和技术技能人才。“建设中国‘金课’，没有旁观者，都是建设者。”在第十一届“中国大学教学论坛”上，吴岩表示，中国“金课”要具备高阶性、创新性与挑战度。

一、当前高校英语课堂存在的问题

信息时代，几乎每个学生都拥有一部智能手机，当智能手机给学生的学习带来便利的同时，也带来了许多诱惑。学生可以通过智能手机搜索所需知识，迫使教师的讲课吸引力必须大于学生手中的智能手机。如果教师仍然是照本宣科只顾讲授知识（从哲学的意义上说，只要是可讲授的“知识”必然是已知的），学生专心听课的肯定不多。相对吴岩所提出的“金课”标准，“水课”是低阶性、陈旧性和不用心的课。

二、打造有效教学“金课”的必要性

大学英语是高校学生的必修课，高技能专业人才专业学习中对英语的掌握是必须的。近年来，互联网上以“慕课”“微课’“翻转课堂”视频等为名的优质教育资源，唾手可得，现在要想上好一堂课，的确非常困难，更需要教师具备丰富的课堂应变经验，课堂上稍不如意，学生可能就会不听课开小差玩手机，因此，教师尤其需要提高课堂教学吸引力。智能时代，学生获取知识的来源变了，学生的学习方式也变了，教师的教学方法也必须要创新。

三、影响课堂教学有效性的因素

影响课堂教学有效性的因素有很多，可以从学生、教师及教材方面分析。

（一）学生分析

学生的英语水平是其下一步学习的基础，教师教什么，应该以学生为中心，另外，学生的学习态度和方法是影响学生学习有效性的重要因素。

（二）教师分析

教师的业务素质是教师完成教育教学任务的前提，教师的业务素质包括业务知识和业务能力。此外，教师的职业道德和科研能力也会影响其教学能力的发挥。

（三）教材分析

教材内容及难易程度也影响课堂的有效性。教师要想让语文真正上出“语文味”，最好的办法还是扎根教材、吃透教材，在有效预设下，善于走进文本，寻找目标，真正从教材中走出来。

四、打造“金课”的策略

在遵循本科院校人才培养方案的基础上，英语课堂打造线下“金课”，可先从“金课”的标准出发，再从影响课堂教学有效性的学生、教师及教材方面探索出对应的策略。所谓“高阶性”，就是知识能力素质的有机融合，是要培养学生解决复杂问题的综合能力和高级思维，培养学生思辨能力，把学生培养成有知识有思想的人才。所谓“创新性”，是指课程内容要反映前沿性和时代性，教学形式呈现先进性和互动性，学习结果具有探究性和个性化，加强学生专业英语的学习。所谓“挑战度”，是指课程有一定难度，需要跳一跳才能够得着，对教师备课和学生课下有较高要求。

（一）学习方法的指导

授人以鱼，不如授人以渔，教师在教学中，传授给学生知识固然重要，但授予好的学习方法更重要。法国哲学家笛卡尔曾说，最有价值的知识是关于方法的知识。行之有效的学习方法和学习习惯，可以帮助学生在学习中取得良好的成绩，起到事半功倍的效果，还可以培养一人的终身学习习惯。教师的教学反思着重在教学方法的研究。英语教学中，教师的教学研究应该放在英语这门语言的语音、语法、词汇的学习方法上，不能只讲教材里面的知识，要概括出简单有趣有特色的语音课、语法课和词汇课以及掌握英语句子的公式。

（二）价值观的引导

首先，教师要上好第一堂课，讲好英语的工具性和人文性特点。

其次，教师要回答好为什么要学英语这一问题。这是因为我们国家发展到了要讲好我们自己的发展故事的阶段，作为专业技术人才，有必要掌握英语这门语言在国际上进行技术知识交流，树立我们的文化自信。

（三）教师自我学习

第一，边教边学。教师不可能停课自我培训学习，但可以在日常授课中进行随时随地的学习。比如，现在的教材有很多涉及新理念新科技的内容，这就可以促使教师进行延伸学习。

第二，切实加强自我职业技能培训。流畅的语言表述、课堂教学组织管理能力、个人仪态魅力地注重与培养等，是慕课、翻转课堂、微课等在线虚拟课堂最难做到的，而我们目前的传统课堂在这些方面却可以不断改进、提高，我们务必要做到全力吸引学生，把他们的注意力从智能手机上转移到课堂实际教学中。

第三，学会重新编纂组合知识点，强调因材施教。教师需要钻研各种教法，以便发挥现实中教师在课堂上的实际教学优势。

第四，进行教学反思，针对实践教学中的问题及时写成教学研究论文、学习教学理论，再用理论指导自己的教学实践。

第五，努力学习专业相关、相近领域的知识，成为“双师”。美国国际教育技术协会在修订《国家教师教育技术标准》时，把发展和创新确定为标准修订的主导思想，明确指出：“世界变了，学生变了，学习方法变了，教师教学，也必须变化！”

现在的师生是在同一起跑线上，教师要学习最新的前沿知识和理念，边学边做，学习掌握新科技新发明具备科学的头脑。切实加强自我培训教师职业技能，练好普通话及板书，尽力吸引学生，把学生的注意力从智能手机转到课堂实际教学中。打造线下“金课”，符合时代对职业教育课堂教学的要求。

第四节　商务英语“金课”的评价

“金课”是我国推进现代化教育强国和“双一流”建设的重要保障，是推动全国教育工作“以本为本”、“四个回归”和“两个基本点”的重要途径，其根本目的在于提高人才培养质量、突破传统教育桎梏，实现教育创新，使学生回归读书学习，教师回归教学本位。教育部推出“双万”计划，旨在今后两到三年时间内打造国家级和省级“金课”各1万门，分为线上、线下、线上线下混合、虚拟仿真和社会实践等五大类型优质课程。纵观当前全国各高校相应的行动方案以及建设动态，“金课”建设存在“轻软重硬”和“重建设、轻应用”等现象，忽视质量标准和教学内涵的“软件”建设，将大量资金和资源投入高科技的网络教学环境和教学软件等“硬件条件”建设上，在教师的信息化水平达不到要求的情况下，导致资源浪费，使教师更疲于应对新环境，影响教学效果。忽视了对课程推广应用的过程管理，使课程无法与课堂教学对接，课程内容不能得到实时更新。因此，有必要厘清“金课”的内涵、建设初衷和质量标准。此外，已有学者从不同的学科视野讨论了“金课”的内涵和质量标准，本节将对此进行相应总结。

一、“金课”及其质量标准

“金课”具有双重含义，既指“课程和课堂的质量标准体系”，也指体现优质质量标准的“示范课程”，前者是“规范”“指南”，后者是“载体”“样板”。“金课”建设是涵盖质量标准和示范课程建设的工程，质量标准是一套体现新时代教育价值的课程价值、教学理念、教学目标、教学内涵、教学方式以及教学途径的完整体系，该体系的构架与专业、学科的分类和描述相呼应；示范课程则是优质课程资源，是体现优质师资团队、现代化教育技术、先进教育理念、前沿学科知识、创新的教学方法和教学途径的样板工程。“金课”建设应该构建一个从质量标准建设到示范课程建设的联通生态环境。

“金课”体现了国家对高质量、高规格课程的教学要求和顶层设计，其核心价值在于课程和人才培养的质量，其落脚点在于课堂，内涵建设和质量建设是“金课”建设的根本任务。要使“金课”建设目标落实到不同类型的高校、课程以至课堂，必须从国家到地方以及高校自上而下建立分层、分类的质量标准体系，使质量和内涵标准贯穿三个维度的各类课程，包括以课程模式为标准的线下、线上、混合式、虚拟仿真以及社会实践等五类国家“双万计划”课程，以课程属性为标准的“通识课”“专业课”以及以学科属性为标准的分类课程，更要使质量标准和内涵标准贯彻落实到课堂教学的每个环节。因此，从宏观上看“金课”的内涵标准是贯通学科知识体系、现代教育技术、先进教育理念的质量保障体系，也是促进课堂与课程、学校以及社会联通的质量保障体系，更是促进教学目标、教学内涵、教学模式、教学方法以及评估方法有机统一的质量保障体系。

从微观上看，一门“金课”的质量标准要涵盖课程和课堂两个层面，课程质量标准和课堂教学评价标准的结合将推进“金课”质量落实到位，前者重在教学内涵、教学模式、教学目标的质量标准，是对课程资源质量的静态评估，也是课程建设的指南。后者重在教学过程、教学效果的评估，是对教和学的动态的、过程的评估，是课程质量的保障。通过课程质量标准的建设，可以促进教学设计在教学目标、教学内涵、教学模式的协调发展。通过课堂教学质量体系的构建，可以促使一流课程通过教师有效的教学投入、教学方法、教学评价等教学活动落实到课堂。换言之，微观上看“金课”的质量标准体系只有通过静态的课程质量标准与动态的课堂教学质量评估标准的事前事后的作用，才能确保一流课程资源能链接到课堂，落脚到课堂，实现其“回归”的建设初衷。总而言之“金课”的质量标准体系是一个静态评估和动态评价相结合的综合评估系统。

如何构建一个微观的“金课”质量标准和评价标准体系？笔者认为，质量标准体系可以体现为一个从基本原则到基本要求再到指标体系的层级系统，从普适性原则具体落实到基于学科和专业的课程基本要求，根据课程要求，细化具体的课程质量标准指标体系。首先，总体原则的依据来自教育部的系列文件对人才培养目标的描述以及“金课”建设的相关要求，遵循“两性一度”基本原则。其次，将普适性原则体现在分类的课程标准体系中。目前，教育部发布了各专业的本科教学质量国家标准（简称“国标”），以规范、监管学校教学和人才培养“金课”的分类质量标准基本要求，可以在此基础上，结合基本原则，进行修改完善，要重点推进学科知识、能力和素质的有机融合，侧重推动综合能力、高级思维、创新能力的培养。最后，要将构建的质量标准细化为课程建设标准和课堂教学评估标准，从教和学的维度，从教师、教学过程、学生三个视角对教学过程和教学效果实行有效评估，这涉及教学目标定位、教学内涵、教学模式及其与专业建设、人才培养目标以及社会需要的契合度。总之，课程质量标准体系可以体现为三个层级的综合评估系统，“金课”的评价体系，即“金课堂”的评价体系，主要在于检验动态的教学过程，其目标在于促进已经按照质量标准建设的“金课”落实到课堂和人才培养上，是检验教师教学投入、教学水平以及教学效果的综合评估体系，也是评估教学内容、教学方法、教学模式是否达到课程质量标准体系的指标系统。这个体系需要从具体课程的教学目标出发，可以分别以教师、教学以及学生为主体构建多维度的评价体系和方法，以求达到客观公平的评价。

综上所述，笔者认为“金课”是实现“两性一度”基本原则的一流课程和一流课堂的综合体，体现在以质量标准体系为核心的"金课程"和"金课堂"，唯有反映一流质量标准体系的课程，并落实在课堂上，才算得上真正意义的"金课"。"金课"是以"金课程"和"金课堂"质量标准体系为核心、以"金课程"为支架、以"金课堂"为途径的有机综合体。"金课"质量标准体系的构架包含静态的、多层次的质量标准体系和动态的、多维度的课堂教学评价体系。前者用于指导"金课"课程建设，为教师进行优质课程资源建设提供指引。可建立三层质量标准体系，以"两性一度"为基本原则，以国家课程标准为基本要求，落实到具体的课程要素中。后者用以保障教师将一流课程落实到课堂教学，促使课程的教学目标落实到每一堂课。因此，需要建立教学过程的动态评估，从教师、学生和教学三个维度加以考核。只有建立"金课程"和"金课堂"的联通机制，才能确保"金课"实现"回归"的建设目标。

二、商务英语"金课"及其质量标准

商务英语的课程特色决定其独特的"金课"质量标准。从课程属性看，作为通识课程，其担负素质教育的历史使命，涉及跨学科的人文知识、世界百科知识体系以及思维能力培养；从课程内涵看，以语言为教授对象，担负语言沟通和交流的功能，其涉及英汉跨文化的日常交流、专业交流，语言交际本身就是一个庞大的体系，涵盖双语语种、跨文化和跨学科的交流；从教学对象来看，面对不同专业的学生，其对语言的需求多种多样；从课程设置看，商务英语是多门课程组成的课程体系，这决定了商务英语"金课"的通识性、社会性、文化性、学科性以及交互性等特征，将"金课""两性一度"的基本质量标准与其融合起来，商务英语"金课"质量标准应该体现为通识与学科知识体系、人文素养、思维能力、沟通和交际能力的高度融合，具体体现在"金课"对语言与内涵、语言与思维、语言与沟通密切关系的高标准要求。这是商务英语"金课"的核心内涵，贯穿于教学团队、教学模式、教学评价的全过程，关键取决于教师、语言材料、教学模式、教学方法和评估手段等每个环节的质量以及环节间的协调统一。

基于商务英语课程的基本特征，从"两性一度"的基本原则出发，笔者认为，从课程论视角，商务英语"金课"质量标准要落实到课程和课堂的教学目标、教学对象、教学内容以及教学模式的"融合度""适应度"和"饱满度"以及结果的"有效性"基本要求上。融合度是对课程教学目标的考核标准，在于衡量知识、能力和素养的融合程度、人文知识与学科知识的融合度以及语言与思维的关联度，其观测点体现在教学内涵上；“适应度”是基于课程建设视角的质量标准，衡量课程教学目标与新时代、社会经济发展、专业人才培养、人文通识教育、外语教育以及学生综合能力发展之间的吻合度，其观测点分布在课程设置、教学内容、教学模式、教学途径等教学要素及其各要素的关系上，这些观测点的目标指向性和创新性决定高校英语的适应性，“饱满度”指相对于学生认知的、课程内涵的信息含量，其观测点可分布在“陈述性知识”的知识体系、“程序性知识”的技能信息和“能力导向”的信息体系。“有效性”则是基于课堂教学视角的、动态的质量评价标准，促使课堂教学产生有效效果的因素来自多方面，对一门课程的课堂教学效果检测是一个综合的过程性评估，评价体系是一个多维度的综合体，其观测点可聚焦在教师、教学过程以及学生等三个主客体，评价教师对课堂教学有效性的指标涉及教学情感、教学组织、课堂管理以及教学内容等方面；教学过程涉及课堂教学环节、师生互动、教学内容呈现、教学方法、教学模式等方面；学生方面涉及情感、参与度、认知度以及学习认可度。

商务英语“金课”的落脚点体现在一流课程和一流课堂上，因此，其质量标准的观测点在于“金课程”和“金课堂”的教学要素中。“金课程”作为优质质量标准的示范载体，其质量标准取决于其对课程教学要求的体现度、对教育技术的融合度、教学内容的创新度和高阶度、对课堂教学的渗透度和活跃度以及对学生受众影响的广泛性。其体现度受制于全国高校国际化、社会经济、人才培养以及专业学习的需要，取决于作为高校英语通识课教学指南的《商务英语课程基本要求》，取决于其反映最新英语教学理论和先进教育技术的程度。对教育技术的融合度，是检验课程教学内容的呈现方式，即教学模式的标准，关键需要考核教学内容与技术应用的契合性。对课堂教学的渗透度，用于检验课程资源是否以创新理念、先进模式和前沿知识体系引领课堂教学，落实到课堂教学中。活跃度是检验课程资源更新发展的标准，在信息日新月异的新时代，“死”的课程资源很快落后于知识前沿，尤其是高校英语教学，语料如果一成不变，其主题、话题、语言势必难以达到“两性一度”的标准。“金课”资源在一定程度上是开放性的课程，其对学科、专业和人才培养的影响体现在其推广应用程度上，高校和学生的学习量越多，其受众越广泛，课程的影响力就越广泛。

“金课堂”是落实“金课”质量标准体系和“金课程”的重要场所，主要通过教师，依托现代先进教育技术，将优质课程资源，以教学模式、教学方法和教学评估等创新途径传递知识，激发热情，启迪思维，促进表达和沟通，以实现课程教学目标。"金课堂"的质量标准体现在教师、学生与教学三个维度，从教师维度看，教师的情感投入、专业素养、教学水平以及课堂管理能力都成为"金课"的主要观测点，而对于外语教师而言，情感投入即教师在课堂的形象（包括自信、关注、人际以及激情）；专业素养则体现为话语的准确度、流利度、信息量以及对情境的掌控力；教学水平则体现为多媒体教学设计和教学方法的创新性、教学内容难度和广度的把控力、课堂人际互动的管理能力等；课堂管理能力体现为课堂话语的准确性和有效性、教学环节的流畅度以及课堂秩序的有效管理。从学生维度看，学生对课堂的关注度、参与度、认可度以及获得感可成为主要的观测点。从教学维度看，基于高校英语自身的特色，高校英语课堂的社会性、协作性、信息密度和跨度都应成为"金课"的考核点，具体观测点可落实为高校英语"金课堂"教学目标指向性、教学要素的协调性、师生的互动性以及主题信息的密度和深度。课堂教学目标的指向性是指课堂教学目标要指向课程教学；教学要素的协调性指教学内涵、模式、方法、评估体系要围绕从知识到技能再到能力的教学目标；师生互动性是基于语言教学的特质，教学内涵以情境化的形式促使课堂交流互动；主题信息的密度和深度是考核课堂教学内涵的高阶性，主要观测主题、话题以及题材与人文通识、专业知识体系的关联度。

综上所述，基于"金课""两性一度"的基本原则，结合高校英语课程的特质，在课程论视角下，笔者进一步提出高校英语"金课"、"融合度"、"适应度"、"饱满度"和"有效性"的基本要求，从"金课程"的质量标准以及"金课堂"的评估标准探讨了落实"金课"质量标准的观测点。

三、高校英语"金课"的质量评价

高校英语是面向不同专业学生的公共英语课程体系，其跨学科、跨文化以及多元化的课程教学要求决定其质量标准体系具有开放性、动态性的特征，为了保障"金课"的基本原则和基本要求能贯彻落实到课堂教学的每个环节，实现高校英语"金课"的建设目标，有必要进一步深入探讨质量评估的基本原则、标准尺度及其评价主体，以确保质量评估的合理性、科学性和有效性。

高校英语"金课"的质量评估，第一，要坚持整体性原则，以保证课程与人才培养、课程与专业、课程与课堂在目标、内容、方法、模式等方面的有机结合。第二，坚持静态与动态的评估原则，使课程内容在主题、话题、题材和体裁等方面得到实时更新，使"金课程"得到持续的更新、推广和应用，使"金课堂”教学能对接“金课程”教学，实现课堂的有效性。第三，坚持终结性和过程性评价结合的原则，构建合理的教学效果评价体系，从学生的学习效果以及教师的教学投入、课堂管理和教学水平进行综合评估。第四，坚持多元化质量评估原则。从管理层面、学生层面、教师层面，以自评、互评交叉的形式，设立多维度的评估机制，使评估更为客观、科学和全面。第五，坚持分类评价原则，以确保各类课程能显示其优势和特色。

高校英语开放性和动态性的评价标准，使质量评估的指标具有很多不确定性因素，具体体现在主题、题材、体裁与语言材料的难度，主题内容的专业性与通识性的融合度、教学模式的创新度以及课程的挑战度等尺度上。笔者认为，“金课”质量的评估不能一概而论，只要明确课程的目标定位和教学对象，在质量标准体系的逻辑体系中，坚持以上的“金课”评估原则，保障学生的关注度、参与度、认可度和获得感，就能实现“金课”的评估目标。

为了使质量标准落实到课程教学和课堂教学的全过程，本节在英语通识课的视野中，融合以上高校英语“金课”的基本要求和评估原则，尝试构建高校英语“金课程”的质量标准指标体系，力图对“金课”观测点进行系统描述。高校英语评估质量标准体系基本对应上文提出的高校英语“金课”、“融合度”、“适应度”、“饱满度”和“有效性”的基本要求，适用于对课程建设以及课程教学设计的指引，同时适用于各类高校英语“金课”质量的评估。“金课堂”需要落实到课堂，体现为教学有效性，因此，本节在以上基本原则和基本要求的基础上，设计了动态的“金课堂”评价指标体系。相比“金课程”指标体系，“金课堂”教学评价重点考核教师、学生以及包括内容、管理和效果的教学过程，可根据具体课程的要求，在考核项设置分值。该体系用于动态评估，是指在一门课程教学中，对每次课堂加以评价，用数据计算其得分。

“金课”是新时代背景下具有中国特色的新生事物。“金课”建设是一项跨学科的、庞大的系统工程，其“两性一度”的质量标准体现了新时期我国教育的核心价值、人才培养需求以及一流课程教学的新目标、新理念和新定位。“金课”研究是一种以问题为导向的，与课程论、教育学和心理学等跨学科理论紧密相关的综合研究，需要学术界从理论的视野对课程教学大纲、教学内容、教学模式、教学评价等环节进行科学设计和构架。本节构建的静态的“金课程”质量标准可与“国标”对接，用于指导高校英语“金课程”建设。动态的“金课堂”教学质量评价，可用于教师和学生课后对教和学的实时反思和评价，只有持续的动态评估，才能反映课程和课堂的实际教学效果。

第五章　商务英语实践教学体系建构

第一节　商务英语实践教学目标体系

一、传统商务英语教学的弊端

随着本科院校改革的深入，人才培养理念深入人心，本科院校也更加重视实践教学，并且获得了一定的发展。但是实践教学仍然存在着一些问题。

（一）重理论轻实践的倾向比较严重

培养技术应用型人才的观点逐渐深入人心，但具体到各个本科院校，虽然在人才培养方案上，某些课程的理论教学时数和实践教学时数做出了相应修改，比如，传统的国际贸易理论课程的理论教学与实践教学比例调整为 3 ∶ 2，外贸单证制作理论课程的理论教学与实践教学比例调整为 1 ∶ 1，等等。但是在实际教学过程中，由于现有的教师基本上是由高校教育专业毕业直接走上工作岗位的，实践教学经验缺乏，师资队伍相对落后，同时对实践教学的监督和考核制度也不完善，在授课的过程中教师是否运用了实践教学以及采用实践教学后对学生成绩如何来考核这些问题都没有得到有效解决，实践教学效果提升并没有达到预期。

（二）学校教学实践缺乏系统建构

以前人才培养方案简单来说就是本科院校人才培养方案的缩小版、简化版，教师教学虚高，学生学习效果低，毕业生毕业后找不到适合自己的岗位。所以有人提出教育出现了五个遗憾：“工厂遗憾”“学生遗憾”“学校遗憾”“家长遗憾”“政府遗憾”。毕业生没有掌握满足社会需求的职业技能，追根索源，还是因为课程体系是“学科体系”的压缩版，偏重理论教学，与行业生产现状严重脱节，无法满足技术应用人才的培养要求。

随着教学改革的推进，高校课程体系改革强化了实践教学的地位，教师在授课过程中加大了对实践课的投入，但由于受实训实习条件的制约，以及教师实践经验的缺乏，实践教学也没有真正与生产第一线达到有机融合，大部分实践教学在校内进行，偶尔有企业业务人员在校内举办讲座，实践教学还是在一种无计划、无目标的情况下开展，学生实践运用能力并没有很大提高。

（三）校内外实训缺乏全面整合

实践教学必须以实训室和实训基地为依托。随着高校改革的深入，各个本科院校都加大了对实践教学的投入，教学条件得到了很大改善。但是在实训室的建设过程中，总是存在重复建设以及管理不善的问题，很多情况下设备存在但是系统不能正常运转，利用率大打折扣，学生对此也怨声载道。很多校外实训基地都是学院领导通过个人关系建立起来的，更大程度上是为了应对来自各方的检查，有些基地建立之后并没有真正维系这种合作关系，学生也没有下到企业去实践实习。

二、建设商务英语实践教学体系的必要性

（一）高校与企业实现双赢的需要

随着国际交流的日益频繁，国际贸易的快速发展以及产业结构的调整，商务人才需求量逐渐增加。同时由于社会效益和经济效益的凸显，高校所培养的英语类人才与市场需求严重脱节，商务英语专业毕业生不能为企业所用。一方面社会需要大量商务英语人才，企业却招聘不到合适的人才；另一方面大量商务英语专业毕业生无法快速就业，经过了三年的学习，还是要在入职前经过很长时间的岗前培训。出现这样的局面，根本原因是教学体系脱离了社会，脱离了市场，导致学生职业能力的缺失。

不难发现，商务行业并不要求学生对学科理论知识掌握有多深，但是要求有广度；不要求有多深的理论知识，但要求有很好的综合应用能力，对实践操作能力有很高的要求，也要求有一定的经验积累。这就对该专业薄弱的实践教学提出了挑战。这要求本科院校在提高人才培养质量的同时，加强学生实践能力和综合职业能力的培养。现在企业急需的是技术应用型人才，所以高校培养目标要以学生就业为导向，以锻炼学生的职业能力为目标，要突出职业教育特

征，建构完善的实践教学体系来培养学生的综合职业能力。实践教学是培养学生综合素质，提升就业能力最有效的途径。

作为企业，既然对大学生提出了期望值，要想获得高质量的从业人员，那么也应该承担相应的社会责任。要给大学生提供更多的实训实习机会，让学生在实训实习的过程中真正参与到业务流程中，而不仅仅是打杂混日子。同时企业也要与院校一起探讨人才培养方案，提出中肯的意见或建议，制定出符合市场需求的人才培养方案。这样学校和企业才会达到双赢，学校毕业生就业率得到提高，企业拥有高质量的从业人员。

（二）专业人才培养目标的需要

教育部对高校教学目标是这样阐述的：以“应用为目的，实用为主，够用为度”。要求高校以学生为中心，以能力为本位，以素质为根本，在做中学，在学中练。所以，在教学过程中，要让学生“学以致用”。这一要求就更加凸显了商务英语专业构建实践教学体系的必要性。

通过实践教学，学生在模拟国际商务活动中锻炼了交际沟通能力，也锻炼了单证操作能力，提高了综合职业能力。教师在实践教学过程中要有计划、系统地采用多种教学方法来丰富教学，把商务活动分解为一个个工作任务，通过对任务的完成加强学生的团队合作能力，为学生将来的就业和创业打下基础。

只有在完整的实践教学体系的指导下，学生的实践操作能力才能得到锻炼，学生的综合职业能力才能满足社会经济发展的需要，学生才能更好地就业，商务英语专业人才培养目标才得以实现。

（三）专业教学改革特色的需要

商务英语专业教学改革主要包括对人才培养方案的创新、新课程体系的设置（包括新课程的开发，课程内容的整合等）、教学模式和教学方法的创新、实践教学体系的创新、师资队伍建设以及课程评价体系和质量监控体系的创新等内容。要推进专业教学改革，就必须构建好实践教学体系，展现高校教育特色。实践教学是培养学生实践操作能力、综合职业能力的重要途径，也是高校教学改革的核心。改革成功与否与实践教学体系构建有着密切关系，只有建立了适应市场需求，符合本院本专业发展，展现自身特色的实践教学体系，才能更好地提高教育质量。

现在市场需要的是能熟练运用英语进行商务交流、商务谈判的综合性企业人才，能够适应各种国际性商贸活动的应用型人才。而实现这些培养目标最重要的一环就是实践教学。商务英语专业要在顺应高校教育发展规律的前提下，抓住外贸行业发展的契机，展示专业特色，不断创新、优化实践教学体系，满足社会人才需求现状，更好地体现高校教育培养的职业性、实践性和实效性。通过专业教学改革，展现专业培养特色，商务英语专业将呈现出良好的发展势头。

三、建设商务英语实践教学体系的可行性

（一）师资培训提上日程

现有绝大多数英语专业的教师都是英语语言专业毕业的，以咸宁职业技术学院为例，专业课教师基本上都是毕业后直接任教的，拥有比较扎实的英语语言听说读写译能力，缺乏商务背景知识，对国际贸易流程基本不熟悉，更没有在外企工作的经验。其面临的一个很大的压力就是需要进行专业快速转型，补充国际贸易方面的知识。学院针对这种情况，开始有计划地对教师进行培训，鼓励教师到企业顶岗实习，保障师资队伍建设。

学校可以组织专业教师到经管系旁听国际贸易相关课程，加强对理论知识的学习。同时也可以邀请与学院有往来的实训实习单位的商务从业人员来校对教师和学生进行培训，让企业员工把他们的实战经验拿出来分享，把企业发展动态带进校园，让教师和学生时时了解市场发展。

为了适应高校人才培养的需要，教学指导委员会每年都会有全国性的商务英语教学研讨会召开，同时各个示范院校也会举行各类研讨。学院应充分利用这样的机会，安排教师积极参加，向走在改革前列的院校和同行学习、交流，了解高校教育以及本专业发展的新方向。

与此同时，学院还应鼓励教师到企业进行挂职锻炼，一方面使教师的实践操作能力得到锻炼，提高自身的业务素质；另一方面，能使教师更好地了解市场及行业发展行情，使教学紧跟实际，适时调整教学内容，提高教学质量。

（二）基地建设投入加大

为了保障实践教学能真正开展，高校院校应加大对实训实习基地建设的经费投入，使实践场所有所保障。

（三）课程建设初具规模

商务英语专业根据高校人才培养目标，应加强专业课程建设，与企业合作开发基于国际贸易工作过程、语言运用与职业技能实操深度融合的商务类人才

培养课程体系。同时整合课程资源，进行课程重组。至此，商务英语专业课程体系框架结构基本形成。

（四）质量监控有保障

对实践教学进行考核和评价能有效保障实践教学体系落到实处。实践教学的考核评价确保了教学质量，所以学院开始制定规范的评价标准。各门课程都要制定实训指导书，在课程标准中做出明确的考核方案。学院考核已经改变单以结果考核的方式，转为以过程考核为主，注重学生平时的实践操作能力，确保实践教学抓到实处。

其中，校外实习是实践教学的一个重要组成部分。学生是实习的主体，在实习活动中，要让学生有规可依，制定顶岗实习规章制度，对实习考核、纪律要求要明确，让学生自己遵守纪律并激励他们完成实习任务。实习指导教师应当对学生的实习实况做出认真评定，从学生的实习态度、实习期间的表现、上交的实习报告以及实习单位给出的评价多个方面来评价，如实反映学生的实习情况。这样才能够调动学生实习的积极性，提高实践教学效果。学院也开始注重对实习指导教师指导工作的评价。对教师的实习动员工作、实习指导书制定、组织协调能力等多个方面进行考核，给出中肯的评价，保证实践教学高效开展。考核评价体系的逐步完善，有效保障了实践教学体系的建设和实施。

第二节　商务英语实践教学内容体系

一、建设商务英语实践教学体系的基本原则

（一）能力本位原则

高校教育培养的是高端技能型人才，原有的“学科型”教学体系不能满足人才培养的需要。要培养社会所需人才，就必须建立以能力为本位，突出能力培养，锻炼学生的实际岗位技能的实践教学体系。

在相关理论指导下，依托工作过程来设计能力培养项目，语言基础课程、商务知识课程以及实训课程都以就业岗位为出发点，因地制宜地开展实践。同时该专业建立了三大平台（课内实践平台、校内实训中心平台、校外实训基地平台）为依托的实践教学体系。在实践教学过程中，采用案例分析、角色扮演、情景模拟、项目驱动等教学方法，按照工作流程设计教学任务，编排训练项目。

三大平台都发挥着各自不同的作用，同时在培养学生技能方面又相辅相成，并且在循环过程中强化和提升了学生的主要技能，教学效果得到显著提升。

商务英语高端技能型人才的培养仅仅通过传统的课堂教学是远远不够的，职业技能还是要在实践过程中获得，实践能力的培养还必须在模拟仿真的环境下进行。实践教学可以通过校内实训、校外实习以及顶岗实习的方式来进行。首先通过校内模拟实训室以及相应的软件应用，把教师所授的理论知识初步地应用到模拟企业商务环境中，其次通过校外企业实习来真正体验，了解国际贸易中的完成某个工作任务所需要具备的岗位能力，最后通过顶岗实习多方面锻炼学生的交际能力、沟通能力、专业能力，让学生毕业时有一定的综合职业能力。学生的综合职业能力培养是要与社会需求密切相关的。只有在遵循这种原则的条件下，才能培养出符合社会需求的人才，才能满足市场需求。

（二）理论实践一体化原则

理论是实践的基础，实践是理论的应用。正确的理论是行动的指南。建立实践教学体系是为了进一步规范实践教学管理，把实践教学效果最大化，实践教学体系不能单独存在，它是与理论教学一起融合在整个教学体系之内的。所以说，实践教学体系的建设一定要遵循理实一体化的原则。

我国高校快速发展的进程中，理论教学和实践教学地位发生了巨大的变化。以前的学科课程体系倡导的是理论课程为主，像商务英语传统的文科专业基本上不存在有实践课。教师在授课中强调英语语言掌握的深度和广度，已经跟不上时代发展，学生毕业后也不能与本科院校的学生竞争。理论为主、实践为辅的课程体系已经不能适应社会发展需求。

教育部《关于加强本科人才培养工作的意见》文件中明确提出了“基础理论课程教学要以应用为目的，以必须、够用为度”。之后，“实用为主，够用为度”就成了本科院校理论课程的标准。本科院校开始大幅度降低授课难度。高校同时也意识到教育要服务于经济，特别是区域经济的发展，开始强调培养学生的职业能力。与此同时，为了快速地建立起与校外实训基地的良好合作关系，为了满足企业的用人需求，有些学院彻底改变了以前的那种学科性课程体系，理论课程转而成为实践课程的附属。为了满足企业的功利性，学院一而再、再而三地削弱理论课，强化学生动手操作能力。过度削减理论课程，导致了学生理论知识学习不够，实践仅仅是一种简单的实践。那这种模式下培养出来的学生与中职生又有什么差别？毕竟高校要培养的学生要有一定的知识积累，有一定的逻辑思维能力，更重要的是要有创新精神。

所以，理论和实践不能厚此薄彼，必须使理论与实践和谐统一，有效融合，才能真正培养出有竞争力的人才。

（三）动态调整原则

当今社会科学技术发展迅猛，每个工作岗位要求也在不断变化。高校教育是为企业培育人才的。那么，高校实践教学体系的培养目标也应该顺应经济发展和市场发展的需要，紧跟实际，对学生在岗位上所需要的专业技能和职业素养进行不断调整，吸纳社会发展各种新成果，让学生毕业后能适应社会发展以及未来发展的趋势。

（四）一所多用原则

高等职业教育实训实习场所建设是实践教学体系建设中的一个重要组成部分。实训实习场所建设的好坏直接关系到实践教学体系构建的成败，关系到学院的人才培养目标的实现。建设实践教学体系最终目的就是提高学生的综合职业能力。但是实训实习场所的建设不仅仅只有这一个功能，实训实习场所必须是多功能的。

（五）突出特色原则

本科院校没有特色无法立足。因为没有特色，意味着就业市场的狭窄。市场需要本科院校培养一批有特色、不可替代的人才。市场决定特色，特色决定学校的命运。实践教学环节形式多样，要依托区域特点，充分利用区域经济发展资源，加强与地方政府合作，加大与企业合作的力度，推动整个区域经济的协调发展，学院自身才会获得长足发展。

商务英语专业建设要以区域需求为导向，开发出适合本院特色的商务英语课程，保证教学内容符合区域经济发展和市场发展。所以实践教学体系建设要以展现自身特色为原则，只有立足本地经济，因地制宜、办出自身特色，才能培养出有就业竞争力的人才，促进学院和区域经济双向协调发展。

二、建设商务英语实践教学体系的基本策略

（一）强化政府指导和制约作用

相对高校教育改革和发展而言，我国现有的法律法规是滞后的，没有建立有效的保障机制来促进学校与企业的合作，没有形成对学校、企业双方的监督机制，更没有机构来协调学校和企业的合作。咸宁职业技术学院商务英语专业

在实践教学体系建设探索过程中，深感高校教育需要政府更进一步的政策法规支持才能更有效地为社会培养人才。

国外职业教育发达的国家，在促进校企合作、产学结合方面，政府起到了主导作用。政府为校企合作给予政策优惠的同时，还提供了其他大量资助，并通过立法来保障职业院校学生有足够的实训实习课程。我国政府和行业协会对校企合作参与较少，基本由学校和企业双方协商决定。所以我国的职业教育要想获得成功，就必须通过立法的形式给予保障。

我国应该制定一部专门的《高校教育法》，在法律上确定高校教育的地位；建立起政府统筹安排，社会广泛参与，权责分明的职业教育管理制度；加强本科院校经费保障；加大本科院校办学自主权，使其在招生规模、专业设置、教师聘用和经费使用方面有充足的权力等。

高等职业教育以区域经济为主，因此，地方行政机关要从实际出发，从本地区经济出发，加快区域性教育法律法规的制定工作。区域性法律法规应明确规定本科院校设置的硬件条件、各级政府对职业教育的投入占财政收入的比例；应统一职业资格鉴定市场，企业录用员工时持相关证书者应达到何比例；应对本科院校教师在任职条件、评审渠道、工资福利等方面给予政策上的倾斜等。

无论是全国性的法律法规，还是区域性法规，在高校实践教学体系中都要明确规定企业的权利和义务。没有这些法律法规的约束，那么高校校企合作就只能变为学校四处求人的状况，而在这种情况下建立起来的实训教学基地，学生的职业能力未能得到深入锻炼，更多时候只是为了应付上级部门的检查。要改变这种状况，就必须通过立法，让国家政府、行业企业、学校共同参与到实践教学体系的建设和实施中，使高校学生的综合职业能力得到真正锻炼和培养，最终为社会带来收益。

（二）建设高素质的教学团队

师资队伍建设是提高专业教学质量的关键。为了建设一支水平高、能力强、善协作、多元角色、专兼结合的创新型双师教师队伍，某本科院校商务英语专业做出了以下探索。

1. 打造“双师”结构多元角色的教学团队

按“企业聘任 + 自主培养 + 外部引进”的方式构建“双师”结构多元角色的教师队伍，充分利用体制优势，不断加大校企合作力度，招揽社会和企业优秀人才加盟系部事业，通过工学结合和社会实践锻炼，建设一支专兼结合、素质优良、结构合理、道德高尚的教学团队，注重中青年骨干教师和具有专业背景的优秀人才的引进。

完善教师实践锻炼制度，规定每名专业教师每年实践时间不得少于60天，并由学院提供配套的政策支持，通过多种形式，如进修培训、调研、社会服务、顶岗实践、企业挂职锻炼等不断提高教师的实践操作技能和实践教学能力，使真正的“双师型”教师比例达到50%。

通过教学实践与社会实践实现角色转换，专业教师由单一角色转变为六重角色：职业知识的传授者、职业教学的组织者、职业操作的示范者、职业能力的培养者、职业疑难的咨询者、职业道德的培养者。

2. 注重培养专业双带头人

专业双带头人是指从校内专任教师中培养一名带头人、从校外兼职教师中聘任一名带头人。通过学术交流、出国考察学习、科研立项、教学研究、社会实践等途径，增强专业带头人的科技开发和教学研究能力，扩大其社会影响力。专业带头人承担如下职责：①负责制订本专业的人才培养方案；②组织专业教学与改革；③组织课程开发和教材编写；④组织实训基地建设；⑤抓好教师梯队建设；⑥维护校企合作平台，推进校企合作深入发展；⑦每年至少发表2篇教科研论文，主持1项院级以上的教科研项目；⑧积极开展社会服务和技术成果的推广。

3. 重点培养骨干教师

采取多种激励措施培养5名骨干教师。通过进修培训、社会实践、教学比武、教学研究、科技开发等，着力培养教师的教学能力、科研能力、创新能力。骨干教师的职责是：①完成优质核心课程的建设；②积极参与以工作过程为导向的课程开发与教材编写；③积极参与教学改革；④每年至少发表2篇教科研论文，参与或承担各级教科研课题的研究工作；⑤积极参与社会服务。

4. 大力聘用兼职教师

从相关行业、企业中遴选20名左右高素质高水平的管理人员或技术人员作为兼职教师资源库。根据实际需要，每年从中聘若干名作为兼职教师，进行专业实践教学指导，与专任教师一起共同开发课程、撰写实习指导书，并且对顶岗学生进行指导和管理。加大兼职教师的培训力度，使兼职教师既熟悉行业企业外贸工作实践，又具备较强的教学能力和业务指导能力。兼职教师与专任教师一起合作开发教材，共同实施专业教学，共同建设实训基地。根据商务英语专业教学团队建设目标，在现有兼职教师的基础上，在建设期内再选聘10

名行业企业技术专家作为本专业兼职教师，使兼职教师承担专业课学时比例达到50%。

（三）加强实习实训基地建设

实现高校教育培养目标的关键在于实践教学组织成功与否。实践教学主要是提高学生动手操作能力、培养职业素养的。实践能力提高依赖于实习实训场所的配备。本科院校实训实习基地建设对于实践教学具有重要意义。因此要实现高校人才培养目标，实训实习基地建设就要坚持以服务为宗旨，以就业为导向，以学生职业能力锻炼为中心，为经济和社会发展培养适合不同层次需要的应用型专门人才。咸宁职业技术学院商务英语专业做出了以下尝试。

1. 建设多功能综合实训基地

扩建、整合、改造校内实训设施，建立多功能综合实训基地，安装商务口语会话、商务现场翻译、外贸实务教学、外贸单证教学、外贸实习平台等软件，让学生在模拟仿真的商务环境中，完成真实工作任务，了解职业岗位的工作流程，让学生做好入职准备。此外，积极将实训室打造成为多功能综合性实训基地，为学生和企业员工职业资格考证、英语及职业技能培训提供服务。

2. 校企共建校内生产性实训基地

校企合作建立生产性校内实训基地是本专业的一个发展方向。学校计划和咸宁市三环方向机有限公司、湖北华博电机有限公司、万豪温泉谷度假区、咸宁洁丽雅家纺有限公司等企业合作，由企业提供导师和设备，学院提供场地和管理，以真实性生产项目为导向，将涉及进出口贸易、商务活动的真实场景搬到校园，让学生实地接触，掌握真实的岗位技能。与此同时，寻求与翻译公司合作，引进涉外企业资料翻译等生产性项目，为学生提供任务驱动式校内实训平台。在此基础上，继续扩大与其他相关企业的合作，给学生提供更多的生产性实训机会。

3. 建设具有教学功能的校外实习基地

校外实习基地由校企双方共同建设，以咸宁市三环方向机有限公司、湖北华博电机有限公司、浙江余姚宾馆、阳光酒店为龙头，建设一批具有教学功能的校外实习基地。力争做到每一个实训基地能提供食宿生活设施、实习办公场所，有相对固定的实习指导教师，有相对稳定的专业实训岗位，有相对完善的实训流程和管理制度。通过签订实习协议，约定实习基地和实习指导教师的教学责任；通过制订发放相关实训实习文件，规范兼职教师和实习指导教师的教学行为；通过发放实习指导教师津贴，巩固与实习基地的长期合作关系，为学生实习提供更稳定，更丰富的商务实习、实训资源。

4. 完善实训实习基地管理制度

一是完善基地责任人制度。每个校内校外实训基地均有专人负责，负责人主要的工作职责包括提出实训设施设备、配套软件的采购申请；负责采购设施设备的验收、维护；负责采购软件的安装、维护；监督设施设备的使用和后续管理；提出处置申请；负责建立与校外实习基地的长期有效联系等。二是完善基地财产监管制度。确定基地财产的保管责任人、保管责任人的职责，确定财产监管的部门、责任和人员。三是完善校外实习基地的有效联系制度，使校外实习基地能定期安排学生实习，定期提供教师实践场所。四是完善实习基地的教学管理制度，包括实训指导教师的聘任、实训项目的设置、实训课程的安排、实训操作规程等。

（四）健全实践教学管理机制

实践教学考核的实质就是检验学生的实践能力、检查教师的教学水平以及课程实践教学的综合成效。实践教学考核评估对教学双方都起着至关重要的作用。咸宁职业技术学院商务英语专业在调查中发现，现有的评估考核体系存在一定问题。比如，实践教学考核标准不够清晰、考核办法单一等。实践教学考核不仅涉及理论知识，更多是对专业技术的考核。在考核过程中要遵循真实性、实用性、整体性的原则，要考察到学生实际工作技能状况，考核内容要与学生今后工作相关，考核内容与成绩评定都要统筹安排。

为了提高人才培养质量，着力加强质量保障体系建设，本专业依据自身建设特点，建立“系、教研室、课程组”三级教学管理，实现管理队伍的优化，并突出系部的教学管理主体地位；制订适应“商学交替”实践教学模式的相关管理制度，推行教学质量评价的多主体参与、全程监控方式，实现教学的全面质量管理。

根据职业性与开放性的要求，校企共同制定“商学交替”管理办法，学校企业共同参与到课程考核中来，综合考核校内校外实践表现；能力考核与职业资格认证挂钩；不仅技术能力要做考核，综合职业素养也要给出评价。这样才能提高工学结合人才培养模式改革的实效。

根据专业特点，贯彻学院教学质量保障体系的规范和要求，充分利用学院建立的人才培养工作状态数据采集平台对日常教学进行管理。另外还建立了信息反馈和整改体系，包括校内信息反馈和校外信息反馈两个系统。校外信息反馈包含有社会评价，即企业、用人单位的评价反馈和毕业生反馈，此外还有政府评价，形成了一个多元的闭环的监控考核体系。

有效衔接校内生产性实训与校外顶岗实习，对顶岗实习进行全程跟踪管理。在顶岗实习管理流程中，不断健全“以就业为导向”顶岗管理制度，注重管理过程和实习效果。构建以学生为中心，学校、企业“三方联动”的网络管理模式。充分利用现代沟通手段，对学生的职业素养养成、职业能力培养、技术安全等多方面进行有效监控，帮助学生解决实习中遇到的难题，保证顶岗实习质量，提高学生岗位适应能力。考核评价要根据人才培养方案和职业资格标准，结合校内评价与企业评价，对学生做出综合性评价。

总之，对实践教学的评估考核既包括校内考核，又包括校外考核；既有专业教师考核，又有企业行家评价。这种考核方式才能真正体现对实践教学考核的科学合理性，从而提高高等职业教育人才培养素质。

第三节　商务英语实践教学教材建设

一、基于体裁的商务英语教材编写指导思想和原则

广义的教材一般指在课堂上和课下使用的学习材料包括课本、练习册、辅导材料和光盘等，在英文的教学理论文献里，这些都被称为“Material”（材料）。狭义的教材就是教科书，即“Textbook”，是课程教学的核心材料，一般根据课程的难易程度编写。本文所指的教材即教科书，是为商务英语专业本科学生完成基础课程学习之后开设的（二年级第二学期或更高年级），学生进入三年级专业课程阶段所开设的应用文写作课程所使用的教材，是商务英语写作课程实施的重要组成部分，是完成商务英语教学内容和实现其教学目标的重要前提条件，也是基于体裁的商务英语课程的教学思想和教学方法的反映，这一类的教材同时也可以作为商务领域从业人员的培训教材或参考读物。

随着教学理论的不断发展，教材编写的指导思想也随之变化，从最初的语法式教学到先进的较为普遍接受的交际教学法，教材编写的指导思想也发生着变革。是否接受新的教学思想和教学方法在很大程度上取决于教师的认识，在试用某种教学方法后，如果发现效果不理想应及时调整，如果教材采用尚不成熟的教学法法，其负面影响不可估量，因此一本教材应对教学实践有较长时期的影响，吸收各种教学思想的长处，以多元大纲为指导是目前英语教材编写最重要的发展趋势。基于体裁的商务英语教材编写的指导思想是以现行的教学大

纲和课程要求为基本依据和出发点的，在此基础上以体裁理论为核心并结合过程法和成果法的教学思想，以培养学习者的体裁能力。

基于体裁的商务英语教材的编写原则应涵盖五个方面，分别是思想性原则、发展性和拓展性原则、科学性原则、趣味性原则以及灵活性开放性原则。教材的编写首先应与《高等学校商务英语专业本科教学要求》（试行）的思想相符合，同时以国家或地方规定的课程和要求为指导思想，体现出素质教育的精神。所选的商务语篇材料中要体现思想教育的内容，寓思想教育于商务语言教育之中。涉及不同地域的商务文化的材料，要有助于学习者正确地认识世界、培养良好的思想感情和文化素质。教材中所涉及的商务内容和相关活动要有利于学习者在未来的工作场合中使用并利于自身的全面发展。商务英语教材不仅仅是商务语言、普通英语语言知识和语言技能的训练，还应该促进学生在认知、情感、文化和策略等方面的综合发展，开拓思维，使学习者具有国际化视野。

（一）教材编写的指导思想

基于体裁的商务英语教材把教育部《高等学校商务英语专业本科教学要求》（试行）作为编写的指导思想。根据该教学要求，高等学校商务英语专业旨在培养具有扎实的英语基本功、宽阔的国际化视野、合理的高级商务知识与技能，掌握经济、管理和法学等相关学科的基本知识和理论，具备较高的人文素养和跨文化交际与沟通能力，能在国际中用英语从事商务、经贸、管理、金融、外事等工作的复合型人才。《高等学校商务英语专业本科教学要求》（试行）明确指出，语言能力指使用英语开展商务活动所学的语言知识与技能，是商务英语专业所培养的专业能力；跨文化交际能力指具备全球意识，通宵国际惯例和中外文化礼仪，按国际惯例从事各种国际商务活动，处理各种关系，用英语共同和完成工作；商务知识与技能是对普通和专业商务知识的系统掌握，并在此过程中逐步培养学科思维和创新能力；人文素养指政治立场鉴定、热爱祖国、思想道德情操高尚，熟悉中外文化传统，有较扎实的含义基本功和口笔表达能力，熟悉英语国家的地理、历史文学文化传统、人文知识、风俗习惯。

基于体裁的商务英语教材编写设计以体裁能力培养为核心，这包括语言能力和非语言能力，涵盖了文本知识、语法知识、语用知识、专业知识、专业技能和跨文化交际能力，这与《高等学校商务英语专业本科教学要求》（试行）中的要求是一致的。基于体裁的商务英语教材在编写的过程中不仅要仔细认真研究教学要求和课程标准中的精神和指导思想，而且要熟悉和了解商务英语写作和课程标准的具体内容。同时教材的编写要结合教材使用对象的情况以及教材适用地区外语教育水平和商贸发展的实际情况，明确该教材编写的指导思想以及教材总的教学目的、教学目标和教学要求，从而为商务英语教学材料的选择、内容的安排以及活动的涉及等提供有意义的参考依据。

基于体裁的商务英语教材中所涉及的商务内容和相关活动要有利于学生在未来的工作场合中使用并利于自身的全面发展。商务英语教材不仅仅是商务语言、普通英语语言知识和语言技能的训练，还应该促进学生在认知、情感、文化和策略等方面的综合发展，开拓思维，使学生具有国际化视野。同时，基于体裁的商务英语教材的编写也要符合语言学习的客观规律，考虑到不同类型的语言学习者的学习特点。教学内容和教学要求体现出循序渐进、由浅入深、由一般到复杂的原则。教材内容、教学目标和教学要求应有完整的系统，教材的结构有利于学生课后学习、举一反三。基于体裁的商务英语教材，在引进体裁的概念的同时，加入了学生对写作过程的充分认识，把写作视为实现有效交际目的的过程，因此教材应尽可能提供趣味新较强的内容和活动，从而激发学生的学习兴趣、课堂参与热情并激发学生的学习动机。因此，所选取的材料应与学生实际生活相联系，内容应地道，语言设置的情景应真实，让学生能够感受到是在商务场合下的交际活动。因此在编写的过程中要考虑到学生的兴趣、爱好、愿望和学习心理特征。

（二）教材编写的基本原则

基于体裁的商务英语教学写作应具有灵活性和开放性，在不违背科学性原则的前提下，允许教材的使用者根据自己的需要的内容进行适当取舍，在包含了商务英语教学课程标准规定的内容之外，还应该提供一些核心外的内容，供有余力的学生选择和学习。

庄智象在谈到高校外语教材编写原则提到五个编写原则，分别是：①以教学大纲为依据，以需求分析为基础；②以人为本，服务于学习者人格的塑造，素质的培养和智力的开发；③以针对性、科学性、完整性、系统性为原则；④以倡导健康、奋发向上的人文精神为导向，服务和促进人的发展；⑤以稳定性、共同性为原则，兼顾特殊性和可选择性。同时文秋芳专门针对英语专业教材编写提出了三个原则，它们是“以‘人的发展’为依据、以第二语言学习理论的最新成果为依据、充分体现中国外语教学特色”。体裁理论在国外目前已经广泛应用于专业英语教学和第二外语教学中，在我国的应用还不是十分普遍。结合西方语言学家的体裁理论，依照我国国情，在庄智象和文秋芳所提出的教材编写原则的基础上，基于体裁的商务英语教材的编写原则主要体现在三个方面，分别是以学生发展为依据，以需求分析为基础，以培养学生的体裁写作能力为核心，充分体现中国商务英语教学特色。

1. 以学生的发展为依据，以需求分析为基础

基于体裁的商务英语教材的内容和所培养的体裁写作能力应对学生打下良好的基础并产生深刻的影响以及久远的作用，拥有在职场竞争的能力，为其后在工作中的发展起到积极的推动作用，教材内容的编写和设计须坚持正确的导向，选材内容应积极，选取商务语境下的精华语篇和商务活动，促进教学并符合当前以及未来发展形势的需要，服务并促进学生的健康发展和成长。

基于体裁的商务英语教材在实际编写过程中，应以大多数学生的需求为依据，根据不同地区学生的情况进行调查采样，根据学生的情况来搜集素材。在确定教材的受众后，对将要使用该教材的这一群体展开充分的、全面的需求调查，在取得充足的数据基础上进行分析。庄智象提出，需求调查采样不仅应在学校中进行，还应在毕业生中进行，而且毕业生对原来的教学目标、任务、需求更有发言权，因为时间是对教学的最好检验，可从他们的实践中得到十分宝贵的、有益的启示和建议。除此之外，他还指出，对教师也应进行调查，从而获得教学实践中的教学需求和意见，也能了解现在教材的不足之处。

2. 以培养学习者的体裁写作能力为核心

此次所论述的教材编写设计方案是以培养商务英语体裁写作能力为核心的，这包括对学生语言能力与非语言方面能力的培养，是商务英语专业的学生在完成基础阶段学习之后的基础上，在写作课所使用的教材。编者要了解在体裁理论下的语言能力与非语言能力所包含的要素，并且适当在教材中体现。因此，在编写的时候编者要准确定位，教材内容要符合学习规律，也要考虑到学生当前的学习环境、社会文化因素等，内容循序渐进、相互吸收和融合，将语言能力和职业能力培养有效结合。

同时，在原有的语言能力和交际能力的基础上，提出了商务英语体裁写作能力，包括了语言能力与非语言能力的培养。并对该设计框架进行实证研究，以期进一步完善商务英语教材的编写，提高商务英语教学效果，推进商务英语学科的发展。体裁理论以及商务英语话语研究理论在国外的发展已经有了显著的成果，教材编写者应该及时了解最新的体裁和商务英语研究理论，并把这些成果作为教材内容和练习设计的依据。编者在对国外理论吸收应用的过程中应依据自身情况进行调整，博采众长，不可生搬硬套。把商务英语体裁写作能力培养作为核心，形成教材编写整体框架。

3. 充分体现中国商务英语教学特色

现有的语言教学理论、商务英语教学理论很多是源自西方国家的语言教学思想，这些思想所产生的环境与我国的教育环境和教学目标并不是一致的。在国外，商务英语是专门从事商务领域工作的人员学习的，这些学习者的母语都以英语为主，商务英语更多的是被视为一门专业语言来学习。在我们国家，商务英语学习者在商务场合中使用商务英语，完成工作内容，实现有效沟通，我国的商务英语学习包括两个方面，一个方面是对英语语言的学习，另一个方面是商务、文化等专业知识，理解相应的术语和概念。将国外的教学理论和模式直接应用到我国的教材编写中是不合适的，这些理论下的教学模式和教材编写所实现的目的与我们的并不完全一致，如果生搬硬套西方的理论会导致学习者无法理解学习的内容，影响教学效果。因此，在编写的过程中要结合我们的国情和学习环境做适当调整，这就需要编者在教材编写之前做大量的需求分析，了解学习者、社会工作岗位的需求，根据教学的情况对教材编写框架进行不断的调整，使教材能够符合在相关情境中的使用，从而帮助学习者达到其预期的目的。

（三）样章编写之前的访谈调查

本次访谈主要以个别访谈为主，通过与被调查者单独交谈而获取相关数据。所有访谈者在被访谈前都与调查者进行了良好的沟通并取得了信任，建立了合作关系。所有的交谈是在轻松和愉快的环境下完成的，通过这些个别访谈了解到对基于体裁的商务英语写作及教材编写的不同观点，根据其不同的经历，可以有所侧重地了解一些具体的问题。例如，有的教师在近几年一直在做商务英语需求分析方面的研究，因此在访谈中的内容以其近几年的研究情况为基础展开，有的教师在近几年都参与商务英语教材编写，因此访谈内容更多侧重其参与教材编写和实际授课的经历。在对学习者的访谈中，分别选择不同程度的学习者，根据其学习情况进行访谈。对于从业人员主要根据其工作经历来了解其对教材的看法，在问卷调查中，也有一些开放式的问题是关于教材方面的，但对这方面问题的回答内容并不多，因此，通过访谈可以了解他们对教材的一些看法，弥补问卷中的不足。在访谈的过程中向他们介绍基于体裁的商务英语教材的主要编写思路，寻求在编写方面的建议，访谈的数据收集采用录音笔录音，共收集录音约 5 个小时。

在对教师的访谈中了解到，目前商务英语的教学和教材主要存在四个方面的问题。第一，学生的英语基本功方面还有待巩固和提高，教师普遍认为学生的阅读和听力还可以，但写作比较差。输入较多，而输出练习较少，尤其在输出练习中，教师要负责地纠正问题。第二，很多教师指出，目前写作课程中最大的问题就是对作文的批阅，现在虽然有很多的付费网站帮助教师批改作文，如“批改网”，但这些网站大都是针对高校外语写作方面的作文，体裁比较单一，批改内容也仅仅局限在语法和词汇层面，对于一些专业词汇和商务知识无法识别。也有一些教师认为自己在批阅的过程中也会不同程度地受到汉语文化的影响，从而影响到批改的准确。第三，在基于体裁的教学中，在具体体裁写作学习的时候，很多教师对理论章节的设计很有兴趣，但在具体体裁章节中要涉及关于体裁概念、分类、体裁特征等方面的内容的讲解，这与传统的教学有所不同，学生在学习的时候是否会对其感兴趣？如何将这些内容与写作有效结合并设计相关的课堂任务？是很多教师在访谈中存在的疑虑。第四，在教材编写和授课的过程中，很多教师都感到缺少商务环境下的体验，所以在教材编写中尝试创建情景任务并在教材中实施，虽然学生的反应很好，但教师的工作量都很大。

在对学习者的访谈中，他们主要希望在教材编写中能够使内容更生动，增加趣味性，培养学习的兴趣，同时也希望教材不要太厚，这样会感到学习任务很重。在谈到关于体裁方面的知识的时候，他们大都感到比较陌生，但也很好奇，也比较有兴趣知道这样的一种基于体裁的写作是什么样子，也许会对传统的写作是一个突破。

在对在职人员的访谈中，当与他们提到体裁写作能力时，他们很感兴趣，长期的工作经验使他们感受到，写作的构思过程十分重要，从何种角度来思考问题，找到观点去写作是十分重要的，而这些思考的角度和在写作中所阐释的观点是一篇作品能否获得认可的关键，这些角度的构思更多来源于他们本身对社会、政治、经济和文化等的思考。很多写作有固定的内容结构，如开头按什么样的结构来写、中间怎样写，一些长期从事商务英语方面写作的人还总结了他们的一些写作经验，认为掌握某种体裁的固定内容结构和顺序是能够写好一篇文章的关键，需要多多积累社会经验知识，如文化知识、社会认知、专业知识等。他们普遍认为一本教材不应该仅仅去关注语言，还应该有对社会文化、人际沟通等方面的知识。

二、基于体裁的商务英语教材编写设计前期准备

基于体裁的商务英语教材的编写设计主要是从宏观角度确定教材的组成部

分和主体内容，确定教材的素材选取范围并指出编者如何去选取素材并将其应用于教材中。

（一）规划教材的组成部分及内容

随着现代教育技术的发展和推广，教材的含义不再是单纯的纸质版的教科书，而是以教科书为主的核心立体教材。基于体裁的商务英语教材体系可包括学生用书、练习册、教师用书、幻灯片、多媒体光盘、在线课堂等。因此，在编写的初期就应对全套教材进行整体的规划，设计一套立体教材，从不同的角度和媒介向学生推荐不同的学习方式，用不同的学习风格和方法激发学生的学习潜力。但是，这些辅助材料的设计应该确实具有实效性，同时又不能给学生带来太多的学业负担，所以在编写的过程中，编者应慎重考虑并分析哪些材料是必备的，哪些是可选的，同时也要考虑到教材的经济成本，过于昂贵的教材对于学生来说也会影响其使用的积极性，同时影响到对一门课程学习的热情。

确定教材的组成部分之后就是明确教材中的教学内容，基于体裁的商务英语教学内容包括商务情境的学习、沟通技能的学习、商务情境下的文化知识和文化差异的学习、不同商务体裁知识的学习、交际目的的学习、语言知识、语言技能和语言策略等的学习。之后将确定好的教学内容循序渐进地分配到各个章节的编写中，教材内的章节数量要与学校规定的教学课时数相吻合。

在教材的编写过程中，可能还会对相应章节的内容进行调整、补充和完善。基于体裁的商务英语教材会涉及不同的商务体裁，因此在编写的过程中建议由多位编者分工完成，在对章节内的内容进行补充完善和修改的过程中就会不可避免地出现重复和不衔接的现象，因此在编写的过程中，编者之间应相互多多沟通、商量和探讨。

（二）教材素材

好素材的收集是教材编写的基础。素材的选择与学习者的需求紧密相关，学习者通过教材内容的学习来提高自身的写作技能。同时，选择的素材也应该便于教师在备课的过程中能够设计出相应的语言活动并应用于课堂的教学中，通过对这些素材的收集为建立商务英语语料库提供良好的基础。

1. 素材收集范围

基于体裁的商务英语教材的语言素材可以是来自真实商务场合中的语料，这些语料可以通过公司网页下载，如公司年度报告、商务新闻发布稿等，也可以通过和相关公司建立联系，在不泄露对方商业机密的前提下获取相关的信函、备忘录、会议纪要等，除此之外，素材还可以来自国外新出版的原版商务、管理等方面的教材、商业类出版物、报纸杂志等。在选用这些语言素材的时候应体现多样性，有的素材由于工作需要篇幅较长同时又带有大量的图片，这就要求编者适当选取，同时也应当注意到选用不同国家地区的英语以便学生体验不同风格的英语，但同时也要兼顾普遍性，是大多数国家的英语，而不是极少数人士使用的英语。教材选择的范文内容应尽量涵盖不同的商贸领域，但也要避免出现较为生僻的科技术语，所涉及的商贸背景知识是学生其他商贸课程所能覆盖的范围内。例如，商务图表的描述要避免选择那些计量经济学中常用的函数图表，这些图表和数据都涉及大量的数学知识，已经远远超出了学生在商务英语语言学习的范围。

商务英语方面的素材类型主要分为书刊报纸类、图片类、实物类、来自公司的真实材料和视频广播多媒体材料。书刊报纸类的素材通常会吸引学习者阅读，可以用来设计写摘要和报告的写作任务。图片类的素材可以用来进行描述性的写作，在写作的过程中，学习者可以将信息进行对比、比较并描述因果关系。广告类的素材可以用来设计信函方面的写作，如招聘广告可以设计成求职信和简历的写作训练。实物方面的素材有会议时间表、酒店入住信息、菜单、机票、广告等，这些素材包括了具体的信息，与学习者的生活也比较贴近，在写作的时候可以通过自身的经验发挥想象来创作。还有一些材料如年报、合同、信函、报告、备忘录、会议纪要、广告、说明书和产品的宣传手册，这些内容都是来自不同公司的真实材料，这些材料在教材中不仅可以设计不同的写作任务并分析策略，也可以帮助没有经验的学习者了解未知的商务语境，还可以帮助有经验的学习者学会如何在商务语境下进行创作。多媒体的素材最好选择最新的内容，这些素材可以是财经新闻、商业纪录片、公司宣传片等，这些素材通常会比较生动，能够吸引学习者的兴趣，学习者可以通过听到和看到的内容撰写报告、会议纪要、摘要、口头发言稿等体裁，这不仅可以锻炼写作技能，还可以锻炼听力技巧，全面提高学习者的沟通技能。

在选择素材的时候，要确保体裁的多样性，涵盖主要常用的商务写作体裁，确保每种体裁讲授的篇幅和内容的合理性，还要满足学习者的兴趣需要，要避免内容过于冗长、语言啰唆。选取的内容要具备真实性、趣味性、科学性、时效性，并体现出高低语境文化在语言、篇章结构、修辞等方面的差异。

2. 材料的选择及难易程度评估

相关学者认为，在专门用途英语中材料的选择有四种，分别是：①材料作为一种语言的来源；②材料作为一种语言学习的助手；③材料作为动机和激励，④材料作为参考。这些材料需要体现商务英语实际场合的使用，是真实商务场合语言的反映，这也体现出学生所需的商务知识和语言知识的范围。同时，所选取的内容应具有挑战性，输入的信息既要包括学习者所熟悉的知识，也要提供一些新的东西，这些新的东西也要考虑到学习语言的需要。

按照传统方法发展而来的新材料源于以下两个方向。首先应具备好的输入内容，在此基础上开发真实的内容，然后判断能否把真实的内容应用在课堂上。另一个方向是在课程目标和课程材料之间存在差距，有真实的内容但没有合适的材料，在这种情况下就应回到第一阶段搜寻一些合适的材料。哈钦森和沃特斯认为，好的教材必须包含有趣的课文、能够激发学生的思维能力、提供学生使用现有知识及技能的机会以及有学生和教师都能驾驭的内容。同时他们也提出，教材应体现语言和学习性质，有效地拓宽教师培训的领域，让其有机会接触一些新的教学技巧，提供正确而得体的语言运用模式。

基于体裁的商务英语教材的选材应涵盖各种不同交际目的的商务体裁，材料内容能够帮助学生进行图文信息转换、运用所给的知识进行文字描述、根据所学的体裁知识有效地谋篇布局、学会使用正确而得体的语言运用模式，包含输入、内容、语言和任务。输入是指新的体裁、正确的语言运用模式、交际话题、运用商业信息处理话题的技巧、运用自己已有的知识去解决问题。内容是指如何用不同的体裁来传递信息，实现有效的交际目的。语言是学生在写作过程中所运用的语言，包括商务类和非商务类的语言。任务是考查学生是否完成学习目标，是否掌握相关的体裁知识和技能。

（三）教材内容编写

在教材内容编写的过程中并不是将搜集的素材进行单纯的堆砌，这对于编者本身的商务英语和商贸知识的水平也要有较高的要求，编者最好是曾经从事过商贸活动或者有一定商科背景知识、语言学知识同时又具有英语教学经验的人。教材的编写要特别注意语言的规范问题，如图表，有的书用“Graph”，有的用“Graphics”，究竟哪一种适合应用在商务英语写作的教材中呢？“Graph”是指如柱状图、折线图、表格等基本的图表，而“Graphics”是泛指所有的图表，包括复杂的机械类制造图，本科阶段的商务英语教材中的商务类图表还涉及不到如此复杂的制造图，这已经远远超越了学生学习水平，因此商务类的图表描述主要是指“Graph”。类似的情况还有很多，这就需要编者注意积累相关经验。

教材中的课文内容是教材中的主体部分，是贯穿每个章节教学和学习的核心，也是教师和学生主要使用的教学和学习材料。海兰指出，基于体裁的写作的教材中的课文应体现五个阶段，分别是①建立语境；②建构模式；③建立连接点；④自主建设；⑤比较。这五个阶段循环出现在课文中，并形成学生的写作学习体系。

教材中的内容应包含商务语境知识，通过商务语境知识的学习使学生了解商务语境是什么，如何在语境下沟通，提高学生对商务语境下的交际目的的认识，了解在商务语境中不同体裁的概念和意义。建构模式是确定不同体裁所使用的语法特征和修辞模式，语言是通过何种修辞模式来实现交际目的的，使学生了解不同体裁在写作上的差异之处。建立连接点是指教师和学生共同完成不同体裁的写作，教师在学生写作的过程中给予指导并帮助学生不断完善写作内容。自主建设阶段是指学生能够充分运用所学的体裁知识和写作技巧自主完成整个写作过程，写作的内容包含专业知识、语言的运用、语境和体裁的理解，教师对学生写作的内容进行整体评价。比较是指学生在学习完课文内容后能够比较类似的体裁在不同商务活动的语境下使用的相似和差异之处。

学生通过对课文的阅读可以了解，课文的主旨内容是关于哪些方面？通过对课文的学习学生能够学会什么？课文的难易程度是否考虑到学生自身的学习基础、教育背景、文化背景以及社会活动参与程度。课文内容还要考虑是否有些体裁是学生曾经亲身经历过的活动，如找工作撰写工作申请信和简历。课文中的内容还要考虑到以何种沟通方式传递给学生，如适合口头讲述还是书面自学等。海兰认为教材中的课文编写大都来自编者的直觉和经验性智慧而不是对真实语言使用的分析，学生通过对课文的分析、思考、提问和讨论来理解和学习语言是如何使用的。这样的课文有助于促进学生思考语言的使用方法，启发学生的思维模式、建立学生的学习态度，有助于学生更好地完成写作实践这一过程。因此在商务英语教材中的课文应尽量避免语言过于学术化，缩小教材编者与学生之间的距离。培养学生的写作技能，鼓励学生及时反馈自身对语言的使用情况。

除此之外，教材的设计还要考虑到开本的大小、活动指令的设计、版面的安排、插图的设计，这些都影响着教材使用者对教材的兴趣。目前的教材大都以 16 开本的形式，每页的大小就是平时 Word 里默认的 A4 纸张规格，这样的规格有利于图文的排列并且减少学生的翻页次数，开本过小会导致每页的内容有限，学生在课堂上要花费时间和精力去寻找相关内容。在正式编写之前，要先确定开本的大小，这样编者就可以合理地安排教学任务、范文和活动，原则上一个活动的内容应在一页书上，不能分在两页或多页，即使内容较长也要尽可能安排在对开的两页上。教材版面的安排不可太过拥挤，要使标题、内容、范例、图片比例恰当穿插排列。如果需要学生做出答案的练习要留出足够的空间，字号、行间距等安排要合理，能够有利于学生的阅读和学习。插图在现在外语类编写的教材中经常见到，商务类的英语写作加入适当的插图可以为某些问题的理解作为一种视觉辅助手段，允许教材中使用多种类型的插图。在设计插图的时候要注意插图接近学生的年龄和生理特征并具有时代气息，尽可能地使前后章节的插图保持一致。

（四）教师在编写中的作用

在基于体裁的商务英语教材中，具有商务背景同时有一定语言研究和授课经验的教师的参与是十分必要的。有这些教师的参与，一方面可以体现出商务英语教学的实际需要，另一方面也可以体现出商务英语教学研究的成果。这些教师可以对现有的资源进行合理的选择、修订和完善，使其更适合课堂教学，也更有助于后期对教案和教学大纲的编写及教师的教学工作。商务英语的教材编写并不容易，所涉及的商务领域和行业比较广泛，参与编写的教师不仅需要扎实的商务英语教学的理论基础，还要有丰富的教学实践经验和相关的商科背景，这样才能合理利用编写教材的资源，提高教材的质量。

三、教材中具体的内容设计

基于体裁的商务英语教材的主体结构包括语境和商务活动的知识、基本的写作技能和不同体裁的写作讲解。语境和商务活动知识包括商务沟通基本理论的讲解、商务环境的讲解（如机构的管理与组织结构等方面的知识）、对比修辞及跨文化方面的沟通过知识。商务活动包括会议、谈判等基本的商务活动的讲解。基本的写作技能包括记笔记、概要写作和图表信息转换（包括基本的根据数据绘图和对图表的描述）等。具体的体裁讲解包括如信函、报告、备忘录、建议书等常见的商务体裁的具体讲解。

哈钦森和沃特斯针对特殊目的用途英语设计的教材内容包括四个部分，分别是输入（Input）、内容要点（Content Focus）、语言要点（Language Focus）和任务（Task）。

在哈钦森和沃特斯的模型中，输入素材、语言、内容、任务四个要素之间是具有连贯性的，这种连贯性贯穿教材始终。输入内容通常是指输入的素材，这些素材包括文本、图片信息和视听类的材料，语言和内容通过输入的素材来设计，通过语言和内容的学习，学习者完成教材中的任务，商务英语具有特殊用途英语的特征，因此特殊用途英语的教材设计框架原则可以用于借鉴商务英语教材编写。海兰在探讨基于体裁的教学中强调，教学的基本目标是培养学习者能够在写作上运用专业词汇、客观语气和简洁的表达方式，体裁教学的核心是培养学生的体裁意识，体裁的写作并没有超越话语本身，只是在不同的语境下进行写作，海兰在体裁教学中给出了建议，他认为体裁和语境的概念是教材中不可缺少的内容，学习者在学习写作之前应该了解该种体裁的语境、社会交际目的和文化，通过对这些内容的了解，学习者才能够理解如何建构语篇，在课堂活动中的设计也应该围绕语篇的语言特点、结构特点、语境特征等内容，能够分析读者与作者的关系、语言与语境的关系，学习者能够通过对课文的分析、思考、提问和讨论来得知语言是如何使用的。

基于体裁的教材在内容上将语篇按不同的体裁进行分类，并以该种体裁的交际目的、语言特点和结构特点为核心。在语言内容中以语言和词汇的使用及技巧为主并结合语言所在的商务语境，使学习者了解如何在商务语境下使用语言。

内容的设计是从宏观到微观、从广泛到具体的一个编写过程。首先，以体裁的概念作为开始，体裁的概念是对相应体裁的定义，是从宏观上了解体裁。其次，交际目的及其中涉及的专业知识的掌握、该体裁的结构特点和语言特点是从微观具体的角度对该种写作体裁的学习，通过这些内容的学习使学习者了解体裁的写作目的、文化差异等，为学习者提供写作思路。语言设计是从微观到宏观的编写过程。首先，是对写作中具体的词汇、句子在商务语境下使用的分析；其次，是对语言组织策略的学习，在此基础上是对学习者写作技巧的培养，通过写作技巧的掌握从而学习该种体裁的评分标准，通过语言策略和评分标准的学习及使用帮助学习者摆脱中式英语，提高写作语言质量。内容和语言的设计最终要运用到任务上，教材中的任务可以是不同类型的，目的是巩固学习内容、评价学习效果，学习者可以根据体裁评分标准、自评标准等内容完成自我检测、同伴互检等。

教材中每个章节的内容主要包括课程学习目标、课文内容、写作任务、不同体裁的评分标准、学生自评表及部分任务的参考答案等。这些内容分别体现了写作中的语言能力、跨文化交际能力和体裁能力。课程学习目标有助于学生和教师了解每个章节内容的学习和教学重点，课文是学生学习和教师讲解、准备教学材料、选择教学手段的根本依据，写作任务是在学习和复习中不断提高学生写作技能的实践方法，每个体裁的评分标准是帮助学生和教师了解写作所要求的标准，学生自评是对自身学习的一种反馈，答案是帮助学生和教师检查任务完成的情况。

（一）整体教材结构设计

基于体裁的商务英语教材共分为七大部分，分别是前言/序言、目录、理论章节、基础体裁章节、应用体裁章节、练习答案和参考文献。前言也称序言、引言、叙、绪、引、前记等，在教科书的编写中比较常用的是序言和引言，主要用来说明教材的基本内容、编写意图、成书过程、学术和应用价值、适用范围及编者的介绍等。序言分为自序和他序，自序是由主编者说明教材编写意图、编写经过、内容体例等情况；他序是由权威人士评价、推荐教材以及对教材内容的研究阐述，也包括对教材的优点和不足的评价。目录是教材正文前所载的目次，是揭示和报道教材内容的工具，将内容按照一定的次序编排而成，是指导阅读和检索教材内容的工具。在理论章节中，主要是介绍基本的体裁写作内涵、商务情境、沟通原理及相关文化方面的内容。基础写作体裁是指在大部分的体裁写作中都会应用到的体裁写作，包括记笔记、摘要写作、图表描述，这三种体裁在应用体裁的商务写作中也会经常使用到，例如，报告的写作中开头会用到摘要，中间在描述信息时可能会用到图表。这部分内容的学习是后面应用体裁写作的基础。应用体裁章节主要包括常见的商务英语体裁写作的内容。练习答案是针对每章内容中出现的任务所给出的参考答案，供学习者自我检测使用。参考文献是教材在编写中对某些著作或论文的整体参考和借鉴，也包括教材素材选取的出处。

（二）理论章节内容和任务设计

在理论章节的内容中主要包括观念化知识、商务语境知识、文化知识、操作功能知识等方面内容的学习，包括体裁能力中的语言相关内容和非语言相关内容。具体体现在章节中分别为沟通原理、商务管理和组织、写作中的文化差异、商务写作基础。沟通原理主要包括沟通的要素、沟通的顺序、沟通的种类、沟通的渠道、沟通与文化的关系。

（三）基础体裁的章节内容和任务设计

基础体裁部分的章节主要包括记笔记、摘要写作、图表描述等内容。这部分的内容包括不同体裁知识的学习，也包括相关的写作内容。体裁知识主要是体裁概念、体裁分类、交际目的、结构特点和语言特点的知识内容，同时，根据相应的写作体裁还包括不同体裁的写作技巧。每章包括六个内容，分别是学习目标、章节大纲、章节内容、章节总结、课后练习和自我评价。

（四）应用体裁章节内容和任务的设计

应用体裁的章节主要以常用的商务写作体裁为主，这些体裁包括商务信函、商务报告、项目建议书、备忘录、会议纪要、口头报告、工作申请信、工作简历等，还包括企业外部沟通和外部沟通的书面体裁，编者可以根据自身的需要进一步分类和设计。每章包括七方面内容，分别是学习目标、章节大纲、章节内容、章节总结、课后练习、体裁的评分标准和自我评价。

学习目标是对每章要点的提炼，是对教师教学意图的具体陈述，目的是告诉学习者该章节的教学目标和教师期望达到的效果。

（五）教材中的评价标准设计框架

评分标准的设计是为学习者最终写作能力推测的标准，写作的评分目前采用整体评分比较多，整体评分的好处是要求评分者对文本的整体质量快速做出判断，并且给出一个分数，评分效率比较高，尤其在大规模的写作测试中尤为重要。但这种评分也有很多不足之处，评分量表对每个等级的内容都做了描述，但学习者的能力很难均衡发展，评分者的把握也不同，评分结果会受到评分者的主观因素影响。在教材中加入评分标准的设计，主要是帮助学生了解写作在测试中所考量的要素，评分标准的最终使用情况以及其效度和信度，还要经过反复测试最终来确定，这里只是从体裁理论的角度提供基本的设计框架，为下一步的研究提供参考。

商务英语写作强调语法和词汇运用的准确性，但绝不仅仅限于此，基于体裁的商务英语写作能力所包括的是语言能力和非语言能力。海兰在设计基于体裁的议论文评分标准中，主要包括了六个方面的要素，分别是格式、内容、组织、连贯性、句子的结构和词汇，但商务语境下的写作，议论文的语篇只是一种商务体裁的一个部分，因此根据商务体裁的全面性和综合性，在海兰的基础上，在本文中基于体裁的商务英语写作所衡量出的核心技能主要体现在如下几个方面。

1. 任务成果

任务成果包括使用适于读者和作者之间关系和交际目的的语言，以及任务量表中每一分值所要求的内容。所有的这些都应该在有限的字数要求之内完成。

2. 创作输出的证据

在任务输出方面，有一些要点应该涵盖，要求使用自己的语言来表达。在相关的体裁中，也可以加入学生自己的观点。

3. 掌握结构和词汇范围

掌握结构和词汇范围是指除了避免阻碍达到交际目的的错误之外，还要求学生能表现自己的词汇量和熟练使用各种语法结构的能力。

4. 组织和连贯性

组织和连贯性要求学生能够展示文章结构的段落和篇章整体是怎样构成的，包括明确每一个段落都有一个中心句，段落中的其他句子都能够与中心句相关联。明确连贯性还包括表现连接从句和主句之间关系的连接词、代词以及同义词和反义词的使用等。

5. 适当的表达和相关的体裁知识

适当的表达和相关的体裁知识是指学生应该知道各种商务体裁如何表现，以何种语言和结构来完成，也需要利用适用于读者和作者之间关系的语域。

6. 对读者产生的预期效果

对读者产生的预期效果主要是指对角色关系的理解同交际目的相结合。

7. 话题的拓展

话题的拓展要求学生参照自己对世界的认识、相关的商务知识和经验来支持自己的观点。

在编写一本完全是英文的教材时，其所采用的评分标准也为英文，学习者通过对英文评分标准的了解可以进一步明确体裁写作中各要素的意义。与此同时，在写作的教学过程中，教师也面临阅卷、命题等任务，为了便于实际使用，可采用中文的评分标准。然而，实际中所遇到的写作情况是不断变化的，这里所给出的框架也并不是一成不变的，教材编写者可以根据实际的情况做出相应的改变。

商务英语体裁写作的评分标准主要由五部分构成，分别是内容、交际目的、结构、语言的连贯性与准确性、语言的深度。具体是指内容是否全面；交际目的是否清楚；结构是否符合相关体裁的结构特征；是否恰当地运用了相关的专业词汇；语言的深度则是指是否能够灵活运用各类专业与非专业的词汇，并且在恰当的地方阐释恰当的内容，这包括语言方面的知识，如语法、词汇和句式等的准确运用，也包括非语言方面的知识，如专业知识、文化知识等。这里的体裁名称是指报告、项目建议书、信函等在商务情景下所使用的各类体裁。体裁要点是指能够完整表达每个体裁中的如标题、导言、正文等内容。

在该评分标准中，内容和交际目的是写作的主体，基于体裁的写作是把写作视为完成社会活动和建立社会关系的过程，主要体现在交际目的的有效实现，写作的内容和体裁是实现交际目的的渠道。如果学生在语法方面几乎没有错误，但是其写作仅仅涵盖了某几个要点即规定的得分点，那么他们也就仅仅能够得到这几个要点的分数。同样，如果学生错误地使用了体裁知识或者语篇结构错误，那么这份作文就无法对目标读者产生预期的效果。在这里，明确使用不同类型的体裁也是评分标准中重要的一项。如果学生将完美无瑕的一份作文以书信体裁的形式表现，而实际要求应以备忘录体裁来撰写，那么这份作文同样会失掉分数。因此，学习者只掌握语言相关知识或者只掌握非语言相关方面的知识，这些都是不能够满足评分标准的要求的。

学生的自我评价建立在学生对该章节内容的充分学习上，同时可以从教师和同伴的评价中获得反馈，通过自身对这些反馈的理解获得启示，发现自己在写作中存在的问题，寻找自己在学习中的薄弱之处。

每个章节中的自我评价的设计目的是激发学生在学习过程中的自我反思意识，让学生在学习过程中不断去探讨自我提高的方法，从而形成自己的学习策略，培养学生自主学习的能力。

目前也有一些计算机程序开发设计的基于体裁的评分标准和自我反馈，比较常见的软件是 Bridge，该软件主要是帮助教师了解学生对知识要点的掌握情况，该软件包括一个评分系统、对每个学生的评价、对学生写作文本的反馈和对写作整体情况的一个数量统计。通过该程序给出的结果，教师可以获得一个定量评价，了解学生的学习情况和需求，能够发现学生的问题并加以指导。但该软件主要是应用在特定教学情境中，在我国的教学情境下，基于体裁写作的评价软件的开发目前还处于空白状态。

四、教材编写设计方案的改进

通过对样章授课的课堂观察、对学生的前后测试、对教师和学生的问卷调查以及访谈来了解样章的使用情况，通过对样章的使用情况来进一步改进教材编写方案。

（一）教材调查结果说明

通过学生的测试情况来看，学生在学习完样章之后的写作水平明显提高，与使用其他教材学习的学生相比较，基于体裁学习的学生的测试结果略高于使用普通教材的班级。在对学生访谈的结果中了解到，一部分的学生认为这种学习写作的模式非常好，对于自身写作的提高很有帮助，还有一部分学生意识到自己在写作的过程中观点和思想的重要性，他们意识到写作的关键是如何建构思想内容，而不是套用格式。也有一些学生认为，体裁写作就是给了他们一套公式，他们按着这些公式来写作。通过写作课的学习，他们现在普遍认为商务英语写作并不是十分难的事情，很多人认为相对于听力、口语、翻译等技能的提高，写作水平的提高还是比较容易的。

在对教师的访谈中了解到，教师普遍认为这种授课方法很有新意，也比以往的授课效果更好一些，但教师在授课之前必须要对体裁理论有所认识和了解，否则无法把握教材的意义和核心理念，容易将体裁模式看作一种公式模式来套用，只有真正理解体裁理论，才能够从真正意义上对范文进行分析和讲解。

（二）基于体裁的商务英语教材设计方案改进

通过在实践调查中所发现的问题，对教材的编写过程中的一些环节进一步修改，这些修改的内容包括对体裁概念的编写、对教学辅助材料的设计和章节语言内容的设计。

首先，对体裁概念的编写应从具体的语篇体裁进行编写，学生对很多写作体裁是有一定的经验和常识的，如果一开始就以文字说明的形式对体裁概念进行介绍，容易使学生感到乏味，对体裁的理解容易产生消极的思想，因此，在概念编写中应先从学生对体裁的认知开始，例如，给出学生相关的体裁示例及该种体裁的使用情境，让学生去思考如何通过该种体裁去实现有效沟通，在此基础上再引入体裁的概念。

其次，在教材编写中还包括对教学辅助材料的设计，这些教学辅助材料包括教师用书、多媒体课件、网络学习资源、网络师生互动平台以及作文批阅软件等内容。多媒体设计的负责人应自始至终参与教材策划过程，能够透彻理解文本教材所确立的指导思想。总之，基于体裁的商务英语写作立体化教材的设计是对纸质教材的进一步发展，是把教学中要使用的教学材料和媒体资源整合为一体，充分利用现代科学技术实现学生的自主式学习、探索式学习、情境式学习和合作式学习，整个设计应围绕课堂为中心，符合课程的培养目标和要求，从设计到使用的过程中都应该有人员不断进行管理、维护和升级。

最后，在对教材文字内容编写的过程中应确保语言文字简洁易懂，遇到较复杂冗长的内容可以使用项目符号或者列表的形式。

在对内容修订的基础上，明确商务英语的教学目的十分重要。在其培养目标中明确指出，要培养“能在国际环境中用英语从事商务、经贸、管理、金融、外事等工作的复合型人才”。因此商务英语的学习目标并不仅仅是能够与来自英语国家的人进行沟通，还包括在商务情境下的沟通、工作任务的完成以及为自身不断创造职业发展机会。因此，在教与学的过程中，商务语境的建立十分重要，在教学中应建立相应的商务虚拟运作试验室，并配备相关的软件和硬件设备。

在编写的过程中除了要有国内的一线教师参与编写外，还应聘请商务专业的外籍教师定期进行研讨和反馈，吸收相关的经验和策略。在整套教材编写完成后，编者要进行集体校对、交叉校对，同时要根据内容的需要邀请相关专业的外教对文字内容进行校对和修改。在校对的过程中编者不仅要对文字内容进行相应的修改，还应注意格式上的检查和校对，确保形式和体例全部一致，在完成这些工作后送至出版社进行校对。在出版社校对和录入完成后，编者需要将出版社制好版的页面再一次进行集体校对和检查，并将检查好的文本以及修改的内容最终返回出版社，出版社将同教材的主编人员进行商讨，最终定稿出版。

第四节　商务英语实践教学管理体系

一、实践教学管理需要创新探索

（一）积极转变思想观念

高校教育要培养应用型人才，而可利用的教育资源日益短缺，这一矛盾越来越突出，鉴于本科院校自我构建能力的不足，要走出实践教学资源短缺的困境必须转变思想、改革创新，不断构建"开放式"实践教学管理体系，引入系统理论，构建"以实践为中心"的课程结构，搭建工学结合平台，打破实践教学空间限制，从教室到工厂、从课内到课外、从学校到企业，实现"理实结合"，同时处理好校内外核心利益相关者的利益纷争，做到"共建、共享、共赢"。

（二）善于利用网络资源

高校学生厌倦了"板书 + 讲解 + 习题"这种三位一体的传统教学模式，而网络环境下的教学资源具有信息资源开放、跨越时空限制、可多向交流等优点，且网络资源既有视觉，又有听觉，还能自己动手操作，深受本科院校学生的偏爱。网络资源内容形式的多媒体化可以让学习者对学习内容自主选择、自主学习与训练，便于因材施教、因需学习、发展个性。此外，网络学习成本低、效率高、没有时空限制，互动交流好。与此同时，网络资源的应用对教师提出了新的要求，教师不仅是基础知识的传授者，也是网络学习资源的设计者和网络教学的组织者，因此，需要教师具备较好的信息化能力。

二、实践教学管理和资源管理机制创新

（一）实践教学管理创新

开放式实践教学管理创新首先要开展教学体系的模块化和层次化创新。以商务英语专业为例，在构建设计商务英语专业实践教学模式的过程中，首先要对商务英语专业未来就业岗位能力和需求进行调查分析，总结提炼出市场和岗位（群）的能力要求，从高校教育自身的特点出发，整合商务英语专业基础课和专业课，以职业素质、社会综合能力、商务技能和语言技能、办公信息化能力等综合模块为主要内容。通过对原有相关课程加以整合，进行项目化课程设计和改革，克服一般专业设置课程门类多、内容细、不利于职业岗位（群）综合能力培养的矛盾。“模块化”商务英语专业教学体系需要设计和架构“层级式”商务英语专业实践教学分支体系。按照工作流程将专业实践教学环节进行细化，分解成基于工作过程的实践教学各阶段项目，将经验获取的过程分为感性认知实践教学、模拟商务情境实践教学、模拟软件实践教学、电子商务平台综合模拟实践教学、校外企业全真实践教学、毕业实习六个阶段。

实践教学管理创新要开展教学方法和考核方法的创新。一是采用学生自主互动管理，打破专业与班级界限，实现“预约式”教学组织模式。实行“预约—审批”方式，在硬件设施上，建立门禁系统和监控系统，给予学生更加广阔的自主管理空间。二是改革创新实践课程教学方法，根据实践课程的教学目标要求和实训内容，选择适当的教学方法和实训形式。如英语交际能力训练可采用情境教学法、交际教学法，而商务谈判可采用任务教学法、团队教学法，综合技能实训可采用案例教学法、项目教学法等。要在实践教学中尽可能营造仿真的工作环境，模拟真实的业务情境，推行互动式、参与式教学，充分利用各种资源，多形式、多方位、多渠道实施实践课程教学，使学生得到最大限度的体验、操练和实践。三是采用项目引导和兴趣驱动的教学方法，学生既可以通过立项，也可完全凭兴趣，向学校申请，在配备指导教师的情况下，凭学生卡可不受时间段限制进入创新基地进行第二课堂学科活动。项目结束后提交实践报告、创新思维报告、创作作品、小论文，并组织展示交流，拓展学生的创新思维。四是建立多元的实践考核方法。考核方法以平时成绩与考核成绩相结合，操作考

核和理论考核相结合，基本技能和综合创新评价相结合的方式进行。考核内容由当日训练综合记分、试题库测试、实习报告、创新思维报告、小论文等组成，其中各项成绩所占比例，可根据不同商务英语课程设定比例，最后统计成绩。

（二）资源管理创新

资源管理创新首先要开发开放式的教学资源管理系统，编制多层次菜单式课程体系。在开放式实践教学模式下，商务英语专业实践的很多教学资源信息都可以通过上网获取，学生可以针对自己选取的课程、自己的时间、学分要求等查找适合自己的教学资源，设定并参与网上辅导。同时，开放式资源管理创新要制定开放式实践教学的相关管理制度。为了保证实践教学的正常运行，要结合商务英语专业的实践教学资源的数量、当前状态等情况，制定实验室开放的管理办法、教学实施细则、实验实训设备管理办法、实验室仪器设备损坏及丢失赔偿制度等一系列开放式实验室管理制度。

资源管理创新还要加强教学指导力量的管理。商务英语专业实践教学管理人员素质的提升是实践教学管理改革的根本保证，作为一门语言课程，学生的实践能力决定了学生的就业能力。商务英语专业要不断加强教学设备管理和师资力量配备，引进海归教师、高职称的实践指导教师，优化团队师资队伍的整体学历和职称结构；同时培养中青年讲师，不断增加新知识、新内容；在奖励机制和晋升机制上，以津贴、奖金、评优等多种方式激发实践指导教师的教学热情，切实提高实践教师的教学技能；还要组织有经验的教师编写开放式实践教学的实训教材和指导书，用以指导学生自主开展实践活动。

资源管理还需要在实践经费管理上进行创新。一方面，要积极争取开放式实践教学专项基金，根据每学期承担的实践教学项目数、学生人数、课时数等开放式实践教学任务来统筹安排、统一支付费用；另一方面，要优化并整合实习实践的教学资源，减少重复投资来节省实践经费，对于某些实践活动，如英语听力实训中的耳麦，可以让学生自行购置并保存。

三、构建“多位一体”的实践教学管理体系

（一）教学支持服务体系

实践教学需要探索一种能贯穿于学生整个学习实践过程中的教学服务支持体系。具体而言，就是要实现管理机制的支持、教学条件的支持和教学手段的支持。首先，要完善教学管理制度和组织机构，在教学管理、学籍管理、考试

管理、学生管理上推陈出新，精简教学管理部门，合理设置教学和科研管理机构；其次，要改善学校的教学硬件和教学软件，加强学校基础设施建设，引进各类教学资源，加强对教学资源的管理和应用，落实各项教学制度；最后，要进行教学手段的创新，将集中授课和自主学习结合起来，通过网上直播、手机微视频等手段开展网上教学服务的支持。

（二）管理支持服务系统

实践教学要制定切实可行的管理运行机制，从教学管理到学生管理都要有一整套切实可行的制度。在实际运行过程中做好课程管理、预约管理、成绩管理，对信息查询系统及设备信息和教师信息等要进行维护和更新，在师资力量、学习环境、教学媒介等多个方面进行创新和探索，遵循时间开放、空间开放、共建、共享以及实物、实用、实效原则，从学习条件和学习过程两方面为学生提供较为完善的服务。

第六章　商务英语师资队伍建设

第一节　商务英语师资建设国际比较

一、国外商务英语教师专业能力体系的启示

国外对商务英语教师专业教学能力从理论和实践层面都进行了有益探索，对我们构建中国特色的商务英语教师专业能力发展体系具有一定启示。

（一）理论体系的启示

商务英语教师具有学科教师的特点，应该掌握学科知识。学科教师应在专业环境中将教学法知识、学科知识和信息技术知识相融合，具备信息化教学知识与技能、信息化专业知识与技能、专业教学法知识与技能，最终形成信息化专业学科教学知识与技能。

除了具备以上知识与技能，商务英语教师作为外语教师还应具备教学能力、课堂行动研究能力和自我职业发展管理能力。教学能力包括了解教学大纲、教学目标、教学内容、教学活动、教材、教学方法、教案编写、学习活动管理、教材和教学资源使用、学生评价等；课堂行动研究能力指能够开展改进教学管理和完善科研方法的研究；自我职业发展管理能力指能够发挥个性特点、自我提高、适应环境变化、创建职业发展共同体、沟通与合作、承担其他职责等。我国商务英语教师发展应依据学科教师的教学能力框架体系与科学合理的专业能力指标，指导和评价商务英语教师，促进商务英语教师整体素质不断提高。

（二）实践体系的启示

国外商务英语教师实践体系最完善的是美国，其体系构建值得借鉴。美国

劳工部颁布的商务英语教师职业资格标准要求教师掌握10类专业技巧、10类专业能力和10类专业知识，具体要求如下。

商务英语教师应具备以下10类专业技巧：说话技巧，与别人交谈传递信息；阅读技巧，理解工作文件中的句子和段落；指导技巧，教会别人如何做事；倾听技巧，仔细倾听他人所言，解读他人观点，适当提问，不随意打断他人讲话；思辨技巧，利用逻辑和推理分析不同解决方案、结论和方法的优缺点；学习策略技巧，知识讲授选用合适的训练、指导方法与步骤，因材施教；写作技巧，能有效进行书面沟通，满足受众需求；主动倾听技巧，理解新信息对当前和未来问题解决及决策的启示；解决复杂问题技巧，发现复杂问题，综述相关信息，提出并评估不同解决方案，最后实施解决方案；判断与决策技巧，评估所采取行动的相对成本和收益，选择最合适的行动。

商务英语教师应具备以下10类专业能力：口齿清楚能力，讲话清晰，能为人理解；听力理解能力，理解口语表达的信息和观点；阅读理解能力，阅读和理解书面信息和观点；口头表达能力，通过口语有效交流信息和观点；笔头表达能力，通过书面语有效交流信息和观点；演绎推理能力，利用一般规则解决特殊问题；归纳推理能力，整合信息，总结规则和结论；发现问题能力，及时发现或预测问题；言语辨别能力，辨别和理解他人言语；细微观察能力，近距离观察细节。

商务英语教师应具备以下10类专业知识：教育学和教学法知识，设计大纲和课堂教学、开展个人和小组教学的知识，教学效果评测等理论和方法；英语语言知识，英语语言结构和内容知识，如单词的词义和拼写、构词法、语法等；行政与管理知识，战略规划、资源配置、人力资源模式、领导技巧、表达方式以及人力和资源协调等的理论知识与方法；经济学与会计学知识，经济学和管理学理论与实践知识，金融市场、银行业及财务数据分析知识；客户和个人服务知识，为客户和个人提供服务的原则和流程，包括客户需求评估、服务质量达标和客户满意度评测；市场营销知识，展示、宣传、销售产品和服务的理论与方法，包括营销战略和战术、产品展示和销售技巧、销售控制系统；沟通与传媒知识，沟通和传播技巧与方法，包括通过书面、口头和视觉媒体等不同方式传递信息；心理学知识，人类的行为和表现、个体的性格差异和学习动机、心理学研究方法以及行为、情感障碍的评估和治疗等；数理知识，算术、代数、几何、微积分和统计知识及其应用；社会学与人类学知识，群体行为和活动、社会趋势及其影响、人类迁徙、种族分化、文化和历史渊源等知识。

美国商务英语教师的从业资格要求从实践层面对我国构建商务英语教师专

业教学能力体系提供了依据，特别是明确了商务英语教师的学科知识体系，包括教育学、语言学、管理学、经济学、财会、客户服务、营销学、沟通与媒体、数理统计、心理学、社会学与人类学等，解决了学科知识的复合度和知识边界问题的争论。商务英语教师的教育学、语言学、经济学与管理学等学科知识不可偏废，应当全面发展。

二、我国商务英语教师专业能力体系的构建

合格的商务英语教师应师德高尚，具备合格的英语基本功、专业知识、教学能力、科研能力、实践能力，运用现代教育信息技术，开展课堂教学与教学改革。那么，合格的商务英语教师的专业能力应该包含哪些知识与技能？商务英语教师应该是语言技能导向型，专业知识导向型，还是语言技能与专业知识并重型？三类教师在高校中都实际存在，商务英语教师应具备商务知识与技能、语言知识与技能、跨文化交际知识、跨学科知识、学科教学知识、人文社科知识、科研方法知识和商务实践知识。

因此，合格的商务英语教师的专业能力应由语言能力、教学能力、专业知识和实践能力构成。语言能力指教师的语言基本功，包括听、说、读、写技能。教学能力包含课堂教学能力、课堂管理能力、课堂行动研究能力。专业知识包括核心知识、相关知识、跨学科知识。核心知识指语言文化知识，相关知识指心理学和教育学知识，跨学科知识指经济学和管理学知识等。实践能力包括实践教学能力、商务实践能力。应当指出，普通的学科教学知识框架不能直接应用于商务英语教师的专业能力发展，商务英语具有跨学科的特性，强调语言与商务的融合。商务英语教师的专业能力不是多种知识与技能的简单叠加，而是多种知识与技能的融合，构成特定的新知识和新技能体系。

为了确保商务英语教师达到专业能力要求，商务英语教师除英语能力合格外，其学士、硕士或博士学位中至少有一个应为经济、管理或法律类专业学位。无论语言技能导向型还是商务知识导向型教师，一个必要的前提是英语水平过关。商务知识导向型教师要努力达到英语水平要求，英语能力合格的教师要积极拓宽商务专业知识面。

无论哪类商务英语教师，都必须不断完善个人的知识结构、专业教学技能和专业素质，围绕商务英语专业学生应该掌握的语言知识、商务知识、跨文化知识、人文社科知识、跨学科知识以及应具备的语言应用能力、跨文化交际能力、商务实践能力、思辨与创新能力、自主学习能力等提高自身的业务水平。

商务英语专业核心课程教师应分类组建团队，按“双师型”模式培养发展。语言类和商务类教师应有所侧重，不断提高英语技能类课程教学能力、商务知识类课程教学能力、跨文化交际类课程教学能力、人文社科素养类课程教学能力和商务实践技能类课程教学能力。商务英语教师要教有专长，不仅能上好英语技能类课程，而且能够通过学校培养和个人努力，独立开设一两门全英语授课商务知识或商务实务类课程，如国际贸易、国际金融、财务管理、会计学、人力资源管理、审计、公司合同法、市场营销、国际物流、企业文化、商业伦理、商务谈判、电子商务、创业管理等。各高校应制订教师发展规划，通过学历教育、国内外进修和学术交流、行业兼职或挂职等方式，不断更新教师的教育观念和知识结构，提高教师的理论素养、教研水平和实践能力。

我国商务英语专业应加快构建国家、学校和个人三级商务英语教师专业发展体系。国家要对全国高校商务英语教师现状开展大规模调研，依托外语类专业教学指导委员会，尽快规划和出台商务英语类专业教师的职业能力标准，建立完善的教师发展体系。高校要建立商务英语教师发展数据库，出台商务英语教师发展规划，建设教师发展中心，定期开展商务英语教师培训项目和教研活动。教师个人应明确职业要求，尽快转型升级，并定期进行自我评价和接受学生评价。商务英语专业要通过建立健全商务英语教师发展体系，满足自身专业建设和人才培养的需要。

第二节　商务英语师资专业能力结构

在知识激增的现代世界中，教育教学面临着前所未有的挑战。提高教育质量，实现教育现代化是世界各国的共同呼声。高质量的人才，来源于高质量的教育，高质量的教育则取决于高质量的教师队伍。教师素质是教育现代化的关键问题。为此，如何转变其教育观念和教学角色，构建合理的适应现代教学发展的教师素质结构，进而提高学生能力，是我们必须思考和研究的现实课题。

一、商务英语教师的专业能力结构

依照教师在教书育人工作过程中的职业要求，笔者认为教师专业素质结构的理论模式呈现为三维复合结构。

（一）教师职业形象的准确定位

任何一名教师都处于错综复杂的教育工作联系中，教师角色的自觉是现代教师素质结构中的重要一环。因为它决定了教师的育人工作方向，调控着教师的个性心理的发展，使教师本人能稳定而积极地胜任教育工作，对教师素质的形成起控制与推动作用，是教师素质结构中的动力因素，是动力维。

教师的任务是教书育人，教师的角色就是他在完成教育教学任务时所表现出来的职业地位和作用的整体形象。在学校的教师与学生、教师与教师、教师与领导的关系中，在社会的教师与学生家长、教师与社会文化教育单位与团体的关系中，塑造了教师的职业角色形象。

教师的角色形象由职业道德、教育理念和个性修养三个层面构成。角色形象的表层是职业道德。职业道德是指教师在育人工作中应当遵循的道德规范和行为准则。其核心是对教师职业价值的信念认同。角色形象的中间层面是教师的教育理念。教育理念的核心内容包括教育观、教学观和学生观。它决定了教师进行教育活动的目的、内容和方式，影响着教师活动的水平效果，同时确定了教师自身职业道德的发展方向。角色形象的深层是个性修养。个性即人格，个性修养决定了教师的精神风貌，是具有一定倾向性的心理特征的总和。根据现代社会的发展和教育教学工作的要求，当前教师的个性修养主要突出自我评价和心理调控。教师通过对自己的教育行为、自身的个性品质进行正确判断，调整自己的心理和行为，使之与现实相适应，才能保持心理平衡。

（二）教师能力的专业知识结构

教师能力的专业知识结构是教师素质的信息维。教师的职责之一是通过传授科学文化知识，实现培育一代新人的目的。为完成这一任务，教师必须传输出科学的、充实的、生动的和有效的信息，因此教师的知识结构是他们在系统专业学习和教育实践中经过思维加工后形成的知识体系。它由专业知识、一般科学文化知识、一般方法论知识三个层面构成。

知识结构的表层是专业知识。它包括教师从事育人工作必需的学科专业知识、教育法规知识、教育理论知识。学科专业知识是教师实际对学生传授的内容，所以必须熟练掌握。教育法规知识明确了育人的依据与规范要求，是教育者必须遵循的。教育理论知识使教育者能掌握了解青少年发展的基本规律和教育工作的科学规律，能有效提高教育工作的效率。

知识结构的中间层面是一般科学文化知识。这要求教师在传道、授业、解惑中必须具备渊博的知识。它包括相关学科知识、自然科学和社会科学一般知识、计算机知识和外语知识，这样有利于教师在学科对比中互为基础，相互渗透，促进学生各学科的整体发展，并使教师能适应现代社会与教育的发展要求。

知识结构的深层是一般方法论知识。它包括马克思主义哲学、系统科学、逻辑学与数学等。这是因为教师所从事的是科学的工作，教师必须掌握科学的认识方法、科学的分析方法、科学的表达方法，能在正确的科学方法论指导下组织教育教学活动。

（三）教师能力的能力结构

能力是指教师成功地完成某种活动所必需的个性心理特征。能力是在活动中体现的，又是在活动中发展的。教师在实际工作中主要参与教学活动、实践活动与自我发展活动，而相应的教学能力、实践能力与发展能力是完成并提高这三种活动质量的关键。所以这是教师素质中的活动维。

首先，教师从事的日常活动是教学活动，所以能力结构表层是教学能力。按照教学活动的实施过程，包括了解和分析学生的能力、设计教学方案的能力、实施教学方案的能力、教育管理能力。需要指出的是，由于学校工作必须以教学为主，因此我们把教育能力分解划归到教学能力各要素之中。

其次，能力结构的中间层面是教师的实践能力。课程结构改革的发展，对教师的实践能力与动手能力要求越来越高。

最后，教育是超前的事业，不但要有适应当下的能力，还需要不断完善自我、发展自我。这是由教育工作的特点所决定的。所以教师从事的第三种活动是不断促进教师自我的思想、智力与非智力等方面不断完善和发展的活动。因此，能力系统的深层是发展能力。它包括获取、处理、使用信息的能力，社会交往能力，教育科研能力等。

在教师专业素质的动力维、信息维、活动维三个维度的交互作用下，控制并形成了教师的教书育人的素质结构。

二、教师专业能力结构：商务英语听说能力提高的必要前提

教与学始终是一对矛盾，高质量的教育取决于高质量的教师队伍。要正确处理教与学关系，就必须摆正教师与学生的关系，倡导“以学生为中心”的教育教学原则，这是毋庸置疑的。但是，“以学生为中心”并不是要抹杀教师的作用，相反，教师的角色将更加重要，工作难度也将大大提高，教师的指导作用将进一步加强。

因为，教师是课堂活动的设计者和管理者，是学生实践活动的鼓励者和合作者，也是学生问题的分析者和解答者，是学生学习的引路人。要做到这些并非易事，对教师素质提出了较高的要求。因此提高外语教育质量，使外语教育

适应社会经济的发展，最关键的一环是培养一支高素质的商务英语教师队伍。

教师素质的知识结构和能力结构是加强外语听说能力的重要前提。那么，如何才能使教师专业素质提高呢？在笔者看来，它们应包括三个方面，即教学理念更新、知识结构与时俱进、能力结构得到优化。

（一）教学理念的更新

教师要在先进教育理念的指导下，进行教育科学研究，把理论有机地转化为创新实践。

首先要转变教学理念，将教学的重心转移到教学生"学会学习"。现代社会，信息爆炸把"创新教育"推到了教育的最前沿，教师的职责已经不仅仅是传递知识。除了他的正式职责以外，他将更像一位顾问，一位交换意见的参加者，一位帮助发现矛盾论点而不是拿出现成真理的人。他必须集中更多的时间和精力去从事那些有效果的和有创造性的活动，相互影响、讨论、激励、了解和鼓励。教学生"学会学习"的观念应牢牢植根于每位教师的教学理念中。

其次要转变科研理念。学校要引导教师确立"科研先导""科研兴教"的意识，要引导教师把自己的教育教学工作与教育科研结合起来，要引导教师主动参与教育科研。这一过程将有助于教师把握教育教学的动态，明确教育教学的改革方向，确立全新的教育理念，使之成为提高教师教育教学能力、提升教师知识创新能力的重要途径，从而更好地为教育教学服务。

（二）专业理论的深厚积淀

英语教师需要具备合格的语言能力和教学技能。但是从未来对商务英语教师的要求来说，商务英语教师还必须具备一定的外语教学专业理论水平，对语言学理论、外语教育历史和教学流派有较深的了解，并在教学实践中丰富、深化教学理论，成为既有教学实践能力，更有理论水平的外语教育者。

商务英语教师专业理论水平的要求包括以下内容。

1. 语言本质研究

①结构主义；②功能主义；③相互作用派；④语言、社会与文化。

2. 语言学习理论

①语言学习环境；②语言学习过程，即行为主义模式、认知派模式、理性主义模式、语言理解模式、语言产生模式；③二语言习得理论和研究，即学习者的错误及错误分析、语言输入和输出正规学习与第二语言习得。

3. 学习者与学习成就研究

个体因素对学习的影响：年龄、性格、动机和学能。

学习者的学习策略：类型、内容和使用。

4. 外语教学法

主要流派：语法翻译法，直接法，听说法，认知法，交际法，自然法和其他方法。

教材与大纲的关系：结构大纲与教材功能大纲及教材。

5. 英语教学评估

①语言测试理论；②多种能力测试模式。

6. 英语教学研究

①研究方法；②实验设计；③报告撰写。

在信息社会，随着科学文化的发展和知识的更新，教师需要不断提高自己的教学水平，教师也有必要了解自己专业的最新成就和发展趋势，并且涉猎一些相邻学科的知识，优化知识结构，满足学生广泛的求知欲。合理、优化的知识结构，可以保证教师在知识传递中，将信息的损耗减到最少，达到最佳教育效益。那种认为一次性完成学习的观点已不适应现代社会的发展。因此，在职教师必须通过不断地自我完善，提高其学历和知识水平，更新知识结构，全面提高自身的素质，跟上时代的步伐。

（三）能力结构的优化

能力结构的优化的主要表征为较好的语言水平与全面的教学技能。

1. 掌握较好的语言水平

要达到上述教学目的，教师除了要向学生传授英语语音、语法和词汇知识，还要创造一个语言环境，让学生进行语言训练，这就需要教师能流利地使用英语，发音标准，用词恰当，语法正确和语言得体。

英语教师的语音水平要求如下。

（1）语言能力

知识：语音、语法和词汇。

技能：听、说、读、写、译。

（2）语篇能力

知识：语篇类型、语篇结构和语篇衔接与连贯。

技能：组成语篇能力和理解语篇能力。

（3）社会语言能力

知识：语言功能知识，使用英语的国家的文化知识和语体知识。

能力：使用得体语言能力和正确理解不同身份的交际者在不同情景下表述的能力。

（4）交际策略能力

知识：语言交际策略和非语言交际策略。

技能：使用语言手段或非语言手段克服交际障碍进行使用，使用语言知识和背景知识克服交际障碍进行理解。

2. 拥有全面的教学技能

仅有语言能力，对英语教师来说是不够的，还必须具有组织教学和驾驭课堂的能力，这种能力可称为教学技能。英语教师的教学技能要求可归纳如下。

（1）组织课堂活动技能

备课技能：编写教案、设计板书。

教学活动技能：引入教学，教语音、教语法、教词汇、教听说和教读写。

课堂管理技能：使用英语和其他手段组织教学，调节教学计划。

（2）使用教学手段技能

使用常规教学手段：黑板、简笔画、实物。

使用现代化教学手段：计算机、录音机、录像机。

（3）运用语言测试技能

编写试卷技能：主观题型试题、客观题型试题。

评阅分析试卷技能：主客观题评分、试题难度。

综上所述，只有使教师的知识结构与时俱进，能力结构得到优化，教学理念不断更新，才能构建良好的教师素质结构，为恒久提高学生外语听说能力提供良性循环机制，即教师职业素质的提高是高校学生外语听说能力提高的保障。

第三节　商务英语师资专业发展路径

一、专业教师发展

随着我国对外商务交往与合作的日益频繁，商务英语教育在我国高校和社会教育体系中逐步发展起来。全国至今已有众多高校开设了商务英语专业，但目前对商务英语专业人才的需求缺口仍然巨大。对单纯英语专业毕业生的需求微乎其微，大多数英语专业本科毕业生从事着与经贸相关的工作。而我国商务英语专业教师的素质与实际需求相去甚远，他们绝大多数是从事专业英语教学和公共英语教学的纯学术型教师，其学术构成的主体基本上来源于英语语言文学及相关人文专业，只有极少数教师具有商务经历。因此，目前我国商务英语专业教师对学生未来的就业岗位缺乏了解，很难与学生建立起一种模拟商务环境下的生动活泼的语言课堂教学环境。商务英语专业教师自身素质的欠缺是制约商务专业英语教学质量提高的瓶颈，建设一支复合型的商务专业英语教师队伍关系到商务英语专业人才培养的成败。

全国已经有很多高校开设商务英语专业，专业覆盖率很高，涵盖了所有类型和层次的高校。商务英语是一门以应用语言学为主导、以多学科知识为基础的应用型交叉学科，其培养目标是培养能够在国际商务活动中能以英语作为工具、按照商务惯例和程序进行商业交流的专业人士。这就为商务英语专业教师的综合素质提出了更高的要求。商务英语学科的发展在很大程度上取决于商务英语教师的职业素质、学术研究方向和研究成果。商务英语专业教师要培养出复合型人才，首先其自身应该是复合型教师。商务英语专业教师应该是国际商务的某个学科的专业人才，并在教学中能够把商务学科知识和英语语言训练有机地结合起来。

我国对外经济贸易活动的不断扩大以及经济全球化的浪潮推动了国内商务英语的蓬勃发展。由于商务英语是一个新兴的交叉学科，集语言与专业知识于一体，这就决定了其对商务英语教师的要求更高。然而，我国目前商务英语专业的英语语言类教师大都毕业于纯语言专业，精通英语语言，但不懂商务。尽管可以使用英语授课，但涉及商务领域的内容只能照本宣科，表现为教学局限于从书本到黑板，针对性不强，实操性欠佳。不仅教师对此感到困惑，同时也制约了该学科的发展。所以，了解当前商务英语教师的职业发展现状和发展需求是推进教师队伍建设的前提和基础，是商务英语学科建设和发展的当务之急。

人才的培养离不开教师的教育与教学，决定商务英语专业教育质量的关键因素在于教师的能力和素质。毋庸置疑，商务英语教师首先必须具备普通高校教师应有的能力和素质，即具有良好的师德和师风、掌握教育学、心理学等教育基础理论知识，具备丰富的教学方法以及系统的专业知识，具有较强的教育教学能力和一定的教学经验以及掌握一定的科研能力等。同时，商务英语专业的人才培养目标定位和商务英语教学的跨学科性等特点，决定了商务英语教师需要具备较强的商务操作技能、掌握行业实践经验，以及根据市场需求开展应用研究，针对商务英语核心就业岗位群开发课程、指导学生实习实训的能力。

可见，商务英语教师不仅要具有扎实的英语和商务学科理论知识，更要具备商务实践技能、课程开发和指导学生实习实训的能力。

在我国，商务英语学科起步较晚，学科发展的相对滞后性制约了对高校商务英语教师发展的研究。目前，高校的商务英语师资力量堪忧。具体来说，一部分商务英语专业教师来源于普通英语教师的转型，他们英语语言功底扎实，教法娴熟，但缺乏相关行业背景知识和企业一线工作经验，且未受过系统的商务知识培训，对学生的专业学习和就业岗位缺乏全面了解，难以在商务实践教学中对学生进行较好的示范和指导。一部分教师来源于国际商务和国际贸易专业老师的转型，他们有着丰富的商务理论知识和一定的商务实践技能，但他们缺乏良好的英语语言知识和能力，即语言输入的理论和方法功底不够，同样也不能很好地进行商务英语专业教学工作。

我国商务英语学科体系建立也比较晚，没有专业的师资队伍建设体制和机构，大多数商务英语专业教师来自不同的背景。商务英语教师中，大多数教师属于英语专业，只有少数教师属于经贸专业，不同专业背景的商务英语教师入职后，学校往往会安排经验丰富的商务英语专业教师指导他们的教学和实践，但由于诸多因素导致新老教师沟通效果欠佳，大多数年轻教师的教学全凭自己摸索，导致教学实施效果欠佳。因此，商务英语教师专业化面临一个重要难题，如何建立针对新专业老师的"传""帮""带"有效机制，帮助年轻教师熟悉并掌握商务英语专业教学的规律和特点。

当前，商务英语专业教师往往比较重视中英双语商务沟通能力的培养。在专业教学活动中，重视相关学科知识的贯通；在对教材和教参的利用上喜欢选择灵活性较强但又能把握专业知识的重点和难点的系列教材和参考书；在课堂讲解时，注重知识和实践性和信息性。对于商务英语教师自身的综合素质，专业教师则更看重商务知识的把握和双语能力的培养；对于专业教学组织形式，商务英语教师根据商务英语的特点，选择师生互动参与讨论或案例分析以及教师一人精讲，学生参与互动，符合商务英语专业的教学规律；就商务英语专业教学水平而言，专业教师更喜欢用指导学生商务实践水平和专业教学质量两个标准来衡量自己的专业水准。

随着中国对外经济贸易的发展，市场对商务英语人才的需求越来越多，要求也越来越高。通过对高校商务英语专业学生就业率和市场满意度的调查能够发现，只有一部分大学生从事了所学的商务英语专业工作，而且市场满意度并不高，究其原因在于，大学生的商务英语实践能力差，语言能力和商务技能不能有效配合，不能灵活应对工作需求。很多毕业大学生反映自己在校学习期间，一方面是由于过分重视理论知识的学习，而忽视了实践技能的锻炼，另一方面是只注重了语言技能的强化，而忽视了商务技能的学习与强化，从而导致在应对工作需求时显得非常吃力。因此，高校商务英语专业教师需要充分明确市场对商务英语人才的能力需求，明确商务英语学科的学习内容和学习重点，科学指导学生的能力发展。毫无疑问，高校商务英语教师在大学生商务英语综合技能发展过程中起着至关重要的作用，加强高校商务英语教师师资队伍建设，构建“双师型”教师队伍是推动大学生商务英语能力发展的重要举措。因此，高校需要采取一系列有效措施加强商务英语“双师型”教师建设，为社会培养更多实用性的应用型商务英语人才，提高市场满意度。

经过多年的对外开放和对内发展，中国已经迅速融入世界经济全球化进程当中，逐渐发展成为世界第二大经济体。在这一进程中，商务英语遇到了难得的发展机遇，商务英语学科的建立是商务英语主动适应中国经济国际化对高层次外语人才需要的外部标志。现实证明大学通用英语的学习已经无法继续满足经济全球化对语言的需求，商务英语能力成为国家发展不可或缺的核心竞争力之一。传统英语专业正处于转型之际，有着朝着多元化发展的趋势。商务部和教育部最近几年公布的人才需求信息显示，我国对外语能力较强、商务知识丰富的经贸人才需求旺盛，特别是对国际贸易、国际商务谈判等国际商务人才需求强烈。因此，高校商务英语教师需要具备扎实的专业技能，兼具语言技能和商务技能，准确把握市场对人才的需求导向，以大学生商务英语能力的全面发展为目的，不断健全和完善课堂教学策略，促进大学生商务英语技能的全面发展。培养复合应用型、竞争力强的商务英语专门人才，以满足中国经济国际化的需要，成为我国高等教育肩负的重要使命。

二、专业教师发展过程中遇到的问题和挑战

我国的商务英语教学规模发展很快，绝大多数大专院校开设了商务英语专业或商务英语方向。不过，商务英语专业建设仍存在许多问题亟待解决。有些高校的商务英语师资队伍令人担忧，教学质量不高。这种问题的出现在很大程度上源于目前绝大部分院校的商务英语教师都是由传统的英语语言文学教师转型而来，缺乏必要的商务背景知识和实践从业经验。

（一）遇到的主要问题

通过对商务英语专业教师发展现状的分析，发现商务英语教师遇到的问题主要体现在以下几个方面。

1. 商务专业知识的缺乏

高校商务英语教师首先是一名教师，他必须具备一名普通教师应有的师德师风、教学组织和管理能力等，作为一名外语语言教师，他必须要掌握听、说、读、写、译五项基本能力，丰富的英语语言基础知识和掌握多元化的商务英语教学法。而作为商务英语教师，他还应该具备其区别于其他英语教师的特色，主要指商务方面的专长和商务实践能力。

商务英语教学既是语言教学，又是技能教学。课内教师教给学生商务英语方面的知识，需要辅以大量的包括管理、贸易、法律、金融、财会等方面的商务知识和商务技能的讲解，内容涉及的知识面较广。此外，指导学生开展仿真模拟训练，对教师的综合能力要求较高，具有挑战性。而实际教学中很多教师存在上述二者之间的不平衡。众所周知，大多数的商务英语教师是英语专业毕业生，所学的是语言文学专业，他们驾驭语言的能力强。由于教学需要，他们才开始从事商务英语教学，虽然有相当一部分高学历的年轻教师，但其教龄相对较短，教学经验欠缺，职称以初、中级居多。他们对扩充专业知识投入了很多的精力，但仍有不少教师对商务专业知识感到困惑，表现出对商务英语专业知识的教学信心不足。在教学过程中，有的教师对教学中涉及的专业知识存在回避的态度。究其原因可能是由于大多数教师是半路出家，未经过正规系统培训，实践经验和专业知识相对匮乏，难以给学生以良好的示范和指导，因此存在着专业知识讲解不透彻、缺乏准确性的不足。

商务英语教师主要是普通高校的英语语言文学专业的毕业生，只有少部分教师是本科学习英语专业，研究生攻读经济学相关专业的毕业生。这类纯语言出身的英语教师英语语言功底很深，英语教学法娴熟，但是缺乏国际商务背景，他们在商务方面的知识与能力较为贫乏，所以在上课讲解过程中缺乏对商务知识的敏感性，而且国际商务英语教学中存在很多隐性知识，如果上课过程中缺乏商务背景知识、行业操作惯例和程序的讲解，就不会在真正意义上启发学生从商务活动的角度去思考问题。商务背景知识的不足和长期英语课讲授的习惯，使得不少商务英语教师在面对商务问题时，无法深入浅出地向学生解释商务知识，这样势必影响教学效果。

商务英语教师的能力要素构成与传统意义上外语专业教师的能力要素构成不尽相同。商务英语专业的学科特点决定了商务英语教师不仅要具备较高的英语知识和技能水平，同时还需要具备商科类专业知识、跨文化交际能力和商务实践能力。纯语言出身的教师很难将商务英语学习置身于真正的商务背景环境中。虽然通过自身学习和短期的培训能片面地了解商务背景知识，但这类教师缺乏相关企业工作经验和行业背景知识，因此也无法在商务英语实践中给学生以良好的示范和指导。但现实是这类英语教师是我国目前商务英语师资队伍的主要力量。

2. 商务实践能力的欠缺

商务英语教师作为英语和商务知识的传播者和技能的传授者，其实践能力的高低直接影响到学生商务实践能力的培养。而目前受到高校商务英语学科发展和制度的制约，部分商务英语专业教师的实践能力普遍低下。多数商务英语教师缺乏话语权，习惯按照学校制订的专业课堂理论教学，学校也缺乏有效的激励考评机制和体系来激励商务英语教师的专业实践。另外，由于商务英语专业招生人数的不断增加，商务英语专业教师数量上的缺乏，导致专业教师必须承担超负荷的教学任务。因此，商务英语专业教师在学期中不可能抽出时间到企业锻炼，只能利用寒暑假下企业实践，由于时间紧促，基本上实践就成了走过场。另外，国家没有制定相关法规和规章制度来要求高校教师应该达到的技能标准和一定时期内培训提高的要求。因此增强教师实践能力提升的内驱力停留在学校层面上，由于学校的财力、人力和物力有限，加之各高校对商务英语专业重视程度不够，导致商务英语专业教师下企业难。此外，企业接收商务英语专业教师实践热情不高，一是外贸企业相对较少，二是外贸企业单位规模有限，三是企业不太欢迎短期的商务英语教师实践，所以教师的一线企业实践大多都通过好友亲戚关系才能实现，且效果欠佳。

商务英语教师实践教学能力不仅是高校商务英语“双师型”教师队伍建设的重要内容，而且是提升专业教师职业教育能力的重要保障。对于商务英语教师而言，“双师型”教师的定义不是“双证书”型或者“双职称”型教师，而是“双能力”型的教师，即商务英语教师既能胜任英语语言技能教学，又能掌握相当的商务知识和一定的企事业单位工作实践经验，并能捕捉外贸行业领域的最新动态去指导商务英语专业学生的实践和就业问题。

3. 教师发展目标不明确

绝大部分院校的商务英语教师都是由传统的英语教师转型而来，商务英语教师面对身份转型，缺少自我身份建构的主观能动性，对自己新身份的认知还很模糊，定位不准确，发展目标不明确，出现了专业身份迷失和身份认同危机，有些甚至陷入原有专业身份丧失和新专业身份重构的困境。

跨学科的交叉培养是商务英语师资培养的关键和核心，这就需要高校管理者和教育主管部门能高瞻远瞩，审时度势，以开放的眼光来扶植和管理商务英语专业教师向跨学科、复合型方向发展。高校应建立尊重知识，尊重人才的机制和模式，构筑团队的共同愿望，形成持久发展的凝聚力。学院还应培养学习型组织，鼓励专业教师通过一定的平台和方式来引导专业教师加强交流，如思想交流、教学交流、科研学术交流等，使教师能在教学工作中得到乐趣和持久发展的动力与创新意识，认真整合院系和专业教研室等组织，统筹安排好可以利用的各种资源。在此基础上，教务处、人事处和商务英语院系通力合作，根据工作需要和教师个人特长和兴趣，帮助专业教师认清自我，明确发展目标和努力方向，制订出操作性强的具体措施。教务处和商务英语系部还应积极发挥教研室主任和骨干教师的作用，积极引导年轻教师走上教学、教改和科研学术的轨道上来。这样，商务英语师资队伍培养就有了基础和平台，就能培养出适应社会期望和促进专业发展的商务英语专业教师。

4. 教学投入和科研投入的矛盾

商务英语专业教师对自己的整体教学方法并不十分满意，主要表现在教学方法不灵活，现代化教学手段运用不够，有部分教师对目前的教学方法存在困惑。虽然教师对更新教学方法和手段、提高教学质量均有认同感，但是一个不争的事实就是科研在教师的职业发展中所占比重很大。由于面临评定职称的压力，教师十分重视科研工作，并为此投入了相当多的时间和精力，教师对科研发展需求强烈。然而，在实际工作过程中，教师认为自己的角色仍旧在课堂，自己是学生知识的主要来源和课堂活动的组织者，只有少数教师认为自己的角色是此学科的研究者。这种矛盾的心态反映出现阶段商务英语教师科研压力过大，教学的同时也面临着科研工作的困扰。

众所周知，在教师专业技术职称评定中，学校主要还是依靠科研成果的量化结果测评教师的业务能力和水平，而缺乏对教师实践能力的评价，所以导致了教师重科研、轻实践的倾向，给教师专业技术能力和教学能力的提升造成了极大的负面影响。

5. 教师的培养保障机制有待完善

教师对发展成为复合型商务英语教师的期待较高，并愿意为此参加培训。但是教师在职业发展之路上往往没有充足的时间和精力，究其原因主要还是由于我国高校商务英语教师数量仍然不足，承担的教学任务繁重。同时也反映出教师发展需求和教学负担之间的矛盾。即使上述矛盾存在，但大部分的教师仍然倾向于英语教师专业化，而不是引进商务专门人才。从另一个侧面也看出商务英语教师存在明显的职业危机意识，这恰恰说明目前教师的职业发展需求十分强烈。此外，教师所在学校对教师的培训力度不够，无法为其提供职业发展的体制保障，远不能满足推进“双师型”教师队伍建设和教学上的需要。

我国的商务英语教师专业化受到商务英语学科体系发展和制度发展等许多因素的制约，进展缓慢且效果欠佳。我国《教师法》虽然从法律上确定了教师是履行教育教学职责的专业人员，但对照职业专业化标准来看，商务英语教师专业化还很不完善，商务英语教师专业化面临诸多困难。首先，商务英语专业规模化扩张与教师队伍数量不足、质量不高形成矛盾；其次，商务英语教师商务知识不足，不能满足商务英语专业教学发展的需要，也难以在科研上有所建树；再次，商务英语“双师型”教师比例偏低，难以指导学生的专业实践教学；最后，商务英语教师进修方式不够灵活，专业教师素质内涵有待提高，商务英语专业发展任重道远。

商务英语专业教师专业化需要连续性的改革与建设，因此它需要一定的保障机制，具体如下。

一是需要政策上的支持。国家和地方教育行政部门要出台具体的商务英语教师培养、选拔、评价及继续教育方面的相关政策，将商务英语教师同普通高校英语教师区分开来，制订商务英语教师专业化规范。

二是需要物质上的支持。高校要为商务英语教师的行业企业实践行为提供充足的时间和资金保障。比如，设立商务英语专业教学实践奖、教育技术奖等奖励措施，调动商务英语教师参加教育教学改革的积极性；设立商务英语“双师型”教师建设专项资金，聘请兼职的行业和企业专家承担商务英语教师的实践教学指导工作，增强商务英语教师队伍的专业实践性。

三是需要精神上的支持。学校要重视商务英语教师专业化，制订相关政策来保护和支持专业教师的发展。商务英语院系要积极推行商务英语教师开展实践性的专业教学改革活动，充分认识商务英语教学活动的重要性；关心商务英语教师的需求，倾听其专业化过程中的领悟和心声，激励其不断探索、反思和实践。

（二）面临的挑战

1. 来自国家与行业发展的挑战

首先是国家需求对商务英语教师发展提出的挑战。中国企业海外并购交易数量和金额双双创下历史新高。海外并购的首选目的地是发达经济体，同时越来越关注亚洲的机会，“一带一路”战略将有力推动企业对沿线国家的投资、企业并购、工程承包和贸易。对外开放的新形势急需大批复合型英语人才，合格的跨国经营管理人才、国际投资管理人才和国际经济法律人才实属凤毛麟角。如何培养国家急需的复合型和应用型外语人才成为摆在广大商务英语教师面前的迫切任务。

其次是行业和企业的需求对商务英语教师发展提出的挑战。根据《中国企业"走出去"语言服务蓝皮书》的统计预测，外语将形成高需求、高增长型的新兴现代服务业。外语服务具有每年百亿级的市场前景，拉动 GDP 和就业，企业呼唤外语行业主动提供服务、提前出海，企业需要具有创新精神的国际化、专业化、信息化外语人才。因此，商务英语专业应该树立英语人才国际化培养目标：以文化对外传播为导向的国际化，以技术、产能、资本输出为导向的国际化，以移动互联信息化为导向的国际化。

2. 来自师资队伍建设的挑战

商务英语教师队伍不能有效满足学科专业快速发展的需求。"全国高等学校商务英语专业教学协作组"委托湖南大学课题组对全国商务英语师资状况进行调研，结果显示商务英语教师队伍的现状不容乐观。从年龄来看，绝大多数商务英语教师比较年轻，集中在 25 ～ 40 岁（75%）；商务英语教龄短，从事商务英语教学不到 5 年的教师占半数以上，商务英语教龄 10 年以上教师的比例不到 20%。从职称来看，商务英语教师的职称较低，讲师职称占 56%，教授职称仅约占 5%。从学位来看，商务英语教师的最高学位以硕士为主，占 70% 左右，博士教师较少。商务英语教师的本科专业方向主要是语言学（30%）、文学（23%）、商务英语（17%），而翻译（5%）和商科（7%）较少；研究生教育阶段的硕士专业方向以语言学（30%）、翻译（18%）、文学（17%）居多，博士专业方向以商务英语（17%）、商科（16%）居多。此外，部分教师的本科专业包括旅游管理、工程设计、英语教育、国际贸易等，硕士研究生阶段专业包括国际贸易、教育学、国际经济法、法律、政治学等，博士研究生阶段专业包括管理、国民经济等，教师的学科背景比较混杂。从工作时间分配来看，商务英语教师深造和实践的时间较少，备课和上课的时间较多，教学负担沉重。从授课课时来看，教师较多承担语言技能课和商务专业课教学，一般为 10 ～ 15 课时；跨文化交际课和商务英语实践课课时较少，平均不足 0.5 课时。从教师专业发展活动来看，未参加任何专业发展活动的教师占大多数。相对而言，教师参加较多的专业发展活动是会议、教学研讨会和科研项目，而企业实习、跨文化培训、教学比赛和进修访学等活动则较少参加。很多专业发展活动地点都设在校内，会议、教学研讨会、进修访学和培训的地点以校本为主，而申报、参与科研项目和企业实习等活动地点集中在校内和省内。教师社交活动很少，幸福感低。调研结果表明，校本教师发展体系构建显得尤为迫切和重要，各校商务英语专业应思考探索如何建立健全教师发展体系。

3. 来自复合型专业教学的挑战

商务英语师资队伍不能充分适应复合型专业的教学要求。第六届“外教社杯”全国高校外语教学大赛新增了商务英语专业组教学比赛，这是教育部批准设立商务英语专业以来的第一次全国性商务英语专业教学比赛，集中反映了我国高等外语教育事业蓬勃发展的新形势和改革创新的新成果，是我国高等外语教育在新的历史时期面向国家需求、多元化发展的切实举措。本次商务英语专业教学大赛对推动商务英语专业建设、促进商务英语学科发展、培养商务英语师资、建设商务英语精品课程都起到了引领和推动作用，主要体现出四个特点：第一，选手素质高；第二，教学理念新；第三，课堂教学生动活泼；第四，大赛组织管理好。

然而，大赛也反映出商务英语教师专业教学能力存在不足。首先，教师对商务英语专业的定位和培养目标理解不深，对培养什么样的学生和怎样培养学生认识不清，对学生应具备什么样的知识、能力和素质心中无底。商务英语专业的鲜明特点是国际化、复合型和应用型，这三个特点确定了商务英语专业的人才培养目标。围绕商务英语专业培养目标和专业定位要求，教师对低年级的教学目标是教会学生国际商务中需要使用的英语（商务英语），教学重点以培养语言应用能力为主，即正确使用商务话语和体裁的能力。因此，在低年级阶段，各类商务英语听说读写技能基础课程的教学目标应该是学习商务话语，重点培养学生的商务沟通能力，掌握商务语域、商务体裁、商务认知和商务语用知识与技能。教师对高年级的教学目标是教会学生用英语从事国际商务工作（英语商务），教学重点以培养商务实践能力为主，在打牢商务英语基本功的同时系统学习商务专业知识，掌握从事国际商务所需的经济学、管理学、商务法律、金融、贸易等专业知识，不断提高商务谈判、商务写作与翻译、电子商务等职业、专业、行业沟通能力以及商务实践能力。

其次，教师对商务英语课程的性质和定位理解不透。以“综合商务英语”课程为例，教师应通过商务体裁重点讲授语言学习技能和语言点，同时兼顾文化背景知识和商务知识学习。但是，不少商务英语教师在处理语言、文化、商务三部分内容时把握不准重点和时间分配比例，教学出现了偏差。有的教师可能因为自身商务知识和素养欠缺，把综合商务英语课上成了单纯的词汇和语法课，只讲基础词汇和基本语法，完全脱离了商务体裁和商务语境，失去了"商务味道"；有的教师则过分强调商务知识的输入，造成商务知识"满堂灌"，完全不关注和讲解课文中的重要语言点，不操练语言技能，把一堂课变成了用英语讲授的商务课程。"综合商务英语"课程应做到语言、商务、文化三者的平衡。

由于商务英语是一门交叉学科，集语言与商务专业知识于一体，就决定了对商务英语教师的要求更高。因此，对于商务英语教师来说，想要上好商务英语专业课程是一件非常具有挑战性的事情。

三、教师专业发展的途径

教师专业发展途径一直是教师教育研究的重点，就外语教师的专业发展途径而言，不同学者提出了各种建议。华莱士提出了 3 个模式来概括外语教师的专业发展途径：学徒模式，新教师像学徒一样观察和模仿有经验的教师（师傅），逐渐积累自己的经验，逐渐提高教学水平；应用科学模式，教师学习外语教学理论，用理论指导教学实践，改进自己的教学；反思模式，教师在教学实践中观察他人教学的同时反思自己的教学，并结合理论指导，提高自己的教学水平。理查德全面研究了职前专业训练结束之后教师自主发展的途径，归纳了语言教师教育和发展的 11 种策略：教师工作坊，短期的集中学习活动（研讨式）；自我监督，对自身行为进行观察、评估和管理；教师支持小组，指教师组成小组，经常碰头并讨论各自的目标、关注的问题、遇到的困难和成败的经验；撰写教学日志，教师以书面形式记录课堂观察、反思及教学行为；同伴观察，教师相互听课并进行反思；教学档案，将教学材料归档；关键事件分析，分析教学过程中发生的意想不到或突如其来的事件；案例研究，利用收集到的信息对教学情况进行深入的分析；同伴辅导，由一个教师帮助另一个教师或相互帮助；团队教学，两个或更多的教师共同承担教学并讨论有关问题；行动研究，以解决教学中遇到的问题为目的的研究活动。

结合商务英语教师的专业素质及其专业发展中存在的问题，商务英语教师实现其专业发展主要可以通过以下四种途径。

（一）专业能力的发展

作为从事教育教学工作的专业人员，教师需要通过不断的学习与实践来提高自己的专业水平。同时，教师应加强理论研究，并在理论指导下参与教学实践活动，对原有的教育教学经验进行对比和反思，以获得升华，使自身的专业能力逐步趋于成熟。只有严格遵循教师专业成长的规律和特点来培养教师，才能改进教师培养的质量和效果，才能促进教师的专业发展。商务英语教师专业能力发展可以通过以下三种途径。

1. 自我发展

首先，自我发展可以通过自我学习的方式来实现自身能力的提升。商务英语教师根据自己的知识结构或能力素质情况以及自己的兴趣确立学习目标，选择学习内容，制订满足需求的学习计划，进行自我学习活动。这种方法的最大优势是教师能够更好地判断自己的学习需要，自我引导、自我组织学习。学习动力和学习要求来自自我，因此针对性更强，学习效果更好。自我学习是商务英语教师弥补知识结构缺失的有效途径之一。此外，这种方式还是商务英语教师保持和提高语言水平的重要途径。与国外商务英语教师不同，我们的商务英语教师的母语不是英语，教师上岗后还要通过自我学习以达到保持和提高语言熟练水平的目的。特别是面对如今基础英语教学下移到中学的现状，我们的商务英语专业学生进入大学后已经具备了一定的英语语言水平和能力，这也对教师提高语言水平提出了更高要求。

其次，自我发展还可以通过不断的自我反思促进自身的专业发展。杜威认为反思性思维是新知识的动力源头；舍恩也肯定了反思是专业人员在专业发展中的一个重要途径；弗里曼认为，教学过程是教师不断地做出决策的过程，而决策的做出主要基于四个要素，即知识、技能、意识和态度。教师通过对教学实践活动的认真观察、对教育对象的深入了解和对多种具体教学情景的反复比较，保持反思的敏捷性和持续性，从而促使自身的专业发展。教师只要养成反思的习惯，以批判与反思的眼光审视自身的教学实践，并通过教育叙事、教学反思、教学日记、听课、录像等方式进行反思，从而走上反思型教师发展的路径。自我反思是商务英语教师专业发展的一种有效途径，它不仅可以更新教师的学科知识，提高相关领域的知识素养和专业知识，而且能使教师从经验型走向科研型，注重反思与实践来提高专业能力；从关注教走向注重学，以学定教来提升专业品质；从教师中心走向学生中心，使教师更加灵活、开放地接受新观念、新事物，提升教师的自信心及自尊心，还可以缩小教师期望及自我实现之间的差距，提高其人文素养，促进其可持续发展。

最后，自主科研研究也是促进自我发展的有效途径。课堂实践为教学研究提供丰富的第一手材料，而研究成果反过来又能指导、服务教学。这种循环式探索过程不仅使教师的水平和能力得以提高，同时也使学生受益匪浅。不断进行教学研究能够起到锻炼、加强和提升科研能力的作用，是教师最有效的自我发展途径之一。有人认为研究是专职科研人员的事，教师的职责是教书而不是研究，这完全是一种误解。事实上，教学与科研相辅相成、依存并行。教学理论来源于教学本身，反过来指导教学实践，并在实践中得到检验和发展。商务英语学科处在发展的初期，教学中有大量东西需要研究和开发。例如，其课堂教学模式、课程设置、自主学习、教材研究、教学方法、教师教育、学生需求等。从事商务英语教学研究，能提高教学水平，能丰富、发展商务英语教学理论，从而提升商务英语教师的专业信念和专业能力，而教学理论水平的提高又能指导和促进教学实践。

教师的自身能力得到发展，才能科学引导学生的能力发展。时代在进步，知识在更新，社会对人才的需求也越来越高，如果教师一味地安于现状，沿用陈旧的教学内容和教学方法，会极大地限制和阻碍学生对新知识和新技能的学习。特别是在对外经济贸易合作的商务英语交际过程中，新知识、新语言和新技术等都是层出不穷的，只有永远保持学习的心态，加强自身能力建设，才能有效应对商务英语交际过程中的突发状况和紧急状态，并找到最优的解决办法。因此，高校商务英语教师必须深化思想意识，从自身出发，永远保持学习的心态，无论是在英语专业领域还是商务交际领域，不断学习和创新，主动汲取新知识和新内容，才能更加全面地指导学生能力的发展。

2. 协作发展

教师的专业发展是个人发展的核心部分，自我意识的觉醒是教师个人发展和专业发展的前提，而团队在适当的环境中能极大地促进自我意识的觉醒。团队成员之间通过互相关心、互相鼓励，可以获得见解独到的反馈，可以激发灵感，有利于个人成长。教师专业发展在本质上是同事之间通过交换意见、分享感受、刺激观念、讨论沟通等方式来完成的。教师只要能寻找到时间进行集体备课、说课、教学观摩、教学评议，加强同事之间的专业切磋、协调和合作，共同分享经验，互相取长补短，就能达到协作发展的目的。具体协作发展的方式如下。

（1）合作教学式

商务英语教学中，来自不同语言背景、商务背景和其他背景的教师共同合作，发挥各自特长，共同完成教学任务。教师共同分析学生需求、交流教学观点和思想，一起制订教学大纲，一起备课，共同设计教学活动和教学测试，互相提供阅读书目。在合作教学中，不同背景的商务英语教师充分发挥各自优势，相互引导，共同探索，研究和总结商务英语教学方法、教学手段。语言背景教师扩展其商务知识与技能，商务背景教师获得语言知识和技能，教学新手学习、借鉴资深教师的教学经验。在具体商务英语教学中，可根据课程、师资情况采取全程合作式，即双方共同完成所有教学环节；协助合作式，即以一个教师为主，另一个通常是通晓商务的资深语言教师，扮演协助者角色；课程辅导式，即资深教师以专家身份出现在整个教学设计中，对整个课程的设计提出指导意见，解答学生、教师的教学难题等。

（2）互助“观课”式

“观课”与传统的听课的主要区别是“观课者”带着明确的目的，凭借自我感官及“观课”工具，直接从课堂情境中收集资料，加以分析。商务英语教师互相“观课”，有益于促进其专业素质与能力提高。在同事互助观课中，授课教师主动尝试具有挑战性的教学活动，认真反思、请教、切磋；“观课者”具有较强针对性，以学习、研究和指导者的多重身份出现，关注课堂教学与课堂行为的有效性。观课后，“观课者”与“授课者”共同分析和讨论教学活动中的长处与不足，共同受益。另外，“观课者”通过听别人的课来增加对自己的了解，不仅是在用放大镜观看教学活动，也在用镜子观察自己，因为“授课者”的课堂行为也能反映出“观课者”的很多行为。通过观察别人来探究自我教学实践，“观课者”可以多视角观察他人的优势，客观看待自己的授课，从而找出问题，将别人的有效教育措施变为自己的教学方式。互助“观课”可以比较全面地满足商务英语教师对改进教学方法、提高课堂教学质量的要求，促进商务英语教学策略和教学范式的形成。

（3）合作研究式

商务英语教师可以通过教师共同进行课题和项目的研究。申请各级科研、教研项目，项目申报是一个非常好的学习过程和自我发展过程，通过申报、完成研究项目，教师可以更好地把自己的实践理论化、理论实践化。教师合作共同编写教学材料，通过开发、编写商务英语高质量的教材、讲义、练习、辅导材料等可以直接学到很多具体的教学理论和实践知识。目前商务英语教材普遍不成熟，商务英语教师从事教材编写，不但可以加强教材建设，同时可以推进自身专业发展，获得双赢。

商务英语作为专门用途英语的一个分支，与通用英语有很大不同，其实用性很强。其中，教学方法是商务英语教学中应考虑的重要因素之一。教师应相互学习、探讨，并结合现代教育教学技术，把已研究出的先进的教学方法、前沿的教育理念、有价值的学术成果运用在教学中，使教学效果达到较高水平。同时，学校和教师还应该以一种非功利的态度面对科研。教学能力和科研能力对商务英语教师本身的成败和商务英语的发展都很重要。构建高校的教学研究集体是一条促进教师成长的可行性途径。学校通过严格的教科研常规制度，确保教研活动时间质量，形成一个高水平的教学研究集体。也可以建立经贸类专业教师和语言教师之间的跨学科合作，弥补各自教学中存在的不足，从而达到相互促进、合作共赢的目的。

3. 信息交流发展

当今现代教育技术与人文主义、建构主义理论相结合，改变着教学理念、理论和方法甚至教学模态。商务英语专业教师通过网络开展教研是一种不受时空限制的、全新的教研模式。在现代教育技术广泛应用的背景下，在相互关联的各个网络教研功能平台的支撑下，商务英语专业教师可以通过网上交流，从全新的视角探索教研的方向，整合全国各地的教师资源，扩大教研的职能和范围，促使教研更加科学有效。这种方式有利于教学资源共享与交流，有利于促进教师的专业发展，有利于提高教师的科研水平。

信息化时代也为学生自主化、个性化学习提供了有利的环境和条件，商务英语教师应充分发挥其在网络时代中的主导作用，不但要自己掌握有效利用多媒体、网络资源进行教学的技能，还要能教会学生利用现代信息资源，调动学生的学习积极性，通过网络信息平台建立起师生互动渠道，了解学生的需求，有利于商务英语教师改进课堂教学方法，提高课堂教学效果。

（二）知识与技能的培养

1. 教师培训

教师培训是商务英语教师专业发展的基础。弗里曼指出，语言教师的知识及技巧可以通过培训获得。由于职前及职后相关培训的匮乏，在职的商务英语教师普遍缺乏商务英语学科知识，这不仅会削弱商务英语教师的课堂权威，而且会直接影响其课堂效率的提高。此外，商务英语教师缺乏商务英语教学理论的系统学习，对商务英语教学及普通英语教学中技巧和方法的差异还没有清晰的认识。因此，他们在课堂设计、需求分析及课后评价等方面会不可避免地遇到一系列的挑战。由此可见，商务英语教师需要有针对性的培训来弥补、提升商务英语知识及教学技巧。

商务英语是一门综合英语语言和商务技能的交叉性学科，很多英语教师具备扎实的英语语言技能，但是缺乏实际的商务交际技能，导致在教学过程中，强弱偏差明显，学生的能力发展也不均衡。因此，高校应加强商务英语教师的能力建设，组织有价值的培训交流活动，让教师之间不断分享和学习优秀的教学方法。高校商务英语教师也可以利用寒暑假或者周末业余时间到外企兼职实践或指导工作，这样教师更能准确掌握企业发展对商务英语人才的动态需求，从而不断改革和创新教学内容和教学方法，使教学活动更有针对性和建设性。“双师型”教师队伍建设是培养优秀商务英语人才的重要条件，高校教师只有具备扎实的专业知识和专业技能，才能更加全面地指导大学生商务英语能力的协调发展。

对商务英语教师的培训主要可以从三个方面入手。

第一，英语语言培训，旨在提高商务英语教师的英语语言技能，强化其英语语言能力。

第二，商务英语学科知识培训，旨在让其了解相关商务知识结构，掌握经济学、管理学、金融、法学等相关学科的基本知识和理论，拓宽商务国际视野。

第三，商务英语教学知识培训，旨在输入商务英语教学理论，提高教师商务英语教学技巧及方法，升华其教学素养。

商务英语专业的学生需要了解我国对外贸易的有关方针、政策和法规，懂得进出口贸易的基本原理，掌握基本业务知识，具备操作具体业务的能力，这就要求商务英语专业教师必须具备一定的商务知识和技能。但商务英语专业教师经常感到教学中商务专业知识、技能的缺乏影响着课程的深入开展。解决这个问题的方法主要依靠对教师的集中培训和到实习基地的实际锻炼。为此，高校可以依据自身的办学优势，在本校自己培养相关专业的研究生。根据商务英语课程安排，还可进行院系合作，委托金融学院、国际贸易学院等培养商务英语专业教师。学院支持每位教师可以每学期选一门相关课程，扩展自己的商务专业知识，还可以利用寒假连续一周的时间邀请本校金融学、管理学专业和经济学专业的专业课教师对商务英语专业教师进行专业知识和基本技能的培训，学以致用，效果显著。商务英语教师的培训依赖学校和各级教育行政机构的相关政策支持，培训方式、地点、时间可多样化，如短期的培训班、讲座、进修等，也可以是一年以上的国内外研修、学习等。

2. 专业实践

专业实践是商务英语教师专业发展的必要手段。合格的商务英语教师应该是“双师型”教师。所谓“双师”，即一方面是语言教师，能够胜任语言教授及研究、理论的讲授；另一方面，又必须是外贸领域的专家，通晓外贸知识，能够独立处理外贸事务，进行实际操作。

专业实践是增强教师实际操作能力的有效途径。学校及相关教育机构应加强与各类企事业单位的合作，加大教师到外经贸企业专业实践的力度。这样既可以使教师实际了解外经贸企业的运作机制，熟悉外贸领域的业务操作，获得第一手的案例资源，也可以在实践中进行反思，发现问题，拓宽教学思路，改进教学质量。同时也鼓励商务英语教师积极考取各类职业资格证书，如外贸业务员证、报关员证等专业证书，向真正的“双师型”教师迈进。

丰富的专业实践经历是增加课堂说服力和吸引力的有效途径。因此，学校应加强与企业合作并有计划地安排教师到对口的外向型企业锻炼，深入实际了解对外贸易企业运作机制，熟悉具体业务环节的操作和岗位技能，在实践中不断积累案例，从而使教学摆脱局限性，达到轻松自如。同时也希望教师参加职业技能资格考试，获得更多的职业资格证书，真正成为“双师型”教师，提高教学水平，保证人才培养质量。

（三）职业道德素质的教育

商务英语专业教师在工作中的态度与方式会极大地影响教学质量和教学水平。发挥教师的积极性和主动性，开展思想政治教育、职业道德教育和法律意识教育是商务英语专业教师发展的重要方面。

商务英语专业教师应树立以人为本的教育理念，爱岗敬业，为人师表，既教书又育人，用自己的一言一行影响学生、感染学生；确立以语言知识、语言能力、文化意识、情感态度、学习策略以及职业技能培养为主要内容的教育教学观；应具有一定的教育科研能力，并勤于教学研究，配合教学内容改革教学方法，充分运用现代化教学设备和手段进行教学，并在实践中不断总结提高；教师还应具备商务工作的基本素质，重视职业道德教育与提高，具有多种文化背景下的商务交际能力。这些对于教师的学科发展和个人成长都具有十分重要的意义。

（四）制度建设

加强高校商务英语教师队伍建设，构建“双师型”师资队伍，需要不断吸取新鲜的教师力量，高校一方面需要健全商务英语教师选聘制度，提高选聘门槛，聘请具有在外企工作经历，且在英语技能和商务技能两方面都优秀的教师人才，改革传统只重视英语专业技能的选聘制度，通过试讲和专家教授评选等多重选聘制度强化商务英语教师队伍建设。另一方面需要采取优惠政策吸引更多优秀商务英语教师，如通过提高薪资、福利等直接措施强化教师队伍建设。具备扎实语言技能和商务技能的优秀教师的加入，必定会深化商务英语课程教学改革，强化商务英语课程建设和提高学生实践能力培养。

高校建立完善的教师考评制度对于“双师型”教师队伍的建设具有积极的推动作用。教师考评制度的建立是以硬性制度驱动商务英语教师不断加强自身能力建设的，采取末位淘汰制度，对商务英语教师专业能力不过关的教师不再予以续聘。将教师的专业技能，即英语语言技能和商务交际技能纳入年终考核内容，并直接与教师的奖金、职称挂钩，促进教师能力建设的全面发展。另外，高校应加强商务英语教师科研能力建设，为教师的科研提供一切有利条件，以保障高校英语教师不断探索和创新教学方法，提高商务英语人才培养质量，也使教师在科研过程中不断成长和发展。

构建“双师型”教师队伍是推动商务英语人才培养的重要举措，建立一支高水平的教师队伍是真正搞好商务英语教学的重要保障。为了更好地满足社会对商务英语人才日益增多的需求，不断完善商务英语学科的课程体系建设，商务英语教师应尽量缩小语言技能与商务知识之间的差距，努力达到具备复合知识的特点，构建“语言＋专业”的发展模式。此外，高校应重视对现有教师进行相关领域的专业教育和在职培训，建立一个切实可行的长期发展模式，为教师提供自我发展的平台。教师只有不断积累新知识和新技术，加强自身专业能力建设，才能为学生答疑解惑，才能不断开拓学生的视野，引导学生商务英语能力的全面发展，满足市场对应用型商务英语人才的能力需求。

第四节　商务英语师资专业认证体系

一、商务英语教师专业化

教师专业化是指教师要有一定的学科领域专业素养，即教师既要有规定的学术水平和学历要求；还要有教育专业素养，即教师需要具备师德素养、学习素养、心理素养、语言表达能力和组织教学能力等；教师要符合与教师职业相关的特殊要求，即有特定的能力和职业、人格特征要求。以商务英语教师为例，商务英语教师不仅要具备普通教师具有的学科专业素养和教育专业素养，而且需要具有特殊的能力，如掌握多元化的商务英语教学法、具有丰富的商务实践经验以及指导学生进行职业规划的能力。

教师专业化应包含教育学科专业化和教师职业专业化两个方面。对教师的基本要求是：具有系统的学科知识结构和教育学专业知识；具有比较丰富的教学实践经验；具有对学生学习情况进行诊断的能力；具有教学的自主权；具有教师的职业道德水准。为此，高校应从自身的特点出发，为教师的专业发展设定明确的目标：一是加速教师的专业成熟；二是转变教师的教育观念；三是提高教师的教学技能和方法。

为了培养既有过硬的英语交际能力又有丰富的商务理论知识和实践能力的复合型商务英语人才，根据商务英语专业学生的需求，确定商务英语专业人才的培养范式应该是"英语水平＋商务技能＋职业素质"。而将国内外教师教育理论与我国商务英语教师的现状相结合，商务英语教师发展的范式则应该采用"专业发展＋商务知识与技能＋职业道德素质"。因此，教师专业化就是要重视教师的培养培训和加强师德师风建设，不断提高教师专业素养。要出台相关政策，积极鼓励和引导教师到企业单位进行见习和挂职锻炼，要重视从企业单位引进有实践经验的人才充实师资队伍，聘请他们做兼职教师，要重视"双师型"教师、教学骨干、专业带头人的培养。

我国教育界对"双师型"教师有一种普遍的理解，以教师是否具有"双证"（行业或职业技能等级证）为判断标准。这只是在形式上强调了"双师型"教师要重视实践的特点，"双师型"的实质是指教师具有人才培养所要求的特殊双师素质内涵，是专业知识、专业素质、专业能力和专业实践的有机结合。目前我国职业资格证书制度还不健全，其专业相关的资格证书与实际能力的等值性值得怀疑。"双师型"教师是我国高等教育对教师专业发展的一种特殊要求，即要求专业教师具备两方面的能力和素质，一要有较高的专业理论知识和专业实践技能，二要有一定的教改和科研能力，能够针对国内就业形势和学生特点来指导专业学生的实训和实践。总而言之，"双师型"教师是理论与实践并重的、高技能型的复合型教师。

（一）商务英语"双师型"教师

目前在我国，商务英语"双师型"教师尚无权威性定论。国内外学者就商务英语教师进行了如下界定。

约翰逊和埃利斯在《商务英语教学》一书中指出了商务英语教师应该具备的素质，强调商务英语教师首先是一个语言教师。此外，他们从个人能力、如何获取资料以及如何获得信息方面指出商务英语教师应该具备的能力。还有学者认为商务英语教师主要是起到英语教师的角色和作用，这种界定是基于国外的商务英语专业教学模式，显然这种观点是不符合我国国情的。商务英语教师的专业知识素质包括学科基础知识和学科专业知识。作为商务英语教师，必须具备较高的听、说、读、写、译的技能，具体来说，商务英语教师不仅要具备扎实的英语五项基本能力，还应具有丰富的跨文化交际知识和技能。同时，广博的商务知识和实践经验也是商务英语教师所必须具备的，此外商务英语教师需要掌握一定的科研能力和现代化教育手段。

商务英语“双师型”教师主要有两层含义。从教师个体层面上讲“双师型”教师是指教师需具备“双师素质”，要求专业课教师既要有系统的专业理论和实践知识，又要有较强的专业实践能力和指导学生实践的能力，具有双证。同时要求教师不仅要有教师从业资格证，而且要有专业相关的证书或者企业工作经历，这样，教师就能在教学过程中做到理论与实际相结合，能指导学生进行专业实践。从教师群体层面上讲“双师型”教师是指教师要有“双师结构”，要求教师团队中既有来自高校或企业的专职教师，又有来自企业、公司的兼职教师，或者是外籍教师，专职教师应与兼职教师、外籍教师的数量应达到一个合理的比例。这些不同层次的教师发挥不同个体之间的互补功能，使整个教学团队在商务英语专业教学、实践和就业指导工作上发挥各自不同的功效。

商务英语教师应该具备以下能力和素质：

第一，教师要有扎实的英语功底和一定的行业背景知识，教师能运用现代教育技术进行教学；

第二，教师要有进行教学改革和探索教育教学规律的能力；

第三，教师既能从事理论教学，又能胜任与专业相关的实习、就业的组织和指导工作；

第四，教师要具有丰富的行业背景知识和一定的专业实践经验，能用熟练的英语讲授行业的产品信息、营销策略、社交礼仪、谈判技巧等商务知识并指导学生的实践活动。

总之，作为商务英语“双师型”教师，需要具备扎实的英语学科知识，丰富的英语教学知识、教学方法和教学手段，系统的商务基础知识和一定的行业知识背景，跨文化交际知识，较强的学习能力和科研能力，同时要具备一定的商务英语行业实践经验并能指导学生的实践。

（二）商务英语教师专业化

商务英语教师专业化是商务英语教师在商务英语学科领域专业知识和商务技能素养的培养和提高，也是商务英语教师内在专业结构和商务实践技能不断更新和丰富的过程。商务英语教师的专业化发展是一个循序渐进的过程，是一种在探索性、反思性教学实践中不断产生的对职业生涯的思索和坚持不懈的努力。促成商务英语教师专业发展的因素有多种，但总体上可归纳为内因和外因。优秀的商务英语教师职业发展的内因，主要取决于对职业的热爱和对知识的不断追求，这是教师专业发展的内动力。在教师专业化发展中，教师所在学校应该重视外因对内因的促进作用，采取相关手段和措施帮助教师在态度层面建立专业信心，在学科知识能力层面提高教学技能并发展丰富的教学策略。

卡尔·桑德斯是较早对“专业”进行系统研究的社会学家，他认为专业是指一群人在从事一种需要专门技术的职业，它是一种需要特殊智力来培养和完成的职业，目的是提供专业的服务。专业是一个正式的职业，为了从事这个职业，要进行以智能为特质，包括知识和某些扩充学问的训练，这是必要的岗前培训，不同于纯粹的技能，专业主要供人从事于为他人服务，而不是从业者单纯的谋生工具。毫无疑问，商务英语教师职业是一种专业，我们可以从以下几方面进行论证。

第一，商务英语教师是从事商务英语专业知识和技能教学的专门人才。商务英语教师需要接受大学高等教育的系统专业训练，而不是通过个人体验和个人工作经历累积工作经验。

第二，商务英语教师培养的是从事国际商务工作的高端技能型人才的培养，其属性是一种范围明确且社会不可缺少的教学服务。教师通过教学服务获取报酬，并且把服务置于个人利益之上。

第三，商务英语教师把商务英语教学、实训实习、专业指导、科研等融为一体，即商务英语教师不仅要提供高质量的商务英语专业教学和专业实训实习，而且要对商务英语专业学生进行专业指导且对商务英语专业进行科研研究。这些行为是一种自觉行为，而普通职业仅提供有限的服务，没有研究意识。

第四，商务英语教师把工作看作是事业，是一种生活方式，而普通职业从业人员仅仅把工作当成一种谋生手段。

（三）商务英语教师专业化知识和技能体系

在对商务英语教师这一职业进行职业分析的时候，我们要明确商务英语教师的职业活动所具备的知识体系，提出完成商务英语教师这一职业活动所必备的专业知识和技能，从而修正商务英语教师培养目标和改革商务英语教师的培养内容，使商务英语教师真正具有职业独特性。商务英语的特殊性决定了商务英语专业教师必须拥有独有的特性，商务英语教师知识和技能体系应该从公共知识和技能、教育教学知识和技能等方面来建立。

1. 公共知识和技能

商务英语教师首先要具备高尚的师德，即忠诚教育事业和热爱学生；其次要有较高的文化修养、熟悉教育学和心理学等教育基础理论知识，并能在教学活动中灵活地运用教育学和心理学知识来组织教学活动；最后还需要有广博的知识和多方面的才能，这样有利于师生进行有效的沟通。

2. 教育教学知识和技能

商务英语教师需要掌握教育教学知识和教育能力，即掌握教学基本规律、教学原则、教学方法、教学评价等知识和技能，并用以指导自身的教学实践。由于商务英语专业的特殊性，商务英语教师需要具备一定的自主学习能力、科研能力和创新能力。同时，还需要掌握现代化教育技术和信息技术的运用，以不断适应现代化教学。

3. 商务知识和技能

商务英语的跨学科性决定了商务英语专业学生需要掌握系统的商务知识和商务技能。商务英语专业学生知识的复合性和能力的应用性要求专业教师的知识能力结构具有复合型和实践性。因此，商务英语教师需要熟知国际商务知识，掌握国际贸易、法律、市场营销、金融、管理等领域的知识，同时又要熟悉相关的行业背景和灵活运用商务实践能力来指导学生的专业实践。广博的商务知识体系能够帮助教师在教学过程中进行创造性的发挥，从而激发学生学习的积极性和创造性，使得学生在教学过程中掌握商务技能，提高学生的学习效率。

4. 英语知识和技能

商务英语教师首先是一位英语教师。因此，扎实的英语学科知识和丰富的英语教学知识必不可少。由于我国的大部分英语教师不是在英语母语环境下培养出来的，所以需要花大量的时间来获得英语基础能力，即掌握丰富的英语语音、词汇、语法、语篇等方面的知识。此外，商务英语教师还应该熟练掌握英语听、说、读、写、译等技能，对外语语言学、词汇学、外国文学、跨文化交际等有比较深入的了解。另外，商务英语教师还应熟悉英语教学理论及灵活运用各种英语教学法，对各种不同的教学法流派的理论基础、教学原则、教学方法和在具体教学过程中的运用技巧都要进行深入的探讨，并能结合具体的教学情境加以创造性地运用。

5. 商务英语知识和技能

首先，商务英语教师要能够熟练地运用英语表达来指导学生进行国际商务实践；其次，商务英语教师要掌握西方经济学、国际经济学理论、国际贸易实务、国际市场营销等商科知识，并能用中英双语进行商务英语专业教学活动；最后，商务英语教师还需要了解世界主要国家和地区的经济发展和贸易政策，了解国内的经济政策和法规，熟悉我国对外贸易的政策和法规以及国际商务惯例，具有较强的交际能力和应变能力。除了系统的专业理论知识、丰富的商务英语教学方法，商务英语教师又要有一定的商务实践技能和经验，从而能做到在专业教学和专业实践中理论与实际相结合，指导学生进行实践活动。

此外，商务英语教师还要能根据区域经济社会发展开展应用研究，设置与本地区经济发展相适应的就业岗位群以及岗位群的课题开发等能力，同时又能指导学生的就业工作。

（四）商务英语教师专业化的特点

想要实现商务英语高端复合型人才的培养，首先要打造一支高素质的商务英语教师队伍，即搞好商务英语教师专业化。要实现这一目标，首先要分析商务英语教师专业化的特点。

商务英语教师与普通英语教师的共性特点在于以下三个方面。

1. 具有扎实的英语学科知识和丰富的英语教学知识

掌握丰富的英语语音、词汇、语法、语篇等方面的知识；掌握英语听、说、读、写、译等技能；对外语语言学、词汇学、外国文学、跨文化交际等有比较深入的了解。

2. 具有丰富的英语教学知识

商务英语教师应熟悉英语教学理论及灵活运用各种英语教学法，对各种不同的教学法流派的理论基础、教学原则、教学方法和在具体教学过程中运用技巧都要进行深入的探讨，并能结合具体的教学情境加以创造性地运用。此外，商务英语教师应掌握一定的语言输入理论和方法，并熟知英语教学规律和现代教学法理论，了解学生的认知特点和学习动机、策略以及有关教材、测评等方面的基本知识。

3. 具有现代化教育技术和信息技术的运用能力

现代教育技术和信息技术的广泛应用对商务英语教师提出了新的要求。现代化的多媒体技术和信息技术创造出生动、逼真、有趣的教学情境，实现了商务英语教学的交际性、知识性和趣味性。商务英语教师应该掌握现代化教学工具和运用现代化教育技术及信息技术来指导学生的学习和实践。此外，商务英语教师还要求掌握网页制作技术、操作相关实用软件、创建聊天室和班级群，能够运用网络交流平台及时与学生沟通，提高教学效率和工作能力。

结合商务英语学科的特点，商务英语教师有其自己独特的职业特点，主要体现在以下四个方面。

第一，商务英语教师具有“多证书”特点，即商务英语相关学历证书（商务英语专业、英语专业、经济或贸易专业等）和商务英语相关职业技能等级证书（中国国际商务英语认证考试培训师、全国外贸业务员资格证书、国际商务师证书、报关员证、报检员证、单证员证等）。

第二，商务英语与普通英语教师相比，不仅要具有熟练的英语学科基础知识（听、说、读、写、译）和丰富的英语教学法，而且需要不断学习商务理论知识（西方经济学、国际经济学理论等）和更新国际贸易实务、国际市场营销等实践知识，熟知国际国内法律知识和国际商务前沿知识。此外，商务英语教师还需要掌握多元化的商务英语专业教学法来指导学生的商务英语学习和商务实践。

第三，商务英语教师与普通英语教师相比，能力要求相对较高。商务英语教师既要有公共教育素养，掌握教育的基本特点和规律，有丰富的教育教学经验，又要懂得如何有效地将教育中大量的隐性知识转化为学生头脑中的显性知识为学生掌握和运用，还要有较强的商务实践技能，并能结合自身的商务实践经验，指导学生进行各种商务实践。

第四，商务英语教师要有较强的商务英语专业职业规划、职业设计和职业指导能力，即在学生实训和实习中，熟练地运用中英双语对商务英语专业学生进行专业实践和职业指导。

二、商务英语教师的专业化建设

教师专业化就是教师高素质和高技能的培养，教育主管部门和学校通过实施教师专业化的过程，达到确保学校对师资的需要。第 45 届国际教育大会上，联合国教科文组织指出，“教师专业化是提高教师地位、教师专业知识和教师专业技能最高效的策略”。毫无疑问，确认教师职业的专业性和不断推进教师专业化的进程成了各级国际教育组织和各国政府努力的方向，也是世界各国提升国民素质和增强国家实力的重大举措。培养复合型人才的关键是教师，所以商务英语教师专业化是商务英语专业发展要解决的核心问题。目前，商务英语专业的发展规模不断扩大，但从事商务英语教学的教师不仅数量相对偏少，而且专业教师的商务专业理论知识和商务实践能力相对薄弱，这与复合型商务人才的培养目标明显不相适应。针对商务英语教师的数量不足、素质不高、保障不力等特点，首先要分析商务英语专业化的目标，大力扩充专业教师队伍的规模；其次，针对商务英语教师专业性不强的特点，要建立针对商务英语教师“双师型”教师培养体系；再次，商务英语教师实践教学能力不强，因此，构建和完善商务英语教师培养多元化平台势在必行；最后，要积极主动地改革和完善商务英语教师专业化保障制度，为商务英语教师专业化扫清后顾之忧。

（一）明确商务英语教师专业化目标

商务英语教师专业化的发展目标应该从以下几个方面进行探讨：其一，商务英语教师的自身素质即教师自身的英语专业素质和商务专业素质；其二，商务英语教师还应该掌握相关的商务实践技能，并能够运用自身的商务实践能力和商务实践经验来指导学生进行商务实践；其三，具备对学生的行为、学习、交往、情感的指导能力、商务英语专业教学组织能力和实践指导能力等；其四，商务英语教师还需具有专业责任感和服务精神，为学生营造学习氛围。

树立商务英语教师专业化目标，一是要在入门资格上有明确的目标，即要求商务英语教师在具备基本的教师资格证之外，还必须拥有其他商务技术方面或经济方面的能力等级证书。二是在专业教学能力上，力求商务英语教师必须具备双重能力，即丰富的英语语言知识能力和一定的商务实践能力。三是商务英语教师在具备其他师德伦理的同时，还应该对商务道德和理论有一定的了解，在商务实践教学的同时，让学生接受一定的商务道德和理论训练。四是在进修途径上，商务英语教师除了在高校和其他教师教育机构接受在职培训提高之外，还必须脱产到企事业单位接受有丰富经验的员工的指导，锻炼自身的商务技能。商务英语教师必须从以上四个方面认清自身发展的目标，才能称为合格的高素质商务英语专业教师。

（二）健全商务英语教师专业化培养体系

1. 商务英语“双师型”教师的培养

《国家中长期教育改革和发展规划纲要》中指出，教师专业化的目标是培养高素质和高技能的专业教师，其培养的主要内容体现在专业理论知识和专业实际操作能力方面，其重点培养的对象之一是能够同时进行理论教学、实践教学和指导学生就业的“双师型”教师。这充分体现了商务英语教师商务实践指导能力和指导学生就业工作的重要性，商务英语教师商务实践能力的培养既符合商务英语教师专业化的根本要求，又能适应商务英语专业学生实习和就业的需求。

制订和完善后的商务英语“双师型”教师培养体系是确保商务英语教师专业化的必经之路，也是商务英语专业发展的核心问题。经过多年努力，尽管这一框架的基础还很薄弱，还存在许多困难，商务英语教师“双师型”培养框架已初步建立。商务英语“双师型”教师体系的建立是个长期的、立体化的累积过程，主要内容包括商务英语教师的英语理论知识和商务理论知识的教育与实践技能的培养。商务英语教师应掌握系统的商务基础知识，即微观经济学、国际金融、国际商法、市场营销、国际贸易理论与实务、国际经济合作、中国对外贸易等学科知识。

宏观层面上，教育主管部门要出台相关政策，要求本科院校对商务英语教师进行系统的商务学科知识和商务英语教学法的培训，也可制订计划安排商务英语教师在国内外商务培训机构进修。

中观层面上，高校要积极展开校企和校际的交流和互动：学校要聘请企业行业专家定期来校讲学，积极争取他们对专业教师的支持与指导；学校要加强与兄弟院校商务英语专业的联系，采取定期参观和开展座谈的形式进行校际互动与交流；学校要出台相关政策安排专业教师下企业锻炼，了解商务行业最新动态和前沿知识以及提高教师商务实践能力；学校应组织资历深的专业教师上公开示范课以供青年教师观摩和学习，也可组织青年教师上商务英语汇报课或举办全校或商务英语系的专业教学比武大赛；学校应建立校级商务英语专业教师的培养体系，让经验丰富的教师“传”“帮”“带”青年教师，通过相互听课和经验丰富教师的现场评课达到对青年教师的指导和帮助。

微观上来说，商务英语教师要具有专业教师发展意识，即多维度地立体化吸收商务英语专业学科知识。首先，要服从学校的安排，进行专业理论学习、参观座谈、下企业锻炼等；其次，教师要积极主动地阅读商务理论书籍，加强理论学习，并自觉接受相关导师的理论指导，努力提高专业教学理论素养；再次，教师要积极参加学校不同专业组织的学术讲座和座谈，增强学术氛围，开阔教师视野，使青年教师及时掌握商务英语专业发展的方向和最新的研究成果；最后，商务英语专业理论课教师要积极主动地承担实践教学和实习指导工作，使理论与实践紧密结合，锻炼和提高自身的综合素质。

因此，要完善校内外实训基地建设。学校必须具有拓宽精神，统筹规划、争取政府、企业、社会各界的捐赠与支持来不断建设和完善商务英语校内实训基地，如建立多媒体语音室、商务英语谈判中心等，这些校内实训场所不仅能充分发挥专业教师的实践能力，而且能高效地指导专业学生的商务实践。另外，学校还要以开放的心态办学，积极和企业深度合作，建立校外实训基地，校外实训基地是对校内实训基地设备和场所不足的有效补充。最后，还要不断完善商务英语教师实训基地建设，疏通专业实训教师的来源和培训渠道，加快“双师型”教师培养步伐。

教育部等相关部委出台一系列政策，鼓励企事业单位愿意接纳商务英语教师下企事业单位锻炼，并积极配合院校搞好对商务英语教师的评估工作。学校需根据上级教育部门制定出商务英语教师下企业锻炼的政策和方针，积极稳妥地推进专业教师下企事业单位锻炼。专业教师则根据学校的要求在规定年限内获得“双师”资格后申请并通过企事业单位和学校的联合考核后方能重新走上讲台，否则不能在院校担任商务英语教师岗位工作。

从学院层面上说，学院要积极制订商务英语专业教师到一线企业锻炼的管理机制和搭建专业教师的企业锻炼的平台，从制度上制约和管理商务英语教师的实践锻炼。其中最重要的管理制度就是专业教师下企业锻炼成效与教师的经济待遇挂钩，即经过企事业单位和学校联合考核之后，证明下企事业单位锻炼效果好的教师应该待遇从优，否则给予一定的惩罚。学校要成立专门的实训处，安排人员定期和不定期地到企业走访，听取企业领导和职工对下企业锻炼教师的评价与意见，以形成教师下企业锻炼的过程性评价。专业教师到企业锻炼之前，需要自己拟出锻炼计划书，并报学校实训处审批，以提高锻炼实效。要效仿国外专业教师下企业锻炼一样，做到学校和教师都要有计划，学校和企业都要严格考核其锻炼实效，并根据实效给予一定的待遇和奖励，或给予教师晋升的机会。

从企业（外经贸部门和单位或涉外企业）方面来说，企业对锻炼的商务英语专业教师要有系统的管理制度，要像对自己公司的员工一样管理，诸如实行考勤制度、请假制度、奖罚制度等，决不能搞特殊化。企业对下企业锻炼的商务英语教师要指派专人指导，采取一帮一的指导，以确保锻炼实效。

2. 商务英语教师校本培训

校本培训是在教育主管部门和有关业务部门的规划和指导下，以学校为基本培训单位，以提高教师师德师风、教育教学能力为主要目标，把培训与教育教学、科研活动紧密结合起来的一种在职培训形式。商务英语教师校本培训旨在满足专业教师工作需要，其校本培训可以在商务英语系里进行，也可以联合其他系（如金融系或管理系）进行，也可以两三所学校合作进行。目前，我国很多院校都非常重视教师的校本培训，但是对培训的内容、培训的方式缺乏系统性的设计和整体安排，导致培训往往流于形式，仅仅作为教师一项继续教育的任务或考核条件去完成，这不利于教师的专业化。

商务英语专业教师需要定期下企业进行锻炼，一部分企业为了吸引优秀的教师加入企业，往往会对专业教师提供丰厚的待遇和良好的工作环境，这对专业教师，特别是优秀的青年教师的道德价值观产生了不小的冲击。同时，社会上的急功近利、消极腐败等不良风气也逐渐侵蚀到高校校园。商务英语专业教师面对人事编制、教学工作量大、科研任务重、学历和职称等现实问题面前不同程度地反映出继续深造、离职跳槽、在岗不出力、在教不安心、违背职业道德等行为。这就需要对商务英语教师进行职业道德教育，帮助专业教师树立正确的职业观和价值观。商务英语的跨学科性同样对专业教师提出了很高的道德要求，要求教师通晓大量的商务礼仪和商业道德，在教学实践中要给学生灌输正确的职业观和道德观，如保守商业机密，对企业忠诚等。所以，我们要重视专业教师的职业道德建设。首先，重视职前教育，在聘任新教师时严格把关，如重视新进教师的品行端正和诚实守信原则。其次，要求青年教师积极参加学校举办的强化职业道德的培训，以认真负责的态度，参加教育教学改革实践，投身学校各项工作。再次，严格执行学校纪律，主动积极完成各项工作，以学生利益为重，尽心尽力为学生服务，不做任何有损教师形象和身份的事情。最后，在教学工作岗位、职称的评定、转换、提升过程中加强教师职业道德的要求与督促。

众所周知，教学质量的提高除了教师丰富的专业知识之外，还需要教师具备多元化的教学方法。商务英语专业的跨学科性需要其专业教师采用多元教学法展开教学，但大多数商务英语教师由于种种原因导致缺乏教学法研究与创新的意识，教师在课堂教学中不能灵活地运用各种教学方法，不能起组织、引导、启发和解答的作用，形成了以教师为中心的被动的学习局面，无法激发学生的学习兴趣。因此，加强专业教师教学法的培养势在必行。应号召全校教师树立教学法研究和创新的意识，优先发展创新型的教学方法和教学手段。实行导师负责制，由商务英语专业教学经验丰富、科研能力强的教师担任指导教师，实行导师、青年教师“双向选择”，双方明确各自的责任，再由指导教师根据培养目标制订出培养计划。学校还可以定期举办教师教学比武大赛，通过教学比武不断探讨和总结出适合专业教学的多元教学法。

随着信息技术的发展，教育的变革正在朝着教育信息化的方向深入。现代信息技术不仅仅是教师的教学工具，还是帮助教师获取信息、教学科研、培养能力和增长知识的一种手段。现代教育技术的发展为商务英语教师科学有效地把大量的专业知识和素养传输给学生提供了可靠的技术保障。

作为高校，首先，应帮助专业教师树立教育信息化时代的教育理念和教育思想，同时要向专业教师灌输掌握现代教育技术与教育手段的重要性。其次，高校应加强对专业教师信息素养的培养和提高，一是聘请校外行业专家采用集中短期培训方式，将传统课堂面授与教师网络自主学习相结合。二是充分利用高校资源采用校本培训的方式，使得专业教师的学习和工作两不误，起到优势互补的效果。最后，高校要不断加快现代教学技术的软、硬件资源建设，如加大对校园网、电子阅览室、多媒体语音室、商务英语谈判中心、商务英语实训中心等项目的建设。

作为教师，要转变专业教学思想观念、增强教育技术能力意识，不断促进自身现代教育技术水平的提升。通过培训和自我学习，掌握现代教育技术的基础理论、课程技术、学科教学设计能力、教育技术与商务英语学科的整合与应用能力，利用教学资源和多媒体网络对商务英语教学开展研究，如商务英语教学的学习资源、教学过程、教学设计、课程开发、技术应用、技术管理、教学评价、课程整合等，以此促进教师转变教学观念、改进教学方式、提高科研能力、促进专业发展。商务英语教师可充分利用现代教育技术和相关平台进行商务英语学术研究和教学改革、撰写科研论文、著书立说，以此促进青年教师教改和科研活动，不断提高专业教师教学和科研水平。

商务英语专业教师在科研研究上往往由于教学任务繁重无法顾及教育科研，同时对教育科研存在认识误区，科研意识不强、科研综合素质不高、造成科研研究难度加大。另外，商务英语教师的科研项目申请难度较大、科研项目经费不足以及科研成果发表难。高校的科研管理体制不够灵活，科研评价体系数量化、等级化，对商务英语学科科研存在观念偏差，支持力度不够，忽视了对商务英语专业教师的人文关怀。为此，各高校应该鼓励商务英语教师进行商务英语学科的科研工作，对青年教师商务英语类课题立项加以引导和管理，帮助青年教师搭建商务英语专业科研的平台。另外，建立商务英语专业科研团队，帮助专业教师形成团结合作的科研氛围，提高商务英语专业教师群体参与商务英语科研的积极性。最后，聘请国内知名商务英语专家进行不定期的讲座，帮助商务英语教师了解商务英语专业的最新动态和前沿知识，以此来促进专业教师科研能力的提高。总之，高校必须从实际出发，统筹考虑，积极探索商务英语专业教师教育科研能力培养机制，提高专业教师的科研能力。

3. 商务英语教师多元化培养平台建设

商务英语教师的素质和能力是商务英语专业教育质量的必要保障，校企合作为商务英语教师专业化的发展提供了平台和条件，使得商务英语专业教师不仅能深入了解企业与行业，了解企业和行业对专业的人才需要，而且教师通过深入一线企业的调研和具体实践，可以掌握专业前沿学科知识的发展动向和实现理论知识与实践的有机结合。

一是政府应在资金和政策上大力扶持商务英语专业教师的培养。政府和教育部门应建立校企合作的法律和制度来有效地指导政府、行业和企业建立校企合作教师培训基地，联合本行业有代表性的企业对商务英语专业教师在专业课程开发、专业技术应用能力和专业实训实习等方面进行培训。二是院校与企业互派师资，夯实师资队伍素质。一方面，通过聘请国内外知名涉外企业的专家，技术骨干到校任教，提高专业教师队伍的素质；另一方面，通过统筹安排，送商务英语专业教师参加职业技能实践，接受社会和企业教育，增长见识，提高技能。三是商务英语院系强化专业教师实践训练。通过与企业合作，分分批安排专业教师到涉外企业进行专业实践训练，定期参与涉外企业的运作，或进行专业的社会调查，了解商务英语专业的发展趋势和研究动向，以便在教学中及时补充商务英语专业最新知识和发展方向，提高商务英语教学质量。政府、行业和企业应建立商务英语专业“双师型”教师认证机制，院校和企业应建立完善的商务英语教师培养和培训机制。此外，政府应建立加大对商务英语教师国培计划和商务英语专业青年教师企业实践项目的广度和深度，着力培养一大批商务英语专业“双师型”专业骨干教师。只有这样，才能培养出教学一线需要的“下得去、留得住、用得上”，实践能力强、具有良好职业道德的高素质的商务英语专业教师。

国内外院校和培训机构的平台为商务英语教师专业化开辟了新的思路，商务英语的跨学科性和国际商务实践性决定了商务英语教师需要到国内外高等院校或培训机构接受培训。教育主管部门和高校制定相关的政策和措施，定期选派商务英语专业教师到国外高等学校或培训机构进修，通过国际合作学习国外商务英语专业先进的教学理念、丰富商务英语教师的专业视野、掌握先进的商务英语前沿理论知识和实践技能。教育主管部门和高校也可派遣商务英语专业教师到国内高等学校做访问学者，培养商务英语教师的业务水平、专业教学能力、专业实践能力、跨文化交际能力、科研能力、创新能力以及指导学生商务实践的能力。

教育主管部门制订出关于商务英语教师的师资培训项目，学校制定相关培训政策并提供必要的培训经费，分批派遣专业教师参加培训，不断丰富专业教师的理论教学水平，锻炼专业实践能力，更好地满足商务英语专业的理论学习和专业实践。

（三）改革和完善商务英语教师专业化保障制度

教师专业化不仅是一种观念，更是一种制度。这是因为教师专业化是教师职业自身的专业技术性特征与相关的管理制度相结合的结果，没有与之相配套的制度建设，教师专业化是不可能实现的。商务英语教师的专业化离不开政策和制度的支持和保障，商务英语教师专业化所需要的基本制度应当包括教师的评聘制度、薪酬制度、激励制度和自我反思制度等。

1. 改革商务英语教师的评聘制度

教师聘任制在促进人才合理流动的基础上，可以激发广大教师的责任感，调动起他们工作的积极性，使教者乐"教"，有助于教育质量的改善，也有利于教师地位的提高。商务英语教师职务评聘是商务英语专业发展的重要内容，搞好专业教师职务评聘可以充分调动教师的积极性和创造性，激发教师钻研业务、促使教师安心教学，更好地履行教书育人职责，可以有效地促进教师进行教学和课程改革、提高教师的科研意识，最终实现商务英语专业教学质量的提高和教师师资队伍的整体素质。

一是高校应在政府的宏观指导下，根据地方经济社会发展需要，制订出适应本地区经济社会发展的商务英语师资队伍建设总体规划，研究和制定学院法规，使高校在开展商务英语专业教师资格认定、任用、职务聘任、培养培训、流动调配时便于依法操作。二是政府应根据师资队伍培养目标建立商务英语专业教师评价标准。标准应包含商务英语教师具备的基本素质标准和专业素养标准，基本素质标准是指从事教师职业所必须具备的思想品德素质、理论知识与能力。它涉及教师的政治观、人生观、道德观、科学文化基础知识、教育理论与技术、课堂组织技术等。专业素养标准是指教师从事专业教育所必须具备的相关专业理论与职业技能的结合。三是高校应根据商务英语专业的特点制定出商务英语教师专业化的政策和制度，来指导商务英语专业教师在教学、教改、科研、实训等方面的提高和发展。四是实行商务英语专业教师的定期再认定制度。商务英语的跨学科性和商务实践性需要商务英语教师的专业知识与实践技能必须适时更新，跟上商务发展的步伐。商务英语教师专业化是专业教师在整个职业生涯中不断接受和巩固新的商务理论知识、增长商务实践能力和积累商务实践经验的过程。所以，要实行动态的教师资格制度，要根据商务英语教师的年龄、教龄、学历、教学能力、实践能力以及教师继续学习等方面的情况实施动态的商务英语教师定期再认定制度。有效期满，专业教师如要继续执教必须重新参加考试和审核，考试合格、审核通过后方可获得新一级的教师资格证书，形成“双师型”教师、专业骨干教师、专业带头人、教学名师的逐级递进的教师资格证制度。在制度上确保教师职业素养的不断提高，建立促使教师不断学习、终身学习的动力机制和约束机制，保证教师专业知识和专业技能的不断巩固和发展。

2. 优化商务英语教师的薪酬制度

20 世纪 70 年代，联合国教科文组织在法国巴黎召开了一次关于教师地位的各国政府间特别会议。会议明确提出应保障教师本人及家属的合理的生活水平，并为教师的进一步进修及文化活动提供相应的物质条件。会议还指出，考虑到生活成本的上涨、国内生产力提高带来的生活水平的提高、工资或收入的普遍增长等因素，教师的工资标准应定期地加以研究讨论以适应社会经济的发展。

首先，要落实商务英语教师“岗位工资＋绩效工资”的薪酬模式，打破“大锅饭”的分配体制。与此同时，建立科学的考核评价体系，结合商务英语专业教师的特点，分别从专业教学能力、专业科研能力、专业实践能力和专业指导能力等四个方面进行量化评价，这样有利于解决商务英语教师队伍的成本效益和薪酬激励效果。其次，为了从企事业单位引进拔尖商务英语专业人才，高校可建立动态的薪酬制度，制定单独的优惠政策，如科研启动费、安家费、安排办公用房、安排子女就学和协助组建科研团队等措施来吸引拔尖人才。另外，高校要健全商务英语专业教师的福利制度，除国家法定的住房、医疗和养老保险之外，还可以根据商务英语教师的特点设置针对性较强和相对灵活的福利制度，来保障专业教师的利益和稳定教师队伍，如商业保险、购房购车资助计划、休闲旅游资助等。

3. 建立商务英语教师激励制度

商务英语专业教师需要有丰富的英语和商务理论知识、一定的商务背景知识和商务实践技能，这需要专业教师不断地学习充电来丰富自己的商务英语专业知识体系，那么如何激励商务英语教师，可以从以下几方面进行。

第一，要有目标激励。高校要根据本校和专业教师的实际情况，制订出商务英语教师长期和短期的奋斗目标，并由学校督导团实施监督。

第二，要有物质激励。只有保障了商务英语教师的基本生活才能使教师专注于工作。

第三，要有福利激励。为商务英语教师提供工资以外的福利待遇，如采取带薪休假、商务校外实习补助等形式来激励教师。

第四，要有职业发展激励。即对表现优秀的商务英语教师提供升迁和提拔的机会，这样专业教师不仅获得了更大的发展空间，也是对自我价值的一种肯定。

第五，要有精神奖励。首先，学校和系部可以实施情感激励，让专业教师有归属感和责任感；其次，学校和系部应该要以身作则，要树立优秀的榜样，榜样就是旗帜，能为专业教师树立前进的方向和动力。

此外，学校和系部领导要实施精神奖励政策，把精神奖励和工作业绩、晋升机会、评先评优挂钩，激励专业教师获得荣誉或为荣誉努力工作。

参考文献

[1]邓金娥．“互联网 +”背景下商务英语教学研究 [M]．长春：吉林文史出版社，2019.

[2]潘文霞，胡娟．互联网 + 背景下高职商务英语教学研究 [M]．北京：中国商务出版社，2018.

[3]朱慧芬．“互联网 +”背景下的商务英语课程群“O2O”一体化教学模式创新研究 [M]．杭州：浙江工商大学出版社，2019.

[4]汤熙．基于内容教学法的商务英语教学实践探索 [M]．苏州：苏州大学出版社，2017.

[5]蒋景东．商务英语教学论 [M]．杭州：浙江大学出版社，2011.

[6]黄芳．大学生批判性思维能力培养实践探索：一项基于商务英语教学的行动研究 [M]．青岛：中国海洋大学出版社，2016.

[7]田卉．任务型商务英语教学研究 [M]．北京：国防工业出版社，2011.

[8]李园园．商务英语教学与人才培养研究 [M]．北京：世界图书出版公司，2018.

[9]乐国斌．“互联网 +”时代商务英语教学模式研究 [M]．长春：东北师范大学出版社，2018.

[10]姜伟杰．商务英语教学理论研究 [M]．长春：吉林大学出版社，2016.

[11]郝晶晶．商务英语教学理论与改革实践研究 [M]．成都：电子科技大学出版社，2017.

[12]李琳娜．商务英语教学理论与实践研究 [M]．长春：吉林大学出版社，2016.

[13]吕晓轩．商务英语教学评价理论与实践研究 [M]．哈尔滨：黑龙江大学出版社，2016.

[14]施秀川. 商务英语翻译与教学研究 [M]. 北京：北京工业大学出版社，2018.

[15]庄玉兰. 商务英语人才培养与教学改革研究 [M]. 北京：北京理工大学出版社，2017.

[16]李晓坤. 商务英语语言及其教学研究 [M]. 北京：中国纺织出版社，2018.

[17]蒋大山，张宗宁. 教育转型发展与高校商务英语的创新教学研究 [M]. 长春：东北师范大学出版社，2018.

[18]刘素君. 商务英语专业本科教学效果提升研究 [M]. 北京：中国社会出版社，2016.

[19]陈海燕. 高职商务英语专业实践教学体系研究 [M]. 北京：北京理工大学出版社，2016.

[20]高嘉勇. 商务英语专业教学改革与实践 [M]. 天津：南开大学出版社，2000.

[21]王娟萍. 高职商务英语专业实践教学体系研究 [M]. 北京：北京理工大学出版社，2014.

U0950293

裁判中的法理应用

——基于100余个最高人民法院指导性案例的分析

赵春晓 著

人民法院出版社

图书在版编目（CIP）数据

裁判中的法理应用 ：基于100余个最高人民法院指导性案例的分析 / 赵春晓著. -- 北京 ：人民法院出版社, 2025.2
ISBN 978-7-5109-4145-0

Ⅰ. ①裁… Ⅱ. ①赵… Ⅲ. ①审判－案例－中国 Ⅳ. ①D925.05

中国国家版本馆CIP数据核字(2024)第087669号

裁判中的法理应用

——基于100余个最高人民法院指导性案例的分析

赵春晓　著

策划编辑　韦钦平
责任编辑　巩　雪
封面设计　尹苗苗
出版发行　人民法院出版社
地　　址　北京市东城区东交民巷 27 号（100745）
电　　话　（010）67550658（责任编辑）　67550558（发行部查询）
　　　　　　65223677（读者服务部）
客服 QQ　2092078039
网　　址　http：//www.courtbook.com.cn
E - mail　courtpress@sohu.com
印　　刷　三河市国英印务有限公司
经　　销　新华书店

开　　本　787 毫米 ×1092 毫米　1/16
字　　数　510 千字
印　　张　31
版　　次　2025 年 2 月第 1 版　2025 年 3 月第 2 次印刷
书　　号　ISBN 978-7-5109-4145-0
定　　价　108.00 元

版权所有　侵权必究

序

Foreword

赵春晓博士撰写的《裁判中的法理应用——基于100余个最高人民法院指导性案例的分析》即将出版发行。该书以其博士论文《最高人民法院指导性案例中的法理应用研究》为基础，以最高人民法院发布的指导性案例为主要研究样本，把法理在指导性案例中的作用和功能归纳为释明法律、补充法律、价值引领三种，将指导性案例中的法理细分为法律原则、法律原理、司法政策和公序良俗，并以此对100多个指导性案例进行法理分析。该书运用法理思辨和实证研究相结合的科学方法，通过对个案的法理应用考察，将问题限定在具体的微观层面。关注在规则空白、规则冲突、规则模糊和规则悖反的情况下，法官如何应用法理来弥补法律漏洞。从法理应用比率、法理应用类型、法理应用种类、法理应用情形四个维度比较、分析和探讨法理在指导性案例及典型案例裁判文书中的应用现状，发现法官在法理应用中的思维路径，总结法理应用的主要特点，透视法理应用存在的主要问题及其原因，并提出解决问题的建议。这些研究体现了作者理论与实践相结合的学风，也表明作者具有鲜明的问题意识和理论思维。该书观点鲜明，研究方法运用得当，逻辑严谨，有独到见解，引证资料特别是指导性案例比较翔实。值此作品出版发行之际，我应作者约请，就案例研究略谈一二，谨以为序。

案例与法律条文相比，其与法理的联结更为密切、更具魅力。之所以如此，乃是因为案例往往体现司法机关对法律或法理的支配性见解，体现为司法领域的“通说”；案例与个案不同，它们具有“规则性指向”与“普遍化倾向”；案例作为法官在无法律明文及习惯法可资依循时创设的司法规范，具备充分的说理和论证，且案例的内容必须是原判决中具有重要性的理据；优秀法官往往在疑难案件中将法理与自由裁量权相结合去发掘个案正义、拓展正义的疆域，并形成新的案例及新的法理。在判例法国家，法律原则、法律条理往往是法官将司法经验组织起来的产品。他们将各种案件加以区别，并在区分的后面定上一条原则，以及将某一领域内长期发展起来的判决经验进行比较，为了便于推理，或者把某些案件归于一个总的出发点，而把其他一些案件归于某个其他出发点，或者找出一个适用于整个领域的更能包括一切的“出发点”，这个“出发点”就是从经验中形成的法理。“任何人不得从其错误中获利”“享用自己的财物应以不损害他人利益为度”等法律原则和条理都是这样形成的。

在我国，案例尤其是最高人民法院发布的指导性案例也是法理的重要载体，日益受到我国司法界和法学界的关注，揭示、提炼、概括指导性案例中的法理，已经成为案例研究的重点，成为发挥指导性案例作用的关键。“千案千面”“世上没有两片完全相同的树叶”。最高人民法院指导性案例作为审理类案应当参照的标尺，能够实现统一法律适用、裁判规则供给的制度功能，不仅仅在于从普通案例中提炼裁判要点，更深层次的途径应该是通过提炼案例法理寻找审判思路、论证方法的统一来达成。最高人民法院指导性案例的制度成因使得这些案例必然是法理的“富矿”。“类案类思，类思类理，类理类判”，即同一类案件适用同一类法理说理论证，同一类法理应用谋达同一类案件的统一审判思路和结果，使得国家司法审判权的行使更加规范和理性。

在中国式法治现代化的总体格局中，加强指导性案例中的法理研究，是建构指导性案例制度、推进案例法治、建设案例法学体系的基础性工作。“中国式现代化”是习近平新时代中国特色社会主义思想的原创性科学概念。在中国式现代化、法治现代化、政法工作现代化的背景下，案例法学研究应当为法治现代化和政法工作现代化提供科学有效的学理支撑。为此，案例法学研究也要步入现代化进程。具体而言：第一，推进案例法学研究对象、研究主题多元化。在法治现代化的进程中，案例法学研究通常包括个案研究、类案研究以及个案、类案研究基础上的审判方式研究等。司法个案是案例法学研究的普遍对象，个案研究特别是经典案例研究，往往能够发现或提炼出法律原则、司法原理等。司法类案研究是就某一法律领域内的类似案件或普遍案件的系统性研究，从中可以发现法律和政策、道德相结合而形成的法理与法律价值体系，用以指导类案的审理。第二，解放思想、面向未来，积极探索构建中国特色案例制度。中国的案例研究，起步于一个个司法个案，其后提出指导性案例概念，推动建构指导性案例制度。指导性案例制度是司法改革的重要成果，是司法工作现代化的重要标志之一。对于类案类判、维护公平正义、提高审判效率和质量发挥了积极作用。然而，我们不应停留于此，而要从中国司法工作现代化和法治现代化的视野，推进构建中国特色案例制度。从案例、指导性案例到案例制度的法律化制度化，这是法治现代化的必然趋势，甚至可以说是法治文明的客观规律。从指导性案例到规范性案例，从指导性案例制度到规范性案例制度再到“案例法治”，不仅是案例法学研究的升华，更是法治的进步。我认为，案例制度现代化是人类法治文明的共同成果，正如法律成文化、立法法典化一样。按照有些法学家的说法，人类法治经历了从压制法治到自治型法治再到回应型法治的发展，这是社会现代化的法治使然，是法治现代化的普遍逻辑。回应型法治必然要求加强案例指导、案例制度建设，进一步必然要求案例制度现代化。案例法学研究要为建立中国特色案例制度提供精到、充分的学理支撑。第三，案例法学研究要推动建构中国自主案例法学知识体系。中国自主案例法学知识体系是中国自主法学知识体系的重要组成部分。现在整个法学界都在探索如何建构中国自主法学知识体系。中国自主案例法学知识体系不能是西方案例法学知识体系的翻版，而应当立足中国国情和中国特色司法实践，用中国法理为其根脉和基石。

法理是法理学的中心主题、法学的共同议题，加强案例法理研究，推进案例研究的学术化、学理化、体系化，必将为构建中国特色法学学科体系、学术体系、话语体系作出重大贡献。希望作者以习近平法治思想为指导，把案例法理研究同中国特色社会主义司法实践相结合、同中华优秀传统法律文化相结合、同人类司法文明的有益成果相结合，不断以科学方法挖掘、提炼案例中的法理，总结案例法理研究的优秀成果，开辟案例法理研究的新境界，并在司法审判实践中运用、检验和发展案例法理，提高司法审判的水平、质量、效率和“三个效果”。

张文显

2025 年 1 月 20 日

前言

Preface

习近平总书记指出，“司法活动具有特殊的性质和规律，司法权是对案件事实和法律的判断权和裁决权”①，并要求司法机关办案“只服从事实，只服从法律”②。习近平总书记对司法权内涵的界定和对司法权运行的要求，一方面指出了司法权是一个开放的结构，司法的各环节都行使着对事实和法律的判断权；另一方面，又强调了在司法权力中具有决定意义的是审判权。③审判权的运行过程便是查明事实和寻找法律的过程。这个过程以具体案件包含的法律问题为出发点，寻找能够适用的法律规则，分析其构成要件，涵摄经认定的案件事实，通过论证，证成裁判结果。“事随势迁，而法必变”④，由于法律不能覆盖和预见全部社会生活事实，不可避免的滞后性使得在司法裁判中会常常遇到现有法律规则无法给予法官裁判案件足够依据支撑的情形。那么，在此情况之下，作为不能拒绝裁判的法官，在寻找法律的道路上，还能找到什么作为证成裁判结果的依据？

最高人民法院于 2018 年 6 月发布了《关于加强和规范裁判文书释法说理的指导意见》，明确规定“没有明确的法律规定作为裁判直接依据的，法官应当首先寻找最相类似的法律规定作出裁判；如果没有最相类似的法律规定，法官可以依据习惯、法律原则、立法目的等作出裁判，并合理运用法律方法

---

① 习近平：《在中央政治工作会议上的讲话》（2014 年 1 月 7 日），载中共中央文献研究室编：《习近平关于全面依法治国论述摘编》，中央文献出版社 2015 年版，第 102 页。

② 习近平：《坚持严格执法公正司法深化改革 促进社会公平正义保障人民安居乐业》，载《人民日报》2014 年 1 月 9 日，第 1 版。

③ 张文显主编：《法理学》（第五版），高等教育出版社 2018 年版，第 251 页。

④ 王夫之：《读通鉴论》卷五《成帝》，舒士彦点校，中华书局 1975 年版，第 274 页。

对裁判依据进行充分论证和说理”[①]。与此同时，该意见还规定，法官为了“提高裁判结论的正当性和可接受性”[②]，还可以将包括法理在内的六类材料作为论据论证裁判理由。很显然，这一新的制度性规则对司法裁判中的法理适用提出了新的要求。由此，也就开掘出一个新的命题，即“案例中的法理发现与适用”。

案例之于法理，犹如植物之于水土、游鱼之于流水。一个案件纠纷通过处理，便成了案例，是因为人类在处理案件纠纷的过程中把天理、地理、人理[③]融入其中，这些统统都可称之为法理的东西使得案件变成了案例。法理之于案例，体现多元化的精神主旨和价值追求。因多元并收，故能广纳精华，取长补短，触类旁通。反过来促进法理成就博大精微、推类辨物的方法适用。马克思主义法学观认为，法学理论来自法治实践，同时又可以反过来指导法治实践。坚持法理来自案例，就是坚持实践第一的观点。坚持在案例中研究法理，就是坚持从司法实践中发现法理论、发展法理论，就是坚持马克思主义的认识论。

“一个案例胜过一沓文件”，“一个案例胜过一沓法条”[④]。当下中国，人民法院的司法裁判对社会生活的影响日益加大。在这个背景下，不仅要加强法官在日常司法活动中尤其是裁判文书说理中的“法理”诠释与应用，更要加强对最高人民法院发布的指导性案例的法理应用研究，以此强化指导性案例培育、法理思维引导、裁判行为塑造，更好地发挥最高人民法院指导性案例制度功能，

---

① 《最高人民法院关于加强和规范裁判文书释法说理的指导意见》(法发〔2018〕10号)第7条。

② 《最高人民法院关于加强和规范裁判文书释法说理的指导意见》(法发〔2018〕10号)第13条规定：“除依据法律法规、司法解释的规定外，法官可以运用下列论据论证裁判理由，以提高裁判结论的正当性和可接受性：最高人民法院发布的指导性案例；最高人民法院发布的非司法解释类审判业务规范文件；公理、情理、经验法则、交易惯例、民间规约、职业伦理；立法说明等立法材料；采取历史、体系、比较等法律解释方法时使用的材料；法理及通行学术观点；与法律、司法解释等规范性法律文件不相冲突的其他论据。”

③ 老子说：“人法地，地法天，天法道，道法自然。”此法乃效法之意，即人类社会和自然世界的规则相通，道理相通，法理相通。由此观之，古人所说的天理、国法、人情就是法理。

④ 胡云腾：《从规范法治到案例法治——论法治建设的路径选择》，载《法治现代化研究》2020年第5期。

实现“努力让人民群众在每一个司法案件中感受到公平正义”的工作目标。

本书以笔者的博士论文为基础，以最高人民法院发布的指导性案例为主要样本，兼顾具有典型意义的案例，从法理角度对案例进行辨别分类，着重阐释法理在案例中如何以不同样态和不同功能来表达司法话语体系、裁判思维方式、现代法治理念、处理纠纷方法。在法律规定存在模糊、漏洞的情况下，法官如何运用法理结合案情进行释明或完善，以确定类似案例的裁判规则。这个过程处处展现法理的真善，处处闪耀法理的智慧，同样也蕴含着法官的价值选择，并表达着一种审判理念，汇集成一种思维体系，传递着一种法治情怀。

法律适用统一要求案件审判不但要有统一的规则，还要有统一的方法，更要有统一的理念。对最高人民法院指导性案例进行法理类型化梳理论证，不仅是法理泛在的展示，更是为法官们了解指导性案例的裁判规则、了解指导性案例应当参照的思维规则提供基础资料。在参照指导性案例时，能够快速检索到类案类规、类案类理、类案类思、类案类判。

当下，理论界有关指导性案例的研究成果层出不穷，主要涉及案例指导制度的效力原理和指导性案例的结构特征等诸多方面。在这些研究中，有相当一部分的研究是以法理问题为切入点进行。笔者通过整理查阅相关文献，归纳对案例指导制度中有关法理应用问题的研究主要集中在以下几个方面。

第一种是理论基础建设方面的研究。这种研究主要倾向于探讨我国案例指导制度建立的理论基础以及在司法实践中的作用和可能出现的问题。学界在这方面的研究起步较早，所探讨的内容也比较详尽，在“建立指导性案例的必要性”①“案例指导制度核心概念的解读”②“指导性案例的参考效力如何界

① 刘作翔、徐景和：《案例指导制度的理论基础》，载《法学研究》2006年第3期。

② 刘作翔：《中国案例指导制度的最新进展及其问题》，载《东方法学》2015年第3期；张骐：《论中国案例指导制度向司法判例制度转型的必要性与正当性》，载《比较法研究》2017年第5期；蔡琳：《案例指导制度之“指导”三论》，载《南京大学学报》（哲学、人文科学、社会科学版）2012年第4期；何家弘：《完善司法判例制度是法治国家建设的需要》，载《法制与社会发展》2015年第1期；张骐：《再论指导性案例效力的性质与保证》，载《法制与社会发展》2013年第1期；邵六益：《从效力到效率：案例指导制度研究进路反思》，载《东方法学》2015年第5期；泮伟江：《论指导性案例的效力》，载《清华法学》2016年第1期。

定”[①]“指导性案例的特点”[②]“指导性案例的适用技术问题”[③]等方面都有一定的建树。其中在“指导性案例的核心概念解读”这一块，有的学者就“指导性案例”“指导性”“效力”“应当参照”这几个概念进行了较为详细的探讨。第二种是规范性建构方面的研究。这种研究侧重规划指导性案例的法源地位、规范效力等。我国学者对这块的研究众说纷纭，笔者将其分为“判例说”“司法解释说”以及“法律适用说”三大阵营。第三种是法律方法运用方面的研究。这些学者往往是在对案例指导制度的运行实效进行考察中发现，案例指导制度在适用的过程中还是存在着与司法实践需求相脱节、文义解释方法过盛、法律论证不充分、引用率较低等问题。[④]一部分学者旨在区分理论、规范和现实层面的案例指导制度，并指出指导性案例难以成为说理论证的实质理由。[⑤]也有一部分学者认为，应该结合实证研究和法理反思，指出任何制度的设计不仅需要有制度运行的程序安排，也需要有娴熟的法律方法训练，更需要有成熟的理念沉淀，才能真正实现制度创新的目标和价值。[⑥]还有一部分学者认为，还需要考虑到指导性案例中法律解释方法的运用，应该丰富全面、细致深入地运用各种法律解释方法，来提高指导性案例被认可及被参照的概率，

---

① 黄亚英:《构建中国案例指导制度的若干问题初探》,载《比较法研究》2012年第3期;陈兴良：《案例指导制度的规范考察》，载《法学评论》2012年第3期；刘作翔、徐景和：《案例指导制度的理论基础》，载《法学研究》2006年第3期；张骐：《再论指导性案例效力的性质与保证》，载《法制与社会发展》2013年第1期；胡云腾、吴光侠：《〈关于编写报送指导性案例体例的意见〉的理解与适用》，载《人民司法》2012年第9期。

② 秦宗文:《案例指导制度的特色、难题与前景》,载《法制与社会发展》2012年第1期;张骐：《论中国案例指导制度向司法判例制度转型的必要性与正当性》，载《比较法研究》2017年第5期。

③ 王利明:《我国案例指导制度若干问题研究》,载《法学》2012年第1期;张骐:《论中国案例指导制度向司法判例制度转型的必要性与正当性》，载《比较法研究》2017年第5期；郑智航：《中国指导性案例生成的行政化逻辑——以最高人民法院发布的指导性案例为分析对象》，载《当代法学》2015年第4期；刘作翔：《中国案例指导制度的最新进展及其问题》，载《东方法学》2015年第3期。

④ 郑曙光：《案例指导制度的法律方法研究》，载《行政与法》2020年第3期。

⑤ 向力:《从鲜见参照到常规参照——基于指导性案例参照情况的实证分析》,载《法商研究》2016年第5期。

⑥ 彭中礼：《司法裁判中的指导案例》，载《中国法学》2017年第6期。

并充分发挥其制度效果。[①] 部分学者还就此提出了指导性案例、法律方法论和法官素质之间可以形成一种良性的互动和循环。这种共赢的互动和循环对于案例指导制度的发展也是极大的激励与推动，其外在表现形式则是裁判文书中的论证和说理。[②]

综上，学界对于案例指导制度本体的研究成果让我们看到，指导性案例制度在案件纠错机制上仍具有局限性，指导性案例的适用技术还有待提高。[③] 在司法适用过程中，指导性案例仍存在着与司法实践需求相脱节、援引率较低、法律论证不充分等问题。如何通过加强案例中法理的应用研究来解决这些问题，本书拟通过分析百余例最高人民法院指导性案例的法理适用情况来作一个较为系统的实证分析，并以此为基础对指导性案例的功能实现进行实然性研究以尝试对此问题给予回应。

第一章“指导性案例中的法理”。在引出案例法理意涵的基础上，指出案例是蕴藏“法理”的富矿，这既体现在案例的解纷功能上，也体现在案例的治理功能上。通过对指导性案例法理应用的进一步分析，发现一方面制度规定赋予法理应用空间及其形式效力，另一方面法理应用又反过来赋予指导性案例实质性效力。指导性案例中法理应用的意义，主要包括案例法理应用推动法理研究发展、促进法理成为法学研究的共同关注、回应改革合理性、体现司法人民性、体现法理共识性以及有助于增强与世界对话的有效性等六个方面。

第二章“指导性案例中法理的样态”。指导性案例中的法理以不同的样态存在。本书中以法律原则、法律原理、司法政策、公序良俗四种形式来归类阐释。首先，法律原则样态的法理表达，在司法实践中，法官通常会以具体法律条文作为大前提来适用于案情化解纠纷，如果找不到合适的具体法律条文，法官往往会寻找在法律条文中有明确规定的法律原则进行论证说理。明确规定在法律条文中的法律原则，是法理的一种制度化表达。其次，法律原

① 孙光宁：《法律解释方法在指导性案例中的运用及其完善》，载《中国法学》2018 年第 1 期。

② 孙光宁：《案例指导的激励方式：从推荐到适用》，载《东方法学》2016 年第 3 期。

③ 刘作翔：《中国案例指导制度的最新进展及其问题》，载《东方法学》2015 年第 3 期。

理常常外显为达成共识的学理、学说、理论观点。指导性案例中含有丰富的法理，特别是在没有具体法律条文可以适用的情况下，法官常常运用法律原理来论证说理。再次，司法政策是法理的工作呈现，运用到审判中形成审判理念，通过分析指导性案例中法理应用，可以观察到在司法实践中如何把审判理念贯彻到裁判过程之中。最后，广义上的公序良俗作为兜底法理样态。从实践来看，指导性案例中公序良俗的适用，主要包括社会主义核心价值观、道德伦理中的公序良俗、公共政策中的公序良俗、风俗习惯中的公序良俗。观察公序良俗在指导性案例中的适用，可看到其具有严格的适用效力等级规则。

第三章“指导性案例中法理的功能”。通过分析指导性案例中法理发挥的作用，可将其功能归类为释明法律、补充完善法律、价值引领三个方面。其中，释明法律意味着法官必须要通过运用法律解释方法完成法律规范在具体案情中的适用。此种指导性案例的裁判要点多为对现有的具体法条予以阐释和说明，往往控制在对法律条文的核心文义解释范围内。补充完善法律功能，主要体现在对立法目的的发现、冲突规范的协调、适用范围的完整和与时俱进的解释四个方面。指导性案例中的法理应用还具有价值引领的功能，具体可从秩序、自由、正义、效率等价值要素所发挥的作用来观察。

第四章“规范法理的案例诠释与应用”。从当下中国司法知识生产机制的形式来看，法官在日常司法裁判过程中处理的一个个案件以及基于这些案件处理过程中所展开的司法裁判说理，实际上不仅为最高人民法院指导性案例的生成提供了坚实的基础——日常案件是指导性案例得以遴选、提炼、生成的“蓄水池”，也为指导性案例法理的生产提供了稳定的基石——日常案件的裁判说理是指导性案例法理得以彰显、典型化、普遍化的“智库”。与此同时，就实质而言，当下中国司法知识的再生产尽管在很大程度上依赖生产与再生产机制的顺畅性，但从根本上来说，更加依赖的还是基础知识生产的质量。这意味着，法官在日常司法裁判过程中的“说理”，既为指导性案例的法理形成奠定了基础，也制约着指导性案例法理的质量与意涵。从实践来看，法官基于多重因素而不愿甚至不会诠释案件所蕴含的法理，进而影响案例法理的生成与生产。要提高案例法理的生产质量与生产规模，必须要重视并引导、激励法官对于案件中所蕴含的法理的诠释。这其中既要把握法理司法诠释与应用的关键时机，又要灵巧掌握法理司法诠释与应用的主要方法，同时明确法理司法诠释与应用的主要立场并强化法理司法诠释与应用的综合保障，唯有此才能提高案例法理的理论诠释与实践运用，最终推动案例法治的形成以及法治中国建设的深入实践。

习近平总书记指出，“要弘扬和平、发展、公平、正义、民主、自由的全人类共同价值”①，“把全人类共同价值具体地、现实地体现到实现本国人民利益的实践中去”②。案例是体现和实现群众的利益和诉求的法治实践地，通过案例淬炼体现全人类共同价值的法理，输出裁判规则，提高中国特色社会主义法治理论在国家治理中的实践力和生命力，强大国际事务中的法理话语权，向世界人民讲好令人信服的中国法治故事，是研究案例法理应用的目标和使命。通过研究最高人民法院指导性案例中法理应用情况，以求类案类思、类案类理、类案类判，为广大法律从业者在实践中参照最高人民法院指导性案例提供方便，是一件需要也值得花精力的事业。由于笔者能力有限，文中疏漏、浅薄之处在所难免，请读者诸君提出宝贵意见。

赵春晓

2025 年 2 月于东交民巷

① 习近平：《携手共建合作共赢新伙伴，同心打造人类命运共同体——在第七十届联合国大会一般辩论时的讲话（2015 年 9 月 28 日）》，载《人民日报》2015 年 9 月 29 日，第 2 版。

② 习近平：《在中国共产党与世界政党领导人峰会上的主旨讲话》，载《人民日报》2021 年 7 月 7 日，第 1 版。

目录

Contents

第一章 指导性案例中的法理

第二章　指导性案例中法理的样态

第三章 指导性案例中法理的功能

第四章 规范法理的案例诠释与应用

第一章

指导性案例中的法理

尽管对于最高人民法院指导性案例蕴含法理的现实判断无论是理论界还是实务界都已基本达成共识，但是当我们欲开启这一重要论题的系统研究时，仍然必须首先确立研究的理论范式，也即必须严谨地思考和回答最高人民法院指导性案例中蕴含的“法理”，是一种什么样的“法理”？这种“法理”是以什么样的方式存在于指导性案例之中？换言之，这种“法理”与其他法律事物或者法律现象所蕴含的“法理”是否完全相同？抑或是否存在自身独特的形态及价值？我们希望通过对这一系列问题的回答，尝试建立发现指导性案例法理的基本判准以及法理蕴含在指导性案例中的内在机理。

第一节　案例中的法理

“法理”是什么？客观来说，这个问题一直是古今中外理论学者们探讨的一个重要话题。就一般意义上来看，所谓法理，它在本质上是一个统合概念。张文显教授认为，法理概念包括法的“道理”“原理”“条理”“公理”“原则”“美德”“价值”① 等。《布莱克法律辞典》在论述法理对司法活动的影响时，特别是在法官需要选择最适合裁决案例的法条时，法官往往会“从法理学的角度”② 以“对社会最有利”为目的来作出选择和决断。此外，比如德沃金在论述关于法理在司法中的作用时认为，“法理学和法律实践之间是‘相互渗透’的关系，它们之间没有固定的、明显的、清晰的界限，没有法理学的法律实践和离开法律实践的法理学同样是不可想象的”。③ 又比如，博登海默认为，在司法过程中法理是一种“令人非同意不可的”“不容置疑的力量”④，这

① 张文显：《法理：法理学的中心主题和法学的共同关注》，载《清华法学》2017年第4期。

② 张广兴、公丕祥主编：《20世纪中国法学与法制现代化》，南京师范大学出版社2000年版，第71页。

③ ［美］德沃金：《法律帝国》，李常青译，中国大百科全书出版社1996年版，第83页。

④ ［美］E·博登海默：《法理学：法律哲学与法律方法》，邓正来译，中国政法大学出版社2004年版，第474页。

种力量是法理天然具备的力量，使得司法者不得不接受它，在它的引导下进行司法活动。

笔者无意于对法理的概念、内涵和外延进行探究和分析。仅从实践角度看，法理不仅是法律存在之理、法律功用之理和法律价值之理等，更是处理案件纠纷之理。我国自古以来，办理案件的官府衙门一直被视为“讲理的地方”。所谓讲理，讲的就是案件纠纷的是非曲直和公平正义，亦即法理。芸芸众生，生生不息，难免在生产生活中发生纠纷冲突，当双方无法重归于好或者难以分清谁是谁非时，便会相约到官府“讲理”，此理亦法理。大千世界弱肉强食，弱者被强者欺负无法自保，便会到官府击鼓撞钟求助为其“撑腰评理”，此理亦法理。一个案件纠纷通过处理，便成了案例。为何案件经过处理就变成了案例？就是因为在处理案件纠纷的过程中把天理、地理、人理[①]融入其中，这些统统都可称之为法理的东西使得案件变成了案例。故案例之于法理，犹如植物之于水土、游鱼之于流水，若无案件纠纷及处理纠纷之案例，便无法理之产生，即便有法理，亦无用武之地。依笔者管见，所谓案例，实乃案理之意。把案例叫作“案理”也未尝不可。从马克思主义认识论角度来看，甚至可以把案例视为法理之源。因为法学理论来自法治实践，同时又可以反过来指导法治实践。坚持法理来自案例，在案例中探寻法理，就是坚持实践第一的观点。坚持从案例中探寻法理，从案例中发现法理应用的规律，就是坚持从司法实践中发现法理论、发展法理论，就是坚持马克思主义的认识论。

近年来，虽然法学界、法律界越来越重视通过案例淬炼法理，并且取得了不俗的成绩，最高人民法院和最高人民检察院通过案例指导制度建立了展示法理的平台，使得人们对案例中的法理越来越重视。但总体看，从案例中认识法理、淬炼法理、发展法理仍然做得不够。许多案例中的法理尚未得到归纳、提炼，许多重要的法理命题尚待通过案例进行阐释、完善。

习近平总书记指出，“要弘扬和平、发展、公平、正义、民主、自由的全

① 老子说：“人法地，地法天，天法道，道法自然。”此法乃效法之意，意人类社会和自然世界的规则相通，道理相通，法理相通。由此观之，古人所说的天理国法人情就是法理。

人类共同价值”①，“把全人类共同价值具体地、现实地体现到实现本国人民利益的实践中去”②。案例是体现和实现群众的利益和诉求的法治实践地，通过案例淬炼体现全人类共同价值的法理，输出裁判规则，提高中国特色社会主义法治理论在国家治理中的实践力和生命力，强大国际事务中的法理话语权，向世界人民讲好令人信服的中国法治故事，是研究案例法理应用的目标和使命。

一、“法理”的概念及其实践意涵

古今中外法学家有很多关于法理学及其研究对象的论述，而关于“法理”概念内涵的问题，观点纷呈，目前没有统一的、精准的理论概括和抽象定义。但通过在具体问题上对“法理”现象进行观察、描述以及反思，往往被认为是获得“法理”认知的重要方法和途径，并以此把“法理”概括为法的现象的一般问题、基本问题、方法论问题、意识形态问题，以及法律条文背后蕴含的观念、规律、价值追求及正当性依据问题等。

我国古代有很多关于法理指导法律实践层面的论述和金句。早在先秦时期，先贤对法理指导法律实践的重要作用就有所关注。《荀子·君道》有言：“不知法之义，而正法之教，虽博，临事必乱。”③意思是说，如果不知道“法义”，不知道法理，即便了解再多的法律规定，在面临纠纷解决时也会乱了章法。强调“法义”对“临事”，也即是法理对于法律实践的指导作用。魏晋以后，从明法到明理，“法理”受到重视，（魏武令）又曰：“夫刑，百姓之命也，而军中典狱者或非其人，而任以三军死生之事，吾甚惧之。其选明达法理者，使持典刑。”④关系到人生死的事，懂法理的人才能作正确的裁断。晋律家张斐认为，在具体案情错综难辨时，法官要“探讨法律的精神实质，去

① 习近平：《携手共建合作共赢新伙伴，同心打造人类命运共同体——在第七十届联合国大会一般辩论时的讲话（2015年9月28日）》，载《人民日报》2015年9月29日，第2版。

② 习近平：《在中国共产党与世界政党领导人峰会上的主旨讲话》，载《人民日报》2021年7月7日，第1版。

③ 刘向：《荀子》，中华书局1974年版，第31页。

④ 陈寿：《三国志》（裴松之注），中华书局1971年版，第44页。

领悟其中的‘理’”[①]，只要做到“法理”伸张无碍，便能保证处刑准确恰当，此即所谓“理直刑正”。[②]意思是，是否能够正确运用法理对于断案结果是否公正有着决定性作用。在南朝永明年间，时任廷尉孔稚珪主持删正刑律，曾上表齐武帝“匠万物者以绳墨为正，驭大国者以法理为本”[③]，意思是规范万物要以绳墨为准则，治国理政要以法理为根本。把法理与国家治理实践相联系，认为法理是治理国家的依据和根本。在唐代，“法理”一词更是被广泛用作对官员职业素养能力高低和政务处理是否妥当的评价标准，例如“不习经史，无以立身；不习法理，无以效职”[④]“凡天下诸州断罪应申覆者，每年正月与吏部择使，取历任清勤、明识法理者，仍过中书门下定讫以闻，乃令分道巡覆”[⑤]。“历任清勤”和“明识法理”作为选任官员的两个标准，“清勤”是对官员的品德要求和标准，“明识法理”“研习法理”是对官员的履职能力、实践能力、专业素养的要求和评判标准。“大中六年正月，盐铁转运使裴休奏：诸道节度、观察使，置店停上茶商，每斤收搨地钱，并税经商人，颇乖法理。”[⑥]从这句话我们可以看出，盐铁转运使裴休对诸道节度、观察使的行为进行评价的标准是“法理”，并因这些行为违背了法理，所以对其持否定评价。我国台湾地区学者李钟声先生曾言，中国古籍中的“法理”二字，即“讲中华文化传统中法律的道理”[⑦]。

国外法学家也同样重视法理的实践性。《布莱克法律辞典》在论述法理对司法实践影响时认为，“当针对一个新的或疑难案件的解决，实际被选择的两个法律条文似乎对其有同样的可适用性时，这时或许，而且通常是从法理学

① 高恒：《张斐〈律注要略〉及其法律思想》，载《中国法学》1984年第3期。
② 房玄龄等：《晋书》，中华书局1974年版，第930～931页。
③ 萧子显：《南齐书》卷四十八，《孔稚珪传》（简体版），中华书局2000年版，第567页。
④ 杜佑：《通典》卷十七，《选举五·选人条例》，王文锦、王永兴点校，中华书局1988年版，第425页。
⑤ 李林甫等：《唐六典》卷六，《尚书刑部》，陈仲夫点校，中华书局1992年版，第180页。
⑥ 刘昫等：《旧唐书》卷四十九，《志第二十九·食货下》（简体版），中华书局2000年版，第1436页。
⑦ 参见李钟声：《法理学大纲》，1999年自版发行，第5～6页。

的角度，来考虑这些规则适用于该类案件时所产生的最终影响，然后选择对社会能产生最大效益的那条规则”[①]。德沃金认为，“法理学渗透于法律实践之中，而法律实践又离不开法理学”[②]。美国法学家博登海默认为，在法律实践中法理是一种不容置疑的力量，“在法律制度实施过程中会出现这样的情形，即解决某个问题的特定方法会有一种令人非同意不可的和不可辩驳的力量，从而迫使法律决策者去接受它”[③]。西塞罗提出：“法律是植根于自然的、指挥应然行为并禁止相反行为的最高理性。”[④]霍姆斯大法官在1881年的《普通法》一书中有个名句“法律的生命不在于逻辑而在于经验”[⑤]。

虽然法理是一般的、普遍的，是宏观的、整体的，是理论的、抽象的，但更是具体的、实践的。各国法理学家们总会从社会实践中的具体法律问题出发进行法理思考，总结一般规律，揭示法理内涵，反思法律制度。各国的法理学家对法理研究的立足点都不会脱离本国的社会生活和法律实践，特别是一些注重法理实际功能的法理学家，更是以其本国的法律实践为法理研究的立足点，以期为本国社会生活和法律实践提供理论支撑。

二、案例是蕴藏“法理”的富矿

“法理”如一个精灵般泛在于法律生活的方方面面。源自司法实践的案例，是“法理”的集中地，是蕴藏“法理”的富矿。张文显教授指出，“法理是一个实践理性概念，来源于实践，在实践中凝练、在实践中运用、在实践

---

① 刘作翔主编：《法理学》，社会科学文献出版社2005年版，第4页；《布莱克法律辞典》（英文版），西方出版公司1979年版，第767页。

② ［美］德沃金：《法律帝国》，李常青译，中国大百科全书出版社1996年版，第83页。

③ ［美］E·博登海默：《法理学：法律哲学与法律方法》，邓正来译，中国政法大学出版社2004年版，第474页。

④ ［古罗马］西塞罗：《国家篇　法律篇》，沈叔平、苏力译，商务印书馆1999年版，第151页。

⑤ ［美］小奥利弗·温德尔·霍姆斯：《普通法》，冉昊、姚中秋译，中国政法大学出版社2006年版，第1页。

中发展”[1]，“法理不仅存在于法学著作和法律文本中，还存在于案例之中和人民大众的法律实践和生活之中”[2]。

法律的生命在于实施。法学作为一门实践科学，“法理”经转化进入法律规范，在解决具体纠纷过程中不断完善，进而发现和提炼新的法理，这个过程符合实践和认识的辩证关系，体现了唯物论、认识论和辩证论的有机统一。

案例是凸显“法理”客观存在的、集中呈现的、易被人感知和接受的重要载体。“老百姓心目中和不断践行的法理需要我们厘清，尤其是古今中外经典案例中都包含深刻的法理。正是因为蕴含法理，才成为经典。”[3]案例法理更是具有具体实践性、生动生活性、鲜明时代性、发展完善性的特点。

在司法语境中，案件（纠纷）的事实（争议焦点或争议事实）并不能总是被作为大前提的规范所涵摄，而依照法律规范所构建的法秩序又不可能完美无缺。“制定法的不完备性，并不是一种缺陷，而是一种先验且必然的结果。”[4]从某种意义上来讲，制定法实施之日，即为其展示法律漏洞之始。法律漏洞之弥补，本质上需要法律解释、逻辑推理、价值引导等的运用，而这些无法离开法理的指引。法官在无法律明文规定可依循的情况下，必须充分说理和论证，在自由裁量权范围内依据法理进行审判，实现个案正义。这个过程既是依赖法理的过程也是发现法理的过程，许多精妙的法理被提炼和展现，这一过程和结果不仅是对法理的发现，更重要的是在于其是对整体实践理性的丰富、完善、发展。这个过程同样会对法官自身业务素质的提高起到促进作用。

古今中外不乏从案例中淬炼出来的经典法理，这些从案例中淬炼的法理又反过来指导后来类似案件的审判，并在后来的案件审理中得到进一步的完

---

① 张文显：《法理：法理学的中心主题和法学的共同关注》，载《清华法学》2017年第4期。

② 《张文显教授倡议：中国法学界应重点研究的18个问题》，载微信公众号“法学学术前沿”，最后访问日期：2021年3月1日。

③ 《张文显教授倡议：中国法学界应重点研究的18个问题》，载微信公众号“法学学术前沿”，最后访问日期：2021年3月1日。

④ ［德］阿图尔·考夫曼：《法律哲学》（第二版），刘幸义等译，法律出版社2011年版，第113页。

善和发展。比如缇萦救父废除肉刑，使得我国古代刑罚体系从野蛮走向文明，在尊重保障人权的道路上前进了一步。“百人逐兔”蕴含的“无主动产，先占所有”的法理，逐渐融入相关法律规则当中，对于后世处理无主物归属问题产生了积极影响。美国埃尔默杀祖父欲获遗产案，使得“任何人不能从其错误中获得利益”的法理成为法条与情理不容时的法律适用规则。柏林围墙守卫案“枪口抬高一厘米”，使得“善良的心是最高的法律”这一法理成为司法者和执法者行使自由裁量权时内心确认的准则。

在判例法国家，判例是法理的富矿。判例中淬炼的、输出的裁判规则，往往是裁判者结合个案，解释法律、适用法理产生的具有权威性的规则。特别是在法律没有明文规定的情形下，裁判者往往通过将法理与个案相结合，经过充分的说理论证，形成新的裁判规则。新裁判规则进一步完善和发展了法理，形成的新判例又成为后来裁判者审理案件时的重要依据，循环往复。法理就在这个过程中得到认识、发展和淬炼。在成文法国家，虽然与判例法国家不同，案例不具有法源地位，但案例依然是法理的富矿。

胡云腾教授在《加强案例法学研究 提高案例研究水平》(代序)一文中提到，案例研究包括案件的处理研究和案件的治理研究。他指出，“案件的处理研究是研究司法机关和其他纠纷解决机制如何依法、公正、高效地处理纠纷，维护社会和谐稳定。案件治理研究是研究如何通过加强社会化治理，从源头上预防、化解社会矛盾纠纷”①。笔者认为，案例的两种研究对应着案例的两种功能，即解纷功能和治理功能。两种功能的实现都需要法理的论证分析、逻辑推理和价值引领。在实现案例的两种功能的过程中，处处都有着法理的身影。

(一)解纷功能上的体现

案例的解纷功能表现为司法裁判者通过选择法律条文、适用法律条文、解释法律条文，来评判案件事实，化解矛盾，定分止争。习近平总书记提出：

① 胡云腾：《加强案例法学研究 提高案例研究水平》(代序)，载胡云腾主编：《新时代的案例研究与案例法学研究——中国法学会案例法学研究会学术年会优秀论文集》，法律出版社2020年版，第4页。

“法律并不是冷冰冰的条文，背后有情有义。要坚持以法为据、以理服人、以情感人，既要义正辞严讲清‘法理’，又要循循善诱讲明‘事理’，感同身受讲透‘情理’，让当事人胜败皆明，心服口服。”① 按照习近平总书记关于案件处理的要求，案件处理过程就是讲“理”的过程，法理本身具有的说服力是提高案件处理结果接受度的重要因素。“在法律制度实施过程中会出现这样的情形。即解决某个问题的特定方法会有一种令人非同意不可和不可辩驳的力量，从而迫使法律决策者去接受它。”② 可见，在案件的处理过程中，蕴含着丰富的法理思维、法理智慧、法理认知和法理方法。

【指导性案例 50 号】

李某、郭某阳诉郭某和、童某某继承纠纷案③

【案情概述】1998 年 3 月 3 日，原告李某与郭某顺登记结婚。2002 年，郭某顺以自己的名义购买了涉案建筑面积为 45.08 平方米的 306 室房屋，并办理了房屋产权登记。2004 年 1 月 30 日，李某和郭某顺共同与南京军区南京总医院生殖遗传中心签订了人工授精协议书，对李某实施了人工授精，后李某怀孕。2004 年 4 月，郭某顺因病住院，其在得知自己患了癌症后，向李某表示不要这个孩子，但李某不同意，坚持要生下孩子。同年 5 月 20 日，郭某顺在医院立下自书遗嘱，在遗嘱中声明他不要这个人工授精生下的孩子，并将 306 室房屋赠与其父母郭某和、童某某。郭某顺于同年 5 月 23 日病故。李某于同年 10 月 22 日产下一子，取名郭某阳。原告李某无业，每月领取最低生活保障金，另有不固定的打工收入，并持有夫妻关系存续期间的共同存款 18 705.4 元。被告郭某和、童某某系郭某顺的父母，居住在同一个住宅小区的 305 室，均有退休工资。李某诉至法院，认为郭某顺的遗产应当由妻子李某、儿子郭某阳与郭某顺的父母即被告郭某和、童某某等法定继承人共同继承。请求法

① 习近平：《论坚持全面依法治国》，中央文献出版社 2020 年版，第 23 页。

② ［美］E·博登海默：《法理学——法律哲学与法律方法》，邓正来译，中国政法大学出版社 2004 年版，第 473 ~ 474 页。

③ 参见最高人民法院案例指导工作办公室编著：《中国案例指导》（总第 3 辑），法律出版社 2016 年版，第 367 ~ 368 页。

院在析产继承时，考虑郭某和、童某某有自己的房产和退休工资而李某无固定收入还要抚养幼子的情况，对李某和郭某阳给予照顾。

【裁判说理】裁判文书说理部分这样论述：法院认为，根据“遗嘱在先原则”（法理之一），继承开始后，按照法定继承办理，有遗嘱的，按照遗嘱继承。关于该遗嘱的效力认定。首先，被继承人在遗嘱中否认其妻通过人工授精所生一子与其之间的亲子关系。依据最高人民法院在1991年7月8日作出的《关于夫妻离婚后人工授精所生子女的法律地位如何确定的复函》规定，夫妻双方同意进行的人工授精所生子女，为婚生子女。本案中由于被继承人无生育能力，其同意通过人工授精方法使妻受胎，表明对此获得共同的子女具有积极的意思表示（法理之二），同时应视为对婚生子女否认权的放弃（法理之三），其与该子女之间当然产生父子间的权利义务关系（法理之四）。故被继承人在遗嘱中否认人工授精所生子女与其之间的亲子关系的部分违背了该司法解释的精神，应属无效。其次，登记在被继承人名下的讼争房产，系在夫妻关系存续期间取得，应属于夫妻共同财产。遗嘱中将房产全部处分归其父母，根据《最高人民法院关于贯彻执行〈中华人民共和国继承法〉若干问题的意见》第38条规定，遗嘱人以遗嘱处分了属于他人所有的财产，遗嘱的这部分，应认定无效。故遗嘱中处分属于原告李某的一半房产部分应属无效。最后，被继承人在处分属于其的另一半房产时还应适用继承立法中的“必继份”制度（法理之五），即《继承法》第19条规定的遗嘱应当对缺乏劳动能力又没有生活来源的继承人保留必要的遗产份额。本案中的原告郭某阳尚年幼，符合该规定，故遗产处理时，应当为该继承人留下必要的遗产，所剩余的部分，才可参照遗嘱确定的分配原则处理。

【法理应用】该案的争议焦点是对被继承人自书遗嘱中否认人工授精所生子女与其之间的亲子关系并将房产处分给其父母，是否具有法律效力问题。对这个问题的认识涉及一系列的伦理、法理问题和难题。在当时，关于人工授精出生子女的法律地位没有明确的法律规定，对于人工授精所孕胎儿的法律地位亦无明确法律规定。尤其特殊的是在该案中的人工授精属于异质人工授精，也即子女与被继承人无血缘关系，且被继承人在其妻成功怀孕后曾反悔，明确表示不要这个孩子。本案被告也正是基于法律对人工授精出生子女的法律地位没有明确规定，认为被继承人有权作出自己的选择，遗嘱有效。在这种情况下，该案对于法律条文的选择和适用上，密集地体现了法理思维和法理智慧。

在判决书中，法院首先写明继承要遵循的一般原则，即“遗嘱在先原则”，“有遗嘱的，按照遗嘱继承”，并以此确定该案的继承要按遗嘱继承。接下来对遗嘱效力进行认定。遗嘱包括两部分内容，一是亲子关系，二是财产分配。遗嘱中关于亲子关系的内容，根据相关司法解释确定的“夫妻双方同意进行的人工授精所生子女，为婚生子女”的原则，结合案情“其同意通过人工授精方法使妻受胎”，推断出遗嘱人“对此获得共同的子女具有积极的意思表示”，“与该子女之间当然产生父子间的权利义务关系”，由此判定遗嘱中关于否定亲子关系的内容无效；遗嘱中关于财产处分的内容，法院选择相关法律规定作为大前提，结合案件事实，并以继承立法中的“必继份”制度为依据，判定遗嘱中与法律规定相违背的内容无效。由此明确该案的财产继承原则，给出遗产分配方案。[①]

通过展示该案判决书的部分内容，我们可以直观地看到裁判说理中“法理”“情理”“事理”的有机融合。法官对法律条文的选择、对法律精神的把握、对立法目的的理解、对民事法律关系的分析及对当事人意思表示的判断，充分体现了法理的解释分析、逻辑推理和价值引领的功能，体现出对公平正义、保护未成年人、诚实信用、公序良俗等法律原理、法律价值的把握和坚守，通过“以法为据、以理服人、以情感人”定分止争，促使当事人服判息诉。

（二）治理功能上的体现

“一个案例胜过一沓文件。”众所周知，文件在国家治理中具有重要作用，把案例和文件相提并论，强调了案例在国家治理中的作用和功能。“案例研究也从案例纠纷发生后的处理机制研究到兼顾案件发生之前的社会治理链条研

① 参见最高人民法院案例指导工作办公室编著：《中国案例指导》（总第3辑），法律出版社2016年版，第367～368页。

究的转型时刻。”[①] 胡云腾教授在《从规范法治到案例法治——论法治建设的路径选择》一文中，提出“在案例法治的语境下，逐步实现规则层次的法治、规律层次的法治、信仰层次的法治、实践层次的法治。而实践层次的法治即案例之治”[②]。

一个案例之所以能够胜过一沓文件，成为国家治理的途径之一，笔者认为多是因为案例具有具体生动性、广泛传播性、法理共识性、易于接受性、价值导向性的特点。“法是理与力的结合。”[③] 作为法律实践的成果，案例的裁判结果对社会政治经济文化生活产生直接的影响。在进入全面依法治国新时代，案例是观察法治、发现法治、把握法治和推动法治的重要载体。我们有很多通过个案推进国家法治进程的例子。近些年来，最高人民法院每年都会评选出推进法治进程的十大案例。我们以入选“2017年推进法治进程十大案例”之一的“于某1故意伤害案”以及入选“新时代推进法治进程2021年度十大案件”的“绿孔雀预防性保护公益诉讼案”[④] 为例，来观察如何通过案例淬炼法理，发挥案例治理功能，为国家治理现代化作出贡献。

【指导性案例93号】

于某1故意伤害案

【案情概述】被告人于某1的母亲苏某在山东省冠县工业园区经营山东源某工贸有限公司（以下简称源某公司），于某1系该公司员工。2014年7月28日，苏某及其丈夫于某2向吴某、赵某借款100万元，双方口头约定月息为10%。至2015年10月20日，苏某共计还款154万元。其间，吴某、赵某因苏某还款不及时，曾指使被害人郭某1等人采取在源某公司车棚内驻扎、在办公楼前支锅做饭等方式催债。2015年11月1日，苏某、于某2再次向吴

---

① 胡云腾：《加强案例法学研究　提高案例研究水平》（代序），载胡云腾主编：《新时代的案例研究与案例法学研究——中国法学会案例法学研究会学术年会优秀论文集》，法律出版社2020年版，第5页。

② 胡云腾：《从规范法治到案例法治——论法治建设的路径选择》，载《法治现代化研究》2020年第5期。

③ 孙国华、许旭：《法是“理”与“力”的结合》，载《法学家》2001年第3期。

④ 本案被最高人民法院选编为指导性案例173号。

某、赵某借款35万元。其中10万元，双方口头约定月息为10%；另外25万元，通过签订房屋买卖合同，用于某2名下的一套住房作为抵押，双方约定如逾期还款，则将该住房过户给赵某。2015年11月2日至2016年1月6日，苏某共计向赵某还款29.8万元。吴某、赵某认为该29.8万元属于偿还第一笔100万元借款的利息，而苏某夫妇认为是用于偿还第二笔借款。吴某、赵某多次催促苏某夫妇继续还款或办理住房过户手续，但苏某夫妇未再还款，也未办理住房过户。

2016年4月1日，赵某与被害人杜某2、郭某1等人将于某2上述住房的门锁更换并强行入住，苏某报警。赵某出示房屋买卖合同，民警调解后离去。同月13日上午，吴某、赵某与杜某2、郭某1、杜某1等人将上述住房内的物品搬出，苏某报警。民警出警时，吴某称系房屋买卖纠纷，民警告知双方协商或通过诉讼解决。民警离开后，吴某责骂苏某，并将苏某头部按入座便器接近水面位置。当日下午，赵某等人将上述住房内物品搬至源某公司门口。其间，苏某、于某2多次拨打市长热线求助。当晚，于某2通过他人调解，与吴某达成口头协议，约定次日将住房过户给赵某，此后再付30万元，借款本金及利息即全部结清。

4月14日，于某2、苏某未去办理住房过户手续。当日16时许，赵某纠集郭某2、郭某1、苗某、张某3到源某公司讨债。为找到于某2、苏某，郭某1报警称源某公司私刻财务章。民警到达源某公司后，苏某与赵某等人因还款纠纷发生争吵。民警告知双方协商解决或到法院起诉后离开。李某3接赵某电话后，伙同么某、张某2和被害人严某、程某到达源某公司。赵某等人先后在办公楼前呼喊，在财务室内、餐厅外盯守，在办公楼门厅外烧烤、饮酒，催促苏某还款。其间，赵某、苗某离开。20时许，杜某2、杜某1赶到源某公司，与李某3等人一起饮酒。20时48分，苏某按郭某1要求到办公楼一楼接待室，于某1及公司员工张某1、马某陪同。21时53分，杜某2等人进入接待室讨债，将苏某、于某1的手机收走放在办公桌上。杜某2用污秽言语辱骂苏某、于某1及其家人，将烟头弹到苏某胸前衣服上，将裤子褪至大腿处裸露下体，朝坐在沙发上的苏某等人左右转动身体。在马某、李某3的劝阻下，杜某2穿好裤子，又脱下于某1的鞋让苏某闻，被苏某打掉。杜某 2 还用手拍打于某 1 面颊，其他讨债人员实施了揪抓于某 1 的头发或按压于某 1 肩部不准其起身等行为。22 时 07 分，公司员工刘某打电话报警。22 时 17 分，民警朱某带领辅警宋某、郭某 3 到达源某公司接待室了解情况，苏某和于某 1 指认杜某 2 殴打于某 1，杜某 2 等人否认并称系讨债。22 时 22 分，朱某警告双方不能打架，随后带领辅警到院内寻找报警人，并给值班民警徐某打电话通报警情。于某 1、苏某想随民警离开接待室，杜某 2 等人阻拦，并强迫于某 1 坐下，于某 1 拒绝。杜某 2 等人卡于某 1 颈部，将于某 1 推拉至接待室东南角。于某 1 持刃长 15.3 厘米的单刃尖刀，警告杜某 2 等人不要靠近。杜某 2 出言挑衅并逼近于某 1，于某 1 遂捅刺杜某 2 腹部一刀，又捅刺围逼在其身边的程某胸部、严某腹部、郭某 1 背部各一刀。22 时 26 分，辅警闻声返回接待室。经辅警连续责令，于某 1 交出尖刀。杜某 2 等四人受伤后，被杜某 1 等人驾车送至冠县人民医院救治。次日 2 时 18 分，杜某 2 经抢救无效，因腹部损伤造成肝固有动脉裂伤及肝右叶创伤导致失血性休克死亡。严某、郭某 1 的损伤均构成重伤二级，程某的损伤构成轻伤二级。

【裁判说理】裁判文书说理部分这样论述：于某 1 及其母亲苏某连日来多次遭受催逼、骚扰、侮辱，导致于某 1 实施防卫行为时难免带有恐惧、愤怒等因素（法理之一）。对于某 1 及其辩护人所提本案被害方存在一方过错、原判量刑畸重等上诉意见和辩护意见，本院予以采纳。本院还查明，本案系由吴某等人催逼高息借贷引发，苏某多次报警后，吴某等人的不法逼债行为并未收敛。案发当日，被害人杜某 2 曾当着于某 1 之面公然以裸露下体的方式侮辱其母亲苏某，虽然距于某 1 实施防卫行为已间隔约 20 分钟，但于某 1 捅刺杜某 2 等人时难免不带有报复杜某 2 辱母的情绪（法理之二），在刑罚裁量上应当作为对于某 1 有利的情节重点考虑。杜某 2 的辱母行为严重违法、亵渎人伦，应当受到惩罚和谴责（法理之三），但于某 1 在实施防卫行为时致一人死亡、二人重伤、一人轻伤，且其中一重伤者系于某 1 持刀从背部捅刺，防卫明显过当（法理之四）。于某 1 及其母亲苏某的人身自由和人格尊严应当受到法律保护（法理之五），但于某 1 的防卫行为超过法律所容许的限度，依法也应当承担刑事责任（法理之六）。认定于某 1 行为属于防卫过当，构成故意伤害罪，既是严格司法的要求，也符合人民群众的公平正义观念（法理之七）。

【法理应用】“于某1故意伤害案”是一起受到社会广泛关注的案件，被选编为最高人民法院指导性案例93号。在亲眼见到母亲受辱的情况下，作为儿子的于某1，面临遵纪守法的社会理性和为人子女的本能感情相冲突时该何去何从？作为一个社会人在面临不法侵害时，防卫的合法界限在哪里？合法限度与合理限度之间该如何平衡？山东省高级人民法院作出了富含法理的终审判决，回应了民众对此案的关切。

法官通过法理对案件事实的确认和评判，为后来涉及正当防卫案件的处理设立了标杆，引发了社会风气的显著变化，也为以法治思维和法治方式进行社会治理提供了有益经验。我们选取判决书中关于刑罚裁量的部分，来分析案例中富含的法理。判决书首先通过案情描述推断出于某1及其母亲在案发时确有“恐惧”“愤怒”等主观情绪感受，据此对被害人存在过错的辩护意见予以认同。在叙述吴某等人的行为时，判决书用“并未收敛”“公然”“侮辱”等词语来描述，用“严重违法”“亵渎人伦”“应当受到惩罚和谴责”等词语来评价，由此得出于某1在处理纠纷时带有报复情绪，因而在量刑上应有利于某1的结论。在肯定于某1及其母亲的人身自由及人格尊严应受法律保护的同时，通过对于某1防卫行为的细节描述，得出于某1防卫过当的结论。最后以“严格司法要求”和“公平正义观念”作为对判决书审判理念的总结。[①]

从选取“于某1故意伤害案”判决书的这个片段，我们可以看到，法官利用法理对案件事实进行价值评价和价值引导，展示了对罪刑法定、罪责刑相适应等刑法原则的坚守，和对生命权、人格权、公序良俗、社会伦理道德、公平正义观的尊重。案例中运用法理说理，澄明了正当防卫的立法精神，明确了正当防卫的认定标准、量刑标准，增强了裁判结果的说服力，使得于某1案成为处理正当防卫案件的标尺。后来“赵某正当防卫案”“宝马反杀防卫案”“昆山反杀案”等一系列涉及正当防卫的案件处理，通过探究法条背后的深邃法理，唤醒沉睡的正当防卫条款，从法律条文中，深刻领会法治精神，达成法理情的有机统一。

---

① 参见最高人民法院案例指导工作办公室编著：《中国案例指导》（总第7辑），法律出版社2019年版，第120～121页。

【指导性案例173号】

北京市朝阳区某环境研究所诉中国水电顾问集团新某开发有限公司、中国电建集团某勘测设计研究院有限公司生态环境保护民事公益诉讼案

【案情概述】绿孔雀是名列《世界自然保护联盟濒危物种红色目录》的国家一级保护动物，云南绿汁江河谷是绿孔雀在中国的最后一块栖息之地。在绿汁江的干流，由中国水电顾问集团新某开发有限公司（以下简称新某公司）作为建设方的戛洒江一级水电站已完成部分工程，投入了高昂成本。北京市朝阳区某环境研究所（以下简称某研究所）认为如果继续该水电站的建设，可能对绿孔雀赖以生存之地造成危害，进而影响绿孔雀的生存繁衍，遂向云南省昆明市中级人民法院起诉，请求人民法院判令新某公司及某设计院共同消除戛洒江一级水电站建设对绿孔雀、陈氏苏铁等珍稀濒危野生动植物以及热带季雨林和热带雨林的侵害危险，立即停止水电站建设，不得截留蓄水，不得对该水电站淹没区内植被进行砍伐。云南省昆明市中级人民法院于2020年3月16日作出（2017）云01民初2299号民事判决：一、新某公司立即停止基于现有环境影响评价下的戛洒江一级水电站建设项目，不得截流蓄水，不得对该水电站淹没区内植被进行砍伐。对戛洒江一级水电站的后续处理，待新某公司按生态环境部要求完成环境影响后评价，采取改进措施并报生态环境部备案后，由相关行政主管部门视具体情况依法作出决定；二、由新某公司于本判决生效后30日内向某研究所支付因诉讼发生的合理费用8万元；三、驳回某研究所的其他诉讼请求。宣判后，某研究所以戛洒江一级水电站应当永久性停建为由，新某公司以水电站已经停建且划入生态红线，应当驳回某研究所诉讼请求为由，分别提起上诉。云南省高级人民法院于2020年12月22日作出（2020）云民终824号民事判决：驳回上诉，维持原判。

【裁判说理】裁判文书说理部分这样论述：本案符合《最高人民法院关于审理环境民事公益诉讼案件适用法律若干问题的解释》第1条关于“对已经损害社会公共利益或者具有损害社会公共利益重大风险的污染环境、破坏生态的行为提起诉讼”规定中“具有损害社会公共利益重大风险”的法定情形，属于预防性环境公益诉讼。预防性环境公益诉讼突破了“无损害即无救济”

的诉讼救济理念，是《环境保护法》"保护优先、预防为主"原则在环境司法中的具体落实与体现（法理之一）。预防性环境公益诉讼的核心要素是具有重大风险，重大风险是指对"环境"可能造成重大损害危险的一系列行为（法理之二）。本案中，某研究所已举证证明戛洒江一级水电站如果继续建设，则案涉工程淹没区势必导致国家一级保护动物绿孔雀的栖息地及国家一级保护植物陈氏苏铁的生态环境被淹没，生物的生态环境面临重大风险的可能性毋庸置疑。此外，从损害后果的严重性来看，戛洒江一级水电站下游淹没区动植物种类丰富，生物多样性价值及遗传资源价值可观，该区域不仅是绿孔雀及陈氏苏铁等珍稀物种赖以生存的栖息地，也是各类生物与大面积原始雨林、热带雨林片段共同构成的一个完整生态系统，若水电站继续建设所产生的损害将是可以直观估计预测且不可逆转的。而针对该现实中的重大风险，新某公司并未就其不存在的主张加以有效证实，而仅以《环境影响报告书》加以反驳，缺乏足够证明力（法理之三）。因此，结合生态环境部责成新某公司对项目开展后评价工作的情况及戛洒江一级水电站未对绿孔雀采取任何保护措施等事实，可以认定戛洒江一级水电站继续建设将对绿孔雀的栖息地、陈氏苏铁的生态环境以及整个生态系统生物多样性和生物安全构成重大风险。

【法理应用】本案是全国首例珍稀野生动植物保护预防性环境民事公益诉讼案。该案被最高人民法院选编为指导性案例第 173 号"北京市朝阳区某环境研究所诉中国水电顾问集团新某开发有限公司、中国电建集团某勘测设计研究院有限公司生态环境保护民事公益诉讼案"。该案件的特殊之处在于原告所诉的环境被破坏的结果还没有真实发生。同时，被告水电站并非违规建设，而是依规而建，按要求履行了相关手续，且投入了高昂的成本。法院该如何裁判？在综合学界观点和司法实践的基础上，该案法官探索归纳出了认定"损害社会公共利益重大风险"的判断标准，并作出判决。

我们通过赏析该案的生效判决书，可以感受到法官在没有明确具体的法律条文作为依据的情况下，运用法理思维解决问题的司法智慧。

判决书以《最高人民法院关于审理环境民事公益诉讼案件适用法律若干问题的解释》第 1 条"对已经损害社会公共利益或者具有损害社会公共利益重大风险的污染环境、破坏生态的行为提起诉讼"为法律依据，明确"具有损害社会公共利益重大风险”属于预防性环境公益诉讼的法定情形，也是预防性环境公益诉讼的核心要素。继而明确“重大风险”的判断标准，即指对“环境”可能造成重大损害危险的一系列行为。从而认定预防性环境公益诉讼是《环境保护法》“保护优先、预防为主”原则在环境司法中的具体落实与体现。结合案情判定被保护对象的独有价值——“戛洒江一级水电站下游淹没区动植物种类丰富，生物多样性价值及遗传资源价值可观，该区域不仅是绿孔雀及陈氏苏铁等珍稀物种赖以生存的栖息地，也是各类生物与大面积原始雨林、热带雨林片段共同构成的一个完整生态系统”，损害结果发生的可能性——“生物的生态环境面临重大风险的可能性毋庸置疑”及损害后果的严重性及不可逆性——“水电站继续建设所产生的损害将是可以直观估计预测且不可逆转的”，以此三个标准综合认定“戛洒江一级水电站继续建设将对绿孔雀的栖息地、陈氏苏铁的生态环境以及整个生态系统生物多样性和生物安全构成重大风险”，突破了“无损害即无救济”的诉讼救济理念。

根据侵权行为法补偿功能的基本要求，“无损害则无救济”，损害事实是构成环境侵权民事责任的必要条件。对于生态环境保护民事公益诉讼，更多侧重对环境已发生损害事实的重建和修复，较少考虑如何事前对风险进行防控与预判。然而，“无损害则无救济”的传统侵权法路径已难以有效应对当前日益严峻的环境危机。该指导性案例确立的从损害救济向风险预防的环境保护理念和裁判规则弥补了这一空白。体现了“人与自然和谐共生”的新时代环境司法理念和“保护优先、预防为主”的司法保护原则，该案的裁决令预防性诉讼理念深入人心，也彰显了中国参与全球生物多样性保护的大国担当，具有国际性借鉴意义。该案在世界环境司法大会上，被外方评为全球十大生物多样性案例之首，作为我国司法领域的唯一案例入选联合国《生物多样性公约》第十五次缔约方大会展览中国展区。

【指导性案例174号】

中国生物多样性保护与绿色发展基金会诉某流域水电开发有限公司生态环境保护民事公益诉讼案

【案情概述】雅砻江上的牙根梯级水电站由某流域水电开发有限公司（以

下简称某公司）负责建设和管理，现处于项目预可研阶段，水电站及其辅助工程（公路等）尚未开工建设。2013 年 9 月 2 日发布的中国生物多样性红色名录中五小叶槭被评定为“极危”。2016 年 2 月 9 日，五小叶槭被列入《四川省重点保护植物名录》。2018 年 8 月 10 日，世界自然保护联盟在其红色名录中将五小叶槭评估为“极度濒危”。当时我国《国家重点保护野生植物名录》中无五小叶槭。2016 年 9 月 26 日，四川省质量技术监督局发布《五小叶槭播种育苗技术规程》。案涉五小叶槭种群位于四川省雅江县麻郎措乡沃洛希村，当地林业部门已在就近的通乡公路堡坎上设立保护牌。2006 年 6 月，中国水电顾问集团成都勘测设计研究院（以下简称成勘院）完成《四川省雅砻江中游（两河口至卡拉河段）水电规划报告》，报告中将牙根梯级水电站列入规划，该规划报告于 2006 年 8 月通过了水电水利规划设计总院会同四川省发展改革委组织的审查。2008 年 12 月，四川省人民政府以川府函〔2008〕368 号文批复同意该规划。2010 年 3 月，成勘院根据牙根梯级水库淹没区最新情况将原规划的牙根梯级调整为牙根一级（正常蓄水位 2602 米）、牙根二级（正常蓄水位 2560 米）两级开发，形成《四川省雅砻江两河口至牙根河段水电开发方案研究报告》，该报告于 2010 年 8 月经水电水利规划设计总院会同四川省发展改革委审查通过。

2013 年 1 月 6 日、4 月 13 日国家发展改革委办公厅批复：同意牙根二级水电站、牙根一级水电站开展前期工作。由某公司负责建设和管理，按照项目核准的有关规定，组织开展水电站的各项前期工作。待有关前期工作落实、具备核准条件后，再分别将牙根梯级水电站项目的申请报告上报国家发展改革委。对项目建设的意见，以国家发展改革委对项目申请报告的核准意见为准。未经核准不得开工建设。

中国生物多样性保护与绿色发展基金会（以下简称绿发会）认为，雅江县麻郎措乡沃洛希村附近的五小叶槭种群是当今世界上残存最大的五小叶槭种群，是唯一还有自然繁衍能力的种群。牙根梯级水电站即将修建，根据五小叶槭雅江种群的分布区海拔高度和水电站水位高度的对比数值，牙根梯级水电站以及配套的公路建设将直接威胁到五小叶槭的生存，对社会公共利益构成直接威胁，绿发会遂提起本案预防性公益诉讼。

【裁判说理】裁判文书说理部分这样论述：我国是联合国《生物多样性公约》缔约国，应该遵守其约定（法理之一）。《生物多样性公约》中规定，我们在注意到生物多样性遭受严重减少或损失的威胁时，不应以缺乏充分的科学定论为理由，而推迟采取旨在避免或尽量减轻此种威胁的措施；各国有责任保护其自己的生物多样性并以可持久的方式使用其自己的生物资源；每一个缔约国应尽可能并酌情采取适当程序，要求就其可能对生物多样性产生严重不利影响的拟议项目进行环境影响评估，以期避免或尽量减轻这种影响。因此，我国有保护生物多样性的义务（法理之二）。同时，根据《生物多样性公约》规定，认识到经济和社会发展以及根除贫困是发展中国家第一和压倒一切的优先事务。按照我国《节约能源法》第4条关于“节约资源是我国的基本国策。国家实施节约与开发并举、把节约放在首位的能源发展战略”的规定和《可再生能源法》第2条第1款关于“本法所称可再生能源，是指风能、太阳能、水能、生物质能、地热能、海洋能等非化石能源”的规定，可再生能源是我国重要的能源资源，在满足能源要求、改善能源结构、减少环境污染、促进经济发展等方面具有重要作用。而水能资源是最具规模开发效益、技术最成熟的可再生能源。因此开发建设水电站，将水能资源优势转化为经济优势，在国家有关部门的监管下，利用丰富的水能资源，合理开发水电符合我国国情（法理之三）。但是，我国水能资源蕴藏丰富的地区，往往也是自然环境良好、生态功能重要、生物物种丰富和地质条件脆弱的地区。根据《环境保护法》《最高人民法院关于审理环境民事公益诉讼案件适用法律若干问题的解释》的相关规定，环境保护是我国的基本国策，并且环境保护应当坚持“保护优先、预防为主”的原则（法理之四）。预防原则要求在环境资源利用行为实施之前和实施之中，采取政治、法律、经济和行政等手段，防止环境利用行为导致环境污染或者生态破坏现象发生（法理之五）。它包括两层含义：一是运用已有的知识和经验，对开发和利用环境行为可能带来的环境危害采取措施以避免危害的发生；二是在科学技术水平不确定的条件下，基于现实的科学知识评价风险，即对开发和利用环境行为可能带来的尚未明确或者无法具体确定的环境危害进行事前预测、分析和评价，以促使开发决策避免可能造成的环境危害及其风险出现（法理之六）。因此，环境保护与经济发展的关系并不是完全对立的，而是相辅相成的。正确处理好保护与发展的关系，将生态优先的原则贯穿到水电规划开发的全过程，二者可以相互促进，达到经济和环境的协调发展（法理之七）。利用环境资源的行为如果造成环境污染、生态资源破坏，往往具有不可逆性，被污染的环境、被破坏的生态资源很多时候难以恢复，单纯事后的经济补偿不足以弥补对生态环境造成的损失，故对环境污染、生态破坏行为应注重防患于未然，才能真正实现环境保护的目的（法理之八）。

具体到本案中，鉴于五小叶槭在生物多样性红色名录中的等级及案涉牙根梯级水电站建成后可能存在对案涉地五小叶槭的原生存环境造成破坏、影响其生存的潜在风险，因此可能损害社会公共利益（法理之九）。根据我国水电项目核准流程的规定，水电项目分为项目规划、项目预可研、项目可研、项目核准四个阶段，考虑到案涉牙根梯级水电站现处在项目预可研阶段，因此责令被告在项目可研阶段，加强对案涉五小叶槭的环境影响评价并履行法定审批手续后才能进行下一步的工作，尽可能避免出现危及野生五小叶槭生存的风险是必要和合理的（法理之十）。故绿发会作为符合条件的社会组织在牙根梯级水电站建设可能存在损害环境公共利益重大风险的情况下，提出“依法判令被告立即采取适当措施，确保不因雅砻江水电梯级开发计划的实施而破坏珍贵濒危野生植物五小叶槭的生存”的诉讼请求，于法有据，人民法院予以支持。

鉴于案涉水电站尚未开工建设，故绿发会提出“依法判令被告在采取的措施不足以消除对五小叶槭的生存威胁之前，暂停牙根梯级水电站及其辅助设施（含配套道路）的一切建设工程”的诉讼请求，无事实基础，人民法院不予支持。

【法理应用】雅江县麻郎措乡沃洛希村附近的五小叶槭种群是当今世界上残存最大的五小叶槭种群，是唯一还有自然繁衍能力的种群。牙根梯级水电站即将修建，根据五小叶槭雅江种群的分布区海拔高度和水电站水位高度的对比数值，牙根梯级水电站以及配套公路的建设将直接威胁到五小叶槭的生存，对社会公共利益构成直接威胁，绿发会遂提起预防性公益诉讼。

裁判文书首先以“我国是联合国《生物多样性公约》缔约国”为说理前

提，得出我国“有保护生物多样性的义务”结论。运用我国《节约能源法》第4条关于“节约资源是我国的基本国策。国家实施节约与开发并举、把节约放在首位的能源发展战略”的规定中所包含的法律原则，结合《可再生能源法》第2条第1款关于“可再生能源”的规定，得出“开发建设水电站，将水能资源优势转化为经济优势，在国家有关部门的监管下，利用丰富的水能资源，合理开发水电符合我国国情”的判断。通过对预防原则进行学理解释，得出环境保护与经济发展的关系应该是相辅相成的关系。实现环境保护目的，需要对环境污染、生态破坏行为注重防患于未然。说理结合案情，得出“鉴于五小叶槭在生物多样性红色名录中的等级及案涉牙根梯级水电站建成后可能存在对案涉地五小叶槭的原生存环境造成破坏、影响其生存的潜在风险，因此可能损害社会公共利益”的判断，继而作出判决。案例综合运用法律原理、法律原则、学理解释、司法政策等法理说理对法律条文进行解释，在案件处理过程中给予价值引导，体现了协调、绿色的新发展理念和人民法院在生物多样性保护、生态文明建设中起到的司法保障作用，实现了案例的治理功能。如该指导性案例的裁判要点所示：“人民法院审理环境民事公益诉讼案件，应当贯彻绿色发展理念和风险预防原则，根据现有证据和科学技术认为项目建成后可能对案涉地濒危野生植物生存环境造成破坏，存在影响其生存的潜在风险，从而损害生态环境公共利益的，可以判决被告采取预防性措施，将对濒危野生植物生存的影响纳入建设项目的环境影响评价，促进环境保护和经济发展的协调。”

三、案例法理应用研究的现实必要性

法官裁判案件的过程就是寻找法律的过程。这个过程以具体案例包含的法律问题为出发点，寻找能够适用的法律规则，分析其构成要件，涵摄经认定的案件事实，通过论证，证成裁判结果。由于立法不能覆盖和预见法官遇到的所有问题，因而在司法裁判中会常常遇到法律规则无法给予法官裁判案件足够依据支撑的情形。那么在此情况之下，作为不能拒绝裁判的法官，在寻找法律的道路上，还能找到什么作为证成裁判结果的依据？

最高人民法院于2018年6月发布了《关于加强和规范裁判文书释法说理

的指导意见》，明确规定“民事案件没有明确的法律规定作为裁判直接依据的，法官应当首先寻找最相类似的法律规定作出裁判；如果没有最相类似的法律规定，法官可以依据习惯、法律原则、立法目的等作出裁判，并合理运用法律方法对裁判依据进行充分论证和说理”。[①] 与此同时，该意见还规定，法官为了“提高裁判结论的正当性和可接受性”[②]，还可依据包括法理在内的六类材料作为论据论证裁判理由。很显然，这一新的制度性规则对司法裁判中的法理适用提出了新的要求。由此，也就开掘出一个新的命题，即“案例中的法理发现与适用”。

从司法实践来看，适用法理论证说理的案例日益增多。“一个案例胜过一沓文件”，“一个案例胜过一沓法条”。[③] 一个案例之所以能胜过一沓文件，一个案例之所以能胜过一沓法条，笔者认为，这是因为注入法理的案件裁决具有了一种“令人非同意不可的”“不容置疑的力量”。这类案件往往也是广受社会关注的案件。典型的比如张某英与蒋某芳遗赠纠纷案（四川泸州遗赠案）[④]。这一案件涉及了公序良俗原则与法律行为效力的问题。还比如，石某昌诉石

① 《最高人民法院关于加强和规范裁判文书释法说理的指导意见》（法发〔2018〕10号）第7条。

② 《最高人民法院关于加强和规范裁判文书释法说理的指导意见》（法发〔2018〕10号）第13条规定：“除依据法律法规、司法解释的规定外，法官可以运用下列论据论证裁判理由，以提高裁判结论的正当性和可接受性：最高人民法院发布的指导性案例；最高人民法院发布的非司法解释类审判业务规范文件；公理、情理、经验法则、交易惯例、民间规约、职业伦理；立法说明等立法材料；采取历史、体系、比较等法律解释方法时使用的材料；法理及通行学术观点；与法律、司法解释等规范性法律文件不相冲突的其他论据。”

③ 胡云腾：《从规范法治到案例法治——论法治建设的路径选择》，载《法治现代化研究》2020年第5期。

④ 参见叶增胜：《公序良俗原则与法律行为的效力》，载周江洪、陆青、章程主编：《民法判例百选》，法律出版社2020年版，第7页。基本案情如下：黄某彬与张某英并非夫妻，而以夫妻名义同居生活。在黄某彬肝癌晚期住院期间，张某英尽心照顾。黄某彬立下公证遗嘱，将其去世后的住房补贴、公积金和原住房售价的一半赠与张某英。黄某彬去世后，由于其妻蒋某芳拒绝执行该遗嘱，张某英诉至法院。

某学顶盆过继案（民间法第一案）[①]，这一案件涉及了习惯作为法源的问题。又比如，张某诉汽车销售商买卖合同纠纷案[②]，这一案件涉及了原《合同法》与《消费者权益保护法》规范互动关系问题。我们看到，法理在案例中的适用不仅越来越频繁，而且法理也以更加细致的形态和类型进入了案例的适用过程中，进而以多元化的内在结构和完整性的外在表现呈现在社会大众面前。

【经典案例1】

张某英与蒋某芳遗赠纠纷案[③]

【案情概述】1990年，黄某彬与蒋某芳登记结婚，但婚后因身体原因一直没有子嗣，家庭关系越发紧张，有一养子。1994年，黄某彬认识张某英一女子，并与其来往。1996年二人公开同居，依靠黄某彬的退休金和奖金生活，并曾经共同经营。但黄某彬与蒋某芳并未离婚。2001年2月起，黄某彬因患肝癌，病重住院，蒋某芳一直在医院照顾。同年4月18日，黄某彬立下遗嘱："我决定，将依法所得的住房补贴金、公积金、抚恤金和卖泸州市江阳区一套住房售价的一半（即4万元），以及手机一部遗留给我的朋友张某英一人所有。我去世后骨灰盒由张某英负责安葬。"同年4月20日，该遗嘱在纳溪区公证处得到公证。黄某彬去世后，张某英根据遗嘱向蒋某芳索要财产和骨灰盒，遭到蒋某芳拒绝。张某英遂向纳溪区人民法院提起诉讼。

---

① 参见汪洋：《习惯作为法源的适用》，载周江洪等主编：《民法判例百选》，法律出版社2020年版，第17页。基本案情如下：石某某死后无人顶盆发丧，经协商由其二哥之子石某雪为其顶盆并在日后为其拜祭，石某某的房子由石某雪居住，无人对此提出异议。8年后，因该房屋拆迁，可领30余万元拆迁款。石某某的三哥石某昌以一份石某某生前赠与其房子的公证书，主张该房子的所有权，并将石某雪诉至法院。

② 参见赵春晓：《纠纷解决机制选择的法经济学分析——以汽车销售合同纠纷类案为例》，载胡云腾主编：《新时代的案例研究与案例法学研究》，法律出版社2020年版，第345页。该案为最高人民法院指导性案例第17号，基本案情如下：2007年2月28日，张某与北京合某华通汽车服务有限公司（以下简称合某华通公司）签订《汽车销售合同》购买雪佛兰景程汽车一台。2007年5月13日，张某到合某华通公司进行车辆保养时，发现该车在2007年1月17日有维修记录。合某华通公司承认对汽车在交付之前曾进行过维修，但认为在车辆交付前已将此情况告知张某，对此张某不予认可，双方多次协商未果，张某遂提起诉讼，要求撤销销售合同，返还车款并加倍赔偿。

③ 参见周江洪、陆青、章程主编：《民法判例百选》，法律出版社2020年版，第7页。

【法理应用】该案一审驳回了原告的诉讼请求，二审维持了一审判决。其判决要旨是遗赠人黄某彬基于与原告张某英的非法同居关系而将财产赠与原告的遗嘱，虽然是其真实的意思表示且形式上合法，但其行使遗赠违反了法律规定，是一种违反公共秩序、社会公德和违反法律的行为，损害了被告蒋某芳的合法财产继承权，违反了公序良俗，破坏了社会风气。

此案首次以公序良俗原则来判断法律行为的效力，被称为"中国公序良俗第一案"，引起实务界、理论界以及社会公众热议，赞成者和反对者皆有。赞成者认为，法律原则表达法律精神，当依据法律原则判案和依据法律规则判案得出不同裁判结果时，法律原则高于法律规则。反对者认为，法律原则与法律规则相比具有模糊性和不确定性，因此应优先适用具有清晰性和确定性的法律规则。①

从司法效果上来看，该案对此后的相关案例产生了较大影响。归纳起来，主要表现在适用公序良俗原则上呈现出三种倾向：第一种是"向一般条款逃逸"的类型。从司法实践来看，表现为法官在裁判案件时，无论是否有明确的法律规定可以作为大前提适用，都以公序良俗原则作为裁判依据。以原则取代规则，将规则闲置。第二种是"增强裁判文书说理型"。从司法实践来看，表现为案件的裁判结果仍以法律规定为大前提，只是在裁判文书的论证过程中，法官会将规则或案情主动纳入公序良俗原则所涵盖的价值性、道德性的评价体系中，目的是增强裁判文书的说理性，提高当事人对裁判结果的接受度，从而达到服判息诉的目的。第三种是将公序良俗原则作为诚信原则等其他民法基本原则的替代形式。从某种程度上来说，会有混淆民法基本原则之间适用界限的可能性，由此造成原则适用不准确、不清晰的现象。②

很显然，从对"四川泸州遗赠案"的法理适用分析及对案件后续影响的归纳中，我们可以看出，案例法理的抽象性特点使得其不易被法官准确发现、诠释和适用，继而引发后续案例在援引时的不确定性。这种不确定性被逐步

① 参见王利明主编：《判解研究》（2002年第2辑），人民法院出版社2002年版，第46页。

② 叶增胜：《公序良俗原则与法律行为的效力》，载周江洪、陆青、章程主编：《民法判例百选》，法律出版社2020年版，第10页。

放大，成为造成法律适用不统一的因素之一。更重要的是，这种不确定性一旦增多，会影响社会大众对于司法裁判的接受度，进而影响司法公信力和司法权威。因此，调试适用法理对裁判结论进行说理论证的准确度具有十分重要的意义。

从理论上来看，解决不确定性的重要方式之一是通过量化研究实现质性可控。这意味着，尽管个案中的法理发现、诠释和适用在某种程度上具有个别化、不确定性的特征，但是通过对更多案例进行实证分析研究，无疑就能够在纷繁复杂的案例适用中探寻到法官的思维足迹，进而建立正确适用法理解决裁判中难题、填补法律漏洞的标准，从而在此基础上，在最一般的意义上“开放出一些较具理论意义的问题，并透过这些问题使人们能够对那些原本被视为当然而不被质疑的现象以及潜藏于这种现象背后的逻辑进行追问”①。正如王泽鉴教授针对案例研究曾讲过的一个观点，他认为对案例进行研究是“使法学学者参与法律形成及成长的权利和义务，其目的在于从法学方法论的立场去阐释、检验法律的解释适用，发现蕴含于个案的法律原则，综合整理个别案例的组成体系，并探究社会生活实践之活的法律，以促进法律的进步和发展”②。

第二节　指导性案例中的法理

具有影响力的案例多是法理密集的案例，这个特点在最高人民法院指导性案例中体现得尤为突出。最高人民法院指导性案例载负着案例指导制度设立的初心，即“统一法律适用标准、指导下级法院审判工作、丰富和发展法学理论等”③。我国不是判例法国家，但最高人民法院指导性案例因具有“应当

① ［美］E·博登海默：《法理学：法律哲学与法律方法》，邓正来译，中国政法大学出版社2004年版，第79页。

② 王泽鉴：《民法学说与判例研究》，中国政法大学出版社1996年版，“自序”第3页。

③ 陈景辉：《案例指导制度与同案同判》，载《光明日报》2014年1月29日，第16版。

参照”的地位，发挥着类似判例的功能。

根据《最高人民法院关于案例指导工作的规定》，有5类案例能够入选指导性案例：“社会广泛关注”“法律规定比较原则”“具有典型性”“疑难复杂或者新类型”“其他具有指导作用”[①] 的案例。实践中，指导性案例的选编标准有三个基本要求，一是生效的裁判文书，且裁判文书制作符合规范。二是裁判文书“质量上乘”。案件裁判文书对事实的认定清楚，不是似是而非；在法律适用上正确，不是模棱两可；从裁判过程看，能够充分地说理论证，不是简单地一判了之；从裁判结果看，要达到法律效果、社会效果和政治效果相统一。三是对类似案件有普遍指导意义。解决新型的或具有争议的问题，对法律具体应用有指引、弥补或细化作用。

通过上述关于指导性案例的制度规定我们可以得知，作为全国法院法官在审理类似案例时“应当参照”的指导性案例被期望具备三项功能。

首先是规范功能。比如“统一法律适用标准”“防止和减少同案不同判”“指导、监督和制约法官的裁判行为”等，通过形成法律职业从业者特别是法官群体的共识，规范法官自由裁量权，弥补成文法实施运行中的先天不足。本文认为通过指导性案例形成法律职业从业者特别是法官群体的共识至少包括以下三个方面：对如何将现实生活转化为法言法语并进行解释、推理和判断的共识；对法律概念、法律规则、法律体系、法律逻辑及法律方法的共识；对如何把法律规范对人们行为的评价转变为现实的法律利益和法律责任的共识。

其次是体系功能。通过指导性案例引导广大法官更加注重法律规则在社会生活领域中的形成、建立和塑造，使得法律在解决具体的纠纷中，更注重法律的实效和实施。通过将法律规范、法律制度、法律程序等融为一个有机的整体，构建一个以法律规范为基础的系统、稳定、协调的法律实施规范制度体系，由此树立司法权威，获得人民群众对法律秩序的服从和遵守，从而

① 《最高人民法院关于案例指导工作的规定》第2条规定：“本规定所称指导性案例，是指裁判已经发生法律效力，并符合以下条件的案例：（一）社会广泛关注的；（二）法律规定比较原则的；（三）具有典型性的；（四）疑难复杂或者新类型的；（五）其他具有指导作用的案例。”

增强人民群众对公平正义的感受度。

最后是治理功能。推荐、编纂、发布指导性案例的过程也是对法律进行反思、规范、实践、整合的过程。通过指导性案例促进理论和实践的沟通和互动，表达对法律原则、政策价值、理论学说的立场，通过关注法律制度体系下对具体权利、个别正义的保护，表达人们对平等、正义、自由、尊严、生存、秩序、人权、发展等基本价值的追求。通过指导性案例彰显的司法对法的"正当性"追求，弘扬社会主义法治精神，促使法与社会、法与人之间良性互动，树立社会主义核心价值观，规范、指导社会行为，评价、引领社会价值，增强全民法治意识，倡导良好社会风气，从而实现"良法善治"。

案例指导制度目标的实现、指导性案例功能的发挥皆有赖于法官在判案中对指导性案例的实际援引而获得的"权威性"。如果指导性案例被束之高阁，案例指导制度的预设功能将无法显现，指导性案例的权威性将无从谈起，指导性案例"应当参照"的效力亦得不到充分发挥。相反，如果指导性案例得到广大法官的广泛认可，被援引度较高，指导性案例能够起到影响法官裁判思维的作用，它才真正地具有"权威性"，案例指导制度的价值才能真正体现。

如何能够得到法官的认可，进而对法官的裁判思维产生深远影响，实现设立案例指导制度的初衷？笔者认为，需要两个条件保证指导性案例两个效力的实现：一是通过制度条件保证指导性案例形式效力的实现；二是通过加强指导性案例的原始裁判文书及指导性案例编写中的法理应用，保证实质效力的实现。

一、案例指导制度赋予法理应用空间及其形式效力

指导性案例效力实现的制度条件，即来自有关文件的制度性规定而获得的"权威性"。基于传统、历史、文化等诸多因素的影响，无论是我国自身传统的法律体系，还是现有的大陆法系架构，无论是从理论层面还是实践层面，我国作为成文法国家，是以法律法规为大前提，以案件事实为小前提，通过逻辑推理"三段论"得出裁决结果为主流裁决案件模式，但这并不阻碍我国理论界和实务界对于案例的重视和研究。在确立指导性案例制度之前，

通过梳理类似案例，归纳、总结相关法理，继而指导审判的做法和制度早已存在。

早在20世纪50年代，最高人民法院为统一各级法院审理刑事类案的裁判尺度和量刑标准，就以内部文件的形式，总结类案审判经验，对下级法院进行业务指导。① 在1956年全国司法审判工作会议上，确定将类案汇编作为最高人民法院对下级法院进行业务指导的形式之一。1962年最高人民法院颁布《关于人民法院工作若干问题的规定》，正式确定了通过"类案汇编""总结审判经验"用以"指导审判工作"，其中"总结审判经验"就包含着对类案中所蕴含法理的总结和淬炼。

"文化大革命"结束后，中央开展拨乱反正工作。为指导全国各级法院做好冤错案件的纠正工作，最高人民法院发布9个典型案例，统一法律适用标准。20世纪80年代，最高人民法院先后下发《刑事犯罪案例选编》《关于破坏军人婚姻罪的四个案件》等，以案例汇编的形式对某类案件的定罪量刑问题进行具体指导。

1985年5月，《最高人民法院公报》开始向社会公布各类典型案例，虽然公报案例没有指导性案例的制度权威性和法定约束力，但因其选编案例有特定的程序和标准，所选案例在一定程度上代表最高人民法院的观点倾向以及对案例法理的研究和总结，所以公报案例以其具有典型性、真实性和权威性被广大法官所研习借鉴。20世纪90年代起，最高人民法院各审判业务庭和教学研究单位相继出版审判参考类刊物。中国法学会案例法学研究会每年发布的年度十大影响力诉讼、最高人民法院及各高级人民法院发布的典型案例、受舆论关注和热议的典型案例，在表述案例典型性和影响力时也多以"法理"为视角。学界和媒体在宣传和论述时也常以"法理"为理据论证自己的观点。

2005年最高人民法院印发《人民法院第二个五年改革纲要（2004—

① 如，关于奸淫幼女案件的处理，最高人民法院先后于1954年、1957年出台《最高人民法院关于处理奸淫幼女案件的经验总结和对奸淫幼女罪犯的处刑意见》《最高人民法院1955年以来奸淫幼女案件检查总结》等。

2008）》，提出要“建立和完善案例指导制度”①，并明确了案例指导制度的设立目的和实施主体。2008年12月中共中央转发《中央政法委员会关于深化司法体制和工作机制改革若干问题的意见》，对案例指导制度的建立和完善提出明确的部署和要求。2014年10月，党的十八届四中全会通过的《中共中央关于全面推进依法治国若干重大问题的决定》明确提出：“加强和规范司法解释和案例指导，统一法律适用标准。”新修订的《人民法院组织法》第18条第2款规定了“最高人民法院可以发布指导性案例”，首次从法律上确立了案例指导制度。

最高人民法院在2010年12月发布的《最高人民法院关于案例指导工作的规定》和2015年5月印发的《〈最高人民法院关于案例指导工作的规定〉实施细则》，是案例指导制度具体实施的基本依据，明确了使用指导性案例的原则和方式。即各级法院审理类似案例时“应当参照”②，在参照时不能作为“裁判依据”引用，但可以作为“裁判理由”引述。③

2010年最高人民法院印发《关于规范上下级人民法院审判业务关系的若干意见》，从第8条规定的内容看，该意见把“发布指导性案例”与“审理案件”“制定司法解释或者规范性文件”“召开审判业务会议”“组织法官培训”这些最高人民法院行使对下业务指导的工作制度相提并论，确立了案例指导制度是最高人民法院对地方各级法院和专门法院进行业务指导的一种方式，和其他传统的业务指导方式地位相同。

---

① 《人民法院第二个五年改革纲要（2004—2008）》（法发〔2005〕18号）第13条规定“建立和完善案例指导制度，重视指导性案例在统一法律适用标准、指导下级法院审判工作、丰富和发展法学理论等方面的作用。最高人民法院制定关于案例指导制度的规范性文件，规定指导性案例的编选标准、编选程序、发布方式、指导规则等。”

② 《最高人民法院关于案例指导工作的规定》（法发〔2010〕51号）第7条规定“最高人民法院发布的指导性案例，各级人民法院在审判类似案件时应当参照。”《〈最高人民法院关于案例指导工作的规定〉实施细则》（法发〔2010〕51号）第9条规定“各级人民法院正在审理的案件，在基本案情和法律适用方面，与最高人民法院发布的指导性案例相类似的，应当参照相关指导性案例的裁判要点作出裁判。”

③ 《〈最高人民法院关于案例指导工作的规定〉实施细则》（法发〔2010〕51号）第10条规定“各级人民法院审理类似案件参照指导性案例的，应当将指导性案例作为裁判理由引述，但不作为裁判依据引用。”

最高人民法院发布第一批指导性案例的时间是2011年12月，截至2022年12月，共发布了35批195件指导性案例。最高人民法院发布的指导性案例作为人民法院司法改革的重要制度产物，以其在众多案例中具有的独特地位受到社会各界的重视，引起国内理论界和实务界的关注和研究。

二、法理应用赋予指导性案例实质效力

理论的智慧是求“真”的智慧，理论追求的是“真理”，期望通过理论研究和论述，寻求主观世界或者客观世界的“标准”“道理”等。实践的智慧是求“解”的智慧，追求解决实际问题的稳妥和各方利益的平衡。在司法实践中，追求的是纠纷化解的方案以及在纠纷化解过程中能够被感受到的公平正义。将以“求真”为目标的法理注入以“求解”为追求的司法实践中，以法理适用司法裁判，实现个案正义，发现法律原则，凸显隐蔽价值，进一步参与法规范的形成和发展，是实现“让人民群众在每一个司法案件中感受到公平正义”工作目标的途径，也是指导性案例的规范功能、体系功能、治理功能以及“应当参照”地位实现的现实选择。

“在法治实践、政治生活和公共生活中，法理几乎无所不在，无时不在，无所不能。”[①] 法理已被普遍视为一种补充性或兜底性法律渊源。[②] 张文显教授指出，法理在司法实践中的作用主要集中在三个方面。“一是作为司法的依据，提供补充法源或兜底条款。二是增强司法解释等规范性文件的理论依据。三是增强司法文书特别是裁判文书的说理性、说服力和可接受性。”[③] 法理作为跳跃在法条间的精灵，表现为道理、条理、逻辑、公理、理念等，是凝聚共识的共通之理、公认之理。

在我国古代，审判者审理案件时除援引法条外，也会依据“道理和《论语》《春秋》等经义”[④] 来裁决案件，以期实现类似案件的纠纷解决方案尽量一

① 张文显：《法理：法理学的中心主题和法学的共同关注》，载《清华法学》2017年第4期。

② 参见张文显主编：《法理学》，高等教育出版社2018年版，第91页。

③ 参见张文显：《法理：法理学的中心主题和法学的共同关注》，载《清华法学》2017年第4期。

④ 柳立言：《南宋的民事裁判：同案同判还是异判》，载《中国社会科学》2012年第8期。

致。在裁判中适用的“道理”和“经义”，亦是法理。由此可知，法理在实现统一裁判尺度中的作用，古人已知其精妙。

张文显教授指出，“法理是一个实践理性概念，来源于实践，在实践中凝练、在实践中运用、在实践中发展”①。在“填补法律的空白或漏洞、克服法律的时滞性、拓展法律救济的范围、增强法律适用的说理性”②等多个方面，法理的注入对“执法司法起到规范和约束功能”③。

最高人民法院的指导性案例能够解决法律难题，并为后来的法官所认可并仿效，这与指导性案例裁判规则中凝聚的法理共识是分不开的。胡云腾教授在谈到指导性案例的选择时提出一个观点，即“如果原判的裁判结果很好但说理不佳的，不应作为指导性案例”④。裁判文书“说理”就包括通过法理来论证裁判结果。

指导性案例之所以能够被要求“应当参照”的原因如下：其一，指导性案例普遍化属性的依据源自其内部所含“法理”的普遍适用。最高人民法院发布的指导性案例是将下级法院已生效的裁判文书，经过整理编辑形成新的文书并提炼出裁判要点。所以，指导性案例的制作过程本身就是发现、淬炼、整合法理要素的过程。与此同时，我们要意识到，法官参照指导性案例进行审理，需要证明自己使用指导性案例符合法律的精神、价值和立法目的，这个过程也是将指导性案例中蕴含的法理要素再次置入具体案情场景，对法理要素再分析再发现再探索再确认的过程。

其二，援引案例裁决案件时，援引案例中的法理是确定待决案件与援引案件相似的比较点和连接点。在判例法国家，案例援引中常会用到区分技术（distinguishing technique）。谈到区分技术，有一个常被提起的例子：有一个名叫亚当斯的乘客，在轮船的包厢里被偷走了钱包，亚当斯起诉所乘轮船公司，

---

① 张文显：《法理：法理学的中心主题和法学的共同关注》，载《清华法学》2017年第4期。

② 参见胡玉鸿：《民国时期法律学者“法理”观》，载《法制与社会发展》2018年第5期。

③ 参见张文显主编：《法理学》，高等教育出版社2018年版，第91页。

④ 胡云腾：《谈指导性案例的编选与参照》，载《中国指导案例》（总第1辑），第352页。

要求其承担赔偿责任。[1] 法院在寻找援引案例时没有找到乘坐轮船被盗的判例，但找到了一个旅店旅客被盗的判例[2] 和一个火车卧铺乘客被盗的判例[3]。现在面临的问题是，这两个案例的结果并不相同。旅店旅客案例中，法院裁决旅店负有赔偿责任。火车乘客案例中，法院裁决火车公司不负赔偿责任。那么法官如何确定待决案件与援引案例的相似性并以此选择法律适用规则呢？这就是在区分技术中的确认连接点问题。在判例法国家，法官通常会通过案件事实情形的对比和“判例规则背后的目的乃至公共政策”的对比[4] 寻找连接点，使得法官在遵循判例上“不是僵硬的，而是灵活的，通过借鉴以前的经验和智慧，防止发生明显的愚蠢的错误”[5]。笔者认为，在以指导性案例作为裁判理由引入待决案件时，判例法国家的法官援引判例的方法，有一些值得我们借鉴的地方。比如，以判决理由中蕴含的法理为连接点确定待决案件是否应当参照该判例。我国学者对此多有论述，“待决案件与指导性案例一定是围绕相关法条进行对比，否则个案之间的比较则没有价值”[6]，“我们所说的案件类似都是规范性、法律性的类似，所以对案件类似的判断还是以法律为基础”[7]。这种规范性、法律性的类似，实质是案例法理适用的类似。也即以同理同判为其中一个要素来实现类案类判。所谓类案类判应为适用同一类法理的案件叫作类案，因适用同一类法理而得出类判的，叫作类案类判。社会生活缤纷多彩，案情类似的标准非常难以把握，没有统一标准的结果，多会引发自由裁量权泛滥的危机。而通过对案例中蕴含的法理进行淬炼、归类、分析、梳理，是可以找到案件之间最类似的因素，实现类案类判，统一裁判尺度。

---

① Adams v.New Jersey S.B.Co.，151 N.Y.163，45 N .E.369，1896 N.Y.LEXIS 872.

② Crozier v.Boston，N.Y.&Newport Steamboat Co.，43 How.Pr.466，1871 N.Y.Mise. LEXIS 208.

③ Caepenter v.New York，N.H.&H.R.Co.，124N.Y.53，26N.E.277，1891N.Y.LEXIS 1340.

④ 孙海波：《案例指导制度下的类案参照方法论》，载《现代法学》第 5 期。

⑤ E.Allan Farnsworth，An introduction to the legal system of the United States，Fourth edition，Oxford University Press，2010，pp.63-64.

⑥ 雷槟硕：《指导性案例适用的阿基米德支点——事实要点相似性判断研究》，载《法制与社会发展》2018 年第 2 期。

⑦ 张骐：《论类似案件的判断》，载《中外法学》2014 年第 2 期。

第三节　指导性案例法理应用的意义

法理不仅是一个抽象的概念，更是一个体系、一种思维、一套方法、一类理念，它总是以不同的形式呈现自身。指导性案例作为司法实践的成果，集中体现了案例中法理应用实践性、普遍性、生活性和时代性的特点，并以此支撑判决正当性，表达司法为民理念，提升司法公信力。

一、推动法理研究发展

正确的研究方法是提高法理研究效率、确保法理研究达致准确结论的重要前提。法理研究方法主要包括教义学方法、语义分析方法、跨学科研究方法、个案研究方法。案例法理应用研究把法理要素放置在情境中还原成事物现象加以理解，从事物现象中发现法理、提炼法理、理解法理，更能促进法律名实相符、逻辑清晰、体系融贯、精简易行，彰显出法学学科的实践性，不仅有助于避免抽象研究法理可能存在的流于虚泛、缺乏针对性、本末倒置等问题，而且有利于处理好制度与原理、实践与思辨、当前与长远的关系。

二、促进法理成为法学研究的共同关注

指导性案例多是疑难复杂案件、新类型案件，在指导性案例中法理与部门法学充分互动，使得部门法学的理论和实践得到法理的支撑和指导，更好地应对中国面临的国内国际新问题，满足各行各业新需要。法学研究从必然研究向应然研究发展，使得法理成为整个法学研究的共同关注。

如果把视野放得再宽一些，那么开展指导性案例中的法理发现、诠释与应用，也有助于不断夯实和坚持中国特色社会主义制度和中国特色社会主义法治理论。中国特色社会主义最鲜明的特色，就是中国特色社会主义道路、理论、体系、制度、文化统一于中国特色社会主义的伟大实践，而中国特色社会主义制度是当代中国发展进步的根本制度保障。制度优势是一个国家的最大优势，制度竞争是国家间最根本的竞争。中国特色社会主义制度与中国特色社会主义法治理论之间有着不可分割的内在联系。中国特色社会主义制

度铺就了中国特色社会主义法治理论的制度基础与实践基石，“是中国特色社会主义法治体系的根本制度基础，是全面推进依法治国的根本制度保障”[①]，“我们要坚持以实践基础上的理论创新推动制度创新，坚持和完善现有制度，从实际出发，及时制定一些新的制度，构建系统完备、科学规范、运行有效的制度体系，使各方面的制度更加成熟、更加定型，为夺取中国特色社会主义新胜利提供更加有效的制度保障”[②]。因此，我们要以中国特色社会主义法治实践基础上的中国特色社会主义法治理论创新发展，推动中国特色社会主义国家制度与法律制度的与时俱进、不断完善和发展，使中国特色社会主义国家制度与法律制度更加完备、更加成熟、更加定型、更加行之有效，从而更加坚定地开拓中国特色社会主义法治道路的广阔天地。而这其实意味着，从中国特色社会主义案例指导制度中充分挖掘法理并进行深入系统地诠释、应用，不仅有助于夯实中国特色社会主义制度，也有助于丰富中国特色社会主义法治理论的内涵，进而夯实中国特色社会主义法治理论的话语内容和体系结构。

三、回应改革合理性

改革开放以来，中国特色社会主义建设包括法治建设取得了巨大的成功。当前，很多非常重要的现实法治命题需要用法理来回答。在新的时代条件下，深入推进法治领域改革，其中有一个鲜明的特点，就是很多问题都涉及法律规定。随着改革日渐进入攻坚期和深水区，如何正确处理好改革与法治的关系，已经成为新时代全面依法治国面临的重大课题。在实践中，对于推进法治领域改革，有两种不同的看法：一种观点认为，改革就是要冲破法律的禁区，现在法律的条条框框妨碍和迟滞了改革。改革要上路，法律就要让路。另一种观点认为，法律就是要保持稳定性、权威性、适当的滞后性，法律很难引领改革。很显然，这两种看法都是不全面的。习近平强调：“在法治下推进改革，在改革中完善法治，这就是我们说的改革和法治是两个轮子的含

① 中共中央文献研究室编：《习近平关于全面依法治国论述摘编》，中央文献出版社 2015 年版，第 23 页。

② 习近平：《习近平谈治国理政》（第一卷），外文出版社 2018 年版，第 10 页。

义。”[①]解决法治领域的突出问题，根本的途径在于改革，必须坚定不移推进法治领域改革，坚决破除束缚全面推进依法治国的体制机制障碍。如果完全停留在旧的体制机制框架内，用老办法应对新情况新问题，或者用零敲碎打的方式来修修补补，是解决不了大问题的。[②]因此，深化法治领域改革，就“必须直面问题、聚焦问题，针对法治领域广大干部群众反映强烈的问题，回应社会各方面关切”[③]。

我们要意识到，从一般意义上来看，案例法理研究将法理思想从法律文本的教义中、从法律理论的教条中、从西方法学的文献中、从传统文化的典籍中释放出来，与中国当下的社会实际和法治实践相结合，有效回应中国的法治现实并引领法治发展，既顺应潮流，又矫正时弊，将思想研究、文化研究、经济研究、政治制度研究等各方面通融理解，注重不同层面的理论之间的沟通兼顾，揭示规律性的东西，对改革开放以来法治建设取得的成功进行充分解释，为政策提供坚实的理论依据。

四、体现司法人民性

司法裁判与广大人民利益密切相关，让人民群众在每一个司法案件中感受到公平正义，是人民法院的工作目标。习近平总书记强调：“江山就是人民、人民就是江山，打江山、守江山，守的是人民的心。中国共产党根基在人民、血脉在人民、力量在人民。”[④]“我们要始终把人民立场作为根本立场，把为人民谋幸福作为根本使命，坚持全心全意为人民服务的根本宗旨，贯彻群众路线，尊重人民主体地位和首创精神，始终保持同人民群众的血肉联系，凝聚起众志成城的磅礴力量，团结带领人民共同创造历史伟业。”[⑤]因此，司法活动必须把维护和实现最广大人民的权益作为衡量自身工作的最高标准，坚

① 中共中央文献研究室编：《习近平关于全面依法治国论述摘编》，中央文献出版社2015年版，第52页。

② 习近平：《论坚持全面依法治国》，中央文献出版社2020年版，第116页。

③ 习近平：《加快建设社会主义法治国家》，载《求是》2015年第1期。

④ 习近平：《在庆祝中国共产党成立100周年大会上的讲话》，载《人民日报》2021年7月2日，第2版。

⑤ 习近平：《习近平谈治国理政》（第三卷），外文出版社2020年版，第136页。

持人民司法为人民，依靠人民推进公正司法，通过公正司法维护人民权益。新时代人民司法的基本职责就在于坚持公正司法，规范司法行为，扎实做好司法领域中的群众工作，深入推进司法公开，切实保障人民群众对司法活动的知情权、表达权、参与权和监督权，“要把群众合理合法的利益诉求解决好，完善对维护群众切身利益具有重大作用的制度，强化法律在化解矛盾中的权威地位，使群众由衷感受到了公平对待，利益得到了有效维护”①，从而切实提高司法的社会公信力。为此，就要深化司法体制改革，加快建设公正高效权威的中国特色社会主义司法制度，确保司法机关依法独立公正行使职权，健全司法权力运行机制，充分彰显司法公正对于社会公正的重要引领作用。

人民法院的指导性案例工作同样也是如此。我们要深刻地意识到，无论是指导性案例，还是指导性案例中的法理应用，它们都必须以人民为中心，必须要从实践中得来，到实践中接受检验，并经由法官在司法实践中研习参照使用，进而提炼出人民需要的、经得起实践检验的法理。案例法理研究的实践立场，确立以中国问题为导向，以人民现实需要为立足点，以更具体的研究方法在实践中发现法理、提炼法理、运用法理。

指导性案例中的法理应用要积极回应人民群众的法治需求，满足人民群众对法治的新要求新期待。随着我国经济社会持续发展和人民生活水平不断提高，人民群众对民主、法治、公平、正义、安全、环境等方面的要求日益增长。在新的时代条件下，坚持以人民为中心推进全面依法治国，开展指导性案例法理的诠释与应用，就必须要积极回应人民群众对法治的新要求新期待，坚持以人民是否满意、是否有“获得感”来检验全面依法治国的成败得失，“针对法治领域广大干部群众反映强烈的问题，回应社会各方面关切”②。“要积极回应人民群众新要求新期待，系统研究谋划和解决法治领域人民群众反映强烈的突出问题，不断增强人民群众获得感、幸福感、安全感，用法治保障人民安居乐业”③，藉以更加充分地满足人民的法治新需要。

---

① 习近平：《习近平谈治国理政》（第一卷），外文出版社 2018 年版，第 148 页。

② 中共中央文献研究室编：《十八大以来重要文献选编》，中央文献出版社 2016 年版，第 191 页。

③ 习近平：《论坚持全面依法治国》，中央文献出版社 2020 年版，第 2 页。

五、体现法理共识性

指导性案例既和广大人民群众的利益相关又能具体地体现最高人民法院的裁判观点，必然会受到各行各业的关注。所以，指导性案例法理的提炼和发现不仅仅局限于法学圈，法律实务部门、党政机关、各类团体、各行各业都会参与。在这个“实践—提炼—再实践”的过程中，指导性案例中的法理将成为所有法治崇尚者、思考者、践行者的最大共识。

六、增强与世界对话的有效性

法理反映的是道理、事理，容易被法治国家所了解和接受。一个国家所尊崇的“法理”，从根本上来说，必然会是和这个国家的法治国情紧密相关联的，在某种程度上是该国国情状况在法律生活领域中的具体反映和表现。一个国家的法治国情条件，在很大程度上决定着这个国家的法治发展进程及其取向。因为在一定意义上，我们要清楚地认识到，由于各国国情不同，每个国家的法律制度都是独特的。这一点，正如习近平总书记所强调的，“走什么样的法治道路、建设什么样的法治体系，是由一个国家的基本国情决定的”①。为此，经由中国场域所形成的案例以及其所蕴含的“法理”，必然反映的是鲜活的国情、社情。通过案例中的法理，讲好中国法治故事，更好地体现出法律制度背后更广阔的思想观念、社会文化、经济发展，可以让全世界了解我们国家社会进步、经济发展、文化创新、制度文明的现状和发展。

当然，法治发展是一条川流不息的法治长河。认识法治发展现象，我们既不能忘记国情，也不能忘记基本的历史联系，更不能忽视法治的普遍性、世界性特征。我们要意识到，当下中国，无论是从时空维度还是就事实要素而言，都是一个开放社会，是一个全球社会里的中国。我们既要从全球视角来观察中国，也要意识到中国社会里的世界因素。因此，当下中国的案例法治，绝不是脱离世界法治文明发展大道上的孤立的法治现象，而是“有容乃大”，以宽广的胸襟借鉴融通人类法治文明的有益成果，是对于那些人类法治文明的有益成果、对于那些反映国家治理、市场经济运行和社会治理一般规

① 习近平：《习近平谈治国理政》（第二卷），外文出版社2017年版，第117页。

律的域外法治发展的有益经验等都给予了充分吸收和借鉴后的成果。特别是在当今的经济全球化时代，当代中国经济生活日益融入国际市场经济体系的主流之中，法治领域也同样面临着开放性与国际化的全球挑战。闭关自守、盲目排外，只能导致法治文明进步张力的消失。

如果把视野放得再宽一些，正如习近平总书记所强调的，在推进包括案例法治在内的法治国家建设的伟大进程中，要弘扬“和平、发展、公平、正义、民主、自由的全人类共同价值”①，“要把全人类共同价值具体地、现实地体现到实现本国人民利益的实践中去”②。案例是体现和实现群众的利益和诉求的法治实践地，通过案例淬炼体现全人类共同价值的法理，输出裁判规则，提高中国特色社会主义法治理论在国家治理中的实践力和生命力，强大国际事务中的法理话语权，向世界人民讲好令人信服的中国法治故事，是案例法理应用研究的目标和使命。

我们要意识到，文化因交流而多彩，文明因互鉴而丰富。正如习近平总书记所强调的：“人类文明多样性是世界的基本特征，也是人类进步的源泉”，“每种文明都有其独特魅力和深厚底蕴，都是人类的精神瑰宝。不同文明要取长补短、共同进步，让文明交流互鉴成为推动人类社会进步的动力、维护世界和平的纽带”。③因此，开放社会里的案例法理，必然会在有机融合法律文化的历史性与世界性因子的基础上，以开放的姿态与世界对话。我们要意识到，就案例法理问题开展交流，不仅有助于不同文明的案例法理之间开展相互借鉴，也有助于所在国的法治建设的共同提高。④

---

① 习近平：《携手构建合作共赢新伙伴，同心打造人类命运共同体——在第七十届联合国大会一般性辩论时的讲话（2015年9月28日）》，载《人民日报》2015年9月29日，第2版。

② 习近平：《加强政党合作　共谋人民幸福——在中国共产党与世界政党领导人峰会上的主旨讲话》，载《人民日报》2021年7月7日，第2版。

③ 习近平：《共同构建人类命运共同体》，载《人民日报》2017年1月20日，第2版。

④ 习近平：《论坚持推动构建人类命运共同体》，中央文献出版社2018年版，第237页。

第二章

指导性案例中法理的样态

指导性案例中，法理以不同的样态存在。很显然，这既是一种知识性判断，也是一种经验性判断。要确证指导性案例中的法理形态，还必须要从理论上对指导性案例中的法理进行类型化并逐一进行分析。只有此，我们才能够真正在理论上开掘出指导性案例中的法理以及这种法理在理论上的普遍意涵。

为此，在这一部分，本文对应法律方法的层次，将法理样态分为法律原则、法律原理、司法政策和公序良俗。法官可以直接拿来作为判案依据用的、法律条文中明确规定的，归入法律原则类。此时的法理样态是显见于法律条文之中的。那些没有具体显现在法律条文中，但已在法律职业共同体中形成共识，并对司法实践起到实际指导作用的学说、学理、原理等，归入法律原理类。此时的法理样态是隐藏在法律条文中的，也即内在于法律中的，法官常用来论证裁判结果，增强裁判文书说服力。法官作为一种职业，要完成这个职业角色需要达到的工作目标而遵从的司法政策，归入司法政策类。此时的法理样态表现为法理的工作呈现，通常表现为审判理念的呈现。

虽然《民法典》有明确法律条文规定公序良俗原则，但笔者将公序良俗作为法理在司法实践应用时的兜底样态分类。原因有三：一则是为凸显社会主义核心价值观在公序良俗中的融入，体现案例的法理时代性。二则是公序良俗内涵丰富，在具体案件中更多依靠裁判者的衡量确认，基于此也容易产生裁判标准混乱的情况，故更有将此单列并进行类型化梳理总结的必要。三则是法官的角色定位要求其作出的裁判需要达到"让人民群众在每一个司法案件中感受到公平正义"的标准。人民群众的公平正义观不仅具有时代性、地域性、发展性的特点，也具有主观性、体己感、个体化、流动性的特征。而公序良俗作为一个既具有客观性又具有主观性的开放性概念，可以集中体现人民群众对法理的价值诉求，成为法官和人民群众法理价值观念的连接点，成为法官进行法律论证的有力表达。即本书中分类所列的公序良俗样态是广义上的公序良俗，不仅仅包括以法律原则样态呈现的公序良俗，还包括以政策、习惯等样态呈现的公序良俗。

本书将在这一章从法律原则、法律原理、司法政策和公序良俗这四类主要的法理存在样态展开论述，希望能够全方位、多角度地展示法理在指导性案例中的应用情况。四种分类不是非此即彼的关系。我们要通过这四种法理类型来逐一细致审视指导性案例并看到不同法理类型之间看似细微但却至关重要的外部差异性和内在关联性。更重要的是，我们要在此基础上，从整体上描绘出指导性案例中法理样态的整体形状。

第一节　法律原则样态的法理表达

一、法律原则的一般理论

何谓“法律原则”,《布莱克法律辞典》的解释如下：所谓法律原则，是“法律的基础性真理或原理，为其他规则提供基础性或本源性的综合性规则或原理，是法律行为、法律程序、法律决定的决定性规则”[①]。这一界定，为法律原则提供了一个综合性的概念意涵。

实际上，西方法理论对于法律原则，有着更加多元化的理解。比如，德沃金就认为，“规则”与“原则”的区别在于，“前者具有一种全有或全无的功能，因而未留下活动空间，相反，后者则占据着分量和重要性之维度”[②]。又比如，拉兹认为，“法律原则是法律的基础和本源，是解释法律、变更法律和制定新法的基础，同时还是法律中特殊例外的基础和特定个案中行动的基础”[③]。还比如，一些学者从制度化的径路讨论法律原则，认为“法律原则说明规则和具体制度的目的是法律规则和价值观念的汇合点，使法律规则合理化，

① 参见［英］戴维·M. 沃克：《牛津法律大辞典》，李双元等译，法律出版社 2003 年版，第 898 页。

② ［德］阿图尔·考夫曼、温弗里德·哈斯默尔主编：《当代法哲学和法律理论导论》，郑永流译，法律出版社 2013 年版，第 152 页。

③ Joseph Raz，Legal Principles and the Limits of Law，5 Yale Law Journal（1972），pp.839−842.

使法律规则形成一个有凝聚力的统一体”[①]。

就国内法理学界来看，张文显教授认为“法律原则是法理的普遍形态”[②]，体现着一个社会的基本法理，是整个法律活动的指导思想和出发点，构成一个法律体系的灵魂，决定着法律的内在统一性和稳定性。“尤其是在司法机关处理复杂、疑难、新奇案件，需要平衡互相重叠或冲突的利益，为案件寻找合法的解决办法时，法律原则具有十分重要的作用。”[③]“法律原则是可以作为法律规则的基础或本源的具有综合性、稳定性特点的原理和准则。”[④]

实践中，法律原则依据不同的标准可以进行以下分类：一是依据法律原则产生的基础不同可分为公共政策法律原则和共识公理法律原则。公共政策法律原则以国家为了达到某一目的或目标或实现某一时期、某一方面的任务为目的而产生的法律原则。主要包括某种与法律有关的或者在一定程度上起到某种类似于法律规则的作用的某种原则或规则。[⑤]共识公理法律原则是从社会关系性质中产生并得到广泛认同的被认为是法律公理的法律原则。比如民法中的诚信原则。二是依据法律原则的覆盖面可以分为基本原则和具体原则。基本原则是指体现法的根本价值的法律原则，是整个法律生活的基础和指引，构成法律体系的神经中枢。具体原则是基本原则的具体化，构成某一法律领域的法律规则的基础或出发点。三是依据法律原则的内容可以分为实体性原则和程序性原则。“实体性原则是指规定实体法律的原则，程序性原则是指规定程序法律的原则。”[⑥]这里应当说明的是，对于法律原则的分类都是相对的，比如有很多法律原则既是实体性原则也是程序性原则，如公平原则。有些具

---

① ［英］麦考密克、［澳大利亚］魏因贝格尔：《制度法论》，周叶谦译，中国政法大学出版社1994年版，第89～91页。

② 张文显：《法理：法理学的中心主题和法学的共同关注》，载《清华法学》2017年第4期。

③ ［美］迈克尔·D·贝勒斯：《法律的原则——一个规范的分析》，张文显等译，中国大百科全书出版社1996年版，第1页。

④ 张文显：《法学基本范畴研究》，中国政法大学出版社1993年版，第6页。

⑤ ［美］罗纳德·德沃金：《认真对待权利》，信春鹰、吴玉章译，中国大百科全书出版社1998年版，第126页。

⑥ 张文显：《法理学》（第五版），高等教育出版社2018年版，第122页。

体原则与法律规则融合为一体形成“法条形式的原则”[①]，如回避原则。还有其他的分类方法，比如将法律原则按照所在法律部门的不同划分为“程序法原则、财产法原则、契约法原则、侵权法原则、刑法原则”[②]等。

关于法律原则的存在形式，学者们有不同的观点。舒国滢教授认为法律原则有两种存在形式，“一是实定的法律原则，即实在法予以明示的法律原则。二是非实定的法律原则，即不通过现行的实在法明文规定的法律原则”[③]。黄茂荣教授归纳了法律原则的三种表现形式，即“第一种存在于制定法中，由法律明文规定。第二种是作为法律基础的法律原则，虽然法律没有明文规定，但能够从法律中推导出来。第三种是作为法哲学基本价值的法律原则，这些法律原则在法律中没有明文规定，也不能够从法律中推导出来”[④]。庞凌教授认为法律原则有四种存在形式，“一是存在于判例中，二是存在于制定法中，三是存在于应然的法律价值、事物之理中，四是存在于宪法法律的基础或推论中”[⑤]。

在司法实践中，法官通常会以具体法律条文作为大前提来适用于案情化解纠纷，如果找不到合适的具体法律条文，法官往往会寻找在法律条文中有明确规定的法律原则进行论证说理。明确规定在法律条文中的法律原则，更是法理的一种制度化表达。正如张文显教授所说，“法理”往往蕴含于“一部法律的基本原则和一般规定之中”[⑥]，“显见于法律之中，表达为法律条文或法律宣言及序言”[⑦]。典型的情形即是法律中对法律原则的条文表述。例如，我国宪法、民法、刑法、行政法、民诉法、刑诉法等各类法律条文中都有对法律原则的明确规定。以《民法典》为例，《民法典》第一编第一章十二个条文分别规定了平

---

① ［德］卡尔·拉伦茨：《法学方法论》，陈爱娥译，商务印书馆2003年版，第353页。

② 参见［美］迈克尔·D·贝勒斯：《法律的原则——一个规范的分析》，张文显等译，中国大百科全书出版社1996年版，第1页。

③ 舒国滢：《法律原则适用的困境——方法论视角的四个追问》，载《苏州大学学报》2005年第1期。

④ 黄茂荣：《法学方法与现代民主》，法律出版社2007年版，第473～478页。

⑤ 庞凌：《法律原则的识别和适用》，载《法学》2004年第4期，第36～37页。

⑥ 张文显：《法理：法理学的中心主题和法学的共同关注》，载《清华法学》2017年第4期。

⑦ 丰霏：《如何发现法理》，载《法制与社会发展》2018年第2期。

等、自愿、公平、诚信、公序良俗、生态保护等法律原则。纵观《民法典》各编，几乎每一编的第一章都是法律原则的集中地，统领着该编的指导思想和基本准则。我国刑法中的罪刑法定、罪责刑相适应等法律原则也存在于法律条文中。本文这一节所称法理在指导性案例中以法律原则的样态呈现，主要是指法律条文中明确规定的法律原则，即显见于法律中的法律原则。

二、指导性案例中的法律原则适用

（一）民事类

在民商事领域，公平原则、诚信原则等公理性法律原则在指导性案例中运用得比较多。

“法律是公正善良之术”，公平原则是民法的一项基本原则。它要求当事人在民事活动中以社会正义、公平的观念指导自己的行为、处理当事人之间的纠纷、平衡各方利益、确定各方的权利和义务。公平原则是进步和正义的道德观在法律上的体现，强调团结协作、友善和睦、宽容礼让、代际友好，对于弥补法律规定的不足和保证私法自治原则的实现，具有重要意义。原《民法通则》第4条规定：民事活动应当遵循自愿公平的原则。《民法典》总则编第6条规定：民事主体从事民事活动，应当遵循公平原则，合理确定各方的权利和义务。

公平原则强调权利和义务相一致，体现权利、义务和责任的协调统一，任何一方当事人都不能只享有自身权利而拒绝履行义务或承担民事责任。在市场经济中，公平原则体现为任何经营者都只能以市场交易规则为准则，享受公平合理的对待，既不享有任何特权，也不履行任何不公平的义务。在司法实践中，公平原则常体现在裁判者对民事主体之间利益均衡的维护上。

诚信原则是大陆法系民法中重要的基本原则，被称为“帝王原则”。诚信原则将道德规则与法律规则合为一体，具有法律调节和道德调节的双重功能，被认为是由民事法律构造出来的民事法律与社会道德之间的通道。体现诚信原则的具体法律条文有很多。比如《民法通则》第4条规定：民事活动应当遵循诚信原则；《民法典》第7条规定：民事主体从事民事活动，应当遵循诚信原则，秉持诚实，恪守承诺。其他民商事法律中也有关于诚信原则的规定。

诚信原则要求民事主体进行民事活动时必须诚实、善意，在行使权利时不侵害他人与社会的利益，履行义务时信守承诺和遵守法律规定。诚信原则对意思自治原则予以修正与必要限制，与公平原则具有同等价值。立法者通过规定诚信原则，使得法律获得更大的弹性，授予法官自由裁量权，使之能够应对各类新情况和新问题。法官依据诚信原则不仅使当事人之间的利益得到平衡，而且也使当事人和社会之间的利益得到平衡。法官还可以通过对诚信原则进行扩张性解释，处理一些新型的、特殊的案件，以实现个案处理结果公平、正义之目标。这种适用的背后是现代民法价值理念的体现即实质正义。贯彻实质正义精神的诚信原则，在客观上体现为两种利益关系的平衡，包括当事人之间的利益平衡，以及当事人与社会利益之间的平衡，即社会妥当性。分析具体案例可以观察到法官适用诚信原则时以这两点为价值目标，体现公平、正义。

【指导性案例 15 号】

徐某集团工程机械股份有限公司诉成都川某工贸有限责任公司等买卖合同纠纷案①

【案情概述】2005 年至 2007 年期间，徐州某机械科技股份有限公司（以下简称徐某科技公司。后于 2009 年 9 月 4 日变更为徐某机械公司，以下简称徐某公司）与成都川某工贸有限公司（以下简称川某工贸公司）、四川瑞某建设工程有限公司（以下简称瑞某公司）签订多份工业品买卖合同。合同签订后，徐某公司按约履行了交付义务，但川某工贸公司、瑞某公司却未支付货款。2005 年 8 月 15 日，川某工贸公司、瑞某公司、川某机械公司共同作出说明，要求三公司所负的债务统一由川某工贸公司承担。徐某公司诉至徐州市中级人民法院，认为上述三公司的业务、债务、资产混同，瑞某公司、川某机械公司应对川某工贸公司的债务承担连带清偿责任。此外，上述三公司的

① 参见最高人民法院案例指导工作办公室编著：《中国案例指导》（总第 2 辑），法律出版社 2015 年版，第 51 页。

销售回款资金大部分进入王某礼、过某利等股东及会计卢某的个人账户，故王某礼、过某利、卢某等个人的资产与公司资产亦混同，且滥用公司法人独立地位和有限责任，均应对公司债务承担连带清偿责任，公司会计卢某应当在其侵占公司资产范围内对债权人承担清偿责任。徐州市中级人民法院支持了原告要求三公司连带清偿货款及利息的诉讼请求，驳回了原告要求王某礼等承担连带责任的请求。瑞某公司、川某机械公司不服一审判决上诉至江苏省高级人民法院，江苏省高级人民法院裁定驳回上诉，维持原判。

【裁判说理】裁判文书说理部分这样论述：综上，川某工贸公司、川某机械公司、瑞某公司在经营中无视各自的独立人格，随意混淆业务、财务、资金，相互之间界限模糊，无法严格区分，使得交易相对人难以区分准确的交易对象。在均与徐某科技公司有业务往来的情况下，三公司还刻意安排将业务统计于川某工贸公司的名下，客观上削弱了川某工贸公司的偿债能力，有滥用公司独立人格以逃废债务之嫌。三公司虽在工商登记部门登记为彼此独立的企业法人，但实际上人员混同、业务混同、财务混同，已构成人格混同，损害了债权人的利益，违背了法人制度设立的宗旨，其危害性与《公司法》第20条[①]规定的股东滥用公司法人独立地位和股东有限责任的情形相当（法理之一）。为保护债权人的合法利益，规范公司行为，参照《公司法》第20条规定川某机械公司、瑞某公司应当对川某工贸公司的债务承担连带清偿责任（法理之二）。

【法理应用】这个案例涉及两个问题：一是在什么情况下关联公司属于公司法人格混同；二是在此情况下的责任承担问题。

公司的独立人格和股东的有限责任是现代公司法人制度的两大基石，但也可能被股东作为逃避义务、非法牟利的工具，因其行为违反了诚信原则和公平原则，我国公司法对其责任承担方式进行了规定。案件审理时适用的《公司法》关于公司法人格否认制度的规定体现在第20条第1款和第3款。第20条第1款[②]规定："公司股东应当遵守法律、行政法规和公司章程，依法

① 现对应《公司法》（2023年修订）第21条、第22条、第23条。
② 现对应《公司法》（2023年修订）第21条。

行使股东权利，不得滥用股东权利损害公司或者其他股东的利益；不得滥用公司法人独立地位和股东有限责任损害公司债权人的利益。”第20条第3款[①]规定：“公司股东滥用公司法人独立地位和股东有限责任，逃避债务，严重损害公司股东债权人利益的，应当对公司债务承担连带责任。”就该案例中，对于被告公司之间的状态是否属于关联公司人格混同及是否应对债权人承担连带责任，法律没有明确规定。在该案例的原始裁判文书中有关此问题的论述非常精彩，处处体现了在没有具体的法律条文作为案件大前提的情况下，法官利用法理和法律原则断案的司法智慧。

在对该问题的裁判说理中，我们可以看到，在法律条文没有明确规定的情况下，法官遵循《公司法》的立法目的，对股东可能利用公司独立地位侵犯债权人利益进行防控，从市场经济中守信不欺、利益平衡的法益保护角度，以原《民法通则》明文规定的公平原则和诚信原则为比照，通过认定被告各公司“随意混淆业务、财务、资金”的状态使得交易相对人“难以区分准确交易对象”而“客观削弱了偿债能力”，其行为存在“实际上人员混同、业务混同、财务混同”“滥用公司独立人格逃废债务之嫌”“违背法人制度的设立宗旨”的问题，与“股东滥用公司法人独立地位的情形”的危害性相当，判定为“构成人格混同”“损害债权人利益”“违背法人制度设立宗旨”，最后参照《公司法》第20条的规定作出判决。就此确立了“关联公司的人员、业务、财务等方面交叉或混同，导致各自财产无法区分，丧失独立人格，构成人格混同”“关联公司人格混同，严重损害债权人利益的，关联公司相互之间对外部债务承担连带责任”的裁判规则。[②]与理论界“关联公司适用公司人格否认时，应当否认关联公司各自独立人格，将关联公司视为一体，对某一关联公司的债权人承担连带责任的原则，赋予公司人格否认制度事后救济功能”的观点不谋而合。[③]

在成文法滞后的情况下，如何解决新情况新问题，如何在解决新情况新

① 现对应《公司法》（2023年修订）第23条。

② 参见最高人民法院案例指导工作办公室编著：《中国案例指导》（总第2辑），法律出版社2015年版，第5页。

③ 周友苏：《新公司法论》，法律出版社2006年版，第148页。

问题时保持法律的稳定性和一致性，是司法者普遍面临的问题。司法实践中，法官常以诚信原则作为处理民商法领域中新情况新问题的说理论证依据。

《反不正当竞争法》的立法目的是促进社会主义市场经济健康发展，鼓励和保护公平竞争，制止不正当竞争行为，保护经营者和消费者的合法权益。该部法律实施以来，因市场经济迅速发展，新的社会现象和新技术层出不穷，商业道德的含义和形式不断变化，不正当竞争手段呈现新的表现形式。在法律和司法解释没有明确规定的情况下，法官在判案时，常常依据《反不正当竞争法》第2条[①]规定的法律原则来断案。

【指导性案例29号】

某中国青年旅行社诉某国青国际旅行社擅自使用他人企业名称纠纷案[②]

【案情概述】某中国青年旅行社（以下简称某青旅）于1986年11月1日成立，是从事国内及出入境旅游业务的国有企业，直属于共青团天津市委员会。共青团天津市委员会出具证明称，“天津青旅”是某青旅的企业简称。2007年，《今晚报》等媒体在报道某青旅承办的活动中已开始以“天津青旅”的简称指代某青旅。某青旅在报价单、旅游合同、与同行业经营者合作文件、发票等资料以及经营场所各门店招牌上等日常经营活动中，使用“天津青旅”作为企业的简称。某国青国际旅行社有限公司（以下简称某国青旅）于2010年7月6日成立，是从事国内旅游及入境旅游接待等业务的有限责任公司。

2010年年底，某青旅发现通过Google搜索引擎分别搜索“天津中国青年旅行社”或“天津青旅”，在搜索结果的第一名并标注赞助商链接的位置，分别显示“天津中国青年旅行社网上营业厅 www.×××××you.com 天津国青网上在线营业厅，是您理想选择，出行提供优质、贴心、舒心的服务”或“天津青旅网上营业厅 www.×××××you.com 天津国青网上在线营业厅，是您理

① 《反不正当竞争法》第2条第1款规定：经营者在生产经营活动中，应当遵循自愿、平等、公平、诚信原则，遵守法律和商业道德。

② 参见最高人民法院案例指导工作办公室编著：《中国案例指导》（总第2辑），法律出版社2015年版，第277页。

想选择，出行提供优质、贴心、舒心的服务”，点击链接后进入网页是标称某国青旅乐出游网的网站，网页顶端出现“天津国青国际旅行社—青年旅行社青旅 / 天津国旅”等字样，网页内容为天津国青旅游业务信息及报价，标称网站版权所有：乐出游网—天津国青，并标明了某国青旅的联系电话和经营地址。同时，某青旅通过百度搜索引擎搜索“天津青旅”，在搜索结果的第一名并标注推广链接的位置，显示“欢迎光临天津青旅重合同守信誉单位，汇集国内出境经典旅游线路，100%出团，天津青旅 400–×××–5253 022.××sgz.cn”点击链接后进入网页仍然是上述标称某国青旅乐出游网的网站。

某青旅诉至法院，认为被告某国青旅在其版权所有的网站页面、网站源代码以及搜索引擎中，非法使用原告企业名称全称及简称“天津青旅”，违反了《反不正当竞争法》的规定，请求判令被告立即停止不正当竞争行为、公开赔礼道歉、赔偿经济损失 10 万元，并承担诉讼费用。被告某国青旅辩称：“天津青旅”没有登记注册，并不由原告享有，原告主张的损失没有事实和法律依据，请求驳回原告诉讼请求。

【裁判说理】裁判文书说理部分这样论述：根据《最高人民法院关于审理不正当竞争民事案件应用法律若干问题的解释》第 6 条第 1 款规定：“企业登记主管机关依法登记注册的企业名称，以及在中国境内进行商业使用的外国（地区）企业名称，应当认定为反不正当竞争法第五条第（三）项规定的‘企业名称’。具有一定的市场知名度、为相关公众所知悉的企业名称中的字号，可以认定为反不正当竞争法第五条第（三）项规定的‘企业名称’。”因此，对于企业长期、广泛对外使用，具有一定市场知名度、为相关公众所知悉，已实际具有商号作用的企业名称简称，也应当视为企业名称予以保护（法理之一）。“某中国青年旅行社”是原告 1986 年成立以来一直使用的企业名称，原告享有企业名称专用权。“天津青旅”作为其企业名称简称，于 2007 年就已被其在经营活动中广泛使用，相关宣传报道和客户也以“天津青旅”指代某青旅，经过多年在经营活动中使用和宣传，已享有一定市场知名度，为相关公众所知悉，已与某青旅之间建立起稳定的关联关系，具有可以识别经营主体的商业标识意义（法理之二）。所以，可以将“天津青旅”视为企业名称与“某中国青年旅行社”共同加以保护。

《反不正当竞争法》第5条第3项规定，经营者不得采用擅自使用他人的企业名称，引人误认为是他人的商品等不正当手段从事市场交易，损害竞争对手。因此，经营者擅自将他人的企业名称或简称作为互联网竞价排名关键词，使公众产生混淆误认，利用他人的知名度和商誉，达到宣传推广自己的目的的，属于不正当竞争行为，应当予以禁止（法理之三）。某国青旅作为从事旅游服务的经营者，未经某青旅许可，通过在相关搜索引擎中设置与某青旅企业名称有关的关键词并在网站源代码中使用等手段，使相关公众在搜索“某中国青年旅行社”和“天津青旅”关键词时，直接显示某国青旅的网站链接，从而进入某国青旅的网站联系旅游业务，达到利用网络用户的初始混淆争夺潜在客户的效果（法理之四），主观上具有使相关公众在网络搜索、查询中产生误认的故意（法理之五），客观上擅自使用“某中国青年旅行社”及“天津青旅”，利用了某青旅的企业信誉，损害了某青旅的合法权益（法理之六），其行为属于不正当竞争行为，依法应予制止。某国青旅作为与某青旅同业的竞争者，在明知某青旅企业名称及简称享有较高知名度的情况下，仍擅自使用，有借他人之名为自己谋取不当利益的意图，主观恶意明显（法理之七）。依照《民法通则》第120条规定，某国青旅应当承担停止侵害、消除影响、赔偿损失的法律责任。至于某国青旅在网站网页顶端显示的“青年旅行社青旅”字样，并非原告企业名称的保护范围，不构成对原告的不正当竞争行为。

【法理应用】该案例是关于企业名称简称保护的问题。在司法实践中，我国法律和司法解释对企业名称简称的保护问题没有明确规定。现实生活中，人们常以企业简称为关键词在互联网搜索引擎中进行检索以便了解企业信息，擅自使用他人企业名称简称存在争夺潜在用户的可能。该案例以诚信原则为说理依据，将企业名称保护范围扩大到企业简称，进而明确了因企业简称而发生使公众产生混淆误认的行为，违反商业道德，属于不正当竞争行为。根据案件审理当时适用的原《最高人民法院关于审理不正当竞争民事案件应用法律若干问题的解释》相关条文规定[①]，属于《反不正当竞争法》第5条第3

① 现对应《最高人民法院关于适用〈中华人民共和国反不正当竞争法〉若干问题的解释》第9条。

项[①]规定的“企业名称”包括“依法登记注册的企业名称”“在中国境内进行商业使用的外国（地区）企业名称”“具有一定的市场知名度、为相关公众所知悉的企业名称中的字号”。该案根据上述三类“企业名称”的特点，认定“长期、广泛对外使用”“具有一定市场知名度”“为相关公众所知悉”“已实际具有商号作用”特点的企业名称简称应与上述三类企业名称一样予以保护。结合本案案情，一系列证据表明“天津青旅”这个企业简称在实践中确已具有“在经营活动中广泛使用”“享有一定市场知名度”“与某青旅之间建立起稳定的关联关系”“具有可以识别经营主体的商业标识意义”的事实。由此认定“某中国青年旅行社”这个企业名称与其简称“天津青旅”都应当视为企业名称予以同样的保护。通过分析某国青旅的行为，认为某国青旅主观恶意明显，“具有使相关公众在网络搜索、查询中产生误认的故意”，违背了诚信原则，客观上擅自使用“某中国青年旅行社”及“天津青旅”企业名称，损害某青旅的合法权益谋取不当利益。故判定某国青旅停止侵害、消除影响、赔偿损失。该案明确了“对于企业长期、广泛对外使用，具有一定市场知名度、为相关公众所知悉，已实际具有商号作用的企业名称简称，可以视为企业名称予以保护”及“擅自将他人已实际具有商号作用的企业名称简称作为商业活动中互联网竞价排名关键词，使相关公众产生混淆误认的，属于不正当竞争行为”的裁判规则。[②]

【指导性案例 30 号】

兰某军、杭州某汽车维修科技股份有限公司诉
天津市某汽车维修服务有限公司等侵害商标权及不正当竞争纠纷案[③]

【案情概述】原告兰某军、杭州某汽车维修科技股份有限公司（以下简称杭州某公司）诉称：其依法享有“小拇指”注册商标专用权，而天津市某汽

---

① 现对应《反不正当竞争法》（2019 年修正）第 6 条第 2 项。

② 参见最高人民法院案例指导工作办公室编著：《中国案例指导》（总第 2 辑），法律出版社 2015 年版，第 230 页。

③ 参见最高人民法院案例指导工作办公室编著：《中国案例指导》（总第 2 辑），法律出版社 2015 年版，第 289 页。

车维修服务有限公司（以下简称天津某公司）、天津市华某汽车进口配件公司（以下简称天津华某公司）在从事汽车维修及通过网站进行招商加盟过程中，多处使用了“小拇指图”标识，且存在单独或突出使用“小拇指”的情形，侵害了其注册商标专用权；同时，天津某公司擅自使用杭州某公司在先的企业名称，构成对杭州某公司的不正当竞争。故诉请判令天津某公司立即停止使用“小拇指”字号进行经营、天津某公司及天津华某公司停止商标侵权及不正当竞争行为、公开赔礼道歉、连带赔偿经济损失630 000元及合理开支24 379.4元，并承担案件诉讼费用。

被告天津某公司、天津华某公司辩称：（1）杭州某公司的经营范围并不含许可经营项目及汽车维修类，也未取得机动车维修的许可，且不具备“两店一年”的特许经营条件，属于超越经营范围的非法经营，故其权利不应得到保护。（2）天津某公司、天津华某公司使用“小拇指”标识有合法来源，不构成商标侵权。（3）杭州某公司并不从事汽车维修行业，双方不构成商业竞争关系，且不能证明其为知名企业，其主张企业名称权缺乏法律依据，天津某公司、天津华某公司亦不构成不正当竞争，故请求驳回原告诉讼请求。

法院经审理查明：杭州某公司成立于2004年10月22日，法定代表人为兰某军。其经营范围：“许可经营项目：无；一般经营项目：服务；汽车玻璃修补的技术开发，汽车油漆快速修复的技术开发；批发、零售；汽车配件；含下属分支机构经营范围；其他无须报经审批的一切合法项目（上述经营范围不含国家法律法规规定禁止、限制和许可经营的项目。）凡以上涉及许可证制度的凭证经营。”其下属分支机构为杭州某公司萧山分公司，该分公司成立于2005年11月8日，经营范围如下：“汽车涂漆、玻璃安装。”该分公司于2008年8月1日取得的《道路运输经营许可证》载明的经营范围：“维修（二类机动车维修：小型车辆维修）。”

2011年1月14日，杭州某公司取得第6573882号“小拇指”文字注册商标，核定服务项目（第35类）：连锁店的经营管理（工商管理辅助）；特许经营的商业管理；商业管理咨询；广告（截止）。该商标现在有效期内。2011年4月14日，兰某军将其拥有的第6573881号“小拇指”文字注册商标以独占使用许可的方式，许可给杭州某公司使用。

杭州某公司多次获中国连锁经营协会颁发的中国特许经营连锁120强证书，2009年杭州某公司的“某汽车维修服务”被浙江省质量技术监督局认定为浙江省服务名牌。

天津某公司成立于2008年10月16日，法定代表人为田某山。其经营范围如下：“小型客车整车修理、总成修理、整车维护、小修、维修救援、专项修理。（许可经营项目的经营期限以许可证为准）。”该公司于2010年7月28日取得的《天津市机动车维修经营许可证》载明类别为“二类（汽车维修）”，经营项目为“小型客车整车修理、总成修理、整车维护、小修、维修救援、专项维修”。有效期自2010年7月28日至2012年7月27日。

天津华某公司成立于1992年11月23日，法定代表人与天津某公司系同一人，即田某山。其经营范围如下：“汽车配件、玻璃、润滑脂、轮胎、汽车装具；车身清洁维护、电气系统维修、涂漆；代办快件、托运、信息咨询；普通货物（以上经营范围涉及行业许可证的凭许可证件在有效期内经营，国家有专项专营规定的按规定办理）。”天津华某公司取得的《天津市机动车维修经营许可证》的经营项目为“小型客车整车修理、总成修理、整车维护、小修、维修救援、专项修理”，类别为“二类（汽车维修）”，现在有效期内。

天津某公司、天津华某公司在从事汽车维修及通过网站进行招商加盟过程中，多处使用了“小拇指图”标识，且存在单独或突出使用“小拇指”的情形。

2008年6月30日，天津华某公司与杭州某公司签订了《特许连锁经营合同》，许可天津华某公司在天津经营“小拇指”品牌汽车维修连锁中心，合同期限为2008年6月30日至2011年6月29日。该合同第3条第4项约定：“乙方（天津华某公司）设立加盟店，应以甲方（杭州某公司）书面批准的名称开展经营活动。商号的限制使用（以下选择使用）：（√）未经甲方书面同意，乙方不得在任何场合和时间，以任何形式使用或对‘小拇指’或‘小拇指微修’等相关标志进行企业名称登记注册；未经甲方书面同意，不得将‘小拇指’或‘小拇指微修’名称加上任何前缀、后缀进行修改或补充；乙方不得注册含有‘小拇指’或‘小拇指微修’或与其相关或相近似字样的域名等，该限制包含对乙方的分支机构的限制。”2010年12月16日，天津华某公司与杭州某公司因履行《特许连锁经营合同》发生纠纷，经杭州市仲裁委员会仲裁裁决解除合同。

另查明，杭州某公司于2008年4月8日取得商务部的商业特许经营备案。天津华某公司曾向商务部行政主管部门反映杭州某公司违规从事特许经营活动应予撤销备案的问题。对此，《浙江省商务厅关于上报杭州某汽车维修科技股份有限公司特许经营有关情况的函》记载：（1）杭州某公司特许经营备案时已具备"两店一年"条件，符合《商业特许经营管理条例》第7条的规定，可以予以备案；（2）杭州某公司主要负责"小拇指"品牌管理，不直接从事机动车维修业务，并且拥有自己的商标、专利、经营模式等经营资源，可以开展特许经营业务；（3）经向浙江省道路运输管理局有关负责人了解，杭州某公司下属直营店拥有《道路运输经营许可证》，经营范围包含"三类机动车维修"或"二类机动车维修"，具备从事机动车维修的资质；（4）杭州某公司授权许可，以及机动车维修经营不在特许经营许可范围内。

【裁判说理】裁判文书说理部分这样论述：市场竞争中的经营者，应当遵循诚信原则（法理之一），遵守公认的商业道德，尊重他人的市场劳动成果，登记企业名称时，理应负有对同行业的在先字号予以避让的义务（法理之二）。本案中，天津华某公司作为被特许人，曾于2008年6月30日与作为"小拇指"品牌特许人的杭州某公司签订《特许连锁经营合同》，法定代表人田某山代表该公司在合同上签字，其知晓合同的相关内容。天津某公司虽主张其与天津华某公司之间没有关联，是两个相互独立的法人，但两公司的法定代表人均为田某山，且天津华某公司的网站内所显示的宣传信息及相关联系信息均直接指向天津某公司，并且天津华某公司将其登记的经营地点作为天津某公司天津总店的经营地点。故应认定，作为汽车维修相关市场的经营者，天津某公司成立时，对杭州某公司及其经营资源、发展趋势等应当知晓（法理之三），但天津某公司仍将"小拇指"作为企业名称中识别不同市场主体核心标识的企业字号，且不能提供使用"小拇指"作为字号的合理依据，其主观上明显具有"搭便车"及攀附他人商誉的意图（法理之四）。

【法理应用】该案例同样是依据诚信原则来判定案例中所涉竞争关系是否属于《反不正当竞争法》的调整对象，并明确了判断企业之间是否存在不正当竞争关系的标准。

该案说理部分，开宗明义，“市场竞争中的经营者，应当遵循诚信原则”，并将“诚信原则”进一步具体化为“公认的商业道德”和对“他人的市场劳动成果”的尊重。通过天津某公司与天津华某公司的法定代表人为同一人，宣传信息、联系信息、经营地点的相关度，判断天津某公司成立时对杭州某公司情况的知晓度应当和天津华某公司对杭州某公司情况的知晓度一致。在这种情况下，天津某公司仍将“小拇指”作为字号，明显具有攀附商誉的意图，这种行为是对他人市场劳动成果的不尊重，违背商业道德，违背了诚信原则。该案明确了“经营者是否具有超越法定经营范围而违反行政许可法律法规的行为，不影响其依法行使制止商标侵权和不正当竞争的民事权利”及“反不正当竞争法并未限制经营者之间必须具有直接的竞争关系，也没有要求其从事相同行业。经营者之间具有间接竞争关系，行为人违背反不正当竞争法的规定，损害其他经营者合法权益的，也应当认定为不正当竞争行为”的裁判规则。[①]

圓【指导性案例 45 号】

北京百某网讯科技有限公司诉青岛奥某网络技术有限公司等不正当竞争纠纷案[②]

【案情概述】原告北京百某网讯科技有限公司（以下简称百某公司）诉称：其拥有的 www.bai××.com 网站（以下简称百某网站）是中文搜索引擎网站。三被告青岛奥某网络技术有限公司（以下简称奥某网络公司）、中国联合网络某信有限公司青岛市分公司（以下简称联某青岛公司）、中国联合网络某信有限公司山东省分公司（以下简称联某山东公司）在山东省青岛地区，利用网通的互联网接入网络服务，在百某公司网站的搜索结果页面强行增加广告的行为，损害了百某公司的商誉和经济效益，违背了诚信原则，构成不正当竞争。请求判令：（1）奥某网络公司、联某青岛公司的行为构成

① 参见最高人民法院案例指导工作办公室编著：《中国案例指导》（总第 2 辑），法律出版社 2015 年版，第 233 页。

② 参见最高人民法院案例指导工作办公室编著：《中国案例指导》（总第 3 辑），法律出版社 2016 年版，第 272 页。

对原告的不正当竞争行为，并停止该不正当竞争行为；第三人承担连带责任。（2）三被告在报上刊登声明以消除影响。（3）三被告共同赔偿原告经济损失 480 万元和因本案的合理支出 10 万元。

法院经审理查明：百某公司的经营范围为互联网信息服务业务，核准经营网址为 www.bai××.com 的百某网站，主要向网络用户提供互联网信息搜索服务。奥某网络公司的经营范围包括网络工程建设、网络技术应用服务、计算机软件设计开发等，其网站为 www.o×.com.cn。该公司在上述网站的“企业概况”中称其拥有 4 个网站：中国奥某网（www.o×.com.cn）、讴某网络营销伴侣（www.o×.net.cn）、某电话实名网（www.××××114.org）、半某人才网（www.job××.com）。该公司在其网站中介绍其“网络直通车”业务时称：无须安装任何插件，广告网页强制出现。介绍“搜索通”产品表现形式时，以图文方式列举了下列步骤：第一步，在搜索引擎对话框中输入关键词；第二步，优先出现网络直通车广告位（5 秒钟展现）；第三步，同时点击上面广告位直接进入宣传网站新窗口；第四步，5 秒后原窗口自动展示第一步请求的搜索结果。该网站还以其他形式介绍了上述服务。联某青岛公司的经营范围包括因特网接入服务和信息服务等，青岛信某港（域名为 qd.××.cn）为其所有的网站。“电话实名”系联某青岛公司与奥某公司共同合作的一项语音搜索业务，网址为 www.××××114.org 的“114 电话实名语音搜索”网站表明该网站的版权所有人为联某青岛公司，独家注册中心为奥某网络公司。联某山东公司的经营范围包括因特网接入服务和信息服务业务。其网站（www.××cnc.cn）显示，联某青岛公司是其下属分公司。鹏某航空公司的经营范围包括航空机票销售代理等。

2009 年 4 月 14 日，百某公司发现通过山东省青岛市网通接入互联网，登录百某网站（www.bai××.com），在该网站显示对话框中：输入“鹏某航空”，点击“百度一下”，弹出显示有“打折机票抢先拿就打 114”的页面，迅速点击该页面，打开了显示地址为 http：//air.qd.××.cn/ 的页面；输入“青岛人才网”，点击“百度一下”，弹出显示有“找好工作到半某人才网 www.job××.com”的页面，迅速点击该页面中显示的“马上点击”，打开了显示地址为 http：//www.job××.com/ 的页面；输入“电话实名”，点击“百度一下”，弹出显示有“查信息打 114，语音搜索更好用”的页面，随后该页面转至相应的“电话实名”搜索结果页面。百某公司委托代理人利用公证处的计算机对登录百度搜索等网站操作过程予以公证，公证书记载了前述内容。经专家论证，所链接的网站（http：//air.qd.× ×.cn/）与联某山东公司的下属网站青岛信息港（www.qd.× ×.cn）具有相同域（qd.× ×.cn），网站 air.qd.× ×.cn 是联某山东公司下属网站青岛站点所属。

【裁判说理】裁判文书说理部分这样论述：在市场竞争中存在商业联系的经营者，违反诚信原则和公认商业道德，不正当地妨碍了其他经营者正当经营，并损害其他经营者合法权益的，可以依照《反不正当竞争法》第 2 条的原则性规定，认定为不正当竞争（法理之一）。尽管在互联网上发布广告、进行商业活动与传统商业模式有较大差异，但是从事互联网业务的经营者仍应当通过诚信经营、公平竞争来获得竞争优势（法理之二），不能未经他人许可，利用他人的服务行为或市场份额来进行商业运作并从中获利。联某青岛公司与奥某网络公司实施的行为，是利用了百某网站搜索引擎在我国互联网用户中被广泛使用的优势，利用技术手段，让使用联某青岛公司提供互联网接入服务的网络用户，在登录百某网站进行关键词搜索时，在正常搜索结果显示前强行弹出奥某公司发布的与搜索的关键词及内容有紧密关系的广告页面。这种行为诱使本可能通过百某公司搜索结果检索相应信息的网络用户点击该广告页面，影响了百某公司向网络用户提供付费搜索服务与推广服务，属于利用百某公司提供的搜索服务来为自己牟利（法理之三）。该行为既没有征得百某公司的同意，又违背了使用其互联网接入服务用户的意志，容易导致上网用户误以为弹出的广告页面系百某公司所为，会使上网用户对百某公司提供服务的评价降低，对百某公司的商业信誉产生不利影响，损害了百某公司的合法权益，同时也违背了诚信原则和公认的商业道德（法理之四），已构成不正当竞争。

【法理应用】从事互联网服务的经营者，在其他经营者网站的搜索结果页面强行弹出广告的行为，是否属于不正当竞争行为？对于《反不正当竞争法》中没有明确列举的不正当竞争行为，该如何定性和判断？该案例依据《反不正当竞争法》的立法目的、诚信原则、自愿原则、公平原则、遵守商业道德原则等作为评判标准，判定因被告行为导致原告“服务评价降低”，对原告的“商业信誉产生不利影响”，属于违背“诚实信用”“公平交易”“商业道德”的行为。根据《反不正当竞争法》第2条的原则性规定予以判断，即本案被告行为属于不正当竞争行为。该案明确了“从事互联网服务的经营者，在其他经营者网站的搜索结果页面强行弹出广告的行为，违反诚信原则和公认商业道德，妨碍其他经营者正当经营并损害其合法权益，可以依照《反不正当竞争法》第二条的原则性规定认定为不正当竞争”的裁判规则。①

【指导性案例51号】

阿某诉中国东某航空股份有限公司航空旅客运输合同纠纷案②

【案情概述】2004年12月29日，阿某购买了一张由香港国某航空公司（以下简称国某航空公司）作为出票人的机票。机票列明的航程安排如下：2004年12月31日上午11点，上海起飞至香港，同日16点香港起飞至卡拉奇；2005年1月31日卡拉奇起飞至香港，同年2月1日香港起飞至上海。其中，上海与香港间的航程由中国东某航空股份有限公司（以下简称东某航空公司）实际承运，香港与卡拉奇间的航程由国某航空公司实际承运。机票背面的条款注明了该合同应遵守华沙公约所指定的有关责任的规则和限制。该机票为打折票，机票上注明了“不得退票、不得转签”。

2004年12月30日15时起上海浦东机场下中雪，导致机场于该日22点至23点被迫关闭1小时，该日有104个航班延误。12月31日，因飞机除冰、补班调配等原因，导致该日航班取消43架次、延误142架次，飞机出港正常率只有24.1%。东某航空公司的MU703航班也因为天气原因延误了3小时22分钟，导致阿某及其家属到达香港机场后未能赶上国某航空公司飞卡拉奇的衔接航班。东某航空公司工作人员告知阿某只有两种处理方案：其一是阿某等人在机场里等候3天，然后搭乘国某航空公司的下一航班，3天费用自

① 参见最高人民法院案例指导工作办公室编著：《中国案例指导》（总第3辑），法律出版社2016年版，第229页。

② 参见最高人民法院案例指导工作办公室编著：《中国案例指导》（总第3辑），法律出版社2016年版，第376页。

理；其二是阿某等人出资，另行购买其他航空公司的机票至卡拉奇，费用为25 000港元。阿某当即表示无法接受该两种方案，其妻子杜某打电话给东某航空公司，但该公司称有关工作人员已下班。杜某对东某航空公司的处理无法接受，且因携带婴儿而焦虑、激动。最终由香港机场工作人员交涉，阿某及家属共支付17 000港元，购买了阿联酋航空公司的机票及行李票，搭乘该公司航班绕道迪拜，到达卡拉奇。为此，阿某支出机票款4721港元、行李票款759港元，共计5480港元。

阿某认为，东某航空公司的航班延误，又拒绝重新安排航程，给自己造成了经济损失，遂提出诉讼，要求判令东某航空公司赔偿机票款和行李票款，并定期对外公布航班的正常率、旅客投诉率。

东某航空公司辩称，航班延误的原因系天气条件恶劣，属不可抗力；其已将此事通知了阿某，阿某亦明知将错过香港的衔接航班，其无权要求东某航空公司改变航程。阿某称，其明知会错过衔接航班仍选择登上飞往香港的航班，系因为东某航空公司对其承诺会予以妥善解决。

【裁判说理】裁判文书说理部分这样论述：《1955年在海牙修改的华沙公约》第19条规定：承运人对旅客、行李或货物在航空运输过程中因延误而造成的损失应负责任。第20条第1款规定：承运人如果证明自己和他的代理人为了避免损失的发生，已经采取一切必要的措施，或不可能采取这种措施时，就不负责任。2004年12月31日的MU703航班由于天气原因发生延误，对这种不可抗力造成的延误，东某航空公司不可能采取措施来避免发生，故其对延误本身无须承担责任（法理之一）。但还需证明其已经采取了一切必要的措施来避免延误给旅客造成的损失发生，否则即应对旅客因延误而遭受的损失承担责任（法理之二）。阿某在浦东机场时由于预见到MU703航班的延误会使其错过国某航空公司的衔接航班，曾多次向东某航空公司工作人员询问怎么办。东某航空公司应当知道国某航空公司从香港飞往卡拉奇的衔接航班3天才有一次，更明知阿某一行携带着婴儿，不便在中转机场长时间等候，有义务向阿某一行提醒中转时可能发生的不利情形，劝告阿某一行改日乘机（法理之三）。但东某航空公司没有这样做，却让阿某填写《续航情况登记表》，并告知会帮助解决，使阿某对该公司产生合理信赖（法理之四），从而放心登机飞赴香港。鉴于阿某一行是得到东某航空公司的帮助承诺后来到香港，但是东某航空公司不考虑阿某一行携带婴儿要尽快飞往卡拉奇的合理需要，向阿某告知了要么等待3天乘坐下一航班且3天的相关费用自理，要么自费购买其他航空公司机票的“帮助解决”方案。根据查明的事实，东某航空公司始终未能提供阿某的妻子杜某在登机前填写的《续航情况登记表》，无法证明阿某系在明知飞往香港后会发生对己不利的情况仍选择登机，故法院认定“东某航空公司没有为避免损失采取了必要的措施”是正确的。东某航空公司没有采取一切必要的措施来避免因航班延误给旅客造成的损失发生，不应免责（法理之五）。阿某迫于无奈自费购买其他航空公司的机票，对阿某购票支出的5480港元损失，东某航空公司应承担赔偿责任。

【法理应用】该案例是关于因航班延误引发的国际航空旅客运输合同纠纷。在涉及两家航空公司的联程运输中，因前一航班延误而导致乘客未能在中转点赶上衔接航班，乘客所持机票是注明不得签转的折扣机票，该机票背面条款约定了承运人对衔接航班免责。《1955年在海牙修改的华沙公约》规定在发生延误时，承运人应采取一切必要措施避免旅客损失。但该条款对何为“延误”没有明确的定义，并对延误原因属于不可抗力还是属于航空公司自身原因也没有作区分。在这种情况下，旅客的利益如何保护？旅客运输航班延误责任由谁承担？该案例依据诚信原则和符合常理来评判承运人的行为是否采取了“一切必要措施”，明确了考察承运人合同附随义务的范围，即应包括告知义务和协助义务。

裁判文书认为航班延误是由天气原因造成的，东某航空公司对这种因不可抗力造成的延误本身无须承担责任。但按照常理，东某航空公司应当了解“国某航空公司从香港飞往卡拉奇的衔接航班3天才有一次”，并在“明知阿某一行携带着婴儿，不便在中转机场长时间等候”的情况下，不但没有提醒而且还作出让阿某对该公司产生合理信赖的行为，导致阿某一行遭受损失。由此，法院认为东某航空公司没有采取“一切必要的措施”来避免因航班延误给旅客造成损失的发生，应当承担责任。明确了“当不可抗力造成航班延误，致使航空公司不能将换乘其他航班的旅客按时运抵目的地时，航空公司有义务及时向换乘的旅客明确告知到达目的地后是否提供转签服务，以及在不能提供转签服务时旅客如何办理旅行手续。航空公司未履行该项义务，给换乘旅客造成损失的，应当承担赔偿责任”及“航空公司在打折机票上注明‘不得退票，不得转签’，只是限制购买打折机票的旅客由于自身原因而不得退票和转签，不能据此剥夺旅客在支付票款后享有的乘坐航班按时抵达目的地的权利”的裁判规则。[①]

【指导性案例 64 号】

刘某捷诉中国某通信集团江苏有限公司某分公司电信服务合同纠纷案[②]

【案情概述】2009 年 11 月 24 日，原告刘某捷在被告中国某通信集团江苏有限公司某分公司（以下简称某分公司）营业厅申请办理“神州行标准卡”，手机号码为 1590520××××，付费方式为预付费。原告当场预付话费 50 元，并参与某分公司充 50 元送 50 元的活动。在业务受理单所附《中国移动通信客户入网服务协议》中，双方对各自的权利和义务进行了约定，其中第 4 项“特殊情况的承担”中的第 1 条规定如下：在下列情况下，乙方有权暂停或限制甲方的移动通信服务，由此给甲方造成的损失，乙方不承担责任：（1）甲方银行账户被查封、冻结或余额不足等非乙方原因造成的结算时扣划不成功的；（2）甲方预付费使用完毕而未及时补缴款项（包括预付费账户余额不足以扣划下一笔预付费用）的。2010 年 7 月 5 日，原告在中国移动官方网站网上营业厅通过银联卡网上充值 50 元。2010 年 11 月 7 日，原告在使用该手机号码时发现该手机号码已被停机，原告到被告的营业厅查询，得知被告于 2010 年 10 月 23 日因话费有效期到期而暂停移动通信服务，此时账户余额为 11.70 元。原告认为被告单方终止服务构成合同违约，遂诉至法院。

【裁判说理】裁判文书说理部分这样论述：电信用户的知情权是电信用户

① 参见最高人民法院案例指导工作办公室编著：《中国案例指导》（总第 3 辑），法律出版社 2016 年版，第 254 页。

② 参见最高人民法院案例指导工作办公室编著：《中国案例指导》（总第 4 辑），法律出版社 2017 年版，第 195 页。

在接受电信服务时的一项基本权利（法理之一），电信业务的经营者应当给予充分的尊重，用户在办理电信业务时，电信业务的经营者必须向其明确说明该电信业务的内容，包括业务功能、费用收取办法、交费时间、障碍申告等，如果用户在不知悉该电信业务的真实情况下进行消费，就会剥夺用户对电信业务的选择权，达不到真正追求的电信消费目的（法理之二）；电信业务的经营者作为提供电信服务合同格式条款的一方，应当遵循公平原则确定与电信用户的权利义务内容（法理之三），权利义务内容必须符合维护电信用户和电信业务经营者的合法权益、促进电信业的健康发展的立法目的（法理之四），并采取合理的方式提请对方注意免除或者限制其责任的条款。

【法理应用】此案例面临的问题是在没有法律明文规定的情况下，如何认定格式合同提供方未提示对方注意、未在格式条款中出现但以其他方式构成合同条款的限制性条款的性质及责任承担问题。我们仍然通过分析原始裁判文书说理部分，来看本案运用法律原则作为裁判依据证成裁判结果的过程。

本案裁判文书从尊重消费者知情权、合同条款关于权利义务的设置应有利于实现消费目的、符合立法目的的角度切入，论述电信业务经营者作为格式合同提供者未经协商单独设置限制性条款增加消费者义务的行为，有违公平原则、诚信原则，裁定该条款对消费者无效。明确了“经营者在格式合同中未明确规定对某项商品或服务的限制条件，且未能证明在订立合同时已将该限制条件明确告知消费者并获得消费者同意的，该限制条件对消费者不产生效力”“电信服务企业在订立合同时未向消费者告知某项服务设定了有效期限限制，在合同履行中又以该项服务超过有效期限为由限制或停止对消费者服务的，构成违约，应当承担违约责任”的裁判规则。[①]

① 参见最高人民法院案例指导工作办公室编著：《中国案例指导》（总第4辑），法律出版社2017年版，第137页。

【指导性案例66号】

雷某某诉宋某某离婚纠纷案①

【案情概述】2003年5月19日，原告雷某某和被告宋某某登记结婚。2014年3月，雷某某起诉离婚，被法院驳回诉讼请求。2015年1月，雷某某再次提起离婚诉讼，一审法院判决解除婚姻关系并依法分割财产，但因雷某某对财产分割有异议，提起上诉，二审法院对部分财产分割予以改判。二审法院改判的部分是本案的争议焦点，也即雷某某将其名下转移给案外人的19.5万元应如何分割。二审法院最终适用《婚姻法》第47条的规定对一审判决进行改判。宋某某称雷某某的中国工商银行卡有共同存款25万元，主张分割该存款。二审期间，经宋某某的申请，二审法院调取了上述银行卡开户后的流水明细。经查明：2013年4月30日，雷某某将卡里的19.5万元存款转账给案外人。2014年12月21日，账户余额为263.37元。关于该笔存款，宋某某认为该存款是其婚前房屋出租所得，应归双方共同所有，雷某某在离婚之前将夫妻共同存款转移。然而雷某某对其转移钱款的行为不能作出合理的解释，一开始说钱用在夫妻共同生活中了，后又说还债了，并且对各种说法雷某某都没能拿出证据。一审法院曾经同意各自名下存款归各自所有，但雷某某要另行支付宋某某10万元存款，但后来雷某某不同意支付。随后一审法院判决该存款归雷某某所有。二审法院认为：雷某某一开始称该款项用于家庭开销，后又改口说用于偿还外债，前后陈述明显矛盾，对其主张亦未提供任何证据予以证明，雷某某对钱款的去向不能作出合理的解释和说明，结合案件事实及相关证据，二审法院认定雷某某存在转移、隐藏夫妻共同财产的情节。根据法律规定，对雷某某名下的中国工商银行账户内的存款，雷某某应予少分。最终二审判决雷某某名下的中国工商银行账户内的存款归雷某某所有，但雷某某于判决生效之日起7日内支付宋某某人民币12万元。宋某某以法院对债务的认定是错误的为由申请再审。北京市高级人民法院裁定驳回宋某某的再审申请。

---

① 参见最高人民法院案例指导工作办公室编著：《中国案例指导》（总第5辑），法律出版社2017年版，第49页。

【裁判说理】裁判文书说理部分这样论述：本案二审期间双方争议的焦点在于雷某某是否转移夫妻共同财产和夫妻双方名下的存款应如何分割。《婚姻法》第17条第2款规定："夫妻对共同所有的财产，有平等的处理权。"第47条第1款规定："离婚时，一方隐藏、转移、变卖、毁损夫妻共同财产，或伪造债务企图侵占另一方财产的，分割夫妻共同财产时，对隐藏、转移、变卖、毁损夫妻共同财产或伪造债务的一方，可以少分或不分。离婚后，另一方发现有上述行为的，可以向人民法院提起诉讼，请求再次分割夫妻共同财产。"这就是说，一方在离婚诉讼期间或离婚诉讼前（法理之一），隐藏、转移、变卖、毁损夫妻共同财产，或伪造债务企图侵占另一方财产的，侵害了夫妻对共同财产的平等处理权（法理之二），离婚分割夫妻共同财产时，应当依照《婚姻法》第47条的规定少分或不分财产。

【法理应用】原《婚姻法》第47条第1款规定："离婚时，一方隐藏、转移、变卖、毁损夫妻共同财产，或伪造债务企图侵占另一方财产的，分割夫妻共同财产时，对隐藏、转移、变卖、毁损夫妻共同财产或伪造债务的一方，可以少分或不分。离婚后，另一方发现有上述行为的，可以向人民法院提起诉讼，请求再次分割夫妻共同财产。"该条规定可以从财产分割的角度对违背诚信原则的一方予以惩戒，是对婚姻关系中夫妻之间应当遵循诚信原则的具体体现。那么，夫妻一方是否只有在离婚诉讼开始后作出违背诚信原则的行为才会受到惩罚？还是夫妻关系存续期间，夫妻双方就负有遵守诚信原则的义务？也即"离婚时"是不诚信行为的发生时间点还是评价时间点？第66号指导性案例对此给予明确的意见，即夫妻之间负有遵守诚信原则的义务存在于"离婚诉讼期间"亦存在于"离婚诉讼前"，如果有违反诚信原则处分夫妻共同财产的行为，依照法律规定可以少分或不分财产。确立了"一方在离婚诉讼期间或离婚诉讼前，隐藏、转移、变卖、毁损夫妻共同财产，或伪造债务企图侵占另一方财产的，离婚分割夫妻共同财产时，依照《婚姻法》第47条的规定可以少分或不分财产"的裁判规则。①

① 参见最高人民法院案例指导工作办公室编著：《中国案例指导》（总第5辑），法律出版社2017年版，第4页。

根据该案裁判文书内容，我们可以得知，原《婚姻法》第 47 条中的“离婚时”是人民法院对违反诚信原则的一方通过财产分配作出惩罚之时，而不是受惩罚一方违反诚信原则行为的发生之时。两个人登记结婚，确定夫妻关系，就应该互相尊重诚信守约。只要夫妻一方有故意隐瞒非法处置夫妻共同财产的行为，就应认定违背了诚信原则。对于夫妻一方的不诚信行为，如果夫妻双方没有诉至法院，公权基于对私权的尊重，对此行为不予评判，并不意味着此种行为没有违背诚信原则，是合适的，是“对的”。如果夫妻双方以解除婚姻关系为目的诉至法院，公权就要对此种行为进行评判，依据制定法的明文规定的法律原则通过分割财产的方式予以惩戒。

（二）刑事类

在刑事案件中，罪刑法定、罪责刑相适应等原则在指导性案例中运用得比较多。

《刑法》第 3 条规定：“法律明文规定为犯罪行为的，依照法律定罪处刑；法律没有明文规定为犯罪行为的，不得定罪处刑。”也即罪刑法定原则。简单来说，罪刑法定原则的内容即“法无明文规定不为罪。法无明文规定不处罚”。罪刑法定原则要求对于法律没有明文规定的行为，不能通过类推或者类推解释以犯罪论处；禁止适用习惯法，把成文法作为刑法的唯一渊源，对于刑法上没有明文规定的行为，不允许通过适用习惯法定罪；禁止法外刑和不定期刑，刑罚的名称、种类和幅度，都必须由法律加以确定，并且刑期必须绝对确定，既不允许存在绝对的不定期刑，也不允许规定相对的不定期刑。罪刑法定原则更好地发挥了社会保护和人权保障的作用。

《刑法》第 5 条规定：“刑罚的轻重，应当与犯罪分子所犯罪行和承担的刑事责任相适应。”也即罪责刑相适应原则。我国刑法理论中的罪责刑相适应原则即行为人所得的刑罚和承担的刑事责任应与其所犯罪行相适应，其基本要求通常表述为重罪重罚、轻罪轻罚、无罪不罚、罚当其罪、罪责刑相当。即重罪重刑、轻罪轻刑，罚当其罪，不能轻罪重刑，重罪轻刑。罪责刑相适应原则是我国立法司法文明化、现代化的体现，是我国立法司法不可或缺的一环。

"第4号指导性案例'王某才故意杀人案'和第12号指导性案例'李某故意杀人案'"[①]，两个案例都是因民间纠纷引发故意杀人的案件，都适用了《刑法修正案（八）》关于判处死缓限制减刑的规定。两个案例依据罪刑法定、罪责刑相适应、上诉不加刑等原则，结合具体案情，明确了适用死缓限制减刑的实体条件。

【指导性案例4号】

王某才故意杀人案

【案情概述】被告人王某才与被害人赵某某（女，殁年26岁）在山东省潍坊市科技职业学院同学期间建立恋爱关系。2005年，王某才毕业后参加工作，赵某某考入山东省曲阜师范大学继续专升本学习。2007年赵某某毕业参加工作后，王某才与赵某某商议结婚事宜，因赵某某家人不同意，赵某某多次提出分手，但在王某才的坚持下二人继续保持联系。2008年10月9日中午，王某才在赵某某的集体宿舍再次谈及婚恋问题，因赵某某明确表示二人不可能在一起，王某才感到绝望，愤而产生杀死赵某某然后自杀的念头，即持赵某某宿舍内的一把单刃尖刀，朝赵某某的颈部、胸腹部、背部连续捅刺，致其失血性休克死亡。次日8时30分许，王某才服农药自杀未遂，被公安机关抓获归案。王某才平时表现较好，归案后如实供述自己罪行，并与其亲属积极赔偿，但未与被害人亲属达成赔偿协议。

【裁判说理】裁判文书说理部分这样论述：上诉人王某才因婚恋不成故意非法剥夺他人生命，其行为构成故意杀人罪，且杀人手段残忍，罪行极其严重，依法应予严惩。鉴于上诉人王某才的犯罪行为系临时起意、激情杀人，归案后能如实供述自己的罪行、赔偿被害人亲属部分经济损失、真诚悔罪，且平时表现较好，其所在单位员工联名请求对其从轻处罚等情节，依法可给其一个悔过自新的机会，对其判处死刑，不立即执行。根据上诉人王某才的犯罪事实、性质、情节和社会危害程度，应对其限制减刑。

---

① 参见最高人民法院案例指导工作办公室编著：《中国案例指导》（总第1辑），法律出版社2015年版，第69页、第204页。

【法理应用】王某才求婚被拒，激愤杀人，后自杀未遂。一审法院认定王某才犯故意杀人罪，判处死刑，剥夺政治权利终身。王某才上诉，二审法院驳回上诉，维持原判，并报请最高人民法院核准。最高人民法院裁定不核准被告人王某才死刑，发回山东省高级人民法院重新审判。山东省高级人民法院经依法重新审理，以故意杀人罪改判被告王某才死刑，缓期二年执行，剥夺政治权利终身，同时决定对其限制减刑。

该案确立了“因恋爱、婚姻矛盾激化引发的故意杀人案件，被告人犯罪手段残忍，论罪应当判处死刑，但被告人具有坦白悔罪、积极赔偿等从轻处罚情节，同时被害人亲属要求严惩的，人民法院根据案件性质、犯罪情节、危害后果和被告人的主观恶性及人身危害性，可以依法判处被告人死刑，缓期二年执行，同时决定限制减刑，以有效化解社会矛盾，促进社会和谐”的裁判规则。①

目【指导性案例 12 号】

李某故意杀人案

【案情概述】2006 年 4 月 14 日，被告人李某因犯盗窃罪被判处有期徒刑二年，2008 年 1 月 2 日刑满释放。2008 年 4 月，经他人介绍，李某与被害人徐某某（女，殁年 26 岁）建立恋爱关系。同年 8 月，二人因经常吵架而分手。同年 8 月 24 日，当地公安机关到李某的工作单位给李某建立重点人档案时，其单位得知李某曾因犯罪被判刑一事，并以此为由停止了李某的工作。李某认为其被停止工作与徐某某有关。

同年 9 月 12 日 21 时许，被告人李某拨打徐某某的手机，因徐某某外出，其表妹王某某（被害人，时年 16 岁）接听了李某打来的电话，并告知李某徐某某已外出。后李某又多次拨打徐某某的手机，均未接通。当日 23 时许，李某到哈尔滨市呼兰区徐某某开设的“小天使形象设计室”附近，再次拨打徐某某的手机，与徐某某在电话中发生吵骂。后李某破门进入徐某某在“小天

① 参见最高人民法院案例指导工作办公室编著：《中国案例指导》（总第 1 辑），法律出版社 2015 年版，第 9 页。

使形象设计室”内的卧室，持室内的铁锤多次击打徐某某的头部，击打徐某某表妹王某某的头部、双手数下。稍后，李某又持铁锤先后再次击打徐某某、王某某的头部，致徐某某当场死亡、王某某轻伤。为防止在场的“小天使形象设计室”学徒工佟某报警，李某将徐某某、王某某及佟某的手机带离现场抛弃，后潜逃。同月23日22时许，李某到其姑母李某某家中，委托其姑母转告其母亲梁某某送钱。梁某某得知此情后，及时报告公安机关，并于次日晚协助公安机关将来姑母家取钱的李某抓获。在本案审理期间，李某的母亲梁某某代为赔偿被害人亲属4万元。

【裁判说理】裁判文书说理部分这样论述：李某杀人手段特别残忍、后果特别严重，又系累犯，应依法从重处罚。但鉴于本案系由民间矛盾引发，李某的母亲梁某某积极协助公安机关将李某抓获归案，李某的认罪态度较好，对李某可不判处死刑立即执行。根据李某的犯罪情节及其主观恶性、人身危险性等情况，应依法对其限制减刑。

【法理应用】李某认为其被停止工作与其前女友有关，发生争吵后持凶器导致一死一伤。一审法院认定被告人李某犯故意杀人罪，判处死刑，剥夺政治权利终身。李某上诉，二审法院驳回上诉，维持原判，并依法报请最高人民法院核准。最高人民法院裁定不核准被告人李某死刑，发回黑龙江省高级人民法院重新审判。

该案确定了“对于因民间矛盾引发的故意杀人案件，被告人犯罪手段残忍，且系累犯，论罪应当判处死刑，但被告人亲属主动协助公安机关将其抓捕归案，并积极赔偿的，人民法院根据案件具体情节，从尽量化解社会矛盾角度考虑，可以依法判处被告人死刑，缓期二年执行，同时决定限制减刑”的裁判规则。①

《刑法修正案（八）》关于判处死缓限制减刑的规定，是通过延长部分严重犯罪的死缓犯的实际服刑期，达到有效降低罪犯的人身危险性，防止重新犯罪的目的，同时强化人们对死缓严厉性的认识，起到惩戒和预防犯罪的作

---

① 参见最高人民法院案例指导工作办公室编著：《中国案例指导》（总第1辑），法律出版社2015年版，第150页。

用。从上述两个案例的生效判决书中关于被告人量刑的说理论证，我们可以看到法院在定罪量刑时的思路。罪名确定后，在涉及量刑时，不但寻找法定和酌定从轻情节，而且还寻找符合情理的可以予以宽宥的事项。比如被告人与被害人之间的婚恋关系、双方的矛盾属于民间矛盾、被告人平时及实施犯罪后的表现以及被告人家属积极赔偿被害方经济损失的表现等。坚持罪刑法定、罪责刑相适应原则，刑罚既要与犯罪性质相适应，又要与犯罪情节相适应，还要与犯罪人的人身危险性相适应，贯彻落实宽严相济刑事政策和死刑政策。

在法律没有明确规定的情况下，部分指导性案例根据罪责刑相适用的原则，通过对立法原意的解析，梳理上位法和下位法的关系，对相关规定举轻以明重，从文义解释、体系解释的角度确立裁判规则。

【指导性案例 13 号】

王某成等非法买卖、储存危险物质案[①]

【案情概述】公诉机关指控：被告人王某成、金某森、孙某法、钟某东、周某明非法买卖氰化钠，危害公共安全，且系共同犯罪，应当以非法买卖危险物质罪追究刑事责任。但五被告人均如实供述自己的罪行，购买氰化钠是用于电镀，未造成严重后果，可以从轻处罚，并建议对五被告人适用缓刑。

被告人王某成的辩护人辩称：氰化钠系限用而非禁用剧毒化学品，不属于毒害性物质，王某成等人擅自购买氰化钠的行为，不符合《刑法》第 125 条第 2 款规定的构成要件，在未造成严重后果的情形下，不应当追究刑事责任，故请求对被告人宣告无罪。

法院经审理查明：被告人王某成、金某森在未依法取得剧毒化学品购买、使用许可的情况下，约定由王某成出面购买氰化钠。2006 年 10 月至 2007 年年底，王某成先后 3 次以每桶 1000 元的价格向倪某华（另案处理）购买氰化钠，共支付给倪某华 40 000 元。2008 年 8 月至 2009 年 9 月，王某成先后 3

① 参见最高人民法院案例指导工作办公室编著：《中国案例指导》（总第 2 辑），法律出版社 2015 年版，第 27 页。

次以每袋 975 元的价格向李某明（另案处理）购买氰化钠，共支付给李某明 117 000 元。王某成、金某森均将上述氰化钠储存在浙江省绍兴市南洋五金有限公司其二人各自承包车间的带锁仓库内，用于电镀生产。其中，王某成用总量的三分之一，金某森用总量的三分之二。2008 年 5 月和 2009 年 7 月，被告人孙某法先后共用 2000 元向王某成分别购买氰化钠 1 桶和 1 袋。2008 年 7、8 月间，被告人钟某东以每袋 1000 元的价格向王某成购买氰化钠 5 袋。2009 年 9 月，被告人周某明以每袋 1000 元的价格向王某成购买氰化钠 3 袋。孙某法、钟某东、周某明购得氰化钠后，均储存于各自车间的带锁仓库或水槽内，用于电镀生产。

【裁判说理】裁判文书说理部分这样论述：经查，氰化钠虽不属于禁用剧毒化学品，但系国家严格监督管理的剧毒化学品，易致人中毒或者死亡，对人体、环境具有相当大的毒害性和极度危险性，极易对环境和人的生命健康造成重大威胁，属于《刑法》第 125 条第 2 款规定的“毒害性物质”；“非法买卖”毒害性物质是指违反法律和国家主管部门规定，未经有关主管部门批准许可，擅自购买或者出售毒害性物质的行为，并不需要兼有买进和卖出的行为……

【法理应用】《刑法》第 125 条第 2 款规定：非法制造、买卖、运输、储存毒害性、放射性、传染病病原体等物质，危害公共安全的，依照前款的规定处罚。相关司法解释以及规定中没有明确列举氰化钠属于“毒害性物质”，那么案涉氰化钠能否认定为属于该条款规定的“毒害性物质”？该条款列举的四种需要承担法律责任的非法行为中“买卖”这种行为是否意味着必须同时既要有“买”的行为也要有“卖”的行为？该案例根据罪责刑相适应原则，明确了刑法和司法解释有关“毒害性物质”不限于司法解释所明确列举的物质、“买卖危险物质”不需要兼具买进和卖出行为的裁判规则。[①]

该案例将《刑法》第 125 条第 2 款规定的“毒害性物质”概括为三个特点：一是易致人中毒或者死亡；二是对人体、环境具有相当大的毒害性和极

① 参见最高人民法院案例指导工作办公室编著：《中国案例指导》（总第 2 辑），法律出版社 2015 年版，第 1 页。

度危险性；三是极易对环境和人的生命健康造成重大威胁。涉案氰化钠因具有以上三个特点，所以应属于《刑法》第125条第2款规定的“毒害性物质”。“非法买卖”毒害性物质的行为之所以需要承担法律责任，是因为该行为违反了法律和国家主管部门的有关规定，所以无论是“买”的行为还是“卖”的行为，只要违反了法律和国家主管部门规定，未经有关主管部门批准许可，就属于“非法买卖”。这段裁判说理充分体现了罪责刑相适应的原则。

（三）行政类

行政合法性原则和合理性原则是行政法的基本原则，比例原则是行政合理性原则的重要内容。《行政处罚法》第4条第2款规定，设定和实施行政处罚必须以事实为依据，与违法行为的事实、性质、情节以及社会危害程度相当。具体而言，比例原则是指行政主体实施行政行为应兼顾行政目标的实现和保护相对人的权益，如果行政目标的实现可能对相对人权益造成不利影响，那么这种不利影响应被限制在尽可能小的范围和限度之内，二者有适当的比例。该原则要求行政机关在作出行政处罚时，应当坚持过罚相当，即行政处罚应当与违法行为的事实、性质、情节以及社会危害程度相当。行政比例原则是行政法的重要原则，从理念上源于对正义的需求，其在行政法中的角色如同诚信原则在民法中的角色一样。

【指导性案例5号】

鲁某（福建）盐业进出口有限公司苏州分公司诉江苏省苏州市盐务管理局盐业行政处罚案[①]

【案情概述】原告鲁某（福建）盐业进出口有限公司苏州分公司（以下简称鲁某公司）诉称：被告江苏省苏州市盐务管理局（以下简称苏州盐务局）根据《江苏省〈盐业管理条例〉实施办法》（以下简称《江苏盐业实施办法》）的规定，认定鲁某公司未经批准购买、运输工业盐违法，并对鲁某公司作出行政处罚，其具体行政行为执法主体错误、适用法律错误。苏州盐务

① 参见最高人民法院案例指导工作办公室编著：《中国案例指导》（总第1辑），法律出版社2015年版，第93页。

局无权管理工业盐，也无相应执法权。根据《原国家计委、原国家经贸委关于改进工业盐供销和价格管理办法的通知》等规定，国家取消了工业盐准运证和准运章制度，工业盐也不属于国家限制买卖的物品。《江苏盐业实施办法》的相关规定与上述规定精神不符，不仅违反了《国务院关于禁止在市场经济活动中实行地区封锁的规定》，而且违反了《行政许可法》和《行政处罚法》的规定，属于违反上位法设定行政许可和处罚，故请求法院判决撤销苏州盐务局作出的（苏）盐政一般〔2009〕第001-B号处罚决定。

法院经审理查明：2007年11月12日，鲁某公司从江西等地购进360吨工业盐。苏州盐务局认为鲁某公司进行工业盐购销和运输时，应当按照《江苏盐业实施办法》的规定办理工业盐准运证，鲁某公司未办理工业盐准运证即从省外购进工业盐涉嫌违法。2009年2月26日，苏州盐务局经听证、集体讨论后认为，鲁某公司未经江苏省盐业公司调拨或盐业行政主管部门批准从省外购进盐产品的行为，违反了《盐业管理条例》第20条、《江苏盐业实施办法》第23条、第32条第2项的规定，并根据《江苏盐业实施办法》第42条的规定，对鲁某公司作出了（苏）盐政一般〔2009〕第001-B号处罚决定书，决定没收鲁某公司违法购进的精制工业盐121.7吨、粉盐93.1吨，并处罚款122 363元。鲁某公司不服该决定，于2009年2月27日向苏州市人民政府申请行政复议。苏州市人民政府于2009年4月24日作出了〔2009〕苏行复第8号复议决定书，维持了苏州盐务局作出的处罚决定。

【裁判说理】裁判文书说理部分这样论述：苏州盐务局系苏州市人民政府盐业行政主管部门，根据《盐业管理条例》第4条和《江苏盐业实施办法》第4条、第6条的规定，有权对苏州市范围内包括工业盐在内的盐业经营活动进行行政管理，具有合法执法主体资格（法理之一）。

苏州盐务局对盐业违法案件进行查处时，应适用合法有效的法律规范（法理之二）。2000年《立法法》第79条规定，法律的效力高于行政法规、地方性法规、规章。行政法规的效力高于地方性法规、规章。苏州盐务局的具体行政行为涉及行政许可、行政处罚，应依照《行政许可法》《行政处罚法》的规定实施（法理之三）。法不溯及既往是指法律的规定仅适用于法律生效以后的事件和行为，对于法律生效以前的事件和行为不适用（法理之四）。

2003年《行政许可法》第83条第2款规定，该法施行前有关行政许可的规定，制定机关应当依照该法规定予以清理；不符合该法规定的，自该法施行之日起停止执行。《行政处罚法》第64条第2款规定，该法公布前制定的法规和规章关于行政处罚的规定与该法不符合的，应当自该法公布之日起，依照该法规定予以修订，在1997年12月31日前修订完毕。因此，苏州盐务局有关法不溯及既往的抗辩理由不成立。根据《行政许可法》第15条第1款、第16条第3款的规定，在已经制定法律、行政法规的情况下，地方政府规章只能在法律、行政法规设定的行政许可事项范围内对实施该行政许可作出具体规定，不能设定新的行政许可。法律及《盐业管理条例》没有设定工业盐准运证这一行政许可，地方政府规章不能设定工业盐准运证制度（法理之五）。根据2009年修正的《行政处罚法》第13条的规定，在已经制定行政法规的情况下，地方政府规章只能在行政法规规定的给予行政处罚的行为、种类和幅度内作出具体规定，《盐业管理条例》对盐业公司之外的其他企业经营盐的批发业务没有设定行政处罚，地方政府规章不能对该行为设定行政处罚。

人民法院审理行政案件，依据法律、行政法规、地方性法规，参照规章。苏州盐务局在依职权对鲁某公司作出行政处罚时，虽然适用了《江苏盐业实施办法》，但是未遵循2000年《立法法》第79条关于法律效力等级的规定，未依照《行政许可法》和《行政处罚法》的相关规定，属于适用法律错误（法理之六），依法应予撤销。

【法理应用】该案运用合法性原则明确了涉及地方性法规、规章对行政许可、行政处罚的设定权以及人民法院在行政诉讼中如何正确参照适用规章的问题。地方政府规章违法设定行政许可、处罚的，行政审判中不予适用。此外，本案也明确了“盐业管理的法律、行政法规没有设定工业盐准运证的行政许可，地方性法规或者地方政府规章不能设定工业盐准运证这一新的行政许可。盐业管理的法律、行政法规对盐业公司之外的其他企业经营盐的批发业务没有设定行政处罚，地方政府规章不能对该行为设定行政处罚。地方政府规章违反法律规定设定许可、处罚的，人民法院在行政审判中不予适用”的裁判规则。

【指导性案例178号】

北海市乃某海洋科技有限公司诉北海市海洋与渔业局行政处罚案

【案情概述】北海市乃某海洋科技有限公司（以下简称乃某公司）诉称：其未实施围海、填海行为，实施该行为的主体是北海市渔某海水养殖有限公司（以下简称渔某公司）。即使认定其存在非法围海、填海行为，因其与渔某公司在同一海域内实施了占用海域行为，应由所有实施违法行为的主体共同承担责任，对其从轻或减轻处罚。北海市海洋与渔业局（以下简称海洋渔业局）以乃某公司非法占用并实施围海、填海0.38公顷海域，作出缴纳海域使用金15倍罚款的行政处罚，缺乏事实和法律依据，属于从重处罚，请求撤销该行政处罚决定。

法院经审理查明：2013年6月1日，渔某公司与北海市铁山港区兴港镇石头埠村小组（以下简称石头埠村小组）签订《农村土地租赁合同》，约定石头埠村小组将位于石头埠村海边的空地租给渔某公司管理使用，该地块位于石头埠村海边，左邻避风港右靠北林码头，与海堤公路平齐，沿街边100m，沿海上进深145m，共21.78亩。该地块作为海产品冷冻场地使用。合同涉及租用的海边空地实际位置在海岸线之外。同年7月至9月间，渔某公司雇请他人抽取海沙填到涉案海域，形成沙堆。2016年5月12日，乃某公司与渔某公司签订《土地承包合同转让协议》，乃某公司取得渔某公司在原合同中的权利。同年7月至9月间，乃某公司在未依法取得海域使用权的情况下，对其租赁的海边空地（实为海滩涂）利用机械和车辆从外运来泥土、建筑废料进行场地平整，建设临时码头，形成陆域，准备建设冷冻厂。

2017年10月，海洋渔业局对该围海、填海施工行为进行立案查处，测定乃某公司填占海域面积为0.38公顷。经听取乃某公司的陈述申辩意见，召开听证会，并经两次会审，海洋渔业局作出北海渔处罚〔2017〕09号行政处罚决定书，对乃某公司作出行政处罚：责令退还非法占用海域，恢复海域原状，并处非法占用海域期间内该海域面积应缴纳海域使用金15倍计人民币256.77万元的罚款。乃某公司不服，提起行政诉讼，请求撤销该行政处罚决定。

【裁判说理】裁判文书说理部分这样论述：乃某公司占用的海边空地在海岸线（天然岸线）之外向海一侧，实为海滩涂。其公司使用自有铲车、勾机等机械，从外运来泥土和建筑废料对渔某公司吹填形成的沙堆进行平整、充实，形成临时码头，并在临时码头西南面新填了部分海域，建造了临时码头北面靠海一侧的沙袋围堰和护岸设施。上述平整填充场地以及围堰护岸等行为，导致海域自然属性改变，形成有效岸线，属于围海、填海行为。乃某公司未取得案涉 0.38 公顷海域的合法使用权，在该区域内进行围海、填海，构成非法围海、填海（法理之一）。

渔某公司与乃某公司均在案涉海域进行了一定的围海、填海活动，但二者的违法行为具有可分性和独立性，并非共同违法行为（法理之二）。首先，渔某公司与乃某公司既无共同违法的意思联络，亦非共同实施违法行为（法理之三）。从时间上分析，渔某公司系于 2013 年 7 月至 9 月间雇请他人抽取海沙填到涉案海域，形成沙堆。而乃某公司系于 2016 年 5 月 12 日通过签订转让协议的方式取得渔某公司在原合同中的权利，并于 2016 年 7 月至 9 月期间对涉案海域进行场地平整，建设临时码头，形成陆域。二者进行围海、填海活动的时间间隔较远，相互独立，并无彼此配合的情形。其次，渔某公司与乃某公司的违法性质不同。渔某公司仅是抽取海沙填入涉案海域，形成沙堆，其行为违法程度较轻。而乃某公司已对涉案海域进行了围堰和场地平整，并建设临时码头，形成了陆域，其行为违法情节更严重，性质更为恶劣（法理之四）。最后，渔某公司与乃某公司的行为所造成的损害后果不同。渔某公司的行为尚未完全改变涉案海域的海洋环境，而乃某公司对涉案海域进行围堰及场地平整，设立临时码头，形成了陆域，其行为已完全改变了涉案海域的海洋生态环境，构成了非法围海、填海，损害后果更为严重（法理之五）。海洋渔业局认定乃某公司与渔某公司的违法行为相互独立并分别立案查处，有事实及法律依据，并无不当。乃某公司主张海洋渔业局存在选择性执法，以及渔某公司应当与其共同承担责任的抗辩意见不能成立。

【法理应用】两公司均在案涉海域实施违法行为，是否应认定为“共同违法行为”？该案例从两公司实施违法行为的主客观因素、行为性质、损害后果等方面逐一分析，依照比例原则确定了“对于同一海域内先后存在两个以上相互独立的非法围海、填海行为，行为人应各自承担相应的行政法律责任，在后的违法行为不因在先的违法行为适用从轻或者减轻行政处罚”的裁判规则。

（四）执行类

【指导性案例2号】

吴某诉四川省眉山西某纸业有限公司买卖合同纠纷案①

【案情概述】原告吴某系四川省眉山市东坡区吴某收旧站的业主，从事废品收购业务。约自2004年开始，吴某出售废书给被告四川省眉山西某纸业有限公司（以下简称西某纸业公司）。2009年4月14日，双方通过结算，西某纸业公司向吴某出具欠条载明：今欠吴某废书款壹佰玖拾柒万元整（￥1 970 000.00）。同年6月11日，双方又对后期货款进行了结算，西某纸业公司向吴某出具欠条载明：今欠吴某废书款伍拾肆万捌仟元整（￥548 000.00）。因经多次催收上述货款无果，吴某向眉山市东坡区人民法院起诉，请求法院判令西某纸业公司支付货款251.8万元及利息。被告西某纸业公司对欠吴某货款251.8万元没有异议。一审法院经审理后判决：被告西某纸业公司在判决生效之日起10日内给付原告吴某货款251.8万元及违约利息。宣判后，西某纸业公司向眉山市中级人民法院提起上诉。二审审理期间，西某纸业公司于2009年10月15日与吴某签订了一份还款协议，商定西某纸业公司的还款计划，吴某则放弃了支付利息的请求。同年10月20日，西某纸业公司以自愿与对方达成和解协议为由申请撤回上诉。眉山市中级人民法院裁定准予撤诉后，因西某纸业公司未完全履行和解协议，吴某向一审法院申请执行一审判决。眉山市东坡区人民法院对吴某申请执行一审判决予以支持。西某纸业公司向眉山市中级人民法院申请执行监督，主张不予执行原一审判决。

【裁判说理】裁判文书说理部分这样论述：西某纸业公司对于撤诉的法律

① 参见最高人民法院案例指导工作办公室编著：《中国案例指导》（总第1辑），法律出版社2015年版，第28页。

后果应当明知（法理之一），即一旦法院裁定准予其撤回上诉，眉山市东坡区人民法院的一审判决即为生效判决，具有强制执行的效力。虽然二审期间双方在自愿基础上达成的和解协议对相关权利义务作出了约定，西某纸业公司因该协议的签订而放弃行使上诉权，吴某则放弃了利息，但是该和解协议属于双方当事人诉讼外达成的协议，未经人民法院依法确认制作调解书，不具有强制执行力（法理之二）。西某纸业公司未按和解协议履行还款义务，违背了双方约定和诚信原则（法理之三），故对其以双方达成和解协议为由，主张不予执行原生效判决的请求不予支持。

【法理应用】法院以违背“诚信原则”为由，对于西某纸业违反双方约定，不按和解协议履行义务的行为，予以否定性评价，并支持了原告主张。该案明确了“民事案件二审期间，双方当事人达成和解协议，人民法院准许撤回上诉的，该和解协议未经人民法院依法制作调解书，属于诉讼外达成的协议。一方当事人不履行和解协议，另一方当事人申请执行一审判决的，人民法院应予支持”的裁判规则。[①]

第二节 法律原理样态的法理表达

一、法律原理的主要意涵

法律原理常外显为达成共识的学理、学说、理论观点，使得“有关某类情况的规则、原则、概念和标准融为一体，以使法律推理可以直接从它进行”。[②]孙国华先生提出“法是理与力的结合”[③]，对“理”的解释是“学理”“哲理”。王

---

① 参见最高人民法院案例指导工作办公室编著：《中国案例指导》（总第1辑），法律出版社2015年版，第5页。

② 参见张文显：《二十世纪西方法哲学思潮研究》，法律出版社1996年版，第373页。

③ 参见孙国华主编：《马克思主义法理学研究：关于法的概念和本质的原理——兼论法是“理”与“力”的结合，“理”是基本的，“力”是必要的》（第二版），群众出版社2007年版，第200页。

泽鉴教授认为“学说”是对“法理的探求”。[①]学说并不都能够成为法律原理、法理，只有具有客观性、公共性、共识性、正当性的学说才能成为法律原理、法理。这种成为法律原理的学说、学理、观点，又常常隐藏在法律规定中，是法理的一种内在于法律中的表达形式。《汉语大辞典》就将“法理”直接解释为“法律原理”。[②]《辞海》将“法理”解释为形成法律的“精神”和“学理”。[③]张文显教授认为“法理包括法之原理”，即法的“学理”和“学说”。[④]刘得宽先生同样认为“法理为法律之原理”。[⑤]还有很多学者都有类似的理解和认识，梁慧星教授认为：“所谓法理，指依据民法之基本原则所应有的原理。”[⑥]王利明教授认为：“所谓法理，指的是民法的学说、理论。”[⑦]龙卫球教授认为：“一般所谓法理，乃指法律的原理之意。”[⑧]

有很多经典学说、理论观点作为法律原理在司法实践中被广泛应用。比如环境法中的“代际正义”理论，法律实施过程中的人权司法保障、诚实信用、天理国法人情、利益平衡、软法学说、司法文明、法律与科技、法治现代化、正义观、权利本位、良法善治等，有关财产取得合法性的“占有学说”“劳动学说”“资本学说”等，刑法上的罪刑法定、刑法谦抑性学说等，支配重大误解规则的意思自治学说、信赖保护学说、给付均衡学说，以及人民主权、相邻关系、公共治理、分权制约、自我拘束、有限政府等，不胜枚举。

本文展示法理以法律原理的样态存在于指导性案例之中，是指没有具体显现在法律条文中，但已在法律职业共同体中形成共识，并对司法实践起到实际指导作用的学说、原理、事理、常理等。

---

① 参见王泽鉴：《法律思维与民法实例：请求权基础理论体系》，中国政法大学出版社2001年版，第299页。

② 罗竹风主编：《汉语大词典》（缩印本），汉语大词典出版社1997年版，第3176页。

③ 《辞海》（缩印本），上海辞书出版社2000年版，第1079页。

④ 张文显：《法理：法理学的中心主题和法学的共同关注》，载《清华法学》2017年第4期。

⑤ 刘得宽：《民法总则》（增订四版），中国政法大学出版社2006年版，第18页。

⑥ 梁慧星：《民法总论》（第四版），法律出版社2011年版，第28页。

⑦ 王利明：《民法总则研究》（第二版），中国人民大学出版社2012年版，第68页。

⑧ 龙卫球：《民法总论》，中国法制出版社2002年版，第33页。

二、指导性案例中的法律原理适用

指导性案例中含有丰富的法律原理，特别是在没有具体法律条文可以适用的情况下，法官常常运用法律原理来论证说理。

（一）民事类

【指导性案例 10 号】

李某军诉上海佳某力环保科技有限公司公司决议撤销纠纷案①

【案情概述】原告李某军诉称：被告上海佳某力环保科技有限公司（以下简称佳某力公司）免除其总经理职务的决议所依据的事实和理由不成立，且董事会的召集程序、表决方式及决议内容均违反了公司法的规定，请求法院依法撤销该董事会决议。

法院经审理查明：原告李某军系被告佳某力公司的股东，并担任总经理。佳某力公司的股权结构：葛某乐持股 40%，李某军持股 46%，王某胜持股 14%。三位股东共同组成董事会，由葛某乐担任董事长，另两人为董事。公司章程规定：董事会行使包括聘任或者解聘公司经理等职权；董事会须有三分之二以上的董事出席方才有效；董事会对所议事项作出的决定应由占全体股东三分之二以上的董事表决通过方才有效。2009 年 7 月 18 日，佳某力公司董事长葛某乐召集并主持董事会，三位董事均出席，会议形成了“鉴于总经理李某军不经董事会同意私自动用公司资金在二级市场炒股，造成巨大损失，现免去其总经理职务，即日生效”等内容的决议。该决议由葛某乐、王某胜及监事签名，李某军未在该决议上签名。

【裁判说理】裁判文书说理部分这样论述：根据《公司法》（2005 年修订）第 22 条第 2 款的规定，董事会决议可撤销的事由包括：（1）召集程序违反法律、行政法规或公司章程；（2）表决方式违反法律、行政法规或公司章程；（3）决议内容违反公司章程。从召集程序看，佳某力公司于 2009 年 7 月 18 日召开的董事会由董事长葛某乐召集，三位董事均出席董事会，该次董事会

① 参见最高人民法院案例指导工作办公室编著：《中国案例指导》（总第 1 辑），法律出版社 2015 年版，第 176 页。

的召集程序未违反法律、行政法规或公司章程的规定（法理之一）。从表决方式看，根据佳某力公司章程规定，对所议事项作出的决定应由占全体股东三分之二以上的董事表决通过方才有效，上述董事会决议由三位股东（兼董事）中的两名表决通过，故在表决方式上未违反法律、行政法规或公司章程的规定（法理之二）。从决议内容看，佳某力公司章程规定董事会有权解聘公司经理，董事会决议内容中“总经理李某军不经董事会同意私自动用公司资金在二级市场炒股，造成巨大损失”的陈述，仅是董事会解聘李某军总经理职务的原因，而解聘李某军总经理职务的决议内容本身并不违反公司章程（法理之三）。

董事会决议解聘李某军总经理职务的原因如果不存在，并不导致董事会决议撤销（法理之四）。首先，《公司法》尊重公司自治，公司内部法律关系原则上由公司自治机制调整，司法机关原则上不介入公司内部事务（法理之五）。其次，佳某力公司的章程中未对董事会解聘公司经理的职权作出限制，并未规定董事会解聘公司经理必须要有一定原因，该章程内容未违反《公司法》的强制性规定，应认定有效，因此佳某力公司董事会可以行使公司章程赋予的权力作出解聘公司经理的决定（法理之六）。故法院应当尊重公司自治，无须审查佳某力公司董事会解聘公司经理的原因是否存在，即无须审查决议所依据的事实是否属实，理由是否成立（法理之七）。综上，原告李某军请求撤销董事会决议的诉讼请求不成立，依法予以驳回。

【法理应用】该案例以公司自治原理为说理基础，将司法对公司决议的审查范围严格限制在《公司法》第22条规定的公司决议可撤销的三类情形中，尊重公司章程、尊重公司经营管理权利、尊重公司及股东董事的决策判断。本案明确了“人民法院在审理公司决议撤销纠纷案件中应当审查：会议召集程序、表决方式是否违反法律、行政法规或者公司章程，以及决议内容是否违反公司章程。在未违反上述规定的前提下，解聘总经理职务的决议所依据的事实是否属实，理由是否成立，不属于司法审查范围”[①]的裁判规则，即公

① 参见最高人民法院案例指导工作办公室编著：《中国案例指导》（总第1辑），法律出版社2015年版，第146页。

司决议依据事实是否属实、理由是否成立不属于司法审查的范围。

【指导性案例 15 号】

徐某集团工程机械股份有限公司诉
成都川某工贸有限责任公司等买卖合同纠纷案①

【案情概述】略（详见正文第 47 页）。

【裁判说理】裁判文书说理部分这样论述：针对上诉范围，二审的争议焦点为川某机械公司、瑞某公司与川某工贸公司是否存在人格混同，应否对川某工贸公司的债务承担连带清偿责任。

川某工贸公司与川某机械公司、瑞某公司存在人格混同。一是三个公司的人员混同。三个公司的经理、财务负责人、出纳会计、工商手续经办人均相同，其他管理人员亦存在交叉任职的情形，川某工贸公司的人事任免存在由川某机械公司决定的情形（法理之一）。二是三个公司的业务混同。三个公司在实际经营中均涉及工程机械相关业务，经销过程中存在共用销售手册、经销协议的情形；对外进行宣传时信息混同（法理之二）。三是三个公司的财务混同。三个公司使用共同账户，以王某礼的签字作为具体用款依据，对其中的资金及支配无法证明已作区分；三个公司与徐某机械公司之间的债权债务、业绩、账务及返利均计算在川某工贸公司名下（法理之三）。因此，三个公司之间表征人格的因素（人员、业务、财务等）高度混同，导致各自财产无法区分，已丧失独立人格，构成人格混同（法理之四）。

川某机械公司、瑞某公司应当对川某工贸公司的债务承担连带清偿责任。公司人格独立是其作为法人独立承担责任的前提（法理之五）。《公司法》第 3 条第 1 款规定："公司是企业法人，有独立的法人财产，享有法人财产权。公司以其全部财产对公司的债务承担责任。"公司的独立财产是公司独立承担责任的物质保证，公司的独立人格也突出地表现在财产的独立上（法理之六）。当关联公司的财产无法区分，丧失独立人格时，就丧失了独立承担责任的基

① 参见最高人民法院案例指导工作办公室编著：《中国案例指导》（总第 2 辑），法律出版社 2015 年版，第 51 页。

础（法理之七）。《公司法》（2005年修订）第20条第3款规定："公司股东滥用公司法人独立地位和股东有限责任，逃避债务，严重损害公司债权人利益的，应当对公司债务承担连带责任。"本案中，三个公司虽在工商登记部门登记为彼此独立的企业法人，但实际上相互之间界线模糊、人格混同，其中川某工贸公司承担所有关联公司的债务却无力清偿，又使其他关联公司逃避巨额债务，严重损害了债权人的利益（法理之八）。上述行为违背了法人制度设立的宗旨，违背了诚信原则（法理之九），其行为本质和危害结果与《公司法》第20条第3款规定的情形相当，故参照《公司法》第20条第3款的规定，川某机械公司、瑞某公司对川某工贸公司的债务应当承担连带清偿责任。

【法理应用】我国公司法对关联公司的概念未作规定，法官通过一系列事实证据确认两公司存在人员混同、业务混同、财务混同等，认定两公司已丧失公司法人独立人格，且达到了严重损害债权人利益的程度，在此基础上，否定公司具有独立人格，两公司构成人格混同，继而在责任承担上按照相关规定判定两公司承担连带责任。

该案例涉及关联公司人格混同的认定及责任承担问题。公司独立人格和股东的有限责任是公司法人的制度基础，对于维护公司独立运转有着重要作用。但如果利用公司独立人格和股东的有限责任致使债权人利益受损，就会打破公司出资人和公司债权人的利益平衡。为保护社会经济有序发展以及现代公司法人制度的健康运行，该案例将"反向适用""三角刺破""揭开姐妹公司的面纱"等法律原理适用于公司人格否认，以恢复公司出资人和公司债权人的利益平衡及公司法人制度的良性发展。关于责任承担，该案例中，参照适用《公司法》（2005年修订）第20条第3款[①]规定，明确公司人格否定后，关联公司之间承担连带责任。即"关联公司的人员、业务、财务等方面交叉或混同，导致各自财产无法区分，丧失独立人格的，构成人格混同。关联公司人格混同，严重损害债权人利益的，关联公司相互之间对外部债务承担连

① 现对应《公司法》（2023年修订）第23条第1款。

带责任”。[①]

【指导性案例 24 号】

荣某英诉王某、永某财产保险股份有限公司江阴支公司机动车交通事故责任纠纷案[②]

【案情概述】原告荣某英诉称：被告王某驾驶轿车与其发生剐擦，致其受伤。该事故经江苏省无锡市公安局交通巡逻警察支队滨湖大队（以下简称滨湖交警大队）认定：王某负事故的全部责任，荣某英无责。原告要求下述两被告赔偿医疗费用 30 006 元、住院伙食补助费 414 元、营养费 1620 元、残疾赔偿金 27 658.05 元、护理费 6000 元、交通费 800 元、精神损害抚慰金 10 500 元，并承担本案的诉讼费用及鉴定费用。

法院经审理查明：2012 年 2 月 10 日 14 时 45 分许，王某驾驶号牌为苏 MT×××8 的轿车，沿江苏省无锡市滨湖区蠡湖大道由北往南行驶至蠡湖大道大通路口人行横道线时，碰擦行人荣某英致其受伤。2012 年 2 月 11 日，滨湖交警大队作出《道路交通事故认定书》，认定王某负事故的全部责任，荣某英无责。事故发生当天，荣某英即被送往医院治疗，发生医疗费用 30 006 元，王某垫付 20 000 元。荣某英在治疗恢复期间，以每月 2200 元聘请了一名家政服务人员。号牌苏 MT×××8 轿车在永某保险公司投保了机动车交通事故责任强制保险，保险期间为 2011 年 8 月 17 日 0 时起至 2012 年 8 月 16 日 24 时止。原、被告一致确认荣某英的医疗费用为 30 006 元、住院伙食补助费为 414 元、精神损害抚慰金为 10 500 元。

荣某英申请并经无锡市中西医结合医院司法鉴定所鉴定，结论如下：（1）荣某英的左桡骨远端骨折的伤残等级评定为十级；左下肢损伤的伤残等级评定为九级。损伤参与度评定为 75%，其个人体质的因素占 25%。（2）荣某英的误工期评定为 150 日，护理期评定为 60 日，营养期评定为 90 日。一审法院

---

① 参见最高人民法院案例指导工作办公室编著：《中国案例指导》（总第 2 辑），法律出版社 2015 年版，第 5 页。

② 参见最高人民法院案例指导工作办公室编著：《中国案例指导》（总第 2 辑），法律出版社 2015 年版，第 206 页。

据此确认残疾赔偿金27 658.05元扣减25%后为20 743.54元。

【裁判说理】裁判文书说理部分这样论述:《侵权责任法》第26条规定:"被侵权人对损害的发生也有过错的,可以减轻侵权人的责任。"《道路交通安全法》(2011年修正)第76条第1款第2项规定,机动车与非机动车驾驶人、行人之间发生交通事故,非机动车驾驶人、行人没有过错的,由机动车一方承担赔偿责任;有证据证明非机动车驾驶人、行人有过错的,根据过错程度适当减轻机动车一方的赔偿责任(法理之一)。因此,交通事故中在计算残疾赔偿金是否应当扣减时应当根据受害人对损失的发生或扩大是否存在过错进行分析(法理之二)。本案中,虽然原告荣某英的个人体质状况对损害后果的发生具有一定的影响,但这不是侵权责任法等法律规定的过错,荣某英不应因个人体质状况对交通事故导致的伤残存在一定影响而自负相应责任(法理之三),原审判决以伤残等级鉴定意见中将荣某英的个人体质状况的"损伤参与度评定为75%"为由,在计算残疾赔偿金时作相应扣减属适用法律错误,应予纠正。

从交通事故受害人发生损伤及造成损害后果的因果关系看,本起交通事故的引发系肇事者王某驾驶机动车穿越人行横道线时,未尽到安全注意义务碰擦行人荣某英所致(法理之四);本起交通事故造成的损害后果系受害人荣某英被机动车碰撞、跌倒发生骨折所致,事故责任认定荣某英对本起事故不负责任,其对事故的发生及损害后果的造成均无过错(法理之五)。虽然荣某英年事已高,但其年老骨质疏松仅是事故造成后果的客观因素,并无法律上的因果关系(法理之六)。因此,受害人荣某英对于损害的发生或者扩大没有过错,不存在减轻或者免除加害人赔偿责任的法定情形(法理之七)。同时,机动车应当遵守文明行车、礼让行人的一般交通规则和社会公德(法理之八)。本案所涉事故发生在人行横道线上,正常行走的宋某英对将被机动车碰撞这一事件无法预见,而王某驾驶机动车在路经人行横道线时未依法减速慢行、避让行人,导致事故发生(法理之九)。因此,依法应当由机动车一方承担事故引发的全部赔偿责任(法理之十)。

根据我国道路交通安全法的相关规定,机动车发生交通事故造成人身伤亡、财产损失的,由保险公司在机动车第三者责任强制保险责任限额范围内予以赔偿。而我国交强险立法并未规定在确定交强险责任时应依据受害人体质状况对损害后果的影响作相应扣减，保险公司的免责事由也仅限于受害人故意造成交通事故的情形，即便是投保机动车无责，保险公司也应在交强险无责限额内予以赔偿（法理之十一）。因此，对于受害人符合法律规定的赔偿项目和标准的损失，均属交强险的赔偿范围，参照“损伤参与度”确定损害赔偿责任和交强险责任均没有法律依据（法理之十二）。

【法理应用】原《侵权责任法》第26条规定[①]，被侵权人对损害的发生也有过错的，可以减轻侵权人的责任。那么被侵权人的体质状况是否属于可减轻侵权人责任的法定情形呢？该案例运用侵权责任法过错责任原则中过错主要是指行为人的主观心理状态的法律原理、受害人的特殊体质对损害不具有因果关系的学理通说、“蛋壳脑袋理论”以及设置交强险、侵权责任法、老年人权益保障法的立法目的等法律原理，确定了裁判规则，明确了交通事故受害人体质状况对交通事故损害后果具有“参与度”的情况下的侵权人的责任认定问题。

法官从三个角度来分析受害人体质与侵权人责任承担之间的关系：一是受害人的个人体质状况对于损害后果而言是客观因素并非主观因素。根据侵权责任法中过错责任原则中的“过错”主要是指行为人的主观心理状态的原理，受害人的个人体质状况不属于侵权责任法等法律规定的过错。二是从道路交通规则和公序良俗角度来看，遵守交通规则的受害人与违反交通规则的侵权人之间，侵权责任应由违反规则和公序良俗的一方承担。三是从交强险的立法来看，在交通事故中，保险公司是否予以赔偿，仅与受害人是否故意相关，也即和受害人的主观状态有关，而和受害人的客观情况无关。最后得出结论，以受害人的身体状况作为“损伤参与度”确定损害赔偿责任和交强险责任是没有法律依据的。即“交通事故的受害人没有过错，其体质状况对损害后果的影响不属于可以减轻侵权人责任的法定情节”[②]的裁判规则。

① 现对应《民法典》第1173条。

② 参见最高人民法院案例指导工作办公室编著：《中国案例指导》（总第2辑），法律出版社2015年版，第176页。

【指导性案例25号】

华某财产保险有限公司北京分公司诉李某贵、天某财产保险股份有限公司河北省分公司张家口支公司保险人代位求偿权纠纷案[①]

【案情概述】2011年6月1日，华某财产保险有限公司北京分公司（以下简称华某保险公司）与北京亚某锦都餐饮管理有限公司（以下简称亚某锦都餐饮公司）签订机动车辆保险合同，被保险车辆的车牌号为京A8×××8，保险期间为自2011年6月5日0时起至2012年6月4日24时止。2011年11月18日，陈某某驾驶被保险车辆行驶至北京市朝阳区机场高速公路上时，与李某贵驾驶的车牌号为冀GA×××0的车辆发生交通事故，造成被保险车辆受损。经交管部门认定，李某贵负事故全部责任。事故发生后，华某保险公司依照保险合同的约定，向被保险人亚某锦都餐饮公司赔偿保险金83 878元，并依法取得代位求偿权。基于肇事车辆系在天某财产保险股份有限公司河北省分公司张家口支公司（以下简称天某保险公司）投保了机动车交通事故责任强制保险，华某保险公司于2012年10月诉至北京市东城区人民法院，请求判令被告肇事司机李某贵和天某保险公司赔偿83 878元，并承担诉讼费用。

被告李某贵的住所地为河北省张家口市怀来县沙城镇，被告天某保险公司的住所地为张家口市怀来县沙城镇燕京路东×号，保险事故发生地为北京市朝阳区机场高速公路上，被保险车辆行驶证记载所有人的住址为北京市东城区工体北路新中西街×号。

【裁判说理】裁判文书说理部分这样论述：根据《保险法》第60条的规定，保险人的代位求偿权是指保险人依法享有的，代位行使被保险人向造成保险标的损害负有赔偿责任的第三者请求赔偿的权利。保险人代位求偿权源于法律的直接规定，属于保险人的法定权利，并非基于保险合同而产生的约定权利（法理之一）。因第三者对保险标的的损害造成保险事故，保险人向被保险人赔偿保险金后，代位行使被保险人对第三者请求赔偿的权利而提起诉

① 参见最高人民法院案例指导工作办公室编著：《中国案例指导》（总第2辑），法律出版社2015年版，第216页。

讼的，应根据保险人所代位的被保险人与第三者之间的法律关系确定管辖法院（法理之二）。第三者侵害被保险人合法权益，因侵权行为提起的诉讼，依据《民事诉讼法》第 28 条的规定，由侵权行为地或者被告住所地法院管辖，而不适用财产保险合同纠纷管辖的规定，不应以保险标的物所在地作为管辖依据（法理之三）。在本案中，第三者实施了道路交通侵权行为，造成保险事故，被保险人对第三者有侵权损害赔偿请求权（法理之四）；保险人行使代位权起诉第三者的，应当由侵权行为地或者被告住所地法院管辖（法理之五）。现二被告的住所地及侵权行为地均不在北京市东城区，故北京市东城区人民法院对该起诉没有管辖权，应裁定不予受理。

【法理应用】保险代位求偿案件是依据《民事诉讼法》的规定由侵权行为地或者被告住所地法院管辖，还是适用财产保险合同纠纷管辖的规定？该案例通过学理分析保险人代位求偿权的性质，明确了该类型案件管辖的裁判规则。即根据保险人代位求偿权由法律规定产生，而不是保险人与被保险人约定产生，故此权利属于法定权利而非约定权利。据此，依据《保险法》和《民事诉讼法》的相关规定，确定了以被保险人和第三人之间法律关系的性质来确定保险代位求偿案件管辖的裁判规则，即“因第三者对保险标的的损害造成保险事故，保险人对被保险人赔偿保险金后，代为行使被保险人对第三者请求赔偿的权利而提起诉讼的，应当根据保险人所代位的被保险人与第三者之间的法律关系，而不应当根据保险合同法律关系确定管辖法院。第三人侵害被保险人合法权益的，由侵权行为地或者被告住所地法院管辖”①。

【指导性案例 49 号】

石某林诉泰州华某电子资讯有限公司侵害计算机软件著作权纠纷案②

【案情概述】原告石某林诉称：被告泰州华某电子资讯有限公司（以下简称华某公司）未经许可，长期大量复制、发行、销售与石某林计算机软件“S

---

① 参见最高人民法院案例指导工作办公室编著：《中国案例指导》（总第 2 辑），法律出版社 2015 年版，第 179 页。

② 参见最高人民法院案例指导工作办公室编著：《中国案例指导》（总第 3 辑），法律出版社 2016 年版，第 344 页。

型线切割机床单片机控制器系统软件V1.0”相同的软件，严重损害其合法权益。故诉请判令华某公司停止侵权，公开赔礼道歉，并赔偿原告经济损失10万元、为制止侵权行为所支付的证据保全公证费和诉讼代理费9200元以及鉴定费用。

法院经审理查明：2000年8月1日，石某林开发完成S型线切割机床单片机控制器系统软件。2005年4月18日获得国家版权局软著登字第035260号计算机软件著作权登记证书，证书载明软件名称为S型线切割机床单片机控制器系统软件V1.0（以下简称S系列软件），著作权人为石某林，权利取得方式为原始取得。2005年12月20日，泰州市海陵区公证处出具（2005）泰海证民内字第1146号公证书一份，对石某林以660元价格向华某公司购买HR—Z线切割机床数控控制器（以下简称HR—Z型控制器）一台和取得销售发票（No：005×××51）的购买过程，制作了保全公证工作记录、拍摄了所购控制器及其使用说明书、外包装的照片8张，并对该控制器进行了封存。

一审中，法院委托江苏省科技咨询中心对下列事项进行比对鉴定：（1）石某林在本案中提供的软件源程序与其在国家版权局版权登记备案的软件源程序的同一性；（2）公证保全的华某公司HR–Z型控制器系统软件与石某林获得版权登记的软件源程序代码相似性或者相同性。后江苏省科技咨询中心出具鉴定工作报告，因被告的软件主要固化在美国ATMEL公司的AT89F51和菲利普公司的P89C58两块芯片上，而代号为“AT89F51”的芯片是一块自带加密的微控制器，必须首先破解它的加密系统，才能读取固化其中的软件代码。而根据现有技术条件，无法解决芯片解密程序问题，因而根据现有鉴定材料难以作出客观、科学的鉴定结论。

二审中，法院根据原告石某林的申请，就以下事项组织技术鉴定：原告软件与被控侵权软件是否具有相同的软件缺陷及运行特征。经鉴定，中国版权保护中心版权鉴定委员会出具鉴定报告，结论如下：通过运行原、被告软件，发现二者存在如下相同的缺陷情况：（1）二控制器连续加工程序段超过2048条后，均出现无法正常执行的情况；（2）在加工完整的一段程序后只让自动报警两声以下即按任意键关闭报警时，在下一次加工过程中加工回复线之前自动暂停后，二控制器均有偶然出现蜂鸣器响2声的现象。

二审法院另查明：原、被告软件的使用说明书基本相同。两者对控制器功能的描述及技术指标基本相同；两者对使用操作的说明基本相同；两者在段落编排方式和多数语句的使用上基本相同。经二审法院多次释明，华某公司始终拒绝提供被控侵权软件的源程序以供比对。

【裁判说理】裁判文书说理部分这样论述：根据现有证据，应当认定华某公司侵犯了石某林的S系列软件著作权。

一、本案的证明标准应根据当事人客观存在的举证难度合理确定

根据法律规定，当事人对自己提出的诉讼请求所依据的事实有责任提供证据加以证明（法理之一）。本案中，石某林主张华某公司侵犯其S系列软件著作权，其须举证证明双方计算机软件之间构成相同或实质性相同。一般而言，石某林就此须举证证明两计算机软件的源程序或目标程序之间构成相同或实质性相同。但本案中，由于存在客观上的困难，石某林实际上无法提供被控侵权的HR-Z软件的源程序或目标程序，并进而直接证明两者的源程序或目标程序构成相同或实质性相同（法理之二）。1. 石某林无法直接获得被控侵权的计算机软件源程序或目标程序。由于被控侵权的HR-Z软件的源程序及目标程序处于华某公司的实际掌握之中，因此在华某公司拒绝提供的情况下，石某林实际无法提供HR-Z软件的源程序或目标程序以供直接对比。2. 现有技术手段无法从被控侵权的HR-Z型控制器中获得HR-Z软件源程序或目标程序。根据一审鉴定情况，HR-Z软件的目标程序系加载于HR-Z型控制器中的内置芯片上，由于该芯片属于加密芯片，无法从芯片中读出HR-Z软件的目标程序，并进而反向编译出源程序。因此，依靠现有技术手段无法从HR-Z型控制器中获得HR-Z软件源程序或目标程序。

综上，本案在华某公司无正当理由拒绝提供软件源程序以供直接比对，石某林确因客观困难无法直接举证证明其诉讼主张的情形下，应从公平和诚信原则出发，合理把握证明标准的尺度，对石某林提供的现有证据能否形成高度盖然性优势进行综合判断（法理之三）。

二、石某林提供的现有证据能够证明被控侵权的HR-Z软件与石某林的S系列软件构成实质相同，华某公司应就此承担提供相反证据的义务

本案中的现有证据能够证明以下事实：

1. 二审鉴定意见显示：通过运行安装 HX–Z 软件的 HX–Z 型控制器和安装 HR–Z 软件的 HR–Z 型控制器，发现二者存在前述相同的系统软件缺陷情况。

2. 二审鉴定意见显示：通过运行安装 HX–Z 软件的 HX–Z 型控制器和安装 HR–Z 软件的 HR–Z 型控制器，发现二者在加电运行时存在相同的特征性情况。

3.HX–Z 和 HR–Z 型控制器的使用说明书基本相同。

4.HX–Z 和 HR–Z 型控制器的整体外观和布局基本相同，主要包括面板、键盘的总体布局基本相同等。

据此，鉴于 HX–Z 和 HR–Z 软件存在共同的系统软件缺陷，根据计算机软件设计的一般性原理（法理之四），在独立完成设计的情况下，不同软件之间出现相同的软件缺陷概率极小，而如果软件之间存在共同的软件缺陷，则软件之间的源程序相同的概率较大。同时，结合两者在加电运行时存在相同的特征性情况、HX–Z 和 HR–Z 型控制器的使用说明书基本相同、HX–Z 和 HR–Z 型控制器的整体外观和布局基本相同等相关事实，法院认为石某林提供的现有证据能够形成高度盖然性优势，足以使法院相信 HX–Z 和 HR–Z 软件构成实质相同（法理之五）。同时，由于 HX–Z 软件是石某林对其 S 系列软件的改版，且 HX–Z 软件与 S 系列软件实质相同。因此，被控侵权的 HR–Z 软件与石某林的 S 系列软件亦构成实质相同（法理之六），即华某公司侵犯了石某林享有的 S 系列软件著作权。

三、华某公司未能提供相反证据证明其诉讼主张，应当承担举证不能的不利后果

本案中，在石某林提供了上述证据证明其诉讼主张的情形下，华某公司并未能提供相反证据予以反证，依法应当承担举证不能的不利后果（法理之七）。经本院反复释明，华某公司最终仍未提供被控侵权的 HR–Z 软件源程序以供比对。华某公司虽提供了 DX–Z 线切割控制器微处理器固件程序系统 V3.0 的计算机软件著作权登记证书，但其既未证明该软件与被控侵权的 HR–Z 软件属于同一软件，又未证明被控侵权的 HR–Z 软件的完成时间早于石某林的 S 系列软件，或系其独立开发完成（法理之八）。尽管华某公司还称，

其二审中提供的2004年5月19日商业销售发票，可以证明其于2004年就开发完成了被控侵权软件。对此法院认为，该份发票上虽注明货物名称为HR–Z线切割控制器，但并不能当然推断出该控制器所使用的软件即为被控侵权的HR–Z软件，华某公司也未就此进一步提供其他证据予以证实。同时，结合该份发票并非正规的增值税发票、也未注明购货单位名称等一系列瑕疵（法理之九），法院认为，华某公司2004年就开发完成了被控侵权软件的诉讼主张缺乏事实依据，不予采纳。

综上，根据现有证据，同时在华某公司持有被控侵权的HR–Z软件源程序且无正当理由拒不提供的情形下，应当认定被控侵权的HR–Z软件与石某林的S系列软件构成实质相同（法理之十），华某公司侵犯了石某林的S系列软件著作权。

【法理应用】本案例涉及计算机软件侵权案件中判断侵权行为的认定方式问题。计算机软件具有开发成本高和易复制的双重特性，计算机软件侵权纠纷案件往往涉及较为复杂的技术事实认定，权利人举证和法院调查取证均存在较大障碍。该案例依据我国民事诉讼中有关证据制度的立法目的，合理运用举证妨碍规则，结合加强知识产权司法保护的司法政策，兼顾计算机软件产业发展的客观实际，根据具体案情就计算机软件侵权案件中侵权行为认定及举证责任分配和转移的规则进行裁判释明，解决了软件侵权纠纷中权利人“举证难”问题，进一步促进软件产业公平竞争整体氛围。

该案例明确了“在被告拒绝提供被控侵权软件的源程序或者目标程序，且由于技术上的限制，无法从被控侵权产品中直接读出目标程序的情形下，如果原、被告软件在设计缺陷方面基本相同，而被告又无正当理由拒绝提供其软件源程序或目标程序以供直接比对，则考虑到原告的客观举证难度，可以判定原、被告计算机软件构成实质性相同，由被告承担侵权责任”[①]的裁判规则。

① 参见最高人民法院案例指导工作办公室编著：《中国案例指导》（总第3辑），法律出版社2016年版，第247页。

【指导性案例50号】

李某、郭某阳诉郭某和、童某某继承纠纷案[①]

【案情概述】略（详见正文第9页）。

【裁判说理】裁判文书说理部分这样论述：本案争议焦点主要有两方面：一是郭某阳是否为郭某顺和李某的婚生子女？二是在郭某顺留有遗嘱的情况下，对306室房屋应如何析产继承？

关于争议焦点一。《最高人民法院关于夫妻离婚后人工授精所生子女的法律地位如何确定的复函》中指出："在夫妻关系存续期间，双方一致同意进行人工授精，所生子女应视为夫妻双方的婚生子女，父母子女之间权利义务关系适用《婚姻法》的有关规定。"郭某顺因无生育能力，签字同意医院为其妻子即原告李某施行人工授精手术，该行为表明郭某顺具有通过人工授精方法获得其与李某共同的子女的意思表示（法理之一）。只要在夫妻关系存续期间，夫妻双方同意通过人工授精生育子女，所生子女均应视为夫妻双方的婚生子女（法理之二）。《民法通则》第57条规定："民事法律行为从成立时起具有法律约束力。行为人非依法律规定或者取得对方同意，不得擅自变更或者解除。"因此，郭某顺在遗嘱中否认其与李某所怀胎儿的亲子关系，是无效民事行为（法理之三），应当认定郭某阳是郭某顺和李某的婚生子女。

关于争议焦点二。《继承法》第5条规定："继承开始后，按照法定继承办理；有遗嘱的，按照遗嘱继承或者遗赠办理；有遗赠扶养协议的，按照协议办理。"被继承人郭某顺死亡后，继承开始。鉴于郭某顺留有遗嘱，本案应当按照遗嘱继承办理（法理之四）。《继承法》第26条第1款规定："夫妻在婚姻关系存续期间所得的共同所有的财产，除有约定的以外，如果分割遗产，应当先将共同所有的财产的一半分出为配偶所有，其余的为被继承人的遗产。"《最高人民法院关于贯彻执行〈中华人民共和国继承法〉若干问题的意见》第38条规定："遗嘱人以遗嘱处分了属于国家、集体或他人所有的财产，

---

① 参见最高人民法院案例指导工作办公室编著：《中国案例指导》（总第3辑），法律出版社2016年版，第365页。

遗嘱的这部分，应认定无效。”登记在被继承人郭某顺名下的306室房屋，已查明是郭某顺与原告李某夫妻关系存续期间取得的夫妻共同财产。郭某顺死亡后，该房屋的一半应归李某所有，另一半才能作为郭某顺的遗产。郭某顺在遗嘱中将306室全部房产处分归其父母，侵害了李某的房产权，遗嘱的这部分应属无效（法理之五）。此外，《继承法》第19条规定：“遗嘱应当对缺乏劳动能力又没有生活来源的继承人保留必要的遗产份额。”郭某顺在立遗嘱时，明知其妻子腹中的胎儿而没有在遗嘱中为胎儿保留必要的遗产份额，该部分遗嘱内容无效（法理之六）。《继承法》第28条规定：“遗产分割时，应当保留胎儿的继承份额。胎儿出生时是死体的，保留的份额按照法定继承办理。”因此，在分割遗产时，应当为该胎儿保留继承份额（法理之七）。综上，在扣除应当归李某所有的财产和应当为胎儿保留的继承份额之后，郭某顺遗产的剩余部分才可以按遗嘱确定的分配原则处理。

【法理应用】该案明确了人工授精子女的法律地位问题。随着科技的发展，体外受精技术日趋成熟，人工授精子女的出现解决了许多家庭不孕不育的难题，也引发了许多伦理和法理难题，特别是使用丈夫以外的男性的精子使女性怀孕的生育方式，使得以血缘为基础和纽带的传统亲子关系受到根本性冲击。当时，我国法律对于人工授精子女的法律地位问题没有明确规定，该指导性案例依据婚生子女推定制度学说，将婚姻关系存续期间受胎或出生的子女均推定为婚生子女，根据《民法通则》《继承法》，明确了夫妻关系存续期间，双方一致同意利用他人的精子进行人工授精并使女方成功受孕后，男方反悔而女方坚持生出该子女的，该子女出生后应当认定为婚生子女，以及在夫妻一方所订立的遗嘱中没有为胎儿保留遗产份额的遗嘱效力。

该案例确定了“夫妻关系存续期间，双方一致同意利用他人的精子进行人工授精并使女方受孕后，男方反悔而女方坚持生出该子女的，不论该子女是否在夫妻关系存续期间出生，都应视为夫妻双方的婚生子女”“如果夫妻一方所订立的遗嘱中没有为胎儿保留遗产份额，因违反《继承法》第19条规定，该部分遗嘱内容无效。分割遗产时，应当依照《继承法》第28条规定，为胎儿保留继承份额”[①]的裁判规则。

【指导性案例53号】

福建海某银行股份有限公司某五一支行诉长乐某污水处理有限公司、某市政工程有限公司金融借款合同纠纷案[②]

【案情概述】原告福建海某银行股份有限公司某五一支行（以下简称海某银行五一支行）诉称：原告与被告长乐某污水处理有限公司（以下简称长乐某公司）签订单位借款合同后向被告贷款3000万元。被告某市政工程有限公司（以下简称某市政公司）为上述借款提供连带责任保证。原告海某银行五一支行、被告长乐某公司、某市政公司、案外人某市建设局四方签订了《特许经营权质押担保协议》，某市政公司以长乐市污水处理项目的特许经营权提供质押担保。因长乐某公司未能按期偿还贷款本金和利息，故诉请法院判令：长乐某公司偿还原告借款本金和利息；确认《特许经营权质押担保协议》合法有效，拍卖、变卖该协议项下的质物，原告有优先受偿权；将某市建设局支付给两被告的污水处理服务费优先用于清偿应偿还原告的所有款项；某市政公司承担连带清偿责任。

法院经审理查明：2003年，某市建设局为让与方、某市政公司为受让方、某市财政局为见证方，三方签订《长乐市城区污水处理厂特许建设经营合同》，约定：某市建设局授予某市政公司负责投资、建设、运营和维护某市城区污水处理厂项目及其附属设施的特许权，并就合同双方的权利义务进行了详细约定。2004年10月22日，长乐某公司成立。该公司系某市政公司为履行《长乐市城区污水处理厂特许建设经营合同》而设立的项目公司。

2005年3月24日，福州市商某银行五一支行与长乐某公司签订《单位借款合同》，约定：长乐某公司向福州市商某银行五一支行借款3000万元；借款用途为长乐市城区污水处理厂BOT项目；借款期限为13年，自2005年3

① 参见最高人民法院案例指导工作办公室编著：《中国案例指导》（总第3辑），法律出版社2016年版，第251页。

② 参见最高人民法院案例指导工作办公室编著：《中国案例指导》（总第4辑），法律出版社2017年版，第22页。

月 25 日至 2018 年 3 月 25 日；此外，还就利息及逾期罚息的计算方式作了明确约定。某市政公司为长乐某公司的上述借款承担连带责任保证。

同日，福州市商某银行五一支行与长乐某公司、某市政公司、某市建设局共同签订《特许经营权质押担保协议》，约定：某市政公司以《长乐市城区污水处理厂特许建设经营协议》授予的特许经营权为长乐某公司向福州市商某银行五一支行的借款提供质押担保，某市建设局同意该担保；某市政公司同意将特许经营权收益优先用于清偿借款合同项下的长乐某公司的债务，某市建设局和某市政公司同意将污水处理费优先用于清偿借款合同项下的长乐某公司的债务；福州市商某银行五一支行未受清偿的，有权依法通过拍卖等方式实现质押权利等。

上述合同签订后，福州市商某银行五一支行依约向长乐某公司发放贷款 3000 万元。长乐某公司于 2007 年 10 月 21 日起未依约按期足额还本付息。

另查明，福州市商某银行五一支行于 2007 年 4 月 28 日名称变更为福州市商某银行股份有限公司五一支行；2009 年 12 月 1 日其名称再次变更为福建海某银行股份有限公司五一支行。

【裁判说理】裁判文书说理部分这样论述：

一、关于污水处理项目特许经营权能否出质的问题

污水处理项目特许经营权是对污水处理厂进行运营和维护，并获得相应收益的权利（法理之一）。污水处理厂的运营和维护，属于经营者的义务，而其收益权则属于经营者的权利（法理之二）。由于对污水处理厂的运营和维护，并不属于可转让的财产权利，故讼争的污水处理项目特许经营权质押，实质上系污水处理项目收益权的质押（法理之三）。

关于污水处理项目等特许经营的收益权能否出质的问题，应当考虑以下方面：其一，本案讼争污水处理项目的《特许经营权质押担保协议》签订于 2005 年，尽管当时法律、行政法规及相关司法解释并未规定污水处理项目收益权可质押，但污水处理项目收益权与公路收益权在性质上相类似（法理之四）。《最高人民法院关于适用〈中华人民共和国担保法〉若干问题的解释》第 97 条规定了“以公路桥梁、公路隧道或者公路渡口等不动产收益权出质的，按照担保法第七十五条第（四）项的规定处理”，明确了公路收益权属于

依法可质押的其他权利，与其类似的污水处理收益权亦应允许出质（法理之五）。其二，国务院办公厅2001年9月29日转发的《国务院西部开发办〈关于西部大开发若干政策措施的实施意见〉》（国办发〔2001〕73号）的通知中提出，“对具有一定还贷能力的水利开发项目和城市环保项目（如城市污水处理和垃圾处理等），探索逐步开办以项目收益权或收费权为质押发放贷款的业务”，首次明确了可试行将污水处理项目的收益权进行质押（法理之六）。其三，污水处理项目收益权虽系将来金钱债权，但其行使期间及收益金额均可确定，其属于确定的财产权利（法理之七）。其四，在《物权法》颁布实施后，因污水处理项目收益权系基于提供污水处理服务而产生的将来金钱债权，依其性质亦可纳入依法可出质的“应收账款”的范畴（法理之八）。因此，讼争污水处理项目收益权作为特定化的财产权利，可以允许其出质。

二、关于污水处理项目收益权质权的公示问题

对于污水处理项目收益权的质权公示问题，在《物权法》自2007年10月1日起施行后，因收益权已纳入该法第223条第6项的“应收账款”范畴，故应当在中国人民银行征信中心的应收账款质押登记公示系统进行出质登记，质权才能依法成立（法理之九）。由于本案的质押担保协议签订于2005年，在《物权法》施行之前，故不适用《物权法》关于应收账款的统一登记制度（法理之十）。因当时并未有统一的登记公示的规定，故参照当时公路收费权质押登记的规定，由其主管部门进行备案登记，有关利害关系人可通过其主管部门了解该收益权是否存在质押之情况，该权利即具备物权公示的效果（法理之十一）。

本案中，某市建设局在《特许经营权质押担保协议》上盖章，且协议第7条明确约定“某市建设局同意为原告和某市政公司办理质押登记出质登记手续”，故可认定讼争污水处理项目的主管部门已知晓并认可该权利质押情况，有关利害关系人亦可通过某市建设局查询了解讼争污水处理厂的有关权利质押的情况。因此，本案讼争的权利质押已具备公示之要件，质权已设立（法理之十二）。

三、关于污水处理项目收益权的质权实现方式问题

我国《担保法》和《物权法》均未具体规定权利质权的具体实现方式，

仅就质权的实现作出一般性的规定，即质权人在行使质权时，可与出质人协议以质押财产折价，或就拍卖、变卖质押财产所得的价款优先受偿。但污水处理项目收益权属于将来金钱债权，质权人可请求法院判令其直接向出质人的债务人收取金钱并对该金钱行使优先受偿权，故无须采取折价或拍卖、变卖之方式（法理之十三）。况且收益权均附有一定之负担，且其经营主体具有特定性，故依其性质亦不宜拍卖、变卖（法理之十四）。因此，原告请求将《特许经营权质押担保协议》项下的质物予以拍卖、变卖并行使优先受偿权，不予支持。

根据协议约定，原告海某银行五一支行有权直接向某市建设局收取污水处理服务费，并对所收取的污水处理服务费行使优先受偿权（法理之十五）。由于被告仍应依约对污水处理厂进行正常运营和维护，若无法正常运营，则将影响到长乐市城区污水的处理，亦将影响原告对污水处理费的收取，故原告在向某市建设局收取污水处理服务费时，应当合理行使权利，为被告预留经营污水处理厂的必要合理费用（法理之十六）。

【法理应用】此案例涉及特许经营权质押以及如何实现的问题。就此问题，法律没有明确规定。该案例对此予以明确：一是特许经营权的收益权可以质押，并可作为应收账款进行出质登记；二是特许经营权的收益权依其性质不宜折价、拍卖或变卖，质权人主张优先受偿权的，人民法院可以判令出质债权的债务人将收益权的应收账款优先支付质权人。①

法官在没有法律明文规定的情况下，是如何得出以上裁判结论的呢？分析原始裁判文书说理部分，我们可以梳理出法官依据法律原理进行裁判的思路历程。

首先，在事实认定方面，法官通过意思自治、契约自由原理，从《特许经营权质押担保协议》和某市建设局与某市政公司签订的《特许建设经营合同》条款内容，得出讼争《特许经营权质押担保协议》项下的质物主要是指特许经营权中的污水处理收益权。其次，在法律适用方面，法官比照《最高

① 参见最高人民法院案例指导工作办公室编著：《中国案例指导》（总第 4 辑），法律出版社 2017 年版，第 2 页。

人民法院关于适用〈中华人民共和国担保法〉若干问题的解释》关于公路、桥梁、隧道等不动产的收益权可以出质的规定，从目的解释的角度，得出“都是政府授予企业在一定时间和范围内基于对特定项目的投资、建设、运营、维护而享有的获取收益的权利”①，进而推理出适用该解释来判定本案污水处理收益权可以出质。最后，关于质权的实现方式，法官依据公平公正原理，以社会公共利益为出发点，从污水处理收益权的性质、实现途径等方面进行学理分析和事理论述，得出分期优先受偿方式是最为合适的质权实现方式。该案例通过法律原理为协调新生物权与物权法定原则提供了指引。

指导性案例第 148 ~ 153 号是关于第三人撤销之诉的案例。2012 年修正的《民事诉讼法》增设第三人撤销之诉制度后，2015 年最高人民法院出台相关司法解释，对第三人撤销之诉的程序性操作进行了进一步的细化。但该制度在适用过程中存在不同理解。这六个指导性案例通过阐释第三人撤销之诉制度功能、立法目的及现行《民事诉讼法》对案外人救济途径确立的框架体系等法律原理，兼顾充分维护案外人合法权益及生效裁判既判力，亦防止第三人撤销之诉制度被滥用的要求，结合具体案例，明确了三种不同的受他人间生效裁判影响的“第三人”，如何适用第三人撤销之诉的裁判规则。根据 2017 年修正的《民事诉讼法》第 56 条的规定，法院认为第三人提起撤销之诉首先应当满足的条件是第三人的诉讼主体适格。提起第三人撤销之诉的主体限于在被申请案中有独立请求权的第三人和无独立请求权的第三人同时具有法律上利害关系的主体。但无独立请求权的第三人在何种情形下有权提起第三人撤销之诉，何为有法律上的利害关系，指导性案例针对此问题进一步明确了裁判规则。

其中，第 148 号、第 149 号指导性案例主要从是否属于原案第三人进行论证，也即效力扩张所及的第三人。

---

① 参见最高人民法院案例指导工作办公室编著：《中国案例指导》（总第 4 辑），法律出版社 2017 年版，第 24 页。

【指导性案例 148 号】

高某诉三亚某通国际酒店有限公司、海南博某房地产开发有限公司等第三人撤销之诉案[①]

【案情概述】2005 年 11 月 3 日，高某和邹某某作为公司股东（发起人）发起成立海南博某房地产开发有限公司（以下简称博某公司），高某、邹某某的出资比例各占 50%，邹某某任该公司的执行董事、法定代表人。

2011 年 6 月 16 日，博某公司、三亚南某岸旅游服务有限公司（以下简称南某岸公司）、三亚某通国际酒店有限公司（以下简称某通公司）、北京某时房地产开发有限公司（以下简称某时公司）四方共同签署了《协议书》，对位于海南省三亚市三亚湾海坡开发区的碧海华云酒店（现为某通国际酒店）的现状、投资额及酒店产权确认、酒店产权过户手续的办理、工程结算及结算资料的移交、违约责任等方面均作明确约定。2012 年 8 月 1 日，某通公司以博某公司和南某岸公司为被告、某时公司为第三人向海南省高级人民法院提起合资、合作开发房地产合同纠纷之诉，提出碧海华云酒店（现为某通国际酒店）的房屋所有权（含房屋占用范围内的土地使用权）归某通公司所有以及博某公司向某通公司支付违约金 720 万元等诉讼请求。海南省高级人民法院作出（2012）琼民一初字第 3 号民事判决，支持了某通公司的诉讼请求，判决作出后，各方当事人均未提出上诉。

2012 年 8 月 28 日，高某以博某公司经营管理发生严重困难，继续存续将会使股东利益遭受重大损失为由起诉请求解散公司。2013 年 9 月 12 日，海南省海口市中级人民法院作出（2013）海中法民二初字第 5 号民事判决，判决解散博某公司。博某公司不服该判决，提出上诉。2013 年 12 月 19 日，海南省高级人民法院就该案作出（2013）琼民二终字第 35 号民事判决，判决驳回上诉，维持原判。2014 年 9 月 18 日，海口市中级人民法院指定海南天皓律师事务所担任博某公司管理人，负责博某公司的清算。

2015 年 4 月 20 日，博某公司管理人以某通公司、某时公司、南某岸公司

① 参见最高人民法院案例指导工作办公室编著：《中国案例指导》（总第 12 辑），法律出版社 2022 年版，第 100 页。

为被告，向海南省高级人民法院起诉：请求确认博某公司于2011年6月16日签订的《协议书》无效，将位于海南省三亚市三亚湾路海坡度假区15 370.84平方米的土地使用权及29 851.55平方米的地上建筑物返还过户登记至博某公司管理人名下。海南省高级人民法院裁定驳回了博某公司管理人的起诉。诉讼过程中，某时公司、某通公司收到该案诉讼文书后与博某公司管理人联系并向其提供了（2012）琼民一初字第3号民事判决的复印件。高某遂据此向海南省高级人民法院就（2012）琼民一初字第3号民事判决提起本案第三人撤销之诉。

【裁判说理】裁判文书说理部分这样论述：本案系高某针对已生效的海南省高级人民法院（2012）琼民一初字第3号民事判决而提起的第三人撤销之诉。第三人撤销之诉制度的设置功能，主要是为了保护受错误生效裁判损害的未参加原诉的第三人的合法权益（法理之一）。由于第三人本人以外的原因未能参加原诉，导致人民法院作出了错误裁判，在这种情形下，法律赋予本应参加原诉的第三人有权通过另诉的方式撤销原生效裁判。因此，提起第三人撤销之诉的主体必须符合本应作为第三人参加原诉的身份条件（法理之二）。本案中，高某不符合以第三人身份参加该案诉讼的条件。

1. 高某对（2012）琼民一初字第3号民事判决案件的诉讼标的没有独立请求权，不属于该案有独立请求权的第三人。有独立请求权的第三人，是指对当事人之间争议的诉讼标的，有权以独立的实体权利人的资格提出诉讼请求的主体（法理之三）。在（2012）琼民一初字第3号民事判决案件中，某通公司基于其与博某公司订立的《协议书》提出各项诉讼请求，海南省高级人民法院基于《协议书》的约定进行审理并作出判决。高某只是博某公司的股东之一，并不是《协议书》的合同当事人一方，其无权基于该协议约定提出诉讼请求（法理之四）。

2. 高某不属于（2012）琼民一初字第3号民事判决案件无独立请求权的第三人。无独立请求权的第三人，是指虽然对当事人双方的诉讼标的没有独立请求权，但案件的处理结果同他有法律上的利害关系的主体（法理之五）。第三人同案件处理结果存在的法律上的利害关系，可能是直接的，也可能是间接的（法理之六）。本案中，（2012）琼民一初字第3号民事判决只确认了博某公司应承担的法律义务，未判决高某承担民事责任，故高某与（2012）琼民一初字第3号民事判决的处理结果并不存在直接的利害关系（法理之七）。关于是否存在间接利害关系的问题。通常来说，股东和公司之间系天然的利益共同体。公司股东对公司财产享有资产收益权，公司的对外交易活动、民事诉讼的胜败结果一般都会影响到公司的资产情况，从而间接影响到股东的收益权利。从这个角度看，股东与公司进行的民事诉讼的处理结果具有法律上的间接利害关系（法理之八）。但是，由于公司利益和股东利益具有一致性，公司对外活动应推定为股东整体意志的体现，公司在诉讼活动中的主张也应认定为代表股东的整体利益（法理之九）。因此，虽然公司诉讼的处理结果会间接影响到股东的利益，但股东的利益和意见已经在诉讼过程中由公司所代表和表达，则不应再追加股东作为第三人参加诉讼（法理之十）。本案中，虽然高某是博某公司的股东，但博某公司与南某岸公司、某时公司、某通公司的诉讼活动中，股东的意见已为博某公司所代表，则作为股东的高某不应再以无独立请求权的第三人身份参加该案诉讼。至于不同股东之间的分歧所导致的利益冲突，应由股东与股东之间、股东与公司之间依法另行处理（法理之十一）。

【法理应用】该案的诉讼请求是对以博某公司为当事人一方的合资合作协议纠纷案（以下称原案）作出的（2012）琼3号判决是否应该被撤销的问题。原告高某是博某公司的股东。高某认为博某公司与某通公司等其他三家公司达成的合资合作协议有损公司利益，海南省高级人民法院（2012）琼民一初字第3号民事判决错误为由，申请撤销该判决。最高人民法院根据“第三人撤销之诉制度的设置功能，主要是为了保护受错误生效裁判损害的未参加原诉的第三人的合法权益”的法律原理，认为高某作为博某公司股东对公司法人与他人之间的民事诉讼生效裁判不具有直接的利益关系，不符合《民事诉讼法》（2017年修正）第56条[①]规定的第三人条件，不是提起第三人撤销之诉的适格原告，人民法院应当裁定不予受理。该案例明确了“公司股东对公司法人与他人之间的民事诉讼生效裁判不具有直接的利益关系，不符合民事

① 现对应《民事诉讼法》（2023年修正）第59条。

诉讼法第五十六条规定的第三人条件，其以股东身份提起第三人撤销之诉的，人民法院不予受理”的裁判规则。

【指导性案例149号】

长沙广某建筑装饰有限公司诉中国某银行股份有限公司广州粤秀支行、林某武、长沙广某建筑装饰有限公司广州分公司等第三人撤销之诉案[①]

【案情概述】2011年7月12日，林某武与中国某银行股份有限公司广州粤秀支行（以下简称某银行粤秀支行）签订《个人借款/担保合同》。长沙广某建筑装饰有限公司广州分公司（以下简称长沙广某广州分公司）出具《担保函》，为林某武在某银行粤秀支行的贷款提供连带责任保证。后因林某武欠付款项，某银行粤秀支行向法院起诉林某武、长沙广某广州分公司等，请求林某武偿还欠款本息，长沙广某广州分公司承担连带清偿责任。此案经广东省广州市天河区人民法院一审、广州市中级人民法院二审，判令林某武清偿欠付本金及利息等，其中一项为判令长沙广某广州分公司对林某武的债务承担连带清偿责任。

2017年，长沙广某建筑装饰有限公司（以下简称长沙广某公司）向广州市中级人民法院提起第三人撤销之诉，以生效判决没有将长沙广某公司列为共同被告参与诉讼，并错误认定《担保函》的性质，导致长沙广某公司无法主张权利为由，请求撤销广州市中级人民法院作出的（2016）粤01民终第15617号民事判决。

【裁判说理】裁判文书说理部分这样论述：《民事诉讼法》（2017年修正）第56条规定：“对当事人双方的诉讼标的，第三人认为有独立请求权的，有权提起诉讼。对当事人双方的诉讼标的，第三人虽然没有独立请求权，但案件处理结果同他有法律上的利害关系的，可以申请参加诉讼，或者由人民法院通知他参加诉讼。人民法院判决承担民事责任的第三人，有当事人的诉讼权利义务。前两款规定的第三人，因不能归责于本人的事由未参加诉讼，但

① 参见最高人民法院案例指导工作办公室编著：《中国案例指导》（总第12辑），法律出版社2022年版，第114页。

有证据证明发生法律效力的判决、裁定、调解书的部分或者全部内容错误，损害其民事权益的，可以自知道或者应当知道其民事权益受到损害之日起六个月内，向作出该判决、裁定、调解书的人民法院提起诉讼……”依据上述法律规定，提起第三人撤销之诉的“第三人”是指有独立请求权的第三人，或者案件处理结果同他有法律上的利害关系的无独立请求权第三人，但不包括当事人双方（法理之一）。在已经生效的（2016）粤 01 民终 15617 号案件中，被告长沙广某广州分公司系长沙广某公司的分支机构，不是法人，但其依法设立并领取了工商营业执照，具有一定的运营资金和在核准的经营范围内经营业务的行为能力。根据《民法总则》第 74 条第 2 款关于“分支机构以自己的名义从事民事活动，产生的民事责任由法人承担；也可以先以该分支机构管理的财产承担，不足以承担的，由法人承担”的规定，长沙广某公司在（2016）粤 01 民终 15617 号案件中，属于承担民事责任的当事人，其诉讼地位不是《民事诉讼法》(2017 年修正）第 56 条规定的第三人（法理之二）。因此，长沙广某公司以第三人的主体身份提出本案诉讼不符合第三人撤销之诉的法定适用条件（法理之三）。

【法理应用】该案是另外一个涉及判决效力扩张的案例。本案的诉讼请求是撤销（2016）粤 01 民终第 15617 号民事判决书。该判决判令广某分公司对林某武偿还某银行粤秀支行的债务承担连带清偿责任。本案原告以原案没有将广某公司列为共同被告，并错误认定《担保函》的性质，导致其无法主张权利为由，请求撤销（2016）粤 01 民终第 15617 号民事判决。广东省高级人民法院二审驳回原告诉讼请求，主要理由如下：根据民法关于分支机构以自己的名义从事民事活动，产生的民事责任由法人承担的规定，广某公司在原案中属于当事人，不是第三人，因此不具有提起第三人撤销之诉的原告资格。也即由于诉讼法赋予法人分支机构以独立当事人资格，基于实体法关于分支机构的民事行为（包括诉讼活动）的法律后果由其所属法人承担的规定，广某分公司所承受的判决既判力向其总公司广某公司扩张。如果广某公司认为原审裁判确有错误的，只能申请再审，不得以第三人身份申请撤销该判决。该案例明确了“公司法人的分支机构以自己的名义从事民事活动，并独立参加民事诉讼，人民法院判决分支机构对外承担民事责任，公司法人对该生效裁判提起第三人撤销之诉的，其不符合《民事诉讼法》(2017年修正）第56条规定的第三人条件，人民法院不予受理”的裁判规则。

第150号、第151号指导性案例主要从受判决效力影响者的救济角度，明确第三人撤销之诉的原告主体资格。尽管根据判决效力的相对性原则，案外第三人可以拒绝当事人依生效裁判对其主张权利，也可以独立提起诉讼维护自己的权利。但是，案外人另诉所取得的生效裁判并不能阻止他人间生效裁判的履行和执行。在他人间判决强制执行过程中，判决效力对第三人的不利影响变得现实而紧迫，若待第三人通过另行起诉确认权利来排除这种影响，则损失可能已经无法挽回。司法实践中，针对受判决效力影响者进行救济的第三人撤销之诉原则上由作出原案裁判的法院管辖，当事人对异议之诉裁判不服可以提起上诉。原告的诉讼目的是请求法院确认原案当事人不能依据该判决向自己主张权利或申请执行。

【指导性案例150号】

中国某银行股份有限公司温州分行诉浙江山某建筑工程有限公司、青田依某高鞋业有限公司第三人撤销之诉①

【案情概述】中国某银行股份有限公司温州分行（以下简称温州某银行）因与青田依某高鞋业有限公司（以下简称青田依某高鞋业公司）、浙江依某高鞋业有限公司等金融借款合同纠纷一案诉至浙江省温州市中级人民法院（以下简称温州中院），温州中院判令：一、浙江依某高鞋业有限公司于判决生效之日起10日内偿还温州某银行借款本金5690万元及期内利息、期内利息复利、逾期利息；二、如浙江依某高鞋业有限公司未在上述第一项确定的期限内履行还款义务，温州某银行有权以拍卖、变卖被告青田依某高鞋业公司提供抵押的坐落于青田县船寮镇赤岩工业区的房产及工业用地的所得价款优先受偿……上述判决生效后，因该案各被告未在判决确定的期限内履行义务，温州某银行向温州中院申请强制执行。

① 参见最高人民法院案例指导工作办公室编著：《中国案例指导》（总第12辑），法律出版社2022年版，第124页。

在执行过程中，温州某银行于 2017 年 2 月 28 日获悉，浙江省青田县人民法院向温州中院发出编号为（2016）浙 1121 执 2877 号的《参与执行分配函》，以（2016）浙 1121 民初 1800 号民事判决为依据，要求温州中院将该判决确认的浙江山某建筑工程有限公司（以下简称山某建筑公司）对青田依某高鞋业公司享有的 559.3 万元建设工程款债权优先于抵押权和其他债权受偿，对坐落于青田县船寮镇赤岩工业区的建设工程项目折价或拍卖所得价款优先受偿。

温州某银行认为案涉建设工程于 2011 年 10 月 21 日竣工验收合格，但山某建筑公司直至 2016 年 4 月 20 日才向法院主张优先受偿权，显然已超过了 6 个月的期限，故请求撤销（2016）浙 1121 民初 1800 号民事判决，并确认山某建筑公司就案涉建设工程项目折价、拍卖或变卖所得价款不享有优先受偿权。

【裁判说理】裁判文书说理部分这样论述：第三人撤销之诉的审理对象是原案生效裁判，为保障生效裁判的权威性和稳定性，第三人撤销之诉的立案审查相比一般民事案件更加严格（法理之一）。正如山某建筑公司所称，《最高人民法院关于适用〈中华人民共和国民事诉讼法〉的解释》第 292 条规定，第三人提起撤销之诉的，应当提供存在发生法律效力的判决、裁定、调解书的全部或者部分内容错误情形的证据材料，即在受理阶段需对原生效裁判内容是否存在错误从证据材料角度进行一定限度的实质审查（法理之二）。但前述司法解释规定在本质上仍是对第三人撤销之诉起诉条件的规定，起诉条件与最终实体判决的证据要求存在区别，前述司法解释规定并不意味着第三人在起诉时就要完成全部的举证义务，第三人在提起撤销之诉时应对原案判决可能存在错误并损害其民事权益的情形提供初步证据材料加以证明（法理之三）。温州某银行提起撤销之诉时已经提供证据材料证明自己是同一标的物上的抵押权人，山某建筑公司依据原案生效判决第一项要求参与抵押物折价或者拍卖所得价款的分配将直接影响温州某银行债权的优先受偿，而且山某建筑公司自案涉工程竣工验收至提起原案诉讼远远超过 6 个月期限，山某建筑公司主张在 6 个月内行使建设工程价款优先权时并未采取起诉、仲裁等具备公示效果的方式。因此，从起诉条件的审查角度看，温州某银行已经提供初步证据证明原案生效判决第一项内容可能存在错误并将损害其抵押权的实现。其提起诉讼要求撤销原案生效判决主文第一项符合法律规定的起诉条件（法理之四）。

【法理应用】本案诉讼请求是撤销（2016）浙1121民初1800号民事判决书。该判决书确认山某建筑对青田依某高鞋业公司享有559.3万元建设工程款债权。在温州某银行依据另一份生效判决申请强制执行青田依某高鞋业公司抵押的房产时，山某建筑依据上述判决书要求参与分配，并主张优先于温州某银行的抵押权受偿。温州某银行认为案涉建设工程于2011年10月21日竣工验收合格，但山某建筑直至2016年4月20日才向法院主张优先受偿权，显然已超过了6个月的期限，故请求撤销（2016）浙1121民初1800号民事判决，并确认山某建筑就案涉建设工程项目折价、拍卖或变卖所得价款不享有优先受偿权。法院经审查认为原告的起诉符合第三人撤销之诉条件，最终裁定撤销原案裁判。生效裁判通过对第三人撤销之诉立法目的的阐释，论述了起诉条件和最终实体判决证据要求存在区别。温州某银行是原案涉建设工程的抵押权人。如果山某建筑依原案生效判决行使建筑工程款债权优先受偿，依照法律规定的建筑工程款债权的最高优先级，该判决的存在对于温州某银行来说将直接影响其债权实现。同时，鉴于温州某银行没有参加过原案的诉讼程序，要求其忍受他人判决效力的法律后果是不公平的。因此，应当赋予他以受判决不利影响为由提起第三人异议之诉的机会。既而明确了抵押权人对于建设工程价款优先受偿案件的处理结果具有法律上的利害关系，应当认定其具有第三人撤销之诉的原告主体资格。即“建设工程价款优先受偿权与抵押权指向同一标的物，抵押权的实现因建设工程价款优先受偿权的有无以及范围大小受到影响的，应当认定抵押权的实现同建设工程价款优先受偿权案件的处理结果有法律上的利害关系，抵押权人对确认建设工程价款优先受偿权的生效裁判具有提起第三人撤销之诉的原告主体资格”。

【指导性案例 151 号】

台州德某奥汽车部件制造有限公司诉浙江建某机械有限公司管理人浙江安某律师事务所、中国某银行股份有限公司台州温岭支行第三人撤销之诉案[①]

【案情概述】2014 年 3 月 21 日，中国某银行股份有限公司台州温岭支行（以下简称某银行温岭支行）分别与浙江建某机械有限公司（以下简称建某公司）、台州德某奥汽车部件制造有限公司（以下简称德某奥公司）等签订《综合授信协议》《最高额保证合同》，约定某银行温岭支行在 2014 年 4 月 1 日至 2015 年 3 月 31 日期间向建某公司提供最高额 520 万元的授信额度，德某奥公司等为该授信协议项下最高本金余额 520 万元提供连带责任保证。2014 年 4 月 2 日，某银行温岭支行与建某公司签订《银行承兑协议》，建某公司提供 50% 保证金（260 万元），某银行温岭支行向建某公司出具承兑汇票 520 万元，汇票到期日为 2014 年 10 月 2 日。2014 年 10 月 2 日，陈某 1 将 260 万元汇至陈某 2 的兴业银行的账户，然后陈某 2 将 260 万元汇至其在某银行温岭支行的账户，再由陈某 2 将 260 万元汇至建某公司在某银行温岭支行的还款账户。2014 年 10 月 8 日，某银行温岭支行在建某公司的上述账户内扣划 2 563 430.83 元，并陆续支付持票人承兑汇票票款共 37 笔，合计 520 万元。

2015 年 1 月 4 日，浙江省玉环县人民法院受理建某公司的破产重整申请，并指定浙江安某律师事务所担任建某公司的管理人（以下简称建某公司管理人）。因重整不成，浙江省玉环县人民法院裁定终结建某公司的重整程序并宣告其破产清算。2016 年 10 月 13 日，建某公司管理人提起请求撤销个别清偿行为之诉，浙江省玉环县人民法院于 2017 年 1 月 10 日作出（2016）浙 1021 民初 7201 号民事判决，判令某银行温岭支行返还建某公司管理人 2 563 430.83 元及利息损失。某银行温岭支行不服提起上诉，浙江省台州市中级人民法院于 2017 年 7 月 10 日作出（2016）浙 10 民终 360 号二审判决：驳

① 参见最高人民法院案例指导工作办公室编著：《中国案例指导》（总第 12 辑），法律出版社 2022 年版，第 134 页。

回上诉，维持原判。

2018年1月，某银行温岭支行因保证合同纠纷一案将德某奥公司等诉至温岭市人民法院。原、被告均不服一审判决，上诉至台州市中级人民法院，二审判决德某奥公司等连带偿还某银行温岭支行垫付款本金及利息等。

德某奥公司遂向台州市中级人民法院起诉撤销浙江省玉环县人民法院（2016）浙1021民初7201号民事判决第一项及台州市中级人民法院（2016）浙10民终360号民事判决。

【裁判说理】裁判文书说理部分这样论述：该案生效判决关于德某奥公司是否有权提起第三人撤销之诉问题的说理：若案涉汇票到期前建某公司未能依约将票款足额存入其在某银行温岭支行的账户，基于票据无因性以及某银行温岭支行作为银行承兑汇票的第一责任人，某银行温岭支行须先行向持票人兑付票据金额，然后再向出票人（本案即建某公司）追偿，德某奥公司依约亦须承担连带偿付责任（法理之一）。由于案涉汇票到期前，建某公司依约将票款足额存入了其在某银行温岭支行的账户，某银行温岭支行向持票人兑付了票款，故不存在建某公司欠付某银行温岭支行票款的问题，德某奥公司亦就无须承担连带偿付责任。但是，由于建某公司管理人针对建某公司在汇票到期前向其在某银行温岭支行账户的汇款行为提起请求撤销个别清偿行为之诉，若建某公司管理人的诉求得到支持，德某奥公司作为建某公司申请某银行温岭支行开具银行承兑汇票的保证人即要承担连带还款责任，故原案的处理结果与德某奥公司有法律上的利害关系，应当认定德某奥公司属于《民事诉讼法》第56条规定的无独立请求权第三人（法理之二）。

【法理应用】本案的诉讼请求是撤销（2016）浙1021民初7201号民事判决第一项及（2016）浙10民终360号民事判决。该判决确认建某公司管理人有权撤销建某公司在破产前6个月内的个别清偿行为，判令某银行温岭支行返还建某管理人256万余元及利息损失。某银行温岭支行在返还上述款项后，起诉德某奥公司为上述债务承担连带保证责任。德某奥公司认为案涉判决导致其承担本不需要承担的保证责任，因此请求撤销上述判决。法院认为，由于案涉汇票到期前，建某公司依约将票款足额存入了其在某银行温岭支行的账户，作为连带保证人的德某奥公司就无须承担偿付责任。但是，由于建某管理人行使撤销权的诉请得到法院裁判支持，如果按照案涉判决执行，德某奥公司就要承担连带还款责任，故原案的处理结果与之有法律上的利害关系，应当认定德某奥公司属于民事诉讼法规定的无独立请求权第三人。

第 152 号、第 153 号指导性案例的共同特点是原案当事人涉嫌恶意诉讼。法院处理此类案件的思路是首先判断原案裁判是否属于无效情形。如果出现了法定的无效事由，法院应当宣告原案裁判无效。原案裁判已经执行的，法院依职权执行回转即可。此外并不需要对原案当事人的诉讼标的重新进行审理。在第 152 号指导性案例中，一审法院不仅撤销了原案调解书，而且重新判定了汪某与鲁某英的权利义务关系。最高人民法院在二审判决中予以纠正：维持一审判决中撤销案涉调解书的判项，撤销了关于原案当事人权利义务关系部分的判项。

【指导性案例 152 号】

鞍山市某信用担保中心诉汪某、鲁某英第三人撤销之诉案①

【案情概述】2008 年 12 月，鞍山市某信用担保中心（以下简称担保中心）与台安县农村信用合作社黄某坨信用社（以下简称黄某坨信用社）签订保证合同，为汪某经营的鞍山金某生猪良种繁育养殖厂（以下简称养殖厂）在该信用社的贷款提供连带责任担保。汪某向担保中心出具一份个人连带责任保证书，为借款人的债务提供反担保。后因养殖厂及汪某没有偿还贷款，担保中心于 2010 年 4 月向黄某坨信用社支付代偿款 2 973 197.54 元。2012 年担保中心以养殖厂、汪某等为被告起诉至铁东区人民法院，要求养殖厂及汪某等偿还代偿款。辽宁省鞍山市铁东区人民法院于 2013 年 6 月作出判决：一、汪某于该判决书生效之日起 15 日内给付担保中心代偿银行欠款 2 973 197.54 元及银行利息；二、张某某以其已办理的抵押房产对前款判项中的本金及利息承担抵押担保责任；三、驳回担保中心的其他诉讼请求。该判决已经发生法律效力。

2010 年 12 月汪某将养殖场转让给鲁某英，转让费为 450 万元，约定合同

① 参见最高人民法院案例指导工作办公室编著：《中国案例指导》（总第 12 辑），法律出版社 2022 年版，第 147 页。

签订后立即给付163万余元，余款于2011年12月1日全部给付。如鲁某英不能到期付款，养殖场的所有资产仍归汪某，首付款作违约金归汪某所有。合同签订后，鲁某英支付了约定的首付款。汪某将养殖场交付鲁某英，但鲁某英未按约定支付剩余转让款。2014年1月，铁东区人民法院基于担保中心的申请，从鲁某英处执行其欠汪某的资产转让款30万元，将该款交给了担保中心。

汪某于2013年11月起诉鲁某英，请求判令养殖厂的全部资产归其所有；鲁某英承担违约责任。辽宁省鞍山市中级人民法院经审理认为，汪某与鲁某英签订的《资产转让合同书》合法有效，鲁某英未按合同约定期限支付余款构成违约。据此作出（2013）鞍民三初字第66号民事判决：一、鲁某英将养殖厂的资产归还汪某所有；二、鲁某英赔偿汪某实际损失及违约金1 632 573元。其中应扣除鲁某英代汪某偿还的30万元，实际履行中由汪某给付鲁某英30万元。鲁某英向辽宁省高级人民法院提起上诉。该案二审期间，汪某和鲁某英自愿达成调解协议。辽宁省高级人民法院于2014年8月作出（2014）辽民二终字第00183号民事调解书予以确认。调解协议的主要内容为养殖厂归鲁某英所有，双方同意将原转让款450万元变更为3 132 573元，鲁某英已给付汪某1 632 573元，再给付150万元，不包括鲁某英已给付担保中心的30万元等。

鲁某英依据调解书向担保中心、执行法院申请回转已被执行的30万元，担保中心知悉汪某和鲁某英的买卖合同纠纷诉讼及调解书内容，随即提起本案第三人撤销之诉。

【裁判说理】裁判文书说理部分这样论述：《民事诉讼法》第56条及《最高人民法院关于适用〈中华人民共和国民事诉讼法〉的解释》对于如何界定案件处理结果同其有法律上的利害关系的无独立请求权第三人以及可以通过第三人撤销之诉救济的民事权益范围没有进一步作出具体规定。本案中，虽然担保中心与汪某之间基于贷款代偿形成的债权债务关系，与汪某和鲁某英之间因转让养殖厂形成的买卖合同关系属两个不同的法律关系，但是，汪某系为创办养殖厂与担保中心形成案涉债权债务关系，与黄某坨信用社签订借款合同的主体亦为养殖厂，故汪某和鲁某英转让的养殖厂与担保中心对汪某债权的形成存在关联关系（法理之一）。在汪某与鲁某英因养殖厂转让发生纠纷提起诉讼时，担保中心对汪某的债权已经生效民事判决确认并已进入执行程序。在该案在诉讼及判决执行过程中，铁东区人民法院已裁定冻结了汪某对养殖厂（投资人鲁某英）的到期债权。鲁某英亦已向铁东区人民法院确认其欠付汪某转让款及数额，同意通过法院向担保中心履行，并已实际给付了30万元。铁东区人民法院也对养殖厂的相关财产予以查封冻结，并向养殖厂送达了协助执行通知书。故汪某与鲁某英因养殖厂资产转让合同权利义务的变化与上述对汪某财产的执行存在直接牵连关系，并可能影响担保中心的利益（法理之二）。《合同法》第74条规定："债务人以明显不合理的低价转让财产，对债权人造成损害，并且受让人知道该情形的，债权人也可以请求人民法院撤销债务人的行为。"因本案汪某和鲁某英系在诉讼中达成以3 132 573元交易价转让养殖厂的协议，该协议经人民法院作出（2014）辽民二终字第00183号民事调解书予以确认并已发生法律效力。在此情形下，担保中心认为汪某与鲁某英该资产转让行为符合《合同法》第74条规定的情形，却无法依据《合同法》第74条规定另行提起诉讼行使撤销权。纵观现行《民事诉讼法》关于第三人撤销之诉、案外人执行异议及审判监督程序等制度中对民事权益受损害的案外人救济的相关规定，结合2012年《民事诉讼法》修正时为加强对因虚假诉讼或借诉讼转移财产、逃避债务等行为损害案外第三人合法权益进行救济而设立第三人撤销之诉制度的现实需要，并不能得出本案担保中心主张受损害的民事权益不属于第三人撤销之诉救济范围的结论（法理之三）。故本案担保中心与汪某之间的关系虽然属于债权债务关系，但基于担保中心对汪某债权形成与汪某转让的养殖厂之间的关联关系（法理之四），法院对汪某因养殖厂转让形成的到期债权在诉讼和执行程序中采取的保全和执行措施使得汪某与鲁某英的买卖合同纠纷案件处理结果对担保中心利益产生的影响（法理之五），以及担保中心主张受损害的民事权益因（2014）辽民二终字第00183号民事调解书而存在根据《合同法》第74条提起撤销权诉讼障碍等本案基本事实（法理之六），可以认定汪某和鲁某英的买卖合同纠纷案件处理结果与担保中心具有法律上的利害关系，担保中心有权提起本案第三人撤销之诉（法理之七）。

【法理应用】本案的诉讼请求是撤销（2013）鞍民三初字第66号民事判决和（2014）辽民二终字第00183号民事调解书。该案一审判决认定了原案当事人汪某、鲁某英关于养殖厂转让的权利义务［（2013）鞍民三初字第66

号民事判决]。二审双方达成调解协议[(2014)辽民二终字第00183号民事调解书]。此时，担保中心对汪某的债权已经生效民事判决确认并进入执行程序。当担保中心知悉该调解书内容后，认为汪某以不合理低价转让养殖场，妨碍其债权实现，故申请撤销该调解书。法院审理认为，“纵观现行《民事诉讼法》关于第三人撤销之诉、案外人执行异议及审判监督程序等制度中对民事权益受损害的案外人救济的相关规定，结合2012年《民事诉讼法》修订时为加强对因虚假诉讼或借诉讼转移财产、逃避债务等行为损害案外第三人合法权益进行救济而设立第三人撤销之诉制度的现实需要，并不能得出本案担保中心主张受损害的民事权益不属于第三人撤销之诉救济范围的结论”。担保中心主张汪某与鲁某英的该资产转让行为符合《合同法》第74条规定的债权撤销权情形，却因案涉调解书已发生法律效力，无法另行提起诉讼行使撤销权，可以认定原案处理结果与担保中心具有法律上的利害关系，担保中心有权提起本案第三人撤销之诉。本案明确了“债权人申请强制执行后，被执行人与他人在另外的民事诉讼中达成调解协议，放弃其取回财产的权利，并大量减少债权，严重影响债权人债权实现，符合《合同法》第74条规定的债权人行使撤销权条件的，债权人对民事调解书具有提起第三人撤销之诉的原告主体资格”的裁判规则。

【指导性案例153号】

永安市燕某房地产开发有限公司诉郑某南、远某（厦门）房地产发展有限公司等第三人撤销之诉案[①]

【案情概述】2003年5月，福建省高级人民法院受理郑某南诉远某（厦门）房地产发展有限公司（以下简称远某厦门公司）借款纠纷一案。2003年6月2日，该院作出（2003）闽民初字第2号民事调解书，确认远某厦门公司共结欠郑某南借款本息人民币123 129 527.72元，之后的利息郑某南自愿予以放弃；如果远某厦门公司未按还款计划返还任何一期欠款，郑某南有权要

① 参见最高人民法院案例指导工作办公室编著：《中国案例指导》（总第12辑），法律出版社2022年版，第172页。

求提前清偿所有未返还欠款。远某厦门公司由在香港特别行政区注册的远某房地产发展有限公司（以下简称香港远某公司）独资设立，法定代表人为张某月。雷某思为永安市燕某房地产开发有限公司（以下简称燕某公司）的法定代表人。张某月与雷某思同为香港远某公司股东、董事，各持香港远某公司50%的股份。雷某思曾向福建省人民检察院申诉，该院于2003年8月19日向福建省高级人民法院发出《检察建议书》，建议对（2003）闽民初字第2号案件依法再审。福建省高级人民法院向福建省公安厅出具《犯罪线索移送函》，认为郑某南与张某月涉嫌恶意串通侵占远某厦门公司资产，进而损害香港远某公司的合法权益。

2015年4月8日，郑某南与高某珍签订《债权转让协议书》并进行了公证，约定把（2003）闽民初字第2号民事调解书项下的全部债权转让给高某珍；截至协议签订之日，债权转让的对价已支付完毕；协议签署后，高某珍可以自己名义直接向远某厦门公司主张上述全部债权权益，享有合法的债权人权益。2015年4月10日，远某厦门公司声明知悉债权转让事宜。

2015年12月21日，福建省厦门市中级人民法院裁定受理案外人对远某厦门公司的破产清算申请，并指定福建英合律师事务所为破产管理人。破产管理人于2016年3月15日向燕某公司发出《远某厦门公司破产一案告知函》，告知远某厦门公司债权人查阅债权申报材料事宜，其中破产管理人目前接受的债权申报信息统计如下："1.……5. 燕某公司申报14 158 920元；6. 高某珍申报312 294 743.65元；合计725 856 487.91元。如债权人在查阅债权申报材料后，对他人申报的债权有异议，请于2016年3月18日前向破产管理人书面提出。"

燕某公司以（2003）闽民初字第2号案件是当事人恶意串通转移资产的虚假诉讼、影响其作为破产债权人的利益为由，向福建省高级人民法院提交诉状请求撤销（2003）闽民初字第2号民事调解书。

【裁判说理】裁判文书说理部分这样论述：根据《民事诉讼法》第56条的规定，提起第三人撤销之诉应当符合以下条件：一是主体方面，只能是《民事诉讼法》第56条第1款、第2款分别规定的，对当事人双方诉讼标的有独立请求权的第三人，或者虽然没有独立请求权但案件处理结果同其有法律上的利害关系的第三人（法理之一）；二是实体方面，有证据证明发生法律效力的判决、裁定、调解书部分或者全部内容错误，损害第三人的民事权益（法理之二）；三是程序方面，第三人因不能归责于本人的事由未参加诉讼，且自知道或者应当知道其民事权益受到损害之日起6个月内，向作出生效判决、裁定、调解书的人民法院提起诉讼（法理之三）。

《民事诉讼法》设立第三人撤销之诉制度，目的是保护受错误生效裁判损害，特别是受虚假诉讼损害的第三人的权益，使因不能归责于本人原因未参加诉讼的第三人，可以向人民法院提起诉讼、请求救济（法理之四）。因此，燕某公司是否属于《民事诉讼法》第56条规定之列的第三人，决定着其是否具有提起本案诉讼的主体资格。从所主张的事实来看，燕某公司并非以有独立请求权的第三人的身份提起本案诉讼，而是以相关当事人恶意串通进行虚假诉讼损害其债权作为起诉的理由。显然，燕某公司能否纳入无独立请求权的第三人之列，是判断本案讼争问题的基本出发点（法理之五）。

根据《民事诉讼法》第56条第2款的规定，对当事人双方诉讼标的没有独立请求权，但案件处理结果同其有法律上的利害关系的，属于无独立请求权的第三人。由此可见，有法律上的利害关系是无独立请求权第三人的基本要素（法理之六）。燕某公司向人民法院提起本案诉讼，请求保护的民事权利系债权（法理之七）。由债权的相对性所决定，在一般情况下，作为普通债权人的第三人不具有基于其债权提起第三人撤销之诉的事由（法理之八）。但根据《合同法》第74条第1款的规定，因债务人放弃其到期债权或者无偿转让财产，对债权人造成损害的，债权人可以请求人民法院撤销债务人的行为；债务人以明显不合理的低价转让财产，对债权人造成损害，并且受让人知道该情形的，债权人也可以请求人民法院撤销债务人的行为。由此，如果生效裁判所确认的债务人的相关财产处分行为符合《合同法》第74条所规定的撤销权的条件，则依法享有撤销权的债权人就与该生效裁判案件的处理结果具有法律上的利害关系，从而具备了以无独立请求权第三人的身份提起第三人撤销之诉的原告主体资格（法理之九）。

根据《民事诉讼法》第56条第3款的规定，第三人可以自知道或者应当知道其民事权益受到损害之日起6个月内，向人民法院提起诉讼。该6个月起诉期间的起算点，为当事人知道或者应当知道其民事权益受到损害之日。

本案中，在远某厦门公司有足够资产清偿所有债务的前提下，（2003）闽民初字第2号民事调解书对燕某公司债权的实现没有影响；在远某厦门公司正常生产经营的情况下，亦难以确定（2003）闽民初字第2号民事调解书会对燕某公司的债权造成损害。但是，在远某厦门公司因不能足额清偿所欠全部债务而进入破产程序，燕某公司、郑某南债权的受让人高某珍均系其破产债权人，且高某珍依据（2003）闽民初字第2号民事调解书申报债权的情况下，燕某公司破产债权的实现程度会因高某珍破产债权所依据的（2003）闽民初字第2号民事调解书而受到损害，故应认定燕某公司在获知远某厦门公司进入破产程序的信息后才会知道或者应当知道其民事权益受到损害（法理之十）。燕某公司于2016年3月15日签收破产管理人制作的有关债权人申报材料，其于2016年9月12日向福建省高级人民法院提交诉状请求撤销（2003）闽民初字第2号民事调解书，未超过6个月的起诉期间。虽然燕某公司时任总经理雷某思于2003年7月就（2003）闽民初字第2号案件提出过申诉，但其系以香港远某公司股东、董事以及远某厦门公司董事、总经理的身份为保护远某厦门公司的利益而非燕某公司的债权提出的申诉，且此时燕某公司是否因（2003）闽民初字第2号民事调解书而遭受损害并不确定，也就不存在其是否知道或者应当知道，进而依照《民事诉讼法》第56条第3款的规定起算6个月起诉期间的问题（法理之十一）。

【法理应用】本案的诉讼请求是撤销（2003）闽民初字第2号民事调解书。该调解书确认了远某厦门公司对郑某南的债务及还款计划。燕某公司以该案是当事人恶意串通转移资产的虚假诉讼、影响其作为破产债权人的利益为由，请求撤销（2003）闽民初字第2号民事调解书。最高人民法院从《民事诉讼法》设立第三人撤销之诉制度的目的出发，认为原告的申请符合法定条件，可以进入第三人撤销之诉的实体审理。本案明确了“债权人对确认债务人处分财产行为的生效裁判提起第三人撤销之诉的，在出现债务人进入破产程序、无财产可供执行等影响债权人债权实现的情形时，应当认定债权人知道或者应当知道该生效裁判损害其民事权益，提起诉讼的6个月期间开始起算”的裁判规则。

（二）刑事类

【指导性案例3号】

潘某梅、陈某1受贿案①

【案情概述】2003年8月至9月，被告人潘某梅、陈某1分别利用担任江苏省南京市栖霞区迈皋桥街道工委书记、迈皋桥办事处主任的职务便利，为南京某房地产开发有限公司总经理陈某2在迈皋桥创业园区低价获取100亩土地等提供帮助，并于9月3日分别以其亲属名义与陈某2共同注册成立南京多某工贸有限责任公司（以下简称多某公司），以"开发"上述土地。潘某梅、陈某1既未实际出资，也未参与该公司的经营管理。2004年6月，陈某2以多某公司的名义将该公司及其土地转让给南京某体育用品有限公司，潘某梅、陈某1以参与利润分配的名义，分别收受陈某2给予的480万元。2007年3月，陈某1因潘某梅被调查，在美国出差期间安排其驾驶员退给陈某280万元。案发后，潘某梅、陈某1所得赃款及赃款收益均被依法追缴。

2004年2月至10月，被告人潘某梅、陈某1分别利用担任迈皋桥街道工委书记、迈皋桥办事处主任的职务之便，为南京某置业发展有限公司在迈皋桥创业园购买土地提供帮助，并先后4次各收受该公司总经理吴某某给予的50万元。

2004年上半年，被告人潘某梅利用担任迈皋桥街道工委书记的职务便利，为南京某发展有限公司受让金桥大厦项目减免100万元费用提供帮助，并在购买对方开发的一处房产时接受该公司总经理许某某为其支付的房屋差价款和相关税费61万余元（房价含税费为121.0817万元，潘某梅支付60万元）。2006年4月，潘某梅因检察机关从许某某的公司账上已掌握其购房仅支付部分款项的情况而补还给许某某55万元。

此外，2000年春节前至2006年12月，被告人潘某梅利用职务便利，先后收受迈皋桥办事处一党支部书记兼南京某商贸有限责任公司总经理高某某

① 参见最高人民法院案例指导工作办公室编著：《中国案例指导》（总第1辑），法律出版社2015年版，第40页。

人民币 201 万元和美元 49 万元、浙江某房地产集团南京置业有限公司范某某美元 1 万元。2002 年至 2005 年间，被告人陈某 1 利用职务便利，先后收受迈皋桥办事处一党支部书记高某某 21 万元、迈皋桥办事处副主任刘某 8 万元。

综上，被告人潘某梅收受贿赂人民币 792 万余元、美元 50 万元（折合人民币 398.1234 万元），共计收受贿赂 1190.2 万余元；被告人陈某 1 收受贿赂 559 万元。

【裁判说理】裁判文书说理部分这样论述：关于被告人潘某梅、陈某 1 及其辩护人提出二被告人与陈某 2 共同开办多某公司开发土地获取“利润”480 万元不应认定为受贿的辩护意见。经查，潘某梅时任迈皋桥街道工委书记，陈某 1 时任迈皋桥街道办事处主任，对迈皋桥创业园区的招商工作、土地转让负有领导或协调职责，二人分别利用各自职务便利，为陈某 2 低价取得创业园区的土地等提供了帮助，属于利用职务上的便利为他人谋取利益（法理之一）；在此期间，潘某梅、陈某 1 与陈某 2 商议合作成立多某公司用于开发上述土地，公司注册资金全部来源于陈某 2，潘某梅、陈某 1 既未实际出资，也未参与公司的经营管理。因此，潘某梅、陈某 1 利用职务便利为陈某 2 谋取利益，以与陈某 2 合办公司开发该土地的名义而分别获取的 480 万元，并非所谓的公司利润，而是利用职务便利使陈某 2 低价获取土地并转卖后获利的一部分，体现了受贿罪权钱交易的本质（法理之二），属于以合办公司为名的变相受贿，应以受贿论处。

关于被告人潘某梅及其辩护人提出潘某梅没有为许某某实际谋取利益的辩护意见。经查，请托人许某某向潘某梅行贿时，要求在受让金桥大厦项目中减免 100 万元的费用，潘某梅明知许某某有请托事项而收受贿赂；虽然该请托事项没有实现，但“为他人谋取利益”包括承诺、实施和实现不同阶段的行为，只要具有其中一项，就属于为他人谋取利益（法理之三）。承诺“为他人谋取利益”，可以从为他人谋取利益的明示或默示的意思表示的角度予以认定（法理之四）。潘某梅明知他人有请托事项而收受其财物，应视为承诺为他人谋取利益，至于是否已实际为他人谋取利益或谋取到利益，只是受贿的情节问题，不影响受贿的认定（法理之五）。

关于被告人潘某梅及其辩护人提出潘某梅购买许某某的房产不应认定为

受贿的辩护意见。经查，潘某梅购买的房产的市场价格含税费共计应为121万余元，潘某梅仅支付60万元，明显低于该房产交易时当地市场价格。潘某梅利用职务之便为请托人谋取利益，以明显低于市场的价格向请托人购买房产的行为，是以形式上支付一定数额的价款来掩盖其受贿权钱交易本质的一种手段（法理之六），应以受贿论处，受贿数额按照涉案房产交易时当地市场价格与实际支付价格的差额计算。

关于被告人潘某梅及其辩护人提出潘某梅购买许某某开发的房产，在案发前已将房产差价款给付了许某某，不应认定为受贿的辩护意见。经查，2006年4月，潘某梅在案发前将购买许某某开发房产的差价款中的55万元补给许某某，相距2004年上半年其低价购房有近两年时间，没有及时补还巨额差价；潘某梅的补还行为，是由于许某某因其他案件被检察机关找去谈话，检察机关从许某某的公司账上已掌握潘某梅购房仅支付部分款项的情况后，出于掩盖罪行目的而采取的退赃行为。因此，潘某梅为掩饰犯罪而补还房屋差价款，不影响对其受贿罪的认定（法理之七）。

综上所述，被告人潘某梅、陈某1及其辩护人提出的上述辩护意见不能成立，不予采纳。潘某梅、陈某1作为国家工作人员，分别利用各自的职务便利，为他人谋取利益，收受他人财物的行为均已构成受贿罪，且受贿数额特别巨大，但同时鉴于二被告人均具有归案后如实供述犯罪、认罪态度好，主动交代司法机关尚未掌握的同种余罪，案发前退出部分赃款，案发后配合追缴涉案全部赃款等从轻处罚情节，故一、二审法院依法作出如上裁判。

【法理应用】该案例涉及以“合办公司”等形式合作投资是否构成收受贿赂？如何认定“为他人谋取利益”？如何认定“以交易形式”收受贿赂？收受财物后退还或上交是否影响定罪等问题。对于这些问题，法律并没有明确的规定，法官运用相关法律原理结合案情确定了裁判规则。

该案以具有权财交易作为认定受贿罪标准的法律原理，结合具体案情明确了国家工作人员即便没有明确表示，但在明知他人有请托事项而收受财物的，视为承诺为他人谋取利益，即承诺行为包含明示承诺行为和默示承诺行为，即“国家工作人员明知他人有请托事项而收受其财物，视为承诺‘为他人谋取利益’，是否已实际为他人谋取利益或谋取到利益，不影响受贿的认定”。以明显低于市场价进行的交易行为也应认定为收受贿赂，且“受贿数额按照交易时当地市场价格与实际支付价格的差额计算”。结合《公司法》关于实际出资是取得收益依据的法律原理，明确了国家工作人员以本人或他人名义参与合办公司及其他合作投资的行为是否认定为受贿，以国家工作人员是否实际出资为罪与非罪的界限，即“没有实际出资和参与经营管理的，以受贿论处”。本案以受贿罪侵犯的主要是国家工作人员职务廉洁性的法律原理，明确了“国家工作人员在收受财物后，因与其受贿有关联的人、事被查处，为掩饰犯罪而退还的，不影响受贿罪的认定”。[①]

【指导性案例 27 号】

臧某泉等盗窃、诈骗案[②]

【案情概述】2010 年 6 月 1 日，被告人郑某玲骗取被害人金某 195 元后，获悉金某的建设银行网银账户内有 305 000 余元存款且无每日支付限额，遂电话告知被告人臧某泉，预谋合伙作案。臧某泉赶至网吧后，以尚未看到金某付款成功的记录为由，发送给金某一个交易金额标注为 1 元而实际植入了支付 305 000 元的计算机程序的虚假链接，谎称金某点击该 1 元支付链接后，其即可查看到付款成功的记录。金某在诱导下点击了该虚假链接，其建设银行网银账户中的 305 000 元随即通过臧某泉预设的计算机程序，经上海快某信息服务有限公司的平台支付到臧某泉提前在福州海某阳光信息科技有限公司注册的账户中。臧某泉使用其中的 116 863 元购买大量游戏点卡，并在某淘宝网店上出售套现。案发后，公安机关追回赃款 187 126.31 元发还被害人。

2010 年 5 月至 6 月间，被告人臧某泉、郑某玲、刘某分别以虚假身份开设无货可供的淘宝网店铺，并以低价吸引买家。三被告人事先在网游网站注册一账户，并对该账户预设充值程序，充值金额为买家欲支付的金额，后将

① 参见最高人民法院案例指导工作办公室编著：《中国案例指导》（总第 1 辑），法律出版社 2015 年版，第 7 页。

② 参见最高人民法院案例指导工作办公室编著：《中国案例指导》（总第 5 辑），法律出版社 2015 年版，第 252 页。

该充值程序代码植入到一个虚假淘宝网链接中。与买家商谈好商品价格后，三被告人各自以方便买家购物为由，将该虚假淘宝网链接通过阿里旺旺聊天工具发送给买家。买家误以为是淘宝网链接而点击该链接进行购物、付款，并认为所付货款会汇入支付宝公司为担保交易而设立的公用账户，但该货款实际通过预设程序转入网游网站在支付宝公司的私人账户，再转入被告人事先在网游网站注册的充值账户中。三被告人获取买家货款后，在网游网站购买游戏点卡、腾讯Q币等，然后将其按事先约定统一放在臧某泉的某淘宝网店铺上出售套现，所得款均汇入臧某泉的工商银行卡中，由臧某泉按照获利额以约定方式分配。

被告人臧某泉、郑某玲、刘某经预谋后，先后到江苏省苏州市、无锡市、昆山市等地网吧采用上述手段作案。臧某泉诈骗22 000元，获利5000余元；郑某玲诈骗获利5000余元；刘某诈骗获利12 000余元。

【裁判说理】裁判文书说理部分这样论述：盗窃是指以非法占有为目的，秘密窃取公私财物的行为（法理之一）；诈骗是指以非法占有为目的，采用虚构事实或者隐瞒真相的方法，骗取公私财物的行为（法理之二）。对既采取秘密窃取手段又采取欺骗手段非法占有财物行为的定性，应从行为人采取主要手段和被害人有无处分财物意识方面区分盗窃与诈骗（法理之三）。如果行为人获取财物时起决定性作用的手段是秘密窃取，诈骗行为只是为盗窃创造条件或作掩护，被害人也没有“自愿”交付财物的，就应当认定为盗窃（法理之四）；如果行为人获取财物时起决定性作用的手段是诈骗，被害人基于错误认识而“自愿”交付财物，盗窃行为只是辅助手段的，就应当认定为诈骗（法理之五）。在信息网络情形下，行为人利用信息网络，诱骗他人点击虚假链接而实际上通过预先植入的计算机程序窃取他人财物构成犯罪的，应当以盗窃罪定罪处罚（法理之六）；行为人虚构可供交易的商品或者服务，欺骗他人为支付货款点击付款链接而获取财物构成犯罪的，应当以诈骗罪定罪处罚（法理之七）。本案中，被告人臧某泉、郑某玲使用预设计算机程序并植入的方法，秘密窃取他人网上银行账户内巨额钱款，其行为均已构成盗窃罪。臧某泉、郑某玲和被告人刘某以非法占有为目的，通过开设虚假的网络店铺和利用伪造的购物链接骗取他人数额较大的货款，其行为均已构成诈骗罪。对臧某泉、郑某玲所犯数罪，应依法并罚。

【法理应用】在本案中，法官首先就“盗窃”和“诈骗”作学理上的界定，进而依据我国刑法理论关于诈骗的处分意思必要说的法律原理对“既采取秘密窃取手段又采取欺骗手段非法占有财物行为”进行定性分析，然后结合具体案情说理论证，对被告人的行为予以定罪量刑。该案例根据唯物辩证法中事物的性质由矛盾的主要方面决定的矛盾特殊性原理、我国刑法有关财产犯罪的规定以及我国刑法理论关于诈骗的处分意思必要说的主流观点等法律原理，来划分网络条件下盗窃和诈骗的界限，明确了“行为人利用信息网络，诱骗他人点击虚假链接而实际通过预先植入的计算机程序窃取财物构成犯罪的，以盗窃罪定罪处罚；虚拟可供交易的商品或者服务，欺骗他人点击付款链接而骗取财物构成犯罪的，以诈骗罪定罪处罚”[①]的裁判规则。

【指导性案例 32 号】

张某某、金某危险驾驶案[②]

【案情概述】2012 年 2 月 3 日 20 时 20 分许，被告人张某某、金某相约驾驶摩托车出去享受大功率摩托车的刺激感，约定“陆家浜路、河南南路路口是目的地，谁先到谁就等谁”。随后，由张某某驾驶无牌的本田大功率二轮摩托车（经过改装），金某驾驶套牌的雅马哈大功率二轮摩托车（经过改装），从上海市浦东新区乐园路 99 号车行出发，行至杨高路、巨峰路路口掉头沿杨高路由北向南行驶，经南浦大桥到陆家浜路下桥，后沿河南南路经复兴东路隧道、张杨路回到张某某住所。全程 28.5 公里，沿途经过多个公交站点、居民小区、学校和大型超市。在行驶途中，二被告人驾车在密集车流中反复并线、曲折穿插、多次闯红灯、大幅度超速行驶。当行驶至陆家浜路、河南南路路口时，张某某、金某遇执勤民警检查，遂驾车沿河南南路经复兴东路隧道、

① 参见最高人民法院案例指导工作办公室编著：《中国案例指导》（总第 5 辑），法律出版社 2015 年版，第 226 页。

② 参见最高人民法院案例指导工作办公室编著：《中国案例指导》（总第 3 辑），法律出版社 2016 年版，第 28 页。

张杨路逃离。其中，在杨高南路浦建路立交（限速60km/h），张某某的行驶速度为115km/h、金某的行驶速度为98km/h；在南浦大桥桥面（限速60km/h），张某某的行驶速度为108km/h、金某的行驶速度为108km/h；在南浦大桥陆家浜路引桥下匝道（限速40km/h），张某某的行驶速度大于59km/h、金某的行驶速度大于68km/h；在复兴东路隧道（限速60km/h），张某某的行驶速度为102km/h、金某的行驶速度为99km/h。

2012年2月5日21时许，被告人张某某被抓获到案后，如实供述上述事实，并向公安机关提供被告人金某的手机号码。金某接公安机关电话通知后于2012年2月6日21时许主动投案，并如实供述上述事实。

【裁判说理】裁判文书说理部分这样论述：根据《刑法》第133条第1款规定，“在道路上驾驶机动车追逐竞驶，情节恶劣的”构成危险驾驶罪。《刑法》规定的“追逐竞驶”，一般指行为人出于竞技、追求刺激、斗气或者其他动机，二人或二人以上分别驾驶机动车，违反道路交通安全规定，在道路上快速追赶行驶的行为（法理之一）。本案中，从主观驾驶心态上看，二被告人张某某、金某到案后先后供述“心里面想找点享乐和刺激”“在道路上穿插、超车、得到心理满足”；在面临红灯时，“刹车不舒服、逢车必超”“前方有车就变道曲折行驶再超越”。二被告人的上述供述与相关视听资料相互印证，可以反映出其追求刺激、炫耀驾驶技能的竞技心理（法理之二）。从客观行为上看，二被告人驾驶超标大功率的改装摩托车，为追求速度，多次随意变道、闯红灯、大幅超速等严重违章。从行驶路线来看，二被告人共同自浦东新区乐园路99号出发，至陆家浜路、河南南路路口接人，约定了竞相行驶的起点和终点（法理之三）。综上，可以认定二被告人的行为属于危险驾驶罪中的“追逐竞驶”。

关于本案被告人的行为是否属于“情节恶劣”，应从其追逐竞驶行为的具体表现、危害程度、造成的危害后果等方面，综合分析其对道路交通秩序、不特定多人生命、财产安全威胁的程度是否“恶劣”（法理之四）。本案中，二被告人追逐竞驶行为，虽未造成人员伤亡和财产损失，但从以下情形分析，属于危险驾驶罪中的“情节恶劣”：第一，从驾驶的车辆来看，二被告人驾驶的系无牌和套牌的大功率改装摩托车（法理之五）；第二，从行驶速度来看，总体驾驶速度很快，多处路段超速达50%以上（法理之六）；第三，从驾驶方式来看，反复并线、穿插前车、多次闯红灯行驶（法理之七）；第四，从对待执法的态度来看，二被告人在民警盘查时驾车逃离（法理之八）；第五，从行驶路段来看，途经的杨高路、张杨路、南浦大桥、复兴东路隧道等均系城市主干道，沿途还有多处学校、公交和地铁站点、居民小区、大型超市等路段，交通流量较大，行驶距离较长，在高速驾驶的刺激心态下和躲避民警盘查的紧张心态下，极易引发重大恶性交通事故（法理之九）。上述行为给公共交通安全造成一定危险，足以威胁他人生命、财产安全，故可以认定二被告人追逐竞驶的行为属于危险驾驶罪中的“情节恶劣”（法理之十）。

【法理应用】《刑法修正案（八）》对追逐竞驶的危险驾驶行为中的“追逐竞驶”和“情节恶劣”没有明确判断标准。该案例依据主客观统一原理、有关证据裁判的法律原理，明确了刑法中追逐竞驶型危险驾驶犯罪中的“追逐竞驶”和“情节恶劣”的具体认定标准，机动车驾驶人员出于竞技、追求刺激、斗气或者其他动机，在道路上曲折穿行、快速追赶行驶的，属于《刑法》第130条之一规定的“追逐竞驶”。追逐竞驶虽未造成人员伤亡或财产损失，但综合考虑超过限速、闯红灯、强行超车、抗拒交通执法等严重违反道路交通安全法的行为，足以威胁他人生命、财产安全的，属于危险驾驶罪中“情节恶劣”的情形。[①]

（三）行政类

【指导性案例21号】

内蒙古秋某房地产开发有限责任公司诉
呼和浩特市人民防空办公室人防行政征收案[②]

【案情概述】2008年9月10日，被告呼和浩特市人民防空办公室（以下简称呼市人防办）向原告内蒙古秋某房地产开发有限责任公司（以下简称秋

---

① 参见最高人民法院案例指导工作办公室编著：《中国案例指导》（总第3辑），法律出版社2016年版，第1页。

② 参见最高人民法院案例指导工作办公室编著：《中国案例指导》（总第2辑），法律出版社2015年版，第158页。

某房地产公司）送达《限期办理“结建”审批手续告知书》，告知秋某房地产公司新建的经济适用住房“秋实第一城”住宅小区工程未按照《人民防空法》（2009 年修正）第 22 条、《人民防空工程建设管理规定》第 45 条、第 47 条的规定，同时修建战时可用于防空的地下室，要求秋某房地产公司于 9 月 14 日前到呼市人防办办理“结建”手续，并提交相关资料。2009 年 6 月 18 日，呼市人防办对秋某房地产公司作出呼人防征费字（001）号《呼和浩特市人民防空办公室征收防空地下室易地建设费决定书》，决定对秋某房地产公司的“秋实第一城”项目征收“防空地下室易地建设费”172.46 万元。秋某房地产公司对“秋实第一城”项目应建防空地下室 5518 平方米而未建无异议，对呼市人防办作出征费决定的程序合法无异议。

【裁判说理】裁判文书说理部分这样论述：《国务院关于解决城市低收入家庭住房困难的若干意见》第 16 条规定，“廉租住房和经济适用住房建设、棚户区改造、旧住宅区整治一律免收城市基础设施配套费等各种行政事业性收费和政府性基金”。建设部等七部委颁布的《经济适用住房管理办法》（2007 年修订）第 8 条规定了“经济适用住房建设项目免收城市基础设施配套费等各种行政事业性收费和政府性基金”。上述关于经济适用住房等保障性住房建设项目免收各种行政事业性收费的规定，虽然没有明确其调整对象，但从立法本意来看，其指向的对象应是合法建设行为（法理之一）。《人民防空法》（2009 年修正）第 22 条规定，“城市新建民用建筑，按照国家有关规定修建战时可用于防空的地下室”。《人民防空工程建设管理规定》第 48 条规定，“按照规定应当修建防空地下室的民用建筑，因地质、地形等原因不宜修建的，或者规定应建面积小于民用建筑地面首层建筑面积的，经人民防空主管部门批准，可以不修建，但必须按照应修建防空地下室面积所需造价缴纳易地建设费，由人民防空主管部门统一就近易地修建”。即只有在法律法规规定的不宜修建防空地下室的情况下，经济适用住房等保障性住房建设项目才可以不修建防空地下室，并适用免除缴纳防空地下室易地建设费的有关规定（法理之二）。免缴防空地下室易地建设费有关规定适用的对象不应包括违法建设行为，否则就会造成违法成本小于守法成本的情形，违反立法目的，不利于维护国防安全和人民群众的根本利益（法理之三）。秋某房地产公司对依法应当修建的防空地下室没有修建，属于不履行法定义务的违法行为，不能适用免缴防空地下室易地建设费的有关优惠规定（法理之四）。

【法理应用】保障性住房的防空地下室易地建设费是否能够依据国家对保障性住房采取优惠行政事业性收费而可以免于缴纳？该案例通过分析防空地下室易地建设费的法律属性，运用“不能从违法行为中获益”的法律原理，对保障性住房有关优惠规定的法律进行目的解释，明确了人民防空法与保障性住房有关优惠规定的法律适用问题。

案例论述这样一个观点，即国家对保障性住房采取优惠行政事业性收费规定的目的是通过降低保障性住房建设成本来吸引和鼓励开发商建设保障性住房，满足低收入家庭的需求。能够适用法律规定给予优惠的收费类型是合法行为产生的收费，国家通过免除收费等优惠政策达到引导、鼓励某种行为的发生。建设防空地下室是建设单位必须履行的义务，这种义务的承担形式在一定条件下可以变通为缴纳一定的费用，即缴纳防空地下室易地建设费。也就是说，防空地下室易地建设费本质上是人防建设法定义务的一种转化形式，是因违反法律规定而产生的行政事业性收费，而不是因合法行为产生的收费。明确这一点，即可得出防空地下室易地建设费不在国家对保障性住房采取优惠政策的行政事业性收费范围之内的结论。本案明确了“建设单位违反人民防空法及有关规定，应当建设防空地下室而不建的，属于不履行法定义务的违法行为。建设单位应当依法缴纳防空地下室易地建设费的，不适用廉租住房和经济适用住房等保障性住房建设项目关于‘免收城市基础设施配套费等各种行政事业性收费’的规定”[①]的裁判规则。

【指导性案例 22 号】

魏某高、陈某志诉来安县人民政府收回土地使用权批复案[②]

【案情概述】2010 年 8 月 31 日，安徽省来安县国土资源和房产管理局向

---

① 参见最高人民法院案例指导工作办公室编著：《中国案例指导》（总第 2 辑），法律出版社 2015 年版，第 153 页。

② 参见最高人民法院案例指导工作办公室编著：《中国案例指导》（总第 2 辑），法律出版社 2015 年版，第 172 页。

来安县人民政府报送《关于收回国有土地使用权的请示》，请求收回该县永阳东路与塔山中路部分地块土地使用权。2010年9月6日，来安县人民政府作出《关于同意收回永阳东路与塔山中路部分地块国有土地使用权的批复》。来安县国土资源和房产管理局收到该批复后，没有依法制作并向原土地使用权人送达收回土地使用权决定，而直接交由来安县土地储备中心付诸实施。魏某高、陈某志的房屋位于被收回使用权的土地范围内，其对来安县人民政府收回国有土地使用权批复不服，提起行政复议。2011年9月20日，滁州市人民政府作出《行政复议决定书》，维持来安县人民政府的批复。魏某高、陈某志仍不服，提起行政诉讼，请求人民法院撤销来安县人民政府上述批复。

【裁判说理】裁判文书说理部分这样论述：根据《土地储备管理办法》和《安徽省国有土地储备办法》关于以收回方式储备国有土地的程序规定，来安县国土资源行政主管部门在来安县人民政府作出批准收回国有土地使用权方案批复后，应当向原土地使用权人送达对外发生法律效力的收回国有土地使用权通知。来安县人民政府的批复属于内部行政行为，不向相对人送达，对相对人的权利义务尚未产生实际影响，一般不属于行政诉讼的受案范围（法理之一）。但本案中，来安县人民政府作出批复后，来安县国土资源行政主管部门没有制作并送达对外发生效力的法律文书，即直接交来安县土地储备中心根据该批复实施拆迁补偿安置行为，对原土地使用权人的权利义务产生了实际影响（法理之二）；原土地使用权人也通过申请政府信息公开知道了该批复的内容，并对批复提起了行政复议，复议机关作出复议决定时也告知了诉权，该批复已实际执行并外化为对外发生法律效力的具体行政行为（法理之三）。因此，对该批复不服提起行政诉讼的，人民法院应当依法受理。

【法理应用】根据《行政诉讼法》及司法解释的规定，内部行政行为是不可诉行政行为。那么如果行政机关根据一个内部行政行为作出了影响相对人权利义务的行为，相对人该如何救济？该内部行政行为可诉吗？该案例依据我国行政诉讼法的立法目的对该案进行了裁判并确认了“地方人民政府对其所属行政管理部门的请示作出的批复，一般属于内部行政行为，不可对此提出诉讼。但行政管理部门直接将该批复付诸实施并对行政相对人的权利义务产生了实际影响，行政相对人对该批复不服提起诉讼的，人民法院应当依法受理”[①] 的裁判规则。

内部行政行为通常只涉及行政机关的内部行政事务，其作用主要和行政机关的正常运转有关，只对行政组织内部产生法律效力，不影响外部相对人的权利和义务，属于不可诉行为。外部行政行为是与内部行政行为相对应的一个概念，是行政机关对外行使公共权利的行为，直接影响着外部相对人的利益，属于可诉行为。具体到本案，来安县人民政府的批复是针对来安县国土资源行政主管部门的申请作出的，该批复属于行政组织内部行政事务，对相对人权利义务没有产生实际影响，属于不可诉的内部行政行为。来安县国土资源行政主管部门本应根据此批复制作并送达对相对人权利义务产生实际影响的法律文书。因来安县国土资源行政主管部门没有按程序将内部行政行为转化为外部行政行为，而是直接依据内部行政行为作出了影响相对人权利义务的具体行政行为。此时，内部行政行为对外发生了效力，对相对人权利义务产生了影响，也即具有了可诉性。这个案例确立了一个裁判规则，即判断一个行政行为是否可诉的标准是该行政行为是否对相对人的权利义务产生了实际影响。如果一个内部行政行为对相对人的权利义务产生了实际影响，即为内部行政行为外部化，此种情况下该行政行为即具有了可诉性。

此外，“第38号指导性案例‘田某诉北京科技大学拒绝颁发毕业证、学位证案’”[②] 和“第39号指导性案例‘何某强诉华中科技大学拒绝授予学位案’”[③] 这两个案例皆为因高校拒绝颁发毕业证、学位证而引发的行政诉讼案。在法律没有明确规定的情况下，两个指导性案例依据行政法的立法目的和精神，坚持行政诉讼对行政行为合法性审查的基本原理、正当程序原理、法律优位原理，从保护当事人诉权，尊重受教育者基本权利，注意尊重高校学术自治，

① 参见最高人民法院案例指导工作办公室编著：《中国案例指导》（总第2辑），法律出版社2015年版，第165页。

② 参见最高人民法院案例指导工作办公室编著：《中国案例指导》（总第3辑），法律出版社2016年版，第138页。

③ 参见最高人民法院案例指导工作办公室编著：《中国案例指导》（总第3辑），法律出版社2016年版，第150页。

促进高校依法治校的角度，明确了高校和学生之间纠纷的性质以及纠纷的解决途径，厘清了高校教育管理自主权、学术自治与司法审查权的关系，填补了法律空白。

【指导性案例38号】

田某诉北京科技大学拒绝颁发毕业证、学位证案[①]

【案情概述】原告田某于1994年9月考取北京科技大学，取得本科生的学籍。1996年2月29日，田某在电磁学课程的补考过程中，随身携带写有电磁学公式的纸条。考试中，田某去上厕所时纸条掉出，被监考教师发现。监考教师虽未发现其有偷看纸条的行为，但还是按照考场纪律，当即停止了田某的考试。被告北京科技大学根据原国家教委关于严肃考场纪律的指示精神，于1994年制定了校发〔94〕第068号《关于严格考试管理的紧急通知》(以下简称第068号通知)。该通知规定，凡考试作弊的学生一律按退学处理，取消学籍。被告据此于1996年3月5日认定田某的行为属作弊行为，并作出退学处理决定。同年4月10日，被告填发了学籍变动通知，但退学处理决定和变更学籍的通知未直接向田某宣布、送达，也未给田某办理退学手续，田某继续以该校大学生的身份参加正常学习及学校组织的活动。1996年9月，被告为田某补办了学生证，之后每学年均收取田某交纳的教育费，并为田某进行注册、发放大学生补助津贴，安排田某参加了大学生毕业实习设计，由其论文指导教师领取了学校发放的毕业设计结业费。田某还以该校大学生的名义参加考试，先后取得了大学英语四级、计算机应用水平测试BASIC语言成绩合格证书。被告对原告在该校的四年学习中成绩全部合格，通过毕业实习、毕业设计及论文答辩，获得优秀毕业论文及毕业总成绩为全班第九名的事实无争议。

1998年6月，田某所在院系向被告报送田某所在班级授予学士学位表时，被告有关部门以田某已按退学处理、不具备北京科技大学学籍为由，拒绝为

① 参见最高人民法院案例指导工作办公室编著：《中国案例指导》（总第3辑），法律出版社2016年版，第138页。

其颁发毕业证书，进而未向教育行政部门呈报田某的毕业派遣资格表。田某所在院系认为原告符合大学毕业和授予学士学位的条件，但由于当时原告因毕业问题正在与学校交涉，故暂时未在授予学位表中签字，待学籍问题解决后再签。被告因此未将原告列入授予学士学位资格的名单交该校学位评定委员会审核。因被告的部分教师为田某一事向原国家教委申诉，原国家教委高校学生司于1998年5月18日致函被告，认为被告对田某违反考场纪律一事处理过重，建议复查。同年6月10日，被告复查后，仍然坚持原结论。田某认为自己符合大学毕业生的法定条件，北京科技大学拒绝给其颁发毕业证、学位证是违法的，遂向北京市海淀区人民法院提起行政诉讼。

【裁判说理】裁判文书说理部分这样论述：根据我国法律、法规规定，高等学校对受教育者有进行学籍管理、奖励或处分的权力，有代表国家对受教育者颁发学历证书、学位证书的职责（法理之一）。高等学校与受教育者之间属于教育行政管理关系，受教育者对高等学校涉及受教育者基本权利的管理行为不服的，有权提起行政诉讼，高等学校是行政诉讼的适格被告（法理之二）。

高等学校依法具有相应的教育自主权，有权制定校纪、校规，并有权对在校学生进行教学管理和违纪处分，但是其制定的校纪、校规和据此进行的教学管理和违纪处分，必须符合法律、法规和规章的规定，必须尊重和保护当事人的合法权益（法理之三）。本案原告在补考中随身携带纸条的行为属于违反考场纪律的行为，被告可以按照有关法律、法规、规章及学校的有关规定处理，但其对原告作出退学处理决定所依据的该校制定的第068号通知，与《普通高等学校学生管理规定》第29条规定的法定退学条件相抵触，故被告所作退学处理决定违法（法理之四）。

退学处理决定涉及原告的受教育权利，为充分保障当事人权益，从正当程序原则出发，被告应将此决定向当事人送达、宣布，允许当事人提出申辩意见（法理之五）。而被告既未依此原则处理，也未实际给原告办理注销学籍、迁移户籍、档案等手续。被告于1996年9月为原告补办学生证并注册的事实行为，应视为被告改变了对原告所作的按退学处理的决定，恢复了原告的学籍。被告又安排原告修满四年学业，参加考核、实习及毕业设计并通过论文答辩等。上述一系列行为虽系被告及其所属院系的部分教师具体实施，但因他们均属职务行为，故被告应承担上述行为所产生的法律后果（法理之六）。

国家实行学历证书制度，被告作为国家批准设立的高等学校，对取得普通高等学校学籍、接受正规教育、学习结束达到一定水平和要求的受教育者，应当为其颁发相应的学业证明，以承认该学生具有的相当学历（法理之七）。原告符合上述高等学校毕业生的条件，被告应当依《教育法》第28条第1款第5项及《普通高等学校学生管理规定》第35条的规定，为原告颁发大学本科毕业证书。

国家实行学位制度，学位证书是评价个人学术水平的尺度。被告作为国家授权的高等学校学士学位授予机构，应依法定程序对达到一定学术水平或专业技术水平的人员授予相应的学位，颁发学位证书（法理之八）。依《学位条例暂行实施办法》第4条、第5条、第18条第3项规定的颁发学士学位证书的法定程序要求，被告首先应组织有关院系审核原告的毕业成绩和毕业鉴定等材料，确定原告是否已较好地掌握本门学科的基础理论、专业知识和基本技能，是否具备从事科学研究工作或担负专门技术工作的初步能力；再决定是否向学位评定委员会提名列入学士学位获得者的名单，学位评定委员会方可依名单审查通过后，由被告对原告授予学士学位。

【法理应用】该案例明确了“高等学校对受教育者因违反校规、校纪而拒绝颁发学历证书、学位证书，受教育者不服的，可以依法提起行政诉讼”“高等学校依据违背国家法律、行政法规或规章的校规、校纪，对受教育者作出退学处理等决定的，人民法院不予支持”“高等学校对因违反校规、校纪的受教育者作出影响其基本权利的决定时，应当允许其申辩并在决定作出后及时送达，否则视为违反法定程序”的裁判规则。[1]

---

① 参见最高人民法院案例指导工作办公室编著：《中国案例指导》（总第3辑），法律出版社2016年版，第100页。

【指导性案例 39 号】

何某强诉华中科技大学拒绝授予学位案[①]

【案情概述】原告何某强系第三人华中科技大学武昌分校（以下简称武昌分校）2003 级通信工程专业的本科毕业生。武昌分校是独立的事业法人单位，无学士学位授予资格。根据国家对民办高校学士学位授予的相关规定和双方协议约定，被告华中科技大学同意对武昌分校符合学士学位条件的本科毕业生授予学士学位，并在协议附件载明《华中科技大学武昌分校授予本科毕业生学士学位实施细则》。其中第 2 条规定了"凡具有我校学籍的本科毕业生，符合本《实施细则》中授予条件者，均可向华中科技大学学位评定委员会申请授予学士学位。"第 3 条规定了"……达到下述水平和要求，经学术评定委员会审核通过者，可授予学士学位。……（三）通过全国大学英语四级统考"。2006 年 12 月，华中科技大学作出《关于武昌分校、文华学院申请学士学位的规定》，规定通过全国大学外语四级考试是非外国语专业学生申请学士学位的必备条件之一。

2007 年 6 月 30 日，何某强获得武昌分校颁发的《普通高等学校毕业证书》，由于其本科学习期间未通过全国英语四级考试，武昌分校根据上述《实施细则》，未向华中科技大学推荐其申请学士学位。2007 年 8 月 26 日，何某强向华中科技大学和武昌分校提出授予工学学士学位的申请。2008 年 5 月 21 日，武昌分校作出书面答复，因何某强没有通过全国大学英语四级考试，不符合授予条件，华中科技大学不能授予其学士学位。

【裁判说理】裁判文书说理部分这样论述：本案的争议焦点主要涉及被诉行政行为是否可诉、是否合法以及司法审查的范围问题。

一、被诉行政行为具有可诉性

根据《学位条例》等法律、行政法规的授权，被告华中科技大学具有审查授予普通高校学士学位的法定职权（法理之一）。依据《学位条例暂行实施办法》第 4 条第 2 款关于"非授予学士学位的高等院校，对达到学士学术水

① 参见最高人民法院案例指导工作办公室编著：《中国案例指导》（总第 3 辑），法律出版社 2016 年版，第 150 页。

平的本科毕业生，应当由系向学校提出名单，经学校同意后，由学校就近向本系统、本地区的授予学士学位的高等院校推荐。授予学士学位的高等院校有关的系，对非授予学士学位的高等院校推荐的本科毕业生进行审查考核，认为符合本暂行办法及有关规定的，可向学校学位评定委员会提名，列入学士学位获得者名单”的规定，以及国家促进民办高校办学政策的相关规定，华中科技大学有权按照与民办高校的协议，对于符合本校学士学位授予条件的民办高校本科毕业生经审查合格授予普通高校学士学位（法理之二）。

本案中，第三人武昌分校是未取得学士学位授予资格的民办高校，该院校与华中科技大学签订合作办学协议约定，武昌分校对该校达到学士学术水平的本科毕业生，向华中科技大学推荐，由华中科技大学审核是否授予学士学位。依据《学位条例暂行实施办法》的规定和华中科技大学与武昌分校之间合作办学协议，华中科技大学具有对武昌分校推荐的应届本科毕业生进行审查和决定是否颁发学士学位的法定职责（法理之三）。武昌分校的本科毕业生何某强以华中科技大学在收到申请之日起60日内未授予其工学学士学位，向人民法院提起行政诉讼，符合《最高人民法院关于执行〈中华人民共和国行政诉讼法〉若干问题的解释》第39条第1款的规定。因此，华中科技大学是本案适格的被告，何某强对华中科技大学不授予其学士学位不服提起诉讼的，人民法院应当依法受理。

二、被告制定的《华中科技大学武昌分校授予本科毕业生学士学位实施细则》第3条的规定符合上位法规定

《学位条例》第4条规定：“高等学校本科毕业生，成绩优良，达到下述学术水平者，授予学士学位：（一）较好地掌握本门学科的基础理论、专门知识和基本技能……”《学位条例暂行实施办法》第25条规定：“学位授予单位可根据本暂行条例实施办法，制定本单位授予学位的工作细则。”该办法赋予学位授予单位在不违反《学位条例》所规定的授予学士学位基本原则的基础上，在学术自治范围内制定学士学位授予标准的权力和职责，华中科技大学在此授权范围内将全国大学英语四级考试成绩与学士学位挂钩，属于学术自治的范畴（法理之四）。高等学校依法行使教学自主权，自行对其所培养的本科生教育质量和学术水平作出具体的规定和要求，是对授予学士学位的标准

的细化，并没有违反《学位条例》第 4 条和《学位条例暂行实施办法》第 25 条的原则性规定（法理之五）。因此，何某强因未通过全国大学英语四级考试不符合华中科技大学学士学位的授予条件，武昌分校未向华中科技大学推荐其申请授予学士学位，故华中科技大学并不存在不作为的事实，对何某强的诉讼请求不予支持。

三、对学校授予学位行为的司法审查以合法性审查为原则

各高等学校根据自身的教学水平和实际情况在法定的基本原则范围内确定各自学士学位授予的学术水平衡量标准，是学术自治原则在高等学校办学过程中的具体体现（法理之六）。在符合法律法规规定的学位授予条件前提下，确定较高的学士学位授予学术标准或适当放宽学士学位授予学术标准，均应由各高等学校根据各自的办学理念、教学实际情况和对学术水平的理想追求自行决定（法理之七）。对学士学位授予的司法审查不能干涉和影响高等学校的学术自治原则，学位授予类行政诉讼案件司法审查的范围应当以合法性审查为基本原则（法理之八）。

【法理应用】该案例确定了“具有学位授予权的高等学校，有权对学位申请人提出的学位授予申请进行审查并决定是否授予其学位。申请人对高等学校不授予其学位的决定不服提起行政诉讼的，人民法院应当依法受理”“高等学校依照《学位条例暂行实施办法》的有关规定，在学术自治范围内制定的授予学位的学术水平标准，以及据此标准作出的是否授予学位的决定，人民法院应予支持”的裁判规则。[①]

通过两份裁判文书我们可以观察到，法官对于高校行使权力、承担职责的态度，即高校“有进行学籍管理、奖励或处分的权力，有代表国家对受教育者颁发学历证书、学位证书的职责”，但权力的行使以不与法律法规相抵触为边界，高校需依法依规行使职责，不能侵犯受教育者的合法权益。同时，司法对高校职权行使的审查仅限于合法性审查，既充分尊重高校建设和发展特点与规律，也充分尊重高校的学术自治权。

---

① 参见最高人民法院案例指导工作办公室编著：《中国案例指导》（总第 3 辑），法律出版社 2016 年版，第 102 页。

（四）国家赔偿类

【指导性案例42号】

朱某蔚申请无罪逮捕赔偿案[①]

【案情概述】赔偿请求人朱某蔚申请称：检察机关的错误羁押致使其遭受了极大的物质损失和精神损害，申请最高人民法院赔偿委员会维持广东省人民检察院支付侵犯人身自由的赔偿金的决定，并决定由广东省人民检察院登报赔礼道歉、消除影响、恢复名誉，赔偿精神损害抚慰金200万元，赔付被扣押车辆、被拍卖房产等损失。

法院经审理查明：因涉嫌犯合同诈骗罪，朱某蔚于2005年7月25日被刑事拘留，同年8月26日被取保候审。2006年5月26日，广东省人民检察院以粤检侦监核〔2006〕4号复核决定书批准逮捕朱某蔚。同年6月1日，朱某蔚被执行逮捕。2008年9月11日，广东省深圳市中级人民法院以指控依据不足为由，判决宣告朱某蔚无罪。2008年9月19日，朱某蔚被释放。朱某蔚被羁押的时间共计875天。2011年3月15日，朱某蔚以无罪逮捕为由向广东省人民检察院申请国家赔偿。同年7月19日，广东省人民检察院作出粤检赔决〔2011〕1号刑事赔偿决定：按照2010年度全国职工日平均工资标准支付侵犯人身自由的赔偿金124 254.09元（142.33元 ×873天）；口头赔礼道歉并依法在职能范围内为朱某蔚恢复生产提供方便；对支付精神损害抚慰金的请求不予支持。

另查明：（1）朱某蔚之女朱某某在朱某蔚被刑事拘留时未满18周岁，至2012年抑郁症仍未愈。（2）深圳某实业有限公司自2004年由朱某蔚任董事长兼法定代表人，2005年以来未参加年检。（3）朱某蔚另案申请深圳市公安局赔偿被扣押车辆损失，广东省高级人民法院赔偿委员会以朱某蔚无证据证明其系车辆所有权人和受到实际损失为由，决定驳回朱某蔚赔偿申请。（4）2011年9月5日，广东省高级人民法院、广东省人民检察院、广东省公安厅联合发布粤高法〔2011〕382号《关于在国家赔偿工作中适用精神损害抚

① 参见最高人民法院案例指导工作办公室编著：《中国案例指导》（总第3辑），法律出版社2016年版，第194页。

慰金若干问题的座谈会纪要》。该纪要发布后，广东省人民检察院表示可据此支付精神损害抚慰金。

【裁判说理】裁判文书说理部分这样论述：赔偿请求人朱某蔚于 2011 年 3 月 15 日向赔偿义务机关广东省人民检察院提出赔偿请求，本案应适用修订后的《国家赔偿法》。朱某蔚被实际羁押的时间为 875 天，广东省人民检察院计算为 873 天有误，应予纠正。根据《最高人民法院关于人民法院执行〈中华人民共和国国家赔偿法〉几个问题的解释》第 6 条规定，赔偿委员会变更赔偿义务机关尚未生效的赔偿决定，应以作出本赔偿决定时的上年度即 2011 年度全国职工日平均工资 162.65 元为赔偿标准。因此，广东省人民检察院应按照 2011 年度全国职工日平均工资标准向朱某蔚支付侵犯人身自由 875 天的赔偿金 142 318.75 元。朱某蔚被宣告无罪后，广东省人民检察院已决定向朱某蔚以口头方式赔礼道歉，并为其恢复生产提供方便，从而在侵权行为范围内为朱某蔚消除影响、恢复名誉，该项决定应予维持（法理之一）。朱某蔚另要求广东省人民检察院以登报方式赔礼道歉，不予支持。

朱某蔚被羁押 875 天，正常的家庭生活和公司经营也因此受到影响，导致其精神极度痛苦，应认定精神损害后果严重（法理之二）。对朱某蔚主张的精神损害抚慰金，根据自 2005 年朱某蔚被羁押以来深圳某实业有限公司不能正常经营，朱某蔚之女患抑郁症未愈，以及广东省高级人民法院、广东省人民检察院、广东省公安厅联合发布的粤高法〔2011〕382 号《关于在国家赔偿工作中适用精神损害抚慰金若干问题的座谈会纪要》明确的广东省赔偿精神损害抚慰金的参考标准，结合赔偿协商协调情况以及当地平均生活水平等情况，确定为 50 000 元。朱某蔚提出的其他请求，不予支持。

【法理应用】《国家赔偿法》第 35 条明确规定了精神损害赔偿，但仅作了较为笼统的规定。审判实践中，涉及精神损害赔偿案件的法律适用标准不统一，特别是不同地区的适用标准差别较大。依据公权力行使职权法定、国家赔偿法上的赔偿法定、国家赔偿归责原则等法律原理，案例对何为造成精神损害“严重后果”进行了裁判释明，对国家机关及其工作人员在行使职权过程中侵犯公民人身权造成严重精神损害后果的，应当综合考虑哪些因素确定精神损害抚慰金的具体数额进行了明确。本案确认了“国家机关以其工作人员行使职权时侵犯公民人身自由权，严重影响受害人正常的工作、生活，导致其精神极度痛苦，属于造成精神损害严重后果”“赔偿义务机关支付精神损害抚慰金的数额，应当根据侵权行为的手段、场合、方式等具体情节，侵权行为造成的影响、后果，以及当地平均生活水平等综合因素确定”的裁判规则。[①]

【指导性案例43号】

国某君安证券股份有限公司海口滨海大道（天福酒店）证券营业部申请错误执行赔偿案[②]

【案情概述】赔偿请求人国某君安证券股份有限公司海口滨海大道（天福酒店）证券营业部（以下简称国某海口营业部）申请称：海南省高级人民法院（以下简称海南高院）在未依法对原生效判决以及该院（1999）琼高法执字第9-10号、9-11号、9-12号、9-13号裁定（以下分别简称9-10号、9-11号、9-12号、9-13号裁定）进行再审的情况下，作出（1999）琼高法执字第9-16号裁定（以下简称9-16号裁定），并据此执行回转，撤销原9-11号、9-12号、9-13号裁定，造成国某海口营业部已合法取得的房产丧失，应予确认违法，并予以国家赔偿。

法院经审理查明：1998年9月21日，海南高院就国某海口营业部诉某国际租赁有限公司（以下简称某租赁公司）证券回购纠纷一案作出（1998）琼经初字第8号民事判决，判决某租赁公司向国某海口营业部支付证券回购款本金3620万元和该款截止到1997年11月30日的利息16 362 296元；某租赁公司向国某海口营业部支付证券回购款本金3620万元的利息，计息方法：从1997年12月1日起至付清之日止按年息18%计付。

1998年12月，国某海口营业部申请海南高院执行该判决。海南高院受理后，向某租赁公司发出执行通知书并查明该公司无财产可供执行。某租赁公

① 参见最高人民法院案例指导工作办公室编著：《中国案例指导》（总第3辑），法律出版社2016年版，第110页。

② 参见最高人民法院案例指导工作办公室编著：《中国案例指导》（总第3辑），法律出版社2016年版，第206页。

司提出其对第三人海南中某物业发展有限公司（以下简称中某公司）享有到期债权。中某公司对此亦予以认可，并表示愿意以景瑞大厦的部分房产直接抵偿给国某海口营业部，以偿还其欠某租赁公司的部分债务。海南高院遂于2000年6月13日作出9–10号裁定，查封景瑞大厦的部分房产，并于当日予以公告。同年6月29日，国某海口营业部、某租赁公司和中某公司共同签订《执行和解书》，约定某租赁公司、中某公司以中某公司所有的景瑞大厦的部分房产抵偿国某海口营业部的债务。据此，海南高院于6月30日作出9–11号裁定，对和解协议予以认可。

在办理过户手续过程中，案外人海南某展银行清算组（以下简称海某行清算组）和海南创某房地产有限公司（以下简称创某公司）以海南高院9–11号裁定抵债的房产属其所有，该裁定损害其合法权益为由提出执行异议。海南高院审查后分别作出9–12号、9–13号裁定，驳回异议。2002年3月14日，国某海口营业部依照9–11号裁定将上述抵债房产的产权办理变更登记至自己名下，并缴纳相关税费。海某行清算组、创某公司申诉后，海南高院经再次审查认为：9–11号裁定将原金某城市信用社（后并入海南某展银行）向中某公司购买并已支付大部分价款的房产当作中某公司的房产抵债给国某海口营业部，损害了海某行清算组的利益，确属不当，海某行清算组的异议理由成立，创某公司的异议主张应通过诉讼程序解决。据此海南高院于2003年7月31日作出9–16号裁定，裁定撤销9–11号、9–12号、9–13号裁定，将原裁定抵债房产回转过户至执行前状态。

2004年12月18日，海口市中级人民法院（以下简称海口中院）对以海某行清算组为原告、中某公司为被告、创某公司为第三人的房屋确权纠纷一案作出（2003）海中法民再字第37号民事判决，确认原抵债房产分属创某公司和海某行清算组所有。该判决已发生法律效力。2005年6月，国某海口营业部向海口市地方税务局申请退税，海口市地方税务局将契税退还国某海口营业部。2006年8月4日，海南高院作出9–18号民事裁定，以某租赁公司已被裁定破产还债，某租赁公司清算组请求终结执行的理由成立为由，裁定终结（1998）琼经初字第8号民事判决的执行。

（1998）琼经初字第8号民事判决所涉债权，至2004年7月经协议转让给国某君安投资管理股份有限公司（以下简称国某投资公司）。2005年11月29日，某租赁公司向海口中院申请破产清算。破产案件审理中，国某投资公司向某租赁公司管理人申报了包含（1998）琼经初字第8号民事判决确定债权在内的相关债权。2009年3月31日，海口中院作出（2005）海中法破字第4-350号民事裁定，裁定终结破产清算程序，国某投资公司债权未获得清偿。

2010年12月27日，国某海口营业部以海南高院9-16号裁定及其行为违法，并应予返还9-11号裁定抵债房产或赔偿相关损失为由向该院申请国家赔偿。2011年7月4日，海南高院作出（2011）琼法赔字第1号赔偿决定，决定对国某海口营业部的赔偿申请不予赔偿。国某海口营业部对该决定不服，向最高人民法院赔偿委员会申请作出赔偿决定。

【裁判说理】裁判文书说理部分这样论述：被执行人某租赁公司没有清偿债务能力，因其对第三人中某公司享有到期债权，中某公司对此未提出异议并认可履行债务，中某公司隐瞒其与案外人已签订售房合同并收取大部分房款的事实，与国某海口营业部及某租赁公司三方达成《执行和解书》。海南高院据此作出9-11号裁定。但上述执行和解协议侵犯了案外人的合法权益，国某海口营业部据此取得的争议房产产权不应受到法律保护（法理之一）。海南高院9-16号裁定系在执行程序中对案外人提出的执行异议审查成立的基础上，对原9-11号裁定予以撤销，将已被执行的争议房产回复至执行前状态。该裁定及其执行回转行为不违反法律规定，且经生效的海口中院（2003）海中法民再字第37号民事判决所认定的内容予以印证，其实体处理并无不当（法理之二）。国某海口营业部的债权未得以实现的实质在于某租赁公司没有清偿债务的能力，国某海口营业部及其债权受让人虽经破产债权申报，仍无法获得清偿，该债权未能实现与海南高院9-16号裁定及其执行行为之间无法律上的因果联系（法理之三）。因此，海南高院9-16号裁定及其执行回转行为，不属于《国家赔偿法》及相关司法解释规定的执行错误情形。

【法理应用】根据《国家赔偿法》第2条规定，国家赔偿责任的构成要件可概括为四个方面，即行为主体要件、行为要件、损害结果要件及因果关系要件。按照学界对我国国家赔偿中的因果关系应采用相当因果关系说的法律原理，即“无此行为，虽必不生此损害，有此行为，通常足生此损害，是为有因果关系。无此行为，必不生此损害，有此行为，通常亦不生此损害，即无因果关系”①，确定了“人民法院审理执行异议案件，因原执行行为所依据的当事人执行和解协议侵犯案外人合法权益，对原执行行为裁定予以撤销，并将被执行财产回复至执行之前状态的，该撤销裁定及执行回转行为不属于《国家赔偿法》第38条规定的执行错误”②的裁判规则。

（五）执行类

【指导性案例117号】

中某三局第一建设工程有限责任公司与澳某财富（合肥）投资置业有限公司、安徽文某置业有限公司执行复议案

【案情概述】中某三局第一建设工程有限责任公司（以下简称中某三局一公司）与澳某财富（合肥）投资置业有限公司（以下简称澳某公司）建设工程施工合同纠纷一案，经安徽省高级人民法院（以下简称安徽高院）调解结案，安徽高院作出的民事调解书，确认各方权利义务。调解协议中确认的调解协议第1条第6款第2项、第3项约定该协议签订后为偿还澳某公司欠付中某三局一公司的工程款，向中某三局一公司交付付款人为安徽文某置业有限公司（以下简称文某公司）、收款人为中某三局一公司（或收款人为澳某公司并背书给中某三局一公司），金额总计为人民币6000万元的商业承兑汇票。同日，安徽高院组织中某三局一公司、澳某公司、文某公司调解的笔录载明，文某公司明确表示自己作为债务承担者加入调解协议，并表示知晓相关的义务及后果。之后，文某公司分两次向中某三局一公司交付了金额总计为人民币6000万元的商业承兑汇票，但该汇票因文某公司的相关账户余额不足、被冻结而无法兑现，也即中某三局一公司实际未能收到6000万元工程款。

中某三局一公司以澳某公司、文某公司未履行调解书确定的义务为由，向安徽高院申请强制执行。案件进入执行程序后，执行法院冻结了文某公

① 参见最高人民法院案例指导工作办公室编著：《中国案例指导》（总第3辑），法律出版社2016年版，第204页。

② 参见最高人民法院案例指导工作办公室编著：《中国案例指导》（总第3辑），法律出版社2016年版，第112页。

司的银行账户。文某公司不服，向安徽高院提出异议称，文某公司不是本案的被执行人，其已经出具了商业承兑汇票；另外，即使其应该对商业承兑汇票承担代付款责任，也应先执行债务人澳某公司，而不能直接冻结文某公司的账户。

【裁判说理】裁判文书说理部分这样论述：涉及票据的法律关系一般包括原因关系（系当事人间授受票据的原因）、资金关系（系指当事人间在资金供给或资金补偿方面的关系）、票据预约关系（系当事人间有了原因关系之后，在发出票据之前，就票据种类、金额、到期日、付款地等票据内容及票据授受行为订立的合同）和票据关系（系当事人间基于票据行为而直接发生的债权债务关系）（法理之一）。其中，原因关系、资金关系、票据预约关系属于票据的基础关系，是一般民法上的法律关系（法理之二）。在分析具体案件时，要具体区分原因关系和票据关系。

本案中，调解书作出于2015年6月9日，其确认的调解协议第1条第6款第2项约定：该协议签订后7个工作日内向中某三局一公司交付付款人为文某公司、收款人为中某三局一公司（或收款人为澳某公司并背书给中某三局一公司）、金额为人民币3000万元整、到期日不迟于2015年9月25日的商业承兑汇票；第3项约定：于该协议签订后7个工作日内向中某三局一公司交付付款人为文某公司、收款人为中某三局一公司（或收款人为澳某公司并背书给中某三局一公司）、金额为人民币3000万元整、到期日不迟于2015年12月25日的商业承兑汇票。同日，安徽高院组织中某三局一公司、澳某公司、文某公司调解的笔录载明：承办法官询问文某公司“你方作为债务承担者，对于加入本案和解协议的义务及后果是否知晓？”文某公司的代理人邵某卫答：“我方知晓。”承办法官询问中某三局一公司“你方对于安徽文某置业有限公司加入本案和解协议承担债务是否同意？”中某三局一公司的代理人付某答：“我方同意。”综合上述情况，可以看出，三方当事人在签订调解协议时，有关文某公司出具汇票的意思表示不仅对文某公司的出票及当事人之间授受票据等问题作出了票据预约关系范畴的约定，也对文某公司加入中某三局一公司与澳某公司债务关系、与澳某公司一起向中某三局一公司承担债务问题作出了原因关系范畴的约定（法理之三）。因此，根据调解协议，文某公司在票据预约关系层面有出票和交付票据的义务，在原因关系层面有就6000万元的债务承担向中某三局一公司清偿的义务（法理之四）。文某公司如期开具真实、足额、合法的商业承兑汇票，仅是履行了其票据预约关系层面的义务，而对于其债务承担义务，因其票据付款账户余额不足、被冻结而不能兑付案涉汇票，其并未实际履行（法理之五），中某三局一公司申请法院对文某公司强制执行，并无不当。

【法理应用】第三人在民事调解过程中，以债务承担人身份加入债权债务关系，能否对其在债务承担范围内强制执行？在涉及票据执行中，债务人仅出具并交付了票据是否视为已经履行了债务？对于这些问题，没有明确的法律规定。该案例运用债务承担、票据法律关系等法律原理明确了此类问题的裁判规则，即“根据民事调解书和调解笔录，第三人以债务承担方式加入债权债务关系的，执行法院可以在该第三人债务承担范围内对其强制执行。债务人用商业承兑汇票来履行执行依据确定的债务，虽然开具并向债权人交付了商业承兑汇票，但因汇票付款账户资金不足、被冻结等不能兑付的，不能认定实际履行了债务，债权人可以请求对债务人继续强制执行”。

第三节　司法政策样态的法理表达

一、司法政策的一般理论

政策是一种通过语言文字表达出来符合一定的历史条件和国情的观念和信息，它的阶级性决定了其必然代表一部分人的利益而不是全体人的利益。相较于法律而言，政策目标性和灵活性的特征更为显著。在法律适用上，“政策具有缓解法律僵化、回应社会需求、弥补法律漏洞以及实现个案正义的裁判功能”[①]。在裁判文书中通过法言法语表达政策目的和导向，把符合国情的

① 参见宋亚辉：《经济政策对法院裁判思路的影响研究——以涉外贴牌生产案件为素材》，载《法制与社会发展》2013年第5期。

有倾向性的观念和信息，通过法律责任的承担和法律利益的实现传递给人们，实现司法政策对社会生活的影响力，达到良法善治的目的。法官在裁判实践中将政策话语转化为法律概念，运用法理“证成政策适用结果，综合利益衡量，兼顾实质公正，通过个案裁判推动社会目标实现”①。“指导性案例制度实际上是最高人民法院的一种司法决策机制，案例的选择自然会体现最高人民法院对于公共政策的价值判断。”②

司法政策与法官的裁判经验相结合，形成审判理念，并影响和指导审判工作。所谓审判理念，是指“法官在适用国家法律制裁违规、惩治犯罪、裁断是非的司法行为过程中形成的系统化认识和反映”③。在司法实践中体现为司法机关“对法律或法理的支配性见解，体现司法领域的‘通说’”④。

正确的审判理念是确保宪法法律有效实施的重要因素。从实践来看，法律实施的效果取决于社会公众的认同和支持。审判理念必须符合社会公共意识、遵循司法规律，如果审判理念超前或滞后，都会给法律实施带来负面影响，甚至使司法权陷入与现实的冲突中，出现混乱。

中华人民共和国成立以来，司法政策随着社会经济政治的发展不断发展变化，审判理念随之变化。中华人民共和国成立初期，对以“六法全书”为代表的旧法观点、旧司法作风进行批判，社会主义法律观取得支配地位，确立了一些符合国家和人民司法需要的司法政策，进而形成了指导审判实践的审判理念。比如方便群众诉讼、依靠群众办案、服务党和国家中心工作、有错误即改正等。改革开放以后，随着国家经济社会的发展，司法政策转变为以经济建设为中心，为党和国家工作大局服务；由重国有轻民营、重集体轻个体转变为对各类经济主体平等保护、一视同仁；由原来的重实体轻程序转变为程序和实体并重。中国特色社会主义法律体系形成后，人民法院作为法

---

① 唐娜、王彬：《结果导向的裁判思维——基于法官审判经验的实证研究》，载《法律适用》2020年第4期。

② 李超：《指导性案例：公共政策的一种表达方式》，载《法律适用》2014年第6期。

③ 董治良：《人民法院审判理念的更新》，载《法制资讯》2011年第11期。

④ 张文显：《法理：法理学的中心主题和法学的共同关注》，载《清华法学》2017年第4期。

律实施的主要部门，司法政策也有了新的发展，诸如坚持中国特色社会主义司法制度，深入落实科学发展观，坚持“三个至上”人民法院工作指导思想，服务党和国家工作大局，践行司法为民，维护司法公正，实现司法高效，树立司法公信，维护司法权威，坚持党的领导等。

党的十八大以来，以习近平同志为核心的党中央明确提出全面依法治国，党的十八届四中全会明确提出全面依法治国的总目标是建设中国特色社会主义法治体系、建设社会主义法治国家。习近平法治思想是马克思主义法治理论中国化最新成果，是全面依法治国的根本遵循和行动指南，也是司法审判工作的行动指南。新时期，司法政策转化为人民法院的审判理念具有鲜明的特征。例如体现人民性的审判理念：便民利民诉讼机制、释明制度、调解制度、巡回办案、裁判文书改革、案结事了、司法公开等。例如体现政治性的审判理念：依靠党的领导、坚持党的领导与严格依法审判相结合、把执行法律与执行党的政策有机结合、服务党和国家工作大局、能动履职等。例如体现正义性的审判理念：案件审理要政治效果、法律效果、社会效果有机统一，程序正义与实体公平的统一，审理案件要注重天理国法人情，调判结合理念，独立审判，公正审判，权威审判，高效审判等。

二、指导性案例中的司法政策适用

指导性案例中通过法言法语表达政策、回应诉求，形成审判理念指导审判实践，进而实现个案正义，传递符合国情的观念和信息。

（一）民事类

【指导性案例 7 号】

牡丹江市宏某建筑安装有限责任公司诉牡丹江市华某房地产开发有限责任公司、张某增建设工程施工合同纠纷案[①]

【案情概述】2009 年 6 月 15 日，牡丹江市华某房地产开发有限责任公司

① 参见最高人民法院案例指导工作办公室编著：《中国案例指导》（总第 1 辑），法律出版社 2015 年版，第 121 页。

（以下简称华某公司）因与牡丹江市宏某建筑安装有限责任公司（以下简称宏某公司）、张某增建设工程施工合同纠纷一案，不服黑龙江省高级人民法院于2009年2月11日作出的（2008）黑民一终字第173号民事判决，向最高人民法院申请再审。最高人民法院于同年12月8日作出（2009）民申字第1164号民事裁定，按照审判监督程序提审本案。在最高人民法院民事审判第一庭提审期间，华某公司鉴于当事人之间已达成和解且已履行完毕，提交了撤回再审申请书。最高人民法院经审查，于2010年12月15日以（2010）民提字第63号民事裁定准许其撤回再审申请。

申诉人华某公司在向法院申请再审的同时，也向检察院申请抗诉。2010年11月12日，最高人民检察院受理后决定对本案按照审判监督程序提出抗诉。2011年3月9日，最高人民法院立案一庭收到最高人民检察院高检民抗〔2010〕58号民事抗诉书后进行立案登记，同月11日移送审判监督庭审理。最高人民法院审判监督庭经审查发现，华某公司曾向最高人民法院申请再审，其纠纷已解决，且申请检察院抗诉的理由与申请再审的理由基本相同，遂与最高人民检察院沟通并建议其撤回抗诉，最高人民检察院不同意撤回抗诉。再与华某公司联系，华某公司称当事人之间已就抗诉案达成和解且已履行完毕，纠纷已经解决，并于同年4月13日再次向最高人民法院提交了撤诉申请书。

【裁判说理】裁判文书说理部分这样论述：最高人民法院认为：对于人民检察院抗诉再审的案件，或者人民法院依据当事人申请或依据职权裁定再审的案件，如果再审期间当事人达成和解并履行完毕，或者撤回申诉，且不损害国家利益、社会公共利益的，为了尊重和保障当事人在法定范围内对本人合法权利的自由处分权（法理之一），实现诉讼法律效果与社会效果的统一（法理之二），促进社会和谐（法理之三），人民法院应当根据《最高人民法院关于适用〈中华人民共和国民事诉讼法〉审判监督程序若干问题的解释》第34条的规定，裁定终结再审诉讼。

本案中，申诉人华某公司不服原审法院民事判决，在向最高人民法院申请再审的同时，也向检察机关申请抗诉。在最高人民法院提审期间，当事人达成和解，华某公司向最高人民法院申请撤诉。由于当事人有权在法律规定的范围内自由处分自己的民事权益和诉讼权利（法理之四），其撤诉申请意思表示真实，已裁定准许其撤回再审申请，本案当事人之间的纠纷已得到解决，且本案并不涉及国家利益、社会公共利益或第三人利益（法理之五），故检察机关抗诉的基础已不存在（法理之六），本案已无按抗诉程序裁定进入再审的必要（法理之七），应当依法裁定本案终结审查。

【法理应用】当事人在不损害国家的、社会的、他人的利益前提下，对自己权益的处分，法官给予充分的尊重。该案例明确了“人民法院接到民事抗诉书后，经审查发现案件纠纷已经解决，当事人申请撤诉，且不损害国家利益、社会公共利益或第三人利益的，应当依法作出对抗诉案终结审查的裁定；如果已裁定再审，应当依法作出终结再审诉讼的裁定”[①]的裁判规则。体现了尊重诉权、经济便捷、案结事了的审判理念。

【指导性案例 8 号】

林某清诉常熟市凯某实业有限公司、戴某明公司解散纠纷案[②]

【案情概述】原告林某清诉称：常熟市凯某实业有限公司（以下简称凯某公司）经营管理发生严重困难，陷入公司僵局且无法通过其他方法解决，其权益遭受重大损害，请求解散凯某公司。

法院经审理查明：凯某公司成立于 2002 年 1 月，林某清与戴某明系该公司的股东，各占 50% 的股份，戴某明任公司法定代表人及执行董事，林某清任公司总经理兼公司监事。凯某公司章程明确规定：股东会的决议须经代表二分之一以上表决权的股东通过，但对公司增加或减少注册资本、合并、解散、变更公司形式、修改公司章程作出决议时，必须经代表三分之二以上表决权的股东通过。股东会会议由股东按照出资比例行使表决权。2006 年起，林某清与戴某明两人之间的矛盾逐渐显现。同年 5 月 9 日，林某清提议并通知召开股东会，由于戴某明认为林某清没有召集会议的权利，会议未能召开。

---

① 参见最高人民法院案例指导工作办公室编著：《中国案例指导》（总第 1 辑），法律出版社 2015 年版，第 80 页。

② 参见最高人民法院案例指导工作办公室编著：《中国案例指导》（总第 1 辑），法律出版社 2015 年版，第 129 页。

同年6月6日、8月8日、9月16日、10月10日、10月17日，林某清委托律师向凯某公司和戴某明发函称，因股东权益受到严重侵害，林某清作为享有公司股东会二分之一表决权的股东，已按公司章程规定的程序表决并通过了解散凯某公司的决议，要求戴某明提供凯某公司的财务账册等资料，并对凯某公司进行清算。同年6月17日、9月7日、10月13日，戴某明回函称，林某清作出的股东会决议没有合法依据，戴某明不同意解散公司，并要求林某清交出公司财务资料。同年11月15日、25日，林某清再次向凯某公司和戴某明发函，要求凯某公司和戴某明提供公司财务账册等供其查阅、分配公司收入、解散公司。

江苏常熟服装城管理委员会（以下简称服装城管委会）证明凯某公司目前经营尚正常，且愿意组织林某清和戴某明进行调解。

另查明，凯某公司章程载明监事行使下列权利：（1）检查公司财务；（2）对执行董事、经理执行公司职务时违反法律、法规或者公司章程的行为进行监督；（3）当董事和经理的行为损害公司的利益时，要求董事和经理予以纠正；（4）提议召开临时股东会。从2006年6月1日至今，凯某公司未召开过股东会。服装城管委会调解委员会于2009年12月15日、16日两次组织双方进行调解，但均未成功。

【裁判说理】裁判文书说理部分这样论述：首先，凯某公司的经营管理已发生严重困难。根据《公司法》第183条和《最高人民法院关于适用〈中华人民共和国公司法〉若干问题的规定（二）》第1条的规定，判断公司的经营管理是否出现严重困难，应当从公司的股东会、董事会或执行董事及监事会或监事的运行现状进行综合分析（法理之一）。“公司经营管理发生严重困难”的侧重点在于公司管理方面存有严重内部障碍，如股东会机制失灵、无法就公司的经营管理进行决策等，不应片面地理解为公司资金缺乏、严重亏损等经营性困难（法理之二）。本案中，凯某公司仅有戴某明与林某清两名股东，两人各占50%的股份，凯某公司章程规定“股东会的决议须经代表二分之一以上表决权的股东通过”，且各方当事人一致认可该“二分之一以上”不包括本数。因此，只要两名股东的意见存有分歧、互不配合，就无法形成有效表决，显然影响公司的运营。凯某公司已持续4年未召开股东会，无法形成有效股东会决议，也就无法通过股东会决议的方式管理公司，股东会机制已经失灵。执行董事戴某明作为互有矛盾的两名股东之一，其管理公司的行为，已无法贯彻股东会的决议。林某清作为公司监事不能正常行使监事职权，无法发挥监督作用。由于凯某公司的内部机制已无法正常运行、无法对公司的经营作出决策，即使尚未处于亏损状况，也不能改变该公司的经营管理已发生严重困难的事实。

其次，由于凯某公司的内部运营机制早已失灵，林某清的股东权、监事权长期处于无法行使的状态，其投资凯某公司的目的无法实现，利益受到重大损失，且凯某公司的僵局通过其他途径长期无法解决。《最高人民法院关于适用〈中华人民共和国公司法〉若干问题的规定（二）》第5条明确规定了“当事人不能协商一致使公司存续的，人民法院应当及时判决”。本案中，林某清在提起公司解散诉讼之前，已通过其他途径试图化解与戴某明之间的矛盾，服装城管委会也曾组织双方当事人调解，但双方仍不能达成一致意见。两审法院也基于慎用司法手段强制解散公司的考虑（法理之三），积极进行调解，但均未成功。

此外，林某清持有凯某公司50%的股份，也符合公司法关于提起公司解散诉讼的股东须持有公司10%以上股份的条件。

综上所述，凯某公司已符合《公司法》及《最高人民法院关于适用〈中华人民共和国公司法〉若干问题的规定（二）》所规定的股东提起解散公司之诉的条件。二审法院从充分保护股东合法权益，合理规范公司治理结构，促进市场经济健康有序发展的角度出发（法理之四），依法作出了上述判决。

【法理应用】《公司法》和《最高人民法院关于适用〈中华人民共和国公司法〉若干问题的规定（二）》关于“公司经营管理发生严重困难”的规定比较原则。该案例从立法目的出发，在已经无法打破公司僵局状态的情况下，本着实质解决争议的审判理念调判结合，根据具体案情确定裁判规则，依法保护股东权利，规范公司治理结构，达到法律效果和社会效果的统一。该案明确了“《公司法》将‘公司经营管理发生严重困难’作为股东提起解散公司之诉的条件之一。判断‘公司经营管理是否发生严重困难’，应从公司组织机构的运行状态进行综合分析。公司虽处于盈利状态，但其股东会机制长期失灵，内部管理有严重障碍，已陷入僵局状态，可以认定为公司经营管理发生严重困难。对于符合《公司法》及相关司法解释规定的其他条件的，人民法院可以依法判决公司解散”[①]的裁判规则。

【指导性案例10号】

李某军诉上海佳某力环保科技有限公司公司决议撤销纠纷案[②]

【案情概述】略（详见正文第81页）。

【裁判说理】裁判文书说理部分这样论述：根据《公司法》第22条第2款的规定，董事会决议可撤销的事由包括：（1）召集程序违反法律、行政法规或公司章程；（2）表决方式违反法律、行政法规或公司章程；（3）决议内容违反公司章程。从召集程序看，佳某力公司于2009年7月18日召开的董事会由董事长葛某乐召集，三位董事均出席董事会，该次董事会的召集程序未违反法律、行政法规或公司章程的规定。从表决方式看，根据佳某力公司章程规定，对所议事项作出的决定应由占全体股东三分之二以上的董事表决通过方才有效，上述董事会决议由三位股东（兼董事）中的两名表决通过，故在表决方式上未违反法律、行政法规或公司章程的规定。从决议内容看，佳某力公司章程规定董事会有权解聘公司经理，董事会决议内容中“总经理李某军不经董事会同意私自动用公司资金在二级市场炒股，造成巨大损失”的陈述，仅是董事会解聘李某军总经理职务的原因，而解聘李某军总经理职务的决议内容本身并不违反公司章程（法理之一）。

董事会决议解聘李某军总经理职务的原因如果不存在，并不导致董事会决议撤销。首先，公司法尊重公司自治，公司内部法律关系原则上由公司自治机制调整，司法机关原则上不介入公司内部事务（法理之二）；其次，佳某力公司的章程中未对董事会解聘公司经理的职权作出限制，并未规定董事会解聘公司经理必须要有一定原因，该章程内容未违反公司法的强制性规定，

① 参见最高人民法院案例指导工作办公室编著：《中国案例指导》（总第1辑），法律出版社2015年版，第82页。

② 参见最高人民法院案例指导工作办公室编著：《中国案例指导》（总第1辑），法律出版社2015年版，第176页。

应认定有效（法理之三），因此佳某力公司董事会可以行使公司章程赋予的权力作出解聘公司经理的决定。故法院应当尊重公司自治，无须审查佳某力公司董事会解聘公司经理的原因是否存在，即无须审查决议所依据的事实是否属实，理由是否成立。综上，原告李某军请求撤销董事会决议的诉讼请求不成立，依法予以驳回。

【法理应用】法院认定佳某力公司董事会在召集程序、表决方式、决议内容三方面没有违反公司法相关规定，不属于公司法规定的董事会决议可撤销的事由。该案确定的裁判规则明确了法院对公司自治权给予充分的尊重，对公司内部管理仅依法进行程序性审查，凸显了鼓励公司依法自治、健康发展的商事审判理念。

【指导性案例 16 号】

中某发展股份有限公司货轮公司申请设立海事赔偿责任限制基金案①

【案情概述】中某发展股份有限公司货轮公司（以下简称货轮公司）所属的“宁某 11”轮，于 2008 年 5 月 23 日从秦皇岛运载电煤前往上海外某桥码头。5 月 26 日，该轮在靠泊码头过程中触碰码头的 2 号卸船机，造成码头和机器受损。货轮公司遂于 2009 年 3 月 9 日向上海海事法院申请设立海事赔偿责任限制基金。货轮公司申请设立非人身伤亡海事赔偿责任限制基金，数额为 2 242 643 计算单位（折合人民币 25 442 784.84 元）和自事故发生之日起至基金设立之日止的利息。

上海外某桥发电有限责任公司、上海外某桥第二发电有限责任公司作为第一异议人，中国人某财产保险股份有限公司上海市分公司、中国大某财产保险股份有限公司上海分公司、中国平某财产保险股份有限公司上海分公司、安某财产保险股份有限公司上海分公司、中国太某洋财产保险股份有限公司上海分公司、中国大某财产保险股份有限公司营业部、永某财产保险股份有限公司上海分公司等 7 位异议人作为第二异议人，分别针对货轮公司的上述

① 参见最高人民法院案例指导工作办公室编著：《中国案例指导》（总第 2 辑），法律出版社 2015 年版，第 71 页。

申请，向上海海事法院提出了书面异议。上海海事法院于2009年5月27日就此项申请和异议召开了听证会。

第一异议人称："宁某11"轮系因船长的错误操作行为导致了事故发生，应对本次事故负全部责任，故申请人无权享受海事赔偿责任限制。"宁某11"轮是一艘可以从事国际远洋运输的船舶，不属于从事中国港口之间货物运输的船舶，不适用《交通部关于不满300总吨船舶及沿海运输、沿海作业船舶海事赔偿限额的规定》(以下简称《船舶赔偿限额规定》)第4条规定的限额，而应适用《海商法》第210条第1款第2项规定的限额。

第二异议人称：事故所涉及的债权性质虽然大部分属于限制性债权，但其中清理残骸的费用应当属于非限制性债权，申请人无权就此项费用申请限制赔偿责任。其他异议意见和理由同第一异议人。

上海海事法院经审理查明：申请人系"宁某11"轮登记的船舶所有人。涉案船舶触碰事故所造成的码头和机器损坏，属于与船舶营运直接相关的财产损失。另，"宁某11"轮的总吨位为26 358吨，营业运输证载明的核定经营范围为"国内沿海及长江中下游各港间普通货物运输"。

【裁判说理】裁判文书说理部分这样论述：根据《最高人民法院关于适用〈中华人民共和国海事诉讼特别程序法〉若干问题的解释》第83条的规定，申请设立海事赔偿责任限制基金，应当对申请人的主体资格、事故所涉及的债权性质和申请设立基金的数额进行审查。

货轮公司是"宁某11"轮的船舶登记所有人，属于《海商法》第204条和《海事诉讼特别程序法》第101条第1款规定的可以申请设立海事赔偿责任限制基金的主体。异议人提出的申请人所属船舶应当对事故负全责，其无权享受责任限制的意见，因涉及对申请人是否享有赔偿责任限制实体权利的判定，而该问题应在案件的实体审理中解决（法理之一），故对第一异议人的该异议不作处理。

鉴于涉案船舶触碰事故所造成的码头和机器损坏，属于与船舶营运直接相关的财产损失，依据《海商法》第207条的规定，责任人可以限制赔偿责任。因此，第二异议人提出的清理残骸费用属于非限制性债权，申请人无权享有该项赔偿责任限制的意见，不影响法院准予申请人就所涉限制性债权事项提出的设立海事赔偿责任限制基金申请（法理之二）。

关于“宁某 11”轮是否属于《海商法》第 210 条第 2 款规定的“从事中华人民共和国港口之间的运输的船舶”，进而应按照何种标准计算赔偿限额的问题。鉴于“宁某 11”轮营业运输证载明的核定经营范围为“国内沿海及长江中下游各港间普通货物运输”，涉案事故发生时其所从事的也正是从秦皇岛港至上海港航次的运营（法理之三）。因此，该船舶应认定为“从事中华人民共和国港口之间的运输的船舶”，而不宜以船舶适航证书上记载的船舶可航区域或者船舶有能力航行的区域来确定（法理之四）。为此，异议人提出的“宁某 11”轮所准予航行的区域为近海，是一艘可以从事国际远洋运输船舶的意见不予采纳。

【法理应用】司法实践中，对于设立海事赔偿责任限制金申请的审查范围存在不同理解，对《海商法》第 210 条第 2 款规定的“从事中华人民共和国港口之间的运输的船舶”也存在不同理解。该案例根据立法目的和从保护扶持国内航运业发展的角度，对《海商法》第 210 条第 2 款规定的“从事中华人民共和国港口之间的运输的船舶”进行解释，把“从事”解释为“实际从事”而非“有资格从事”或“有能力从事”，即解释为“事故发生航次正在（实际）从事中国港口之间的运输的船舶”。按照法律规则原意，再次明确了对于当事人的“设立海事赔偿责任限制基金申请”，法院仅作程序性审查的原则。明确了“对于申请设立海事赔偿责任限制基金的，法院仅就申请人主体资格、事故所涉及的债权性质和申请设立基金的数额进行程序性审查。有关申请人实体上应否享有海事赔偿责任限制，以及事故所涉债权除限制性债权外是否同时存在其他非限制性债权等问题，不影响法院依法作出准予设立海事赔偿责任限制基金的裁定”“《海商法》第 210 条第 2 款规定的‘从事中华人民共和国港口之间的运输的船舶’，应理解为发生海事事故航次正在从事中华人民共和国港口之间运输的船舶”，[①] 体现了提高审判效率、统一法律适用、保护国内航运业合法权益的审判理念。

① 参见最高人民法院案例指导工作办公室编著：《中国案例指导》（总第 2 辑），法律出版社 2015 年版，第 8 页。

【指导性案例18号】

中某通讯（杭州）有限责任公司诉王某劳动合同纠纷案①

【案情概述】2005年7月，被告王某进入原告中某通讯（杭州）有限责任公司（以下简称中某通讯）工作，劳动合同约定王某从事销售工作，基本工资为每月3840元。该公司的《员工绩效管理办法》规定：员工半年、年度绩效考核分别为S、A、C1、C2四个等级，分别代表优秀、良好、价值观不符、业绩待改进；S、A、C（C1、C2）等级的比例分别为20%、70%、10%；不胜任工作原则上考核为C2。王某原在该公司分销科从事销售工作，2009年1月后因分销科解散等原因，转岗至华东区从事销售工作。2008年下半年、2009年上半年及2010年下半年，王某的考核结果均为C2。中某通讯认为，王某不能胜任工作，经转岗后仍不能胜任工作，故在支付了部分经济补偿金的情况下解除了劳动合同。

2011年7月27日，王某提起劳动仲裁。同年10月8日，仲裁委作出裁决：中某通讯支付王某违法解除劳动合同的赔偿金余额36 596.28元。中某通讯认为其不存在违法解除劳动合同的行为，故于同年11月1日诉至法院，请求判令不予支付解除劳动合同赔偿金余额。

【裁判说理】裁判文书说理部分这样论述：为了保护劳动者的合法权益，构建和发展和谐稳定的劳动关系，《劳动法》《劳动合同法》对用人单位单方解除劳动合同的条件进行了明确限定。原告中某通讯以被告王某不胜任工作，经转岗后仍不胜任工作为由，解除劳动合同，对此应负举证责任（法理之一）。根据《员工绩效管理办法》的规定，“C（C1、C2）考核等级的比例为10%”，虽然王某曾经考核结果为C2，但是C2等级并不完全等同于“不能胜任工作”（法理之二），中某通讯仅凭该限定考核等级比例的考核结果，不能证明劳动者不能胜任工作，不符合据此单方解除劳动合同的法定条件（法理之三）。虽然2009年1月王某从分销科转岗，但是转岗前后均从事销售工作，并存在因分销科解散导致王某转岗这一根本原因，故不能证明王某系因不能

① 参见最高人民法院案例指导工作办公室编著：《中国案例指导》（总第2辑），法律出版社2015年版，第116页。

胜任工作而转岗（法理之四）。因此，中某通讯主张王某不胜任工作，经转岗后仍然不胜任工作的依据不足，存在违法解除劳动合同的情形，应当依法向王某支付经济补偿标准二倍的赔偿金。

【法理应用】“末位”能“淘汰”吗？该案例依据《劳动合同法》相关规定，对用人单位规章制度合法性问题、“严重违反用人单位的规章制度”及“不能胜任工作”进行解释，明确了单位内部管理中的绩效排序不能成为解除员工劳动合同充分理由的裁判规则。“劳动者在用人单位等级考核中居于末位等次，不等同于‘不能胜任工作’，不符合单方解除劳动合同的法定条件，用人单位不能据此单方解除劳动合同。”① 体现了保护劳动者合法权益、维护社会和谐稳定、促进经济健康发展的审判理念。

【指导性案例 19 号】

赵某明等诉烟台市福某区汽车运输公司、卫某平等机动车交通事故责任纠纷案②

【案情概述】2008 年 11 月 25 日 5 时 30 分许，被告林某东驾驶套牌的鲁 F4××03 货车在同三高速公路某段行驶时，与同向行驶的被告周某平驾驶的客车相撞，两车冲下路基，客车翻滚致车内乘客冯某菊当场死亡。经交警部门认定，货车司机林某东负主要责任，客车司机周某平负次要责任，冯某菊不负事故责任。原告赵某明、赵某某、冯某某、侯某某分别系死者冯某菊的丈夫、儿子、父亲和母亲。

鲁 F4××03 号牌在车辆管理部门登记的货车并非肇事货车，该号牌登记货车的所有人系被告烟台市福某区汽车运输公司（以下简称福某公司），实际所有人系被告卫某平，该货车在被告永某财产保险股份有限公司烟台中心支公司（以下简称永某保险公司）投保机动车第三者责任强制保险。

套牌使用鲁 F4××03 号牌的货车（肇事货车）实际所有人为被告卫

① 参见最高人民法院案例指导工作办公室编著：《中国案例指导》（总第 2 辑），法律出版社 2015 年版，第 87 页。

② 参见最高人民法院案例指导工作办公室编著：《中国案例指导》（总第 2 辑），法律出版社 2015 年版，第 121 页。

某辉，林某东系卫某辉雇用的司机。据车辆管理部门登记信息反映，鲁F4××03号牌登记货车自2004年4月26日至2008年7月2日先后15次被以损坏或灭失为由申请补领号牌和行驶证。2007年8月23日，卫某辉申请补领行驶证的申请表上有福某公司的签章。事发后，福某公司曾派人到交警部门处理相关事宜。审理中，卫某辉表示，卫某平对套牌事宜知情并收取套牌费，事发后卫某辉还向卫某平借用鲁F4××03号牌登记货车的保单去处理事故，保单仍在卫某辉处。

发生事故的客车的登记所有人系被告朱某明，但该车辆几经转手，现实际所有人系周某平，朱某明对该客车既不支配也未从该车运营中获益。被告上海腾某建设工程有限公司（以下简称腾某公司）系周某平的雇主，但事发时周某平并非履行职务。该客车在中国某财产保险股份有限公司上海市分公司（以下简称某保公司）投保了机动车第三者责任强制保险。

【裁判说理】裁判文书说理部分这样论述：根据本案交通事故责任认定，肇事货车司机林某东负事故主要责任，而卫某辉是肇事货车的实际所有人，也是林某东的雇主，故卫某辉和林某东应就本案事故损失连带承担主要赔偿责任（法理之一）。永某保险公司承保的鲁F4××03货车并非实际肇事货车，其也不知道鲁F4××03机动车号牌被肇事货车套牌，故永某保险公司对本案事故不承担赔偿责任（法理之二）。根据交通事故责任认定，本案客车司机周某平对事故负次要责任，周某平也是该客车的实际所有人，故周某平应对本案事故损失承担次要赔偿责任（法理之三）。朱某明虽系该客车的登记所有人，但该客车已几经转手，朱某明既不支配该车，也未从该车运营中获益，故其对本案事故不承担责任（法理之四）。周某平虽受雇于腾某公司，但本案事发时周某平并非在为腾某公司履行职务，故腾某公司对本案亦不承担责任（法理之五）。至于承保该客车的某保公司，因死者冯某菊系车内人员，依法不适用机动车交通事故责任强制保险，故某保公司对本案不承担责任（法理之六）。另，卫某辉和林某东一方、周某平一方虽各自应承担的责任比例有所不同，但车祸的发生系两方的共同侵权行为所致，故卫某辉、林某东对于周某平的应负责任份额，周某平对于卫某辉、林某东的应负责任份额，均应互负连带责任（法理之七）。鲁F4××03货车的登记所有人福某公司和实际所有人卫某平，明知卫某辉等人套用自己的机动车号牌而不予阻止，且提供方便，纵容套牌货车在公路上行驶，福某公司与卫某平的行为已属于出借机动车号牌给他人使用的情形（法理之八），该行为违反了《道路交通安全法》等有关机动车管理的法律规定。将机动车号牌出借他人套牌使用，将会纵容不符合安全技术标准的机动车通过套牌在道路上行驶，增加道路交通的危险性，危及公共安全。套牌机动车发生交通事故造成损害，号牌出借人同样存在过错，对于肇事的套牌车一方应负的赔偿责任，号牌出借人应当承担连带责任（法理之九）。故福某公司和卫某平应对卫某辉与林某东一方的赔偿责任份额承担连带责任。

【法理应用】该案例进一步明确了最高人民法院发布的《最高人民法院关于审理道路交通事故损害赔偿案件适用法律若干问题的解释》第 5 条关于同意套牌的机动车所有人承担连带责任的规定，确立了“机动车所有人或者管理人将机动车号牌出借他人套牌使用，或者明知他人套牌使用其机动车号牌不予制止，套牌机动车发生交通事故造成他人损害的，机动车所有人或者管理人应当与套牌机动车所有人或者管理人承担连带责任”[①] 的裁判规则，体现了通过加大机动车号牌所有人的责任，加强社会交通秩序管理力度的审判理念。

【指导性案例 31 号】

江苏炜某航运股份有限公司诉米某达玫瑰公司船舶碰撞损害赔偿纠纷案[②]

【案情概述】2008 年 6 月 3 日晚，原告江苏炜某航运股份有限公司所有的“炜某 06”轮与被告米某达玫瑰公司所有的“玫某”轮在各自航次的航程中，于上海港圆圆沙警戒区相遇。当日 23 时 27 分，由外高桥集装箱码头开出的另一艘外轮“里某快航”轮与“玫某”轮联系后开始实施追越。当日 23 时 32 分，“里某快航”轮的引航员呼叫“炜某 06”轮和位于“炜某 06”轮左前方约 0.2 海里的“正某 8”轮，要求两轮与其绿灯交会。“正某 8”轮予以拒绝并

① 参见最高人民法院案例指导工作办公室编著：《中国案例指导》（总第 2 辑），法律出版社 2015 年版，第 89 页。

② 参见最高人民法院案例指导工作办公室编著：《中国案例指导》（总第 2 辑），法律出版社 2015 年版，第 313 页。

大角度向右调整航向，快速穿越到警戒区北侧驶离。“炜某06”轮则在“里某快航”轮引航员执意要求下，同意绿灯交会。“玫某”轮随即与“炜某06”轮联系，也要求绿灯交会，“炜某06”轮也回复同意。当日23时38分，当“炜某06”轮行至“玫某”轮船艏偏左方向，发现“玫某”轮显示红灯，立即联系“玫某”轮，要求其尽快向左调整航行。“炜某06”轮随后开始减速，但“玫某”轮因“里某快航”轮追越尚未驶过让清，距离较近，无法向左调整航向。当日23时41分，“炜某06”轮与“里某快航”轮近距离交会，位于“玫某”轮左前方、距离仅0.2海里。此时，“炜某06”轮、“玫某”轮均觉察危险，同时大角度向左转向。当日23时42分“炜某06”轮的右后部与“玫某”轮船艏右侧发生碰撞。事故造成原告遭受救助费、清污费、货物减损费、修理费等各项损失共计人民币4 504 605.75元。

原告遂以“玫某”轮违反双方关于“绿灯交会”的约定为由，诉请法院判令“玫某”轮承担80%的责任。被告则提出，原告应就涉案碰撞事故承担90%的责任，且原告主张的部分损失不合理。

【裁判说理】裁判文书说理部分这样论述：在两轮达成一致意见前，两轮交叉相遇时，本应“红灯交会”。“玫某”轮为了自己进北槽航道出口方便，首先提出“绿灯交会”的提议。该提议违背了《1972年国际海上避碰规则》（以下简称《72避碰规则》）规定的其应承担的让路义务。但是，“炜某06”轮同意了该违背规则的提议。此时，双方绿灯交会的意向应是指在整个避让过程中，双方都应始终向对方显示本船的绿灯舷侧。在这种特殊情况下，没有了《72避碰规则》意义上的“让路船”和“直航船”（法理之一）。因此，当两轮发生碰撞危险时，两轮应具有同等的避免碰撞的责任，两轮均应按照《72避碰规则》的相关规定，特别谨慎驾驶（法理之二）。但事实上，在达成绿灯交会的一致意向后，双方都认为对方会给自己让路，未能对所处水域的情况进行有效观察并对当时的局面和碰撞危险作出充分估计，直至紧迫危险形成后才采取行动，最终无法避免碰撞。综上，两轮均有瞭望疏忽、未使用安全航速、未能尽到特别谨慎驾驶的义务并尽早采取避免碰撞的行为，都违反了《72避碰规则》中有关瞭望、安全航速和避免碰撞的行为等规定，对碰撞事故的发生责任相当，应各自承担50%的责任（法理之三）。

【法理应用】当事船舶双方签订的协议内容违反《72 避碰规则》规定，法院在确认双方责任时应该以协议为依据还是以《72 避碰规则》为依据呢？该案例明确了在这种情况下，应以《72 避碰规则》为准据确认双方责任。"航行过程中，当事船舶协商不以《72 避碰规则》确立的规则交会，发生碰撞事故后，双方约定的内容以及当事船舶在发生碰撞事故时违反约定的情形，不应作为人民法院判定双方责任的主要依据，仍应当以前述规则为准据，在综合分析紧迫局面形成原因、当事船舶双方过错程度及处置措施恰当与否的基础上，对事故责任作出认定。"[①] 该案例确立了合意违反具有强制适用效力规则时，仍按具有强制效力规则认定责任的基本原则，表明司法限制违反具有强制力规则的意思自治的裁判思路，也体现了维护法律权威、保障社会安全的审判理念。

【指导性案例 34 号】

李某玲、李某裕申请执行厦门海某实业（集团）股份有限公司、厦门海某实业总公司执行复议案[②]

【案情概述】原告投资 2234 中国某基金公司（以下简称 2234 公司）与被告厦门海某实业（集团）股份有限公司（以下简称海某股份公司）、厦门海某实业总公司（以下简称海某实业公司）借款合同纠纷一案，2012 年 1 月 11 日由最高人民法院作出终审判决，判令：海某实业公司应于判决生效之日起偿还 2234 公司借款本金 2274 万元及相应利息；2234 公司对蜂巢山路 3 号的土地使用权享有抵押权。在该判决作出之前的 2011 年 6 月 8 日，2234 公司将其对于海某股份公司和海某实业公司的 2274 万元本金债权转让给李某玲、李某裕，并签订《债权转让协议》。2012 年 4 月 19 日，李某玲、李某裕依据上述判决和《债权转让协议》向福建省高级人民法院（以下简称福建高院）申请执行。2012 年 4 月 24 日，福建高院向海某股份公司、海某实业公司发出

① 参见最高人民法院案例指导工作办公室编著：《中国案例指导》（总第 2 辑），法律出版社 2015 年版，第 240 页。

② 参见最高人民法院案例指导工作办公室编著：《中国案例指导》（总第 3 辑），法律出版社 2015 年版，第 59 页。

（2012）闽执行字第8号执行通知。海某股份公司不服该执行通知，以执行通知中直接变更执行主体缺乏法律依据，申请执行人李某裕系公务员，其受让不良债权行为无效，由此债权转让合同无效为主要理由，向福建高院提出执行异议。福建高院在异议审查中查明：李某裕系国家公务员，其本人称，在债权转让中，未实际出资，并已于2011年9月退出受让的债权份额。

福建高院认为：（1）关于债权转让合同效力问题。根据《最高人民法院关于审理涉及金融不良债权转让案件工作座谈会纪要》（以下简称《纪要》）第6条关于金融资产管理公司转让不良债权存在“受让人为国家公务员、金融监管机构工作人员”的情形无效和《公务员法》第53条第14项明确禁止国家公务员从事或者参与营利性活动等相关规定，作为债权受让人之一的李某裕为国家公务员，其本人购买债权受身份适格的限制。李某裕称已退出所受让债权的份额，该院受理的执行案件未进行审查仍将李某裕列为申请执行人实属不当。（2）关于执行通知中直接变更申请执行主体的问题。最高人民法院〔2009〕执他字第1号《关于判决确定的金融不良债权多次转让人民法院能否裁定变更申请执行主体请示的答复》（以下简称1号答复）认为：“《最高人民法院关于人民法院执行工作若干问题的规定（试行）》，已经对申请执行人的资格予以明确。其中第18条第1款规定‘人民法院受理执行案件应当符合下列条件：……（2）申请执行人是生效法律文书确定的权利人或其继承人、权利承受人。’该条中的‘权利承受人’，包含通过债权转让的方式承受债权的人。依法从金融资产管理公司受让债权的受让人将债权再行转让给其他普通受让人的，执行法院可以依据上述规定，依债权转让协议以及受让人或者转让人的申请，裁定变更申请执行主体。”据此，该院在执行通知中直接将本案受让人作为申请执行主体，未作出裁定变更，程序不当，遂于2012年8月6日作出（2012）闽执异字第1号执行裁定，撤销（2012）闽执行字第8号执行通知。

李某玲不服，向最高人民法院申请复议，其主要理由如下：（1）李某裕的公务员身份不影响其作为债权受让主体的适格性。（2）申请执行前，两申请人已同2234公司完成债权转让，并通知了债务人（即被执行人），是合法的债权人；根据《最高人民法院关于人民法院执行工作若干问题的规定（试行）》(以下简称《执行规定》）有关规定，申请人只要提交生效法律文书、承受权利的证明等，即具备申请执行人资格，这一资格在立案阶段已予审查，并向申请人送达了案件受理通知书；1号答复适用于执行程序中依受让人申请变更的情形，而本案申请人并非在执行过程中申请变更执行主体，因此不需要裁定变更申请执行主体。

【裁判说理】裁判文书说理部分这样论述：本案申请复议中争议焦点问题是，生效法律文书确定的权利人在进入执行程序前合法转让债权的，债权受让人即权利承受人可否作为申请执行人直接申请执行，是否需要裁定变更申请执行主体，以及执行中如何处理债权转让合同效力争议问题。

1. 关于是否需要裁定变更申请执行主体的问题。变更申请执行主体是在根据原申请执行人的申请已经开始了的执行程序中，变更新的权利人为申请执行人（法理之一）。根据《执行规定》第18条、第20条的规定，权利承受人有权以自己的名义申请执行，只要向人民法院提交承受权利的证明文件，证明自己是生效法律文书确定的权利承受人的，即符合受理执行案件的条件。这种情况不属于严格意义上的变更申请执行主体，但二者的法律基础相同（法理之二），故也可以理解为广义上的申请执行主体变更，即通过立案阶段解决主体变更问题（法理之三）。1号答复的意见是，《执行规定》第18条可以作为变更申请执行主体的法律依据，并且认为债权受让人可以视为该条规定中的权利承受人。本案中，生效判决确定的原权利人2234公司在执行开始之前已经转让债权，并未作为申请执行人参加执行程序，而是权利受让人李某玲、李某裕依据《执行规定》第18条的规定直接申请执行。因其申请已经被法院立案受理，受理的方式不是通过裁定而是发出受理通知，债权受让人已经成为申请执行人，故并不需要执行法院再作出变更主体的裁定，然后发出执行通知，而是应当直接发出执行通知（法理之四）。实践中有的法院在这种情况下先以原权利人作为申请执行人，待执行开始后再作出变更主体裁定，因其只是增加了工作量，而并无实质性影响，故并不被认为程序上存在问题（法理之五）。但不能由此反过来认为没有作出变更主体裁定是程序错误（法理之六）。

2. 关于债权转让合同效力争议问题，原则上应当通过另行提起诉讼解决，执行程序不是审查判断和解决该问题的适当程序（法理之七）。被执行人主张转让合同无效所援引的《纪要》第5条也规定：在受让人向债务人主张债权的诉讼中，债务人提出不良债权转让合同无效抗辩的，人民法院应告知其向同一人民法院另行提起不良债权转让合同无效的诉讼；债务人不另行起诉的，人民法院对其抗辩不予支持。关于李某裕的申请执行人资格问题。因本案在异议审查中查明，李某裕明确表示其已经退出债权受让，不再参与本案执行，故后续执行中应不再将李某裕列为申请执行人。但如果没有其他因素，该事实不影响另一债权受让人李某玲的受让和申请执行资格。李某玲要求继续执行的，福建高院应以李某玲为申请执行人继续执行。

【法理应用】权利承受人可以作为申请执行人直接申请执行吗？该案例中法院作出了债权受让人可以直接申请执行而无须法院再作变更的裁定，通过简化执行程序，实现提高执行效率的价值追求，客观上减轻法院的工作量，同时也体现了公平高效的审判理念。本案明确了“生效法律文书确定的权利人在进入执行程序前合法转让债权的，债权受让人即权利承受人可以作为申请执行人直接申请执行，无须执行法院作出变更申请执行人的裁定”[①]的裁判规则。

【指导性案例35号】

广东龙某投资发展有限公司与广东景某拍卖行有限公司委托拍卖执行复议案[②]

【案情概述】广州白云荔某实业公司（以下简称荔某公司）与广州广某房产建设有限公司（以下简称广某公司）、广州银某房地产有限公司（以下简称银某公司）、广州金某房产建设有限公司（以下简称金某公司）非法借贷纠纷一案，广东省高级人民法院（以下简称广东高院）于1997年5月20日作出（1996）粤法经一初字第4号民事判决，判令广某公司、银某公司共同清偿荔

① 参见最高人民法院案例指导工作办公室编著：《中国案例指导》（总第3辑），法律出版社2015年版，第9页。

② 参见最高人民法院案例指导工作办公室编著：《中国案例指导》（总第3辑），法律出版社2015年版，第73页。

某公司的借款 160 647 776.07 元及利息，金某公司承担连带赔偿责任。

广东高院在执行前述判决过程中，于 1998 年 2 月 11 日裁定查封了广某公司名下的广丰大厦未售出部分，面积为 18 851.86 平方米。次日，委托广东景某拍卖行有限公司（以下简称景某拍卖行）进行拍卖。同年 6 月，该院委托的广东粤某房地产评估所出具评估报告，结论如下：广丰大厦该部分物业在 1998 年 6 月 12 日的拍卖价格为 102 493 594 元。后该案因故暂停处置。

2001 年年初，广东高院重新启动处置程序，于同年 4 月 4 日委托景某拍卖行对广丰大厦整栋进行拍卖。同年 11 月月初，广东高院在报纸上刊登拟拍卖整栋广丰大厦的公告，要求涉及广丰大厦的所有权利人或购房业主，于 2001 年 11 月 30 日前向景某拍卖行申报权利和登记，待广东高院处理。根据公告要求，向景某拍卖行申报的权利有申请交付广丰大厦的预售房屋、回迁房屋和申请返还购房款、工程款、银行借款等，金额高达 15 亿多元，其中，购房人交纳的购房款逾 2 亿元。

2003 年 8 月 26 日，广东高院委托广东财某资产评估有限公司（即原广东粤某房地产评估所）对广丰大厦整栋进行评估。同年 9 月 10 日，该所出具评估报告，结论如下：整栋广丰大厦（用地面积为 3009 平方米，建筑面积为 34 840 平方米）市值为 3445 万元，建议拍卖保留价为市值的 70% 即 2412 万元。同年 10 月 17 日，景某拍卖行以 2412 万元将广丰大厦整栋拍卖给广东龙某投资发展有限公司（以下简称龙某公司）。广东高院于同年 10 月 28 日作出（1997）粤高法执字第 7 号民事裁定，确认将广丰大厦整栋以 2412 万元转给龙某公司。2004 年 1 月 5 日，该院向广州市国土房管部门发出协助执行通知书，要求将广丰大厦的整栋产权过户给买受人龙某公司，并声明原广丰大厦的所有权利人，包括购房人、受让人、抵押权人、被拆迁人或拆迁户等的权益，由该院依法处理。龙某公司取得广丰大厦后，在原主体框架结构基础上继续投入资金进行续建，续建完成后更名为“时代国际大厦”。

2011 年 6 月 2 日，广东高院根据有关部门的意见对该案复查后，作出（1997）粤高法执字第 7–1 号执行裁定，认定景某拍卖行和买受人龙某公司的股东系亲属，存在关联关系。广丰大厦的两次评估价格差额巨大，第一次评估了广丰大厦约一半面积的房产，第二次评估了该大厦整栋房产，但第二次评估价格仅为第一次评估价格的35%，即使考虑市场变化因素，其价格变化也明显不正常。根据景某拍卖行的报告，拍卖时有三个竞买人参与竞买，另外两个竞买人均未举牌竞价，龙某公司因而一次举牌即以起拍价2412万元竞买成功。但经该院协调有关司法机关无法找到该二人，后书面通知景某拍卖行提供该二人的竞买资料，景某拍卖行未能按要求提供；景某拍卖行也未按照《拍卖监督管理暂行办法》第4条关于“拍卖企业举办拍卖活动，应当于拍卖日前七天内到拍卖活动所在地工商行政管理局备案，……拍卖企业应当在拍卖活动结束后7天内，将竞买人名单、身份证明复印件送拍卖活动所在地工商行政管理局备案”的规定，向工商管理部门备案。现有证据不能证实另外两个竞买人参与了竞买。综上，可以认定拍卖人景某拍卖行和竞买人龙某公司在拍卖广丰大厦中存在恶意串通行为，导致广丰大厦的拍卖不能公平竞价、损害了购房人和其他债权人的利益。根据《民法通则》第58条、《拍卖法》第65条的规定，裁定拍卖无效，撤销该院于2003年10月28日作出的（1997）粤高法执字第7号民事裁定。对此，买受人龙某公司和景某拍卖行分别向广东高院提出异议。

龙某公司和景某拍卖行的异议被驳回后，其又向最高人民法院申请复议。主要复议理由为：对广丰大厦前后两次评估的价值相差巨大的原因存在合理性，评估结果与拍卖行和买受人无关；拍卖保留价也是根据当时实际情况决定的，拍卖成交价是当时市场客观因素造成的；景某拍卖行不能提供另外两名竞买人的资料，不违反《拍卖法》第54条第2款关于“拍卖资料保管期限自委托拍卖合同终止之日起计算，不得少于五年”的规定；广丰大厦的拍卖过程公开、合法，拍卖前曾四次在报纸上刊出拍卖公告，法律没有禁止拍卖行股东亲属的公司参与竞买。故不存在拍卖行与买受人恶意串通、损害购房人和其他债权人利益的事实。广东高院推定竞买人与拍卖行存在恶意串通行为是错误的。

【裁判说理】裁判文书说理部分这样论述：受人民法院委托进行的拍卖属于司法强制拍卖，其与公民、法人和其他组织自行委托拍卖机构进行的拍卖不同，人民法院有权对拍卖程序及拍卖结果的合法性进行审查（法理之一）。因此，即使拍卖已经成交，人民法院发现其所委托的拍卖行为违法，仍可以根据《民法通则》第58条、《拍卖法》第65条等法律规定，对在拍卖过程中恶意串通，导致拍卖不能公平竞价、损害他人合法权益的，裁定该拍卖无效（法理之二）。

买受人在拍卖过程中与拍卖机构是否存在恶意串通，应从拍卖过程、拍卖结果等方面综合考察（法理之三）。如果买受人与拍卖机构存在关联关系，拍卖过程没有进行充分竞价，而买受人和拍卖机构明知标的物评估价和成交价明显过低，仍以该低价成交，损害标的物相关权利人合法权益的，可以认定双方存在恶意串通（法理之四）。

本案中，在景某拍卖行与买受人之间因股东的亲属关系而存在关联关系的情况下，除非能够证明拍卖过程中有其他无关联关系的竞买人参与竞买，且进行了充分的竞价，否则可以推定景某拍卖行与买受人之间存在串通（法理之五）。该竞价充分的举证责任应由景某拍卖行和与其有关联关系的买受人承担。2003年拍卖结束后，景某拍卖行给广东高院的拍卖报告中指出，还有另外两个自然人参与竞买，现场没有举牌竞价，拍卖中仅一次叫价即以保留价成交，并无竞价。而买受人龙某公司和景某拍卖行不能提供其他两个竞买人的情况。经审核，其复议中提供的向工商管理部门备案的材料中，并无另外两个竞买人参与竞买的资料。拍卖资料经过了保存期，不是其不能提供竞买人情况的理由。据此，不能认定有其他竞买人参与了竞买，可以认定景某拍卖行与买受人龙某公司之间存在串通行为。

鉴于本案拍卖系直接以评估机构确定的市场价的70%之保留价成交的，故评估价格是否合理对于拍卖结果是否公正合理有直接关系（法理之六）。之前对一半房产的评估价格已达一亿多元，但是本次对全部房产的评估价格却只有原来一半房产评估价格的35%。拍卖行明知价格过低，却通过亲属来购买房产，未经多轮竞价，严重侵犯了他人的利益（法理之七）。拍卖整栋楼的价格与评估部分房产时的价格相差悬殊，拍卖行和买受人的解释不能让人信服，可以认定两者间存在恶意串通。同时，与广丰大厦相关的权利有申请交付广丰大厦预售房屋、回迁房屋和申请返还购房款、工程款、银行借款等，总额达15亿多元，仅购房人登记所交购房款即超过2亿元。而本案的拍卖价款仅为2412万元，对于没有优先受偿权的本案申请执行人毫无利益可言，明显属于无益拍卖（法理之八）。鉴于景某拍卖行负责接受与广丰大厦相关的权利的申报工作，且买受人与其存在关联关系，可认定景某拍卖行与买受人对上述问题也应属明知（法理之九）。因此，对于此案拍卖导致与广丰大厦相关的权利人的权益受侵害，景某拍卖行与买受人龙某公司之间构成恶意串通（法理之十）。

【法理应用】《民事诉讼法》和《最高人民法院关于人民法院民事执行中拍卖、变卖财产的规定》仅规定了在拍卖开始前，如果发生拍卖机构和竞买人恶意串通的情形，法院应当撤回拍卖委托。而对拍卖开始后发现竞买人妨害拍卖的情况如何处理，没有规定。对于此项法律空白，该案例确定了《拍卖法》作为规范拍卖机构拍卖行为的一般性法律，在司法解释对一些司法拍卖事项没有专门规定的情况下，应当适用普通拍卖的一般原则及具体规则。即拍卖法的相关规定在与有关执行程序的法律和司法解释规定的目的和原则不相冲突的前提下，可以作为规范司法拍卖的补充法律规范。即《拍卖法》可以作为认定司法拍卖无效的法律依据。确定人民法院对司法拍卖具有监督权，如果拍卖过程中发生恶意串通或有其他非法因素，人民法院有权宣布拍卖无效或撤销拍卖结果。“拍卖行与买受人有关联关系，拍卖行为存在以下情形，损害与标的物相关权利人合法权益的，人民法院可以视为拍卖行与买受人恶意串通，依法裁定该拍卖无效：（1）拍卖过程中没有其他无关联关系的竞买人参与竞买，或者虽有其他竞买人参与竞买，但未进行充分竞价的；（2）拍卖标的物的评估价明显低于实际价格，仍以该评估价成交的。”① 对执行标的物进行司法拍卖，目的是通过充分实现财产价值来保护债权人的利益。拍卖人与竞买人的恶意串通行为不仅与这一制度目的相背离，也浪费了司法资源。本案通过适用实体法的立法精神处理执行程序中出现的问题，弥补法律空白，体现了追求程序正义与实体公平相统一的审判理念。

① 参见最高人民法院案例指导工作办公室编著：《中国案例指导》（总第 3 辑），法律出版社 2015 年版，第 11 页。

【指导性案例 36 号】

中某信用担保有限公司与海某证券股份有限公司等证券权益纠纷执行复议案[①]

【案情概述】中某信用担保有限公司（以下简称中某公司）与海某证券股份有限公司（以下简称海某证券）、海某证券股份有限公司福州广达路证券营业部（以下简称海某证券营业部）证券权益纠纷一案，福建省高级人民法院（以下简称福建高院）于 2009 年 6 月 11 日作出（2009）闽民初字第 3 号民事调解书，已经发生法律效力。中某公司于 2009 年 6 月 25 日向福建高院申请执行。福建高院于同年 7 月 3 日立案执行，并于当月 15 日向被执行人海某证券营业部、海某证券发出（2009）闽执行字第 99 号执行通知书，责令其履行法律文书确定的义务。

被执行人海某证券及海某证券营业部不服福建高院（2009）闽执行字第 99 号执行通知书，向该院提出书面异议。异议称：被执行人已于 2009 年 6 月 12 日根据北京市东城区人民法院（以下简称北京东城法院）的履行到期债务通知书，向中某公司的执行债权人潘某履行其对中某公司所负的到期债务 11 222 761.55 元，该款汇入了北京东城法院账户；上海市第二中级人民法院（以下简称上海二中院）为执行上海中某资产管理有限公司与中某公司纠纷案，向其发出协助执行通知书，并于 2009 年 6 月 22 日扣划了海某证券的银行存款 8 777 238.45 元。以上共计向中某公司的债权人支付了 2000 万元，故其与中某公司之间已经不存在未履行（2009）闽民初字第 3 号民事调解书确定的付款义务的事实，福建高院向其发出的执行通知书应当撤销。为此，福建高院作出（2009）闽执异字第 1 号裁定书，认定被执行人异议成立，撤销（2009）闽执行字第 99 号执行通知书。申请执行人中某公司不服，向最高人民法院提出了复议申请。申请执行人的主要理由：北京东城法院的履行到期债务通知书和上海二中院的协助执行通知书，均违反了最高人民法院给江苏省高级人民法院的（2000）执监字第 304 号关于法院判决的债权不适用《关

① 参见最高人民法院案例指导工作办公室编著：《中国案例指导》（总第 3 辑），法律出版社 2015 年版，第 80 页。

于适用〈中华人民共和国民事诉讼法〉若干问题的意见》第300条规定（以下简称意见第300条）的复函精神，福建高院的裁定错误。

【裁判说理】裁判文书说理部分这样论述：最高人民法院（2000）执监字第304号复函是针对个案的答复，不具有普遍效力（法理之一）。随着民事诉讼法关于执行管辖权的调整，该函中基于执行只能由一审法院管辖，认为经法院判决确定的到期债权不适用意见第300条的观点已不再具有合理性（法理之二）。对此问题的正确解释应当是对经法院判决（或调解书，以下统称判决）确定的债权，也可以由非判决法院按照意见第300条规定的程序执行。因该到期债权已经法院判决确定，故第三人（被执行人的债务人）不能提出债权不存在的异议（否认生效判决的定论）(法理之三)。本案中，北京东城法院和上海二中院正是按照上述精神对福建高院（2009）闽民初字第3号民事调解书确定的债权进行执行的。被执行人海某证券无权对生效调解书确定的债权提出异议，不能对抗上海二中院强制扣划行为，其自动按照北京东城法院的通知要求履行，也是合法的。

【法理应用】原《最高人民法院关于适用〈中华人民共和国民事诉讼法〉若干问题的意见》第300条规定，被执行人对他人享有的到期债权可以作为被执行财产。该规定是以被执行人对他人所享有的债权未经生效裁判确认的情况为基础的。在实践中，对于经生效裁判确定的债权能否适用此条规定，法律没有具体规定，基于不同的理解和认识，法院在处理此类问题上有不同的处理方式和处理结果。效率是到期债权执行制度的基本价值取向，如果将到期债权执行制度中的债权仅仅理解为一般债权，不利于发挥到期债权制度的功能，影响强制执行的效率与经济，不利于保障债权人债权的实现。基于此，该案例明确了原《最高人民法院关于适用〈中华人民共和国民事诉讼法〉若干问题的意见》第300条所规定的到期债权包括生效法律文书确认的债权，统一了司法实践中对到期债权制度的适用规则，弥补了空白。后来，在2015年2月4日公布的《最高人民法院关于适用〈中华人民共和国民事诉讼法〉的解释》第501条对该案例涉及的问题予以了明确规定，体现了公平与效率的审判理念。

【指导性案例 37 号】

上海金某机械制造有限公司与瑞士瑞某克公司仲裁裁决执行复议案[①]

【案情概述】上海金某机械制造有限公司（以下简称金某公司）与瑞士瑞某克公司（以下简称瑞某克公司）买卖合同纠纷一案，由中国国际经济贸易仲裁委员会于 2006 年 9 月 18 日作出仲裁裁决。2007 年 8 月 27 日，金某公司向瑞士联邦兰茨堡（Lenzburg）法院（以下简称兰茨堡法院）申请承认和执行该仲裁裁决，并提交了由中国中央翻译社翻译、经上海市外事办公室及瑞士驻上海总领事认证的仲裁裁决书翻译件。同年 10 月 25 日，兰茨堡法院以金某公司所提交的仲裁裁决书翻译件不能满足《承认及执行外国仲裁裁决公约》(以下称《纽约公约》）第 4 条第 2 项关于“译文由公设或宣誓之翻译员或外交或领事人员认证”的规定为由，驳回金某公司的申请。其后，金某公司又先后两次向兰茨堡法院递交了分别由瑞士当地翻译机构翻译的仲裁裁决书译件和由上海上外翻译公司翻译、上海市外事办公室、瑞士驻上海总领事认证的仲裁裁决书翻译件以申请执行，仍被该法院分别于 2009 年 3 月 17 日和 2010 年 8 月 31 日，以仲裁裁决书的翻译文件没有严格意义上符合《纽约公约》第 4 条第 2 项的规定为由，驳回申请。

2008 年 7 月 30 日，金某公司发现瑞某克公司有一批机器设备正在上海市浦东新区展览，遂于当日向上海市第一中级人民法院（以下简称上海一中院）申请执行。上海一中院于同日立案执行并查封、扣押了瑞某克公司的参展机器设备。瑞某克公司遂以金某公司申请执行已超过《中华人民共和国民事诉讼法》(以下简称《民事诉讼法》）规定的期限为由提出异议，要求上海一中院不受理该案，并解除查封，停止执行。

【裁判说理】裁判文书说理部分这样论述：本案争议焦点是我国法院对该案是否具有管辖权以及申请执行期间应当从何时开始起算。

一、关于我国法院的执行管辖权问题

根据《民事诉讼法》的规定，我国涉外仲裁机构作出的仲裁裁决，如果

① 参见最高人民法院案例指导工作办公室编著：《中国案例指导》（总第 3 辑），法律出版社 2015 年版，第 89 页。

被执行人或者其财产不在中华人民共和国领域内的，应当由当事人直接向有管辖权的外国法院申请承认和执行。鉴于本案所涉仲裁裁决生效时，被执行人瑞某克公司及其财产均不在我国领域内，因此，人民法院在该仲裁裁决生效当时，对裁决的执行没有管辖权。

2008年7月30日，金某公司发现被执行人瑞某克公司有财产正在上海市参展。此时，被申请执行人瑞某克公司有财产在中华人民共和国领域内的事实，使我国法院产生了对本案的执行管辖权（法理之一）。申请执行人依据《民事诉讼法》（2007年修正）第273条关于"一方当事人不履行仲裁裁决的，对方当事人可以向被申请人住所地或者财产所在地的中级人民法院申请执行"的规定，基于被执行人不履行仲裁裁决义务的事实，行使民事强制执行请求权，向上海一中院申请执行。这符合我国《民事诉讼法》有关人民法院管辖涉外仲裁裁决执行案件所应当具备的要求，上海一中院对该执行申请有管辖权。

考虑到《纽约公约》规定的原则是，只要仲裁裁决符合公约规定的基本条件，就允许在任何缔约国得到承认和执行。《纽约公约》的目的在于便利仲裁裁决在各缔约国得到顺利执行，因此并不禁止当事人向多个公约成员国申请相关仲裁裁决的承认与执行（法理之二）。被执行人一方可以通过举证已经履行了仲裁裁决义务进行抗辩，向执行地法院提交已经清偿债务数额的证据，这样即可防止被执行人被强制重复履行或者超标的履行的问题（法理之三）。因此，人民法院对该案行使执行管辖权，符合《纽约公约》规定的精神，也不会造成被执行人重复履行生效仲裁裁决义务的问题（法理之四）。

二、关于本案申请执行期间的起算问题

依照《民事诉讼法》（2007年修正）第215条的规定，"申请执行的期间为二年""前款规定的期间，从法律文书规定履行期间的最后一日起计算；法律文书规定分期履行的，从规定的每次履行期间的最后一日起计算；法律文书未规定履行期间的，从法律文书生效之日起计算"。鉴于我国法律有关申请执行期间的起算，是针对生效法律文书作出时，被执行人或者其财产在我国领域内的一般情况作出的规定（法理之五）；而本案的具体情况是，仲裁裁决生效当时，我国法院对该案并没有执行管辖权，当事人依法向外国法院申请承认和执行该裁决而未能得到执行，不存在怠于行使申请执行权的问题（法理之六）；被执行人一直拒绝履行裁决所确定的法律义务（法理之七）；申请执行人在发现被执行人有财产在我国领域内之后，即向人民法院申请执行（法理之八）。考虑到这类情况下，外国被执行人或者其财产何时会再次进入我国领域内，具有较大的不确定性（法理之九），因此，应当合理确定申请执行期间起算点，才能公平保护申请执行人的合法权益（法理之十）。

鉴于债权人取得有给付内容的生效法律文书后，如债务人未履行生效文书所确定的义务，债权人即可申请法院行使强制执行权，实现其实体法上的请求权，此项权利即为民事强制执行请求权（法理之十一）。民事强制执行请求权的存在依赖于实体权利，取得依赖于执行根据，行使依赖于执行管辖权（法理之十二）。执行管辖权是民事强制执行请求权的基础和前提（法理之十三）。在司法实践中，人民法院的执行管辖权与当事人的民事强制执行请求权不能是抽象或不确定的，而应是具体且可操作的（法理之十四）。义务人瑞某克公司未履行裁决所确定的义务时，权利人金某公司即拥有了民事强制执行请求权，但是根据《民事诉讼法》的规定，对于涉外仲裁机构作出的仲裁申请执行，如果被执行人或者其财产不在中华人民共和国领域内，应当由当事人直接向有管辖权的外国法院申请承认和执行。此时，因被执行人或者其财产不在我国领域内，我国法院对该案没有执行管辖权，申请执行人金某公司并非其主观上不愿或怠于行使权利，而是由于客观上纠纷本身没有产生人民法院执行管辖连接点，导致其无法向人民法院申请执行（法理之十五）。人民法院在受理强制执行申请后，应当审查申请是否在法律规定的时效期间内提出。具有执行管辖权是人民法院审查申请执行人相关申请的必要前提（法理之十六），因此应当自执行管辖确定之日，即发现被执行人可供执行财产之日起，开始计算申请执行人的申请执行期限（法理之十七）。

【法理应用】司法管辖权是一国司法制度的重要组成部分，执行管辖权是司法主权在执行工作中的体现。该案例明确了我国法院对涉外仲裁裁决执行管辖权的范围。同时也明确了民事诉讼法体系下执行管辖确定与申请执行期间计算之间的逻辑关系，即涉外仲裁裁决确定的履行期间届满后，仲裁义务人系外国法人或自然人且在我国领域内无住所地，也无可供执行财产，但后来在我国领域内又发现可供执行财产的情况下，申请执行人的申请执行期间从执行管辖确定时起算。“当事人向我国法院申请执行发生法律效力的涉外仲裁裁决，发现被申请执行人或者其财产在我国领域内的，我国法院即对该案具有执行管辖权。当事人申请法院强制执行的时效期间，应当自发现被申请执行人或者其财产在我国领域内之日起算”①，这体现了通过法律适用在司法领域维护国家主权和依法保护我国公民合法权益的审判理念。

【指导性案例47号】

意大利费某罗公司诉蒙某莎（张家港）食品有限公司、天津经济技术开发区正某行销有限公司不正当竞争纠纷案②

【案情概述】原告意大利费某罗公司（以下简称费某罗公司）诉称：被告蒙某莎（张家港）食品有限公司（以下简称蒙某莎公司）仿冒原告产品，擅自使用与原告知名商品特有的包装、装潢相同或近似的包装、装潢，使消费者产生混淆。被告蒙某莎公司的上述行为及被告天津经济技术开发区正某行销有限公司（以下简称正某公司）销售仿冒产品的行为已给原告造成重大经济损失。请求判令蒙某莎公司不得生产、销售，正某公司不得销售符合前述费某罗公司巧克力产品特有的任意一项或者几项组合的包装、装潢的产品或者任何与费某罗公司的上述包装、装潢相似的足以引起消费者误认的巧克力产品，并赔礼道歉、消除影响、承担诉讼费用，蒙某莎公司赔偿损失300万元。

法院经审理查明：费某罗公司于1946年在意大利成立，1982年其生产的费列罗巧克力投放市场，曾在亚洲多个国家和地区的电视、报纸、杂志发布广告。在我国台湾地区和香港特别行政区，费列罗巧克力取名“金莎”巧克力，并分别于1990年6月和1993年在我国台湾地区和香港特别行政区注册“金莎”商标。1984年2月，费列罗巧克力通过中国某食品进出口总公司采取寄售方式进入了国内市场，主要在免税店和机场商店等当时政策所允许

① 参见最高人民法院案例指导工作办公室编著：《中国案例指导》（总第3辑），法律出版社2015年版，第17页。

② 参见最高人民法院案例指导工作办公室编著：《中国案例指导》（总第3辑），法律出版社2015年版，第302页。

的场所销售，并延续到1993年前。1986年10月，费某罗公司在中国注册了“FERRERO ROCHER”和图形（椭圆花边图案）以及其组合的系列商标，并在中国境内销售的巧克力商品上使用。费列罗巧克力使用的包装、装潢的主要特征是:（1）每一粒球状巧克力用金色纸质包装；（2）在金色球状包装上配以印有“FERRERO ROCHER”商标的椭圆形金边标签作为装潢；（3）每一粒金球状巧克力均有咖啡色纸质底托作为装潢；（4）若干形状的塑料透明包装，以呈现金球状内包装；（5）塑料透明包装上使用椭圆形金边图案作为装潢，椭圆形内配有产品图案和商标，并由商标处延伸出红金颜色的绶带状图案。费列罗巧克力产品的8粒装、16粒装、24粒装以及30粒装立体包装于1984年向世界知识产权组织申请为立体商标。费某罗公司自1993年开始，以广东、上海、北京地区为核心逐步加大费列罗巧克力在国内的报纸、期刊和室外广告的宣传力度，相继在一些大中城市设立专柜进行销售，并通过赞助一些商业和体育活动，提高其产品的知名度。2000年6月，其“FERRERO ROCHER”商标被国家工商行政管理部门列入全国重点商标保护名录。我国广东、河北等地工商行政管理部门曾多次查处仿冒费列罗巧克力包装、装潢的行为。

蒙某莎公司是1991年12月张家港市乳品某厂与比利时费某代尔有限公司合资成立的生产、销售各种花色巧克力的中外合资企业。张家港市乳品某厂自1990年开始生产金莎巧克力，并于1990年4月23日申请注册“金莎”文字商标，1991年4月经国家工商行政管理局商标局核准注册。2002年，张家港市乳品某厂向蒙某莎公司转让“金莎”商标，于2002年11月25日提出申请，并于2004年4月21日经国家工商管理总局商标局核准转让。由此蒙某莎公司开始生产、销售金莎巧克力。蒙某莎公司生产、销售金莎巧克力产品，其除将“金莎”更换为“金莎 TRESOR DORE”组合商标外，仍延续使用张家港市乳品某厂的金莎巧克力产品使用的包装、装潢。被控侵权的金某TRESOR DORE巧克力包装、装潢如下：每粒金莎 TRESOR DORE巧克力呈球状并均由金色锡纸包装；在每粒金球状包装顶部均配以印有“金莎 TRESOR DORE”商标的椭圆形金边标签；每粒金球状巧克力均配有底面平滑无褶皱、侧面带波浪褶皱的呈碗状的咖啡色纸质底托；外包装为透明塑料纸或塑料盒；

外包装正中处使用椭圆金边图案，内配产品图案及金莎 TRESOR DORE 商标，并由此延伸出红金色绶带。以上特征与费某罗公司起诉中请求保护的包装、装潢在整体印象和主要部分上相近似。正某公司为蒙某莎公司生产的金莎 TRESOR DORE 巧克力在天津市的经销商。2003 年 1 月，费某罗公司经天津市公证处公证，在天津市河东区正某公司处购买了被控侵权产品。

【裁判说理】裁判文书说理部分这样论述：本案主要涉及费列罗巧克力是否为在先知名商品，费列罗巧克力使用的包装、装潢是否为特有的包装、装潢，以及蒙某莎公司生产的金莎 TRESOR DORE 巧克力使用包装、装潢是否构成不正当竞争行为等争议焦点问题。

一、关于费列罗巧克力是否为在先知名商品

根据中国某食品进出口总公司与费某罗公司签订的寄售合同、寄售合同确认书等证据，二审法院认定费列罗巧克力自 1984 年开始在中国境内销售无误。反不正当竞争法所指的知名商品，是在中国境内具有一定的市场知名度，为相关公众所知悉的商品（法理之一）。对国际已知名的商品，我国法律对其特有名称、包装、装潢的保护，仍应以在中国境内为相关公众所知悉为必要。其所主张的商品或者服务具有知名度，通常系由在中国境内生产、销售或者从事其他经营活动而产生。认定知名商品，应当考虑该商品的销售时间、销售区域、销售额和销售对象，进行宣传的持续时间、程度和地域范围，作为知名商品受保护的情况等因素，进行综合判断；也不排除适当考虑国外已知名的因素（法理之二）。本案二审判决中关于“对商品知名状况的评价应根据其在国内外特定市场的知名度综合判定，不能理解为仅指在中国境内知名的商品”的表述欠当，但根据费列罗巧克力进入中国市场的时间、销售情况以及费某罗公司进行的多种宣传活动，认定其属于在中国境内的相关市场中具有较高知名度的知名商品正确。蒙某莎公司关于费列罗巧克力在中国境内市场知名的时间晚于金莎 TRESOR DORE 巧克力的主张不能成立。此外，费某罗公司的费列罗巧克力的包装、装潢使用在先，蒙某莎公司主张其使用的涉案包装、装潢为自主开发设计缺乏充分证据支持，二审判决认定蒙某莎公司擅自使用费列罗巧克力特有包装、装潢正确。

二、关于费列罗巧克力使用的包装、装潢是否具有特有性

盛装或者保护商品的容器等包装，以及在商品或者其包装上附加的文字、图案、色彩及其排列组合所构成的装潢，在其能够区别商品来源时，即属于反不正当竞争法保护的特有包装、装潢（法理之三）。费某罗公司请求保护的费列罗巧克力使用的包装、装潢系由一系列要素构成。如果仅仅以锡箔纸包裹球状巧克力，采用透明塑料外包装，呈现巧克力内包装等方式进行简单的组合，所形成的包装、装潢因无区别商品来源的显著特征而不具有特有性；而且这种组合中的各个要素也属于食品包装行业中通用的包装、装潢元素，不能被独占使用。但是，锡纸、纸托、塑料盒等包装材质与形状、颜色的排列组合有很大的选择空间；将商标标签附加在包装上，该标签的尺寸、图案、构图方法等亦有很大的设计自由度。在可以自由设计的范围内，将包装、装潢各个要素独特排列组合，使其具有区别商品来源的显著特征，可以构成商品特有的包装、装潢。费列罗巧克力所使用的包装、装潢因其构成要素在文字、图形、色彩、形状、大小等方面的排列组合具有独特性，形成了显著的整体形象，且与商品的功能性无关，经过长时间使用和大量宣传，已足以使相关公众将上述包装、装潢的整体形象与费某罗公司的费列罗巧克力商品联系起来，具有识别其商品来源的作用，应当属于《反不正当竞争法》第 5 条第 2 项所保护的特有的包装、装潢（法理之四）。蒙某莎公司关于判定涉案包装、装潢为特有，会使巧克力行业的通用包装、装潢被费某罗公司排他性独占使用，垄断国内球形巧克力市场等理由，不能成立。

三、关于相关公众是否容易对费列罗巧克力与金莎 TRESO RDORE 巧克力引起混淆、误认

对商品包装、装潢的设计，不同经营者之间可以相互学习、借鉴，并在此基础上进行创新设计，形成有明显区别各自商品的包装、装潢。这种做法是市场经营和竞争的必然要求（法理之五）。就本案而言，蒙某莎公司可以充分利用巧克力包装、装潢设计中的通用要素，自由设计与他人在先使用的特有包装、装潢具有明显区别的包装、装潢。但是，对他人具有识别商品来源意义的特有包装、装潢，则不能作足以引起市场混淆、误认的全面模仿，否则就会构成不正当的市场竞争（法理之六）。我国《反不正当竞争法》中规定

的混淆、误认，是指足以使相关公众对商品的来源产生误认，包括误认为与知名商品的经营者具有许可使用、关联企业关系等特定联系（法理之七）。本案中，由于费列罗巧克力使用的包装、装潢的整体形象具有区别商品来源的显著特征，蒙某莎公司在其巧克力商品上使用的包装、装潢与费列罗巧克力特有包装、装潢，又达到在视觉上非常近似的程度。即使双方商品存在价格、质量、口味、消费层次等方面的差异和厂商名称、商标不同等因素，也未免使相关公众易于误认金莎TRESOR DORE巧克力与费列罗巧克力存在某种经济上的联系。据此，再审申请人关于本案相似包装、装潢不会构成消费者混淆、误认的理由不能成立。

综上，蒙某莎公司在其生产的金莎TRESOR DORE巧克力商品上，擅自使用与费某罗公司的费列罗巧克力特有的包装、装潢相近似的包装、装潢，足以引起相关公众对商品来源的混淆、误认，构成不正当竞争。

【法理应用】《反不正当竞争法》提出了“知名商品”的概念，但没有明确其内涵。《国家工商行政管理局关于禁止仿冒知名商品特有名称、包装、装潢的不正当竞争行为的若干规定》《最高人民法院关于审理不正当竞争民事案件应用法律若干问题的解释》对该问题作了进一步的明确。但随着市场经济的迅速发展，新情况新问题层出不穷。例如，对于境外商品的知名度以及包装、装潢的特有性、对他人包装、装潢的模仿、借鉴度的把握等方面，实践中有不同的认识。该案例结合案情进一步明确了在审判实践中有关知名商品认定的地域因素，特有的包装、装潢的判断标准，以及模仿、借鉴与创新的认定标准，有利于准确把握《反不正当竞争法》规定的“知名商品”“特有”“混淆认识”的涵义，统一法律适用标准。“反不正当竞争法所称的知名商品，是指在中国境内具有一定的市场知名度，为相关公众所知悉的商品。在国际上已知名的商品，我国对其特有的名称、包装、装潢的保护，仍应以其在中国境内为相关公众所知悉为必要。故认定该知名商品，应当结合该商品在中国境内的销售时间、销售区域、销售额和销售对象，进行宣传的持续时间、程度和地域范围，作为知名商品受保护的情况等因素，并适当考虑商品在国外已知名的情况，进行综合判断。”“反不正当竞争法所保护的知名商品特有的包装、装潢，是指能够区别商品来源的盛装或者保护商品的容器等包装，以及在商品或者其包装上附加的文字、图案、色彩及其排列组合所构成的装潢。”“对他人能够区别商品来源的知名商品特有的包装、装潢，进行足以引起市场混淆、误认的全面模仿，属于不正当竞争行为。”[①]体现了维护合法经营者、规范市场竞争秩序的审判理念。

【指导性案例 51 号】

阿某诉中国东某航空股份有限公司航空旅客运输合同纠纷案[②]

【案情概述】略（详见正文第 60 页）。

【裁判说理】裁判文书说理部分这样论述：《瓜达拉哈拉公约》第 1 条第 2 款规定：“‘缔约承运人’指与旅客或托运人，或与旅客或托运人的代理人订立一项适用华沙公约的运输合同的当事人。”第 1 条第 3 款规定：“‘实际承运人’指缔约承运人以外，根据缔约承运人的授权办理第二款所指的全部或部分运输的人，但对该部分运输此人并非华沙公约所指的连续承运人。在没有相反的证据时，上述授权被推定成立。”第 7 条规定：“对实际承运人所办运输的责任诉讼，可以由原告选择，对实际承运人或缔约承运人提起，或者同时或分别向他们提起。如果只对其中的一个承运人提起诉讼，则该承运人应有权要求另一承运人参加诉讼。这种参加诉讼的效力以及所适用的程序，根据受理案件的法院的法律决定。”阿某所持机票是由国某航空公司出票，故国际航空旅客运输合同关系是在阿某与国某航空公司之间设立，国某航空公司是缔约承运人。东某航空公司与阿某之间不存在直接的国际航空旅客运输合同关系，也不是连续承运人，只是推定其根据国某航空公司的授权，完成该机票确定的上海至香港间运输任务的实际承运人（法理之一）。阿某有权选择国某航空公司或东某航空公司或两者同时为被告提起诉讼；在阿某只选择东某航空公司为被告提起的诉讼中，东某航空公司虽然有权要求国某航空公司参加诉讼，但由于阿某追究的航班延误责任发生在东某航空

① 参见最高人民法院案例指导工作办公室编著：《中国案例指导》（总第 3 辑），法律出版社 2015 年版，第 239 页。

② 参见最高人民法院案例指导工作办公室编著：《中国案例指导》（总第 3 辑），法律出版社 2015 年版，第 370 页。

公司承运的上海至香港段航程中，与国某航空公司无关，根据本案案情，衡量诉讼成本，无须追加国某航空公司为本案的当事人共同参加诉讼（法理之二）。故东某航空公司虽然有权申请国某航空公司参加诉讼，但这种申请能否被允许，应由受理案件的法院决定（法理之三）。一审法院认为国某航空公司与阿某要追究的航班延误责任无关，根据本案旅客维权的便捷性、担责可能性、诉讼的成本等情况，决定不追加国某航空公司为本案的当事人，并无不当（法理之四）。

【法理应用】该案例是关于因航班延误引发的国际航空旅客运输纠纷。在涉及两家航空公司的联程运输中，因前一航班延误而导致乘客未能在中转点赶上衔接航班，乘客购买的机票是约定承运人对衔接航班免责并且是注明不得签转的折扣机票，在这种情况下乘客的利益如何保护？乘客能否可以只对实际承运人提起诉讼？该指导性案例基于减少当事人诉累，提高审判效率的审判理念，认为国际航空旅客运输涉及国外的航空公司，如果追加境外当事人，诉讼可能旷日持久，给旅客维权增加难度，并且在旅客起诉实际承运人追究其延误责任的情况下，追加缔约承运人对于查明与延误相关事实并无必要。基于此种审判理念，本案确立了“对航空旅客运输实际承运人提起的诉讼，可以选择对实际承运人或缔约承运人提起诉讼，也可以同时对实际承运人和缔约承运人提起诉讼。被诉承运人申请追加另一方承运人参加诉讼的，法院可以根据案件的实际情况决定是否准许”[①]裁判规则。

【指导性案例52号】

海南丰某粮油工业有限公司诉中国某财产保险股份有限公司海南省分公司海上货物运输保险合同纠纷案[②]

【案情概述】1995年11月28日，海南丰某粮油工业有限公司（以下简称丰某公司）在中国某财产保险股份有限公司海南省分公司（以下简称海南某

① 参见最高人民法院案例指导工作办公室编著：《中国案例指导》（总第3辑），法律出版社2015年版，第254页。

② 参见最高人民法院案例指导工作办公室编著：《中国案例指导》（总第3辑），法律出版社2015年版，第381页。

保）投保了由印度尼西亚籍“哈某”轮所运载的自印度尼西亚杜迈港至中国洋浦港的4999.85吨桶装棕榈油，投保险别为一切险，货价为3 574 892.75美元，保险金额为3 951 258美元，保险费为18 966美元。投保后，丰某公司依约向海南某保支付了保险费，海南某保向丰某公司发出了起运通知，签发了海洋货物运输保险单，并将海洋货物运输保险条款附于保单之后。根据保险条款规定，一切险的承保范围除包括平安险和水渍险的各项责任外，海南某保还“负责被保险货物在运输途中由于外来原因所致的全部或部分损失”。该条款还规定了5项除外责任。上述投保货物是由丰某公司以CNF价格向新加坡某益私人有限公司（以下简称某益公司）购买的。根据买卖合同约定，发货人某益公司与船东代理某国际代理有限公司（以下简称某国际）签订一份租约。该租约约定由“哈某”轮将丰某公司投保的货物5000吨棕榈油运至中国洋浦港，将另1000吨棕榈油运往中国香港特别行政区。

1995年11月29日，“哈某”轮的期租船人、该批货物的实际承运人印度尼西亚PSI公司签发了编号为DM/YPU/××××/95的已装船提单。该提单载明船舶为“哈某”轮，装货港为印度尼西亚杜迈港，卸货港为中国洋浦港，货物唛头为BATCH NO.80211/95，装货数量为4999.85吨，清洁、运费已付。据查，发货人某益公司将运费支付给某国际，某国际已将运费支付给PSI公司。1995年12月14日，丰某公司向其开证银行付款赎单，取得了上述投保货物的全套（3份）正本提单。1995年11月23日至29日，“哈某”轮在杜迈港装载31 623桶、净重5999.82吨的四海牌棕榈油启航后，由于“哈某”轮船东印度尼西亚BBS公司与该轮的期租船人PSI公司之间因船舶租金发生纠纷，“哈某”轮中止了提单约定的航程并对外封锁了该轮的动态情况。

为避免投保货物的损失，某益公司、丰某公司、海南某保多次派代表参加“哈某”轮船东与期租船人之间的协商，但由于船东以未收到租金为由不肯透露“哈某”轮的行踪，多方会谈未果。此后，某益公司、丰某公司通过多种渠道交涉并多方查找“哈某”轮行踪，海南某保亦通过其驻外机构协助查找“哈某”轮。直至1996年4月，“哈某”轮走私至中国汕尾被我海警查获。根据广州市人民检察院穗检刑免字〔1996〕64号《免予起诉决定书》的认定，1996年1月至3月，“哈某”轮船长根据BBS公司指令，指挥船员将其中的11 325桶、2100多吨棕榈油转载到属同一船公司的“依某那”和“萨某哈”货船上运走销售，又让船员将船名“哈某”轮涂改为“伊某莎2”号。1996年4月，更改为“伊某莎2”号的货船载剩余货物20 298桶棕榈油走私至中国汕尾，4月16日被我海警查获。上述20 298桶棕榈油已被广东省检察机关作为走私货物没收上缴国库。1996年6月6日，丰某公司向海南某保递交索赔报告书。同年8月20日，丰某公司再次向海南某保提出书面索赔申请，海南某保明确表示拒赔。丰某公司遂诉至海口海事法院。

丰某公司是海南某源贸易发展有限公司和新加坡海某国际有限公司于1995年8月14日开办的中外合资经营企业。该公司成立后，就与海南某保建立了业务关系。1995年10月1日至同年11月28日（本案保险单签发前）就发生了4笔进口棕榈油保险业务，其中3笔投保的险别为一切险，另1笔为“一切险附加战争险”。该4笔保险均发生索赔，其中有因为一切险范围内的货物短少、破漏发生的赔付。

【裁判说理】裁判文书说理部分这样论述：根据涉案“海洋运输货物保险条款”的规定，一切险除了包括平安险、水渍险的各项责任外，还负责被保险货物在运输过程中由于各种外来原因所造成的损失。同时保险条款中还明确列明了五种除外责任，即：（1）被保险人的故意行为或过失所造成的损失；（2）属于发货人责任所引起的损失；（3）在保险责任开始前，被保险货物已存在的品质不良或数量短差所造成的损失；（4）被保险货物的自然损耗、本质缺陷、特性以及市价跌落、运输迟延所引起的损失；（5）本公司海洋运输货物战争险条款和货物运输罢工险条款规定的责任范围和除外责任。从上述保险条款的规定看，海洋运输货物保险条款中的一切险条款具有如下特点：（1）一切险并非列明风险，而是非列明风险。在海洋运输货物保险条款中，平安险、水渍险为列明的风险，而一切险则为平安险、水渍险再加上未列明的运输途中由于外来原因造成的保险标的的损失（法理之一）。（2）保险标的的损失必须是外来原因造成的。被保险人在向保险人要求保险赔偿时，必须证明保险标的的损失是因为运输途中外来原因引起的。外来原因可以是自然原因，亦可以是人为的意外事故。但是一切险承保的风险具有不确定性，要求是不能确定的、意外的、无法列举的承保风险。对于那些预期的、确定的、正常的危险，则不属于外来原因的责任范围（法理之二）。（3）外来原因应当限于运输途中发生的，排除了运输发生以前和运输结束后发生的事故。只要被保险人证明损失并非因其自身原因，而是由于运输途中的意外事故造成的，保险人就应当承担保险赔偿责任（法理之三）。

根据保险法的规定，保险合同中规定有关于保险人责任免除条款的，保险人在订立合同时应当向投保人明确说明，未明确说明的，该条款仍然不能产生效力。据此，保险条款中列明的除外责任虽然不在保险人赔偿之列，但是应当以签订保险合同时，保险人已将除外责任条款明确告知被保险人为前提。否则，该除外责任条款不能约束被保险人（法理之四）。

关于中国人民银行的复函意见。在保监委成立之前，中国人民银行系保险行业的行政主管机关。1997 年 5 月 1 日，中国人民银行致中国人民保险公司《关于〈海洋运输货物保险“一切险”条款解释的请示〉的复函》中，认为一切险承保的范围是平安险、水渍险及被保险货物在运输途中由于外来原因所致的全部或部分损失。并且进一步提出：外来原因仅指偷窃、提货不着、淡水雨淋等。1998 年 11 月 27 日，中国人民银行在对《中保财产保险有限公司关于海洋运输货物保险条款解释》的复函中，再次明确一切险的责任范围包括平安险、水渍险及被保险货物在运输途中由于外来原因所致的全部或部分损失。其中外来原因所致的全部或部分损失是指 11 种一般附加险。鉴于中国人民银行的上述复函不是法律法规，亦不属于行政规章（法理之五）。根据《立法法》的规定，国务院各部、委员会、中国人民银行、国家审计署以及具有行政管理职能的直属机构，可以根据法律和国务院的行政法规、决定、命令，在本部门的权限范围内，制定规章；部门规章规定的事项应当属于执行法律或者国务院的行政法规、决定、命令的事项。因此，保险条款亦不在职能部门有权制定的规章范围之内，故中国人民银行对保险条款的解释不能作为约束被保险人的依据（法理之六）。另外，中国人民银行关于一切险的复函属于对保险合同条款的解释。而对于平等主体之间签订的保险合同，依法只有人民法院和仲裁机构才有权作出约束当事人的解释。为此，上述复函不能约束被保险人（法理之七）。要使该复函所作解释成为约束被保险人的合同条款，只能是将其作为保险合同的内容附在保险单中。之所以产生中国人民保险公司向主管机关请示一切险的责任范围，主管机关对此作出答复，恰恰说明对于一切险的理解存在争议（法理之八）。而依据《保险法》第31条的规定，对于保险合同的条款，保险人与投保人、被保险人或者受益人有争议时，人民法院或者仲裁机关应当作有利于被保险人和受益人的解释（法理之九）。作为行业主管机关作出对本行业有利的解释，不能适用于非本行业的合同当事人（法理之十）。

【法理应用】保险合同所涉各方对合同条款有争议时，人民法院该如何解释？该指导性案例对保险合同争议条款，以文义解释为主要解释方法，同时从合同整体、海上保险实践等各方面进行验证，明确了对海上货物运输保险合同条款的解释原则，进而明确了“一切险”承保的范围以及对“被保险货物在运输途中由于外来原因所致的全部或部分损失”中“外来原因”的理解。“海上货物运输保险合同中的‘一切险’，除包括平安险和水渍险的各项责任外，还包括被保险货物在运输途中由于外来原因所致的全部或部分损失。在被保险人不存在故意或者过失的情况下，由于相关保险合同中除外责任条款所列明情形之外的其他原因，造成被保险货物损失的，可以认定属于导致被保险货物损失的‘外来原因’，保险人应当承担运输途中由该外来原因所致的一切损失。”① 体现了统一法律适用、维护公平正义、提高审判效率、保护海上货物运输合同当事人合法权益的审判理念。

【指导性案例129号】

江苏省人民政府诉安徽海某化工科技有限公司生态环境损害赔偿案②

【案情概述】2014年4月28日，安徽海某化工科技有限公司（以下简称海某公司）营销部经理杨某将该公司在生产过程中产生的29.1吨废碱液，交给无危险废物处置资质的李某生等人处置。李某生等人将上述废碱液交给无危险废物处置资质的孙某才处置。2014年4月30日，孙某才等人将废碱液

① 参见最高人民法院案例指导工作办公室编著：《中国案例指导》（总第3辑），法律出版社2015年版，第258页。

② 参见最高人民法院案例指导工作办公室编著：《中国案例指导》（总第11辑），法律出版社2022年版，第100页。

倾倒进长江，造成了严重环境污染。2014年5月7日，杨某将海某公司的20吨废碱液交给李某生等人处置，李某生等人将上述废碱液交给孙某才处置。孙某才等人于2014年5月7日及同年6月17日，分两次将废碱液倾倒进长江，造成江苏省靖江市城区5月9日至11日集中式饮用水源中断取水40多个小时。2014年5月8日至9日，杨某将53.34吨废碱液交给李某生等人处置，李某生等人将上述废碱液交给丁某东处置。丁某东等人于2014年5月14日将该废碱液倾倒进新通扬运河，导致江苏省兴化市城区集中式饮用水源中断取水超过14小时。上述污染事件发生后，靖江市环境保护局和靖江市人民检察院联合委托江苏省环境科学学会对污染损害进行评估。江苏省环境科学学会经调查、评估，于2015年6月作出了《评估报告》。江苏省人民政府向江苏省泰州市中级人民法院提起诉讼，请求判令海某公司赔偿生态环境修复费用3637.90万元、生态环境服务功能损失费用1818.95万元，承担评估费用26万元及诉讼费等。

【裁判说理】裁判文书说理部分这样论述：海某公司作为化工企业，对其在生产经营过程中产生的危险废物废碱液，负有防止污染环境的义务。海某公司放任该公司营销部负责人杨某将废碱液交给不具备危险废物处置资质的个人进行处置，导致废碱液被倾倒进长江和新通扬运河，严重污染环境。《环境保护法》第64条规定，因污染环境和破坏生态造成损害的，应当依照《侵权责任法》的有关规定承担侵权责任。《侵权责任法》第65条规定，因污染环境造成损害的，污染者应当承担侵权责任。《侵权责任法》第15条将恢复原状、赔偿损失确定为承担责任的方式。环境修复费用、生态环境服务功能损失、评估费等均为恢复原状、赔偿损失等法律责任的具体表现形式。依照《侵权责任法》第15条第1款第6项、第65条，《最高人民法院关于审理环境侵权责任纠纷案件适用法律若干问题的解释》第1条第1款、第13条之规定，判决海某公司承担侵权赔偿责任并无不当。

海某公司以企业负担过重、资金紧张，如短期内全部支付赔偿将导致企业破产为由，申请分期支付赔偿费用。为保障保护生态环境与经济发展的有效衔接（法理），江苏省人民政府在庭后表示，在海某公司能够提供证据证明其符合国家经济结构调整方向、能够实现绿色生产转型，在有效提供担保的情况下，同意海某公司依照《民事诉讼法》第231条之规定，分五期支付赔偿款。

【法理应用】司法实践中，法院对责任承担方式的选择具有一定的导向性，在考虑生态环境有效恢复的同时，污染者的主观过错程度不同，责任承担方式有一定区别。对于具有主观故意的污染环境企业，责任承担方式应当体现一定的惩罚性，对于主观过错较小的企业，在责任承担方式上兼顾生态环境法治保护与经济社会发展协同共生，防止裁判的执行对企业正常生产经营造成严重冲击。在污染环境企业提供有效担保的前提下，允许其分期支付赔偿费用，在一定程度上减轻企业的负担，增加企业承担生态环境损害责任的能力。该案例明确了“企业事业单位和其他生产经营者将生产经营过程中产生的危险废物交由不具备危险废物处置资质的企业或者个人进行处置，造成环境污染的，应当承担生态环境损害责任。人民法院可以综合考虑企业事业单位和其他生产经营者的主观过错、经营状况等因素，在责任人提供有效担保后判决其分期支付赔偿费用”的裁判规则。本案在判决履行方式上不仅兼顾了生态环境保护和经济发展等多元利益需求，也兼顾了对多元利益的有效维护。

【指导性案例130号】

重庆市人民政府、重庆两江志愿服务发展中心诉重庆藏某阁物业管理有限公司、重庆首某环保科技有限公司生态环境损害赔偿、环境民事公益诉讼案①

【案情概述】重庆藏某阁电镀工业园（又称藏某阁电镀工业中心）位于重庆市江北区港城工业园区内，是该工业园区内唯一的电镀工业园，园区内有若干电镀企业入驻。重庆藏某阁物业管理有限公司（以下简称藏某阁公司）为园区入驻企业提供物业管理服务，并负责处理企业产生的废水。藏某阁公司领取了排放污染物许可证，并拥有废水处理的设施设备。2013年12月5日，藏某阁公司与重庆首某环保科技有限公司（以下简称首某公司）签订为

① 参见最高人民法院案例指导工作办公室编著：《中国案例指导》（总第11辑），法律出版社2022年版，第122页。

期4年的《电镀废水处理委托运行承包管理运行协议》(以下简称《委托运行协议》)，首某公司承接藏某阁电镀工业中心的废水处理项目，该电镀工业中心的废水由藏某阁公司交给首某公司使用藏某阁公司所有的废水处理设备进行处理。2016年4月21日，重庆市环境监察总队执法人员在对藏某阁公司的废水处理站进行现场检查时，发现废水处理站中两个总铬反应器和一个综合反应器设施均未运行，生产废水未经处理便排入外环境。2016年4月22日至26日期间，经执法人员采样监测分析发现外排废水重金属超标，违法排放废水总铬浓度为55.5mg/L，总锌浓度为2.85×102mg/L，总铜浓度为27.2mg/L，总镍浓度为41mg/L，分别超过《电镀污染物排放标准》(GB 21900—2008)的规定标准54.5倍、189倍、53.4倍、81倍，对生态环境造成严重影响和损害。2016年5月4日，执法人员再次进行现场检查，发现藏某阁废水处理站1号综合废水调节池的含重金属废水通过池壁上的120mm口径管网未经正常处理直接排放至外环境并流入港城园区市政管网再进入长江。经监测，1号综合废水调节池内渗漏的废水中六价铬浓度为6.10mg/L、总铬浓度为10.9mg/L，分别超过国家标准29.5倍、9.9倍。从2014年9月1日至2016年5月5日违法排放废水量共计145 624吨。还查明，2014年8月，藏某阁公司将原废酸收集池改造为1号综合废水调节池，传送废水也由地下管网改为高空管网作业。该池池壁上原有110mm和120mm口径管网各一根，改造时只封闭了110mm口径管网，而未封闭120mm口径管网，该未封闭管网系埋于地下的暗管。首某公司自2014年9月起，在明知池中有一根120mm口径的管网可以连通外环境的情况下，仍然一直利用该管网将未经处理的含重金属废水直接排放至外环境。

受重庆市人民政府委托，重庆市环境科学研究院对藏某阁公司和首某公司违法排放超标废水造成生态环境损害进行鉴定评估，并于2017年4月出具《鉴定评估报告书》。该评估报告载明：本事件污染行为明确，污染物的迁移路径合理，污染源与违法排放至外环境的废水中污染物具有同源性，且污染源具有排他性。污染行为发生的持续时间为2014年9月1日至2016年5月5日，违法排放废水共计145 624吨，其主要污染因子为六价铬、总铬、总锌、总镍等，对长江水体造成严重损害。《鉴定评估报告书》采用《生态环境损害鉴定评估技术指南总纲》《环境损害鉴定评估推荐方法（第Ⅱ版）》推荐的虚拟治理成本法对生态环境损害进行量化，按22元/吨的实际治理费用作为单位虚拟治理成本，再乘违法排放废水数量，计算出虚拟治理成本为320.3728万元。违法排放废水点为长江干流主城区段水域，适用功能类别属Ⅲ类水体，根据虚拟治理成本法的“污染修复费用的确定原则”Ⅲ类水体的倍数范围为虚拟治理成本的4.5～6倍，本次评估选取最低倍数4.5倍，最终评估出二被告违法排放废水造成的生态环境污染损害量化数额为1441.6776万元（即320.3728万元×4.5＝1441.6776万元）。重庆市环境科学研究院是《环境保护部办公厅关于印发〈环境损害鉴定评估推荐机构名录（第一批）〉的通知》中确认的鉴定评估机构。

2016年6月30日，重庆市环境监察总队以藏某阁公司从2014年9月1日至2016年5月5日通过1号综合废水调节池内的120mm口径管网将含重金属废水未经废水处理站总排口便直接排入港城园区市政废水管网进入长江为由，作出行政处罚决定，对藏某阁公司罚款580.72万元。藏某阁公司不服申请行政复议，重庆市环境保护局作出维持行政处罚决定的复议决定。后藏某阁公司诉至重庆市渝北区人民法院，要求撤销行政处罚决定和行政复议决定。重庆市渝北区人民法院于2017年2月28日作出（2016）渝0112行初324号行政判决，驳回藏某阁公司的诉讼请求。判决后，藏某阁公司未提起上诉，该判决发生法律效力。

2016年11月28日，重庆市渝北区人民检察院向重庆市渝北区人民法院提起公诉，指控首某公司、程某（首某公司法定代表人）等构成污染环境罪，应依法追究刑事责任。重庆市渝北区人民法院于2016年12月29日作出（2016）渝0112刑初1615号刑事判决，判决首某公司、程某等人构成污染环境罪。判决后，未提起抗诉和上诉，该判决发生法律效力。

【裁判说理】裁判文书说理部分这样论述：首某公司是明知1号综合废水调节池池壁上存在120mm口径管网并故意利用其违法排污的直接实施主体，其理应对损害后果承担赔偿责任，对此应无疑义。本争议焦点的核心问题在于如何评价藏某阁公司的行为，其与首某公司是否构成共同侵权。法院认为，藏某阁公司与首某公司构成共同侵权，应当承担连带责任。

第一，我国实行排污许可制，该制度是国家对排污者进行有效管理的手段，取得排污许可证的企业即是排污单位，负有依法排污的义务，否则将承担相应法律责任（法理之一）。藏某阁公司持有排污许可证，必须确保按照许可证的规定和要求排放。藏某阁公司以委托运行协议的形式将废水处理交由专门从事环境治理业务（含工业废水运营）的首某公司作业，该行为并不为法律所禁止。但是，无论是自行排放还是委托他人排放，藏某阁公司都必须确保其废水处理站正常运行，并确保排放物达到国家和地方排放标准，这是取得排污许可证企业的法定责任，该责任不能通过民事约定来解除（法理之二）。申言之，藏某阁公司作为排污主体，具有监督首某公司合法排污的法定责任，依照《委托运行协议》其也具有监督首某公司日常排污情况的义务（法理之三），本案违法排污行为持续了 1 年 8 个月的时间，藏某阁公司显然未尽监管义务。

第二，无论是作为排污设备产权人和排污主体的法定责任，还是按照双方协议约定，藏某阁公司均应确保废水处理设施设备正常、完好（法理之四）。2014 年 8 月，藏某阁公司将废酸池改造为 1 号废水调节池并将地下管网改为高空管网作业时，未按照正常处理方式对池中的 120mm 口径暗管进行封闭，藏某阁公司亦未举证证明不封闭暗管的合理合法性，而首某公司正是通过该暗管实施违法排放，也就是说，藏某阁公司明知为首某公司提供的废水处理设备留有可以实施违法排放的管网，据此可以认定其具有违法故意，且客观上为违法排放行为的完成提供了条件（法理之五）。

第三，待处理的废水是由藏某阁公司提供给首某公司的，那么藏某阁公司知道需处理的废水数量，同时藏某阁公司作为排污主体，负责向环保部门缴纳排污费，其也知道合法排放的废水数量，加之作为物业管理部门，其对于园区企业产生的实际用水量亦是清楚的，而这几个数据结合起来，即可确知违法排放行为的存在，因此可以认定藏某阁公司知道首某公司在实施违法排污行为，但其却放任首某公司违法排放废水，同时还继续将废水交由首某公司处理，可以视为其与首某公司形成了默契，具有共同侵权的故意，并共同造成了污染后果（法理之六）。

第四，环境侵权案件具有侵害方式的复合性、侵害过程的复杂性、侵害后果的隐蔽性和长期性，其证明难度尤其是对于排污企业违法排污主观故意的证明难度较高，且本案又涉及对环境公益的侵害，故应充分考虑到此类案件的特殊性，通过准确把握举证证明责任和归责原则来避免责任逃避和公益受损（法理之七）。综上，根据本案事实和证据，藏某阁公司与首某公司构成环境污染共同侵权的证据已达到高度盖然性的民事证明标准（法理之八），应当认定藏某阁公司和首某公司对于违法排污存在主观上的共同故意和客观上的共同行为，二被告构成共同侵权，应承担连带责任（法理之九）。

【法理应用】该案属于全国首批、重庆首例生态环境损害赔偿诉讼案件。本案中，藏某阁公司与首某公司之间存在委托运营模式的第三方治理合同关系。由于第三方治理单位的介入，使法律责任的承担问题复杂化。生效判决从多个角度论证了两公司的行为构成共同侵权。明确了“1. 取得排污许可证的企业，负有确保其排污处理设备正常运行且排放物达到国家和地方排放标准的法定义务，委托其他单位处理的，应当对受托单位履行监管义务；明知受托单位违法排污不予制止甚或提供便利的，应当对环境污染损害承担连带责任。2. 污染者向水域排污造成生态环境损害，生态环境修复费用难以计算的，可以根据环境保护部门关于生态环境损害鉴定评估有关规定，采用虚拟治理成本法对损害后果进行量化，根据违法排污的污染物种类、排污量及污染源排他性等因素计算生态环境损害量化数额”的裁判规则。该案推动了传统民法共同侵权理论的发展，不仅体现了人民法院对破坏生态环境行为进行严惩重罚的导向，也体现了生态环境损害赔偿制度“环境有价，损害担责”的重要原则。

国【指导性案例131号】

中华环保联合会诉德州晶某集团振某有限公司大气污染责任民事公益诉讼案

【案情概述】被告德州晶某集团振某有限公司（以下简称振某公司）成立于2000年，经营范围包括电力生产、平板玻璃、玻璃空心砖、玻璃深加工、玻璃制品制造等。2002年12月，该公司600T/D优质超厚玻璃项目通过环境影响评价的审批；2003年11月，通过“三同时”验收。2007年11月，该公司高档优质汽车原片项目通过环境影响评价的审批；2009年2月，通过“三同时”验收。

根据德州市环境保护监测中心站的监测，2012年3月、5月、8月、12

月，2013 年 1 月、5 月、8 月，振某公司废气排放均能达标。2013 年 11 月，2014 年 1 月、5 月、6 月、11 月，2015 年 2 月，排放二氧化硫、氮氧化物及烟粉尘存在超标排放情况。德州市环境保护局分别于 2013 年 12 月、2014 年 9 月、2014 年 11 月、2015 年 2 月对振某公司进行行政处罚，处罚数额均为 10 万元。2014 年 12 月，山东省环境保护厅对其进行行政处罚，处罚数额 10 万元。2015 年 3 月 23 日，德州市环境保护局责令振某公司立即停产整治，2015 年 4 月 1 日之前全部停产，停止超标排放废气污染物。原告中华环保联合会起诉之后，2015 年 3 月 27 日，振某公司的生产线全部放水停产，并于德城区天衢工业园以北养马村新选厂址，原厂区准备搬迁。

本案审理阶段，为证明被告振某公司超标排放造成的损失，2015 年 12 月，原告中华环保联合会与环境保护部环境规划院订立技术咨询合同，委托其对振某公司排放大气污染物致使公私财产遭受损失的数额，包括污染行为直接造成的财产损坏、减少的实际价值，以及为防止污染扩大、消除污染而采取必要合理措施所产生的费用进行鉴定。2016 年 5 月，环境保护部环境规划院环境风险与损害鉴定评估研究中心根据已经双方质证的人民法院调取的证据作出评估意见：振某公司位于德州市德城区市区内，周围多为居民小区，原有浮法玻璃生产线三条，1# 浮法玻璃生产线已于 2011 年 10 月全面停产，2# 生产线 600T/D 优质超厚玻璃生产线和 3# 生产线 400T/D 高档优质汽车玻璃原片生产线仍在生产。（1）污染物性质，主要为烟粉尘、二氧化硫和氮氧化物。根据《德州晶某集团振某有限公司关于落实整改工作的情况汇报》有关资料显示：截止到 2015 年 3 月 17 日，振某公司浮法二线未安装或未运行脱硫和脱硝治理设施；浮法三线除尘、脱硫设施已于 2014 年 9 月投入运行。（2）污染物超标排放时段的确认，二氧化硫超标排放时段为 2014 年 6 月 10 日至 2014 年 8 月 17 日，共计 68 天，氮氧化物超标排放时段为 2013 年 11 月 5 日至 2014 年 6 月 23 日、2014 年 10 月 22 日至 2015 年 1 月 27 日，共计 327 天，烟粉尘超标排放时段为 2013 年 11 月 5 日至 2014 年 6 月 23 日，共计 230 天。（3）污染物排放量，在鉴定时段内，由于企业未安装脱硫设施造成二氧化硫全部直接排放进入大气的超标排放量为 255 吨，由于企业未安装脱硝治理设施造成氮氧化物全部直接排放进入大气的排放量为 589 吨，由于企业未安装除尘设施或除尘设施处理能力不够造成烟粉尘部分直接排放进入大气的排放量为19吨。(4)单位污染物处理成本，根据数据库资料，二氧化硫单位治理成本为0.56万元/吨，氮氧化物单位治理成本为0.68万元/吨，烟粉尘单位治理成本为0.33万元/吨。(5)虚拟治理成本，根据《环境空气质量标准》《环境损害鉴定评估推荐方法(第Ⅱ版)》《突发环境事件应急处置阶段环境损害评估技术规范》，本案项目处环境功能二类区，生态环境损害数额为虚拟治理成本的3~5倍，本报告取参数5。二氧化硫的虚拟治理成本共计713万元，氮氧化物的虚拟治理成本为2002万元，烟粉尘的虚拟治理成本为31万元。鉴定意见：被告企业在鉴定期间超标向空气排放二氧化硫共计255吨、氮氧化物共计589吨、烟粉尘共计19吨，单位治理成本分别按0.56万元/吨、0.68万元/吨、0.33万元/吨计算，虚拟治理成本分别为713万元、2002万元、31万元，共计2746万元。

【裁判说理】裁判文书说理部分这样论述：根据2015年《最高人民法院关于审理环境民事公益诉讼案件适用法律若干问题的解释》第1条规定："法律规定的机关和有关组织依据民事诉讼法第五十五条、环境保护法第五十八条等法律的规定，对已经损害社会公共利益或者具有损害社会公共利益重大风险的污染环境、破坏生态的行为提起诉讼，符合民事诉讼法第一百一十九条第二项、第三项、第四项规定的，人民法院应予受理"。第18条规定："对污染环境、破坏生态，已经损害社会公共利益或者具有损害社会公共利益重大风险的行为，原告可以请求被告承担停止侵害、排除妨碍、消除危险、恢复原状、赔偿损失、赔礼道歉等民事责任。"法院认为，企业事业单位和其他生产经营者超过污染物排放标准或者重点污染物排放总量控制指标排放污染物的行为可以视为是具有损害社会公共利益重大风险的行为(法理之一)。被告振某公司超量排放的二氧化硫、氮氧化物、烟粉尘会影响大气的服务价值功能(法理之二)。其中，二氧化硫、氮氧化物是酸雨的前导物，超量排放可致酸雨从而造成财产及人身损害，烟粉尘的超量排放将影响大气能见度及清洁度，亦会造成财产及人身损害(法理之三)。被告振某公司自2013年11月起，多次超标向大气排放二氧化硫、氮氧化物、烟粉尘等污染物，经环境保护行政管理部门多次行政处罚仍未改正，其行为属于上述司法解释规定的"具有损害社会公共利益重大风险的行为"(法理之四)，故被告振某公司是本案的适格被告。

【法理应用】该案在案件审理中贯彻“有损害即有救济”司法原则，并在案件处理过程中通过加强府院联动，发挥司法与行政执法合力，促使被告及时停止污染行为，防止污染及损害的进一步扩大，对区域大气污染治理方式和途径进行了有益的探索，体现了协调发展、绿色发展的审判理念。该案例明确了“企业事业单位和其他生产经营者多次超过污染物排放标准或者重点污染物排放总量控制指标排放污染物，环境保护行政管理部门作出行政处罚后仍未改正，原告依据《最高人民法院关于审理环境民事公益诉讼案件适用法律若干问题的解释》第1条规定的‘具有损害社会公共利益重大风险的污染环境、破坏生态的行为’对其提起环境民事公益诉讼的，人民法院应予受理”的裁判规则。

（二）刑事类

【指导性案例4号】

王某才故意杀人案

【案情概述】略（详见正文第68页）。

【裁判说理】裁判文书说理部分这样论述：上诉人王某才因婚恋不成故意非法剥夺他人生命，其行为构成故意杀人罪，且杀人手段残忍，罪行极其严重，依法应予严惩。鉴于上诉人王某才的犯罪行为系临时起意、激情杀人，归案后能如实供述自己的罪行、赔偿被害人亲属部分经济损失、真诚悔罪，且平时表现较好，其所在单位员工联名请求对其从轻处罚等情节，依法可给其一个悔过自新的机会，对其判处死刑，不立即执行。根据上诉人王某才的犯罪事实、性质、情节和社会危害程度，应对其限制减刑。

【指导性案例12号】

李某故意杀人案

【案情概述】略（详见正文第69页）。

【裁判说理】裁判文书说理部分这样论述：李某杀人手段特别残忍、后果特别严重，又系累犯，应依法从重处罚。但鉴于本案系由民间矛盾引发，李某的母亲梁某某积极协助公安机关将李某抓获归案，李某的认罪态度较好，对李某可不判处死刑立即执行。根据李某的犯罪情节及其主观恶性、人身危险性等情况，应依法对其限制减刑。

【法理应用】“第4号指导性案例‘王某才故意杀人案’和第12号指导性案例‘李某故意杀人案’”，这两个案例都是因民间纠纷引发故意杀人的案件，都适用了《刑法修正案（八）》关于判处死刑缓期执行但限制减刑的规定。第4号指导性案例的被告人既有因婚恋矛盾激情杀人、没有前科、事后认罪、愿意赔偿的量刑情节，也有被害人亲属不予原谅要求判处被告人死刑和犯罪手段残忍等酌定从重处罚的情节；第12号指导性案例既有被告人犯罪手段残忍、累犯的情节也有被告人亲属积极协助公安机关抓获被告人并积极赔偿的情节，综合考虑影响量刑的案件情节，法院秉持案件法律效果与社会效果相统一、促进社会和谐的审判理念，判处死刑缓期执行并限制减刑，既贯彻了执行严格控制和慎用死刑的政策，又充分体现死缓的严厉性，落实宽严相济的刑事政策，取得案件当事人的理解和支持，提高裁判结果的可接受度，实现案结事了。

【指导性案例11号】

杨某虎等贪污案①

【案情概述】被告人杨某虎1996年8月任浙江省义乌市委常委，2003年3月任义乌市人大常委会副主任，2000年8月兼任中国小商品城福田市场（2003年3月改称中国义乌国际商贸城，以下简称国际商贸城）建设领导小组副组长兼指挥部总指挥，主持指挥部全面工作。2002年，杨某虎得知义乌市稠城街道共和村将列入拆迁和旧村改造范围后，决定在该村购买旧房，利用其职务便利，在拆迁安置时骗取非法利益。杨某虎遂与被告人王某芳（杨某虎的妻妹）、被告人郑某潮（王某芳之夫）共谋后，由王、郑二人出面，通过共和村王某某，以王某芳的名义在该村购买赵某某的3间旧房（房产证的登

① 参见最高人民法院案例指导工作办公室编著：《中国案例指导》（总第1辑），法律出版社2015年版，第191页。

记面积为61.87平方米，发证日期为1998年8月3日）。按当地拆迁和旧村改造政策，赵某某有无该旧房，其所得安置土地面积均相同，事实上赵某某也按无房户得到了土地安置。2003年3～4月，为使3间旧房所占土地确权到王某芳名下，在杨某虎的指使和安排下，郑某潮再次通过共和村王某某，让该村村民委员会及其成员出具了该3间旧房系王某芳于1983年所建的虚假证明。杨某虎利用职务便利，要求兼任国际商贸城建设指挥部分管土地确权工作的副总指挥、义乌市国土资源局副局长吴某某和指挥部确权报批科人员，对王某芳的拆迁安置、土地确权予以关照。国际商贸城建设指挥部遂将王某芳所购房屋作为有村证明但无产权证的旧房进行确权审核，上报义乌市国土资源局确权，并按丈量结果认定其占地面积为64.7平方米。

此后，被告人杨某虎与郑某潮、王某芳等人共谋，在其岳父王某祥在共和村拆迁中可得25.5平方米土地确权的基础上，于2005年1月编造了由王某芳等人签名的申请报告，谎称"王某祥与王某芳共有三间半房屋，占地90.2平方米，二人在1986年分家，王某祥分得36.1平方米，王某芳分得54.1平方米，有关部门确认王某祥的房屋面积为25.5平方米、王某芳的房屋面积为64平方米有误"，要求义乌市国土资源局更正。随后，杨某虎利用职务便利，指使国际商贸城建设指挥部工作人员以该部名义对该申请报告盖章确认，并使该申请报告得到义乌市国土资源局和义乌市政府认可，从而让王某芳、王某祥分别获得72平方米和54平方米（共126平方米）的建设用地审批。按王某祥的土地确权面积仅应得36平方米建设用地审批，其余90平方米系非法所得。2005年5月，杨某虎等人在支付选位费24.552万元后，在国际商贸城拆迁安置区获得两间店面72平方米土地的拆迁安置补偿（案发后，该72平方米的土地使用权被依法冻结）。该处地块在用作安置前已被国家征用并转为建设用地，属国有划拨土地。经评估，该处每平方米的土地使用权价值为35 270元。杨某虎等人非法所得的建设用地90平方米，按照当地拆迁安置规定，折合拆迁安置区店面的土地面积为72平方米，价值253.944万元，扣除其支付的24.552万元后，实际非法所得229.392万元。

此外，2001年至2007年间，被告人杨某虎利用职务便利，为他人承揽工程、拆迁安置、国有土地受让等谋取利益，先后非法收受或索取57万元，其中索贿5万元。

【裁判说理】裁判文书说理部分这样论述：贪污罪中的“利用职务上的便利”，是指利用职务上主管、管理、经手公共财物的权力及方便条件，既包括利用本人职务上主管、管理公共财物的职务便利，也包括利用职务上有隶属关系的其他国家工作人员的职务便利（法理之一）。本案中，杨某虎正是利用担任义乌市委常委、义乌市人大常委会副主任和兼任指挥部总指挥的职务便利，给下属的土地确权报批科人员及其分管副总指挥打招呼，才使得王某芳等人虚报的拆迁安置得以实现。

《土地管理法》第2条、第9条规定，我国土地实行社会主义公有制，即全民所有制和劳动群众集体所有制，并可以依法确定给单位或者个人使用。对土地进行占有、使用、开发、经营、交易和流转，能够带来相应经济收益。因此，土地使用权自然具有财产性利益（法理之二），无论国有土地，还是集体土地，都属于《刑法》第382条第1款规定中的“公共财物”，可以成为贪污的对象（法理之三）。王某芳名下安置的地块已在2002年8月被征为国有并转为建设用地，义乌市政府文件抄告单也明确该处的拆迁安置土地使用权登记核发国有土地使用权证。因此，杨某虎等人及其辩护人所提该项辩护意见，不能成立。

【法理应用】社会发展过程中，贪污的形式花样翻新，隐蔽性增强，面对新情况该如何认定？该案例立足贪污罪的本质是利用职务便利非法占有公共财物，不局限于对贪污对象传统形式的认定，明确了土地使用权可以成为贪污的对象。对贪污罪中的“利用职务上的便利”进一步具体化，厘清罪与非罪的边界。该案例确立了“贪污罪中的‘利用职务上的便利’，是指利用职务上主管、管理、经手公共财物的权力及方便条件，既包括利用本人职务上主管、管理公共财物的职务便利，也包括利用职务上有隶属关系的其他国家工作人员的职务便利。土地使用权自然具有财产性利益，属于《刑法》第382条第1款规定中的‘公共财物’，可以成为贪污的对象”[①]的裁判规则，消除了

① 参见最高人民法院案例指导工作办公室编著：《中国案例指导》（总第1辑），法律出版社2015年版，第147～148页。

理论界和实务界对此类问题的分歧，对深入推进反腐败斗争、依法从严打击腐败犯罪具有积极作用，体现了司法服务党和国家工作大局的审判理念。

【指导性案例 13 号】

王某成等非法买卖、储存危险物质案①

【案情概述】略（详见正文第 71 页）。

【裁判说理】裁判文书说理部分这样论述：被告人王某成、金某淼、孙某法、钟某东、周某明在未取得剧毒化学品使用许可证的情况下，违反国务院《危险化学品安全管理条例》等规定，明知氰化钠是剧毒化学品仍非法买卖、储存，危害公共安全，其行为均已构成非法买卖、储存危险物质罪，且系共同犯罪。关于王某成的辩护人提出的辩护意见，经查，氰化钠虽不属于禁用剧毒化学品，但系列入危险化学品名录中严格监督管理的限用的剧毒化学品，易致人中毒或者死亡，对人体、环境具有极大的毒害性和极度危险性，极易对环境和人的生命健康造成重大威胁和危害，属于《刑法》第 125 条第 2 款规定的"毒害性"物质（法理之一）；"非法买卖"毒害性物质，是指违反法律和国家主管部门规定，未经有关主管部门批准许可，擅自购买或者出售毒害性物质的行为，并不需要兼有买进和卖出的行为（法理之二）；王某成等人不具备购买、储存氰化钠的资格和条件，违反国家有关监管规定，非法买卖、储存大量剧毒化学品，逃避有关主管部门的安全监督管理，破坏危险化学品管理秩序，已对人民群众的生命、健康和财产安全产生现实威胁，足以危害公共安全（法理之三），故王某成等人的行为已构成非法买卖、储存危险物质罪，上述辩护意见不予采纳。

【法理应用】《刑法》及司法解释中列举的"毒害性物质"中没有氰化钠，那么氰化钠是否属于该罪中的"毒害性物质"？该案通过对立法原意的解析，梳理上位法和下位法关系，对相关规定举轻以明重。从文义解释、体系解释的角度明确了氰化钠属于《刑法》第 125 条第 2 款规定的"毒害性物质"，并

① 参见最高人民法院案例指导工作办公室编著：《中国案例指导》（总第 2 辑），法律出版社 2015 年版，第 27 页。

把“买卖危险物质”的“买卖”行为界定为不需要兼具买进和卖出行为。体现了防范安全事故发生、保障社会公共安全、建设平安中国、为党和国家大局服务的审判理念。

【指导性案例14号】

董某某、宋某某抢劫案[①]

【案情概述】被告人董某某、宋某某（时年17周岁）迷恋网络游戏，平时经常结伴到网吧上网，时常彻夜不归。2010年7月27日11时许，因在网吧上网的网费用完，二被告人即伙同王某（作案时未达到刑事责任年龄）到河南省平顶山市红旗街社区健身器材处，持刀对被害人张某某和王某某实施抢劫，抢走张某某5元现金及手机一部。后将所抢的手机卖掉，所得赃款用于上网。

【裁判说理】裁判文书说理部分这样论述：被告人董某某、宋某某以非法占有为目的，以暴力威胁方法劫取他人财物，其行为均已构成抢劫罪。鉴于董某某、宋某某系持刀抢劫；犯罪时不满18周岁，且均为初犯，到案后认罪悔罪态度较好，宋某某还是在校学生，符合缓刑条件，决定分别判处二被告人有期徒刑二年六个月，缓刑三年。考虑到被告人主要是因上网吧需要网费而诱发了抢劫犯罪（法理之一）；二被告人长期迷恋网络游戏，网吧等场所与其犯罪有密切联系（法理之二）；如果将被告人与引发其犯罪的场所相隔离，有利于家长和社区在缓刑期间对其进行有效管教，预防再次犯罪（法理之三）；被告人犯罪时不满18周岁，平时自我控制能力较差，对其适用禁止令的期限确定为与缓刑考验期相同的三年，有利于其改过自新（法理之四）。因此，依法判决禁止二被告人在缓刑考验期内进入网吧等特定场所。

【法理应用】该案涉及《刑法修正案（八）》规定的未成年人犯罪适用“禁止令”的问题。针对理论界和实务界的不同观点，案例以适用“禁止令”应遵循必要性、合法性、针对性、可操作性为适用原则，明确了要考虑具体

① 参见最高人民法院案例指导工作办公室编著：《中国案例指导》（总第2辑），法律出版社2015年版，第42页。

情况，以禁止项与罪行“关联度”作为对未成年被告人适用“禁止令”的考虑因素。“对判处管制或者宣告缓刑的未成年被告人，可以根据其犯罪的具体情况以及禁止事项与所犯罪行的关联程度，对其适用‘禁止令’。对于未成年人因上网诱发犯罪的，可以禁止其在一定期限内进入网吧等特定场所。”[①]体现了刑法谦抑原则和法官适用带有法律强制义务规则时的审慎态度。

（三）行政类

【指导性案例 6 号】

黄某富、何某琼、何某诉四川省成都市金堂工商行政管理局行政处罚案[②]

【案情概述】原告黄某富、何某琼、何某诉称：被告四川省成都市金堂工商行政管理局（以下简称金堂工商局）行政处罚行为违法，请求人民法院依法撤销成工商金堂处字（2005）第 02026 号《行政处罚决定书》，返还电脑主机 33 台。

法院经审理查明：2003 年 12 月 20 日，四川省金堂县图书馆与原告何某琼之夫黄某富联办多媒体电子阅览室。经双方协商，由黄某富出资金和场地，每年向金堂县图书馆缴管理费 2400 元。2004 年 4 月 2 日，黄某富以其子何某的名义开通了 ADSL84××××22（期限到 2005 年 6 月 30 日），在金堂县赵镇桔园路一门面房挂牌开业。同年 4 月中旬，金堂县文体广电局市场科以整顿网吧为由要求其停办。经金堂县图书馆与黄某富协商，金堂县图书馆于同年 5 月中旬退还黄某富 2400 元管理费，摘除了“金堂县图书馆多媒体电子阅览室”的牌子。

2005 年 6 月 2 日，金堂工商局会同金堂县文体广电局、金堂县公安局对原告金堂县赵镇桔园路门面房进行检查时发现，金堂实验中学初一学生叶某、杨某、郑某和数名成年人在上网游戏。原告未能出示《网络文化经营许可证》和营业执照。金堂工商局按照《互联网上网服务营业场所管理条例》第 27 条

① 参见最高人民法院案例指导工作办公室编著：《中国案例指导》（总第 2 辑），法律出版社 2015 年版，第 4 页。

② 参见最高人民法院案例指导工作办公室编著：《中国案例指导》（总第 1 辑），法律出版社 2015 年版，第 105 页。

关于“擅自设立互联网上网服务营业场所，或者擅自从事互联网上网服务经营活动的，由工商行政管理部门或者由工商行政管理部门会同公安机关依法予以取缔，查封其从事违法经营活动的场所，扣押从事违法经营活动的专用工具、设备”的规定，以成工商金堂扣字（2005）第02747号《扣留财物通知书》决定扣留原告的32台电脑主机。何某琼对该扣押行为及扣押电脑主机数量有异议遂诉至法院，认为实际扣押了其33台电脑主机，并请求撤销该《扣留财物通知书》。2005年10月8日，金堂县人民法院作出（2005）金堂行初字第13号《行政判决书》，维持了成工商金堂扣字（2005）第02747号《扣留财物通知书》，但同时确认金堂工商局扣押了何某琼的33台电脑主机。同年10月12日，金堂工商局以原告的行为违反了《互联网上网服务营业场所管理条例》第7条、第27条的规定作出了成工商金堂处字（2005）第02026号《行政处罚决定书》，决定“没收在何某琼的商业楼扣留的从事违法经营活动的电脑主机32台”。

【裁判说理】裁判文书说理部分这样论述：《行政处罚法》第42条规定：“行政机关作出责令停产停业、吊销许可证或者执照、较大数额罚款等行政处罚决定之前，应当告知当事人有要求举行听证的权利。”虽然该条规定没有明确列举“没收财产”，但是该条中的“等”系不完全列举，应当包括与明文列举的“责令停产停业、吊销许可证或者执照、较大数额罚款”类似的其他对相对人权益产生较大影响的行政处罚（法理之一）。为了保证行政相对人充分行使陈述权和申辩权，保障行政处罚决定的合法性和合理性，对没收较大数额财产的行政处罚，也应当根据《行政处罚法》第42条的规定适用听证程序（法理之二）。关于没收较大数额的财产标准，应比照《四川省行政处罚听证程序暂行规定》第3条“本规定所称较大数额的罚款，是指对非经营活动中的违法行为处以1000元以上，对经营活动中的违法行为处以20 000元以上罚款”中对罚款数额的规定（法理之三）。因此，金堂工商局没收黄某富等三人的32台电脑主机的行政处罚决定，应属没收较大数额的财产，对黄某富等三人的利益产生重大影响的行为，金堂工商局在作出行政处罚前应当告知被处罚人有要求听证的权利（法理之四）。本案中，金堂工商局在作出处罚决定前只按照行政处罚一般程序告知黄某富等三人有陈述、申辩的权利，而没有告知听证权利，违反了法定程序，依法应予撤销。

【法理应用】在这个案例中，法官在没有法律明文规定的情况下，从《行政处罚法》的立法本意出发，以《四川省行政处罚听证程序暂行规定》对较大数额罚款认定标准为参考，确定案件中行政机关没有保障原告陈述权、申辩权的行为，违反法定程序。该案明确了“行政机关作出没收较大数额涉案财产的行政处罚决定时，未告知当事人有要求举行听证的权利或者未依法举行听证的，人民法院应当依法认定该行政处罚违反法定程序”[①]的裁判规则。从裁判文书的论证说理，我们可以看到法官追求依法行政、社会和谐的审判理念。

【指导性案例 26 号】

李某雄诉广东省交通运输厅政府信息公开案[②]

【案情概述】原告李某雄诉称：其于 2011 年 6 月 1 日通过广东省人民政府公众网络系统向被告广东省交通运输厅递交政府信息公开申请，根据《政府信息公开条例》第 24 条第 2 款的规定，被告应在当月 23 日前答复原告，但被告未在法定期限内答复及提供所申请的政府信息，故请求法院判决确认被告未在法定期限内答复的行为违法。

被告广东省交通运输厅辩称：原告申请政府信息公开通过的是广东省人民政府公众网络系统，即省政府政务外网（以下简称省外网），而非被告的内部局域网（以下简称厅内网）。按规定，被告将广东省人民政府“政府信息网上依申请公开系统”的后台办理设置在厅内网。由于被告的厅内网与互联网、省外网物理隔离，互联网、省外网数据都无法直接进入厅内网处理，需通过网闸以数据“摆渡”方式接入厅内网办理，因此被告工作人员未能立即发现原告在广东省人民政府公众网络系统中提交的申请，致使被告未能及时受理申请。根据《政府信息公开条例》第 24 条、《国务院办公厅关于做好施行

① 参见最高人民法院案例指导工作办公室编著：《中国案例指导》（总第 1 辑），法律出版社 2015 年版，第 78 页。

② 参见最高人民法院案例指导工作办公室编著：《中国案例指导》（总第 2 辑），法律出版社 2015 年版，第 218 页。

〈中华人民共和国政府信息公开条例〉准备工作的通知》等规定，政府信息公开中的申请受理并非以申请人提交申请为准，而是以行政机关收到申请为准。原告称2011年6月1日向被告申请政府信息公开，但被告未收到该申请，被告正式收到并确认受理的日期是2011年7月28日，并按规定向原告发出了《受理回执》。2011年8月4日，被告向原告当场送达《关于政府信息公开的答复》和《政府信息公开答复书》，距离受理日仅5个工作日，并未超出法定答复期限。因原告在政府公众网络系统递交的申请未能被及时发现并被受理应视为不可抗力和客观原因造成，不应计算在答复期限内，故请求法院依法驳回原告的诉讼请求。

法院经审理查明：2011年6月1日，原告李某雄通过广东省人民政府公众网络系统向被告广东省交通运输厅递交了政府信息公开申请，申请获取广州广园客运站至佛冈的客运里程数等政府信息。政府公众网络系统以申请编号1106××××011予以确认，并通过短信通知原告确认该政府信息公开申请提交成功。2011年7月28日，被告作出受理记录确认上述事实，并于2011年8月4日向原告送达《关于政府信息公开的答复》和《政府信息公开答复书》。庭审中，被告确认原告基于生活生产需要获取上述信息，原告确认2011年8月4日收到被告作出的《关于政府信息公开的答复》和《政府信息公开答复书》。

【裁判说理】裁判文书说理部分这样论述：《政府信息公开条例》第24条规定："行政机关收到政府信息公开申请，能够当场答复的，应当当场予以答复。行政机关不能当场答复的，应当自收到申请之日起15个工作日内予以答复；如需延长答复期限的，应当经政府信息公开工作机构负责人同意，并告知申请人，延长答复的期限最长不得超过15个工作日。"本案原告于2011年6月1日通过广东省人民政府公众网络系统向被告提交了政府信息公开申请，申请公开广州广园客运站至佛冈的客运里程数。政府公众网络系统生成了相应的电子申请编号，并向原告手机发送了申请提交成功的短信。被告确认收到上述申请并认可原告是基于生活生产需要获取上述信息，却于2011年8月4日才向原告作出《关于政府信息公开的答复》和《政府信息公开答复书》，已超过了上述规定的答复期限。由于广东省人民政府"政府信息网上依申请公开系统”作为政府信息申请公开平台所应当具有的整合性与权威性，如未作例外说明，则从该平台上递交成功的申请应视为相关行政机关已收到原告通过互联网提出的政府信息公开申请（法理之一）。至于外网与内网、上下级行政机关之间对于该申请的流转，属于行政机关内部管理事务，不能成为行政机关延期处理的理由（法理之二）。被告认为原告是向政府公众网络系统提交的申请，因其厅内网与互联网、省外网物理隔离而无法及时发现原告申请，应以其 2011 年 7 月 28 日发现原告申请为收到申请日期。而没有超过答复期限的理由不能成立。因此，原告通过政府公众网络系统提交政府信息公开申请的，该网络系统确认申请提交成功的日期应当视为被告收到申请之日，被告逾期作出答复的，应当确认为违法。

【法理应用】通过政府公众网络系统向行政机关提交政府信息公开申请的，行政机关的“收到申请之日”是以申请人提交申请成功之日为准还是以行政机关收到申请之日为准？该案例通过衡量当事人的举证能力，确定了以申请人提交申请成功之日为“收到申请之日”的裁判规则。行政机关内部工作人员及工作机制的对接和协调属于行政机关内部事务，不构成延期答复行政相对人申请的合法理由。“公民、法人或者其他组织通过政府公众网络系统向行政机关提交政府信息公开申请的，如该网络系统未作例外说明，则系统确认申请提交成功的日期应当视为行政机关收到政府信息公开申请之日。行政机关对于该申请的内部处理流程，不能成为行政机关延期处理的理由，逾期作出答复的，应当确认为违法。”[①] 通过了保护行政相对人的诉权和知情权，体现以人民为中心和促进行政机关依法行政的审判理念。

【指导性案例 41 号】

宣某成等诉浙江省衢州市国土资源局收回国有土地使用权案[②]

【案情概述】原告宣某成等 18 人系浙江省衢州市柯城区卫宁巷 × 号衢州

① 参见最高人民法院案例指导工作办公室编著：《中国案例指导》（总第 2 辑），法律出版社 2015 年版，第 181 页。

② 参见最高人民法院案例指导工作办公室编著：《中国案例指导》（总第 3 辑），法律出版社 2015 年版，第 172 页。

府山中学教工宿舍楼的住户。2002年12月9日，衢州市发展计划委员会根据第三人某银行衢州分行（以下简称衢州分行）的报告，经审查同意衢州分行在原有的营业综合大楼东南侧扩建营业用房建设项目。同日，衢州市规划局制定建设项目选址意见，衢州分行为扩大营业用房等，拟自行收购、拆除占地面积为205平方米的府山中学教工宿舍楼，改建为露天停车场，具体按规划详图实施。同月18日，衢州市规划局又规划出衢州分行扩建营业用房建设用地平面红线图。同月20日，衢州市规划局发出建设用地规划许可证，衢州分行的建设项目用地面积为756平方米。同月25日，被告衢州市国土资源局（以下简称衢州市国土局）请示收回衢州府山中学教工宿舍楼住户的国有土地使用权187.6平方米，报衢州市人民政府审批同意。同月31日，衢州市国土局作出衢市国土〔2002〕37号《收回国有土地使用权通知》（以下简称《通知》），并告知宣某成等18人其正在使用的国有土地使用权将收回及诉权等内容。该《通知》说明了行政决定所依据的法律名称，但没有对所依据的具体法律条款予以说明。原告不服，提起行政诉讼。

【裁判说理】裁判文书说理部分这样论述：被告衢州市国土局作出《通知》时，虽然说明了该通知所依据的法律名称，但并未引用具体法律条款。在庭审过程中，被告辩称系依据《土地管理法》第58条第1款作出被诉具体行政行为。《土地管理法》第58条第1款规定："有下列情况之一的，由有关人民政府土地行政主管部门报经原批准用地的人民政府或者有批准权的人民政府批准，可以收回国有土地使用权：（一）为公共利益需要使用土地的；（二）为实施城市规划进行旧城区改建，需要调整使用土地的；……"衢州市国土局作为土地行政主管部门，有权依照《土地管理法》对辖区内国有土地的使用权进行管理和调整，但其行使职权时必须具有明确的法律依据（法理之一）。被告在作出《通知》时，仅说明是依据《土地管理法》及浙江省的有关规定作出的，但并未引用具体的法律条款，故其作出的具体行政行为没有明确的法律依据，属于适用法律错误（法理之二）。

本案中，衢州市国土局提供的衢州市发展计划委员会〔2002〕35号《关于同意扩建营业用房项目建设计划的批复》《建设项目选址意见书审批表》《建设银行衢州分行扩建营业用房建设用地规划红线图》等有关证据，难以证明其作出的《通知》符合《土地管理法》第58条第1款规定的“为公共利益需要使用土地”或“实施城市规划进行旧城区改造需要调整使用土地”的情形，主要证据不足，故被告主张其作出的《通知》符合《土地管理法》规定的理由不能成立（法理之三）。根据《行政诉讼法》及其相关司法解释的规定，在行政诉讼中，被告对其作出的具体行政行为承担举证责任，被告不提供作出具体行政行为时的证据和依据的，应当认定该具体行政行为没有证据和依据（法理之四）。

【法理应用】行政机关作出具体行政行为引用法律条款作为法律依据时，应当明确具体而不能简单含混。否则行政行为的合法性将会受到质疑，对行政相对人合法权益的保护将会大打折扣。该案例明确了“行政机关作出具体行政行为时未引用具体法律条款，且在诉讼中不能证明该具体行政行为符合法律的具体规定，应当视为该具体行政行为没有法律依据，适用法律错误”①的裁判规则。该案例在促进行政机关依法行政、规范执法行为、严守执法程序、保护行政相对人合法权益方面起到了积极作用。

（四）国家赔偿类

【指导性案例43号】

国某君安证券股份有限公司海口滨海大道（天福酒店）证券营业部申请错误执行赔偿案②

【案情概述】略（详见正文第138页）。

【裁判说理】裁判文书说理部分这样论述：最高人民法院认为：被执行人某租赁公司没有清偿债务能力，因其对第三人中某公司享有到期债权，中某公司对此未提出异议并认可履行债务，中某公司隐瞒其与案外人已签订售房合同并收取大部分房款的事实，与国某海口营业部及某租赁公司三方达成《执行和解书》。海南高院据此作出9–11号裁定。但上述执行和解协议侵犯了

① 参见最高人民法院案例指导工作办公室编著：《中国案例指导》（总第3辑），法律出版社2015年版，第174页。

② 参见最高人民法院案例指导工作办公室编著：《中国案例指导》（总第3辑），法律出版社2015年版，第198页。

案外人的合法权益，国某海口营业部据此取得的争议房产产权不应受到法律保护（法理之一）。海南高院9–16号裁定系在执行程序中对案外人提出的执行异议审查成立的基础上，对原9–11号裁定予以撤销，将已被执行的争议房产回复至执行前状态（法理之二）。该裁定及其执行回转行为不违反法律规定，且经生效的海口中院（2003）海中法民再字第37号民事判决所认定的内容予以印证，其实体处理并无不当（法理之三）。国某海口营业部的债权未得以实现的实质在于某租赁公司没有清偿债务的能力，国某海口营业部及其债权受让人虽经破产债权申报，仍无法获得清偿，该债权未能实现与海南高院9–16号裁定及其执行行为之间无法律上的因果联系（法理之四）。因此，海南高院9–16号裁定及其执行回转行为，不属于《国家赔偿法》及相关司法解释规定的执行错误情形。

【法理应用】2010年修订后的《国家赔偿法》取消了赔偿确认前置程序，该案例具体实践了国家赔偿案件中人民法院应就赔偿请求人诉称的司法行为是否违法、是否应当承担国家赔偿责任两个方面问题同时审查确认的“确赔合一”工作机制。该工作机制有效避免可能发生的同一法院对同一赔偿案件作出相互矛盾裁决的现象，减少当事人诉累，有利于纠纷及时化解、提升审判质量、提高司法公信力，体现了高效司法、司法便民的审判理念。

【指导性案例44号】

卜某光申请刑事违法追缴赔偿案[①]

【案情概述】赔偿请求人卜某光以安徽省公安厅皖公刑赔字〔2011〕01号刑事赔偿决定、中华人民共和国公安部（以下简称公安部）公刑赔复字〔2011〕1号刑事赔偿复议决定与事实不符、适用法律不当为由，向最高人民法院赔偿委员会提出赔偿申请，称安徽省公安厅越权处置经济纠纷，以其购买的“深坑村土地”抵偿银行欠款违法，提请安徽省公安厅赔偿经济损失316.6万元等赔偿请求。

① 参见最高人民法院案例指导工作办公室编著：《中国案例指导》（总第3辑），法律出版社2015年版，第215页。

法院经审理查明：赔偿请求人卜某光因涉嫌伪造公司印章罪、非法出具金融票证罪和挪用资金罪被安徽省公安厅立案侦查，于1999年9月5日被逮捕，捕前系深圳新某实业发展有限责任公司（以下简称新某公司）总经理。2001年11月20日，合肥市中级人民法院作出（2001）合刑初字第68号刑事判决，认定卜某光自1995年1月起承包经营安徽省某投资公司深圳证券业务部（以下简称安某证券部）期间，未经安徽省某投资公司（以下简称安某公司）授权，安排其聘用人员私自刻制、使用属于安某公司专有的公司印章，并用此假印章伪造安某公司法人授权委托书、法定代表人证明书及给深圳证券交易所的担保文书，获得了安某证券部的营业资格，其行为构成伪造印章罪；卜某光在承包经营安某证券部期间，违反金融管理法规，两次向他人开具虚假的资信证明，造成1032万元的重大经济损失，其行为又构成非法出具金融票证罪；在承包经营过程中，作为安某证券部总经理，利用职务之便，直接或间接将安某证券部资金9173.2286万元挪用，用于其个人所有的新某公司投资及各项费用，与安某证券部经营业务没有关联，且造成的经济损失由安某证券部、安某公司承担法律责任，应视为卜某光挪用证券部资金归个人使用，其行为构成挪用资金罪。案发后，安徽省公安厅追回赃款1689.05万元，赃物、住房折合1627万元；查封新某公司投资的价值2840万元房产和1950万元的土地使用权，共计价值8106.05万元。卜某光一人犯数罪，应数罪并罚，遂判决：一、卜某光犯伪造公司印章罪，判处有期徒刑二年；犯非法出具金融票证罪，判处有期徒刑八年；犯挪用资金罪，判处有期徒刑十年，决定执行有期徒刑十五年。二、赃款、赃物共计8106.05万元予以追缴。卜某光不服，提起上诉。安徽省高级人民法院于2002年2月22日作出（2002）皖刑终字第34号刑事裁定，驳回上诉，维持原判。上述刑事判决认定查封和判令追缴的土地使用权即指卜某光以新某公司名义投资的“深坑村土地”使用权。2009年8月4日，卜某光刑满释放。

又查明：在卜某光刑事犯罪案发后，深圳某银行人民桥支行（原系深圳某银行营业部，以下简称深某行）以与卜某光、安某证券部、安某公司存在拆借2500万元的债务纠纷为由，于1999年12月28日向深圳市中级人民法院提起民事诉讼，案号为（2000）深中法经调初字第72号；深某行还以与安某证券部、安某公司存在担保借款纠纷，拆借资金合同和保证金存款协议纠纷为由，于2000年3月10日，同时向深圳市罗湖区人民法院提起民事诉讼，该院立案审理，案号分别为（2000）深罗法经一初字第372号、（2000）深罗法经一初字第373号。2000年4月19日，安徽省公安厅致函深圳市中级人民法院、罗湖区人民法院，请法院根据《最高人民法院关于在审理经济纠纷案件中涉及经济犯罪嫌疑若干问题的规定》第12条的规定，对民事案件中止审理并依法移送安徽省公安厅统一侦办。2000年7月15日，罗湖区人民法院将其受理的（2000）深罗法经一初字第372号、（2000）深罗法经一初字第373号民事案件移送安徽省公安厅。2000年8月24日，安徽省公安厅刑事警察总队对"深坑村土地"进行查封。对（2000）深中法经调初字第72号深某行诉安某证券部、安某公司的拆借金额2500万元债务纠纷案件，深圳市中级人民法院经审理认为，该案涉嫌刑事犯罪，于2001年9月21日将该案移送安徽省公安厅侦查处理，同时通知深某行、安某公司、安某证券部已将该民事案件移送安徽省公安厅。安徽省公安厅在合肥市中级人民法院（2001）合刑初字第68号刑事判决生效后，对"深坑村土地"予以解封并将追缴的土地使用权返还被害单位安某证券部，用于抵偿安徽省公安厅侦办的（2000）深中法经调初字第72号民事案件中卜某光以安某证券部名义拆借深某行2500万元的债务。

再查明：在卜某光刑事犯罪案发后，深某行认为安某证券部向该行融资2000万元，只清偿1200万元，余款800万元逾期未付，以债券回购协议纠纷为由，向深圳市中级人民法院起诉卜某光及安某证券部、安某公司，要求连带清偿欠款800万元及利息300万元。深圳市中级人民法院1999年11月9日作出（1998）深中法经一初字第311号民事判决：卜某光返还给深某行2 570 016元及使用2000万元期间的利息；卜某光的财产不足清偿债务时，由安某证券部和安某公司承担补充清偿责任。该民事判决在执行中已由深某行与安某公司达成和解，以其他财产抵偿。

【**裁判说理**】裁判文书说理部分这样论述：卜某光在承包经营安某证券部期间，未经安某公司授权，私刻安某公司的印章并冒用，违反金融管理法规向他人开具虚假的资信证明，利用职务之便，挪用安某证券部资金9173.2286万元，已被合肥市中级人民法院（2001）合刑初字第68号刑事判决认定构成伪造印章罪、非法出具金融票证罪、挪用资金罪，对包括卜某光以新某公司名义投资的“深坑村土地”使用权在内的、共计价值 8106.05 万元（其中土地使用权价值 1950 万元）的赃款、赃物判决予以追缴。卜某光以新某公司出资购买的该土地部分使用权属其个人合法财产的理由不成立，人民法院生效刑事判决已将新某公司投资的“深坑村土地”价值 1950 万元的使用权作为卜某光挪用资金罪的赃款、赃物的一部分予以追缴，卜某光无权对人民法院生效判决追缴的财产要求国家赔偿（法理之一）。

关于卜某光对于安徽省公安厅以“深坑村土地”抵偿其欠深某行 800 万元，造成直接财产损失 316.6 万元的主张。在卜某光涉嫌犯罪案发后，深某行起诉卜某光及安某证券部、安某公司 800 万元债券回购协议案，深圳市中级人民法院作出（1998）深中法经一初字第 311 号民事判决并已执行。该案与深圳市中级人民法院于 2001 年 9 月 21 日移送安徽省公安厅侦办的（2000）深中法经调初字第 72 号，深某行起诉卜某光及安某证券部、安某公司拆借 2500 万元的债务纠纷案，不是同一民事案件。安徽省公安厅在刑事判决生效后，将判决追缴的价值 1950 万元的“深坑村土地”使用权发还给其侦办的卜某光以安某证券部名义拆借深某行 2500 万元资金案的被害单位，具有事实依据，没有损害其利益（法理之二）。卜某光主张安徽省公安厅以“深坑村土地”抵偿其欠深某行的 800 万元，与事实不符。卜某光要求安徽省公安厅赔偿违法返还“深坑村土地”造成其 316.6 万元损失无事实与法律依据。

综上，“深坑村土地”已经安徽省高级人民法院（2002）皖刑终字第 34 号刑事裁定予以追缴，赔偿请求人卜某光主张安徽省公安厅违法返还土地给其造成 316.6 万元的损失没有法律依据，其他请求没有事实根据，不符合国家赔偿法的规定，不予支持。

【法理应用】司法机关违法返还财产造成的损失，受害人是否有权取得国家赔偿?《国家赔偿法》对此没有明确规定。该指导性案例明确了违法返还财产属于国家赔偿的范围，人民法院有权审查返还财产行为的合法性。该裁判规则对保障赔偿请求人的合法权益，促进国家机关依法行使职权，正确理解法院司法审查权的行使有重要指导意义，体现了司法便民、提高司法权威的审判理念。

第四节　公序良俗样态的法理表达

一、公序良俗的概念意涵

作为本章案例中法理应用样态的兜底分类，本节所言“公序良俗”是广义上的公序良俗。起源于罗马法的“公序良俗”[①]是现代民法中一个“支配整个法秩序的价值理念”[②]，也是一个“支配私法全领域”[③]的重要原则。公序良俗作为判定民事行为效力的重要依据和标准，将价值导向引入司法裁判，发挥法理解释法律、补充法律以及价值引领的重要功能。“公序良俗”涉及一个国家法治的价值标准问题，在法律制定及法律实施中彰显公序良俗是很多成文法国家的共识。《法国民法典》第6条明令：“不得以特别约定违反有关公共秩序和善良风俗的法律。”[④]此后世界各国（地区）的主要民法典，均就此作出了规定。例如，《德国民法典》第138条第1款规定：“违反善良风俗的法律行为无效。”[⑤]《瑞士债法典》第20条、第41条分别规定：含有违反法律或者违反公序良俗之条款的合同无效；违反善良风俗，故意造成他人损害的，应当承担赔偿责任。[⑥]《日本民法典》第90～92条分别规定，“以违反公共秩序或善良风俗的事项为标的的法律行为，为无效”“法律行为的当事人，表示了与法令中无关公共秩序的规定相异的意思时，则从其意思”“有与法令中无关公共秩序的规定相异的习惯，如果可以认定法律行为当事人有依该习惯的意思时，则从其习惯”。[⑦]韩国政府建立后，法院在审查殖民地时期的收养习惯

---

① 张文显：《法理：法理学的中心主题和法学的共同关注》，载《清华法学》2017年第4期。公序良俗包括公共秩序和善良风俗。公序，即社会一般利益，包括国家利益、社会经济秩序和社会公共利益；良俗，即一般道德观念或良好道德风尚，包括社会公德、商业道德和社会良好风尚。

② 李双元、杨德群：《论公序良俗的司法适用》，载《法商研究》2014年第3期。

③ 史尚宽：《民法总论》，中国政法大学出版社2000年版，第334页。

④ 《法国民法典》，马育民译，北京大学出版社1982年版，第2页。

⑤ 《德国民法典》，郑冲等译，法律出版社1999年版，第26页。

⑥ 《瑞士债法典》，吴兆祥等译，法律出版社2002年版，第4、10页。

⑦ 《日本民法典》，王书江译，法律出版社1986年版，第21页。

时，明确对之予以否认："这样的收养习惯自然地随着日本人的离开而废除，建立在这种习惯基础上的社会关系是违反公序良俗的……"

在我国的法律制度体系中有很多体现公序良俗的法律法规。比如《民法典》第8条[①]将公序良俗确定为一般法律原则，规定民事活动不得违反公序良俗。《民法典》第10条[②]将习惯明确作为处理民事纠纷的依据，而将公序良俗作为限制习惯适用的兜底条款。根据《民法典》第143条、[③]第153条[④]的规定，符合公序良俗的民事法律行为有效，违背公序良俗的民事法律行为无效，"公序良俗"成为认定民事法律行为效力的条件之一。

从法理上讲，公序良俗属于一个概括且抽象的空白规定，是一个重要的法律原则。因其具有高度的开放性特点，从某种层面上讲，公序良俗是一个具有兜底性质的法理概念和法理样态。

公序良俗内涵的认定具有高度的相对性和流变性，可因政治经济文化制度、风土人情地区环境等因素而时时赋新。故此，在司法裁判中，运用公序良俗裁判案件，考验着司法者的智慧和能力。我们以公序良俗的法理样态、内涵为类别，结合其在案例中的适用和阐释，观察公序良俗在案例中的适用实践成果。

二、指导性案例中公序良俗的适用

（一）社会主义核心价值观

2015年10月，最高人民法院出台《关于在人民法院工作中培育和践行社会主义核心价值观的若干意见》，要求通过具体案件的办理引导良好社会风

① 《民法典》第8条规定："民事主体从事民事活动，不得违反法律，不得违背公序良俗。"

② 《民法典》第10条规定："处理民事纠纷，应当依照法律；法律没有规定的，可以适用习惯，但是不得违背公序良俗。"

③ 《民法典》第143条规定："具备下列条件的民事法律行为有效：（一）行为人具有相应的民事行为能力；（二）意思表示真实；（三）不违反法律、行政法规的强制性规定，不违背公序良俗。"

④ 《民法典》第153条规定："违反法律、行政法规的强制性规定的民事法律行为无效。但是，该强制性规定不导致该民事法律行为无效的除外。违背公序良俗的民事法律行为无效。"

尚，弘扬社会正向价值。2016年12月，中共中央办公厅、国务院办公厅联合下发《关于进一步把社会主义核心价值观融入法治建设的指导意见》，明确将社会主义核心价值观融入“立法、执法、司法、守法”全过程，是依法治国与以德治国相结合的必然要求。2018年6月，最高人民法院出台《关于加强和规范裁判文书释法说理的指导意见》，对加强社会主义核心价值观在司法实践中的应用，提出了明确的要求。在最高人民法院指导性案例中，公序良俗凸显社会主义核心价值观，成为案件释法说理的重要理据。

1. 民事类

【指导性案例17号】

张某诉北京合力华某汽车服务有限公司买卖合同纠纷案

【案情概述】2007年2月28日，原告张某从被告北京合力华某汽车服务有限公司（以下简称合力华某公司）购买上海通用雪佛兰景程轿车一辆，价格138 000元，双方签有《汽车销售合同》。该合同第7条约定：“……卖方保证买方所购车辆为新车，在交付之前已作了必要的检验和清洁，车辆路程表的公里数为18公里且符合卖方提供给买方的随车交付文件中所列的各项规格和指标……”合同签订当日，张某向合力华某公司交付了购车款138 000元，同时支付了车辆购置税12 400元、一条龙服务费500元、保险费6060元。同日，合力华某公司将雪佛兰景程轿车一辆交付张某，张某为该车办理了机动车登记手续。2007年5月13日，张某在将车辆送合力华某公司保养时，发现该车曾于2007年1月17日进行过维修。

审理中，合力华某公司表示张某所购车辆确曾在运输途中造成划伤，于2007年1月17日进行过维修，维修项目包括右前叶子板喷漆、右前门喷漆、右后叶子板喷漆、右前门钣金、右后叶子板钣金、右前叶子板钣金，维修中更换底大边卡扣、油箱门及前叶子板灯总成。送修人系该公司业务员。合力华某公司称，对于车辆曾进行维修之事已在销售时明确告知张某，并据此予以较大幅度优惠，该车的销售定价应为151 900元，经协商后该车实际销售价格为138 000元，还赠送了部分装饰。为证明上述事实，合力华某公司提供了车辆维修记录及有张某签字的日期为 2007 年 2 月 28 日的车辆交接验收单一份，在车辆交接验收单备注一栏中注有“加 1/4 油，此车右侧有钣喷修复，按约定价格销售”。合力华某公司表示该验收单系该公司保存，张某手中并无此单。对于合力华某公司提供的上述两份证据，张某表示对于车辆维修记录没有异议，车辆交接验收单中的签字确系其所签，但合力华某公司在销售时并未告知车辆曾有维修，其在签字时备注一栏中没有“此车右侧有钣喷修复，按约定价格销售”的字样。

【裁判说理】裁判文书说理部分这样论述：原告张某购买汽车系因生活需要自用，被告合力华某公司没有证据证明张某购买该车用于经营或其他非生活消费，故张某购买汽车的行为属于生活消费需要，应当适用《消费者权益保护法》(法理之一)。根据双方签订的《汽车销售合同》约定，合力华某公司交付张某的车辆应为无维修记录的新车，现所售车辆在交付前实际上经过维修，这是双方共同认可的事实，故本案争议的焦点为合力华某公司是否事先履行了告知义务。

车辆销售价格的降低或优惠以及赠送车饰是销售商常用的销售策略，也是双方当事人协商的结果，不能由此推断出合力华某公司在告知张某汽车存在瑕疵的基础上对其进行了降价和优惠（法理之二）。合力华某公司提交的有张某签名的车辆交接验收单，因系合力华某公司单方保存，且备注一栏内容由该公司不同人员书写，加之张某对此不予认可，该验收单不足以证明张某对车辆以前维修过有所了解（法理之三）。故对合力华某公司抗辩称其向张某履行了瑕疵告知义务，不予采信，应认定合力华某公司在售车时隐瞒了车辆存在的瑕疵，有欺诈行为，应退车还款并增加赔偿张某的损失（法理之四）。

【法理应用】该案例在 2013 年作为最高人民法院第五批指导性案例发布，原始案例是北京市第二中级人民法院于 2008 年审结。在此之前，消费者因购买汽车发生类似纠纷诉至法院，裁判结果与该案例的裁判结果并不相同，并引发热议。2006 年，四川成都朱某发现购买的新车曾出售给别人并使用过一段时间，以经销商消费欺诈为由，将对方告上法庭，要求按《消费者权益保护法》双倍赔偿。法院认为汽车消费属于奢侈消费，不属于《消费者权益保护法》意义上的生活消费需要，不支持双倍赔偿。此案在当时引发了一场关于“汽车买卖是否适用《消法》”的广泛讨论。四川省消委推荐朱某为2006年度“全国推动消费维权发展十大贡献人物”。

该指导性案例的发布表明了最高人民法院对以汽车消费受到欺诈诉经销商此类案件的态度，即第一，以家庭生活为目的的汽车消费，适用《消费者权益保护法》；第二，汽车销售者的承诺与实际不符的，且不能证明履行告知义务的，视为销售欺诈。明确了“1. 为家庭生活消费需要购买汽车，发生欺诈纠纷的，可以按照《消费者权益保护法》处理。2. 汽车销售者承诺向消费者出售没有使用或维修过的新车，消费者购买后发现系使用或维修过的汽车，销售者不能证明已履行告知义务且得到消费者认可的，构成销售欺诈，消费者要求销售者按照消费者权益保护法赔偿损失的，人民法院应予支持”[①]的裁判规则。

【指导性案例23号】

孙某山诉南京欧某超市有限公司江宁店买卖合同纠纷案

【案情概述】2012年5月1日，原告孙某山在被告南京欧某超市有限公司江宁店（以下简称欧某超市江宁店）购买“玉兔牌”香肠15包，其中价值558.6元的14包香肠已过保质期。孙某山到收银台结账后，即径直到服务台索赔，后因协商未果诉至法院，要求欧某超市江宁店支付14包香肠售价十倍的赔偿金5586元。

【裁判说理】裁判文书说理部分这样论述：关于原告孙某山是否属于消费者的问题。《消费者权益保护法》第2条规定：“消费者为生活消费需要购买、使用商品或者接受服务，其权益受本法保护；本法未作规定的，受其他有关法律、法规保护。”消费者是相对于销售者和生产者的概念。只要在市场交易中购买、使用商品或者接受服务是为了个人、家庭生活需要，而不是为了生产经营活动或者职业活动需要的，就应当认定为“为生活消费需要”的消费者，属于消费者权益保护法调整的范围（法理之一）。本案中，原、被告双方

① 参见最高人民法院案例指导工作办公室编著：《中国案例指导》（总第2辑），法律出版社2015年版，第84页。

对孙某山从欧某超市江宁店购买香肠这一事实不持异议，据此可以认定孙某山实施了购买商品的行为，且孙某山并未将所购香肠用于再次销售经营，欧某超市江宁店也未提供证据证明其购买商品是为了生产经营。孙某山因购买到超过保质期的食品而索赔，属于行使法定权利（法理之二）。因此欧某超市江宁店认为孙某山“买假索赔”不是消费者的抗辩理由，所以不能成立。

关于被告欧某超市江宁店是否属于销售明知是不符合食品安全标准食品的问题。《食品安全法》第 3 条规定：“食品生产经营者应当依照法律、法规和食品安全标准从事生产经营活动，对社会和公众负责，保证食品安全，接受社会监督，承担社会责任。”该法第 28 条第 8 项规定，超过保质期的食品属于禁止生产经营的食品。食品销售者负有保证食品安全的法定义务，应当对不符合安全标准的食品自行及时清理（法理之三）。欧某超市江宁店作为食品销售者，应当按照保障食品安全的要求储存食品，及时检查待售食品，清理超过保质期的食品，但欧某超市江宁店仍然摆放并销售货架上超过保质期的“玉兔牌”香肠，未履行法定义务，可以认定为销售明知是不符合食品安全标准的食品（法理之四）。

关于被告欧某超市江宁店的责任承担问题。《食品安全法》第 96 条第 1 款规定：“违反本法规定，造成人身、财产或者其他损害的，依法承担赔偿责任。”第 2 款规定：“生产不符合食品安全标准的食品或者销售明知是不符合食品安全标准的食品，消费者除要求赔偿损失外，还可以向生产者或者销售者要求支付价款十倍的赔偿金。”当销售者销售明知是不符合安全标准的食品时，消费者可以同时主张赔偿损失和支付价款十倍的赔偿金，也可以只主张支付价款十倍的赔偿金。本案中，原告孙某山仅要求欧某超市江宁店支付售价十倍的赔偿金，属于当事人自行处分权利的行为，应予支持（法理之五）。关于被告欧某超市江宁店提出原告明知食品过期而购买，希望利用其错误谋求利益，不应予以十倍赔偿的主张，因前述法律规定消费者有权获得支付价款十倍的赔偿金，因该赔偿获得的利益属于法律应当保护的利益，且法律并未对消费者的主观购物动机作出限制性规定，故对其该项主张不予支持（法理之六）。

【法理应用】该案例明确了何为《消费者权益保护法》保护的消费者，即对于消费者的认定以其消费行为为标准，至于是否是“知假买假”不影响消费者身份的认定。也明确了“消费者购买到不符合食品安全标准的食品，要求销售者或者生产者依照食品安全法规定支付价款十倍赔偿金或者依照法律规定的其他赔偿标准赔偿的，不论其购买时是否明知食品不符合安全标准，人民法院都应予支持”①的裁判规则。通过发布指导性案例统一此类案件法律适用，增强了对处于弱势地位的消费者的保护力度和对不诚信经营商家的惩处力度，弘扬了诚信、文明、公正、法治的社会主义核心价值观。

【指导性案例46号】

山东鲁某实业有限公司诉鄄城县鲁某工艺品有限责任公司、济宁礼某邦家纺有限公司侵害商标权及不正当竞争纠纷案②

【案情概述】原告山东鲁锦实业有限公司（以下简称鲁某公司）诉称：被告鄄城县鲁某工艺品有限责任公司（以下简称鄄城鲁某公司）、济宁礼某邦家纺有限公司（以下简称礼某邦公司）大量生产、销售标有“鲁锦”字样的鲁锦产品，侵犯其“鲁锦”注册商标专用权。鄄城鲁某公司企业名称中含有原告的“鲁锦”注册商标字样，误导消费者，构成不正当竞争。“鲁锦”不是通用名称。请求判令二被告承担侵犯商标专用权和不正当竞争的法律责任。

法院经审理查明：鲁某公司的前身嘉祥县瑞某民间工艺品厂于1999年12月21日取得注册号为第1345914号的“鲁锦”文字商标，有效期为1999年12月21日至2009年12月20日，核定使用商品为第25类服装、鞋、帽类。鲁某公司又于2001年11月14日取得注册号为第1665032号的“Lj+LUJIN”的组合商标，有效期为2001年11月14日至2011年11月13日，核定使用商品为第24类的“纺织物、棉织品、内衣用织物、纱布、纺织品、毛巾布、无纺布、浴巾、床单、纺织品家具罩等”。嘉祥县瑞某民间工艺品厂于2001年2月9日更名为嘉祥县鲁某实业有限公司，后于2007年6月11日更名为

① 参见最高人民法院案例指导工作办公室编著：《中国案例指导》（总第2辑），法律出版社2015年版，第174页。

② 参见最高人民法院案例指导工作办公室编著：《中国案例指导》（总第3辑），法律出版社2015年版，第282页。

山东鲁某实业有限公司。

鲁某公司在获得“鲁锦”注册商标专用权后，在多家媒体多次宣传其产品及注册商标，并于2006年3月被“中华老字号”工作委员会接纳为会员单位。鲁某公司经过多年努力及长期大量的广告宣传和市场推广，其“鲁锦”牌系列产品，特别是“鲁锦”牌服装在国内享有一定的知名度。2006年11月16日，“鲁锦”注册商标被审定为山东省著名商标。

2007年3月，鲁某公司从礼某邦鲁锦专卖店购买到由鄄城鲁某公司生产的同鲁某公司注册商标所核定使用的商品相同或类似的商品，该商品上的标签（吊牌）、包装盒、包装袋及店堂门面上均带有“鲁锦”字样。在该店门面上“鲁锦”已被突出放大使用，其出具的发票上加盖的印章为礼某邦公司公章。

鄄城鲁某公司于2003年3月3日成立，在产品上使用的商标是“精一坊文字+图形”组合商标，该商标已申请注册，但尚未核准。2007年9月，鄄城鲁某公司申请撤销鲁某公司已注册的第1345914号“鲁锦”商标，国家工商总局商标评审委员会已受理但未作出裁定。

一审法院根据鲁某公司的申请，依法对鄄城鲁某公司、礼某邦公司进行了证据保全，发现二被告处存有大量同“鲁锦”注册商标核准使用的商品同类或者类似的商品，该商品上的标签（吊牌）、包装盒、包装袋、商品标价签以及被告店堂门面上均带有原告注册商标“鲁锦”字样。被控侵权商品的标签（吊牌）、包装盒、包装袋上已将“鲁锦”文字放大，作为商品的名称或者商品装潢醒目突出使用，且包装袋上未标识生产商及其地址。

另查明：鲁西南民间织锦是一种山东民间纯棉手工纺织品，因其纹彩绚丽、灿烂似锦而得名，在鲁西南地区已有上千年的历史，是历史悠久的齐鲁文化的一部分。从20世纪80年代中期开始，鲁西南织锦开始被开发利用。1986年1月8日，在济南举行了“鲁西南织锦与现代生活展览汇报会”。1986年8月20日，在北京民族文化宫举办了“鲁锦与现代生活展”。1986年前后，《人民日报》《经济参考》《农民日报》等报刊发表“鲁锦”的专题报道，中央电视台、山东电视台也拍摄了多部“鲁锦”的专题片。自此，“鲁锦”作为山东民间手工棉纺织品的通称被广泛使用。此后，鲁锦的研究、开发和生产逐渐普及并不断发展壮大。1987年11月15日，为促进鲁锦文化与现代生活的进一步结合，加拿大国际发展署（CIDA）与中华全国妇女联合会共同在鄄城县杨屯村举行了双边合作项目——鄄城杨屯妇女鲁锦纺织联社培训班。

山东省及济宁市、菏泽市等地方史志资料在谈及历史、地方特产或传统工艺时，对“鲁锦”也多有记载，均认为“鲁锦”是流行在鲁西南地区广大农村的一种以棉纱为主要原料的传统纺织产品，是山东的主要民间美术品种之一。相关工具书及出版物也对“鲁锦”多有介绍，均认为“鲁锦”是山东民间手工织花棉布，以棉花为主要原料，手工织线、染色、织造，俗称“土布”或“手织布”，因此布色彩斑斓，似锦似绣，故称为“鲁锦”。

1995年12月25日，山东省文物局作出《关于建设“中国鲁锦博物馆”的批复》，同意菏泽地区文化局在鄄城县成立“中国鲁锦博物馆”。2006年12月23日，山东省人民政府公布第一批省级非物质文化遗产，其中山东省文化厅、鄄城县、嘉祥县申报的“鲁锦民间手工技艺”被评定为非物质文化遗产。2008年6月7日，国务院国发〔2008〕19号文件确定由山东省鄄城县、嘉祥县申报的“鲁锦织造技艺”被列入第二批国家级非物质文化遗产名录。

【裁判说理】裁判文书说理部分这样论述：根据本案事实可以认定，在1999年鲁某公司将“鲁锦”注册为商标之前，已是山东民间手工棉纺织品的通用名称，“鲁锦”织造技艺为非物质文化遗产。鄄城鲁某公司、济宁礼某邦公司的行为不构成商标侵权，也非不正当竞争。

首先，“鲁锦”已成为具有地域性特点的棉纺织品的通用名称。商品通用名称是指行业规范或社会公众约定俗成的对某一商品的通常称谓（法理之一）。该通用名称可以是行业规范规定的称谓，也可以是公众约定俗成的简称（法理之二）。鲁锦指鲁西南民间纯棉手工织锦，其纹彩绚丽灿烂似锦，在鲁西南地区已有上千年的历史。“鲁锦”作为具有山东特色的手工纺织品的通用名称，为国家主流媒体、各类专业报纸以及山东省新闻媒体所公认，山东省、济宁市、菏泽市、嘉祥县、鄄城县的省市县三级史志资料均将“鲁锦”记载为传统鲁西南民间织锦的“新名”，有关工艺美术和艺术的工具书中也确认“鲁锦”就是产自山东的一种民间纯棉手工纺织品。“鲁锦”织造工艺历史悠久，在提到“鲁锦”时，人们想到的就是传统悠久的山东民间手工棉纺织品及其织造工艺。“鲁锦织造技艺”被确定为国家级非物质文化遗产。“鲁锦”

代表的纯棉手工纺织生产工艺并非由某一自然人或企业法人发明而成，而是由山东地区特别是鲁西南地区人民群众长期劳动实践而形成。“鲁锦”代表的纯棉手工纺织品的生产原料亦非某一自然人或企业法人特定种植，而是山东不特定地区广泛种植的棉花。自20世纪80年代中期后，经过媒体的大量宣传，“鲁锦”已成为以棉花为主要原料、手工织线、染色、织造的山东地区民间手工纺织品的通称，且已在山东地区纺织行业领域内通用，并被相关社会公众所接受。综上，可以认定“鲁锦”是山东地区特别是鲁西南地区民间纯棉手工纺织品的通用名称（法理之三）。

关于鲁某公司主张“鲁锦”这一名称不具有广泛性，在我国其他地方也出产老粗布，但不叫“鲁锦”。对此法院认为，对于具有地域性特点的商品通用名称，判断其广泛性应以特定产区及相关公众为标准，而不应以全国为标准（法理之四）。我国其他省份的手工棉纺织品不叫“鲁锦”，并不影响“鲁锦”专指山东地区特有的民间手工棉纺织品这一事实。关于鲁某公司主张“鲁锦”不具有科学性，棉织品应称为“棉”而不应称为“锦”。对此法院认为，名称的确定与其是否符合科学没有必然关系，对于已为相关公众接受、指代明确、约定俗成的名称，即使有不科学之处，也不影响其成为通用名称（法理之五）。关于鲁某公司还主张“鲁锦”不具有普遍性，山东省内有些经营者、消费者将这种民间手工棉纺织品称为“粗布”或“老土布”。对此法院认为，“鲁锦”这一称谓是20世纪80年代中期确定的新名称，经过多年宣传与使用，现已为相关公众所知悉和接受（法理之六）。“粗布”“老土布”等旧有名称的存在，不影响“鲁锦”通用名称的认定。

其次，注册商标中含有的本商品的通用名称，注册商标专用权人无权禁止他人正当使用。《商标法实施条例》第49条规定：“注册商标中含有的本商品的通用名称、图形、型号，或者直接表示商品的质量、主要原料、功能、用途、重量、数量及其他特点，或者含有地名，注册商标专用权人无权禁止他人正当使用。”商标的作用主要为识别性，即消费者能够依不同的商标而区别相应的商品及服务的提供者（法理之七）。保护商标权的目的，就是防止对商品及服务的来源产生混淆（法理之八）。由于鲁某公司“鲁锦”文字商标和“Lj+LUJIN”组合商标，与作为山东民间手工棉纺织品通用名称的“鲁锦”一致，其应具备的显著性区别特征因此趋于弱化。“鲁锦”虽不是鲁锦服装的通用名称，但却是山东民间手工棉纺织品的通用名称。商标注册人对商标中通用名称部分不享有专用权，不影响他人将“鲁锦”作为通用名称正当使用（法理之九）。鲁西南地区有不少以鲁锦为面料生产床上用品、工艺品、服饰的厂家，这些厂家均可以正当使用“鲁锦”名称，在其产品上叙述性标明其面料采用鲁锦。

本案中，鄄城鲁某公司在其生产的涉案产品的包装盒、包装袋上使用“鲁锦”两字，虽然在商品上使用了鲁某公司商标中含有的商品通用名称，但仅是为了表明其产品采用鲁锦面料，其生产技艺具备鲁锦特点，并不具有侵犯鲁某公司“鲁锦”注册商标专用权的主观恶意，也并非作为商业标识使用，属于正当使用，故不应认定为侵犯“鲁锦”注册商标专用权的行为（法理之十）。基于同样的理由，鄄城鲁某公司在其企业名称中使用“鲁锦”字样，也系正当使用，不构成不正当竞争。礼某邦公司作为鲁锦制品的专卖店，同样有权使用“鲁锦”字样，亦不构成对“鲁锦”注册商标专用权的侵犯。

此外，鲁某公司的“鲁锦”文字商标和“Lj+LUJIN”的组合商标已经国家商标局核准注册并核定使用于第25类、第24类商品上，该注册商标专用权应依法受法律保护。虽然鄄城鲁某公司对此商标提出撤销申请，但在国家商标局商标评审委员会未撤销前，仍应依法保护上述有效注册商标。鉴于“鲁锦”是注册商标，为规范市场秩序，保护公平竞争（法理之十一），鄄城鲁某公司在今后使用“鲁锦”字样以标明其产品面料性质的同时，应合理避让鲁某公司的注册商标专用权，应在其产品包装上突出使用自己的“精一坊”商标，以显著区别产品来源，方便消费者识别。

【法理应用】该案例结合具体案情从历史事实、公众认知、名称变革背景等方面逐一论述，涉及民俗文化、风俗习惯、商业道德等公序良俗以及诚信、公平的社会主义核心价值观。明确了“判断具有地域性特点的商品通用名称，应当注意从以下方面综合分析：（1）该名称在某一地区或领域约定俗成，长期普遍使用并为相关公众认可；（2）该名称所指代的商品生产工艺经某一地区或领域群众长期共同劳动实践而形成；（3）该名称所指代的商品生产原料在某一地区或领域普遍生产”[①] 的裁判规则。

【指导性案例 99 号】

葛某生诉洪某快名誉权、荣誉权纠纷案

【案情概述】原告葛某生诉称：洪某快发表的《小学课本〈狼牙山五壮士〉有多处不实》一文以及《“狼牙山五壮士”的细节分歧》一文，以历史细节考据、学术研究为幌子，以细节否定英雄，企图达到抹黑“狼牙山五壮士”英雄形象和名誉的目的，请求判令洪某快停止侵权、公开道歉、消除影响。

法院经审理查明：1941 年 9 月 25 日，在易县狼牙山发生了著名的狼牙山战斗。在这场战斗中，“狼牙山五壮士”英勇抗敌的基本事实和舍生取义的伟大精神，赢得了全中国人民的高度认同和广泛赞扬。中华人民共和国成立后，五壮士的事迹被编入义务教育教科书，五壮士被人民视为当代中华民族抗击外敌入侵的民族英雄。

2013 年 9 月 9 日，时任《炎黄春秋》杂志社执行主编的洪某快在财经网发表《小学课本〈狼牙山五壮士〉有多处不实》一文。文中写道：据《南方都市报》2013 年 8 月 31 日报道，广州越秀警方于 8 月 29 日晚间将一位在新浪微博上“污蔑狼牙山五壮士”的网民抓获，以虚构信息、散布谣言为由予以行政拘留 7 日。所谓“污蔑狼牙山五壮士”的“谣言”原本就有。据媒体报道，该网友实际上是传播了 2011 年 12 月 14 日百度贴吧里一篇名为《狼牙山五壮士真相原来是这样！》的帖子的内容。2013 年第 11 期的《炎黄春秋》杂志刊发洪某快撰写的《“狼牙山五壮士”的细节分歧》一文，亦发表于《炎黄春秋》杂志网站。文章通过援引不同来源、不同内容、不同时期的报刊资料等，对“狼牙山五壮士”事迹中的细节提出质疑。

北京市西城区人民法院于 2016 年 6 月 27 日作出（2015）西民初字第 27841 号民事判决：一、被告洪某快立即停止侵害葛某林的名誉、荣誉的行为；二、本判决生效后 3 日内，被告洪某快公开发布赔礼道歉公告，向原告

---

① 参见最高人民法院案例指导工作办公室编著：《中国案例指导》（总第 3 辑），法律出版社 2015 年版，第 234 页。

葛某生赔礼道歉，消除影响。该公告须连续刊登5日，公告刊登媒体及内容需经法院审核，逾期不执行，本院将在相关媒体上刊登判决书的主要内容，所需费用由被告洪某快承担。一审宣判后，洪某快向北京市第二中级人民法院提起上诉，北京市第二中级人民法院于2016年8月15日作出（2016）京02民终6272号民事判决：驳回上诉，维持原判。

【裁判说理】裁判文书说理部分这样论述：1941年9月25日，在易县狼牙山发生的狼牙山战斗，是被大量事实证明的著名战斗。在这场战斗中，"狼牙山五壮士"英勇抗敌的基本事实和舍生取义的伟大精神，赢得了全国人民高度认同和广泛赞扬，是五壮士获得"狼牙山五壮士"崇高名誉和荣誉的基础（法理之一）。"狼牙山五壮士"这一称号在全军、全国人民中已经赢得了普遍的公众认同，既是国家及公众对他们作为中华民族的优秀儿女在反抗侵略、保家卫国中作出巨大牺牲的褒奖，也是他们应当获得的个人名誉和个人荣誉（法理之二）。"狼牙山五壮士"是中国共产党领导的八路军在抵抗日本帝国主义侵略伟大斗争中涌现出来的英雄群体，是中国共产党领导的全民抗战并取得最终胜利的重要事件载体。"狼牙山五壮士"的事迹经由广泛传播，已成为激励无数中华儿女反抗侵略、英勇抗敌的精神动力之一；成为人民军队誓死捍卫国家利益、保障国家安全的军魂来源之一。在和平年代，"狼牙山五壮士"的精神仍然是我国公众树立不畏艰辛、不怕困难、为国为民奋斗终身的精神指引。这些英雄烈士及其精神，已经获得全民族的广泛认同，是中华民族共同记忆的一部分，是中华民族精神的内核之一，也是社会主义核心价值观的重要内容（法理之三）。而民族的共同记忆、民族精神乃至社会主义核心价值观，无论是从我国的历史看，还是从现行法上看，都已经是社会公共利益的一部分（法理之四）。

案涉文章对于"狼牙山五壮士"在战斗中所表现出的英勇抗敌的事迹和舍生取义的精神这一基本事实，自始至终未作出正面评价（法理之五）。而是以考证一些细节为主要线索，通过援引不同时期的材料、相关当事者不同时期的言论，全然不考虑历史的变迁、各个材料所形成的时代背景以及各个材料的语境等因素。在无充分证据的情况下，案涉文章多处作出似是而非的推测、质疑乃至评价。因此，尽管案涉文章无明显侮辱性的语言，但通过强调与基本事实无关或者关联不大的细节，引导读者对“狼牙山五壮士”这一英雄烈士群体英勇抗敌事迹和舍生取义精神进行质疑，从而否定基本事实的真实性，进而降低他们的英勇形象和精神价值（法理之六）。洪某快的行为方式符合以贬损、丑化的方式损害他人名誉和荣誉权益的特征。

案涉文章通过刊物发行和网络传播，在全国范围内产生了较大影响，不仅损害了葛某林的个人名誉和荣誉，而且损害了葛某生的个人感情，还在一定范围和程度上伤害了社会公众的民族和历史情感（法理之七）。在我国，由于“狼牙山五壮士”的精神价值已经内化为民族精神和社会公共利益的一部分，因此，也损害了社会公共利益（法理之八）。洪某快作为具有一定研究能力和熟练使用互联网工具的人，应当认识到案涉文章的发表及其传播将会损害到“狼牙山五壮士”的名誉及荣誉，也会对其近亲属造成感情和精神上的伤害，更会损害到社会公共利益（法理之九）。在此情形下，洪某快有能力控制文章所可能产生的损害后果而未控制，仍以既有的状态发表，在主观上显然具有过错（法理之十）。

【法理应用】侮辱、诽谤烈士构成侵权，那么讨论烈士事迹的真实性和细节是否构成侵权呢？法官从“狼牙山五壮士”的精神价值是中华民族精神内核之一，是社会主义核心价值观重要内容这个角度入手，认为被告通过强调与主要事实无关或关联不大的细节，引导读者对“狼牙山五壮士”这一英雄人物群体及其事迹进行质疑，被告的这种行为不但损害了烈士的利益、烈士家属的利益，也因伤害民族情感而伤害了公共利益，所以此种行为是一种侵害他人名誉、荣誉的行为。明确了“1. 对侵害英雄烈士名誉、荣誉等行为，英雄烈士的近亲属依法向人民法院提起诉讼的，人民法院应予受理。2. 英雄烈士事迹和精神是中华民族的共同历史记忆和社会主义核心价值观的重要体现，英雄烈士的名誉、荣誉等受法律保护。人民法院审理侵害英雄烈士名誉、荣誉等案件，不仅要依法保护相关个人权益，还应发挥司法彰显公共价值功能，维护社会公共利益。3. 任何组织和个人以细节考据、观点争鸣等名义对英雄烈士的事迹和精神进行诬蔑和贬损，属于歪曲、丑化、亵渎、否定英雄烈士事迹和精神的行为，应当依法承担法律责任”的裁判规则。

该案例通过说理论证了英烈事迹和精神是中华民族的共同历史记忆和社会主义核心价值观的重要体现，对英雄烈士的名誉、荣誉的保护，不仅是对烈士个人、烈士近亲属个人利益的保护，也是对社会公共利益的保护。任何组织和个人以细节考据、观点争鸣等名义对英雄烈士的事迹和精神进行诬蔑和贬损，属于歪曲、丑化、亵渎、否定英雄烈士事迹和精神的行为，不但因伤害英烈亲属个人感情而侵犯了英烈相关个人的利益，更因伤害了民族感情违反了社会主义核心价值观而侵害了社会公共利益。所以歪曲、丑化、亵渎、否定英雄烈士事迹和精神的行为均属于侵犯烈士的名誉及荣誉权，对这些行为应给予否定评价并由行为人承担相应的法律责任。该案例对《英雄烈士保护法》的出台起到了促进作用，弘扬了社会正气，对此类案件的审判起到了示范指引作用。

【指导性案例170号】

饶某礼诉某物资供应站等房屋租赁合同纠纷案

【案情概述】南昌市青山湖区晶某假日酒店（以下简称晶某酒店）组织形式为个人经营，经营者系饶某礼，经营范围及方式为宾馆服务。2011年7月27日，晶某酒店通过公开招标的方式中标获得租赁某物资供应站所有的南昌市青山南路×号办公大楼的权利，并向物资供应站出具《承诺书》，承诺中标以后严格按照加固设计单位和江西省建设工程安全质量监督管理局等权威部门出具的加固改造方案，对青山南路×号办公大楼进行科学、安全的加固，并在取得具有法律效力的书面文件后，再使用该大楼。同年8月29日，晶某酒店与物资供应站签订《租赁合同》，约定：物资供应站将南昌市青山南路×号（包含房产证记载的南昌市东湖区青山南路×号和东湖区青山南路×号）办公楼4120平方米建筑出租给晶某酒店，用于经营商务宾馆。租赁期限为15年，自2011年9月1日起至2026年8月31日止。除约定租金和其他费用标准、支付方式、违约赔偿责任外，还有第5条特别约定：（1）租赁物经有关部门鉴定为危楼，须加固后方能使用。晶某酒店对租赁物的前述问题及瑕疵已充分了解。晶某酒店承诺对租赁物进行加固，确保租赁物达到商业房产使用标准，晶某酒店承担全部费用。（2）加固工程方案的报批、建设、验收（验收部门为江西省建设工程安全质量监督管理局或同等资质的部门）均由晶某酒店负责，物资供应站根据需要提供协助。（3）晶某酒店如未经加固合格即擅自使用租赁物，应承担全部责任。合同签订后，物资供应站依照约定交付了租赁房屋。晶某酒店向物资供应站给付20万元履约保证金、1000万元投标保证金。中标后物资供应站退还了800万元投标保证金。

2011年10月26日，晶某酒店与上海永某加固技术工程有限公司签订加固改造工程《协议书》，晶某酒店将租赁的房屋以包工包料一次包干（图纸内的全部土建部分）的方式发包给上海永某加固技术工程有限公司加固改造，改造范围为主要承重柱、墙、梁板结构加固新增墙体全部内粉刷，图纸内的全部内容，图纸、电梯、热泵。开工时间为2011年10月26日，竣工时间为2012年1月26日。2012年1月3日，在加固施工过程中，案涉建筑物大部分垮塌。

江西省建设业安全生产监督管理站于2007年6月18日出具《房屋安全鉴定意见》，鉴定意见和建议：（1）该大楼主要结构受力构件设计与施工均不能满足现行国家设计和施工规范的要求，其强度不能满足上部结构承载力的要求，存在较严重的结构隐患。（2）该大楼未进行抗震设计，没有抗震构造措施，不符合《建筑抗震设计规范》（GB 50011—2001）的要求。遇有地震或其他意外情况发生，将造成重大安全事故。（3）根据《危险房屋鉴定标准》（GB 50292—1999），该大楼按房屋危险性等级划分，属D级危房，应予以拆除。（4）建议：①应立即对大楼进行减载，减少结构上的荷载。②对有问题的结构构件进行加固处理。③目前，应对大楼加强观察，并应采取措施，确保大楼安全过渡至拆除。如发现有异常现象，应立即撤出大楼的全部人员，并向有关部门报告。④建议尽快拆除全部结构。

饶某礼向一审法院提出诉请：（1）解除其与物资供应站于2011年8月29日签订的《租赁合同》；（2）物资供应站返还其保证金220万元；（3）物资供应站赔偿其各项经济损失共计281万元；（4）本案诉讼费用由物资供应站承担。

物资供应站向一审法院提出反诉诉请：（1）判令饶某礼承担侵权责任，赔偿其2463.5万元；（2）判令饶某礼承担全部诉讼费用。

再审中，饶某礼将其上述第一项诉讼请求变更为：确认案涉《租赁合同》无效。物资供应站亦将其诉讼请求变更为：饶某礼赔偿物资供应站损失 418.7 万元。江西省南昌市中级人民法院于 2017 年 9 月 1 日作出（2013）洪民一初字第 2 号民事判决：一、解除饶某礼经营的晶某酒店与物资供应站于 2011 年 8 月 29 日签订的《租赁合同》；二、物资供应站应返还饶某礼的投标保证金 200 万元；三、饶某礼赔偿物资供应站 804.3 万元，抵扣本判决第二项物资供应站返还饶某礼的 200 万元保证金后，饶某礼还应于本判决生效后 15 日内给付物资供应站 604.3 万元；四、驳回饶某礼其他诉讼请求；五、驳回物资供应站其他诉讼请求。一审判决后，饶某礼提出上诉。江西省高级人民法院于 2018 年 4 月 24 日作出（2018）赣民终 173 号民事判决：一、维持江西省南昌市中级人民法院（2013）洪民一初字第 2 号民事判决第一项、第二项；二、撤销江西省南昌市中级人民法院（2013）洪民一初字第 2 号民事判决第三项、第四项、第五项；三、物资供应站返还饶某礼履约保证金 20 万元；四、饶某礼赔偿物资供应站经济损失 182.4 万元；五、本判决第一项、第三项、第四项确定的金额相互抵扣后，物资供应站应返还饶某礼 375.7 万元，该款项限物资供应站于本判决生效后 10 日内支付；六、驳回饶某礼的其他诉讼请求；七、驳回物资供应站的其他诉讼请求。饶某礼、物资供应站均不服二审判决，向最高人民法院申请再审。最高人民法院于 2018 年 9 月 27 日作出（2018）最高法民申 4268 号民事裁定，裁定提审本案。2019 年 12 月 19 日，最高人民法院作出（2019）最高法民再 97 号民事判决：一、撤销江西省高级人民法院（2018）赣民终 173 号民事判决、江西省南昌市中级人民法院（2013）洪民一初字第 2 号民事判决；二、确认饶某礼经营的晶某酒店与物资供应站签订的《租赁合同》无效；三、物资供应站自本判决发生法律效力之日起 10 日内向饶某礼返还保证金 220 万元；四、驳回饶某礼的其他诉讼请求；五、驳回物资供应站的诉讼请求。

【裁判说理】裁判文书说理部分这样论述：《商品房屋租赁管理办法》虽在效力等级上属部门规章，但是，该办法第 6 条规定体现的是对社会公共安全的保护以及对公序良俗的维护（法理之一）。结合本案事实，在案涉房屋已被确定属于存在严重结构隐患、或将造成重大安全事故、应当尽快拆除的

D级危房的情形下，双方当事人仍签订《租赁合同》，约定将该房屋出租用于经营可能危及不特定公众人身及财产安全的商务酒店，明显损害了社会公共利益、违背了公序良俗（法理之二）。从维护公共安全及确立正确的社会价值导向的角度出发，对本案情形下合同效力的认定应从严把握，司法不应支持、鼓励这种为追求经济利益而忽视公共安全的有违社会公共利益和公序良俗的行为（法理之三）。故依照原《民法总则》第153条第2款关于违背公序良俗的民事法律行为无效的规定，以及《合同法》第52条第4项关于损害社会公共利益的合同无效的规定，确认《租赁合同》无效。关于案涉房屋倒塌后物资供应站支付给他人的补偿费用问题，因物资供应站应对《租赁合同》的无效承担主要责任，根据《合同法》第58条规定，“双方都有过错的，应当各自承担相应的责任”，故上述费用应由物资供应站自行承担。因饶某礼对于《租赁合同》无效亦有过错，故对饶某礼的损失依照《合同法》第58条的规定，亦应由其自行承担。饶某礼向物资供应站支付的220万元保证金，因《租赁合同》系无效合同，物资供应站基于该合同取得的该款项依法应当退还给饶某礼。

【法理应用】晶某酒店和物资供应站签订《租赁合同》后承租了物资供应站的办公大楼。双方在明知该大楼已被有资质的鉴定机构鉴定为危房并建议尽快拆除的情况下，约定由承租方负责修缮加固后投入使用，结果在承租方修缮加固施工过程中该大楼垮塌。承租方起诉请求确认《租赁合同》无效、物质供应站返还保证金并赔偿损失。该案经过一审、二审、最高人民法院再审，最终以该租赁合同内容违反部门规章的相关规定，损害社会公共利益和公序良俗为由，判定该租赁合同无效，并按无效合同确定了责任承担。该案例明确了“违反行政规章一般不影响合同效力，但违反行政规章签订租赁合同，约定将经鉴定机构鉴定存在严重结构隐患或将造成重大安全事故的应当尽快拆除的危房出租用于经营酒店，危及不特定公众人身及财产安全，属于损害社会公共利益、违背公序良俗的行为，应当依法认定租赁合同无效，按照合同双方的过错大小确定各自应当承担的法律责任”的裁判规则。

住房和城乡建设部制定的《商品房屋租赁管理办法》第6条规定：不符合安全、防灾等工程建设强制性标准的房屋不得出租。这个案例中的涉案办公楼已被鉴定为危楼，按照《商品房屋租赁管理办法》规定，该办公楼属于不得出租的房屋。那么以“不得出租的房屋”为标的签订的租赁合同效力如何？是否必然无效呢？《民法总则》第143条第3项规定[①]：“具备下列条件的民事法律行为有效：（三）不违反法律、行政法规的强制性规定，不违背公序良俗。”《商品房屋租赁管理办法》作为行政规章，其效力层级低于法律和行政法规，并不属于原《民法总则》第143条规定的违反“法律、行政法规的强制性规定”[②]的民事法律行为无效的情形。在这种情况下，该裁判文书从《商品房屋租赁管理办法》第6条规定所保护的法意角度出发，就此展开法理说理。“《商品房屋租赁管理办法》第6条体现的是对社会公共安全的保护以及对公序良俗的维护”，违背《商品房屋租赁管理办法》第6条的规定即是“损害了社会公共利益、违背了公序良俗”。由此该租赁合同属于原《民法总则》第143条第3项关于违背公序良俗的民事法律行为无效的规定（现对应《民法典》第143条第3项所规定的“违背公序良俗的民事法律行为无效”的情形，就此判定该租赁合同无效以及责任承担。

2. 刑事类

【指导性案例28号】

胡某金拒不支付劳动报酬案[③]

【案情概述】被告人胡某金于2010年12月分包了位于四川省双流县黄水镇的三盛翡俪山一期景观工程的部分施工工程，之后聘用多名民工入场施工。施工期间，胡某金累计收到发包人支付的工程款51万余元，已超过结算时确认的实际工程款。2011年6月5日工程完工后，胡某金以工程亏损为由拖欠李某文等20余名民工工资12万余元。同年6月9日，双流县人力资源和社会保障局责令胡某金支付拖欠的民工工资，胡某金却于当晚订购机票并在次日早上乘飞机逃匿。同年6月30日，四川某园林工程有限公司作为工

① 现对应《民法典》第143条第3项。

② 现对应《民法典》第143条。

③ 参见最高人民法院案例指导工作办公室编著：《中国案例指导》（总第2辑），法律出版社2015年版，第256页。

程总承包商代胡某金垫付民工工资12万余元。同年7月4日，公安机关对胡某金拒不支付劳动报酬案立案侦查。同年7月12日，胡某金在浙江省慈溪市被抓获。

【裁判说理】裁判文书说理部分这样论述：被告人胡某金拒不支付20余名民工工资达12万余元，数额较大，且在政府有关部门责令其支付后逃匿，其行为构成拒不支付劳动报酬罪。被告人胡某金虽然不具有合法的用工资格，又属没有相应建筑工程施工资质而承包建筑工程施工项目，且违法招用民工进行施工，上述情况不影响以拒不支付劳动报酬罪追究其刑事责任（法理之一）。本案中，胡某金逃匿后，工程总承包企业按照有关规定清偿了胡某金拖欠的民工工资，其清偿拖欠民工工资的行为属于为胡某金垫付，这一行为虽然消减了拖欠行为的社会危害性，但并不能免除胡某金应当支付劳动报酬的责任，因此，对胡某金仍应当以拒不支付劳动报酬罪追究刑事责任（法理之二）。鉴于胡某金系初犯、认罪态度好，依法作出如上判决。

【法理应用】一些用工单位恶意欠薪，严重侵犯劳动者合法权益，引发群体事件，形成社会矛盾。这些情况多发生在建筑工程施工、加工制造、餐饮等劳动力密集的行业领域。该指导性案例明确了即便单位或个人不具备用工主体资格，如果拒不支付民工报酬，数额较大，经政府有关部门责令支付仍不支付的，以拒不支付劳动报酬罪追究刑事责任。在立案前其他单位或个人为其垫付了劳动报酬的，不影响对单位或个人的追责。该案例确定的裁判规则加强了对劳动者合法权益的保护力度，弘扬了文明、和谐的社会主义核心价值观。

3. 行政类

【指导性案例40号】

孙某兴诉天津新技术产业园区劳动人事局工伤认定案[①]

【案情概述】原告孙某兴诉称：其在工作时间、工作地点、因工作原因摔

① 参见最高人民法院案例指导工作办公室编著：《中国案例指导》（总第3辑），法律出版社2015年版，第160页。

倒致伤，符合《工伤保险条例》规定的情形。天津新技术产业园区劳动人事局（以下简称园区劳动局）不认定工伤的决定，认定事实错误，适用法律不当。请求撤销园区劳动局所作的《工伤认定决定书》，并判令园区劳动局重新作出工伤认定行为。

法院经审理查明：孙某兴系中某公司员工，2003年6月10日上午受中某公司负责人指派去北京机场接人。其从中某公司的所在地天津市南开区华苑产业园区国际商业中心（以下简称商业中心）八楼下楼，欲到商业中心院内停放的红旗轿车处去开车，当行至一楼门口台阶处时，孙某兴脚下一滑，从四层台阶处摔倒在地面上，造成四肢不能活动。经医院诊断为颈髓过伸位损伤合并颈部神经根牵拉伤、上唇挫裂伤、左手臂擦伤、左腿皮擦伤。孙某兴向园区劳动局提出工伤认定申请，园区劳动局于2004年3月5日作出〔2004〕0001号《工伤认定决定书》，认为根据受伤职工本人的工伤申请和医疗诊断证明书，结合有关调查材料，依据《工伤保险条例》第14条第5项的工伤认定标准，没有证据表明孙某兴的摔伤事故系由工作原因造成，决定不认定孙某兴摔伤事故为工伤事故。孙某兴不服园区劳动局出具的《工伤认定决定书》，向天津市第一中级人民法院提起行政诉讼。

【裁判说理】裁判文书说理部分这样论述：各方当事人对园区劳动局依法具有本案行政执法主体资格和法定职权，其作出被诉工伤认定决定符合法定程序，以及孙某兴是在工作时间内摔伤，均无异议。本案的争议焦点：一是孙某兴的摔伤地点是否属于其“工作场所”？二是孙某兴是否“因工作原因”摔伤？三是孙某兴在工作过程中不够谨慎的过失是否影响工伤认定？

一、关于孙某兴的摔伤地点是否属于其“工作场所”问题

《工伤保险条例》第14条第1项规定，职工在工作时间和工作场所内，因工作原因受到事故伤害，应当认定为工伤。该规定中的“工作场所”，是指与职工工作职责相关的场所，在有多个工作场所的情形下，还应包括职工来往于多个工作场所之间的合理区域（法理之一）。本案中，位于商业中心八楼的中某公司办公室，是孙某兴的工作场所，而其完成去机场接人的工作任务需驾驶的汽车停车处，是孙某兴的另一处工作场所。汽车停在商业中心一楼的门外，孙某兴要完成开车任务，必须从商业中心八楼下到一楼门外停车

处，故从商业中心八楼到停车处是孙某兴来往于两个工作场所之间的合理区域，也应当认定为孙某兴的工作场所（法理之二）。园区劳动局认为孙某兴摔伤地点不属于其工作场所，系将完成工作任务的合理路线排除在工作场所之外，既不符合立法本意，也有悖于生活常识。

二、关于孙某兴是否“因工作原因”摔伤的问题

《工伤保险条例》第 14 条第 1 项规定的“因工作原因”，指职工受伤与其从事本职工作之间存在关联关系，即职工受伤与其从事本职工作存在一定关联（法理之三）。孙某兴为完成开车接人的工作任务，必须从商业中心八楼的中某公司办公室下到一楼进入汽车驾驶室，该行为与其工作任务密切相关，是孙某兴为完成工作任务客观上必须进行的行为，不属于超出其工作职责范围的其他不相关的个人行为（法理之四）。因此，孙某兴在一楼门口台阶处摔伤，系为完成工作任务所致。园区劳动局主张孙某兴在下楼过程中摔伤，与其开车任务没有直接的因果关系，不符合“因工作原因”致伤，缺乏事实根据。另外，孙某兴接受本单位领导指派的开车接人任务后，从中某公司所在商业中心八楼下到一楼，在前往院内汽车停放处的途中摔倒，孙某兴当时尚未离开公司所在院内，不属于“因公外出”的情形，而是属于在工作时间和工作场所内。

三、关于孙某兴工作中不够谨慎的过失是否影响工伤认定的问题

《工伤保险条例》第 16 条规定了排除工伤认定的三种法定情形，即因故意犯罪、醉酒或者吸毒、自残或者自杀的，不得认定为工伤或者视同工伤。职工从事工作中存在过失，不属于上述排除工伤认定的法定情形，不能阻却职工受伤与其从事本职工作之间的关联关系（法理之五）。工伤事故中，受伤职工有时具有疏忽大意、精力不集中等过失行为，工伤保险正是分担事故风险、提供劳动保障的重要制度（法理之六）。如果将职工个人主观上的过失作为认定工伤的排除条件，违反工伤保险“无过失补偿”的基本原则，不符合《工伤保险条例》保障劳动者合法权益的立法目的（法理之七）。据此，即使孙某兴工作中在行走时确实有失谨慎，也不影响其摔伤系“因工作原因”的认定结论。园区劳动局以导致孙某兴摔伤的原因不是雨、雪天气使台阶地滑，而是因为孙某兴自己精力不集中导致为由，主张孙某兴不属于“因工作原因”

摔伤而不予认定工伤，缺乏法律依据。

综上，园区劳动局作出的不予认定孙某兴为工伤的决定，缺乏事实根据，适用法律错误，依法应予撤销。

【法理应用】社会加速转型过程中新的用工方式和新型劳动关系不断出现，工伤认定中的新情况新问题也大量涌现。该案例结合具体案情明确了《工伤保险条例》中工伤认定核心要素中的工作“场所”和“原因”的内涵，并根据“无过失补偿原则”明确劳动者是否存在过失行为不影响对其工伤认定。确认了“1.《工伤保险条例》第14条第1项规定的‘因工作原因’，是指职工受伤与其从事本职工作之间存在关联关系。2.《工伤保险条例》第14条第1项规定的‘工作场所’，是指与职工工作职责相关的场所，有多个工作场所的，还包括工作时间内职工来往于多个工作场所之间的合理区域。3.职工在从事本职工作中存在过失，不属于《工伤保险条例》第16条规定的故意犯罪、醉酒或者吸毒、自残或者自杀情形，不影响工伤的认定”[①]的裁判规则，对劳动者的合法权益给予充分的保障。

（二）道德伦理中的公序良俗

在道德伦理与公序良俗的关系方面，王利明教授认为，要“以确定最低限度的道德标准”[②]的方式定义公序良俗的内涵，用以划出民事主体进行民事活动所遵循的道德底线、秩序底线和行为底线。梅迪库斯提出用“剪裁理论”来进一步精确限定社会道德进入公序良俗的范围，社会道德伦理并非公序良俗的全部内容，而仅仅是那些底线性道德才能进入法律视野，成为公序良俗的合理内容。

【经典案例2】

陈某诉罗甲监护权纠纷案[③]

【案情概述】罗甲、谢某某系夫妻，婚生二女一子，长女罗丙、次女罗

① 参见最高人民法院案例指导工作办公室编著：《中国案例指导》（总第3辑），法律出版社2015年版，第162页。

② 王利民：《论公序良俗原则与诚信原则的界分》，载《江汉论坛》2019年第3期。

③ 参见上海市第一中级人民法院（2015）沪一中少民终字第56号民事判决书。

己、儿子罗乙。罗乙与陈某于2007年4月28日登记结婚，双方均系再婚，再婚前，罗乙已育有一子一女，陈某未曾生育。婚后，罗乙与陈某通过购买他人卵子，并由罗乙提供精子，通过体外授精联合胚胎移植技术，出资委托其他女性代孕后，生育了一对异卵双胞胎即罗丁（男）、罗戊（女），两名孩子出生后随罗乙、陈某共同生活。2014年2月7日，罗乙因病经抢救无效死亡，嗣后，陈某携罗丁、罗戊共同生活至今。2014年12月29日，罗甲、谢某某提起本案监护权之诉。

【裁判说理】裁判文书说理部分这样论述：本案实体方面的争议为代孕所生子女的法律地位及其监护权之确定。对此问题，目前我国法律没有明确规定，尽管如此，法院基于不得拒绝裁判之原则，对于当事人提起的相关诉讼并不因此而回避，仍得依据民法等法律的基本原则及其内在精神，结合社会道德和伦理作出裁判（法理之一）。据此，法院就本案中涉及的代孕所生子女的法律地位、陈某与罗丁及罗戊是否成立拟制血亲关系、罗丁及罗戊的监护权归属问题逐一评述如下。

关于代孕所生子女的法律地位之认定。对于代孕问题，世界各国的立法各有不同，即使在允许代孕的国家，其开放程度亦有不同，我国目前尚属禁止，体现于原卫生部的《人类辅助生殖技术管理办法》，其中第3条明确规定，“禁止以任何形式买卖配子、合子和胚胎；医疗机构和医务人员不得实施任何形式的代孕技术”。此虽为部门规章，不能作为确认代孕子女法律地位及监护权的法律依据，但国家对于代孕之禁止立场已经明确。私权领域虽有“法无禁止即可为”之原则，却并不代表私权主体的任何权利义务都可通过民事协议来处分，代孕行为涉及婚姻家庭关系、伦理道德等人类社会之基本问题，不同于一般民事行为，故不适用契约自由原则（法理之二）。尽管代孕行为在我国尚不合法，但由于潜在的社会需求，且人工生殖技术已发展至可实现代孕的程度，代孕情况在现实中依然存在。法律可以对违法行为本身进行制裁，但因此出生的孩子并不经由制裁而消失，无论代孕这一社会现象合法与否，都必然涉及因代孕而出生之子女的法律地位认定，而对其法律地位作出认定，进而解决代孕子女的监护、抚养、财产继承等问题，是保护代孕所生子女合法权益之必需。关于代孕子女法律地位的认定，首先涉及亲子关系的认定原则。我国《婚姻法》对于亲子关系的认定未作出具体规定，司法实践中，对于生母的认定，根据出生事实遵循“分娩者为母”的原则；对于生父的认定，则根据血缘关系而作确定（法理之三）。随着人工生殖技术的发展，人类得以利用人工方法达到使人怀孕生育之目的。现有的人工生殖技术包括人工体内授精、人工体外授精—胚胎移植（俗称试管婴儿）、代孕三种，其中前两种已为大多数国家包括我国所认可。针对人工授精的情形，《最高人民法院关于夫妻离婚后人工授精所生子女的法律地位如何确定的复函》规定：“在夫妻关系存续期间，双方一致同意进行人工授精，所生子女视为夫妻双方的婚生子女。”人工体外授精—胚胎移植的情形与此类似，应亦可适用上述之规定。由此可见，经夫妻双方一致同意以合法的人工生殖方式所生育的子女，其亲子关系的认定，生母根据“分娩者为母”的原则，生父则以婚生推定方式确定（法理之四）。上述两种人工生殖方式，生育过程中怀孕分娩的主体均是不孕夫妻中的妻子一方。而代孕与之不同的是，怀孕分娩这一环节从不孕夫妻中的妻子一方转移给了其他女性，从而背离了“分娩者为母”的原则及由此建立的法律制度，故不为我国法律所认可。陈某上诉认为，根据《最高人民法院关于夫妻离婚后人工授精所生子女的法律地位如何确定的复函》之精神，血缘关系并非判断亲子关系的唯一标准，故本案可类推适用该函。对此，法院认为，该函所针对的是以合法的人工生殖方式所生育子女的法律地位之认定，而代孕行为本身不具有合法性，故不符合类推适用之情形（法理之五）。代孕所生子女的亲子关系认定具有一定的复杂性，关系到代孕目的的实现、各方当事人的利益、代孕所生子女的权益保护等，更需考虑到公众基于传统的伦理观念、文化背景等的接受程度（法理之六）。目前，我国法律对此缺乏相关规定，理论上主要有血缘说、分娩说、契约说（或称人工生殖目的说）、子女利益最佳说之四种学说。法院认为，“契约说”体现的是私法自治的法律精神，但在身份法中私法自治有严格的限制，即便在代孕合法化的国家，亦须专门立法予以规制（法理之七）。“子女利益最佳说”以子女最佳利益作为认定亲子关系的依据，此与我国传统的伦理原则及价值观念不相符，缺乏社会文化基础（法理之八）。“血缘说”虽然有着天然的生物学基础，但在民众朴素的伦理观念中，香火延续、传宗接代主要是就父系而言，母子关系的确立更多在于十月怀胎的孕育过程和分娩艰辛所带来的情感联系，在于母亲对孩子在精力、心血、感情上的巨大投入和无形付出，单纯以生物学上的基因来认定母子关系，将缺乏社会学和心理学层面的支撑（法理之九）。何况，《最高人民法院关于夫妻离婚后人工授精所生子女的法律地位如何确定的复函》已经突破了纯粹的血缘主义，而在我国尽管合法的卵子捐献渠道极为有限，但亦不能否认存在合法捐卵的情形，故“血缘说”亦不可取。“分娩说”符合传统民法中“分娩者为母”的认定原则，亦与其他两种人工生殖方式中的亲子关系认定标准相同，且符合我国传统的伦理原则及价值观念（法理之十）。另外，“分娩者为母”的认定原则亦与我国目前对代孕行为的禁止立场相一致（法理之十一）。综上所述，法院认为，本案中作为代孕所生子女的罗丁、罗戊，其法律上的亲生母亲应根据“分娩者为母”的原则认定为代孕者；关于生父的认定，罗乙与两名孩子之间具有血缘关系，故法律上的亲生父亲应为罗乙。由于罗乙与代孕者之间不具有合法的婚姻关系，故所生子女当属非婚生子女。原审判决否定了陈某提出的两名孩子系其夫妻之婚生子女的主张，法院予以认同。罗丁、罗戊的出生证明及户籍登记已记载罗乙、陈某为父母，且亦被罗乙、陈某实际抚养，表明罗乙作为生父已作出实际的自愿认领行为。罗甲、谢某某系罗乙的父母，故为罗丁、罗戊的祖父母。

【法理应用】本案是上海法院审理的全国首例代孕监护权案。在代孕所生子女的法律地位、陈某与罗丁及罗戊是否成立拟制血亲关系、罗丁及罗戊的监护权等案件焦点问题上的裁判说理，凸显了公序良俗对于法官裁决的影响。尤其是在没有法律明确规定的情况下，如何确认代孕所生子女的法律地位，法官给出了充满人文关怀亦符合公序良俗的法理解答。传统观念上“十月怀胎一朝分娩”，母亲的身份是天然的、不可置疑的。随着科学技术的发展，“怀胎十月”的人是否当然就是母亲，却有了争议。比如，代孕情况下的“契约说”、“母亲”众多时以子女利益为判断标准的“子女利益最佳说”、生物学意义上的“血缘说”以及怀胎生产的“分娩说”。在判断亲子关系上，法院对以上四种说法以是否符合社会所普遍认同的道德和现有法律为裁量尺度，进行论证说理，找出社会广泛认同的关于亲子关系的最基本的最底线的标准，即“分娩者为母”，作为判断亲子关系的原则。同时，根据实际情况判定陈某与代孕所生子女的关系属于有抚养关系的继父母子女关系，其权利义务关系应当适用父母子女关系的有关规定。根据儿童最大利益原则确定了监护权归属问题。从这个案例中，我们可以看到，在以道德为内涵界定公序良俗时，进入公序良俗的道德是获得社会认可度和社会共识度高的道德，也即是底线道德。

【指导性案例33号】

瑞士嘉某国际公司诉福建金某制油有限公司等确认合同无效纠纷案①

【案情概述】瑞士嘉某国际公司（以下简称嘉某公司）与福建金某制油有限公司（以下简称福建金某公司）、大连金某制油有限公司、沈阳金某豆业有限公司、四川金某油粕有限公司、北京珂某美嘉粮油有限公司、宜某香港有限公司（该六公司以下统称金某集团）买卖大豆发生争议，双方经仲裁于2005年6月26日达成《和解协议》，约定金某集团将在5年内分期偿还债务，并将金某集团旗下福建金某公司的全部资产，包括土地使用权、建筑物和固着物、所有的设备及其他财产抵押给嘉某公司，作为偿还债务的担保。2005年10月10日，仲裁裁决确认金某集团应向嘉某公司支付1337万美元。2006年5月，因金某集团未履行该仲裁裁决，福建金某公司也未配合进行资产抵押，嘉某公司向福建省厦门市中级人民法院申请承认和执行第3929号仲裁裁决。2007年6月26日，厦门市中级人民法院经审查后裁定对该仲裁裁决的法律效力予以承认和执行。该裁定生效后，嘉某公司申请强制执行。但在这一过程中，2006年5月8日，福建金某公司与福建田某生物蛋白科技有限公司（以下简称田某公司）签订一份《国有土地使用权及资产买卖合同》，约定福建金某公司将其国有土地使用权、厂房、办公楼和油脂生产设备等全部固定资产以2569万元人民币的价格转让给田某公司，其中国有土地使用权作价464万元、房屋及设备作价2105万元，应在合同生效后30日内支付全部价款。王某琪和柳某分别作为福建金某公司与田某公司的法定代表人在合同上

① 参见最高人民法院案例指导工作办公室编著：《中国案例指导》（总第3辑），法律出版社2016年版，第28页。

签名。2006 年 5 月 10 日，福建金某公司与田某公司对买卖合同项下的标的物进行了交接。同年 6 月 15 日，田某公司通过在中国农业银行漳州支行的账户向福建金某公司在同一银行的账户转入 2500 万元。福建金某公司当日从该账户分别汇出 1300 万元、1200 万元两笔款项至金某集团旗下的大连金某制油有限公司账户，用途为往来款。同年 6 月 19 日，田某公司取得上述国有土地使用权证。2008 年 2 月 21 日，田某公司与漳州开发区汇某源贸易有限公司（以下简称汇某源公司）签订《买卖合同》，约定汇某源公司购买上述土地使用权及地上建筑物、设备等，总价款为 2669 万元，其中土地价款为 603 万元、房屋价款为 334 万元、设备价款为 1732 万元。汇某源公司于 2008 年 3 月取得上述国有土地使用权证。汇某源公司仅于 2008 年 4 月 7 日向田某公司付款 569 万元，此后未付其余价款。

田某公司、福建金某公司、大连金某制油有限公司及金某集团旗下其他公司的直接或间接控制人均为王某良、王某莉、王某琪、柳某。王某良与王某琪、王某莉是父女关系，柳某与王某琪是夫妻关系。2009 年 10 月 15 日，中某粮油进出口有限责任公司（以下简称中某粮油公司）取得田某公司 80% 的股权。2010 年 1 月 15 日，田某公司更名为中某粮油（福建）有限公司（以下简称中某福建公司）。

汇某源公司成立于 2008 年 2 月 19 日，原股东为宋某权、杨某莉。2009 年 9 月 16 日，中某粮油公司和宋某权、杨某莉签订《股权转让协议》，约定中某粮油公司购买汇某源公司 80% 的股权。同日，中某粮油公司（甲方）、汇某源公司（乙方）、宋某权和杨某莉（丙方）及沈阳金某食品有限公司（丁方）签订《股权质押协议》，约定：丙方将所拥有汇某源公司 20% 的股权质押给甲方，作为乙方、丙方、丁方履行“合同义务”之担保；“合同义务”系指乙方、丙方在《股权转让协议》及《股权质押协议》项下因“红豆事件”而产生的所有责任和义务；“红豆事件”是指嘉某公司与金某集团就进口大豆中掺杂红豆原因而引发的金某集团涉及的一系列诉讼及仲裁纠纷以及与此有关的涉及汇某源公司的一系列诉讼及仲裁纠纷。还约定，下述情形同时出现之日，视为乙方和丙方的“合同义务”已完全履行：（1）因“红豆事件”而引发的任何诉讼、仲裁案件的全部审理及执行程序均已终结，且乙方未遭受财产损失；（2）嘉某公司针对乙方所涉合同可能存在的撤销权因超过法律规定的最长期间（5年）而消灭。2009年11月18日，中某粮油公司取得汇某源公司80%的股权。汇某源公司成立后并未进行实际经营。

由于福建金某公司已无可供执行的财产，导致无法执行，嘉某公司遂向福建省高级人民法院提起诉讼，请求：一是确认福建金某公司与中某福建公司签订的《国有土地使用权及资产买卖合同》无效；二是确认中某福建公司与汇某源公司签订的国有土地使用权及资产《买卖合同》无效；三是判令汇某源公司、中某福建公司将其取得的合同项下财产返还给财产所有人。

【裁判说理】裁判文书说理部分这样论述：关于福建金某公司、田某公司、汇某源公司相互之间订立的合同是否构成“恶意串通，损害第三人利益”的合同。

首先，福建金某公司、田某公司在签订和履行《国有土地使用权及资产买卖合同》的过程中，其实际控制人之间系亲属关系，且柳某、王某琪夫妇分别作为两公司的法定代表人在合同上签署。因此，可以认定在签署以及履行转让福建金某公司国有土地使用权、房屋、设备的合同过程中，田某公司对福建金某公司的状况是非常清楚的，对包括福建金某公司在内的金某集团因“红豆事件”被仲裁裁决确认对嘉某公司形成1337万美元债务的事实是清楚的（法理之一）。

其次，《国有土地使用权及资产买卖合同》订立于2006年5月8日，其中约定田某公司购买福建金某公司资产的价款为2569万元，国有土地使用权作价464万元、房屋及设备作价2105万元，并未根据相关会计师事务所的评估报告作价。一审法院根据福建金某公司2006年5月31日资产负债表，以其中载明固定资产原价44 042 705.75元、扣除折旧后固定资产净值为32 354 833.70元，而《国有土地使用权及资产买卖合同》中对房屋及设备作价仅2105万元，认定《国有土地使用权及资产买卖合同》中约定的购买福建金某公司资产价格为不合理低价是正确的。在明知债务人福建金某公司欠债权人嘉某公司巨额债务的情况下，田某公司以明显不合理低价购买福建金某公司的主要资产，足以证明其与福建金某公司在签订《国有土地使用权及资产买卖合同》时具有主观恶意，属恶意串通，且该合同的履行足以损害债权人嘉某公司的利益（法理之二）。

再次，《国有土地使用权及资产买卖合同》签订后，田某公司虽然向福建金某公司在同一银行的账户转账2500万元，但该转账并未注明款项用途，且福建金某公司于当日将2500万元分两笔汇入其关联企业大连金某制油有限公司账户；又根据福建金某公司和田某公司当年的财务报表，并未体现该笔2500万元的入账或支出，而是体现出田某公司尚欠福建金某公司"其他应付款"121 224 155.87元。一审法院据此认定田某公司并未根据《国有土地使用权及资产买卖合同》向福建金某公司实际支付价款是合理的（法理之三）。

最后，从公司注册登记资料看，汇某源公司成立时股东构成似与福建金某公司无关，但在汇某源公司股权变化的过程中可以看出，汇某源公司在与田某公司签订《买卖合同》时对转让的资产来源以及福建金某公司对嘉某公司的债务是明知的。《买卖合同》约定的价款为2669万元，与田某公司从福建金某公司购入该资产的约定价格相差不大。汇某源公司除已向田某公司支付569万元外，其余款项未付。一审法院据此认定汇某源公司与田某公司签订《买卖合同》时恶意串通并足以损害债权人嘉某公司的利益，并无不当（法理之四）。

综上，福建金某公司与田某公司签订的《国有土地使用权及资产买卖合同》、田某公司与汇某源公司签订的《买卖合同》，属于恶意串通、损害嘉某公司利益的合同。根据《合同法》第52条第2项的规定，均应当认定无效（法理之五）。

【法理应用】该案裁判文书中以常理和公序良俗为评判尺度，对"恶意串通"进行事实认定，判定债务人签署的转让财产合同是以逃债为目的的恶意串通行为，由此判定该合同无效。该案例确定了当事人意思自治不得与公序良俗相左的裁判规则。[①]

---

① 参见最高人民法院案例指导工作办公室编著：《中国案例指导》（总第3辑），法律出版社2016年版，第30页。

【指导性案例51号】

阿某诉中国东某航空股份有限公司航空旅客运输合同纠纷案

【案情概述】略（详见正文第60页）。

【裁判说理】裁判文书说理部分这样论述：《瓜达拉哈拉公约》第1条第2款规定："'缔约承运人'指与旅客或托运人，或与旅客或托运人的代理人订立一项适用华沙公约的运输合同的当事人。"第1条第3款规定："'实际承运人'指缔约承运人以外，根据缔约承运人的授权办理第二款所指的全部或部分运输的人，但对该部分运输此人并非华沙公约所指的连续承运人。在没有相反的证据时，上述授权被推定成立。"第7条规定："对实际承运人所办运输的责任诉讼，可以由原告选择，对实际承运人或缔约承运人提起，或者同时或分别向他们提起。如果只对其中的一个承运人提起诉讼，则该承运人应有权要求另一承运人参加诉讼。这种参加诉讼的效力以及所适用的程序，根据受理案件的法院的法律决定。"阿某所持机票，是由国某航空公司出票，故国际航空旅客运输合同关系是在阿某与国某航空公司之间设立，国某航空公司是缔约承运人。东某航空公司与阿某之间不存在直接的国际航空旅客运输合同关系，也不是连续承运人，只是推定其根据国某航空公司的授权，完成该机票确定的上海至香港间运输任务的实际承运人（法理之一）。阿某有权选择国某航空公司或东某航空公司或两者同时为被告提起诉讼；在阿某只选择东某航空公司为被告提起的诉讼中，东某航空公司虽然有权要求国某航空公司参加诉讼，但由于阿某追究的航班延误责任发生在东某航空公司承运的上海至香港段航程中，与国某航空公司无关，根据本案案情，衡量诉讼成本，无须追加国某航空公司为本案的当事人共同参加诉讼（法理之二）。故东某航空公司虽然有权申请国某航空公司参加诉讼，但这种申请能否被允许，应由受理案件的法院决定（法理之三）。一审法院认为国某航空公司与阿某要追究的航班延误责任无关，根据本案旅客维权的便捷性、担责可能性、诉讼的成本等情况，决定不追加国某航空公司为本案的当事人，并无不当（法理之四）。

【法理应用】该案裁判文书在判断承运人是否采取了"一切必要措施"

时，依照作为一个航运公司应具有的善良管理人的勤勉和人情常理，根据诚信原则和旅客合理需要为标准，认为“东某航空公司片面强调航班延误系天气原因系不可抗力，其已经将当事人运送至香港，剩余航程已与己无关，没有考虑到携带婴儿在中转机场滞留3天的艰难处境，当事人在无奈情况下只能另行购买其他航空公司的机票。如果东某航空公司在事先告知了当事人飞往香港后会产生的不利后果，则上述情况就有可能避免发生”[①]，最后认定东某航空公司没有在始发地尽到告知和提醒义务，需要承担赔偿责任。

【指导性案例140号】

李某月等诉广州市花都区梯面镇某山村村民委员会违反安全保障义务责任纠纷案[②]

【案情概述】某山村景区为国家AAA级旅游景区，不设门票。广东省广州市花都区梯面镇某山村村民委员会（以下简称某山村村民委员会）系景区内情人堤河道旁杨梅树的所有人，其未向村民或游客提供免费采摘杨梅的活动。2017年5月19日下午，吴某私自上树采摘杨梅不慎从树上跌落受伤。随后，有村民将吴某送某山村医务室，但当时医务室没有人员。有村民拨打120电话，但120救护车迟迟未到。后某山村村民李某1自行开车送吴某到广州市花都区梯面镇医院治疗。吴某于当天转至广州市中西医结合医院治疗，后因抢救无效于当天死亡。

某山村曾于2014年1月26日召开会议表决通过《某山村村规民约》，该村规民约第2条规定：每位村民要自觉维护村集体的各项财产利益，每个村民要督促自己的子女自觉维护村内的各项公共设施和绿化树木，如有村民故意破坏或损坏公共设施，要负责赔偿一切费用。

吴某系某山村村民，于1957年出生。李某坤系吴某的配偶，李某月、李某如、李某托系吴某的子女。李某月、李某如、李某托、李某坤向法院起诉，

① 参见最高人民法院案例指导工作办公室编著：《中国案例指导》（总第3辑），法律出版社2015年版，第379页。

② 参见最高人民法院案例指导工作办公室编著：《中国案例指导》（总第12辑），法律出版社2022年版，第14页。

主张某山村村民委员会未尽到安全保障义务，在本案事故发生后，被告未采取及时和必要的救助措施，应对吴某的死亡承担责任。请求判令被告承担70%的人身损害赔偿责任631 346.31元。

【裁判说理】裁判文书说理部分这样论述：本案的争议焦点是某山村村民委员会是否应对吴某的损害后果承担赔偿责任。首先，某山村村民委员会没有违反安全保障义务。某山村村民委员会作为某山村景区的管理人，虽负有保障游客免遭损害的安全保障义务，但安全保障义务内容的确定应限于景区管理人的管理和控制能力的合理范围之内（法理之一）。某山村景区属于开放式景区，未向村民或游客提供采摘杨梅的活动，杨梅树本身并无安全隐患，若要求某山村村民委员会对景区内的所有树木加以围蔽、设置警示标志或采取其他防护措施，显然超过善良管理人的注意标准（法理之二）。从爱护公物、文明出行的角度而言，村民或游客均不应私自爬树采摘杨梅（法理之三）。吴某作为具有完全民事行为能力的成年人，应当充分预见攀爬杨梅树采摘杨梅的危险性，并自觉规避此类危险行为（法理之四）。故李某月、李某如、李某托、李某坤主张某山村村民委员会未尽安全保障义务，缺乏事实依据。其次，吴某的坠亡系其私自爬树采摘杨梅所致，与某山村村民委员会不具有法律上的因果关系。《某山村村规民约》规定：村民要自觉维护村集体的各项财产利益，包括公共设施和绿化树木等。该村规民约是某山村村民的行为准则和道德规范，形成某山村的公序良俗。吴某作为某山村村民，私自爬树采摘杨梅，违反了村规民约和公序良俗，导致了损害后果的发生，该损害后果与某山村村民委员会不具有法律上的因果关系（法理之五）。最后，某山村村民委员会对吴某私自爬树坠亡的后果不存在过错。吴某坠亡系其自身过失行为所致，某山村村民委员会难以预见和防止吴某私自爬树可能产生的后果。吴某跌落受伤后，某山村村民委员会主任李某2及时拨打120电话求救，在救护车到达前，另有村民驾车将吴某送往医院救治。因此，某山村村民委员会对吴某损害后果的发生不存在过错（法理之六）。综上所述，吴某因私自爬树采摘杨梅不慎坠亡，后果令人痛惜。虽然某山村为事件的发生地，杨梅树为某山村村民委员会集体所有，但吴某的私自采摘行为有违村规民约，与公序良俗相悖，且某山村村民委员会并未违反安全保障义务，不应承担赔偿责任（法理之七）。

【法理应用】该案中吴某私自上树采摘杨梅不慎跌落后抢救无效死亡，原告请求判令被告某山村村民委员会对吴某的死亡承担责任。再审中，法院对吴某的行为做了否定性评价，认为其行为有违公序良俗，并以公序良俗对适用安全保障义务进行了阐释，“村规民约是某山村村民的行为准则和道德规范，形成某山村的公序良俗”“吴某因私爬树采摘杨梅不慎坠亡，后果令人痛惜。虽然某山村为事件的发生地，杨梅树为某山村民委员会集体所有，但吴某的私自采摘行为有违村规民约，与公序良俗相悖，且某山村民委员会并未违反安全保障义务，不应承担赔偿责任”。该案例确立了“公共场所经营管理者的安全保障义务，应限于合理限度范围内，与其管理和控制能力相适应。完全民事行为能力人因私自攀爬景区内果树采摘果实而不慎跌落致其自身损害，主张经营管理者承担赔偿责任的，人民法院不予支持”的裁判规则。

（三）公共政策中的公序良俗

从公序良俗的字面意思来看，“公序”二字本身就代表了国家社会的一般利益。由于人们对部门利益、区域利益和国家利益认识的局限性，公序良俗中反映社会一般利益的内容与反映道德利益的内容相比有所不同，即反映社会一般利益的内容并不必然可以凭借个人日常生活经验能够感受得到。法理视角下的公共政策是存在于政治和经济领域中的社会一般利益的反映。它以追求最大限度地实现多数人的利益和促进社群进步为目标，主要内容往往带有全局性、整体性的特征。在司法实践中，常有个人利益与社会利益相冲突时，以政策性的公序良俗作为裁判理由限制个人利益的例子。

【指导性案例 89 号】

“北雁云依”诉济南市公安局历下区分局燕山派出所公安行政登记案

【案情概述】原告“北雁云依”出生于 2009 年 1 月 25 日，其父亲名为吕某峰，母亲名为张某峥。因酷爱诗词歌赋和中国传统文化，吕某峰、张某峥夫妇二人决定给爱女起名为“北雁云依”，并以“北雁云依”为名办理了新生儿出生证明和计划生育服务手册新生儿落户备查登记。2009 年 2 月，吕某峰前往燕山派出所为女儿申请办理户口登记，被民警告知拟被登记人员的姓氏应当随父姓或者母姓，即姓“吕”或者“张”，否则不符合办理出生登记条件。因吕某峰坚持以“北雁云依”为姓名为女儿申请户口登记，被告燕山派出所遂依照《婚姻法》第22条之规定，于当日作出拒绝办理户口登记的具体行政行为。该案经过两次公开开庭审理，原告“北雁云依”法定代理人吕某峰在庭审中称：其为女儿选取的“北雁云依”之姓名，“北雁”是姓，“云依”是名。因案件涉及法律适用问题，须送请有权机关作出解释或者确认，该案于2010年3月11日裁定中止审理，中止事由消除后，该案于2015年4月21日恢复审理。济南市历下区人民法院于2015年4月25日作出（2010）历行初字第4号行政判决：驳回原告“北雁云依”要求确认被告燕山派出所拒绝以“北雁云依”为姓名办理户口登记行为违法的诉讼请求。一审宣判并送达后，原被告双方均未提出上诉。

【裁判说理】裁判文书说理部分这样论述：2014年11月1日，第十二届全国人民代表大会常务委员会第十一次会议通过了《全国人民代表大会常务委员会关于〈中华人民共和国民法通则〉第九十九条第一款、〈中华人民共和国婚姻法〉第二十二条的解释》。该立法解释规定：“公民依法享有姓名权。公民行使姓名权，还应当尊重社会公德，不得损害社会公共利益。公民原则上应当随父姓或者母姓。有下列情形之一的，可以在父姓和母姓之外选取姓氏：（一）选取其他直系长辈血亲的姓氏；（二）因由法定扶养人以外的人抚养而选取抚养人姓氏；（三）有不违反公序良俗的其他正当理由。少数民族公民的姓氏可以从本民族的文化传统和风俗习惯。”

本案不存在选取其他直系长辈血亲的姓氏或者选取法定扶养人以外的人抚养而选取抚养人姓氏的情形，案件的焦点就在于原告法定代理人吕某峰提出的理由是否符合上述立法解释第2款第3项规定的“有不违反公序良俗的其他正当理由”。首先，从社会管理和发展的角度，子女承袭父母姓氏有利于提高社会管理效率，便于管理机关和其他社会成员对姓氏使用人的主要社会关系进行初步判断（法理之一）。倘若允许随意选取姓氏甚至恣意创造姓氏，则会增加社会管理成本，不利于社会和他人，不利于维护社会秩序和实现社会的良性管控，而且极易使社会管理出现混乱，增加社会管理的风险性和不确定性（法理之二）。其次，公民选取姓氏涉及公序良俗。在中华传统文化中，“姓名”中的“姓”，即姓氏，主要来源于客观上的承袭，系先祖所传，承载了对先祖的敬重、对家庭的热爱等，体现着血缘传承、伦理秩序和文化传统。而“名”则源于主观创造，为父母所授，承载了个人喜好、人格特征、长辈愿望等（法理之三）。公民对姓氏传承的重视和尊崇，不仅体现了血缘关系、亲属关系，更承载着丰富的文化传统、伦理观念、人文情怀，符合主流价值观念，是中华民族向心力、凝聚力的载体和镜像（法理之四）。公民原则上随父姓或者母姓，符合中华传统文化和伦理观念，符合绝大多数公民的意愿和实际做法。反之，如果任由公民仅凭个人意愿喜好，随意选取姓氏甚至自创姓氏，则会造成对文化传统和伦理观念的冲击，违背社会善良风俗和一般道德要求（法理之五）。再次，公民依法享有姓名权，公民行使姓名权属于民事活动，既应当依照《民法通则》第 99 条第 1 款和《婚姻法》第 22 条的规定，还应当遵守《民法通则》第 7 条的规定，即应当尊重社会公德，不得损害社会公共利益（法理之六）。通常情况下，在父姓和母姓之外选取姓氏的行为，主要存在于实际抚养关系发生变动、有利于未成年人身心健康、维护个人人格尊严等情形（法理之七）。本案中，原告“北雁云依”的父母自创“北雁”为姓氏、选取“北雁云依”为姓名给女儿办理户口登记的理由是“我女儿姓名‘北雁云依’四字，取自四首著名的中国古典诗词，寓意父母对女儿的美好祝愿”。此理由仅凭个人喜好愿望并创设姓氏，具有明显的随意性，不符合立法解释第 2 款第 3 项的情形，不应给予支持。

【法理应用】父母能否仅凭个人意愿和喜好随心所欲地给子女起名字呢？案件审理时适用的原《民法通则》第 99 条第 1 款规定，“公民享有姓名权，有权决定、使用和依照规定改变自己的姓名”①。原《婚姻法》第 22 条规定，“子女可以随父姓，可以随母姓”②。那么如果子女既不随父姓也不随母姓，是否可以根据原《民法通则》关于姓名权的规定，完全自主决定子女姓氏呢？经审理，法院认为该案应当适用原《婚姻法》第 22 条和上述立法解释的第 3

① 现对应《民法典》第 1012 条。

② 现对应《民法典》第 1015 条。

项内容。[①] 该条规定在父姓和母姓之外选取姓氏的，须有不违反公序良俗的其他正当理由。该案例明确了"公民选取或创设姓氏应当符合中华传统文化和伦理观念。仅凭个人喜好和愿望在父姓、母姓之外选取其他姓氏或者创设新的姓氏，不属于原《全国人民代表大会常务委员会关于〈中华人民共和国民法通则〉第九十九条第一款、〈中华人民共和国婚姻法〉第二十二条的解释》[②] 第2款第3项规定的'有不违反公序良俗的其他正当理由'"的裁判规则。法院在裁判文书中结合案情提出的三点理由，可以看作在与姓名权相结合时对公序良俗内涵的解读和阐明。裁判文书就姓氏承袭分别从社会管理效率、公共秩序维护、文化制度传承、伦理人文情感、公共利益保障等方面进行论述说理，多为涉及政策性的考量。最后作出自创姓氏标新立异会对通行的公序良俗造成冲击，原告父母仅凭个人喜好和意愿创设姓氏有违社会公共利益的判断。此类案件表明，公序良俗除了可以表现为道德上的要求，亦包含大量的政策性内容。

---

① 参见《全国人民代表大会常务委员会关于〈中华人民共和国民法通则〉第九十九条第一款、〈中华人民共和国婚姻法〉第二十二条的解释》，载中国人大网，http：//www.npc.gov.cn/wxzl/gongbao/2014-12/23/content_1892469.htm，最后访问日期：2021年8月13日。最高人民法院向全国人民代表大会常务委员会提出，为使人民法院正确理解和适用法律，请求对《民法通则》第99条第1款"公民享有姓名权，有权决定、使用和依照规定改变自己的姓名"和《婚姻法》第22条"子女可以随父姓，可以随母姓"的规定作法律解释，明确公民在父姓和母姓之外选取姓氏如何适用法律。全国人民代表大会常务委员会讨论了上述规定的含义，认为：公民依法享有姓名权。公民行使姓名权属于民事活动，既应当依照《民法通则》第99条第1款和《婚姻法》第22条的规定，还应当遵守《民法通则》第7条的规定，即应当尊重社会公德，不得损害社会公共利益。在中华传统文化中，"姓名"中的"姓"，即姓氏，体现着血缘传承、伦理秩序和文化传统，公民选取姓氏涉及公序良俗。公民原则上随父姓或者母姓符合中华传统文化和伦理观念，符合绝大多数公民的意愿和实际做法。同时，考虑到社会实际情况，公民有正当理由的也可以选取其他姓氏。基于此，对《民法通则》第99条第1款、《婚姻法》第22条解释如下：公民依法享有姓名权。公民行使姓名权，还应当尊重社会公德，不得损害社会公共利益。公民原则上应当随父姓或者母姓。有下列情形之一的，可以在父姓和母姓之外选取姓氏：（1）选取其他直系长辈血亲的姓氏；（2）因由法定扶养人以外的人扶养而选取扶养人姓氏；（3）有不违反公序良俗的其他正当理由。少数民族公民的姓氏可以从本民族的文化传统和风俗习惯。

② 现对应《民法典》第1015条。

（四）风俗习惯中的公序良俗

在中外立法史上，习惯一直是公序良俗的重要渊源，公序良俗包括对良善习惯的认可和对不良习惯的限制。《日本民法典》第92条规定：惯习如与法令中无关公共秩序之规定有异，关于法律行为，依其情况，得认当事人有依习惯者，从其惯习。我国2021年实施的《民法典》第10条规定："处理民事纠纷，应当依照法律；法律没有规定的，可以适用习惯，但是不得违背公序良俗。"该条将公序良俗作为习惯的限制性条件，反推此条可知，至少部分习惯能够作为公序良俗的内容。习惯作为某群体或社会的低限度共识，对于我国这样传统文化深厚的国家，具有重要意义。比如"丧礼"在我国传统文化中占有重要地位。"人死为重""死者为大""入土为安"的传统，使得人们对"丧礼"极为看重。在我国农村，长子"摔盆儿"，是丧礼中的重要环节。老话儿说，"生儿子就是为了死后有个'摔盆儿的'"。如果死者没有子女，一般会在宗族的子辈中找一个人完成"摔盆儿"礼，行"摔盆儿"礼的子辈被看作认死者为父，行了"生养死葬"孝道中最重要的"死葬"大义。所以"摔盆儿"的子辈，在我国传统法制体系中，具有身份法的意义，同时也自然以死者的继承人身份来继承死者的财产，这个风俗也叫"顶盆"发丧、"顶盆"过继。在现代社会主要涉及财产继承。在青岛就有这么一个案例，被称为"民间法第一案"。

【经典案例3】

石某昌诉石某雪"顶盆"过继案

【案情概述】1997年12月，青岛市李沧区石家村居民石君某病逝，因其妻子儿女父母和另外两个哥哥已先相继去世，按当地"顶盆"发丧的习惯，找不到后辈"顶盆"就不能发丧。其间找死者三哥的两个儿子，都不愿为其"顶盆"，后来死者二哥的儿子石某雪愿意"顶盆"发丧。按习惯，石某雪等于过继给了死者并继承其所有家产。石某雪也按照习惯住进了石君某的房子并每年祭拜。石某雪这一行为得到全村人的赞扬和认可。后来，死者三哥（石某昌）为领取石君某房屋的拆迁款，表示死者在去世之前就已经将房产赠与了他，并有公证书，当时是看石某雪结婚没房才让他暂住的。石某昌起诉至法院，“要求法院确认赠与合同有效，石某雪立即腾出房屋。”[①]

【裁判说理】裁判文书说理部分这样论述：本案中赠与合同的权利义务相对人仅为石某昌与石君某，原告以确认该赠与合同有效作为诉讼请求，其起诉的对方当事人应为石君某。因此，原告以此起诉石某雪于法无据，法院不予支持。被告石某雪是因农村习俗，为死者石君某戴孝发丧而得以入住其遗留的房屋，至今已8年之久；原告在死者去世之前已持有这份公证书，但从未向被告主张过该项权利，说明他是知道“顶盆”发丧的事实的，因此被告并未非法侵占上述房屋。“顶盆”发丧虽然是一种民间风俗，但并不违反法律的强制性规定，所以法律不应强制地去干涉它（法理）。因此，原告提出被告立即腾房的诉讼请求法院不予支持。

【法理应用】从裁判文书说理我们可以看出，法院对原告提出被告立即腾房的诉讼请求不予支持的主要理由是对“顶盆”发丧意味着“认死者为父”继而发生财产关系这一风俗习惯不予否认的态度。并明确了对此种风俗不予否定的原因是不违反法律的强制性规定。由此也确立了对风俗习惯进行合法性判断的标准。

【指导性案例50号】

李某、郭某阳诉郭某和、童某某继承纠纷案[②]

【案情概述】略（详见正文第9页）。

【裁判说理】裁判文书说理部分这样论述：本案争议焦点主要有两个方面：一是郭某阳是否为郭某顺和李某的婚生子女？二是在郭某顺留有遗嘱的情况下，对306室房屋应如何析产继承？

关于争议焦点一。《最高人民法院关于夫妻离婚后人工授精所生子女的法律地位如何确定的复函》中指出：“在夫妻关系存续期间，双方一致同意进行人工授精，所生子女应视为夫妻双方的婚生子女，父母子女之间权利义务关系适用《婚姻法》的有关规定。”郭某顺因无生育能力，签字同意医院为其妻

---

① 参见周江洪、陆青、章程主编：《民法判例百选》，法律出版社2020年版，第17页。

② 参见最高人民法院案例指导工作办公室编著：《中国案例指导》（总第3辑），法律出版社2016年版，第365页。

子即原告李某施行人工授精手术，该行为表明郭某顺具有通过人工授精方法获得其与李某共同子女的意思表示（法理之一）。只要在夫妻关系存续期间，夫妻双方同意通过人工授精生育子女，所生子女均应视为夫妻双方的婚生子女（法理之二）。《民法通则》第 57 条规定："民事法律行为从成立时起具有法律约束力。行为人非依法律规定或者取得对方同意，不得擅自变更或者解除。"因此，郭某顺在遗嘱中否认其与李某所怀胎儿的亲子关系，是无效民事行为，应当认定郭某阳是郭某顺和李某的婚生子女。

关于争议焦点二。《继承法》第 5 条规定："继承开始后，按照法定继承办理；有遗嘱的，按照遗嘱继承或者遗赠办理；有遗赠扶养协议的，按照协议办理。"被继承人郭某顺死亡后，继承开始。鉴于郭某顺留有遗嘱，本案应当按照遗嘱继承办理（法理之三）。《继承法》第 26 条第 1 款规定："夫妻在婚姻关系存续期间所得的共同所有的财产，除有约定的以外，如果分割遗产，应当先将共同所有的财产的一半分出为配偶所有，其余的为被继承人的遗产。"《最高人民法院关于贯彻执行〈中华人民共和国继承法〉若干问题的意见》第 38 条规定："遗嘱人以遗嘱处分了属于国家、集体或他人所有的财产，遗嘱的这部分，应认定无效。"登记在被继承人郭某顺名下的 306 室房屋，已查明是郭某顺与原告李某夫妻关系存续期间取得的夫妻共同财产。郭某顺死亡后，该房屋的一半应归李某所有，另一半才能作为郭某顺的遗产。郭某顺在遗嘱中，将 306 室全部房产处分给其父母，侵害了李某的房产权，遗嘱的这部分应属无效（法理之四）。此外，《继承法》第 19 条规定："遗嘱应当对缺乏劳动能力又没有生活来源的继承人保留必要的遗产份额。"郭某顺在立遗嘱时，明知其妻子腹中的胎儿而没有在遗嘱中为胎儿保留必要的遗产份额，该部分遗嘱内容无效（法理之五）。《继承法》第 28 条规定："遗产分割时，应当保留胎儿的继承份额。胎儿出生时是死体的，保留的份额按照法定继承办理。"因此，在分割遗产时，应当为该胎儿保留继承份额（法理之六）。综上，在扣除应当归李某所有的财产和应当为胎儿保留的继承份额之后，郭某顺遗产的剩余部分才可以按遗嘱确定的分配原则处理。

【法理应用】在对人工授精所生子女的法律地位没有予以明确规定的情况

下，法官考虑到人工授精所生子女的法律地位直接涉及监护、抚养、赡养、继承，对家庭稳定和睦、社会稳定和谐产生重大影响。如果以血缘认亲的民间习惯来认定胎儿的法律地位，不但会动摇人工授精技术的医学伦理基础，而且不利于胎儿和妇女权益保护，扰乱正常家庭伦理秩序。本着保护胎儿及妇女合法权益，维护家庭伦理关系的原则，认定郭某顺不愿承认胎儿与其为父子关系的意思表示为无效民事行为。

（五）公序良俗的适用原则

中西方的现代民法，“以公序良俗来限制法律行为是被广为承认的法则”[①]。“但公序良俗特定性低和开放性高的特点”[②]，使得立法者对公序良俗的具体内涵无法穷尽规定，相关类型也难以完美预见，因此在如何适用上也就无法提前规范。

就公序良俗适用原则问题，笔者认为在适用公序良俗进行裁判时首先应穷尽规则。我国《民法典》中有一些体现公序良俗的具体法律规则，在案例适用中可以直接拿来作为解决纠纷的方案。比如《民法典》第680条第1款关于“禁止高利放贷，借款的利率不得违反国家有关规定”的内容。此项条款在暴利情形下对契约自由的限制，体现了尊重私权的同时，亦要顾及权利人之外的公共利益，以及通过限制私权维护公共利益社会秩序的理念。《民法典》对于高利放贷合同效力的认定有了明确的法律依据。[③]在涉及暴利案例中，应当直接适用该具体法律条文，而不宜以公序良俗作为案件裁决的大前提。

那么在穷尽法律规则后，适用公序良俗原则来裁剪衡量案件事实，在考虑本土化和时代性原则的基础上，本书认为一个最基本的原则是要秉承谦抑原则。上文已论述，公序良俗原则是最低限度地进入法律视野的道德和社会伦理。只有秉承谦抑原则，最大限度地清晰法律和道德的边界，道德的归道

① 史尚宽：《民法总论》，中国政法大学出版社2000年版，第334页。

② ［日］山本敬三：《公序良俗论的再构成》，日本有斐阁2000年版，第1页。

③ 《民法典》第679条规定：“自然人之间的借款合同，自贷款人提供借款时成立。”第680条规定：“禁止高利放贷，借款的利率不得违反国家有关规定。借款合同对支付利息没有约定的，视为没有利息。借款合同对支付利息约定不明确，当事人不能达成补充协议的，按照当地或者当事人的交易方式、交易习惯、市场利率等因素确定利息；自然人之间借款的，视为没有利息。”

德，法律的归法律，防止法律道德化及道德法律化现象的出现，同时也防止法官自由裁量权的滥用。另外，可将“社会主义核心价值观”作为公序良俗司法应用的理据，一方面增强公序良俗的时代性，更重要的是使得公序良俗在作为裁判依据时有了一个可以看得见的客观标准，在法官对“伦理道德”“风俗习惯”“公共政策”进行解读时如同有了一把尺子，避免在对具体案情进行价值评判时有过多的个人色彩。在统一裁判尺度、规范法官自由裁量的同时，也增强了裁判结果的可接受度和司法公信力。

（六）公序良俗适用的效力等级

在效力等级问题上，若表达公序良俗的原则、政策、习惯发生冲突，本书认为应当原则优先，因为原则表达的是公平正义道德标准，以此为内容的公序良俗关联的是最低的道德要求和权利，体现的是宪法上的权利和价值，这些权利和价值“经过此项条款进入私法领域”[①]。政策次之，因为以公共政策为内容的公序良俗关联的是社会公共利益，个人利益的实现以公共利益的实现为基础，所以，融入政策的公共利益要优先受到保护。最后是习惯。习惯形成并流行于特定地区、行业和群体之间。以习惯作为公序良俗去对案情予以评判应当限定在特定区域和人群，不能推而广之。比如“走婚”制度。“走婚”制度突破了我国现行婚姻法律制度，但基于对民族习惯的尊重，仅在我国云南、四川一带的摩梭人聚集区得到法律的默许。

通过对指导性案例中法理以公序良俗样态呈现的展示，可以看出，公序良俗在案件审理中有认定事实真相、正向价值引导、准确法律适用、作为裁判依据和增强裁判说服力的作用。在司法实践中，法官以公序良俗为标准裁量案件事实，通常会考虑的因素包括主客观性、强弱地位、常理经验、天理人情等。注重公序良俗在司法实践中的时代化、本土化和客观化。尊重中华优秀传统文化和共识伦理观念，维护社会公共秩序的有序安定，否定非良善习俗并作价值引导，使得社会主义核心价值观成为法官运用公序良俗裁判案件时内心确信的一个标尺，对司法行为起到规范作用。

---

① 王泽鉴：《民法总则》，中国政法大学出版社 2001 年版，第 291 页。

第三章

指导性案例中法理的功能

总结能够入选最高人民法院指导性案例的案件“共性”，或是社会影响力大、关注度高的；或是作为审判案件大前提的法律规定比较原则的；或是案件本身在某个方面比较典型的；或是某个领域中比较复杂难办的；或是新出现的新类型案件；或是具有指导意义的案件。[①] 这几类案例从实践来看，社会广泛关注的案件往往涉及天理国法人情的平衡；对于法律规定比较原则的案例，法官从不同角度理解和适用大都能自圆其说；新类型和典型性的案例多是新制定的法律规则适用范例或已有法律规则的苏醒；疑难复杂案例常常会是法律规则的理解角度、适用方法、价值导向杂糅交织的场域。

从某种意义上讲，法律规范的适用是对该规范进行解释的过程，法律规范越概括，解释结果越多样。在解释法律规范的过程中，不可避免地会受到解释主体自身的价值取向、利益学识、生活环境、工作状态、性格心理等诸多因素影响。所以，我们无法期望得到一个整齐划一的解释结果。这也是法律规范适用的统一性一直是我们追求的目标，却似乎也一直处在追求过程中的原因。法律规范解释方法很多，但一旦某一案例被制作成指导性案例，案例中关于法律规范的解释方法将作为样板和标准被法官在待决案例中使用，从方法论层面解决法律适用多样性造成的裁判不统一的局面。此时，指导性案例充当的角色或是运用案例释明法条涵义，或是结合案例规范法条适用，或是依托案例展示法条目的。因此，我们在观察指导性案例的价值时，不仅要看到法官进行类案裁判时，指导性案例的比照参考功能，更应看到指导性案例以统一法律解释方法来引导裁判思维的示范功能。

样板和标准意味着权威和一致。裁判标准往往更多地蕴含在具体的个案司法裁判中。探寻和总结指导性案例裁判思维路径的规律和标准，方便法官裁判类案，是观察和研究指导性案例最为明显的价值所在。

规范性的裁判思维能有效地指引和规范法官的裁判活动。而规范性的裁判思维来源于体现基本理论、现实回应和司法规律的法理在司法实践中的应用。

刘作翔教授在《案例研究的作用和价值》一文中，曾指出法理在案例中

① 参见《最高人民法院关于案例指导工作的规定》（法发〔2010〕51号）。

有两个功能，一个是补法律的不备，一个是供法律解释适用。[①] 笔者完全赞同刘教授的观点。作为案例法理应用研究，笔者更愿意多从案例法理应用的主体——司法者——的角度去描述法理在案例中的功能。司法者不仅要定分止争还有引领社会价值导向的任务。比如，“于某案”对正当防卫条款的唤醒，带给社会邪不压正的信心。本书在刘教授对案例法理应用功能分类的基础上，为突出司法者有引领社会价值导向的义务，提醒司法者在依赖法理解释法律、补充法律进行裁判的同时更要注重在此过程中的价值引领，故将法理在指导性案例中的作用和功能归纳为三种，分别是释明法律、补充法律和价值引领。在结合案例直接进行法条涵义展示或规范法条具体适用标准的情况下，因法理存于法条之中，在案例裁判中法理不一定直接亮相出场，法理的存在起到直接展示、统一理解和应用法条的作用，即释明法律；若无现成法条可用，需要依据法理寻找适合解决案例焦点的法律规则，法理的存在起到填补法律漏洞的作用，即补充法律；若法条的“法律适用结果”和道德、政策出现较大偏差，法律认知与民众认知出现较为尖锐冲突，法理的存在起到调和利益、促成共识的作用，即价值引导。

梳理法理应用在指导性案例中发挥的作用和功能，即是梳理法官在答复法律实践问题时的思维路径、思维标准、思维规律。通过对指导性案例法理焦点的展现，统一裁判案件思维引导，明确法官裁判类似案件时应当参照的思维标准，揭示指导性案例在“法官如何思考”上的示范性。

当然，法理应用的三个功能不是截然割裂的，指导性案例中法理应用发挥释明法律、补充法律、价值引导的作用虽表现了法理出场时机的不同，但同时也是一个共同发力、融通运行的过程。在一个案例中，并非法理发挥了解释法律的作用就不会或不能发挥价值引导的作用，发挥了补充法律的作用就不会或不能发挥解释法律的作用。本书在这一部分中作如此划分，仅仅是基于方便论述的考量。

① 刘作翔：《案例研究的作用及价值》，载《法律适用》2017 年第 2 期。

第一节　释明法律

一、法理发挥释明法律功能的条件

众所周知，法律往往是一种一般化的普遍规则。法律规则与案件事实之间会存在不对称的关系，所以司法实践必然有赖于法官通过解释和运用法律将一般性规则与事实结合起来，得到针对该事实的具体判断。在解释的过程中，法官会借助一定的法律方法，对法律条文的法理实质进行阐释并以此为依据分析评价案件事实。

无论是在英美法系还是大陆法系，法院的首要任务是搞清楚法律规范的具体含义，从而确定案件裁判的大前提。如果法律条文的含义很清楚，裁判者严格适用即可，无须过多解释。如果法律条文过于抽象、含混不清或模棱两可，以致在处理案件时给正确理解法律“文义”确定案件裁判大前提带来困难，法官就需要借助法理来阐明相关法律条文的含义，通过解释法律背后的法理，对裁判结果进行合理论证。

在指导性案例中，解释具体法律条文含义，并结合具体案例淬炼裁判要点，往往要借助适当的法律解释方法。通过对具体案例进一步编辑，完善成为指导性案例，使得对某一法律条文的解释过程和结论符合实践理性，在法律实践中达到“正本清源”的效果，这种结合具体案情对法律条文含义的展示、阐释，为法律条文的适用确立标准、明确界限。这里需要说明的是，法理在这类指导性案例中起到解释法律作用的前提是，有制定法条文作为案件裁判的大前提。经过梳理总结，此类裁判要点在最高人民法院发布的指导性案例中占比最高。

二、法理应用的解释法律规则

解释法律是一种法理应用功能，而法律解释是一项法律适用实践。从法律方法论的角度来说，法律解释方法有很多种，比如文义解释、历史解释、体系解释、目的解释、社会学解释等。

法理发挥解释法律的作用，离不开法律解释方法的运用。文义解释是一种最基本的法律解释方法。“文义是所有解释的首要出发点。”[①] 在法律解释学理论上，对于文义解释规则体系构建，很多学者进行了卓有成效的研究。王利明教授认为文义解释应受法律文本的约束，遵循法律规则的字面含义，不得随意延伸。[②] 陈金钊教授认为，文义解释是一种以法律文本为导向的解释方法，是对立法者和法律文本的尊重，是按照法律用语的基本含义确定法律以及事实的法律意义。[③] 王泽鉴教授认为，文义解释是指对法律文本的字面含义所进行的解释。[④] 梁慧星教授在讨论法律解释方法之间的适用关系时，认为“对法条的解释，首先应采取语义解释方法，如果解释的结果有可能是复数，则继之以论理解释方法（包括体系解释、法意解释、扩展解释、限制解释、当然解释、目的解释和合宪解释等）”。[⑤]

本书分析的法理释明法律功能，仅限制在语义解释范围内。即通过法理进行论证说理，使得法律条文涵义明晰化，达到对案件审理规范化的作用。

从实践来看，在指导性案例中，以法理释明法律发挥着两大作用。一是作为一种解释法律的方法和手段，来发现法律的真实含义。二是作为一种解释法律的标准和界限来规范解释法律活动，对法官裁判行为起到指引规范作用。

尽管从形式上来看，法律是一种规则，但从本质上来说，这种规则是由语言所表达、所表现。“一切法律规范都必须以‘法律语句’的形式表达出来，并且，也只能通过语言才能表达、记载、解释和发展法律的生命。”[⑥] 正是由于法律和语言这种紧密的关系，语言的特点就会影响法律属性的锻造。比如，语言天然具有多义性、模糊性，这种不确定的天性与法对确定性的追求之间就会产生冲突。如何解决冲突，使得工具和目的在一定程度上达成契合，正

① ［德］伯恩·魏德士：《法理学》，丁小春、吴越译，法律出版社2003年版，第328页。

② 王利明：《〈物权法〉的解释方法》，载《南都学坛》2008年第6期。

③ 陈金钊：《法律解释规则及其运用研究（中）——法律解释规则及其分类》，载《政法论坛》2013年第4期。

④ 王泽鉴：《民法总则》，中国政法大学出版社2001年版，第51页。

⑤ 梁慧星：《民法解释学》，中国政法大学出版社1995年版，第243~246页。

⑥ ［德］伯恩·魏德士：《法理学》，丁小春、吴越译，法律出版社2003年版，第150页。

是法理应用功能所在。

的确，如果我们意识到规则是由语言所构成的，那么规则意义的不确定性，就需要对语言的真实含义进行诠释。在法律规则为大前提涵摄具体案件事实的过程中，就必须要引入法律解释方法。通过运用法律解释的方法，澄清法律规范的本意，将法律规范所体现的应然与具体案件中所代表的实然之间的堑坎，在法律真实意涵的延长线里解决掉。

对于法官来说，这意味着必须要通过法律解释方法完成法律规范在具体案情中的适用。通过观察，此种情况下，指导性案例的裁判要点多为对现有的具体法律条文予以阐释和说明，并往往控制在对法律条文的核心文义解释范围以内。在这一过程中，司法者严格适用法律的态度显而易见。法官有意识地将自己处于附属地位、从属地位与法律规范发生互动，以司法者的"静默"，来"倾听"立法主体的意图。在具体案情中通过文义的、体系的、历史的、目的的、价值的等诸多视角，力求审慎、规范、有限度地"表达"法律规范的"本意"，也就是狭义法律解释方法。① "各种狭义解释方法虽然程序和手段各有不同，但是都以文义解释为前提，且最终都是要确定法律文本的文义。" ②

三、释明展示功能在指导性案例中的运用

在指导性案例中，法理在发挥解释法律澄清认识的作用时，遵循一定的方法，具有一定的标准，形成了一套解释规则。法理发挥解释法律的作用主要集中在几种情况下，比如规范化用语解释、统一性用语解释、概括性用语解释等。

（一）规范化用语解释

通常含义一般指社会上一般人的理解，专业含义一般指法律专业的理解或某一特定专业的理解。指导性案例通过运用法理进行说理论证，将通常理解意义上的词语内涵规范化为法律专业意义上的概念和规则。

---

① 狭义解释方法包括文义解释、体系解释、历史解释、目的解释、社会学解释和合宪性解释等

② 王利明：《法律解释学》，中国人民大学出版社2011年版，第68~70页。

【指导性案例 1 号】

上海中某物业顾问有限公司诉陶某华居间合同纠纷案[①]

【案情概述】2008 年下半年，原产权人李某某到多家房屋中介公司挂牌销售涉案房屋。2008 年 10 月 22 日，上海某房地产经纪有限公司带陶某华看了该房屋；2008 年 11 月 23 日，上海某房地产顾问有限公司（以下简称某房地产顾问公司）带陶某华之妻曹某某看了该房屋；2008 年 11 月 27 日，上海中某物业顾问有限公司（以下简称中某公司）带陶某华看了该房屋，并于同日与陶某华签订了《房地产求购确认书》。该确认书第 2.4 条约定，陶某华在验看过该房地产后 6 个月内，陶某华或其委托人、代理人、代表人、承办人等与陶某华有关联的人，利用中某公司提供的信息、机会等条件但未通过中某公司而与第三方达成买卖交易的，陶某华应按照与出卖方就该房地产买卖达成的实际成交价的 1%，向中某公司支付违约金。当时中某公司对该房屋的报价 165 万元，而某房地产顾问公司的报价 145 万元，并积极与卖方协商价格。11 月 30 日，在某房地产顾问公司居间下，陶某华与卖方签订了房屋买卖合同，成交价为 138 万元。后买卖双方办理了过户手续，陶某华向某房地产顾问公司支付佣金 1. 38 万元。

上海市虹口区人民法院于 2009 年 6 月 23 日作出（2009）虹民三（民）初字第 912 号民事判决：被告陶某华应于判决生效之日起 10 日内向某告中某公司支付违约金 1.38 万元。宣判后，陶某华提出上诉。上海市第二中级人民法院于 2009 年 9 月 4 日作出（2009）沪二中民二（民）终字第 1508 号民事判决：一、撤销上海市虹口区人民法院（2009）虹民三（民）初字第 912 号民事判决；二、中某公司要求陶某华支付违约金 1.65 万元的诉讼请求，不予支持。

【裁判说理】裁判文书说理部分这样论述：中某公司与陶某华签订的《房地产求购确认书》属于居间合同性质，其中第 2.4 条的约定，属于房屋买卖居间合同中常有的禁止“跳单”格式条款，其本意是为防止买方利用中介公

---

① 参见最高人民法院案例指导工作办公室编著：《中国案例指导》（总第 1 辑），法律出版社 2015 年版，第 18 页。

司提供的房源信息“跳”过中介公司购买房屋，从而使中介公司无法得到应得的佣金，该约定并不存在免除一方责任、加重对方责任、排除对方主要权利的情形，应认定有效（法理之一）。根据该条约定，衡量买方是否“跳单”违约的关键，是看买方是否利用了该中介公司提供的房源信息、机会等条件（法理之二）。如果买方并未利用该中介公司提供的信息、机会等条件，而是通过其他公众可以获知的正当途径获得同一房源信息，则买方有权选择报价低、服务好的中介公司促成房屋买卖合同成立，而不构成“跳单”违约（法理之三）。本案中，原产权人通过多家中介公司挂牌出售同一房屋，陶某华及其家人分别通过不同的中介公司了解到同一房源信息，并通过其他中介公司促成了房屋买卖合同成立。因此，陶某华并没有利用中某公司的信息、机会，故不构成违约，对中某公司的诉讼请求不予支持。

【法理应用】该案例争议的焦点也是说理的焦点，即对“跳单”行为的认定。一般民众对“跳单”的通常理解是指“避开中介”“绕过中介”“跳过中介”，也就是买方利用中介公司提供的房源信息直接与房屋所有权人签订合同，以达到不支付居间服务费用（中介费）的现象。因此种行为违反合同约定，不遵守诚信原则，破坏交易秩序，实践中常对此种行为予以否定评价。指导性案例对“跳单”行为持否定评价的同时，通过法理论述，将通常意义上的“跳单”行为在法律规定的框架内予以规范化，即对“跳单”行为的认定以该行为是否构成法律上的“违约”为认定标准。结合案件事实确定了在二手房买卖过程中，如果买方得到的房源信息并不是之前中介公司提供的，而是通过其他途径获得的，则不属于违反合同约定的“跳单”行为的裁判规则。即“房屋买卖居间合同中关于禁止买方利用中介公司提供的房源信息却绕开该中介公司与卖方签订房屋买卖合同的约定合法有效。但是，当卖方将同一房屋通过多个中介公司挂牌出售时，买方通过其他公众可以获知的正当途径获得相同房源信息的，买方有权选择报价低、服务好的中介公司促成房屋买卖合同成立，其行为并没有利用先前与之签约中介公司的房源信息，故不构成违约”。

（二）统一性用语解释

当司法实践中对某具体法律条文存在多种解释，如果存在看似合理但裁判结果不符合立法目的或条文目的解释，或以此种解释将会得出不符合常理的荒谬结论时，指导性案例往往通过法理论述来确定其中的某一种解释作为裁判规则，统一法律适用。

【指导性案例 16 号】

中某发展股份有限公司货轮公司申请设立海事赔偿责任限制基金案①

【案情概述】略（详见正文第 151 页）。

【裁判说理】裁判文书说理部分这样论述：关于“宁某 11”轮是否属于《海商法》第 210 条第 2 款规定的“从事中华人民共和国港口之间的运输的船舶”，进而应按照何种标准计算赔偿限额的问题。鉴于“宁某 11”轮营业运输证载明的核定经营范围为“国内沿海及长江中下游各港间普通货物运输”，涉案事故发生时其所从事的也正是从秦皇岛港至上海港航次的运营。因此，该船舶应认定为“从事中华人民共和国港口之间的运输的船舶”，而不宜以船舶适航证书上记载的船舶可航区域或者船舶有能力航行的区域来确定。为此，异议人提出的“宁某 11”轮所准予航行的区域为近海，是一艘可以从事国际远洋运输船舶的意见不予采纳。申请人据此申请适用《海商法》第 210 条第 2 款和《船舶赔偿限额规定》第 4 条规定的标准计算涉案限制基金的数额并无不当。异议人有关适用《海商法》第 210 条第 1 款第 2 项规定计算涉案基金数额的主张及理由，依据不足，不予采纳。

【法理应用】有关《海商法》第 210 条第 2 款规定的“从事中华人民共和国港口之间的运输的船舶”的理解，司法实践中对此有不同意见。焦点在于对“从事”一词含义理解不同，是“有能力”从事还是“有资格”从事还是“实际”从事。就本案而言，不同的理解涉及对该海运是国内运输还是国际运输的界定问题，进而适用不同赔偿额度。这种区别对待原则即体现了

---

① 参见最高人民法院案例指导工作办公室编著：《中国案例指导》（总第 2 辑），法律出版社 2015 年版，第 80 页。

《海商法》对国内航运业予以保护的立法目的。另外，案例从法理中的“常理”角度来判断，如果技术安全成本越高的船舶承担的赔偿责任越大是不符合常理的，继而得出以船舶航行能力为标准来确定赔偿限额的结论亦为不合常理。基于此，该指导性案例认为“判断船舶是否系从事中华人民共和国港口之间的运输的船舶，不应以船舶适航证书上所记载的可航区域以及船舶有能力航行的区域来确定”[①]，因“涉案事故发生时船舶所从事的航次是从秦皇岛港至上海港；并且，该轮营业运输证载明其主管机关核定的经营范围为国内沿海及长江中下游各港间普通货物运输”[②]，所以属于《海商法》第210条第2款规定的“从事中华人民共和国港口之间的运输的船舶”。案例以符合立法目的和符合常理的法理论述，确定了“从事中国港口之间运输的船舶”应理解为发生海事事故航次实际从事或者说正在从事中国港口之间运输的船舶的裁判规则。

【指导性案例30号】

兰某军、杭州某汽车维修科技股份有限公司诉天津市某汽车维修服务有限公司等侵害商标权及不正当竞争纠纷案[③]

【案情概述】略（详见正文第53页）。

【裁判说理】裁判文书说理部分这样论述：经营者之间是否存在竞争关系是认定构成不正当竞争的关键。《反不正当竞争法》第2条规定：“经营者在市场交易中，应当遵循自愿、平等、公平、诚实信用的原则，遵守公认的商业道德。本法所称的不正当竞争，是指经营者违反本法规定，损害其他经营者的合法权益，扰乱社会经济秩序的行为。本法所称的经营者，是指从事商品经营或者营利性服务（以下所称商品包括服务）的法人、其他经济组织

---

① 参见最高人民法院案例指导工作办公室编著：《中国案例指导》（总第2辑），法律出版社2015年版，第82页。

② 参见最高人民法院案例指导工作办公室编著：《中国案例指导》（总第2辑），法律出版社2015年版，第82页。

③ 参见最高人民法院案例指导工作办公室编著：《中国案例指导》（总第2辑），法律出版社2015年版，第289页。

和个人。”由此可见，《反不正当竞争法》并未限制经营者之间必须具有直接的或具体的竞争关系，也没有要求经营者从事相同行业（法理之一）。《反不正当竞争法》所规制的不正当竞争行为，是指损害其他经营者合法权益、扰乱经济秩序的行为，从直接损害对象看，受损害的是其他经营者的市场利益（法理之二）。因此，经营者之间具有间接竞争关系，行为人违背反不正当竞争法的规定，损害其他经营者合法权益的，也应当认定为不正当竞争行为（法理之三）。

本案中，被诉存在不正当竞争的天津某公司与天津华某公司均从事汽车维修行业。根据已查明的事实，杭州某公司本身不具备从事机动车维修的资质，也并未实际从事汽车维修业务，但从其所从事的汽车玻璃修补、汽车油漆快速修复等技术开发活动，以及经授权许可使用的注册商标核定服务项目所包含的车辆保养和维修等可以认定，杭州某公司通过将其拥有的企业标识、注册商标、专利、专有技术等经营资源许可其直营店或加盟店使用，使其成为“小拇指”品牌的运营商，以商业特许经营的方式从事与汽车维修相关的经营活动。因此，杭州某公司是汽车维修市场的相关经营者，其与天津某公司及天津华某公司之间存在间接竞争关系。

【法理应用】该案例涉及“竞争关系”一词的解释。我国《反不正当竞争法》所调整的是具有竞争关系的平等市场主体之间的法律关系，因此，是否存在竞争关系是认定是否构成不正当竞争的首要条件。司法实践中，对“竞争关系”有不同的理解。有观点认为，该竞争关系应为直接竞争关系。即市场经营者从事相同或类似商品经营。如果对“竞争关系”一词作此种解释，会得出市场经营者的不正当竞争行为侵害其他市场经营者的合法利益是法律不能提供保护的荒谬结论。案例以反不正当竞争法立法目的——保护市场经营者、消费者和社会公众利益——为说理依据，根据《反不正当竞争法》第2条规定并结合案情，明确了不正当竞争纠纷中，违反《反不正当竞争法》规定损害其他经营者合法权益的竞争关系，既包括直接竞争关系也包括间接竞争关系，澄清了司法实践中的模糊认识，统一了法律适用标准。

【指导性案例36号】

中某信用担保有限公司与海某证券股份有限公司等证券权益纠纷执行复议案[①]

【案情概述】略（详见正文第167页）。

【裁判说理】裁判文书说理部分这样论述：最高人民法院〔2000〕执监字第304号复函是针对个案的答复，不具有普遍效力（法理之一）。随着民事诉讼法关于执行管辖权的调整，该函中基于执行只能由一审法院管辖，认为经法院判决确定的到期债权不适用《意见》第300条的观点已不再具有合理性（法理之二）。对此问题正确的解释：对经法院判决（或调解书，以下统称判决）确定的债权，也可以由非判决法院按照《意见》第300条规定的程序执行。因该到期债权已经法院判决确定，故第三人（被执行人的债务人）不能提出债权不存在的异议（否认生效判决的定论）（法理之三）。本案中，北京东城法院和上海二中院正是按照上述精神对福建高院（2009）闽民初字第3号民事调解书确定的债权进行执行的。被执行人海某证券无权对生效调解书确定的债权提出异议，不能对抗上海二中院强制扣划行为，其自动按照北京东城法院的通知要求履行，也是合法的。

【法理应用】该案适用的是1999年《最高人民法院关于适用〈中华人民共和国民事诉讼法〉若干问题的意见》（以下简称《意见》），涉及《意见》第300条规定中的"到期债权"的解释。该条规定："被执行人不能清偿债务，但对第三人享有到期债权的，人民法院可依申请执行人的申请，通知该第三人向申请执行人履行债务。"实践中，对"到期债权"的含义有不同认识，最高人民法院在个案处理上也曾表现出过不同的态度。最高人民法院曾复函答复江苏省高级人民法院，"认为法院判决的债权不适用《意见》第300条的规定，《意见》第300条规定的到期债权是指未经过法院判决的自然债权"[②]。而最高人民法院在2001年6月19日作出的《最高人民法院关于北京华油石

① 参见最高人民法院案例指导工作办公室编著：《中国案例指导》（总第3辑），法律出版社2016年版，第85页。

② 参见最高人民法院〔2000〕执监字第304号。

油公司申请执行辽宁营口华油实业公司对第三人沈阳龙源石油化工有限公司到期债权案的复函》中，最高人民法院又肯定了执行法院对于已经仲裁确认存在并已曾在其他法院申请执行的债务人的债权，在其他法院不再继续执行的情况下享有直接执行的权利。即认为《意见》第300条到期债权包括生效法律文书确定的债权。对此分歧，指导性案例从发挥到期债权执行制度功能出发，以保障债权人债权实现，提高强制执行的效率为考量，对《意见》第300条规定中的“到期债权”的含义进行释明，既包括一般债权也包括生效法律文书确定的债权，统一了司法实践中对到期债权制度的适用规则。之后，2015年2月4日公布的《最高人民法院关于适用〈中华人民共和国民事诉讼法〉的解释》第501条[①]对该案例涉及的问题予以了明确规定。

【指导性案例140号】

李某月等诉广州市花都区梯面镇某山村村民委员会违反安全保障义务责任纠纷案

【案情概述】略（详见正文第239页）。

【裁判说理】裁判文书说理部分这样论述：某山村村民委员会没有违反安全保障义务。某山村村民委员会作为红山村景区的管理人，虽负有保障游客免遭损害的安全保障义务，但安全保障义务内容的确定应限于景区管理人的管理和控制能力的合理范围之内（法理之一）。某山村景区属于开放式景区，未向村民或游客提供采摘杨梅的活动，杨梅树本身并无安全隐患，若要求某山村村民委员会对景区内的所有树木加以围蔽、设置警示标志或采取其他防护措施，显然超过善良管理人的注意标准（法理之二）。从爱护公物、文明出行的角度而言，村民或游客均不应私自爬树采摘杨梅（法理之三）。吴某作为具有完全民事行为能力的成年人，应当充分预见攀爬杨梅树采摘杨梅的危险性，并自觉规避此类危险行为（法理之四）。故李某月、李某如、李某托、李某坤主张某山村村民委员会未尽安全保障义务，缺乏事实依据。

① 现对应《最高人民法院关于适用〈中华人民共和国民事诉讼法〉的解释》（2022年修正）第499条。

【法理应用】该案例涉及对“安全保障义务”合理范围裁判规则的确认。安全保障义务是人类社会应对安全风险的产物，在诚信原则下基于分配正义理论发展而来。同时基于风险社会下的成本分摊、社会成本控制等理论，安全保障义务需要限缩在合理范围内。《民法典》第1198条第1款规定：“宾馆、商场、银行、车站、机场、体育场馆、娱乐场所等经营场所、公共场所的经营者、管理者或者群众性活动的组织者，未尽到安全保障义务，造成他人损害的，应当承担侵权责任。”在审判实践中，如何确定是否尽到“安全保障义务”，如何确定“安全保障义务”的合理范围，法官裁判的立足点不尽相同。因此，有必要明确“安全保障义务”认定的裁判规则。该案例明确了“公共场所经营管理者的安全保障义务，应限于合理限度范围内，与其管理和控制能力相适应。完全民事行为能力人因私自攀爬景区内果树采摘果实而不慎跌落致其自身损害，主张经营管理者承担赔偿责任的，人民法院不予支持”的裁判规则。

裁判文书从4个方面对某山村民委员会是否尽到安全保障义务进行了说理。首先“安全保障义务”要有合理区间，即承担安全保障义务要有限制，“某山村景区属于开放式景区，未向村民或游客提供采摘杨梅的活动”。其次，“安全保障义务”要有合理预见，指安全保障义务人对于危险的防范必须在可合理预见的范围之内。“杨梅树本身并无安全隐患。”再次，“安全保障义务”要有合理措施，即安全保障义务人为预防避免产生危险及消除危险采取的合理措施。“若要求某山村民委员会对景区内的所有树木加以围蔽、设置警示标志或采取其他防护措施，显然超过了善良管理人的注意标准。”最后，权利人合理的行为方式，即指行为人的行为性质应当合理。“爱护公务、文明出行的角度而言，村民或游客均不应私自爬树采摘杨梅。”基于以上说理分析，得出结论：某山村民委员会虽负有“安全保障义务”，但其内容应“限于景区管理人的管理和控制能力范围之内”，而不应“超过善良管理人的注意标准”。

（三）概括性用语解释

在法律条文中规定比较原则的情况下，指导性案例结合具体案情对法律条文中概括性抽象性用语具体细化，明晰判断标准，消除理论界和实务界对此类问题的分歧。

例如，在刑法及司法解释中，关于受贿罪的规定较为概括，指导性案例结合具体案情予以细化。

1. 民事类

【指导性案例 8 号】

林某清诉常熟市凯某实业有限公司、戴某明公司解散纠纷案[①]

【案情概述】略（详见正文第 147 页）。

【裁判说理】裁判文书说理部分这样论述：凯某公司的经营管理已发生严重困难。根据《公司法》第 183 条和《最高人民法院关于适用〈中华人民共和国公司法〉若干问题的规定（二）》第 1 条的规定，判断公司的经营管理是否出现严重困难，应当从公司的股东会、董事会或执行董事及监事会或监事的运行现状进行综合分析（法理之一）。“公司经营管理发生严重困难”的侧重点在于公司管理方面存有严重内部障碍，如股东会机制失灵、无法就公司的经营管理进行决策等，不应片面地理解为公司资金缺乏、严重亏损等经营性困难（法理之二）。本案中，凯某公司仅有戴某明与林某清两名股东，两人各占 50% 的股份，凯某公司章程规定“股东会的决议须经代表二分之一以上表决权的股东通过”，且各方当事人一致认可该“二分之一以上”不包括本数。因此，只要两名股东的意见存有分歧、互不配合，就无法形成有效表决，显然影响公司的运营。凯某公司已持续 4 年未召开股东会，无法形成有效股东会决议，也就无法通过股东会决议的方式管理公司，股东会机制已经失灵。执行董事戴某明作为互有矛盾的两名股东之一，其管理公司的行为，已无法贯彻股东会的决议。林某清作为公司监事不能正常行使监事职权，无法发挥监督作用。由于凯某公司的内部机制已无法正常运行、无法对公司的经营作出决策，即使尚未处于亏损状况，也不能改变该公司的经营管理已发生严重困难的事实。

---

① 参见最高人民法院案例指导工作办公室编著：《中国案例指导》（总第 1 辑），法律出版社 2015 年版，第 129 页。

【法理应用】《公司法》和《最高人民法院关于适用〈中华人民共和国公司法〉若干问题的规定（二）》认定公司处于僵局状态可以请求解散的重要因素是“公司经营管理发生严重困难”，案例从依法保护股东权利和规范公司治理结构角度出发，结合案情对此规定具体细化，明确在司法实践中对公司经营管理状况的评估标准。

【指导性案例 46 号】

山东鲁某实业有限公司诉鄄城县鲁某工艺品有限责任公司、济宁礼某邦家纺有限公司侵害商标权及不正当竞争纠纷案①

【案情概述】略（详见正文第 214 页）。

【裁判说理】裁判文书说理部分这样论述：根据本案事实可以认定，在 1999 年鲁某公司将“鲁锦”注册为商标之前，已是山东民间手工棉纺织品的通用名称，“鲁锦”织造技艺为非物质文化遗产。鄄城鲁某公司、济宁礼某邦公司的行为不构成商标侵权，也非不正当竞争。

首先，“鲁锦”已成为具有地域性特点的棉纺织品的通用名称。商品通用名称是指行业规范或社会公众约定俗成的对某一商品的通常称谓（法理之一）。该通用名称可以是行业规范规定的称谓，也可以是公众约定俗成的简称（法理之二）。鲁锦指鲁西南民间纯棉手工织锦，其纹彩绚丽灿烂似锦，在鲁西南地区已有上千年的历史。“鲁锦”作为具有山东特色的手工纺织品的通用名称，为国家主流媒体、各类专业报纸以及山东省新闻媒体所公认，山东省、济宁市、菏泽市、嘉祥县、鄄城县的省市县三级史志资料均将“鲁锦”记载为传统鲁西南民间织锦的“新名”，有关工艺美术和艺术的工具书中也确认“鲁锦”就是产自山东的一种民间纯棉手工纺织品。“鲁锦”织造工艺历史悠久，在提到“鲁锦”时，人们想到的就是传统悠久的山东民间手工棉纺织品及其织造工艺。“鲁锦织造技艺”被确定为国家级非物质文化遗产。“鲁锦”代表的纯棉手工纺织生产工艺并非由某一自然人或企业法人发明而成，而是

① 参见最高人民法院案例指导工作办公室编著：《中国案例指导》（总第 3 辑），法律出版社 2016 年版，第 289 页。

由山东地区特别是鲁西南地区人民群众长期劳动实践而形成。“鲁锦”代表的纯棉手工纺织品的生产原料亦非某一自然人或企业法人特定种植，而是山东不特定地区广泛种植的棉花。自20世纪80年代中期后，经过媒体的大量宣传，“鲁锦”已成为以棉花为主要原料、手工织线、染色、织造的山东地区民间手工纺织品的通称，且已在山东地区纺织行业领域内通用，并被相关社会公众所接受。综上，可以认定“鲁锦”是山东地区特别是鲁西南地区民间纯棉手工纺织品的通用名称（法理之三）。

关于鲁某公司主张“鲁锦”这一名称不具有广泛性，在我国其他地方也出产老粗布，但不叫“鲁锦”。对此法院认为，对于具有地域性特点的商品通用名称，判断其广泛性应以特定产区及相关公众为标准，而不应以全国为标准（法理之四）。我国其他省份的手工棉纺织品不叫“鲁锦”，并不影响“鲁锦”专指山东地区特有的民间手工棉纺织品这一事实。关于鲁某公司主张“鲁锦”不具有科学性，棉织品应称为“棉”而不应称为“锦”。对此法院认为，名称的确定与其是否符合科学没有必然关系，对于已为相关公众接受、指代明确、约定俗成的名称，即使有不科学之处，也不影响其成为通用名称（法理之五）。关于鲁某公司还主张“鲁锦”不具有普遍性，山东省内有些经营者、消费者将这种民间手工棉纺织品称为“粗布”或“老土布”。对此法院认为，“鲁锦”这一称谓是20世纪80年代中期确定的新名称，经过多年宣传与使用，现已为相关公众所知悉和接受（法理之六）。“粗布”“老土布”等旧有名称的存在，不影响“鲁锦”通用名称的认定。

其次，注册商标中含有的本商品的通用名称，注册商标专用权人无权禁止他人正当使用。《商标法实施条例》第49条规定：“注册商标中含有的本商品的通用名称、图形、型号，或者直接表示商品的质量、主要原料、功能、用途、重量、数量及其他特点，或者含有地名，注册商标专用权人无权禁止他人正当使用。”商标的作用主要为识别性，即消费者能够依不同的商标而区别相应的商品及服务的提供者（法理之七）。保护商标权的目的，就是防止对商品及服务的来源产生混淆（法理之八）。由于鲁某公司“鲁锦”文字商标和“Lj+LUJIN”组合商标，与作为山东民间手工棉纺织品通用名称的“鲁锦”一致，其应具备的显著性区别特征因此趋于弱化。“鲁锦”虽不是鲁锦服装的通用名称，但却是山东民间手工棉纺织品的通用名称。商标注册人对商标中通用名称部分不享有专用权，不影响他人将“鲁锦”作为通用名称正当使用（法理之九）。鲁西南地区有不少以鲁锦为面料生产床上用品、工艺品、服饰的厂家，这些厂家均可以正当使用“鲁锦”名称，在其产品上叙述性标明其面料采用鲁锦。

本案中，鄄城鲁某公司在其生产的涉案产品的包装盒、包装袋上使用“鲁锦”两字，虽然在商品上使用了鲁某公司商标中含有的商品通用名称，但仅是为了表明其产品采用鲁锦面料，其生产技艺具备鲁锦特点，并不具有侵犯鲁某公司的“鲁锦”注册商标专用权的主观恶意，也并非作为商业标识使用，属于正当使用，故不应认定为侵犯“鲁锦”注册商标专用权的行为（法理之十）。基于同样的理由，鄄城鲁某公司在其企业名称中使用“鲁锦”字样，也系正当使用，不构成不正当竞争。礼某邦公司作为鲁锦制品的专卖店，同样有权使用“鲁锦”字样，亦不构成对“鲁锦”注册商标专用权的侵犯。

此外，鲁某公司的“鲁锦”文字商标和“Lj+LUJIN”的组合商标已经国家商标局核准注册并核定使用于第25类、第24类商品上，该注册商标专用权应依法受法律保护。虽然鄄城鲁某公司对此商标提出撤销申请，但在国家商标局商标评审委员会未撤销前，仍应依法保护上述有效注册商标。鉴于“鲁锦”是注册商标，为规范市场秩序，保护公平竞争（法理之十一），鄄城鲁某公司在今后使用“鲁锦”字样以标明其产品面料性质的同时，应合理避让鲁某公司的注册商标专用权，应在其产品包装上突出使用自己的“精一坊”商标，以显著区别产品来源，方便消费者识别。

【法理应用】该案例结合具体案情划清了注册商标专用权与商品通用名称合理正当适用的界限。《商标法》第59条第1款规定：注册商标中含有的本商品的通用名称、图形……，注册商标专用权人无权禁止他人正当使用。该案例对该项规定进行解释，就如何“判断具有地域性特点的商品通用名称问题”[①]，裁判文书从历史事实、民众共识、公众认知、名称变革背景等方面逐一

① 参见最高人民法院案例指导工作办公室编著：《中国案例指导》（总第3辑），法律出版社2016年版，第291页。

论述，为该类案件裁决确立了一个可以参照的标准。

【指导性案例 47 号】

意大利费某罗公司诉蒙某莎（张家港）食品有限公司、天津经济技术开发区正某行销有限公司不正当竞争纠纷案[①]

【案情概述】略（详见正文第 172 页）。

【裁判说理】裁判文书说理部分这样论述：本案主要涉及费列罗巧克力是否为在先知名商品，费列罗巧克力使用的包装、装潢是否为特有的包装、装潢，以及蒙某莎公司生产的金莎 TRESOR DORE 巧克力使用包装、装潢是否构成不正当竞争行为等争议焦点问题。

一、关于费列罗巧克力是否为在先知名商品

根据中国某食品进出口总公司与费某罗公司签订的寄售合同、寄售合同确认书等证据，二审法院认定费列罗巧克力自 1984 年开始在中国境内销售无误。反不正当竞争法所指的知名商品，是在中国境内具有一定的市场知名度，为相关公众所知悉的商品（法理之一）。在国际已知名的商品，我国法律对其特有名称、包装、装潢的保护，仍应以在中国境内为相关公众所知悉为必要。其所主张的商品或者服务具有知名度，通常系由在中国境内生产、销售或者从事其他经营活动而产生。认定知名商品，应当考虑该商品的销售时间、销售区域、销售额和销售对象，进行宣传的持续时间、程度和地域范围，作为知名商品受保护的情况等因素，进行综合判断；也不排除适当考虑国外已知名的因素（法理之二）。本案二审判决中关于“对商品知名状况的评价应根据其在国内外特定市场的知名度综合判定，不能理解为仅指在中国境内知名的商品”的表述欠当，但根据费列罗巧克力进入中国市场的时间、销售情况以及费某罗公司进行的多种宣传活动，认定其属于在中国境内的相关市场中具有较高知名度的知名商品正确。蒙某莎公司关于费列罗巧克力在中国境内市场知名的时间晚于金莎 TRESOR DORE 巧克力的主张不能成立。此外，费某

① 参见最高人民法院案例指导工作办公室编著：《中国案例指导》（总第 3 辑），法律出版社 2016 年版，第 309 页。

罗公司的费列罗巧克力的包装、装潢使用在先，蒙某莎公司主张其使用的涉案包装、装潢为自主开发设计缺乏充分证据支持，二审判决认定蒙某莎公司擅自使用费列罗巧克力特有包装、装潢正确。

二、关于费列罗巧克力使用的包装、装潢是否具有特有性

盛装或者保护商品的容器等包装，以及在商品或者其包装上附加的文字、图案、色彩及其排列组合所构成的装潢，在其能够区别商品来源时，即属于反不正当竞争法保护的特有包装、装潢（法理之三）。费某罗公司请求保护的费列罗巧克力使用的包装、装潢系由一系列要素构成。如果仅仅以锡箔纸包裹球状巧克力，采用透明塑料外包装，呈现巧克力内包装等方式进行简单地组合，所形成的包装、装潢因无区别商品来源的显著特征而不具有特有性；而且这种组合中的各个要素也属于食品包装行业中通用的包装、装潢元素，不能被独占使用。但是，锡纸、纸托、塑料盒等包装材质与形状、颜色的排列组合有很大的选择空间；将商标标签附加在包装上，该标签的尺寸、图案、构图方法等亦有很大的设计自由度。在可以自由设计的范围内，将包装、装潢各个要素独特排列组合，使其具有区别商品来源的显著特征，可以构成商品特有的包装、装潢。费列罗巧克力所使用的包装、装潢因其构成要素在文字、图形、色彩、形状、大小等方面的排列组合具有独特性，形成了显著的整体形象，且与商品的功能性无关，经过长时间使用和大量宣传，已足以使相关公众将上述包装、装潢的整体形象与费某罗公司的费列罗巧克力商品联系起来，具有识别其商品来源的作用，应当属于《反不正当竞争法》第5条第2项所保护的特有的包装、装潢（法理之四）。蒙某莎公司关于判定涉案包装、装潢为特有，会使巧克力行业的通用包装、装潢被费某罗公司排他性独占使用，垄断国内球形巧克力市场等理由，不能成立。

三、关于相关公众是否容易对费列罗巧克力与金莎TRESOR DORE巧克力引起混淆、误认

对商品包装、装潢的设计，不同经营者之间可以相互学习、借鉴，并在此基础上进行创新设计，形成有明显区别各自商品的包装、装潢。这种做法是市场经营和竞争的必然要求（法理之五）。就本案而言，蒙某莎公司可以充

分利用巧克力包装、装潢设计中的通用要素，自由设计与他人在先使用的特有包装、装潢具有明显区别的包装、装潢。但是，对他人具有识别商品来源意义的特有包装、装潢，则不能作足以引起市场混淆、误认的全面模仿，否则就会构成不正当的市场竞争（法理之六）。我国《反不正当竞争法》中规定的混淆、误认，是指足以使相关公众对商品的来源产生误认，包括误认为与知名商品的经营者具有许可使用、关联企业关系等特定联系（法理之七）。本案中，由于费列罗巧克力使用的包装、装潢的整体形象具有区别商品来源的显著特征，蒙某莎公司在其巧克力商品上使用的包装、装潢与费列罗巧克力特有包装、装潢，又达到在视觉上非常近似的程度。即使双方商品存在价格、质量、口味、消费层次等方面的差异和厂商名称、商标不同等因素，也未免使相关公众易于误认金莎 TRESOR DORE 巧克力与费列罗巧克力存在某种经济上的联系。据此，再审申请人关于本案相似包装、装潢不会构成消费者混淆、误认的理由不能成立。

综上，蒙某莎公司在其生产的金莎 TRESOR DORE 巧克力商品上，擅自使用与费某罗公司的费列罗巧克力特有的包装、装潢相近似的包装、装潢，足以引起相关公众对商品来源的混淆、误认，构成不正当竞争。

【法理应用】《反不正当竞争法》提出了“知名商品”的概念，但没有明确其内涵。虽然《国家工商行政管理局关于禁止仿冒知名商品特有名称、包装、装潢的不正当竞争行为的若干规定》《最高人民法院关于审理不正当竞争民事案件应用法律若干问题的解释》对该问题进一步明确，但随着市场经济的迅速发展，新情况新问题层出不穷。对于境外商品的知名度以及包装、装潢的特有性，对他人包装、装潢的模仿，借鉴度的把握等方面，实践中有不同的认识。该案例明确了知名商品认定的地域因素，特有的包装、装潢的判断标准，以及模仿、借鉴与创新的认定标准，有利于准确把握《反不正当竞争法》规定的“知名商品”“特有”“混淆认识”的涵义，统一法律适用。

【指导性案例48号】

北京精某科技有限公司诉上海奈某电子科技有限公司侵害计算机软件著作权纠纷案①

【案情概述】原告北京精雕科技有限公司（以下简称精某公司）诉称：原告自主开发了精雕CNC雕刻系统，该系统由精雕雕刻CAD/CAM软件（JDPaint软件）、精雕数控系统、机械本体三大部分组成。该系统的使用通过两台计算机完成，一台是加工编程计算机，另一台是数控控制计算机。两台计算机运行两个不同的程序需要相互交换数据，即通过数据文件进行。具体是：JDPaint软件通过加工编程计算机运行生成Eng格式的数据文件，再由运行于数控控制计算机上的控制软件接收该数据文件，将其变成加工指令。原告对上述JDPaint软件享有著作权，该软件不公开对外销售，只配备在原告自主生产的数控雕刻机上使用。2006年年初，原告发现被告上海奈某电子科技有限公司（以下简称奈某公司）在其网站上大力宣传其开发的NC-1000雕铣机数控系统全面支持精雕各种版本的Eng文件。被告上述数控系统中的Ncstudio软件能够读取JDPaint软件输出的Eng格式数据文件，而原告对Eng格式采取了加密措施。被告非法破译Eng格式的加密措施，开发、销售能够读取Eng格式数据文件的数控系统，属于故意避开或者破坏原告为保护软件著作权而采取的技术措施的行为，构成对原告软件著作权的侵犯。被告的行为使得其他数控雕刻机能够非法接收Eng文件，导致原告精雕雕刻机销量减少，造成经济损失。故请求法院判令被告立即停止支持精雕JDPaint各种版本输出Eng格式的数控系统的开发、销售及其他侵权行为，公开赔礼道歉，并赔偿损失485 000元。

法院经审理查明：原告精某公司分别于2001年、2004年取得国家版权局向其颁发的软著登字第0011393号、软著登字第025028号《计算机软件著作权登记证书》，登记其为精雕雕刻软件JDPaintV4.0、JDPaintV5.0（两软件以下简称JDPaint）的原始取得人。奈某公司分别于2004年、2005年取得国家版

① 参见最高人民法院案例指导工作办公室编著：《中国案例指导》（总第3辑），法律出版社2016年版，第332页。

权局向其颁发的软著登字第023060号、软著登字第041930号《计算机软件著作权登记证书》，登记其为软件奈凯数控系统V5.0、维宏数控运动控制系统V3.0（两软件以下简称Ncstudio）的原始取得人。

奈某公司在其公司网站上宣称：2005年12月，奈凯公司推出NC－1000雕铣机控制系统，该数控系统全面支持精雕各种版本Eng文件，该功能是针对用户对精雕JDPaintV5.19这一排版软件的酷爱而研发的。

精某公司的JDPaint软件输出的Eng文件是数据文件，采用Eng格式。奈某公司的Ncstudio软件能够读取JDPaint软件输出的Eng文件，即Ncstudio软件与JDPaint软件所输出的Eng文件兼容。

上海市第一中级人民法院于2006年9月20日作出（2006）沪一中民五（知）初字第134号民事判决：驳回原告精某公司的诉讼请求。宣判后，精某公司提出上诉。上海市高级人民法院于2006年12月13日作出（2006）沪高民三（知）终字第110号民事判决：驳回上诉，维持原判。

【裁判说理】裁判文书说理部分这样论述：根据《著作权法》第48条第1款第6项、《计算机软件保护条例》第24条第1款第3项的规定，故意避开或者破坏著作权人为保护其软件著作权而采取的技术措施的行为，是侵犯软件著作权的行为。上述规定体现了对恶意规避技术措施的限制，是对计算机软件著作权的保护（法理之一）。但是，上述限制"恶意规避技术措施"的规定不能被滥用（法理之二）。上述规定主要限制的是针对受保护的软件著作权实施的恶意技术规避行为（法理之三）。著作权人为输出的数据设定特定文件格式，并对该文件格式采取加密措施，限制其他品牌的机器读取以该文件格式保存的数据，从而保证捆绑自己计算机软件的机器拥有市场竞争优势的行为，不属于上述规定所指的著作权人为保护其软件著作权而采取技术措施的行为（法理之四）。他人研发能够读取著作权人设定的特定文件格式的软件的行为，不构成对软件著作权的侵犯（法理之五）。

根据本案事实，JDPaint输出的Eng格式文件是在精某公司的"精雕CNC雕刻系统"中两个计算机程序间完成数据交换的文件。从设计目的而言，精某公司采用Eng格式而没有采用通用格式完成数据交换，并不在于对JDPaint软件进行加密保护，而是希望只有"精雕CNC雕刻系统"能接收此种格式，只有与“精雕CNC雕刻系统”相捆绑的雕刻机床才可以使用该软件。精某公司对JDPaint输出文件采用Eng格式，旨在限定JDPaint软件只能在“精雕CNC雕刻系统”中使用，其根本目的和真实意图在于建立和巩固JDPaint软件与其雕刻机床之间的捆绑关系。这种行为不属于为保护软件著作权而采取的技术保护措施。如果将对软件著作权的保护扩展到与软件捆绑在一起的产品上，必然超出我国著作权法对计算机软件著作权的保护范围（法理之六）。精某公司在本案中采取的技术措施，不是为保护JDPaint软件著作权而采取的技术措施，而是为获取著作权利益之外利益而采取的技术措施。因此，精某公司采取的技术措施不属于《著作权法》《计算机软件保护条例》所规定著作权人为保护其软件著作权而采取的技术措施，奈某公司开发能够读取JDPaint软件输出的Eng格式文件的软件的行为，并不属于故意避开和破坏著作权人为保护软件著作权而采取的技术措施的行为。

【法理应用】目前，由于通过信息技术可以低成本复制、传播数字化作品，权利人逐渐开始广泛采用技术性手段来防止未经许可的对数字化作品的复制、传播行为，这些技术性手段被称为“技术保护措施”。我国《著作权法》《信息网络传播权保护条例》规定，破解或规避技术保护措施的行为属于侵犯著作权的行为。但对于什么是著作权法保护的技术保护措施，什么是一般的技术保护措施，没有具体明确的判断标准。该案例结合具体案情明确了受著作权法保护的“技术保护措施”的认定标准，即“计算机软件著作权人为实现软件与机器的捆绑销售，将软件运行的输出数据设定为特定文件格式，以限制其他竞争者的机器读取以该特定文件格式保存的数据，从而将其在软件上的竞争优势扩展到机器，不属于著作权法所规定的著作权人为保护其软件著作权而采取的技术措施。他人研发软件读取其设定的特定文件格式的，不构成侵害计算机软件著作权”。

【指导性案例141号】

支某1等诉北京市永定河管理处生命权、健康权、身体权纠纷案

【案情概述】2017年1月16日，北京市公安局丰台分局卢沟桥派出所接李某某110报警，称支某3外出遛狗未归，怀疑支某3掉在冰里了。接警后

该所民警赶到现场开展查找工作，于当晚在永定河拦河闸自西向东第二闸门前消力池内发现一男子死亡，经家属确认为支某3。发现死者时永定河拦河闸南侧消力池内池水表面结冰，冰面高度与消力池池壁边缘基本持平，消力池外河道无水。北京市公安局丰台分局于2017年1月20日出具关于支某3死亡的调查结论（丰公治亡查字〔2017〕第021号），主要内容：经过（现场勘查、法医鉴定、走访群众等）工作，根据所获证据，得出如下结论：（1）该人系符合溺亡死亡；（2）该人死亡不属于刑事案件。支某3的家属对死因无异议。支某3遗体被发现的地点为永定河拦河闸下游方向闸西侧消力池，消力池系卢沟桥分洪枢纽水利工程（拦河闸）的组成部分。永定河卢沟桥分洪枢纽工程的日常管理、维护和运行由北京市永定河管理处负责。北京市水务局称事发地点周边安装了防护栏杆，在多处醒目位置设置了多个警示标牌，标牌注明管理单位为“北京市永定河管理处”。支某3的父母支某1、马某某，妻子李某某和女儿支某2向法院起诉，请求北京市永定河管理处承担损害赔偿责任。北京市丰台区人民法院于2019年1月28日作出（2018）京0106民初2975号民事判决：驳回支某1等四人的全部诉讼请求。宣判后，支某1等四人提出上诉。北京市第二中级人民法院于2019年4月23日作出（2019）京02民终4755号民事判决：驳回上诉，维持原判。

【裁判说理】裁判文书说理部分这样论述：关于管理机关北京市永定河管理处是否应承担侵权责任的认定。

首先，本案并不适用侵权责任法中安全保障义务条款。安全保障义务所保护的人与义务人之间常常存在较为紧密的关系，包括缔约磋商关系、合同法律关系等，违反安全保障义务的侵权行为是负有安全保障义务的人由于没有履行合理范围内的安全保障义务而实施的侵权行为（法理之一）。根据查明的事实，支某3的溺亡地点位于永定河拦河闸侧面消力池。

从性质上看，消力池系永定河拦河闸的一部分，属于水利工程设施的范畴，并非对外开放的冰场；从位置上来看，消力池位于拦河闸下方的永定河河道的中间处；从抵达路径来看，抵达消力池的正常路径，需要从永定河的沿河河堤下楼梯到达河道，再从永定河河道步行至拦河闸下方，因此无论是消力池的性质、消力池所处位置还是抵达消力池的路径而言，均难以认定消力池属于公共场所（法理之二）。北京市永定河管理处也不是群众性活动的组织者（法理之三），故支某1等四人上诉主张四被上诉人未尽安全保障义务，与法相悖。

其次，从侵权责任的构成上看，一方主张承担侵权责任，应就另一方存在违法行为、主观过错、损害后果且违法行为与损害后果之间具有因果关系等侵权责任构成要件承担举证责任（法理之四）。

永定河道并非正常的活动、通行场所，依据一般常识即可知无论是进入河道或进入冰面的行为，均容易发生危及人身的危险，此类对危险后果的预见性，不需要专业知识就可知晓（法理之五）。

支某3在明知进入河道、冰面行走存在风险的情况下，仍进入该区域并导致自身溺亡，其主观上符合过于自信的过失，应自行承担相应的损害后果（法理之六）。成年人应当是自身安危的第一责任人，不能把自己的安危寄托在国家相关机构的无时无刻的提醒之下，户外活动应趋利避害，不随意进入非群众活动场所是每一个公民应自觉遵守的行为规范（法理之七）。

综上，北京市永定河管理处对支某3的死亡发生无过错，不应承担赔偿责任。在此需要指出，因支某3意外溺亡，造成支某1和马某某老年丧子、支某2年幼丧父，其家庭境遇令人同情，法院对此予以理解，但是赔偿的责任方是否构成侵权则需法律上严格界定及证据上的支持，不能以情感或结果责任主义为导向将损失交由不构成侵权的他方承担（法理之八）。

【法理应用】该案的关键点之一在于确认事发场所永定河的拦河闸消力池是否属于负有安保义务的“公共场所”，也即该事发场所是否属于原《侵权责任法》第37条第1款所规定的“等”所涵盖的负有安全保障义务的公共场所。按照原《侵权责任法》第37条第1款[①]规定：“宾馆、商场、银行、车站、娱乐场所等公共场所的管理人或者群众性活动的组织者，未尽到安全保障义务，造成他人损害的，应当承担侵权责任。”生效裁判文书总结该条文所列举的公共场所特征，并认定事发场所永定河的拦河闸消力池不具有该特征，即“不是具有经营性质的公共场所”，所以不属于该条文公共场所“等”的范

① 现对应《民法典》第1198条第1款。

围，得出了“上诉人主张四被上诉人未尽安全保障义务，与法相悖，本院不予支持”的结论，明确了“消力池属于禁止公众进入的水利工程设施，不属于原《侵权责任法》第37条第1款①规定的‘公共场所’。消力池的管理人和所有人采取了合理的安全提示和防护措施，完全民事行为能力人擅自进入造成自身损害，请求管理人和所有人承担赔偿责任的，人民法院不予支持”的裁判规则。

【指导性案例143号】

北京兰某达光电科技有限公司、黄某兰诉赵某名誉权纠纷案

【案情概述】原告北京兰某达光电科技有限公司（以下简称兰某达公司）、黄某兰诉称：黄某兰系兰某达公司员工，从事机器美容美甲业务。自2017年1月17日以来，被告赵某一直对二原告进行造谣、诽谤、诬陷，多次污蔑、谩骂，称黄某兰有精神分裂，污蔑兰某达公司的仪器不正规、讹诈客户，并通过微信群等方式进行散布，造成原告名誉受到严重损害，生意受损，请求人民法院判令：（1）被告对二原告赔礼道歉，并以在北京市顺义区 × 号张贴公告、北京当地报纸刊登公告的方式为原告消除影响、恢复名誉；（2）赔偿原告兰某达公司损失20 000元；（3）赔偿二原告精神损害抚慰金各5000元。

法院经审理查明：兰某达公司在北京市顺义区某小区一层开有一家美容店，黄某兰系该公司的股东兼任美容师。2017年1月17日16时许，赵某陪同住小区的另一业主到该美容店做美容。黄某兰为顾客做美容，赵某询问之前其在该美容店祛斑的事情，后二人因美容服务问题发生口角。后公安部门对赵某作出行政处罚决定书，给予赵某行政拘留三日的处罚。

原告主张赵某的微信昵称为 × 郡主（微信号 ×——calm），且系小区业主微信群群主，双方发生纠纷后赵某多次在业主微信群中对二原告进行造谣、诽谤、污蔑、谩骂，并将黄某兰从业主群中移出，兰某达公司因赵某的行为生意严重受损。原告提供的微信聊天记录及张某某的证人证言予以证明。微信聊天记录来自两个微信群，人数分别为345人和123人，记载有昵称为 ×

① 现对应《民法典》第1198条第1款。

郡主发送的有关黄某兰、兰某达公司的言论，以及其他群成员询问情况等的回复信息；证人张某某是兰某达公司的顾客，也是小区业主，其到庭陈述看到的微信群内容并当庭出示手机微信，群主微信号为 ×——calm。

赵某对原告陈述及证据均不予认可，并表示其2016年在涉诉美容店做激光祛斑，黄某兰承诺保证全部祛除掉，但做过两次后，斑越发严重，多次沟通，对方不同意退钱，事发当日其再次咨询此事，黄某兰却否认赵某在此做过祛斑，双方发生口角；赵某只有一个微信号，且经常换名字，现在业主群里叫X果，自己不是群主，不清楚群主情况，没有加过黄某兰为好友，也没有在微信群里发过损害原告名誉的信息，只与邻居、朋友说过与原告的纠纷，兰某达公司仪器不正规、讹诈客户，其他人也有同感，公民有言论自由。

经原告申请，法院自深圳市腾讯计算机系统有限公司调取了微信号 ×——calm的实名认证信息，确认为赵某，同时确认该微信号与黄某兰的微信号 ×–HL互为好友的时间为2016年3月4日13：16：18。赵某对此予以认可，但表示对于微信群中发送的有关黄某兰、兰某达公司的信息其并不清楚，现已经不用该微信号了，也退出了其中一个业主群。

北京市顺义区人民法院于2017年9月19日作出（2017）京0113民初5491号民事判决：一、被告赵某于本判决生效之日起7日内在顺义区 × 房屋门口张贴致歉声明，向原告黄某兰、兰某达公司赔礼道歉，张贴时间为7日，致歉内容须经本院审核；如逾期不执行上述内容，则由本院在上述地址门口全文张贴本判决书内容；二、被告赵某于本判决生效之日起7日内赔偿原告兰某达公司经济损失3000元；三、被告赵某于本判决生效之日起7日内赔偿原告黄某兰精神损害抚慰金2000元；四、驳回原告黄某兰、兰某达公司的其他诉讼请求。宣判后，赵某提出上诉。北京市第三中级人民法院于2018年1月31日作出（2018）京03民终725号民事判决：驳回上诉，维持原判。

【裁判说理】裁判文书说理部分这样论述：行为人因过错侵害他人民事权益，应当承担侵权责任（法理之一）。不特定关系人组成的微信群具有公共空间属性，公民在此类微信群中发布侮辱、诽谤、污蔑或者贬损他人的言论构成名誉权侵权，应当依法承担法律责任（法理之二）。公民、法人的名誉权受到侵害，有权要求停止侵害、恢复名誉、消除影响、赔礼道歉，并可以要求赔偿损失（法理之三）。现黄某兰、兰某达公司要求赵某基于侵犯名誉权之行为赔礼道歉，符合法律规定，应予以支持，赔礼道歉的具体方式由法院酌情确定。关于兰某达公司名誉权被侵犯产生的经济损失，兰某达公司提供的证据不能证明实际经济损失数额，但兰某达公司在涉诉小区经营美容店，赵某在有众多该小区住户的微信群中发表不当言论势必会给兰某达公司的经营造成不良影响，故对兰某达公司的该项请求，综合考虑赵某的过错程度、侵权行为内容与造成的影响、侵权持续时间、兰某达公司的实际营业情况等因素酌情确定（法理之四）。关于黄某兰主张的精神损害抚慰金，亦根据上述因素酌情确定具体数额。关于兰某达公司主张的精神损害抚慰金，缺乏法律依据，故不予支持。

【法理应用】该案涉及微信群名誉权侵权，此类案件中有关微信群性质的认定、责任承担的方式在司法实践中存在较大的认识分歧。微信群是封闭空间还是公共社交空间，将对侵权事实的认定产生直接影响。责任承担方式的选择，也是影响案件能否妥善处理、实现案结事了的重要一环。该案例在微信群性质界定和责任承担方式选择方面明确了裁判标准和规则。即如果微信群由不特定人组成的，此微信群界定为公共社交空间，在责任承担方式的选择上以精准消除影响为标准。基于此，二审法院支持了一审法院判决中的责任承担方式和数额，即支持了黄某兰和兰某达公司要求“赵某赔礼道歉，并在小区张贴公告”的诉讼请求，没有支持黄某兰、兰某达公司“通过北京当地报纸刊登公告方式为黄某兰和兰某达公司消除影响”的诉讼请求。

2. 刑事类

【指导性案例 3 号】

潘某梅、陈某 1 受贿案[①]

【案情概述】略（详见正文第 118 页）。

【裁判说理】裁判文书说理部分这样论述：关于被告人潘某梅、陈某 1 及

---

① 参见最高人民法院案例指导工作办公室编著：《中国案例指导》（总第 1 辑），法律出版社 2015 年版，第 40 页。

其辩护人提出二被告人与陈某2共同开办多贺公司开发土地获取“利润”480万元不应认定为受贿的辩护意见。经查，潘某梅时任迈皋桥街道工委书记，陈某1时任迈皋桥街道办事处主任，对迈皋桥创业园区的招商工作、土地转让负有领导或协调职责，二人分别利用各自职务便利，为陈某2低价取得创业园区的土地等提供了帮助，属于利用职务上的便利为他人谋取利益（法理之一）。在此期间，潘某梅、陈某1与陈某2商议合作成立多某公司用于开发上述土地，公司注册资金全部来源于陈某2，潘某梅、陈某1既未实际出资，也未参与公司的经营管理（法理之二）。因此，潘某梅、陈某1利用职务便利为陈某2谋取利益，以与陈某2合办公司开发该土地的名义而分别获取的480万元，并非所谓的公司利润，而是利用职务便利使陈某2低价获取土地并转卖后获利的一部分，体现了受贿罪权钱交易的本质（法理之三），属于以合办公司为名的变相受贿，应以受贿论处。

关于被告人潘某梅及其辩护人提出潘某梅没有为许某某实际谋取利益的辩护意见。经查，请托人许某某向潘玉梅行贿时，要求在受让金桥大厦项目中减免100万元的费用，潘某梅明知许某某有请托事项而收受贿赂；虽然该请托事项没有实现，但“为他人谋取利益”包括承诺、实施和实现不同阶段的行为，只要具有其中一项，就属于为他人谋取利益（法理之四）。承诺“为他人谋取利益”，可以从为他人谋取利益的明示或默示的意思表示的角度予以认定（法理之五）。潘某梅明知他人有请托事项而收受其财物，应视为承诺为他人谋取利益，至于是否已实际为他人谋取利益或谋取到利益，只是受贿的情节问题，不影响受贿的认定（法理之六）。

关于被告人潘某梅及其辩护人提出潘某梅购买许某某的房产不应认定为受贿的辩护意见。经查，潘某梅购买的房产，市场价格含税费共计应为121万余元，潘某梅仅支付60万元，明显低于该房产交易时当地市场价格。潘某梅利用职务之便为请托人谋取利益，以明显低于市场的价格向请托人购买房产的行为，是以形式上支付一定数额的价款来掩盖其受贿权钱交易本质的一种手段（法理之七），应以受贿论处，受贿数额按照涉案房产交易时当地市场价格与实际支付价格的差额计算。

关于被告人潘某梅及其辩护人提出潘某梅购买许某某开发的房产，在案发前已将房产差价款给付了许某某，不应认定为受贿的辩护意见。经查，2006年4月，潘某梅在案发前将购买许某某开发房产的差价款中的55万元补给许某某，相距2004年上半年其低价购房有近两年时间，没有及时补还巨额差价；潘某梅的补还行为，是由于许某某因其他案件被检察机关找去谈话，检察机关从许某某的公司账上已掌握潘某梅购房仅支付部分款项的情况后，出于掩盖罪行目的而采取的退赃行为。因此，潘某梅为掩饰犯罪而补还房屋差价款，不影响对其受贿罪的认定（法理之八）。

【法理应用】本案在2007年7月8日印发的《最高人民法院、最高人民检察院关于办理受贿刑事案件适用法律若干问题的意见》以及最高人民法院2003年11月13日印发的《全国法院审理经济犯罪案件工作座谈会纪要》规定的基础上，结合具体案情，对相关规定作了进一步的解释，细化了新型受贿行为罪与非罪的界限，明确了对以合办公司等合作投资名义是否构成收受贿赂问题、"为他人谋取利益"的认定问题、"以交易形式"收受贿赂的认定问题、收受财物后退还或上交是否影响定罪等问题的裁判规则。

【指导性案例11号】

杨某虎等贪污案①

【案情概述】略（详见正文第192页）。

【裁判说理】裁判文书说理部分这样论述：贪污罪中的"利用职务上的便利"，是指利用职务上主管、管理、经手公共财物的权力及方便条件，既包括利用本人职务上主管、管理公共财物的职务便利，也包括利用职务上有隶属关系的其他国家工作人员的职务便利（法理之一）。本案中，杨某虎正是利用担任义乌市委常委、义乌市人大常委会副主任和兼任指挥部总指挥的职务便利，给下属的土地确权报批科人员及其分管副总指挥打招呼，才使得王某芳等人虚报的拆迁安置得以实现。

《土地管理法》第2条、第9条规定，我国土地实行社会主义公有制，即

① 参见最高人民法院案例指导工作办公室编著：《中国案例指导》（总第1辑），法律出版社2015年版，第191页。

全民所有制和劳动群众集体所有制，并可以依法确定给单位或者个人使用。对土地进行占有、使用、开发、经营、交易和流转，能够带来相应经济收益。因此，土地使用权自然具有财产性利益（法理之二），无论国有土地，还是集体土地，都属于《刑法》第382条第1款规定中的“公共财物”，可以成为贪污的对象（法理之三）。王某芳名下安置的地块已在2002年8月被征为国有并转为建设用地，义乌市政府文件抄告单也明确该处的拆迁安置土地使用权登记核发国有土地使用权证。因此，杨某虎等人及其辩护人所提该项辩护意见，不能成立。

【法理应用】该案例抓住贪污罪利用职务便利非法占有公共财物的本质，对贪污罪中的“利用职务上的便利”进一步具体化，确定了“利用职务上便利”“是指利用职务上主管、管理、经手公共财物的权力及方便条件，既包括利用本人职务上主管、管理公共财物的职务便利，也包括利用职务上有隶属关系的其他国家工作人员的职务便利”，明确了土地使用权可以成为贪污的对象，厘清罪与非罪的边界。

【指导性案例14号】

董某某、宋某某抢劫案[①]

【案情概述】略（详见正文第196页）。

【裁判说理】裁判文书说理部分这样论述：被告人董某某、宋某某以非法占有为目的，以暴力威胁方法劫取他人财物，其行为均已构成抢劫罪。鉴于董某某、宋某某系持刀抢劫；犯罪时不满18周岁，且均为初犯，到案后认罪悔罪态度较好，宋某某还是在校学生，符合缓刑条件，决定分别判处二被告人有期徒刑二年六个月，缓刑三年。考虑到被告人主要是因上网吧需要网费而诱发了抢劫犯罪（法理之一）；二被告人长期迷恋网络游戏，网吧等场所与其犯罪有密切联系（法理之二）；如果将被告人与引发其犯罪的场所相隔离，有利于家长和社区在缓刑期间对其进行有效管教，预防再次犯罪（法理之

① 参见最高人民法院案例指导工作办公室编著：《中国案例指导》（总第2辑），法律出版社2015年版，第42页。

三）；被告人犯罪时不满18周岁，平时自我控制能力较差，对其适用禁止令的期限确定为与缓刑考验期相同的三年，有利于其改过自新（法理之四）。因此，依法判决禁止二被告人在缓刑考验期内进入网吧等特定场所。

【法理应用】该案例对《刑法修正案（八）》规定的“禁止令”在实践中如何适用，尤其是在未成年人犯罪的情况下该如何确定禁止其从事某些活动、进入特定场所及接触特定人群方面，进行了示例。对统一禁止令性质认识、规范法官自由裁量权，强化禁止令对犯罪分子的监督矫正功能有现实意义。

【指导性案例32号】

张某某、金某危险驾驶案[①]

【案情概述】略（详见正文第123页）。

【裁判说理】裁判文书说理部分这样论述：根据《刑法》第133条第1款规定，“在道路上驾驶机动车追逐竞驶，情节恶劣的”构成危险驾驶罪。《刑法》规定的“追逐竞驶”，一般指行为人出于竞技、追求刺激、斗气或者其他动机，二人或二人以上分别驾驶机动车，违反道路交通安全规定，在道路上快速追赶行驶的行为（法理之一）。本案中，从主观驾驶心态上看，二被告人张某某、金某到案后先后供述“心里面想找点享乐和刺激”“在道路上穿插、超车、得到心理满足”；在面临红灯时，“刹车不舒服、逢车必超”“前方有车就变道曲折行驶再超越”。二被告人的上述供述与相关视听资料相互印证，可以反映出其追求刺激、炫耀驾驶技能的竞技心理（法理之二）。从客观行为上看，二被告人驾驶超标大功率的改装摩托车，为追求速度，多次随意变道、闯红灯、大幅超速等严重违章。从行驶路线上看，二被告人共同自浦东新区乐园路×号出发，至陆家浜路、河南南路路口接人，约定了竞相行驶的起点和终点（法理之三）。综上，可以认定二被告人的行为属于危险驾驶罪中的“追逐竞驶”。

关于本案被告人的行为是否属于“情节恶劣”，应从其追逐竞驶行为的具

① 参见最高人民法院案例指导工作办公室编著：《中国案例指导》（总第3辑），法律出版社2016年版，第28页。

体表现、危害程度、造成的危害后果等方面，综合分析其对道路交通秩序、不特定多人生命、财产安全威胁的程度是否“恶劣”（法理之四）。本案中，二被告人的追逐竞驶行为，虽未造成人员伤亡和财产损失，但从以下情形分析，属于危险驾驶罪中的“情节恶劣”：第一，从驾驶的车辆来看，二被告人驾驶的系无牌和套牌的大功率改装摩托车（法理之五）；第二，从行驶速度来看，总体驾驶速度很快，多处路段超速达50%以上（法理之六）；第三，从驾驶方式来看，反复并线、穿插前车、多次闯红灯行驶（法理之七）；第四，从对待执法的态度来看，二被告人在民警盘查时驾车逃离（法理之八）；第五，从行驶路段看，途经的杨高路、张杨路、南浦大桥、复兴东路隧道等均系城市主干道，沿途还有多处学校、公交和地铁站点、居民小区、大型超市等路段，交通流量较大，行驶距离较长，在高速驾驶的刺激心态下和躲避民警盘查的紧张心态下，极易引发重大恶性交通事故（法理之九）。上述行为给公共交通安全造成一定危险，足以威胁他人生命、财产安全，故可以认定二被告人追逐竞驶的行为属于危险驾驶罪中的“情节恶劣”（法理之十）。

【法理应用】随着我国社会经济的发展和人们生活水平的不断提高，汽车保有量逐年提高，相伴而生的是违法驾驶行为及所致交通事故频发，对人民群众的安全感产生一定影响。为保障正常道路交通秩序和公众的人身安全，《刑法修正案（八）》将追逐竞驶的危险驾驶行为纳入刑法。但在司法实践中，此类案件入罪较少，与实际生活中“飙车”行为频发广受社会关注形成鲜明反差。该指导性案例依据主客观统一原则、证据裁判原则，明确危险驾驶中“追逐竞驶”情节以及“情节恶劣”的具体确认标准，为此类案件的审理起到示范的作用。

🅔【指导性案例147号】

张某明、毛某明、张某故意损毁名胜古迹案

【案情概述】2017年4月左右，被告人张某明、毛某明、张某三人通过微信联系，约定前往三清山风景名胜区攀爬“巨蟒出山”岩柱体（又称巨蟒峰）。2017年4月15日凌晨4时左右，张某明、毛某明、张某三人携带电钻、岩钉（即膨胀螺栓，不锈钢材质）、铁锤、绳索等工具到达巨蟒峰底部。被告

人张某明首先攀爬，毛某明、张某在下面拉住绳索保护张某明的安全。在攀爬过程中，张某明在有危险的地方打岩钉，使用电钻在巨蟒峰岩体上钻孔，再用铁锤将岩钉打入孔内，用扳手拧紧，然后在岩钉上布绳索。张某明通过这种方式于当日上午 6 时 49 分左右攀爬至巨蟒峰顶部。毛某明一直跟在张某明后面为张某明拉绳索做保护，并沿着张某明布好的绳索于当日上午 7 时左右攀爬到巨蟒峰顶部。在巨蟒峰顶部，张某明将多余的工具给毛某明，毛某明顺着绳索下降，将多余的工具带回宾馆，随后又返回巨蟒峰，攀爬至巨蟒峰 10 多米处，被三清山管委会工作人员发现后劝下并被民警控制。在张某明、毛某明攀爬开始时，张某为张某明拉绳索做保护，之后张某回宾馆拿无人机，再返回巨蟒峰，沿着张某明布好的绳索于当日上午 7 时 30 分左右攀爬至巨蟒峰顶部，在顶部使用无人机进行拍摄。在工作人员劝说下，张某、张某明先后于当日上午 9 时左右、9 时 40 分左右下到巨蟒峰底部并被民警控制。经现场勘查，张某明在巨蟒峰上打入岩钉 26 个。经专家论证，三被告人的行为对巨蟒峰地质遗迹点造成了严重损毁。

【裁判说理】裁判文书说理部分这样论述：本案的主要焦点：

一、关于本案的证据采信问题

本案中，三被告人打入 26 个岩钉的行为对巨蟒峰造成严重损毁的程度，目前全国没有法定司法鉴定机构可以进行鉴定，但是否构成严重损毁又是被告人是否构成犯罪的关键（法理之一）。根据《最高人民法院关于适用〈中华人民共和国刑事诉讼法〉的解释》第 87 条规定："对案件中的专门性问题需要鉴定，但没有法定司法鉴定机构，或者法律、司法解释规定可以进行检验的，可以指派、聘请有专门知识的人进行检验，检验报告可以作为定罪量刑的参考。……经人民法院通知，检验人拒不出庭作证的，检验报告不得作为定罪量刑的参考。"故对打入 26 个岩钉的行为是否对巨蟒峰造成严重损毁的这一事实，依法聘请有专门知识的人进行检验合情合理合法（法理之二）。本案中的四名地学专家，都长期从事地学领域的研究，都具有地学领域的专业知识，在地学领域发表过大量论文或专著，或主持过地学方面的重大科研课题，具有对巨蟒峰受损情况这一地学领域的专门问题进行评价的能力（法理之三）。

四名专家均属于"有专门知识的人"。四名专家出具专家意见系接受侦查机关的有权委托，依据自己的专业知识和现场实地勘查、证据查验，经充分讨论、分析，从专业的角度对打岩钉造成巨蟒峰的损毁情况给出了明确的专业意见，并共同签名（法理之四）。且经法院通知，四名专家中的两名专家以检验人的身份出庭，对“专家意见”的形成过程进行了详细的说明，并接受了控、辩双方及审判人员的质询。“专家意见”结论明确，程序合法，具有可信性（法理之五）。综上，本案中的“专家意见”从主体到程序均符合法定要求，从证据角度而言，“专家意见”完全符合《刑事诉讼法》第197条的规定，以及《最高人民法院关于适用〈中华人民共和国刑事诉讼法〉的解释》第87条关于有专门知识的人出具检验报告的规定，可以作为定罪量刑的参考（法理之六）。

二、关于本案的损害结果问题

三清山于1988年经国务院批准列为国家重点风景名胜区，2008年被列入世界自然遗产名录，2012年被列入世界地质公园名录。巨蟒峰作为三清山核心标志性景观独一无二、弥足珍贵，其不仅是不可再生的珍稀自然资源型资产，也是可持续利用的自然资产，对于全人类而言具有重大的科学价值、美学价值和经济价值（法理之七）。巨蟒峰是经由长期自然风化和重力崩解作用形成的巨型花岗岩体石柱，垂直高度128m，最细处直径仅7m。本案中，侦查机关依法聘请的四名专家经过现场勘查、证据查验、科学分析，对巨蟒峰地质遗迹点的价值、成因、结构特点及三被告人的行为给巨蟒峰柱体造成的损毁情况给出了“专家意见”。四名专家从地学专业角度，认为被告人的打岩钉攀爬行为对世界自然遗产的核心景观巨蟒峰造成了永久性的损害，破坏了自然遗产的基本属性即自然性、原始性、完整性，特别是在巨蟒峰柱体的脆弱段打入至少4个岩钉，加重了巨蟒峰柱体结构的脆弱性，即对巨蟒峰的稳定性产生了破坏，26个岩钉会直接诱发和加重物理、化学、生物风化，形成新的裂隙，加快花岗岩柱体的侵蚀进程，甚至造成崩解（法理之八）。根据《最高人民法院、最高人民检察院关于办理妨害文物管理等刑事案件适用法律若干问题的解释》第4条第2款第1项规定，结合“专家意见”，应当认定三被告人的行为造成了名胜古迹“严重损毁”，已触犯《刑法》第324条第2款的规定，构成故意损毁名胜古迹罪。

【法理应用】该案例对《刑法》第324条第2款故意损毁名胜古迹罪的“严重损毁”和《最高人民法院关于适用〈中华人民共和国刑事诉讼法〉的解释》第87条中“有专门知识的人进行检验，检验报告”进行了明确和界定。该案例确定了这样的裁判规则，即被告人的行为是否为“严重损毁”名胜古迹的行为，主要从行为是否严重破坏自然遗产的自然性、原始性、完整性和稳定性的角度，综合考虑有关地质遗迹的特点、损坏程度。“1. 风景名胜区的核心景区属于《刑法》第324条第2款规定的‘国家保护的名胜古迹’。对核心景区内的世界自然遗产实施打岩钉等破坏活动，严重破坏自然遗产的自然性、原始性、完整性和稳定性的，综合考虑有关地质遗迹的特点、损坏程度等，可以认定为故意损毁国家保护的名胜古迹‘情节严重’。2. 对刑事案件中的专门性问题需要鉴定，但没有鉴定机构的，可以指派、聘请有专门知识的人就案件的专门性问题出具报告，相关报告在刑事诉讼中可以作为证据使用。”正如裁判文书中对此的说理，“被告人的打岩钉攀爬行为对世界自然遗产的核心景观巨蟒峰造成了永久性的损害，破坏了自然遗产的基本属性即自然性、原始性、完整性，特别是在巨蟒峰柱体的脆弱段打入至少4个岩钉，加重了巨蟒峰柱体结构的脆弱性，即对巨蟒峰的稳定性产生了破坏，26个岩钉会直接诱发和加重物理、化学、生物风化，形成新的裂隙，加快花岗岩柱体的侵蚀进程，甚至造成崩解”。由此确认被告人在名胜古迹核心景区打岩钉的行为属于对名胜古迹的“严重破坏”。《最高人民法院关于适用〈中华人民共和国刑事诉讼法〉的解释》第87条规定：“对案件中的专门性问题需要鉴定，但没有法定司法鉴定机构，或者法律、司法解释规定可以进行检验的，可以指派、聘请有专门知识的人进行检验，检验报告可以作为定罪量刑的参考。……经人民法院通知，检验人拒不出庭作证的，检验报告不得作为定罪量刑的参考。”何为“有专门知识的人”，法律没有明确的规定，本案给出了判断标准，四名地学专家因“长期从事地学领域的研究”“具有地学领域的专业知识”“在地学领域发表过大量论文或专著”“主持过地学方面的重大科研课题”，所以“具有对巨蟒峰受损情况这一地学领域的专门问题进行评价的能力”，属于“有专门知识的人”。程序上，四名专家出具专家意见“接受侦查机关的有权委托”“依据自己的专业知识和现场实地勘查、证据查验，经充分讨论、分析”“从专业的角度对打岩钉造成巨蟒峰的损毁情况给出了明确的专业意见”“并共同签名”且“以检验人的身份出庭，对‘专家意见’的形成过程进行了详细的说明，并接受了控、辩双方及审判人员的质询”。由此该“专家意见”“结论明确，程序合法，具有可信性”。

3. 行政类

【指导性案例40号】

孙某兴诉天津新技术产业园区劳动人事局工伤认定案①

【案情概述】略（详见正文第227页）。

【裁判说理】裁判文书说理部分这样论述：各方当事人对园区劳动局依法具有本案行政执法主体资格和法定职权，其作出被诉工伤认定决定符合法定程序，以及孙某兴是在工作时间内摔伤，均无异议。本案的争议焦点：一是孙某兴的摔伤地点是否属于其“工作场所”？二是孙某兴是否“因工作原因”摔伤？三是孙某兴在工作过程中不够谨慎的过失是否影响工伤认定？

一、关于孙某兴的摔伤地点是否属于其“工作场所”问题

《工伤保险条例》第14条第1项规定，职工在工作时间和工作场所内，因工作原因受到事故伤害，应当认定为工伤。该规定中的“工作场所”，是指与职工工作职责相关的场所，在有多个工作场所的情形下，还应包括职工来往于多个工作场所之间的合理区域（法理之一）。本案中，位于商业中心八楼的中某公司办公室，是孙某兴的工作场所，而其完成去机场接人的工作任务需驾驶的汽车停车处，是孙某兴的另一处工作场所。汽车停在商业中心一楼的门外，孙某兴要完成开车任务，必须从商业中心八楼下到一楼门外停车处，故从商业中心八楼到停车处是孙某兴来往于两个工作场所之间的合理区域，也应当认定为孙某兴的工作场所（法理之二）。园区劳动局认为孙某兴摔伤地点不属于其工作场所，系将完成工作任务的合理路线排除在工作场所之

① 参见最高人民法院案例指导工作办公室编著：《中国案例指导》（总第3辑），法律出版社2016年版，第167页。

外，既不符合立法本意，也有悖于生活常识。

二、关于孙某兴是否“因工作原因”摔伤的问题

《工伤保险条例》第 14 条第 1 项规定的“因工作原因”，指职工受伤与其从事本职工作之间存在关联关系，即职工受伤与其从事本职工作存在一定关联（法理之三）。孙某兴为完成开车接人的工作任务，必须从商业中心八楼的中某公司办公室下到一楼进入汽车驾驶室，该行为与其工作任务密切相关，是孙某兴为完成工作任务客观上必须进行的行为，不属于超出其工作职责范围的其他不相关的个人行为（法理之四）。因此，孙某兴在一楼门口台阶处摔伤，系为完成工作任务所致。园区劳动局主张孙某兴在下楼过程中摔伤，与其开车任务没有直接的因果关系，不符合“因工作原因”致伤，缺乏事实根据。另外，孙某兴接受本单位领导指派的开车接人任务后，从中某公司所在商业中心八楼下到一楼，在前往院内汽车停放处的途中摔倒，孙某兴当时尚未离开公司所在院内，不属于“因公外出”的情形，而是属于在工作时间和工作场所内。

三、关于孙某兴在工作中不够谨慎的过失是否影响工伤认定的问题

《工伤保险条例》第 16 条规定了排除工伤认定的三种法定情形，即因故意犯罪、醉酒或者吸毒、自残或者自杀的，不得认定为工伤或者视同工伤。职工从事工作中存在过失，不属于上述排除工伤认定的法定情形，不能阻却职工受伤与其从事本职工作之间的关联关系（法理之五）。工伤事故中，受伤职工有时具有疏忽大意、精力不集中等过失行为，工伤保险正是分担事故风险、提供劳动保障的重要制度（法理之六）。如果将职工个人主观上的过失作为认定工伤的排除条件，违反工伤保险“无过失补偿”的基本原则，不符合《工伤保险条例》保障劳动者合法权益的立法目的（法理之七）。据此，即使孙某兴在工作中行走时确实有失谨慎，也不影响其摔伤系“因工作原因”的认定结论。园区劳动局以导致孙某兴摔伤的原因不是雨、雪天气使台阶地滑，而是因为孙某兴自己精力不集中导致为由，主张孙某兴不属于“因工作原因”摔伤而不予认定工伤，缺乏法律依据。

综上，园区劳动局作出的不予认定孙立兴为工伤的决定，缺乏事实根据，适用法律错误，依法应予撤销。

【法理应用】工伤保险制度作为一项重要的社会保障制度，随着用工环境的不断变化，劳动者维权意识的不断提高，劳动保障领域的问题层出不穷，工伤保险制度也越来越成为社会关注的热点。社会加速转型过程中新的用工方式和新型劳动关系不断出现，法律规范用语的抽象性和现实生活的复杂性、具体性之间的矛盾日益凸显，工伤认定中的新情况新问题也大量涌现。该指导性案例结合具体案情对《工伤保险条例》中工伤认定要素中的核心概念"工作场所""工作原因"进行了解释："工作场所"不仅包括"与职工工作职责相关的场所"，还包括"来往多个工作场所之间的合理区域"；"工作原因"指"与从事本职工作存在一定关联"的因素。此外，还结合工伤保险制度的目的，根据"无过失补偿原则"明确了过失不影响工伤认定的裁判规则。

【指导性案例41号】

宣某成等诉浙江省衢州市国土资源局收回国有土地使用权案[①]

【案情概述】略（详见正文第201页）。

【裁判说理】裁判文书说理部分这样论述：被告衢州市国土局作出《通知》时，虽然说明了该通知所依据的法律名称，但并未引用具体法律条款。在庭审过程中，被告辩称系依据《土地管理法》第58条第1款作出被诉具体行政行为。《土地管理法》第58条第1款规定："有下列情况之一的，由有关人民政府土地行政主管部门报经原批准用地的人民政府或者有批准权的人民政府批准，可以收回国有土地使用权：（一）为公共利益需要使用土地的；（二）为实施城市规划进行旧城区改建，需要调整使用土地的；……"衢州市国土局作为土地行政主管部门，有权依照《土地管理法》对辖区内国有土地的使用权进行管理和调整，但其行使职权时必须具有明确的法律依据（法理之一）。被告在作出《通知》时，仅说明是依据《土地管理法》及浙江省的有关规定作出的，但并未引用具体的法律条款，故其作出的具体行政行为没有明确的法律依据，属于适用法律错误（法理之二）。

① 参见最高人民法院案例指导工作办公室编著：《中国案例指导》（总第3辑），法律出版社2016年版，第179页。

本案中，衢州市国土局提供的衢州市发展计划委员会〔2002〕35号《关于同意扩建营业用房项目建设计划的批复》《建设项目选址意见书审批表》《建设银行衢州分行扩建营业用房建设用地规划红线图》等有关证据，难以证明其作出的《通知》符合《土地管理法》第58条第1款规定的“为公共利益需要使用土地”或“实施城市规划进行旧城区改造需要调整使用土地”的情形，主要证据不足，故被告主张其作出的《通知》符合《土地管理法》规定的理由不能成立（法理之三）。根据《行政诉讼法》及其相关司法解释的规定，在行政诉讼中，被告对其作出的具体行政行为承担举证责任，被告不提供作出具体行政行为时的证据和依据的，应当认定该具体行政行为没有证据和依据（法理之四）。

【法理应用】根据《行政诉讼法》第70条和第75条规定，行政行为适用法律、法规错误的可被撤销或确认无效。由此，根据依法行政原则，行政机关作出具体行政行为时应当有明确的法律依据，以此保护行政相对人的合法权益。反之，如果行政机关作出的具体行政行为没有明确的法律依据，应当视为该具体行政行为没有法律依据，即属于行政行为适用法律错误。该案例将行政机关无法证明其作出的具体行政行为有明确法律依据的情况解释为属于“适用法律错误”的情形之一。

4. 国家赔偿类

【指导性案例42号】

朱某蔚申请无罪逮捕赔偿案[①]

【案情概述】略（详见正文第136页）。

【裁判说理】裁判文书说理部分这样论述：最高人民法院认为：朱某蔚被羁押875天，正常的家庭生活和公司经营也因此受到影响，导致其精神极度痛苦，应认定精神损害后果严重（法理之一）。对朱某蔚主张的精神损害抚慰金，根据自2005年朱某蔚被羁押以来深圳某实业有限公司不能正常经营，朱

① 参见最高人民法院案例指导工作办公室编著：《中国案例指导》（总第3辑），法律出版社2016年版，第194页。

某蔚之女患抑郁症未愈，以及广东省高级人民法院、广东省人民检察院、广东省公安厅联合发布的粤高法〔2011〕382号《关于在国家赔偿工作中适用精神损害抚慰金若干问题的座谈会纪要》明确的广东省赔偿精神损害抚慰金的参考标准，结合赔偿协商协调情况以及当地平均生活水平等情况，确定为50 000元（法理之二）。朱某蔚提出的其他请求，不予支持。

【法理应用】《国家赔偿法》第35条虽然对精神损害赔偿作了明确规定，但此规定较为笼统，在审判实践中涉及精神损害赔偿案件的法律适用标准并不统一，特别是不同地区的适用标准差别较大。依据公权力行使职权法定、国家赔偿法赔偿法定、国家赔偿归责原则等法律原理，该案对何为造成精神损害"严重后果"进行了解释。对国家机关及其工作人员在行使职权过程中，侵害公民人身权而产生严重精神损害后果，如何确定抚慰金数额的问题，明确了统一裁判标准。

【指导性案例43号】

国某君安证券股份有限公司海口滨海大道（天福酒店）证券营业部申请错误执行赔偿案[①]

【案情概述】略（详见正文第138页）。

【裁判说理】裁判文书说理部分这样论述：被执行人某租赁公司没有清偿债务能力，因其对第三人中某公司享有到期债权，中某公司对此未提出异议并认可履行债务，中某公司隐瞒其与案外人已签订售房合同并收取大部分房款的事实，与国某海口营业部及某租赁公司三方达成《执行和解书》。海南高院据此作出9-11号裁定。但上述执行和解协议侵犯了案外人的合法权益，国某海口营业部据此取得的争议房产产权不应受到法律保护（法理之一）。海南高院9-16号裁定系在执行程序中对案外人提出的执行异议审查成立的基础上，对原9-11号裁定予以撤销，将已被执行的争议房产回复至执行前状态（法理之二）。该裁定及其执行回转行为不违反法律规定，且经生效的

① 参见最高人民法院案例指导工作办公室编著：《中国案例指导》（总第3辑），法律出版社2016年版，第206页。

海口中院（2003）海中法民再字第37号民事判决所认定的内容予以印证，其实体处理并无不当（法理之三）。国某海口营业部的债权未得以实现的实质在于某租赁公司没有清偿债务的能力，国某海口营业部及其债权受让人虽经破产债权申报，仍无法获得清偿，该债权未能实现与海南高院9–16号裁定及其执行行为之间无法律上的因果联系（法理之四）。因此，海南高院9–16号裁定及其执行回转行为，不属于《国家赔偿法》及相关司法解释规定的执行错误情形。

【法理应用】《国家赔偿法》第38条规定："……生效法律文书执行错误，造成损害的，赔偿请求人要求赔偿的程序，适用本法刑事赔偿程序的规定。"案例依据国家赔偿法的立法目的及相关司法解释，进行目的性解释和体系性解释，结合"相当因果关系说"法律原理，明确了《国家赔偿法》第38条中违法侵权情形适用"确赔合一"程序机制，并结合案情对第38条中的"执行错误"具体含义予以解释。

四、小结

综上所述，指导性案例中法理发挥释明法律功能，主要呈现以下几个方面的特点：一是法理在案例中发挥释明功能，是对具体的法律条文所蕴含的法理的释明。在体现法理释明功能的案例中，法官能够寻找到具体法律规定来作为解决纠纷的方案。法官结合具体案例的案情，通过法理对抽象的法律规定进行阐释，以确定抽象法律规定的具体含义。二是法理在案例中发挥释明功能，以尊重立法目的和本意为解释原则，在法律规定的文义射程范围内释明法律条文并多集中在语词的核心意义范围内。三是法理在案例中发挥释明功能，通过对法律条文的具体化，统一法律适用。在对法律条文有不同理解的情况下，特别是各种不同的理解均似可自圆其说的情况下，指导性案例通过法理的释明功能，明确法律条文的适用，统一法官的裁判思路和方法。四是法理在案例中发挥释明作用，是将抽象的法律条文生动化的过程，发挥普法的作用。法理是道理、是情理、是常理、是规律。以生动的、具体的案情为载体，通过法理的论证释明，让专业化的、理论化的、抽象化的法律条文，走近老百姓，让老百姓更真切地感受法律规定的立法用意和法官的倾向性意见，强化老百姓对法律适用的预判，提高老百姓对公平正义的感受度。

第二节 补充完善法律

一、如何补充完善法律

由于人类理性的有限性，法律并非毫无漏洞的规范体系。社会生活复杂多样，法律不可能预先对所有情境作出规定。在适用于具体个案时，抽象、一般的规范规则与具体个案产生不对称张力在所难免。亚里士多德很早以前就在《尼各马可伦理学》中指出，一般性的规范主要指向于多数情形或典型情形，因此在适用于具体个案情形时可能会出现“缺陷和错误”，在这种情况下，司法者应该通过细化法律适用“说出立法者自己如果身处其境会说出的东西”。①

司法实践中，法官通常会针对个案情境，通过类推、习惯补充、学理补充、比较法等各种法律方法，来填补漏洞，以保证司法的正义。特别是在社会转型时期，受社会经济生活多变、利益格局多元、社会矛盾多发等因素影响，司法调整社会关系的作用越来越大。面对法律的相对滞后性，司法裁判越来越多地需要从回应社会的角度，对法律进行补充或完善，填补法律调整上的空缺。如果法官在解决纠纷时发现法律需要予以补正，那么法官应该想方设法论证自己倾向的解释立场符合立法者的可能偏好。法学界广泛流传着这样一句名言：“法官绝不可以改变法律织物的纺织材料，但是他可以，也应该把皱褶熨平。”②

---

① [古希腊]亚里士多德：《尼各马可伦理学》，廖申白译注，商务印书馆2003年版，第161页。

② [英]丹宁勋爵：《法律的训诫》，杨百揆、刘庸安、丁健译，法律出版社1999年版，第13页。

法理就是那把熨平褶皱的熨斗。“法理的基本功能在于补充法律及习惯法的不备，使司法者得自立于立法者的地位，寻求就该案件所应适用的法则，以实现公平与正义、调和社会生活上相对立的各种利益。”①

指导性案例的制度成因决定了指导性案例多为疑难、新型案例，当出现法律漏洞而法官不能依据现有法律进行裁判时，即具体案件事实（争议焦点）无法被现有的法律规范这一大前提所涵摄时，由于法官不得拒绝审判，所以法官面对此类案件时需要（起码是在个案中需要）担负起填补法律漏洞的具体应用的责任。在以尊重立法目的为前提，以立法者计划规范社会秩序范围为边界，通过法理对现有法律规范进行解释，获得可以用于裁决案件的大前提。因为这种解释以处理个案纠纷为出发点，法官个体差异、所处地区差异、当事人情况差异等外在因素会影响法官对于纠纷结果的预判和倾向，亦会较大程度上影响对法律规范解释的结果。在这个过程中，法官往往具有较大的自由裁量权，可能出现所谓“类案不同判”的问题。由此，这一类指导性案例更重视裁判文书的法理应用对法官自由裁量权的规范限制作用。

本书所展示的法理发挥补充功能的场景，不一定是法律方法论意义上的法律漏洞，更多的是在没有具体法律规定的情况下，法官如何正确适用法律解决案件争议焦点。如果说法理发挥释明功能是在有具体法律规定可以适用，只是在司法实践中有不同理解，通过指导性案例中法理的释明作用，统一法律理解和适用的话，法理发挥补充功能就是在没有具体的法律规定可以涵摄案件争议焦点，需要通过论述说理，寻找到可用的法律规定来解决问题。如果说法理释明功能仅是在明确法律规范的核心文义，那么法理补充功能就是在文义射程范围内对边缘文义的解释。法理补充功能并不是造法，而是在尊重立法本意的前提下，在没有具体法律规定可以适用于案件争点解决的情况下，通过法理寻找可以涵盖争议焦点或可以解决个案纠纷的法律规定，并充当其正当性支撑。在这种情况下，法理的说理论证补充功能通过对案件中法律条文适用正当性支撑，增强裁判文书的可接受性。

① 王泽鉴：《民法概要》，北京大学出版社2009年版，第13页。

二、补充完善法律功能在指导性案例中的运用

（一）立法目的的发现

司法实践中，在没有明确的具体的法律条文可以适用于案件的情况下，通过目的性解释，从立法目的出发来实现对规则的完善，使得法官获得司法裁判的大前提，是较为常见的现象。从指导性案例中，我们也能够看到这种方法论的运用以及功能的践行。

1. 民事类

【指导性案例15号】

徐某集团工程机械股份有限公司诉
成都川某工贸有限责任公司等买卖合同纠纷案①

【案情概述】略（详见正文第47页）。

【裁判说理】裁判文书说理部分这样论述：针对上诉范围，二审的争议焦点为川某机械公司、瑞某公司与川某工贸公司是否存在人格混同，应否对川某工贸公司的债务承担连带清偿责任。

川某工贸公司与川某机械公司、瑞某公司存在人格混同。一是三个公司的人员混同。三个公司的经理、财务负责人、出纳会计、工商手续经办人均相同，其他管理人员亦存在交叉任职的情形，川某工贸公司的人事任免存在由川某机械公司决定的情形（法理之一）。二是三个公司的业务混同。三个公司实际经营中均涉及工程机械相关业务，经销过程中存在共用销售手册、经销协议的情形；对外进行宣传时信息混同（法理之二）。三是三个公司的财务混同。三个公司使用共同账户，以王某礼的签字作为具体用款依据，对其中的资金及支配无法证明已作区分；三个公司与徐某机械公司之间的债权债务、业绩、账务及返利均计算在川某工贸公司名下（法理之三）。因此，三个公司之间表征人格的因素（人员、业务、财务等）高度混同，导致各自财产无法

---

① 参见最高人民法院案例指导工作办公室编著：《中国案例指导》（总第2辑），法律出版社2015年版，第51页。

区分，已丧失独立人格，构成人格混同（法理之四）。

川某机械公司、瑞某公司应当对川某工贸公司的债务承担连带清偿责任。公司人格独立是其作为法人独立承担责任的前提（法理之五）。《公司法》（2005年修订）第3条第1款规定："公司是企业法人，有独立的法人财产，享有法人财产权。公司以其全部财产对公司的债务承担责任。"公司的独立财产是公司独立承担责任的物质保证，公司的独立人格也突出地表现在财产的独立上（法理之六）。当关联公司的财产无法区分，丧失独立人格时，就丧失了独立承担责任的基础（法理之七）。《公司法》（2005年修订）第20条第3款规定："公司股东滥用公司法人独立地位和股东有限责任，逃避债务，严重损害公司债权人利益的，应当对公司债务承担连带责任。"本案中，三个公司虽在工商登记部门登记为彼此独立的企业法人，但实际上相互之间界限模糊、人格混同，其中川某工贸公司承担所有关联公司的债务却无力清偿，又使其他关联公司逃避巨额债务，严重损害了债权人的利益（法理之八）。上述行为违背了法人制度设立的宗旨，违背了诚信原则（法理之九），其行为本质和危害结果与《公司法》第20条第3款规定的情形相当，故参照《公司法》第20条第3款的规定，川某机械公司、瑞某公司对川某工贸公司的债务应当承担连带清偿责任。

【法理应用】该案例涉及"关联公司""责任承担"等法律没有明确规定的问题。我国《公司法》对"关联公司"没有明确界定，对公司人格混同的责任承担亦无明确规定。案例在忠于法律文本、忠于立法目的的原则下，按照类似情况类似处理的原则，参照《企业所得税法实施条例》关于"关联方"的规定，参照《公司法》（2005年修订）第20条第3款[①]的规定，并进行扩张解释，界定了何为"关联公司"以及出现公司法人人格混同时关联公司之间的责任承担问题。

① 现对应《公司法》（2023年修订）第23条第1款。

【指导性案例24号】

荣某英诉王某、永某财产保险股份有限公司江阴支公司机动车交通事故责任纠纷案[①]

【案情概述】略（详见正文第85页）。

【裁判说理】裁判文书说理部分这样论述：《侵权责任法》第26条规定："被侵权人对损害的发生也有过错的，可以减轻侵权人的责任。"《道路交通安全法》第76条第1款第2项规定，机动车与非机动车驾驶人、行人之间发生交通事故，非机动车驾驶人、行人没有过错的，由机动车一方承担赔偿责任；有证据证明非机动车驾驶人、行人有过错的，根据过错程度适当减轻机动车一方的赔偿责任。因此，交通事故中在计算残疾赔偿金是否应当扣减时应当根据受害人对损失的发生或扩大是否存在过错进行分析（法理之一）。本案中，虽然原告荣某英的个人体质状况对损害后果的发生具有一定的影响，但这不是侵权责任法等法律规定的过错，荣某英不应因个人体质状况对交通事故导致的伤残存在一定影响而自负相应责任（法理之二），原审判决以伤残等级鉴定意见中将荣某英个人体质状况"损伤参与度评定为75%"为由，在计算残疾赔偿金时作相应扣减属适用法律错误，应予纠正。

从交通事故受害人发生损伤及造成损害后果的因果关系看，本起交通事故的引发系肇事者王某驾驶机动车穿越人行横道线时，未尽到安全注意义务碰擦行人荣某英所致；本起交通事故造成的损害后果系受害人荣某英被机动车碰撞、跌倒发生骨折所致，事故责任认定荣某英对本起事故不负责任，其对事故的发生及损害后果的造成均无过错。虽然荣某英年事已高，但其年老骨质疏松仅是事故造成后果的客观因素，并无法律上的因果关系（法理之三）。因此，受害人荣某英对于损害的发生或者扩大没有过错，不存在减轻或者免除加害人赔偿责任的法定情形（法理之四）。同时，机动车应当遵守文明行车、礼让行人的一般交通规则和社会公德（法理之五）。本案所涉事故发生在人行横道线上，正常行走的宋某英对将被机动车碰撞这一事件无法预见，

① 参见最高人民法院案例指导工作办公室编著：《中国案例指导》（总第2辑），法律出版社2015年版，第206页。

而王某驾驶机动车在路经人行横道线时未依法减速慢行、避让行人，导致事故发生（法理之六）。因此，依法应当由机动车一方承担事故引发的全部赔偿责任。

根据我国《道路交通安全法》的相关规定，机动车发生交通事故造成人身伤亡、财产损失的，由保险公司在机动车第三者责任强制保险责任限额范围内予以赔偿。而我国交强险立法并未规定在确定交强险责任时应依据受害人体质状况对损害后果的影响作相应扣减，保险公司的免责事由也仅限于受害人故意造成交通事故的情形，即便是投保机动车无责，保险公司也应在交强险无责限额内予以赔偿（法理之七）。因此，对于受害人符合法律规定的赔偿项目和标准的损失，均属交强险的赔偿范围，参照"损伤参与度"确定损害赔偿责任和交强险责任均没有法律依据（法理之八）。

【法理应用】关于受害人的体质状况可否对判定交通事故中侵权人责任大小产生影响，法律上没有明确的规定。指导性案例从受害人的体质原因不能认为是受害人的过错、加害人的鲁莽驾驶行为具有违法性符合一般伦理认知、加害人承担责任符合《道路交通安全法》的立法精神、受害人特殊体质对损害不具有因果关系属于学界通说的角度，明确地回答了这个问题。即在交通事故中，即使损害后果与受害人体质存在一定关系，也并不是减轻侵权人责任的法定原因。

【指导性案例 25 号】

华某财产保险有限公司北京分公司诉李某贵、天某财产保险股份有限公司河北省分公司张家口支公司保险人代位求偿权纠纷案[①]

【案情概述】略（详见正文第 88 页）。

【裁判说理】裁判文书说理部分这样论述：根据《保险法》第 60 条的规定，保险人的代位求偿权是指保险人依法享有的，代位行使被保险人向造成保险标的损害负有赔偿责任的第三者请求赔偿的权利。保险人代位求偿权源于法律的直接规定，属于保险人的法定权利，并非基于保险合同而产生的约

① 参见最高人民法院案例指导工作办公室编著：《中国案例指导》（总第 2 辑），法律出版社 2015 年版，第 216 页。

定权利（法理之一）。因第三者对保险标的的损害造成保险事故，保险人向被保险人赔偿保险金后，代位行使被保险人对第三者请求赔偿的权利而提起诉讼的，应根据保险人所代位的被保险人与第三者之间的法律关系确定管辖法院（法理之二）。第三者侵害被保险人合法权益，因侵权行为提起的诉讼，依据《民事诉讼法》第28条的规定，由侵权行为地或者被告住所地法院管辖，而不适用财产保险合同纠纷管辖的规定，不应以保险标的物所在地作为管辖依据（法理之三）。本案中，第三者实施了道路交通侵权行为，造成保险事故，被保险人对第三者有侵权损害赔偿请求权；保险人行使代位权起诉第三者的，应当由侵权行为地或者被告住所地法院管辖。现二被告的住所地及侵权行为地均不在北京市东城区，故北京市东城区人民法院对该起诉没有管辖权，应裁定不予受理。

【法理应用】关于保险代位求偿案件的管辖问题，法律和司法解释没有明确规定。该案例根据保险人代位求偿权是由法律规定产生的而不是由保险人与被保险人约定产生的，其属于法定权利而非约定权利的法律原理，依据《保险法》以及《民事诉讼法》的相关规定进行解释，确定了以被保险人和第三人之间法律关系的性质来明确保险代位求偿案件管辖的裁判规则，统一法律适用。

【指导性案例37号】

上海金某机械制造有限公司与瑞士瑞某克公司仲裁裁决执行复议案[①]

【案情概述】略（详见正文第169页）。

【裁判说理】裁判文书说理部分这样论述：本案的争议焦点是我国法院对该案是否具有管辖权以及申请执行期间应当从何时开始起算。

一、关于我国法院的执行管辖权问题

根据《民事诉讼法》的规定，我国涉外仲裁机构作出的仲裁裁决，如果被执行人或者其财产不在中华人民共和国领域内的，应当由当事人直接向有

① 参见最高人民法院案例指导工作办公室编著：《中国案例指导》（总第3辑），法律出版社2016年版，第95页。

管辖权的外国法院申请承认和执行。鉴于本案所涉仲裁裁决生效时，被执行人瑞某克公司及其财产均不在我国领域内，因此，人民法院在该仲裁裁决生效当时，对裁决的执行没有管辖权。

2008 年 7 月 30 日，金某公司发现被执行人瑞某克公司有财产正在上海市参展。此时，被申请执行人瑞某克公司有财产在中华人民共和国领域内的事实，使我国法院产生了对本案的执行管辖权（法理之一）。申请执行人依据《民事诉讼法》第 273 条（2007 年修正）关于“一方当事人不履行仲裁裁决的，对方当事人可以向被申请人住所地或者财产所在地的中级人民法院申请执行”的规定，基于被执行人不履行仲裁裁决义务的事实，行使民事强制执行请求权，向上海一中院申请执行。这符合我国《民事诉讼法》有关人民法院管辖涉外仲裁裁决执行案件所应当具备的要求，上海一中院对该执行申请有管辖权。

考虑到《纽约公约》规定的原则是，只要仲裁裁决符合公约规定的基本条件，就允许在任何缔约国得到承认和执行。《纽约公约》的目的在于便利仲裁裁决在各缔约国得到顺利执行，因此并不禁止当事人向多个公约成员国申请相关仲裁裁决的承认与执行（法理之二）。被执行人一方可以通过举证已经履行了仲裁裁决义务进行抗辩，向执行地法院提交已经清偿债务数额的证据，这样即可防止被执行人被强制重复履行或者超标的履行的问题（法理之三）。因此，人民法院对该案行使执行管辖权，符合《纽约公约》规定的精神，也不会造成被执行人重复履行生效仲裁裁决义务的问题（法理之四）。

二、关于本案申请执行期间起算问题

依照《民事诉讼法》（2007 年修正）第 215 条的规定，“申请执行的期间为二年”，“前款规定的期间，从法律文书规定履行期间的最后一日起计算；法律文书规定分期履行的，从规定的每次履行期间的最后一日起计算；法律文书未规定履行期间的，从法律文书生效之日起计算”。鉴于我国法律有关申请执行期间的起算，是针对生效法律文书作出时，被执行人或者其财产在我国领域内的一般情况作出的规定（法理之五）；而本案的具体情况是，仲裁裁决生效当时，我国法院对该案并没有执行管辖权，当事人依法向外国法院申请承认和执行该裁决而未能得到执行，不存在怠于行使申请执行权的问题（法理之六）；被执行人一直拒绝履行裁决所确定的法律义务（法理之七）；申请执行人在发现被执行人有财产在我国领域内之后，即向人民法院申请执行（法理之八）。考虑到这类情况下，外国被执行人或者其财产何时会再次进入我国领域内，具有较大的不确定性（法理之九），因此，应当合理确定申请执行期间起算点，才能公平保护申请执行人的合法权益（法理之十）。

鉴于债权人取得有给付内容的生效法律文书后，如债务人未履行生效文书所确定的义务，债权人即可申请法院行使强制执行权，实现其实体法上的请求权，此项权利即为民事强制执行请求权（法理之十一）。民事强制执行请求权的存在依赖于实体权利，取得依赖于执行根据，行使依赖于执行管辖权（法理之十二）。执行管辖权是民事强制执行请求权的基础和前提（法理之十三）。在司法实践中，人民法院的执行管辖权与当事人的民事强制执行请求权不能是抽象或不确定的，而应是具体且可操作的（法理之十四）。义务人瑞某克公司未履行裁决所确定的义务时，权利人金某公司即拥有了民事强制执行请求权，但是，根据《民事诉讼法》的规定，对于涉外仲裁机构作出的仲裁申请执行，如果被执行人或者其财产不在中华人民共和国领域内，应当由当事人直接向有管辖权的外国法院申请承认和执行。此时，因被执行人或者其财产不在我国领域内，我国法院对该案没有执行管辖权，申请执行人金某公司并非其主观上不愿或怠于行使权利，而是由于客观上纠纷本身没有产生人民法院执行管辖连接点，导致其无法向人民法院申请执行（法理之十五）。人民法院在受理强制执行申请后，应当审查申请是否在法律规定的时效期间内提出。具有执行管辖权是人民法院审查申请执行人相关申请的必要前提（法理之十六），因此应当自执行管辖确定之日，即发现被执行人可供执行财产之日，开始计算申请执行人的申请执行期限（法理之十七）。

【法理应用】司法管辖权是一国司法制度的重要组成部分，执行管辖权是司法主权在执行工作中的体现。申请执行期限制度的立法本意和制度目的是督促权利人关注并及时行使自己的权利，从而维护社会关系的确定性和稳定性。该案例依据《民事诉讼法》《仲裁法》《最高人民法院关于适用〈中华人民共和国仲裁法〉若干问题的解释》以及申请执行期限制度的立法本意和制度目的进行体系解释、目的解释，明确了我国法院对涉外仲裁裁决具有执行管辖权的条件，即包括当事人的申请、涉外仲裁裁决为生效裁决、被申请执行人在我国领域内或者被申请执行人的财产在我国领域内等。同时明确了民事诉讼法体系下执行管辖确定与申请执行期间计算之间的逻辑关系，即涉外仲裁裁决确定的履行期间届满后，仲裁义务人系外国法人或自然人且在我国领域内无住所地，也无可供执行财产，但后来发现在可供执行财产的情况下，申请执行人的申请执行期间从执行管辖确定时起算。

【指导性案例 50 号】

李某、郭某阳诉郭某和、童某某继承纠纷案[①]

【案情概述】略（详见正文第 9 页）。

【裁判说理】裁判文书说理部分这样论述：本案的争议焦点主要有两个方面：一是郭某阳是否为郭某顺和李某的婚生子女？二是在郭某顺留有遗嘱的情况下，对 306 室房屋应如何析产继承？

关于争议焦点一。《最高人民法院关于夫妻离婚后人工授精所生子女的法律地位如何确定的复函》中指出："在夫妻关系存续期间，双方一致同意进行人工授精，所生子女应视为夫妻双方的婚生子女，父母子女之间权利义务关系适用《婚姻法》的有关规定。"郭某顺因无生育能力，签字同意医院为其妻子即原告李某施行人工授精手术，该行为表明郭某顺具有通过人工授精方法获得其与李某共同子女的意思表示（法理之一）。只要在夫妻关系存续期间，夫妻双方同意通过人工授精生育子女，所生子女均应视为夫妻双方的婚生子女（法理之二）。《民法通则》第 57 条规定："民事法律行为从成立时起具有法律约束力。行为人非依法律规定或者取得对方同意，不得擅自变更或者解除。"因此，郭某顺在遗嘱中否认其与李某所怀胎儿的亲子关系，是无效民事行为，应当认定郭某阳是郭某顺和李某的婚生子女。

---

① 参见最高人民法院案例指导工作办公室编著：《中国案例指导》（总第 3 辑），法律出版社 2016 年版，第 365 页。

关于争议焦点二。《继承法》第5条规定："继承开始后，按照法定继承办理；有遗嘱的，按照遗嘱继承或者遗赠办理；有遗赠扶养协议的，按照协议办理。"被继承人郭某顺死亡后，继承开始。鉴于郭某顺留有遗嘱，本案应当按照遗嘱继承办理（法理之三）。《继承法》第26条规定："夫妻在婚姻关系存续期间所得的共同所有的财产，除有约定的以外，如果分割遗产，应当先将共同所有的财产的一半分出为配偶所有，其余的为被继承人的遗产。"《最高人民法院关于贯彻执行〈中华人民共和国继承法〉若干问题的意见》第38条规定："遗嘱人以遗嘱处分了属于国家、集体或他人所有的财产，遗嘱的这部分，应认定无效。"登记在被继承人郭某顺名下的306室房屋，已查明是郭某顺与原告李某夫妻关系存续期间取得的夫妻共同财产。郭某顺死亡后，该房屋的一半应归李某所有，另一半才能作为郭某顺的遗产。郭某顺在遗嘱中，将306室全部房产处分归其父母，侵害了李某的房产权，遗嘱的这部分应属无效（法理之四）。此外，《继承法》第19条规定："遗嘱应当对缺乏劳动能力又没有生活来源的继承人保留必要的遗产份额。"郭某顺在立遗嘱时，明知其妻子腹中的胎儿而没有在遗嘱中为胎儿保留必要的遗产份额，该部分遗嘱内容无效（法理之五）。《继承法》第28条规定："遗产分割时，应当保留胎儿的继承份额。"因此，在分割遗产时，应当为该胎儿保留继承份额（法理之六）。综上，在扣除应当归李某所有的财产和应当为胎儿保留的继承份额之后，郭某顺遗产的剩余部分才可以按遗嘱确定的分配原则处理。

【法理应用】该案明确了人工授精方式生育子女的法律地位问题。随着科技的发展，体外受精技术日趋成熟，人工授精子女的出现解决了许多家庭不孕不育的难题，也引发了许多伦理和法理难题。特别是使用丈夫以外的男性的精子使女性怀孕的生育方式，使得传统的以血缘为基础的亲子关系，尤其是这种亲子关系在法律层面受到更多关注。人工授精子女的法律地位直接涉及监护、抚养、赡养、继承等相关法律问题，影响家庭和社会的稳定和谐。对此，我国法律没有明确规定。案例根据《民法通则》《继承法》和我国将婚姻关系存续期间受胎或出生的子女均推定为婚生子女的婚生子女推定制度法律原理，对此问题进行法律补充，明确了经夫妻双方一致同意利用他人的精子通过人工授精方式孕育的子女，在法律上应视为婚生子女，在涉及身份财产关系上，按婚生子女对待的裁判规则。

【指导性案例 127 号】

吕某奎等 79 人诉山海关某重工有限责任公司海上污染损害责任纠纷案[①]

【案情概述】2010 年 8 月 2 日上午，秦皇岛市山海关老龙头东海域海水出现异常。当日 11 时 30 分，秦皇岛市环境保护局接到举报，安排环境监察、监测人员，协同秦皇岛市山海关区渤海乡副书记、纪委书记等相关人员到达现场，对海岸情况进行巡查。根据现场巡查情况，海水呈红褐色、浑浊。秦皇岛市环境保护局的工作人员同时对海水进行取样监测，并于 2010 年 8 月 3 日作出《监测报告》对海水水质进行分析，分析结果显示海水 pH 值为 8.28、悬浮物为 24mg/L、石油类为 0.082mg/L、化学需氧量为 2.4mg/L、亚硝酸盐氮为 0.032mg/L、氨氮为 0.018mg/L、硝酸盐氮为 0.223mg/L、无机氮为 0.273mg/L、活性磷酸盐为 0.006mg/L、铁为 13.1mg/L。

大连海事大学海事司法鉴定中心（以下简称司法鉴定中心）接受法院委托，就涉案海域污染状况以及污染造成的养殖损失等问题进行鉴定。《鉴定意见》的主要内容：（1）关于海域污染鉴定。①鉴定人采取卫星遥感技术，选取 NOAA 卫星于 2010 年 8 月 2 日北京时间 5 时 44 分和 9 时 51 分的两幅图像，其中 5 时 44 分图像显示山海关某重工有限责任公司（以下简称山某重工公司）附近海域存在一片污染海水异常区，面积约 5 平方千米；9 时 51 分图像显示距山某重工公司以南约 4 千米海域存在污染海水异常区，面积约 10 平方千米。②对污染源进行分析，通过排除赤潮、大面积的海洋溢油等污染事故，确定卫星图像上污染海水异常区应由大型企业污水排放或泄漏引起。根据山某重工公司系山海关老龙头附近临海唯一大型企业，修造船舶会产生大量污水，船坞刨锈污水中铁含量很高，一旦泄漏将严重污染附近海域，推测出污染海水源地系山某重工公司，泄漏时间约在 2010 年 8 月 2 日北京时间

① 参见最高人民法院案例指导工作办公室编著：《中国案例指导》（总第 11 辑），法律出版社 2022 年版，第 60 页。

00时至04时之间。③对养殖区受污染海水进行分析，确定了王某荣等21人的养殖区地理坐标，并将上述当事人的养殖区地理坐标和污染水域的地理坐标一起显示在电子海图上，得出污染水域覆盖了全部养殖区的结论。（2）关于养殖损失分析。鉴定人对水质环境进行评价，得出涉案海域水质中悬浮物、铁及石油类含量较高，已远远超过《渔业水质标准》和《海水水质标准》，污染最严重的因子为铁，对渔业和养殖水域危害程度较大。同时，确定吕某国等人存在养殖损失。

山某重工公司对《鉴定意见》养殖损失部分发表质证意见，主要内容为认定海水存在铁含量超标的污染无任何事实根据和鉴定依据。（1）鉴定人评价养殖区水质环境的唯一依据是秦皇岛市环境保护局出具的《监测报告》，而该报告在格式和内容上均不符合《海洋监测规范》的要求，分析铁含量所采用的标准是针对地面水、地下水及工业废水的规定，《监测报告》对污染事实无任何证明力；（2）《鉴定意见》采用的《渔业水质标准》和《海水水质标准》中，不存在对海水中铁含量的规定和限制，故铁含量不是判断海洋渔业水质标准的指标。即使铁含量是指标之一，其达到多少才能构成污染损害，亦无相关标准。

又查明，《鉴定意见》的鉴定人之一在法院审理期间提交《分析报告》，主要内容：（1）介绍分析方法。（2）对涉案海域污水污染事故进行分析。①对山海关老龙头海域卫星图像分析和解译。②污染海水漂移扩散分析。③污染源分析。因卫星图像上污染海水异常区灰度值比周围海水稍低，故排除海洋赤潮可能；因山海关老龙头海域无油井平台，且2010年8月2日前后未发生大型船舶碰撞、触礁搁浅事故，故排除海洋溢油可能。据此，推测污染海水区应由大型企业污水排放或泄漏引起，山某重工公司为山海关老龙头附近临海唯一大型企业，修造船舶会产生大量污水，船坞刨锈污水中铁含量较高，向外泄漏将造成附近海域严重污染。④养殖区受污染海水分析。将养殖区地理坐标和污染水域地理坐标一起显示在电子海图上，得出污染水域覆盖全部养殖区的结论。

吕某奎等79人诉至法院，以山某重工公司排放的大量红色污水造成扇贝大量死亡，使其受到重大经济损失为由，请求判令山某重工公司赔偿。

天津海事法院于2013年12月9日作出（2011）津海法事初字第115号民事判决：一、驳回原告吕某奎等50人的诉讼请求；二、驳回原告吕某国等29人的诉讼请求。宣判后，吕某奎等79人提出上诉。天津市高级人民法院于2014年11月11日作出（2014）津高民四终字第22号民事判决：一、撤销天津海事法院（2011）津海法事初字第115号民事判决；二、山某重工公司于本判决送达之日起15日内赔偿王某荣等21人养殖损失共计1 377 696元；三、驳回吕某奎等79人的其他诉讼请求。

【裁判说理】裁判文书说理部分这样论述：王某荣等21人在完成上述证明责任的基础上，还应提交证明污染行为和损害之间可能存在因果关系的初步证据。《鉴定意见》对山海关老龙头海域水质进行分析，其依据秦皇岛市环境保护局出具的《监测报告》将该海域水质评价为悬浮物、铁物质及石油含量较高，污染最严重的因子为铁，对渔业和养殖水域危害程度较大。至此，王某荣等21人已完成海上污染损害赔偿纠纷案件的证明责任（法理之一）。山某重工公司主张其非侵权行为人，应就法律规定的不承担责任或者减轻责任的情形及行为与损害之间不存在因果关系承担举证责任（法理之二）。山某重工公司主张因《鉴定意见》采用的评价标准中不存在对海水中铁含量的规定和限制，故铁不是评价海水水质的标准；且即使铁含量是标准之一，其达到多少才能构成污染损害亦无相关指标。对此，人民法院认为：第一，《海洋环境保护法》明确规定，只要行为人将物质或者能量引入海洋造成损害，即视为污染；《侵权责任法》第65条亦未将环境污染责任限定为排污超过国家标准或者地方标准。故，无论国家或地方标准中是否规定了某类物质的排放控制要求，或排污是否符合国家或地方规定的标准，只要能够确定污染行为造成环境损害，行为人就须承担赔偿责任（法理之三）。第二，我国现行有效评价海水水质的《渔业水质标准》和《海水水质标准》实施后长期未进行修订，其中列举的项目已不足以涵盖当今可能造成污染的全部物质。据此，《渔业水质标准》和《海水水质标准》并非判断某类物质是否造成污染损害的唯一依据（法理之四）。第三，秦皇岛市环境保护局亦在《秦皇岛市环保局复核意见》中表示，因国家对海水中铁物质含量未明确规定污染物排放标准，故是否影响海水养殖应由相关部门专家进一步论证。本案中，出具《鉴定意见》

的鉴定人具备海洋污染鉴定的专业知识，其通过对相关背景资料进行分析判断，作出涉案海域水质中铁物质对渔业和养殖水域危害程度较大的评价，具有科学性，应当作为认定涉案海域被铁物质污染的依据（法理之五）。

【法理应用】该案例是因为海洋环境污染引发的群体性纠纷案件。未纳入国家或地方环境标准的物质致损时，应如何认定该物质是否属于海洋环境污染中的“污染物”？该案例通过对原《侵权责任法》第65条[①]、《海洋环境保护法》(2013年修正）第95条[②]的目的解释，对环境标准内容与效力的动态评价，对《鉴定意见》等证据证明力的辩证分析等严谨的方法，形成了海洋环境污染中的“污染物”不限于国家或者地方环境标准明确列举的物质的裁判规则，认定了行为人应当承担的环境污染侵权责任，规范了企业的生产行为，平衡了当事人之间的合法权益。

【指导性案例131号】

中华环保联合会诉德州晶某集团振某有限公司大气污染责任民事公益诉讼案[③]

【案情概述】略（详见正文第188页）。

【裁判说理】裁判文书说理部分这样论述：根据《最高人民法院关于审理环境民事公益诉讼案件适用法律若干问题的解释》第1条规定：“法律规定的机关和有关组织依据民事诉讼法第五十五条、环境保护法第五十八条等法律的规定，对已经损害社会公共利益或者具有损害社会公共利益重大风险的污染环境、破坏生态的行为提起诉讼，符合民事诉讼法第一百一十九条第二项、第三项、第四项规定的，人民法院应予受理。”第18条规定：“对污染环境、破坏生态，已经损害社会公共利益或者具有损害社会公共利益重大风险的行为，原告可以请求被告承担停止侵害、排除妨碍、消除危险、恢复原状、赔偿损失、赔礼道歉等民事责任。”法院认为，企业事业单位和其他生产经营者超过污染物排放标准或者重点污染物排放总量控制指标排放污染物

---

① 现对应《民法典》第1229条。

② 现对应《海洋环境保护法》（2017年修正）第94条。

③ 参见最高人民法院案例指导工作办公室编著：《中国案例指导》（总第11辑），法律出版社2022年版，第147页。

的行为可以视为是具有损害社会公共利益重大风险的行为（法理之一）。被告振某公司超量排放的二氧化硫、氮氧化物、烟粉尘会影响大气的服务价值功能（法理之二）。其中，二氧化硫、氮氧化物是酸雨的前导物，超量排放可至酸雨从而造成财产及人身损害，烟粉尘的超量排放将影响大气能见度及清洁度，亦会造成财产及人身损害。被告振某公司自2013年11月起，多次超标向大气排放二氧化硫、氮氧化物、烟粉尘等污染物，经环境保护行政管理部门多次行政处罚仍未改正，其行为属于上述司法解释规定的“具有损害社会公共利益重大风险的行为”（法理之三），故被告振某公司是本案的适格被告。

【法理应用】对尚未发生实际损害后果的行为能否提起公益诉讼？在实践中对此有不同观点。传统观点认为，承担民事责任的关键在于是否造成损害，在仅有污染行为没有损害后果的情况下，污染者承担的是行政责任，并不因污染行为承担民事责任。该案例根据2014年修订的《环境保护法》第5条规定的“预防为主”原则，认为该案被告经环境保护行政管理部门多次行政处罚仍未改正的行为属于法律规定的“具有损害社会公共利益重大风险的行为”，是适格被告。该案的裁判思路体现了《环境保护法》预防环境风险与损害的基本理念，对“具有损害社会公共利益重大风险行为”提起诉讼进行了初步探索，是对传统侵权责任法体系下被告主体资格的扩展和延伸，推动了环境公益诉讼中预防原则的适用。

【指导性案例167号】

北京大某燃料有限公司诉山东百某物流有限公司买卖合同纠纷案

【案情概述】2012年1月20日至2013年5月29日期间，北京大某燃料有限公司（以下简称大某公司）与山东百某物流有限公司（以下简称百某公司）之间共签订采购合同41份，约定百某公司向大某公司销售镍铁、镍矿、精煤、冶金焦等货物。双方在履行合同过程中采用滚动结算的方式支付货款，但是每次的付款金额与每份合同约定的货款金额并不一一对应。自2012年3月15日至2014年1月8日，大某公司共支付百某公司货款1 827 867 179.08元，百某公司累计向大某公司开具增值税发票总额为1 869 151 565.63元。大某公司主张百某公司累计供货货值为1 715 683 565.63元，百某公司主张其已按照开具增值税发票数额足额供货。

2014年11月25日，大某公司作为原告，以宁波万某进出口有限公司（以下简称万某公司）为被告，百某公司为第三人，向浙江省宁波市中级人民法院提起债权人代位权诉讼。该院作出（2014）浙甬商初字第74号民事判决书，判决万某公司向大某公司支付款项36 369 405.32元。大某公司于2016年9月28日就（2014）浙甬商初字第74号民事案件向浙江省象山县人民法院申请强制执行。该院于2016年10月8日依法向万某公司发出执行通知书，但万某公司逾期仍未履行义务，万某公司尚应支付执行款36 369 405.32元及利息，承担诉讼费209 684元、执行费103 769.41元。经该院执行查明，万某公司名下有机动车两辆，该院已经查封但实际未控制。大某公司在限期内未能提供万某公司可供执行的财产，也未向该院提出异议。该院于2017年3月25日作出（2016）浙0225执3676号执行裁定书，终结本次执行程序。

大某公司以百某公司为被告，向山东省高级人民法院提起本案诉讼，请求判令百某公司向其返还本金及利息。

山东省高级人民法院于2018年8月13日作出（2018）鲁民初10号民事判决：一、百某公司向大某公司返还货款75 814 208.13元；二、百某公司向大某公司赔偿占用货款期间的利息损失（以75 814 208.13元为基数，自2014年11月25日起至百某公司实际支付之日止，按照中国人民银行同期同类贷款基准利率计算）；三、驳回大某公司的其他诉讼请求。大某公司不服一审判决，提起上诉。最高人民法院于2019年6月20日作出（2019）最高法民终6号民事判决：一、撤销山东省高级人民法院（2018）鲁民初10号民事判决；二、百某公司向大某公司返还货款153 468 000元；三、百某公司向大某公司赔偿占用货款期间的利息损失（以153 468 000元为基数，自2014年11月25日起至百某公司实际支付之日止，按照中国人民银行同期同类贷款基准利率计算）；四、驳回大某公司的其他诉讼请求。

【裁判说理】裁判文书说理部分这样论述：第一，《最高人民法院关于适用〈中华人民共和国合同法〉若干问题的解释（一）》［以下简称《合同法解释（一）》］第20条规定，债权人向次债务人提起的代位权诉讼经人民法院审理后认定代位权成立的，由次债务人向债权人履行清偿义务，债权人与债务人、债务人与次债务人之间相应的债权债务关系即予消灭。根据该规定，认定债权人与债务人之间相应债权债务关系消灭的前提是次债务人已经向债权人实际履行相应清偿义务（法理之一）。本案所涉执行案件中，因并未执行到万某公司的财产，浙江省象山县人民法院已经作出终结本次执行的裁定，故在万某公司并未实际履行清偿义务的情况下，大某公司与百某公司之间的债权债务关系并未消灭，大某公司有权向百某公司另行主张（法理之二）。第二，代位权诉讼属于债的保全制度，该制度是为防止债务人财产不当减少或者应当增加而未增加，给债权人实现债权造成障碍，而非要求债权人在债务人与次债务人之间择一选择作为履行义务的主体（法理之三）。如果要求债权人择一选择，无异于要求债权人在提起代位权诉讼前，需要对次债务人的偿债能力作充分调查，否则应当由其自行承担债务不得清偿的风险，这不仅加大了债权人提起代位权诉讼的经济成本，还会严重挫伤债权人提起代位权诉讼的积极性，与代位权诉讼制度的设立目的相悖（法理之四）。第三，本案不违反“一事不再理”原则。根据《最高人民法院关于适用〈中华人民共和国民事诉讼法〉的解释》第 247 条规定，判断是否构成重复起诉的主要条件是当事人、诉讼标的、诉讼请求是否相同，或者后诉的诉讼请求是否实质上否定前诉裁判结果等（法理之五）。代位权诉讼与对债务人的诉讼并不相同，从当事人角度看，代位权诉讼以债权人为原告、次债务人为被告，而对债务人的诉讼则以债权人为原告、债务人为被告，两者被告身份不具有同一性（法理之六）。从诉讼标的及诉讼请求上看，代位权诉讼虽然要求次债务人直接向债权人履行清偿义务，但针对的是债务人与次债务人之间的债权债务，而对债务人的诉讼则是要求债务人向债权人履行清偿义务，针对的是债权人与债务人之间的债权债务，两者在标的范围、法律关系等方面亦不相同（法理之七）。从起诉要件上看，与对债务人诉讼不同的是，代位权诉讼不仅要求具备民事诉讼法规定的起诉条件，同时还应当具备《合同法解释（一）》第 11 条规定的诉讼条件（法理之八）。基于上述不同，代位权诉讼与对债务人的诉讼并非同一事由，两者仅具有法律上的关联性，故大某公司提起本案诉讼并不构成重复起诉（法理之九）。

【法理应用】代位权诉讼执行中，因相对人无可供执行的财产而终结本次执行程序，债权人是否可就未实际获得清偿的债权另行向债务人主张权利？该案例从代位权诉讼、“一事不再理”原则的法理内涵、立法目的出发，确定了在此种情况下，债权人可就未实际获得清偿的债权另行向债务人主张权利的裁判规则。

2. 刑事类

【指导性案例4号】

王某才故意杀人案

【案情概述】略（详见正文第68页）。

【裁判说理】裁判文书说理部分这样论述：法院认为，上诉人王某才因婚恋不成故意非法剥夺他人生命，其行为构成故意杀人罪，且杀人手段残忍，罪行极其严重，依法应予严惩。鉴于上诉人王某才的犯罪行为系临时起意、激情杀人，归案后能如实供述自己的罪行、赔偿被害人亲属部分经济损失、真诚悔罪，且平时表现较好，其所在单位员工联名请求对其从轻处罚等情节，依法可给其一个悔过自新的机会，对其判处死刑，不立即执行。根据上诉人王某才的犯罪事实、性质、情节和社会危害程度，应对其限制减刑。

【指导性案例12号】

李某故意杀人案

【案情概述】略（详见正文第69页）。

【裁判说理】裁判文书说理部分这样论述：李某的杀人手段特别残忍、后果特别严重，又系累犯，应依法从重处罚。但鉴于本案系因民间矛盾引发，李某的母亲梁某某积极协助公安机关将李某抓获归案，李某的认罪态度较好，对李某可不判处死刑立即执行。根据李某的犯罪情节及其主观恶性、人身危险性等情况，应依法对其限制减刑。

【法理应用】两个案例都是因民间纠纷引发故意杀人的案件，都适用了《刑法修正案（八）》关于判处死缓限制减刑的规定。《刑法修正案（八）》

及最高人民法院制定的《最高人民法院关于死刑缓期执行限制减刑案件审理程序若干问题的规定》和《最高人民法院关于中华人民共和国刑法修正案（八）时间效力问题的解释》，对死刑缓期执行罪犯限制减刑案件的审理程序作了具体规定，但没有对适用死缓限制减刑的实体条件作具体规定。死缓限制减刑的制度目的是希望通过延长死缓犯实际服刑期改变实践中对一些罪犯判死刑过重、不判死刑过轻的现象。两个指导性案例，从既要贯彻执行严格控制和慎重适用死刑也要严惩犯罪的立法目的出发，坚持罪责刑相适应原则和限制适用死刑政策，结合具体案情，明确了司法实践中适用死缓限制减刑的实体条件。

3. 行政类

【指导性案例 22 号】

魏某高、陈某志诉来安县人民政府收回土地使用权批复案①

【案情概述】略（详见正文第 127 页）。

【裁判说理】裁判文书说理部分这样论述：根据《土地储备管理办法》和《安徽省国有土地储备办法》关于以收回方式储备国有土地的程序规定，来安县国土资源行政主管部门在来安县人民政府作出批准收回国有土地使用权方案批复后，应当向原土地使用权人送达对外发生法律效力的收回国有土地使用权通知。来安县人民政府的批复属于内部行政行为，不向相对人送达，对相对人的权利义务尚未产生实际影响，一般不属于行政诉讼的受案范围（法理之一）。但本案中，来安县人民政府作出批复后，来安县国土资源行政主管部门没有制作并送达对外发生效力的法律文书，即直接交来安县土地储备中心根据该批复实施拆迁补偿安置行为，对原土地使用权人的权利义务产生了实际影响（法理之二）；原土地使用权人也通过申请政府信息公开知道了该批复的内容，并对批复提起了行政复议，复议机关作出复议决定时也告知了诉权，该批复已实际执行并外化为对外发生法律效力的具体行政行为（法理之

① 参见最高人民法院案例指导工作办公室编著：《中国案例指导》（总第 2 辑），法律出版社 2015 年版，第 172 页。

三）。因此，对该批复不服提起行政诉讼的，人民法院应当依法受理。

【法理应用】根据《行政诉讼法》及司法解释的规定，内部行政行为是不可诉行政行为。该案例结合立法目的通过对可诉行政行为的一系列法律规定作系统解释，明确了内部行政行为外部化后，即内部行政行为对相对人的权利义务产生了实际影响时，内部行政行为即具有了可诉性的裁判规则。

【指导性案例 38 号】

田某诉北京科技大学拒绝颁发毕业证、学位证案[①]

【案情概述】略（详见正文第 130 页）。

【裁判说理】裁判文书说理部分这样论述：根据我国法律、法规规定，高等学校对受教育者有进行学籍管理、奖励或处分的权力，有代表国家对受教育者颁发学历证书、学位证书的职责（法理之一）。高等学校与受教育者之间属于教育行政管理关系，受教育者对高等学校涉及受教育者基本权利的管理行为不服的，有权提起行政诉讼，高等学校是行政诉讼的适格被告（法理之二）。

高等学校依法具有相应的教育自主权，有权制定校纪、校规，并有权对在校学生进行教学管理和违纪处分，但是其制定的校纪、校规和据此进行的教学管理和违纪处分，必须符合法律、法规和规章的规定，必须尊重和保护当事人的合法权益（法理之三）。本案原告在补考中随身携带纸条的行为属于违反考场纪律的行为，被告可以按照有关法律、法规、规章及学校的有关规定处理，但其对原告作出退学处理决定所依据的该校制定的第 068 号通知，与《普通高等学校学生管理规定》第 29 条规定的法定退学条件相抵触，故被告所作退学处理决定违法（法理之四）。

退学处理决定涉及原告的受教育权利，为充分保障当事人权益，从正当程序原则出发，被告应将此决定向当事人送达、宣布，允许当事人提出申辩意见（法理之五）。而被告既未依此原则处理，也未实际给原告办理注销学

① 参见最高人民法院案例指导工作办公室编著：《中国案例指导》（总第 3 辑），法律出版社 2016 年版，第 138 页。

籍、迁移户籍、档案等手续。被告于1996年9月为原告补办学生证并注册的事实行为，应视为被告改变了对原告所作的按退学处理的决定，恢复了原告的学籍。被告又安排原告修满四年学业，参加考核、实习及毕业设计并通过论文答辩等。上述一系列行为虽系被告及其所属院系的部分教师具体实施，但因他们均属职务行为，故被告应承担上述行为所产生的法律后果（法理之六）。

国家实行学历证书制度，被告作为国家批准设立的高等学校，对取得普通高等学校学籍、接受正规教育、学习结束达到一定水平和要求的受教育者，应当为其颁发相应的学业证明，以承认该学生具有的相当学历（法理之七）。原告符合上述高等学校毕业生的条件，被告应当依《教育法》第28条第1款第5项及《普通高等学校学生管理规定》第35条的规定，为原告颁发大学本科毕业证书。

国家实行学位制度，学位证书是评价个人学术水平的尺度。被告作为国家授权的高等学校学士学位授予机构，应依法定程序对达到一定学术水平或专业技术水平的人员授予相应的学位，颁发学位证书（法理之八）。依《学位条例暂行实施办法》第4条、第5条、第18条第3项规定的颁发学士学位证书的法定程序要求，被告首先应组织有关院系审核原告的毕业成绩和毕业鉴定等材料，确定原告是否已较好地掌握本门学科的基础理论、专业知识和基本技能，是否具备从事科学研究工作或担负专门技术工作的初步能力；再决定是否向学位评定委员会提名列入学士学位获得者的名单，学位评定委员会方可依名单审查通过后，由被告对原告授予学士学位。

【法理应用】关于学校和学生之间纠纷的性质、纠纷的解决途径以及高校是否可以作为行政诉讼被告的问题，法律没有明确规定。该案例充分理解法律优位原则、保护当事人权益原则、遵循正当程序原则等现有实体法、程序法、法学理论的精神，最大限度地保护当事人的合法权益，明确了高校可以作为行政诉讼被告，受教育者的基本权利得到司法救济的基本原则，并对高校教育管理自主权与司法审查权的关系也予以阐释，符合扩大行政诉讼受案范围和国际社会人权保护发展大趋势。

【指导性案例39号】

何某强诉华中科技大学拒绝授予学位案[①]

【案情概述】略（详见正文第133页）。

【裁判说理】裁判文书说理部分这样论述：本案的争议焦点主要涉及被诉行政行为是否可诉、是否合法以及司法审查的范围问题。

一、被诉行政行为具有可诉性

根据《学位条例》等法律、行政法规的授权，被告华中科技大学具有审查授予普通高校学士学位的法定职权（法理之一）。依据《学位条例暂行实施办法》第4条第2款关于“非授予学士学位的高等院校，对达到学士学术水平的本科毕业生，应当由系向学校提出名单，经学校同意后，由学校就近向本系统、本地区的授予学上学位的高等院校推荐。授予学士学位的高等院校有关的系，对非授予学士学位的高等院校推荐的本科毕业生进行审查考核，认为符合本暂行办法及有关规定的，可向学校学位评定委员会提名，列入学士学位获得者名单”的规定，以及国家促进民办高校办学政策的相关规定，华中科技大学有权按照与民办高校的协议，对于符合本校学士学位授予条件的民办高校本科毕业生经审查合格授予普通高校学士学位（法理之二）。

本案中，第三人武昌分校是未取得学士学位授予资格的民办高校，该院校与华中科技大学签订合作办学协议约定，武昌分校对该校达到学士学术水平的本科毕业生，向华中科技大学推荐，由华中科技大学审核是否授予学士学位。依据《学位条例暂行实施办法》的规定和华中科技大学与武昌分校之间合作办学协议，华中科技大学具有对武昌分校推荐的应届本科毕业生进行审查和决定是否颁发学士学位的法定职责（法理之三）。武昌分校的本科毕业生何某强以华中科技大学在收到申请之日起60日内未授予其工学学士学位，向人民法院提起行政诉讼，符合《最高人民法院关于执行〈中华人民共和国行政诉讼法〉若干问题的解释》第39条第1款的规定。因此，华中科技大学是本案适格的被告，何某强对华中科技大学不授予其学士学位不服提起诉讼

---

① 参见最高人民法院案例指导工作办公室编著：《中国案例指导》（总第3辑），法律出版社2016年版，第150页。

的，人民法院应当依法受理。

二、被告制定的《华中科技大学武昌分校授予本科毕业生学士学位实施细则》第 3 条的规定符合上位法规定

《学位条例》第 4 条规定："高等学校本科毕业生，成绩优良，达到下述学术水平者，授予学士学位：（一）较好地掌握本门学科的基础理论、专门知识和基本技能……"《学位条例暂行实施办法》第 25 条规定："学位授予单位可根据本暂行条例实施办法，制定本单位授予学位的工作细则。"该办法赋予学位授予单位在不违反《学位条例》所规定的授予学士学位基本原则的基础上，在学术自治范围内制定学士学位授予标准的权力和职责，华中科技大学在此授权范围内将全国大学英语四级考试成绩与学士学位挂钩，属于学术自治的范畴（法理之四）。高等学校依法行使教学自主权，自行对其所培养的本科生的教育质量和学术水平作出具体的规定和要求，是对授予学士学位的标准的细化，并没有违反《学位条例》第 4 条和《学位条例暂行实施办法》第 25 条的原则性规定（法理之五）。因此，何某强因未通过全国大学英语四级考试不符合华中科技大学学士学位的授予条件，武昌分校未向华中科技大学推荐其申请授予学士学位，故华中科技大学并不存在不作为的事实，对何某强的诉讼请求不予支持。

三、对学校授予学位行为的司法审查以合法性审查为原则

各高等学校根据自身的教学水平和实际情况在法定的基本原则范围内确定各自学士学位授予的学术水平衡量标准，是学术自治原则在高等学校办学过程中的具体体现（法理之六）。在符合法律法规规定的学位授予条件前提下，确定较高的学士学位授予学术标准或适当放宽学士学位授予学术标准，均应由各高等学校根据各自的办学理念、教学实际情况和对学术水平的理想追求自行决定（法理之七）。对学士学位授予的司法审查不能干涉和影响高等学校的学术自治原则，学位授予类行政诉讼案件司法审查的范围应当以合法性审查为基本原则（法理之八）。

【法理应用】该案例涉及高校以及独立学院、合作办学的学位授予行为的性质，申请人被拒绝授予学位时的救济途径，学位授予类行政诉讼案件司法审查的强度问题。对此，法律没有明确规定。该案例明确了高校学位授予行

为属于法律法规的授权组织依据法律、法规授权实施的具体行政行为，具有可诉性，申请人可以通过行政诉讼进行救济。确立了在学术自由范围内的司法审查仅限于合法审查，司法审查不可干涉和影响高校学术自由的原则。

4. 执行类

【指导性案例 118 号】

某电气发展股份有限公司与国家某银行股份有限公司、沈阳某开关有限责任公司等执行复议案①

【案情概述】国家某银行股份有限公司（以下简称国某行）与沈阳某开关有限责任公司（以下简称沈阳某开）、某电气发展股份有限公司（以下简称某电气）、某变压器有限责任公司、某建筑安装工程总公司、新某电气（沈阳）高压开关有限公司（现已更名为沈阳兆某高压电器设备有限公司，以下简称新某高开）、新某电气（沈阳）高压隔离开关有限公司（原沈阳新某高压电气有限公司，以下简称新某隔离）、沈阳北某机械制造有限公司（原沈阳诚某能源动力有限公司，以下简称北某机械）、沈阳东某物流有限公司（原沈阳新某仓储物流有限公司，以下简称东某物流）借款合同、撤销权纠纷一案，经北京市高级人民法院（以下简称北京高院）一审、最高人民法院二审，最高人民法院于2008年9月5日作出（2008）民二终字第23号民事判决，最终判决结果如下：一、沈阳某开偿还国某行借款本金人民币15 000万元及利息、罚息等，某变压器有限责任公司对债务中的14 000万元及利息、罚息承担连带保证责任，某建筑安装工程总公司对债务中的1000万元及利息、罚息承担连带保证责任。二、撤销某电气以其对外享有的7666万元对外债权及利息与沈阳高某持有的在北某机械95%的股权和在东某物流95%的股权进行股权置换的合同；某电气与沈阳某开相互返还股权和债权，如不能相互返还，某电气在24 711.65万元的范围内赔偿沈阳某开的损失，沈阳某开在7666万元的范围内赔偿某电气的损失。三、撤销沈阳某开以其在新某隔离74.4%的股权与

① 参见最高人民法院案例指导工作办公室编著：《中国案例指导》（总第10辑），法律出版社2021年版，第47页。

某电气持有的在沈阳添某通讯设备有限公司（以下简称沈阳添某）98.5% 的股权进行置换的合同。双方相互返还股权，如果不能相互返还，某电气应在 13 000 万元扣除 2787.88 万元的范围内赔偿沈阳高开的损失。依据上述判决内容，某电气需要向沈阳某开返还下列三项股权：在北某机械的 95% 股权、在东某物流的 95% 股权、在新某隔离的 74.4% 股权，如不能返还，扣除沈阳某开应返还某电气的债权和股权，某电气需要向沈阳某开支付的款项总额为 27 000 万余元。判决生效后，经国某行申请，北京高院立案执行，并于 2009 年 3 月 24 日，向某电气送达了执行通知，责令其履行法律文书确定的义务。

2009 年 4 月 16 日，被执行人某电气向北京高院提交了《关于履行最高人民法院（2008）民二终字第 23 号民事判决的情况说明》（以下称说明一），表明该公司已通过支付股权对价款的方式履行完毕生效判决确定的义务。北京高院经调查认定，根据中信银行沈阳分行铁西支行的有关票据记载，2007 年 12 月 20 日，某电气支付的 17 046 万元分为 5800 万元、5746 万元、5500 万元，通过转账方式付给沈阳某开；当日，沈阳某开向辽宁新某电气设备经销有限公司（沈阳添某 98.5% 股权的实际持有人，以下简称辽宁新某）、辽宁新某向新某高开、新某高开向新某隔离、新某隔离向某电气通过转账方式分别支付了 5800 万元、5746 万元、5500 万元。故北京高院对某电气已经支付完毕款项的说法未予认可。此后，北京高院裁定终结本次执行程序。

2013 年 7 月 1 日，国某行向北京高院申请执行某电气因不能返还股权而按照判决应履行的赔偿义务，请求控制某电气的相关财产，并为此提供保证。2013 年 7 月 12 日，北京高院向工商管理机关发出协助执行通知书，冻结了某电气持有的沈阳高某加干燥设备有限公司 67.887% 的股权及沈阳凯某电气有限公司 10%（10 万元）的股权。

对此，某电气于 2013 年 7 月 18 日向北京高院提出执行异议，理由：（1）北京高院在查封财产前未作出裁定；（2）履行判决义务的主体为沈阳某开与某电气，国某行无申请强制执行的主体资格；（3）某电气已经按本案生效判决之规定履行完毕向沈阳某开返还股权的义务，不应当再向国某行支付 17 000 万元。同年 9 月 2 日，某电气向北京高院出具《关于最高人民法院（2008）民二终字第 23 号判决书履行情况的说明》（以下称说明二），具体说明本案终审判决生效后的履行情况：（1）关于在北某机械95%的股权和东某物流95%的股权返还的判项。2008年9月18日，某电气、沈阳某开、新某高开（当时北某机械95%股权的实际持有人）、沈阳恒某机械设备有限公司（当时东某物流95%股权的实际持有人，以下简称恒某机械）签订四方协议，约定由新某高开、恒某机械代某电气向沈阳某开分别返还北某机械95%的股权和东某物流95%的股权。（2）关于新某隔离74.4%的股权返还的判项。某电气与沈阳某开、阜某封闭母线有限责任公司（当时新某隔离74.4%股权的实际持有人，以下简称阜某母线）、辽宁新某于2008年9月18日签订四方协议，约定由阜某母线代替某电气向沈阳某开返还新某隔离74.4%的股权。2008年9月22日，各方按照上述协议交割了股权，并完成了股权变更工商登记。相关协议中约定，股权代返还后，某电气对代返还的三家公司承担对应义务。

2008年9月23日，沈阳某开将新某隔离的股权、北某机械的股权、东某物流的股权转让给沈阳德某经贸有限公司，并在工商管理机关办理完毕变更登记手续。

北京市高级人民法院审查后，于2016年12月30日作出（2015）高执异字第52号执行裁定，驳回了某电气的异议。某电气不服，向最高人民法院申请复议。最高人民法院于2017年8月31日作出（2017）最高法执复27号执行裁定，驳回某电气的复议请求，维持北京市高级人民法院（2015）高执异字第52号执行裁定。

【裁判说理】裁判文书说理部分这样论述：法律设置债权人撤销权制度的目的，在于纠正债务人损害债权的不当处分财产行为，恢复债务人责任财产以向债权人清偿债务（法理之一）。某电气返还股权、恢复沈阳某开的偿债能力的目的是向国某行偿还其债务。只有在通知胜诉债权人，以使其有机会申请法院采取冻结措施，从而能够以返还的财产实现债权的情况下，完成财产返还行为，才是符合本案诉讼目的的履行行为（法理之二）。任何使国某行诉讼目的落空的所谓返还行为，都是严重背离该判决实质要求的行为（法理之三）。因此，认定某电气所主张的履行是否构成符合判决要求的履行，都应以该判决的目的为基本指引（法理之四）。尽管在本案诉讼期间及判决生效后，某电气与沈阳某开之间确实有运作股权返还的行为，但其事前不向人民法院和债权人作出任何通知，且股权变更登记到沈阳某开名下的次日即被转移给其他公司，在此情况下，该种行为实质上应认定为规避判决义务的行为（法理之五）。

【法理应用】在执行案件中，债权人行使撤销权，受让人返还财产时是否有及时通知债权人的义务？对此，法律没有明确规定。该案例以债权人撤销权制度的目的旨在保全债务人的责任财产为依据，明确了受让人履行义务的方式是否合适应当以是否达到恢复债务人责任财产的目的来判断的裁判规则。

【指导性案例 119 号】

安徽省滁州市建筑某工程有限公司与湖北追某电气股份有限公司执行复议案[①]

【案情概述】安徽省滁州市建筑某工程有限公司（以下简称滁州建某公司）与湖北追某电气股份有限公司（以下简称追某电气公司）建设工程施工合同纠纷一案，青海省高级人民法院（以下简称青海高院）于 2016 年 4 月 18 日作出（2015）青民一初字第 36 号民事判决，主要内容：一、追某电气公司于本判决生效后 10 日内给付滁州建某公司工程款 1405.02533 万元及相应利息；二、追某电气公司于本判决生效后 10 日内给付滁州建某公司律师代理费 24 万元。此外，还对案件受理费、鉴定费、保全费的承担作出了判定。后追某电气公司不服，向最高人民法院提起上诉。

二审期间，追某电气公司与滁州建某公司于 2016 年 9 月 27 日签订了《和解协议书》，约定："1. 追某电气公司在青海高院一审判决书范围内承担总金额 463.3 万元，其中（1）合同内本金 413 万元；（2）受理费 11.4 万元；（3）鉴定费 14.9 万元；（4）律师费 24 万元……3. 滁州建某公司同意在本协议签订后 7 个工作日内申请青海高院解除对追某电气公司全部银行账户的查封，解冻后 3 日内由追某电气公司支付上述约定的 463.3 万元，至此追某电气公

---

① 参见最高人民法院编著：《中国案例指导》（总第 10 辑），法律出版社 2021 年版，第 68 页。

司与滁州建某公司的所有账务结清，双方至此不再有任何经济纠纷。”和解协议签订后，追某电气公司依约向最高人民法院申请撤回上诉，滁州建某公司也依约向青海高院申请解除了对追某电气公司的保全措施。追某电气公司于2016年10月28日向滁州建某青海分公司支付了412.880667万元，滁州建某青海分公司开具了一张413万元的收据。2016年10月24日，滁州建某青海分公司出具了一份《情况说明》，要求追某电气公司将诉讼费、鉴定费、律师费共计50.3万元支付至程某男名下。后为开具发票，追某电气公司与程某男、王某刚、何某倒签了一份标的额为50万元的工程施工合同，追某电气公司于2016年11月23日向王某刚支付40万元、2017年7月18日向王某刚支付了10万元，青海省共和县国家税务局代开了一张50万元的发票。

后滁州建某公司于2017年12月25日向青海高院申请强制执行。青海高院于2018年1月4日作出（2017）青执108号执行裁定：查封、扣押、冻结被执行人追某电气公司所有的人民币1000万元或相应价值的财产。实际冻结了追某电气公司3个银行账户内的存款共计126.605118万元，并向追某电气公司送达了（2017）青执108号执行通知书及（2017）青执108号执行裁定。

追某电气公司不服青海高院上述执行裁定，向该院提出书面异议。异议称：双方于2016年9月27日协商签订《和解协议书》，现追某电气公司已完全履行了上述协议约定的全部义务。现滁州建某公司以协议的签字人王某刚没有代理权而否定《和解协议书》的效力，提出强制执行申请的理由明显不能成立，并违反诚信原则，青海高院作出的执行裁定应当撤销。为此，青海高院作出（2017）青执异18号执行裁定，撤销该院（2017）青执108号执行裁定。申请执行人滁州建某公司不服，向最高人民法院提出了复议申请。主要理由是：案涉《和解协议书》的签字人为“王某刚”，其无权代理滁州建某公司签订该协议，该协议应为无效；追某电气公司亦未按《和解协议书》履行付款义务；追某电气公司提出的《和解协议书》亦不是在执行阶段达成的，若其认为《和解协议书》有效，一审判决不应再履行，应申请再审或另案起诉处理。

青海省高级人民法院于2018年5月24日作出（2017）青执异18号执行裁定，撤销该院（2017）青执108号执行裁定。滁州建某公司，向最高人民法院申请复议。最高人民法院于2019年3月7日作出（2018）最高法执复88号执行裁定，驳回滁州建某公司的复议请求，维持青海省高级人民法院（2017）青执异18号执行裁定。

【裁判说理】裁判文书说理部分这样论述：虽然案涉《和解协议书》并非在执行过程中达成，但根据《最高人民法院关于执行和解若干问题的规定》第19条规定，追某电气公司有权以当事人自行达成的《和解协议书》已履行完毕为由提出执行异议的，人民法院应在《民事诉讼法》第225条规定的执行异议程序中对《和解协议书》的效力以及是否履行完毕等情况进行审查，进而确定是否终结执行。

【法理应用】《最高人民法院关于执行和解若干问题的规定》对执行过程中当事人双方达成和解协议的效力及异议程序有明确规定，但关于当事人在强制执行程序启动前达成的《和解协议书》的性质和效力的认定问题，法律没有明确规定，司法实践中也存在不同的认识。考虑到执行外和解与执行中和解的共同性，即均涉及对原生效裁判文书确定的权利义务的变更，无论全部履行或部分履行均会对原生效裁判的执行力产生影响，同时因双方未向执行法院提交和解协议而不能由执行法院裁定中止执行。该案明确了执行前双方签订和解协议的，执行法院可以接受一方申请执行原生效裁判文书；同时，另一方可以参照《最高人民法院关于执行和解若干问题的规定》第19条的规定，通过执行异议程序来解决和解协议的效力及履行问题。

（二）冲突规范的协调

从实践来看，补充完善法律功能在指导性案例中的运用，还包括协调法律规范冲突时的规则适用问题。这既是一个对已有规则冲突性适用的方法论问题，也是一个规则适用的原则确立问题。在大多数情形下，所谓法律规范冲突，是指调整同一法律关系的不同法律规范因内容上的差异而导致效力上相排斥进而互不兼容的现象。[①] 也可以说是同一法律事实被多个法律规范所指涉，且不同法律规范的法律效果不同并且彼此之间无法相容的情形。[②] 法理

① 马怀德：《我国法律冲突的实证研究》，中国法制出版社2010年版，第4页。
② 刘志刚：《法律规范冲突的解决方法》，载《政法论丛》2014年第5期。

发挥了补充完善功能时，我们观察指导性案例中法理的应用情况，可以看到，法理消除了不同规则之间的冲突，避免在个案审理中出现司法适用上的规则缺失。

1. 民事类

【指导性案例35号】

广东龙某投资发展有限公司与广东景某拍卖行有限公司委托拍卖执行复议案[①]

【案情概述】略（详见正文第162页）。

【裁判说理】裁判文书说理部分这样论述：受人民法院委托进行的拍卖属于司法强制拍卖，其与公民、法人和其他组织自行委托拍卖机构进行的拍卖不同，人民法院有权对拍卖程序及拍卖结果的合法性进行审查（法理之一）。因此，即使拍卖已经成交，人民法院发现其所委托的拍卖行为违法，仍可以根据《民法通则》第58条、《拍卖法》第65条等法律规定，对在拍卖过程中恶意串通，导致拍卖不能公平竞价、损害他人合法权益的，裁定该拍卖无效（法理之二）。

【法理应用】《民事诉讼法》和《最高人民法院关于人民法院民事执行中拍卖、变卖财产的规定》只规定了在拍卖开始前，如果发生拍卖机构和竞买人恶意串通的情形，法院应当撤回拍卖委托。但对于拍卖开始后发现竞买人妨害拍卖的情况该如何处理，法律没有予以规定。对于该法律空白，该案例确定了《拍卖法》作为规范拍卖机构拍卖行为的一般性法律，在司法解释对一些司法拍卖事项没有专门规定的情况下，应当适用普通拍卖的一般原则及具体规则。也就是说，在与有关执行程序的法律和司法解释规定的目的和原则不相冲突的前提下，《拍卖法》的相关规定可以作为规范司法拍卖的补充法律规范。即《拍卖法》可以作为认定司法拍卖无效的法律依据。该案例确定人民法院对司法拍卖具有监督权，如果拍卖过程中发生恶意串通或有其他非法因素，人民法院有权宣布拍卖无效或撤销拍卖结果的裁判规则。

① 参见最高人民法院案例指导工作办公室编著：《中国案例指导》（总第3辑），法律出版社2016年版，第75页。

【指导性案例 52 号】

海南丰某粮油工业有限公司诉中国某财产保险股份有限公司海南省分公司海上货物运输保险合同纠纷案[①]

【案情概述】略（详见正文第 178 页）。

【裁判说理】裁判文书说理部分这样论述：关于中国人民银行的复函意见。在保监委成立之前，中国人民银行系保险行业的行政主管机关。1997 年 5 月 1 日，中国人民银行致中国人民保险公司《关于〈海洋运输货物保险“一切险”条款解释的请示〉的复函》中，认为一切险承保的范围是平安险、水渍险及被保险货物在运输途中由于外来原因所致的全部或部分损失。并且进一步提出：外来原因仅指偷窃、提货不着、淡水雨淋等。1998 年 11 月 27 日，中国人民银行在对《中保财产保险有限公司关于海洋运输货物保险条款解释》的复函中，再次明确一切险的责任范围包括平安险、水渍险及被保险货物在运输途中由于外来原因所致的全部或部分损失。其中外来原因所致的全部或部分损失是指 11 种一般附加险。鉴于中国人民银行的上述复函不是法律法规，亦不属于行政规章（法理之一）。根据《立法法》的规定，国务院各部、委员会、中国人民银行、国家审计署以及具有行政管理职能的直属机构，可以根据法律和国务院的行政法规、决定、命令，在本部门的权限范围内，制定规章；部门规章规定的事项应当属于执行法律或者国务院的行政法规、决定、命令的事项。因此，保险条款亦不在职能部门有权制定的规章范围之内，故中国人民银行对保险条款的解释不能作为约束被保险人的依据（法理之二）。另外，中国人民银行关于一切险的复函属于对保险合同条款的解释。而对于平等主体之间签订的保险合同，依法只有人民法院和仲裁机构才有权作出约束当事人的解释。为此，上述复函不能约束被保险人（法理之三）。要使该复函所作解释成为约束被保险人的合同条款，只能是将其作为保险合同的内容附在保险单中。之所以产生中国人民保险公司向主管机关请示一切险的责任范围，主管机关对此作出答复，恰恰说明对于一切险的理解存在争议

① 参见最高人民法院案例指导工作办公室编著：《中国案例指导》（总第 3 辑），法律出版社 2016 年版，第 385 页。

（法理之四）。而依据《保险法》第 31 条的规定，对于保险合同的条款，保险人与投保人、被保险人或者受益人有争议时，人民法院或者仲裁机关应当作有利于被保险人和受益人的解释（法理之五）。作为行业主管机关作出对本行业有利的解释，不能适用于非本行业的合同当事人（法理之六）。

【法理应用】当双方对保险合同条款解释发生争议时，行政主管机关对争议条款的解释能否约束合同双方？案例从签订保险合同的双方地位平等出发，得出只有法院和仲裁机构而非行政主管机关作出的解释对当事人具有约束力的结论。即原《合同法》关于合同的一般解释规则同样适用于保险合同。

2. 行政类

【指导性案例 5 号】

鲁某（福建）盐业进出口有限公司苏州分公司诉江苏省苏州市盐务管理局盐业行政处罚案[①]

【案情概述】略（详见正文第 73 页）。

【裁判说理】裁判文书说理部分这样论述：苏州盐务局系苏州市人民政府盐业行政主管部门，根据《盐业管理条例》第 4 条和《江苏盐业实施办法》第 4 条、第 6 条的规定，有权对苏州市范围内包括工业盐在内的盐业经营活动进行行政管理，具有合法执法主体资格（法理之一）。

苏州盐务局对盐业违法案件进行查处时，应适用合法有效的法律规范（法理之二）。《立法法》第 79 条规定，法律的效力高于行政法规、地方性法规、规章；行政法规的效力高于地方性法规、规章。苏州盐务局的具体行政行为涉及行政许可、行政处罚，应依照《行政许可法》《行政处罚法》的规定实施（法理之三）。法不溯及既往是指法律的规定仅适用于法律生效以后的事件和行为，对于法律生效以前的事件和行为不适用（法理之四）。《行政许可法》第 83 条第 2 款规定，该法施行前有关行政许可的规定，制定机关应当依照本法规定予以清理；不符合该法规定的，自该法施行之日起停止执行。《行

① 参见最高人民法院案例指导工作办公室编著：《中国案例指导》（总第 1 辑），法律出版社 2015 年版，第 93 页。

政处罚法》第 64 条第 2 款规定，该法公布前制定的法规和规章关于行政处罚的规定与该法不符合的，应当自该法公布之日起，依照该法规定予以修订，在 1997 年 12 月 31 日前修订完毕。因此，苏州盐务局有关法不溯及既往的抗辩理由不成立。根据《行政许可法》第 15 条第 1 款、第 16 条第 3 款的规定，在已经制定法律、行政法规的情况下，地方政府规章只能在法律、行政法规设定的行政许可事项范围内对实施该行政许可作出具体规定，不能设定新的行政许可。法律及《盐业管理条例》没有设定工业盐准运证这一行政许可，地方政府规章不能设定工业盐准运证制度（法理之五）。根据《行政处罚法》第 13 条的规定，在已经制定行政法规的情况下，地方政府规章只能在行政法规规定的给予行政处罚的行为、种类和幅度内作出具体规定，《盐业管理条例》对盐业公司之外的其他企业经营盐的批发业务没有设定行政处罚，地方政府规章不能对该行为设定行政处罚。

人民法院审理行政案件，依据法律、行政法规、地方性法规，参照规章。苏州盐务局在依职权对鲁某公司作出行政处罚时，虽然适用了《江苏盐业实施办法》，但是未遵循《立法法》第 79 条关于法律效力等级的规定，未依照《行政许可法》和《行政处罚法》的相关规定，属于适用法律错误（法理之六），依法应予撤销。

【法理应用】该案例明确了人民法院依据法律、行政法规和参照规章审理行政案件，行政行为违反上述规定的，属于适用法律错误。

（三）适用范围的完整

在法律条文中，存在一种以例示用语加概念用语组成的规则类型，常有“等”“其他”语词。法官在审理个案时，常需要判断某一法律条文的“等”或“其他”是否涵摄具体个案的情形。指导性案例以具体个案为载体，通过体系解释、目的解释、历史解释等法律解释方法，明确相关法律条文中“等”“其他”语词内涵。通过示范裁判思路，解决司法实践中因理解不同而导致的裁判标准不统一的问题。

1. 民事类

【指导性案例45号】

北京百某网讯科技有限公司诉青岛奥某网络技术有限公司等不正当竞争纠纷案[①]

【案情概述】略（详见正文第57页）。

【裁判说理】裁判文书说理部分这样论述：在市场竞争中存在商业联系的经营者，违反诚信原则和公认商业道德，不正当地妨碍了其他经营者正当经营，并损害其他经营者合法权益的，可以依照《反不正当竞争法》第2条的原则性规定，认定为不正当竞争（法理之一）。尽管在互联网上发布广告、进行商业活动与传统商业模式有较大差异，但是从事互联网业务的经营者仍应当通过诚信经营、公平竞争来获得竞争优势（法理之二），不能未经他人许可，利用他人的服务行为或市场份额来进行商业运作并从中获利。联某青岛公司与奥某网络公司实施的行为，是利用了百某网站搜索引擎在我国互联网用户中被广泛使用的优势，利用技术手段，让使用联某青岛公司提供互联网接入服务的网络用户，在登录百某网站进行关键词搜索时，在正常搜索结果显示前强行弹出奥某公司发布的与搜索的关键词及内容有紧密关系的广告页面。这种行为诱使本可能通过百某公司搜索结果检索相应信息的网络用户点击该广告页面，影响了百某公司向网络用户提供付费搜索服务与推广服务，属于利用百某公司提供的搜索服务来为自己牟利（法理之三）。该行为既没有征得百某公司的同意，又违背了使用其互联网接入服务用户的意志，容易导致上网用户误以为弹出的广告页面系百某公司所为，会使上网用户对百某公司提供的服务的评价降低，对百某公司的商业信誉产生不利影响，损害了百某公司的合法权益，同时也违背了诚实信用和公认的商业道德（法理之四），已构成不正当竞争。

【法理应用】该案的原告和被告均为互联网经营者，被告设置的在原告网站页面强行弹出广告的行为是否属于不正当竞争行为？对此法律没有明确规

① 参见最高人民法院案例指导工作办公室编著：《中国案例指导》（总第3辑），法律出版社2016年版，第272页。

定。该指导性案例依据《反不正当竞争法》的立法目的、诚信原则及国际公约中商业道德评判标准，对该案被告行为是否属于不正当竞争行为作出了裁判。认为该案中被告的行为虽然不是《反不正当竞争法》明确列举的行为，但该行为违反诚信原则和公认商业道德，妨碍其他经营者正当经营并损害其合法权益，可以依照该法第2条的原则性规定认定为属于不正当竞争行为。

2. 刑事类

【指导性案例13号】

王某成等非法买卖、储存危险物质案①

【案情概述】略（详见正文第71页）。

【裁判说理】裁判文书说理部分这样论述：被告人王某成、金某森、孙某法、钟某东、周某明在未取得剧毒化学品使用许可证的情况下，违反国务院《危险化学品安全管理条例》等规定，明知氰化钠是剧毒化学品仍非法买卖、储存，危害公共安全，其行为均已构成非法买卖、储存危险物质罪，且系共同犯罪。关于王某成的辩护人提出的辩护意见，经查，氰化钠虽不属于禁用剧毒化学品，但系列入危险化学品名录中严格监督管理的限用的剧毒化学品，易致人中毒或者死亡，对人体、环境具有极大的毒害性和极度危险性，极易对环境和人的生命健康造成重大威胁和危害，属于《刑法》第125条第2款规定的“毒害性”物质（法理之一）；“非法买卖”毒害性物质，是指违反法律和国家主管部门规定，未经有关主管部门批准许可，擅自购买或者出售毒害性物质的行为，并不需要兼有买进和卖出的行为（法理之二）；王某成等人不具备购买、储存氰化钠的资格和条件，违反国家有关监管规定，非法买卖、储存大量剧毒化学品，逃避有关主管部门的安全监督管理，破坏危险化学品管理秩序，已对人民群众的生命、健康和财产安全产生现实威胁，足以危害公共安全（法理之三），故王某成等人的行为已构成非法买卖、储存危险物质

① 参见最高人民法院案例指导工作办公室编著：《中国案例指导》（总第2辑），法律出版社2015年版，第27页。

罪，上述辩护意见不予采纳。

【法理应用】氰化钠等剧毒化学品是否属于《刑法》第125条第2款规定的“毒害性”物质？因为没有法律法规的明确规定，司法实践中对此问题存在不同意见。该案例从立法目的出发，举轻以明重，认为如果将刑法规定的毒害性物质仅限定在司法解释规定的五种剧毒杀鼠剂，而犯罪对象是毒性上高于或者等于五种杀鼠剂的剧毒化学品时却不能定罪处罚的话，显然不符合刑法的立法原意。该指导性案例通过对立法原意的解析，梳理上位法和下位法的关系，对相关规定举轻以明重，通过文义解释、体系解释，确立裁判规则。明确了刑法和司法解释有关“毒害性物质”的规定不限于司法解释列举的五种物质，如果比司法解释列举的五种物质的毒性还要高，那么该物质应当属于《刑法》第125条第2款规定的“毒害性”物质，以此确定案例中所涉氰化钠应按照“毒害性”物质处理。

3. 行政类

【指导性案例6号】

黄某富、何某琼、何某诉四川省成都市金堂工商行政管理局行政处罚案[①]

【案情概述】略（详见正文第197页）。

【裁判说理】裁判文书说理部分这样论述：《行政处罚法》第42条规定：“行政机关作出责令停产停业、吊销许可证或者执照、较大数额罚款等行政处罚决定之前，应当告知当事人有要求举行听证的权利。”虽然该条规定没有明确列举“没收财产”，但是该条中的“等”系不完全列举，应当包括与明文列举的“责令停产停业、吊销许可证或者执照、较大数额罚款”类似的其他对相对人权益产生较大影响的行政处罚（法理之一）。为了保证行政相对人充分行使陈述权和申辩权，保障行政处罚决定的合法性和合理性，对没收较大数额财产的行政处罚，也应当根据《行政处罚法》第42条的规定适用听证程序（法理之二）。关于没收较大数额的财产标准，应比照《四川省行政处罚听证

① 参见最高人民法院案例指导工作办公室编著：《中国案例指导》（总第1辑），法律出版社2015年版，第105页。

程序暂行规定》第3条“本规定所称较大数额的罚款，是指对非经营活动中的违法行为处以1000元以上，对经营活动中的违法行为处以20000元以上罚款”中对罚款数额的规定（法理之三）。因此，金堂工商局没收黄某富等三人的32台电脑主机的行政处罚决定，应属没收较大数额的财产，对黄某富等三人的利益产生重大影响的行为，金堂工商局在作出行政处罚前应当告知被处罚人有要求听证的权利（法理之四）。本案中，金堂工商局在作出处罚决定前只按照行政处罚一般程序告知黄某富等三人有陈述、申辩的权利，而没有告知听证权利，违反了法定程序，依法应予撤销。

【法理应用】该案例确定了行政机关作出没收较大数额涉案财产的行政处罚决定能否适用1996年《行政处罚法》第42条规定。1996年《行政处罚法》第42条规定：行政机关作出责令停产停业、吊销许可证或执照、较大数额罚款等行政处罚决定之前，应当告知当事人有要求举行听证的权利。[①]即法条明确列举的事项并没有包括没收较大数额涉案财产的行政处罚。在该案例中，法院通过总结法条中明确列举出的3项行政处罚都涉及当事人重大权益的共性特征，以《四川省行政处罚听证程序暂行规定》中规定的罚款数额为参照，认定案例中金堂工商局的行为，涉及当事人重大权益，属于第42条中没有明确列举出但包含在“等”中的事项。因此，金堂工商局有义务告知被处罚人，被处罚人有要求听证的权利。金堂工商局没有履行此义务，人民法院应当依法认定该行政处罚违反法定程序。

4. 国家赔偿类

【指导性案例44号】

卜某光申请刑事违法追缴赔偿案[②]

【案情概述】略（详见正文第204页）。

【裁判说理】裁判文书说理部分这样论述：关于卜某光对于安徽省公安厅

① 现对应《行政处罚法》（2021年修订）第63条。

② 参见最高人民法院案例指导工作办公室编著：《中国案例指导》（总第3辑），法律出版社2016年版，第222页。

以“深坑村土地”抵偿其欠深某行800万元，造成直接财产损失316.6万元的主张。在卜某光涉嫌犯罪案发后，深某行起诉卜某光及安某证券部、安某公司800万元债券回购协议案，深圳市中级人民法院作出（1998）深中法经一初字第311号民事判决并已执行。该案与深圳市中级人民法院于2001年9月21日移送安徽省公安厅侦办的（2000）深中法经调初字第72号，深某行起诉卜某光及安某证券部、安某公司拆借2500万元的债务纠纷案，不是同一民事案件。安徽省公安厅在刑事判决生效后，将判决追缴的价值1950万元的“深坑村土地”使用权发还给其侦办的卜某光以安某证券部名义拆借深某行2500万元资金案的被害单位，具有事实依据，没有损害其利益（法理）。卜某光主张安徽省公安厅以“深坑村土地”抵偿其欠深某行的800万元，与事实不符。卜某光要求安徽省公安厅赔偿违法返还“深坑村土地”造成其316.6万元损失无事实与法律依据。

综上，“深坑村土地”已经安徽省高级人民法院（2002）皖刑终字第34号刑事裁定予以追缴，赔偿请求人卜某光主张安徽省公安厅违法返还土地给其造成316.6万元的损失没有法律依据，其他请求没有事实根据，不符合国家赔偿法的规定，不予支持。

【法理应用】该案例涉及对《国家赔偿法》第18条第2款“违法对财产采取查封、扣押、冻结、追缴等措施”中的“等”的理解。一是该措施是违法措施，二是该违法措施侵犯了受害人的财产权。根据《国家赔偿法》确立的“确赔合一”规则，法院有权审查返还行为的合法性。本案结合具体案情确定了“公安机关根据人民法院生效刑事判决将判令追缴的赃物发还被害单位，并未侵犯赔偿请求人的合法权益，不属于《国家赔偿法》第18条第1项规定的情形，不应承担国家赔偿责任”的裁判规则，亦明确了什么样的措施属于《国家赔偿法》第18条第2款规定的“等措施”。

（四）与时俱进的解释

在法律制定后，虽然法律条文所使用的语词文字已经固定，但并不意味着法律条文所使用的语词含义是一成不变的。“法律所使用的语言也具有发展性的特点，特定的概念、术语随着时代的变化，也会出现含义的演变。”[①]“从时间着眼，法文之解释应注意其进化性，因文字之含义每随时代之进化而变迁，一法律虽不能万古长存，然亦不可朝令夕改，因此法文之意义，自亦应与时代而俱新，否则不足以应社会之需。”[②]指导性案例结合具体个案，赋予法律条文语词含义符合时代要求的解释，回应新时代社会和民众的需求。

1. 民事类

【指导性案例 29 号】

某中国青年旅行社诉某国青国际旅行社擅自使用他人企业名称纠纷案[③]

【案情概述】略（详见正文第 50 页）。

【裁判说理】裁判文书说理部分这样论述：根据《最高人民法院关于审理不正当竞争民事案件应用法律若干问题的解释》第 6 条第 1 款规定：“企业登记主管机关依法登记注册的企业名称，以及在中国境内进行商业使用的外国（地区）企业名称，应当认定为反不正当竞争法第五条第（三）项规定的‘企业名称’。具有一定的市场知名度、为相关公众所知悉的企业名称中的字号，可以认定为反不正当竞争法第五条第（三）项规定的‘企业名称’。”因此，对于企业长期、广泛对外使用，具有一定市场知名度、为相关公众所知悉，已实际具有商号作用的企业名称简称，也应当视为企业名称予以保护（法理之一）。“某中国青年旅行社”是原告 1986 年成立以来一直使用的企业名称，原告享有企业名称专用权。“天津青旅”作为其企业名称简称，于 2007 年就已被其在经营活动中广泛使用，相关宣传报道和客户也以“天津青旅”指代某青旅，经过多年在经营活动中使用和宣传，已享有一定的市场知名度，为相关公众所知悉，已与某青旅之间建立起稳定的关联关系，具有可以识别经营主体的商业标识意义（法理之二）。所以，可以将“天津青旅”视为企业名称与“天津中国青年旅行社”共同加以保护。

---

① 王利明：《法学方法论》，中国人民大学出版社 2011 年版，第 374 页。

② 郑玉波：《法学绪论》，我国台湾地区台北三民书局 2008 年版，第 73 页。

③ 参见最高人民法院案例指导工作办公室编著：《中国案例指导》（总第 2 辑），法律出版社 2015 年版，第 277 页。

《反不正当竞争法》第5条第3项规定，经营者不得采用擅自使用他人的企业名称，引人误认为是他人的商品等不正当手段从事市场交易，损害竞争对手。因此，经营者擅自将他人的企业名称或简称作为互联网竞价排名关键词，使公众产生混淆误认，利用他人的知名度和商誉，达到宣传推广自己的目的的，属于不正当竞争行为，应当予以禁止（法理之三）。某国青旅作为从事旅游服务的经营者，未经某青旅许可，通过在相关搜索引擎中设置与某青旅企业名称有关的关键词并在网站源代码中使用等手段，使相关公众在搜索“某中国青年旅行社”和“天津青旅”关键词时，直接显示某国青旅的网站链接，从而进入某国青旅的网站联系旅游业务，达到利用网络用户的初始混淆争夺潜在客户的效果（法理之四），主观上具有使相关公众在网络搜索、查询中产生误认的故意（法理之五），客观上擅自使用“天津中国青年旅行社”及“天津青旅”，利用了某青旅的企业信誉，损害了某青旅的合法权益（法理之六），其行为属于不正当竞争行为，依法应予制止。某国青旅作为与某青旅同业的竞争者，在明知某青旅的企业名称及简称享有较高知名度的情况下，仍擅自使用，有借他人之名为自己谋取不当利益的意图，主观恶意明显（法理之七）。依照《民法通则》第120条规定，某国青旅应当承担停止侵害、消除影响、赔偿损失的法律责任。至于某国青旅在网站网页顶端显示的“青年旅行社青旅”字样，并非原告企业名称的保护范围，不构成对原告的不正当竞争行为。

【法理应用】我国法律和司法解释对企业名称简称的保护问题没有明确规定。当下，人们常以企业简称为关键词在互联网搜索引擎中进行检索，进而了解企业信息。在这种情况下，擅自使用他人企业名称简称就意味着争夺潜在用户。该案例通过确定裁判规则赋予了法律条文语词含义符合时代要求的解释，将企业名称的保护范围扩展到企业名称简称，判定案例中经营者使用企业简称使公众产生混淆误认的行为属于不正当竞争。

【指导性案例128号】

李某诉华某置地（重庆）有限公司环境污染责任纠纷案

【案情概述】原告李某购买了位于重庆市九龙坡区谢家湾正街×小区×

幢的住宅一套，并从2005年入住至今。被告华某置地（重庆）有限公司开发建设的万象城购物中心与原告住宅相隔一条双向六车道的公路，双向六车道中间为轻轨线路。万象城购物中心与原告住宅之间无其他遮挡物。在正对原告住宅的万象城购物中心外墙上安装有一块LED显示屏用于播放广告等，该LED显示屏广告位从2014年建成后开始投入运营，每天播放宣传资料及视频广告等，其产生强光直射入原告住宅房间，给原告的正常生活造成影响。

2014年5月，原告小区的业主向市政府公开信箱投诉反映：从2014年5月3日开始，谢家湾华润二十四城的万象城的巨型LED屏幕开始工作，LED巨屏的强光直射进其房间，造成严重的光污染，并且宣传片的音量巨大，影响了其日常生活，希望有关部门让万象城减小音量并且调低LED屏幕亮度。2014年9月，黄杨路×小区居民向市政府公开信箱投诉反映：万象城有块巨型LED屏幕通宵播放资料广告，产生太强光线，导致夜间无法睡眠，无法正常休息。万象城大屏夜间光污染严重影响周边小区高层住户，请相关部门解决，禁止夜间播放，或者禁止通宵播放，只能在晚上8点前播放，并调低亮度。2018年2月，原告小区的住户向市政府公开信箱投诉反映：万象城户外广告大屏就是住户的噩梦，该广告屏每天播放视频广告，光线极强还频繁闪动，住在对面的业主家里夜间如同白昼，严重影响老人和小孩的休息，希望相关部门尽快对其进行整改。

本案审理过程中，人民法院组织原、被告双方于2018年8月11日晚到现场进行了查看，正对原告住宅的一块LED显示屏正在播放广告视频，产生的光线较强，可直射入原告住宅居室，当晚该LED显示屏播放广告视频至20时58分关闭。被告公司员工称该LED显示屏的面积为160㎡。

就案涉光污染问题是否能进行环境监测的问题，人民法院向重庆市九龙坡区生态环境监测站进行了咨询，该站负责人表示，国家与重庆市均无光污染环境监测方面的规范及技术指标，所以监测站无法对光污染问题开展环境监测。重庆法院参与环境资源审判专家库专家、重庆市永川区生态环境监测站副站长也表示从环保方面光污染没有具体的标准，但从民事法律关系的角度，可以综合其余证据判断是否造成光污染。从本案原告提交的证据看，万象城电子显示屏对原告的损害客观存在，主要体现为影响原告的正常休息。

就LED显示屏产生的光辐射相关问题，法院向重庆大学建筑城规学院教授、中国照明学会副理事长以及重庆大学建筑城规学院高级工程师、中国照明学会理事等专家作了咨询。专家表示，LED的光辐射一是对人有视觉影响，其中失能眩光和不舒适眩光对人的眼睛有影响；二是有生物影响：人到晚上随着光照强度下降，渐渐入睡，是褪黑素和皮质醇两种激素发生作用的结果——褪黑素晚上上升、白天下降，皮质醇相反。如果光辐射太强，使人生物钟紊乱，长期就会有影响。另外LED的白光中有蓝光成分，蓝光对人的视网膜有损害，而且不可修复。但户外蓝光的危害很难检测，时间、强度的标准是多少，有待标准出台确定。关于光照亮度对人的影响，有研究结论认为一般在400cd/㎡以下对人的影响会小一点，但动态广告屏很难适用。对于亮度的规范，不同部门编制的规范对亮度的限值不同，但LED显示屏与直射的照明灯光还是有区别，以LED显示屏的相关国家标准来认定比较合适。

重庆市江津区人民法院于2018年12月28日作出（2018）渝0116民初6093号判决：一、被告华某置地（重庆）有限公司从本判决生效之日起，立即停止其在运行重庆市九龙坡区谢家湾正街万象城购物中心正对原告李某位于重庆市九龙坡区谢家湾正街 × 小区 × 幢住宅外墙上的一块LED显示屏时对原告李某的光污染侵害：1. 前述LED显示屏在5月1日至9月30日期间开启时间应在8：30之后，关闭时间应在22：00之前；在10月1日至4月30日期间开启时间应在8：30之后，关闭时间应在21：50之前。2. 前述LED显示屏在每日19：00后的亮度值不得高于600cd/㎡。二、驳回原告李某的其余诉讼请求。一审宣判后，双方当事人均未提出上诉，判决已发生法律效力。

【裁判说理】裁判文书说理部分这样论述：保护环境是我国的基本国策，一切单位和个人都有保护环境的义务（法理之一）。《民法总则》第9条规定："民事主体从事民事活动，应当有利于节约资源、保护生态环境。"《物权法》第90条规定："不动产权利人不得违反国家规定弃置固体废物，排放大气污染物、水污染物、噪声、光、电磁波辐射等有害物质。"《环境保护法》第42条第1款规定："排放污染物的企业事业单位和其他生产经营者，应当采取措施，防治在生产建设或者其他活动中产生的废气、废水、废渣、医疗废物、粉尘、恶臭气体、放射性物质以及噪声、振动、光辐射、电磁辐射等对环境的污染和危害。”本案系环境污染责任纠纷，根据《侵权责任法》第65条规定：“因污染环境造成损害的，污染者应当承担侵权责任。”环境污染侵权责任属特殊侵权责任（法理之二），其构成要件包括以下三个方面：一是污染者有污染环境的行为；二是被侵权人有损害事实；三是污染者污染环境的行为与被侵权人的损害之间有因果关系。

一、关于被告是否有污染环境的行为

被告华某置地（重庆）有限公司作为万象城购物中心的建设方和经营管理方，其在正对原告住宅的购物中心外墙上设置LED显示屏播放广告、宣传资料等，产生的强光直射进入原告的住宅居室。根据原告提供的照片、视频资料等证据，以及组织双方当事人到现场查看的情况，可以认定被告使用LED显屏播放广告、宣传资料等所产生的强光已超出了一般公众普遍可容忍的范围，就大众的认知规律和切身感受而言，该强光会严重影响相邻人群的正常工作和学习，干扰周围居民正常生活和休息，已构成由强光引起的光污染（法理之三）。被告使用LED显示屏播放广告、宣传资料等造成光污染的行为已构成污染环境的行为。

二、关于被侵权人的损害事实

环境污染的损害事实主要包含了污染环境的行为致使当事人的财产、人身受到损害以及环境受到损害的事实。环境污染侵权的损害后果不同于一般侵权的损害后果，不仅包括症状明显并可计量的损害结果，还包括那些症状不明显或者暂时无症状且暂时无法用计量方法反映的损害结果（法理之四）。本案系光污染纠纷，光污染对人身的伤害具有潜在性和隐蔽性等特点，被侵权人往往在开始受害时显露不出明显的受损害症状，其所遭受的损害往往暂时无法用精确的计量方法来反映。但随着时间的推移，损害会逐渐显露（法理之五）。参考本案专家意见，光污染对人的影响除了能够感知的对视觉的影响外，太强的光辐射会造成人生物钟紊乱，短时间看不出影响，但长期会带来影响（法理之六）。本案中，被告使用LED显示屏播放广告、宣传资料等所产生的强光，已超出了一般人可容忍的程度，影响了相邻居住的原告等居民的正常生活和休息（法理之七）。根据日常生活经验法则，被告运行LED显示屏产生的光污染势必会给原告等人的身心健康造成损害，这也为公众普遍认可（法理之八）。综上，被告运行LED显示屏产生的光污染已致使原告居住的环境权益受损，并导致原告的身心健康受到损害。

三、被告是否应承担污染环境的侵权责任

《侵权责任法》第66条规定："因污染环境发生纠纷，污染者应当就法律规定的不承担责任或者减轻责任的情形及其行为与损害之间不存在因果关系承担举证责任。"本案中，原告已举证证明被告有污染环境的行为及原告的损害事实。被告需对其在本案中存在法律规定的不承担责任或者减轻责任的情形，或被告污染行为与损害之间不存在因果关系承担举证责任。但被告并未提交证据对前述情形予以证实，对此被告应承担举证不能的不利后果，应承担污染环境的侵权责任。根据《最高人民法院关于审理环境侵权责任纠纷案件适用法律若干问题的解释》第13条规定："人民法院应当根据被侵权人的诉讼请求以及具体案情，合理判定污染者承担停止侵害、排除妨碍、消除危险、恢复原状、赔礼道歉、赔偿损失等民事责任。"环境侵权的损害不同于一般的人身损害和财产损害，对侵权行为人承担的侵权责任有其独特的要求（法理之九）。由于环境侵权是通过环境这一媒介侵害到一定地区不特定的多数人的人身、财产权益，而且一旦出现可用计量方法反映的损害，其后果往往已无法弥补和消除（法理之十）。因此在环境侵权中，侵权行为人实施了污染环境的行为，即使还未出现可计量的损害后果，即应承担相应的侵权责任（法理之十一）。本案中，从市民的投诉反映看，被告作为万象城购物中心的经营管理者，其在生产经营过程中，理应认识到使用LED显示屏播放广告、宣传资料等发出的强光会对居住在对面以及周围住宅小区的原告等人造成影响，并负有采取必要措施以减少对原告等人影响的义务。但被告仍然一直使用LED显示屏播放广告、宣传资料等，其产生的强光明显超出了一般人可容忍的程度，构成光污染，严重干扰了周边人群的正常生活，对原告等人的环境权益造成损害，进而损害了原告等人的身心健康。因此即使原告尚未出现明显症状，其生活受到光污染侵扰、环境权益受到损害也是客观存在的事实，故被告应承担停止侵害、排除妨碍等民事责任（法理之十二）。

【法理应用】《环境保护法》第42条将光辐射纳入了环境污染治理范围。当光辐射超出了一般公众普遍可容忍度的范围，达到干扰他人正常生活和人身健康状态的程度时即构成光污染。但由于光污染对人身的伤害具有潜在性、隐蔽性和个人差异性等特点，被侵权人所遭受的损害事实和污染行为往往成为此类案件的举证难点和裁判难点。该指导性案例明确了认定光污染损害的裁判标准，即应当依据国家标准、地方标准、行业标准，是否干扰他人正常生活、工作和学习，以及是否超出公众可容忍度等进行综合认定。

【指导性案例 130 号】

重庆市人民政府、重庆两江志愿服务发展中心诉重庆藏某阁物业管理有限公司、重庆首某环保科技有限公司生态环境损害赔偿、环境民事公益诉讼案

【案情概述】略（详见正文第 184 页）。

【裁判说理】裁判文书说理部分这样论述：本案在性质上属于环境侵权民事案件，其与刑事犯罪、行政违法案件所要求的证明标准和责任标准存在差异，故最终认定的案件事实在不存在矛盾的前提条件下，可以不同于刑事案件和行政案件认定的事实（法理之一）。刑事案件的证明标准和责任标准明显高于民事案件，环境污染犯罪行为造成损害后果的，固然应当承担相应赔偿责任，但未被认定为犯罪的污染行为，不等于不构成民事侵权（法理之二），本案中依法应承担赔偿责任的环境污染行为包括但不限于（2016）渝0112 刑初 1615 号刑事判决所认定的环境污染犯罪行为，故被告提出应当仅以生效刑事判决所认定的污染物种类为准的意义不成立，不予支持。就生效行政判决认定的事实而言，环保部门对环境污染行为进行行政处罚时，依据的主要是国家和地方规定的污染物排放标准，违反了国家和地方的强制性标准，便应当受到相应的行政处罚，而违反强制性标准当然也是污染行为人承担侵权责任的依据（法理之三）。然而，虽然因违反强制性标准而受到行政处罚的污染行为必然属于环境侵权行为，但符合强制性标准的排污行为却不一定不构成民事侵权（法理之四）。《最高人民法院关于审理环境侵权责任纠纷案件适用法律若干问题的解释》第 1 条第 1 款规定，“因污染环境造成损害，不论污染者有无过错，污染者应当承担侵权责任。污染者以排污符合国家或者地方污染物排放标准为由主张不承担责任的，人民法院不予支持”。该款规定表明，污染者不得以合乎强制性标准进行抗辩免除民事责任，亦即对环境污染行为承担民事责任的范围可以大于进行行政处罚的范围（法理之五）。但是本案中，由于原告起诉的事实与生效行政判决确认的事实相同，其并未主张超出行政违法范围的环境侵权行为，故（2016）渝 0112 行初 324 号行政判决所确认的违法排污事实可以用于认定本案环境侵权事实，只是本案会从环境侵权的角度来对构成要件、责任主体等加以考量（法理之六）。

【法理应用】生态环境损害赔偿制度是生态文明制度体系的重要内容，是生态环境保护责任制度的重要方面。该案例对于生态环境损害赔偿诉讼与环境公益诉讼衔接、相关刑事诉讼和行政诉讼及民事诉讼之间关系等处于立法空白或模糊地带的具体法律适用问题予以了司法回应，明确了相关裁判规则，为生态环境损害赔偿诉讼提供了经验积累。司法实践中，对于生态环境损害赔偿诉讼与环境公益诉讼的程序如何衔接，存在不同的观点。有观点认为，以立案在先为标准处理两种诉讼程序，如果政府先起诉立案的就适用生态环境损害赔偿诉讼，如果公益组织先起诉立案的就适用环境民事公益诉讼。有观点认为，以共同原告来处理两种诉讼的关系，即无论是先启动生态环境损害赔偿诉讼还是先启动环境公益诉讼，另一适格主体均可作为共同原告参加诉讼。该指导性案例的做法是将两案合并审理后，裁定终结公益诉讼案件，这种方法在突出生态环境损害诉讼的重要性和优先性的同时，给予环境公益诉讼充分的尊重，保护了公益组织的积极性。体现了压实地方政府生态环境保护职责，以追究损害责任为导向，强化违法主体责任，提高违法成本的制度内涵。该案判决生效后，最高人民法院于 2019 年 6 月 5 日发布《最高人民法院关于审理生态环境损害赔偿案件的若干规定（试行）》，其中第 17 条规定，人民法院受理因同一损害生态环境行为提起的生态环境损害赔偿诉讼案件和民事公益诉讼案件，应先中止民事公益诉讼案件的审理，待生态环境损害赔偿诉讼案件审理完毕后，就民事公益诉讼案件未被涵盖的诉讼请求依法作出裁判。确认了生态环境损害赔偿诉讼不同于环境民事公益诉讼和普通环境侵权诉讼，明确了生态环境损害赔偿诉讼与民事公益诉讼的顺位。同时，该案例还确立了在排污主体的犯罪证据未达到“确实、充分”的刑事证明标准进而不承担刑事责任，与在生态环境损害赔偿案件中依据民事诉讼证明规则认定排污主体与第三方共同承担生态环境修复责任以及在行政处罚和行政诉讼中确定由排污主体承担行政责任并不矛盾的裁判规则，体现了以民事法律手段对以行政手段为主的管理方式进行有效补充的改革思路，推动生态环境损害赔偿和修复的制度目的实现。该案例明确了“1. 取得排污许可证的企业，负有确保其排污处理设备正常运行且排放物达到国家和地方排放标准的法定义务，委托其他单位处理的，应当对受托单位履行监管义务；明知受托单位违法排污不予制止甚或提供便利的，应当对环境污染损害承担连带责任。2. 污染者向水域排污造成生态环境损害，生态环境修复费用难以计算的，可以根据环境保护部门关于生态环境损害鉴定评估有关规定，采用虚拟治理成本法对损害后果进行量化，根据违法排污的污染物种类、排污量及污染源排他性等因素计算生态环境损害量化数额”的裁判规则。

2. 刑事类

【指导性案例 27 号】

臧某泉等盗窃、诈骗案[①]

【案情概述】略（详见正文第 121 页）。

【裁判说理】裁判文书说理部分这样论述：盗窃是指以非法占有为目的，秘密窃取公私财物的行为（法理之一）；诈骗是指以非法占有为目的，采用虚构事实或者隐瞒真相的方法，骗取公私财物的行为（法理之二）。对既采取秘密窃取手段又采取欺骗手段非法占有财物行为的定性，应从行为人采取主要手段和被害人有无处分财物意识方面区分盗窃与诈骗（法理之三）。如果行为人获取财物时起决定性作用的手段是秘密窃取，诈骗行为只是为盗窃创造条件或作掩护，被害人也没有“自愿”交付财物的，就应当认定为盗窃（法理之四）；如果行为人获取财物时起决定性作用的手段是诈骗，被害人基于错误认识而“自愿”交付财物，盗窃行为只是辅助手段的，就应当认定为诈骗（法理之五）。在信息网络情形下，行为人利用信息网络，诱骗他人点击虚假

① 参见最高人民法院案例指导工作办公室编著：《中国案例指导》（总第 5 辑），法律出版社 2015 年版，第 252 页。

链接而实际上通过预先植入的计算机程序窃取他人财物构成犯罪的，应当以盗窃罪定罪处罚（法理之六）；行为人虚构可供交易的商品或者服务，欺骗他人为支付货款点击付款链接而获取财物构成犯罪的，应当以诈骗罪定罪处罚（法理之七）。本案中，被告人臧某泉、郑某玲使用预设计算机程序并植入的方法，秘密窃取他人网上银行账户内巨额钱款，其行为均已构成盗窃罪。臧某泉、郑某玲和被告人刘某以非法占有为目的，通过开设虚假的网络店铺和利用伪造的购物链接骗取他人数额较大的货款，其行为均已构成诈骗罪。对臧某泉、郑某玲所犯数罪，应依法并罚。

【法理应用】近年来，利用网络实施盗窃、诈骗的财产犯罪日益增多，司法实践中对于此类犯罪罪名的认定存在争议。该案例根据唯物辩证法的矛盾特殊性原理、我国刑法有关财产犯罪的规定以及我国刑法理论关于诈骗的处分意思必要说等法律原理、法律学说，对何为“盗窃”、何为“诈骗”进行学理分析，并结合个案中展现出来的新情况新问题，明确了通过预先植入的计算机程序窃取财物的构成盗窃罪，通过虚拟商品骗取财物的构成诈骗罪的裁判规则，为准确划分网络条件下盗窃和诈骗的界限提供了指导。

三、小结

通过对法理发挥补充功能指导性案例的展示，我们可以看到这一类案例中法理应用的特点：一是多以法律原理、法律学说、法律原则、立法目的等面目出现，比如通过一般条款补充具体条款，通过法律学说进行扩展解释等。二是相较于法理发挥释明功能的案例，在法理发挥补充功能的案例中，法官论证其裁判结论正当性时，裁判文书中的说理论证更加充分，其中法理应用分量增加。三是虽然没有现成的法律条文可以适用，但法官仍然克制在法律体系和立法目的的范围内，或者说克制在文义解释的射程范围内，来寻找和选择可以通过法理的补充能够适用案情的法律条文，以能够在没有具体法条可以适用的情况下完成案件审理任务为目标，竭力避免“造法”行为。

第三节　价值引领

“价值既是一个哲学范畴，也是哲学之外的其他人文学科、社会科学以及日常生活中广泛使用的概念。”①社会的生产方式、生活方式、制度环境、文化传统等因素都是具体价值观形成的基础。法的价值包含人们美好的向往和期待，比如秩序、自由、效率、正义、人权等。无论是法的目标价值还是形式价值，在法的价值体系中都是不可或缺的。“法律只有在涉及价值的立场框架中才可能被理解。”②但社会生活的丰富多样，现实需求的多元繁杂，利益主体的个性独特，决定了价值的冲突是不可避免的。反映在具体案例中，法官的裁决就蕴含着对各类价值发生冲突时的衡量和取舍。特别是在指导性案例中往往蕴含着更激烈的价值冲突、更艰难的价值抉择，此时法官的选择也更能体现司法在价值引领方面的态度。

一、如何价值引领

尽管价值存在如何证成的问题，但是司法过程中恰当的价值适用，往往具有消减法律规则局限性的功效，进而提升整个法律体系的价值，实现通过法律管理社会、指引人们行动的目的。当法律规则模糊，甚至相互冲突时，法官常常通过价值判断解决法律适用问题，明确法律权利义务。在司法裁判中通过价值判断弥补法律规则局限，将价值引领与法律规则融会贯通，是解释规则的一种方法。

二、价值引领功能在指导性案例中的运用

“法律是成文的道德，道德是内心的法律。”③“法律和道德都具有规范社会行为、维护社会秩序的作用。治理国家、治理社会必须一手抓法治、一手

---

① 张文显：《法理学》（第五版），高等教育出版社2018年版，第311页。

② ［德］古斯塔夫·拉德布鲁赫：《法哲学》，王朴译，法律出版社2013年版，第4~5页。

③ 习近平：《在首都各界纪念现行宪法公布施行30周年大会上的讲话》，载新华网，http：//www.xinhuanet.com/ politics/2012-12/04/c_113907206.htm，最后访问时间：2021年8月4日。

抓德治，既重视发挥法律的规范作用，又重视发挥道德的教化作用，实现法律和道德相辅相成、法治和德治相得益彰。”[①]2021 年 1 月 1 日起施行的《民法典》把“弘扬社会主义核心价值观”放在第一编第一章第 1 条，作为整个《民法典》的价值指导。

同时，作为社会治理方式，法律话语系统相对独立于道德话语系统。但我们要充分认识到，个案裁判无时无刻不在经受着道德话语系统的考验。只有对社会公众的道德期待进行充分回应，裁判结论才会被社会大众认可和接受。法官在个案中的裁判说理往往体现法官的道德判断，而个案裁判的结果往往形成全局性的道德效应，这既可能引领社会价值观的整体塑造对人们的行为形成正向激励，也可能因个案裁判的价值倾向导致社会道德的整体滑坡。能够从众多的裁判文书中被选为指导性案例，每个案例裁判文书中法官对法律条文的适用都包含着其认可的和其希望表达的价值。张文显老师主编的《法理学》(第五版)“法的价值”一编，把秩序、自由、正义、效率放在“法的基本价值”这一章，[②]本书以此为标准，挑选突出表达这四个法的基本价值的案例，来观察在指导性案例中法理如何发挥价值引领作用。

(一)秩序

一般意义上，所谓“秩序”，指的是“在自然进程和社会进程中都存在着某种程度的一致性、连续性和确定性”[③]。历史唯物主义秩序观认为，一个社会的现行秩序能否在利益冲突的压力下免于崩溃，取决于国家机构体系和法律规范体系能否正常地发挥作用。对于任何国家而言，国家治理第一位的、最直接的目的就是建立和维护安定有序的社会秩序。在文明社会中，法律是消除无序状态或预防无序状态的首要的、经常性的手段，通过法律制度和法律适用来维护阶级统治秩序、权力运行秩序、经济秩序、社会生活秩序、国际政治经济秩序等。

---

① 中共中央文献研究室编：《习近平关于全面依法治国论述摘编》，中央文献出版社 2015 年版，第 30 页。

② 参见张文显：《法理学》(第五版)，高等教育出版社 2018 年版，第 323~339 页。

③ [美]E·博登海默：《法理学：法律哲学与法律方法》，邓正来译，中国政法大学出版社 2004 年版，第 227~228 页。

1. 民事类

【指导性案例 19 号】

赵某明等诉烟台市福某区汽车运输公司、
卫某平等机动车交通事故责任纠纷案[①]

【案情概述】略（详见正文第 155 页）。

【裁判说理】裁判文书说理部分这样论述：鲁 F4×××3 货车的登记所有人福某公司和实际所有人卫某平，明知卫某辉等人套用自己的机动车号牌而不予阻止，且提供方便，纵容套牌货车在公路上行驶，福某公司与卫某平的行为已属于出借机动车号牌给他人使用的情形（法理之一），该行为违反了《道路交通安全法》等有关机动车管理的法律规定。将机动车号牌出借他人套牌使用，将会纵容不符合安全技术标准的机动车通过套牌在道路上行驶，增加道路交通的危险性，危及公共安全。套牌机动车发生交通事故造成损害，号牌出借人同样存在过错，对于肇事的套牌车一方应负的赔偿责任，号牌出借人应当承担连带责任（法理之二）。故福某公司和卫某平应对卫某辉与林某东一方的赔偿责任份额承担连带责任。

【法理应用】该案例通过裁判说理进一步明确、强调了最高人民法院发布的《最高人民法院关于审理道路交通事故损害赔偿案件适用法律若干问题的解释》第 3 条关于套牌机动车所有人连带责任的规定，体现了对维护道路交通秩序、保护公共安全的价值导向。

【指导性案例 30 号】

兰某军、杭州某汽车维修科技股份有限公司
诉天津市某汽车维修服务有限公司等侵害商标权及不正当竞争纠纷案[②]

【案情概述】略（详见正文第 53 页）。

---

① 参见最高人民法院案例指导工作办公室编著：《中国案例指导》（总第 2 辑），法律出版社 2015 年版，第 128 页。

② 参见最高人民法院案例指导工作办公室编著：《中国案例指导》（总第 2 辑），法律出版社 2015 年版，第 289 页。

【裁判说理】裁判文书说理部分这样论述：经营者之间是否存在竞争关系是认定构成不正当竞争的关键。《反不正当竞争法》第2条规定："经营者在市场交易中，应当遵循自愿、平等、公平、诚实信用的原则，遵守公认的商业道德。本法所称的不正当竞争，是指经营者违反本法规定，损害其他经营者的合法权益，扰乱社会经济秩序的行为。本法所称的经营者，是指从事商品经营或者营利性服务（以下所称商品包括服务）的法人、其他经济组织和个人。"由此可见，《反不正当竞争法》并未限制经营者之间必须具有直接的或具体的竞争关系，也没有要求经营者从事相同行业（法理之一）。反不正当竞争法所规制的不正当竞争行为，是指损害其他经营者合法权益、扰乱经济秩序的行为。从直接损害对象看，受损害的是其他经营者的市场利益（法理之二）。因此，经营者之间具有间接竞争关系，行为人违背《反不正当竞争法》的规定，损害其他经营者合法权益的，也应当认定为不正当竞争行为（法理之三）。

天津某公司以"小拇指"为字号登记使用，必然会使相关公众误认两者存在某种渊源或联系，加之天津某公司存在单独或突出使用"小拇指"汽车维修、"天津小拇指"等字样进行宣传的行为，足以使相关公众对市场主体和服务来源产生混淆和误认，容易造成竞争秩序的混乱（法理之四）。

综合以上分析，天津某公司登记使用该企业名称本身违反了诚信原则（法理之五），具有不正当性，且无论是否突出使用均难以避免产生市场混淆，已构成不正当竞争，应对此承担停止使用"小拇指"字号及赔偿相应经济损失的民事责任。

【法理应用】该案例主要涉及如何认定《反不正当竞争法》所调整的竞争关系。该案例结合具体案情确定了不正当竞争纠纷中竞争关系既包括直接竞争关系也包括间接竞争关系，判断是否属于不正当竞争，以是否损害合法经营者合法权益为标准的裁判规则。该案体现了规范市场秩序和竞争规则、创造平等竞争环境、保护知识产权权利人合法权利的立场。

【指导性案例 31 号】

江苏炜某航运股份有限公司诉米某达玫瑰公司船舶碰撞损害赔偿纠纷案[①]

【案情概述】略（详见正文第 157 页）。

【裁判说理】裁判文书说理部分这样论述：法院生效裁判认为：在两轮达成一致意见前，两轮交叉相遇时，本应“红灯交会”。“玫瑰”轮为了自己进北槽航道出口方便，首先提出“绿灯交会”的提议。该提议违背了《1972 年国际海上避碰规则》(以下简称《72 避碰规则》）规定的其应承担的让路义务。但是，“炜某 06”轮同意了该违背规则的提议。此时，双方绿灯交会的意向应是指在整个避让过程中，双方都应始终向对方显示本船的绿灯舷侧。在这种特殊情况下，没有了《72 避碰规则》意义上的“让路船”和“直航船”(法理之一)。因此，当两轮发生碰撞危险时，两轮应具有同等的避免碰撞的责任，两轮均应按照《72 避碰规则》的相关规定，特别谨慎驾驶（法理之二）。但事实上，在达成绿灯交会的一致意向后，双方都认为对方会给自己让路，未能对所处水域的情况进行有效观察并对当时的局面和碰撞危险作出充分估计，直至紧迫危险形成后才采取行动，最终无法避免碰撞。综上，两轮均有瞭望疏忽、未使用安全航速、未能尽到特别谨慎驾驶的义务并尽早采取避免碰撞的行为，都违反了《72 避碰规则》中有关瞭望、安全航速和避免碰撞的行为等规定，对碰撞事故的发生责任相当，应各承担 50%的责任（法理之三）。

【法理应用】在强制适用规则和尊重意思自治之间如何选择？该案例在确定双方责任时以“都违反了《72 避碰规则》”为依据，明确表达了在公共利益保护和自由利益保护相冲突时的立场，体现了法对社会基本安全秩序的维护作用。

① 参见最高人民法院案例指导工作办公室编著：《中国案例指导》（总第 2 辑），法律出版社 2015 年版，第 314 页。

【指导性案例49号】

石某林诉泰州华某电子资讯有限公司侵害计算机软件著作权纠纷案[①]

【案情概述】略（详见正文第89页）。

【裁判说理】裁判文书说理部分这样论述：根据现有证据，应当认定华某公司侵犯了石某林的S系列软件著作权。

一、本案的证明标准应根据当事人客观存在的举证难度合理确定

根据法律规定，当事人对自己提出的诉讼请求所依据的事实有责任提供证据加以证明（法理之一）。本案中，石某林主张华某公司侵犯其S系列软件著作权，其须举证证明双方计算机软件之间构成相同或实质性相同。一般而言，石某林就此须举证证明两计算机软件的源程序或目标程序之间构成相同或实质性相同。但本案中，由于存在客观上的困难，石某林实际上无法提供被控侵权的HR-Z软件的源程序或目标程序，并进而直接证明两者的源程序或目标程序构成相同或实质性相同（法理之二）。

1. 石某林无法直接获得被控侵权的计算机软件源程序或目标程序。由于被控侵权的HR-Z软件的源程序及目标程序处于华某公司的实际掌握之中，因此在华某公司拒绝提供的情况下，石某林实际无法提供HR-Z软件的源程序或目标程序以供直接对比。

2. 现有技术手段无法从被控侵权的HR-Z型控制器中获得HR-Z软件源程序或目标程序。根据一审鉴定情况，HR-Z软件的目标程序系加载于HR-Z型控制器中的内置芯片上，由于该芯片属于加密芯片，无法从芯片中读出HR-Z软件的目标程序，并进而反向编译出源程序。因此，依靠现有技术手段无法从HR-Z型控制器中获得HR-Z软件源程序或目标程序。

综上，本案在华某公司无正当理由拒绝提供软件源程序以供直接比对，石某林确因客观困难无法直接举证证明其诉讼主张的情形下，应从公平和诚信原则出发，合理把握证明标准的尺度，对石某林提供的现有证据能否形成高度盖然性优势进行综合判断（法理之三）。

---

① 参见最高人民法院案例指导工作办公室编著：《中国案例指导》（总第3辑），法律出版社2016年版，第344页。

二、石某林提供的现有证据能够证明被控侵权的HR–Z软件与石某林的S系列软件构成实质相同，华某公司应就此承担提供相反证据的义务

本案中的现有证据能够证明以下事实：

1. 二审鉴定结论显示：通过运行安装HX–Z软件的HX–Z型控制器和安装HR–Z软件的HR–Z型控制器，发现二者存在前述相同的系统软件缺陷情况。

2. 二审鉴定结论显示：通过运行安装HX–Z软件的HX–Z型控制器和安装HR–Z软件的HR–Z型控制器，发现二者在加电运行时存在相同的特征性情况。

3.HX–Z和HR–Z型控制器的使用说明书基本相同。

4.HX–Z和HR–Z型控制器的整体外观和布局基本相同，主要包括面板、键盘的总体布局基本相同等。

据此，鉴于HX–Z和HR–Z软件存在共同的系统软件缺陷，根据计算机软件设计的一般性原理（法理之四），在独立完成设计的情况下，不同软件之间出现相同的软件缺陷概率极小，而如果软件之间存在共同的软件缺陷，则软件之间的源程序相同的概率较大。同时结合两者在加电运行时存在相同的特征性情况、HX–Z和HR–Z型控制器的使用说明书基本相同、HX–Z和HR–Z型控制器的整体外观和布局基本相同等相关事实，法院认为石某林提供的现有证据能够形成高度盖然性优势，足以使法院相信HX–Z和HR–Z软件构成实质相同（法理之五）。同时，由于HX–Z软件是石某林对其S系列软件的改版，且HX–Z软件与S系列软件实质相同。因此，被控侵权的HR–Z软件与石某林的S系列软件亦构成实质相同（法理之六），即华某公司侵犯了石某林享有的S系列软件著作权。

三、华某公司未能提供相反证据证明其诉讼主张，应当承担举证不能的不利后果

本案中，在石某林提供了上述证据证明其诉讼主张的情形下，华某公司并未能提供相反证据予以反证，依法应当承担举证不能的不利后果（法理之七）。经法院反复释明，华某公司最终仍未提供被控侵权的HR–Z软件源程序以供比对。华某公司虽提供了DX–Z线切割控制器微处理器固件程序系

统V3.0的计算机软件著作权登记证书，但其既未证明该软件与被控侵权的HR-Z软件属于同一软件，又未证明被控侵权的HR-Z软件的完成时间早于石某林的S系列软件，或系其独立开发完成（法理之八）。尽管华某公司还称，其二审中提供的2004年5月19日商业销售发票，可以证明其于2004年就开发完成了被控侵权软件。对此法院认为，该份发票上虽注明货物名称为HR-Z线切割控制器，但并不能当然推断出该控制器所使用的软件即为被控侵权的HR-Z软件，华某公司也未就此进一步提供其他证据予以证实。同时结合该份发票并非正规的增值税发票、也未注明购货单位名称等一系列瑕疵（法理之九），法院认为，华某公司2004年就开发完成了被控侵权软件的诉讼主张缺乏事实依据，不予采纳。

综上，根据现有证据，同时在华某公司持有被控侵权的HR-Z软件源程序且无正当理由拒不提供的情形下，应当认定被控侵权的HR-Z软件与石某林的S系列软件构成实质相同（法理之十），华某公司侵犯了石某林的S系列软件著作权。

【法理应用】本案例涉及对计算机软件侵权行为认定及双方举证责任分配的问题。计算机软件具有开发成本高和易复制的双重特性，计算机软件侵权纠纷往往涉及较为复杂的技术事实认定，权利人举证和法院调查取证均存在较大障碍。案例在综合考虑有关计算机软件、证据规则等相关法律、法规的基础上，以维护软件产业公平竞争秩序为导向，结合软件设计的自身规律，明确了侵权对比标准和双方举证责任分配和转移的规则，解决了软件侵权纠纷中权利人"举证难"的问题。

【指导性案例129号】

江苏省人民政府诉安徽海某化工科技有限公司生态环境损害赔偿案

【案情概述】略（详见正文第182页）。

【裁判说理】裁判文书说理部分这样论述：海某公司作为化工企业，对其在生产经营过程中产生的危险废物废碱液，负有防止污染环境的义务（法理之一）。海某公司放任该公司营销部负责人杨某将废碱液交给不具备危废物处置资质的个人进行处置，导致废碱液被倾倒进长江和新通扬运河，严重污染环境（法理之二）。依照《侵权责任法》第 65 条、《最高人民法院关于审理环境侵权责任纠纷案件适用法律若干问题的解释》第 1 条第 1 款之规定，应当承担侵权责任。

【法理应用】非法处置危险废物行为往往具有一定的隐蔽性，从污染防治的实际效果看，源头治理更为有效。因此，法律赋予了企业防治污染的法定义务。如果企业违背该法定义务，需要承担行政责任。但除了承担行政责任外，企业是否还需要承担生态环境损害赔偿责任？在司法实践中有不同的意见。“谁污染谁治理”是环境保护的基本原则。就该案而言，直接倾倒废碱液的人自然应当承担生态环境损害责任。对于上游源头企业而言，在没有证据证明其具有倾倒废碱液主观故意的情况下，是否应当承担生态环境损害责任？该指导性案例阐明，即使生产企业将污染物转移给其他企业或者个人，只要生产企业未尽污染防治义务，最终导致生态环境破坏的，生产企业就要承担生态环境损害赔偿责任。明确了生态环境损害责任的归责原则。该裁判规则的确立有助于生产企业增强依法履行防范环境污染义务的意识，从源头上减少生态环境损害风险，减少社会管理成本，体现了法的秩序价值。

【指导性案例 130 号】

重庆市人民政府、重庆两江志愿服务发展中心诉重庆藏某阁物业管理有限公司、重庆首某环保科技有限公司生态环境损害赔偿、环境民事公益诉讼案

【案情概述】略（详见正文第 184 页）。

【裁判说理】裁判文书说理部分这样论述：对于重庆两江志愿服务发展中心在庭审中增加要求二被告赔礼道歉的诉讼请求，法院认为，长江水域生态系统的维护需要公众参与，对其实施的破坏行为会侵害到千家万户乃至子孙后代的利益，二被告对长江生态环境的严重破坏行为，是对社会公众权益的损害，要求其公开赔礼道歉是公众合法权利的体现，也是对其他类似行为的警示，还能够让二被告公开表达对于自身过错的深刻认识和真诚悔意。无论是环境公益诉讼还是生态环境损害赔偿诉讼，均具有公益性，在本案中原告代表社会公众要求污染环境的侵权行为人赔礼道歉，该请求具有合法性和合理性，予以支持。

【法理应用】该案例中法院支持了原告要求被告赔礼道歉的诉讼请求，在裁判说理中突出“公众利益”“合法性”“合理性”。明确表达了对破坏生态环境行为的否定评价和坚决维护生态环境的态度。

2. 刑事类

【指导性案例32号】

张某某、金某危险驾驶案

【案情概述】略（详见正文第123页）。

【裁判说理】裁判文书说理部分这样论述：根据《刑法》第133条第1款规定，“在道路上驾驶机动车追逐竞驶，情节恶劣的”构成危险驾驶罪。《刑法》规定的“追逐竞驶”，一般指行为人出于竞技、追求刺激、斗气或者其他动机，二人或二人以上分别驾驶机动车，违反道路交通安全规定，在道路上快速追赶行驶的行为（法理之一）。本案中，从主观驾驶心态上看，二被告人张某某、金某到案后先后供述“心里面想找点享乐和刺激”“在道路上穿插、超车、得到心理满足”；在面临红灯时，“刹车不舒服、逢车必超”“前方有车就变道曲折行驶再超越”。二被告人的上述供述与相关视听资料相互印证，可以反映出其追求刺激、炫耀驾驶技能的竞技心理（法理之二）。从客观行为上看，二被告人驾驶超标大功率的改装摩托车，为追求速度，多次随意变道、闯红灯、大幅超速等严重违章。从行驶路线看，二被告人共同自浦东新区乐园路99号出发，至陆家浜路、河南南路路口接人，约定了竞相行驶的起点和终点（法理之三）。综上，可以认定二被告人的行为属于危险驾驶罪中的“追逐竞驶”。

关于本案被告人的行为是否属于“情节恶劣”，应从其追逐竞驶行为的具体表现、危害程度、造成的危害后果等方面，综合分析其对道路交通秩序、不特定多人生命、财产安全威胁的程度是否“恶劣”（法理之四）。本案中，二被告人追逐竞驶行为，虽未造成人员伤亡和财产损失，但从以下情形分析，属于危险驾驶罪中的“情节恶劣”：第一，从驾驶的车辆看，二被告人驾驶的系无牌和套牌的大功率改装摩托车（法理之五）；第二，从行驶速度看，总体驾驶速度很快，多处路段超速达50%以上（法理之六）；第三，从驾驶方式看，反复并线、穿插前车、多次闯红灯行驶（法理之七）；第四，从对待执法的态度看，二被告人在民警盘查时驾车逃离（法理之八）；第五，从行驶路段看，途经的杨高路、张杨路、南浦大桥、复兴东路隧道等均系城市主干道，沿途还有多处学校、公交和地铁站点、居民小区、大型超市等路段，交通流量较大，行驶距离较长，在高速驾驶的刺激心态下和躲避民警盘查的紧张心态下，极易引发重大恶性交通事故（法理之九）。上述行为，给公共交通安全造成一定危险，足以威胁他人生命、财产安全，故可以认定二被告人追逐竞驶的行为属于危险驾驶罪中的“情节恶劣”（法理之十）。

【法理应用】该案例通过被告人的主观心理和客观行为，认定其属于危险驾驶罪中的“追逐竞驶”和“情节恶劣”。在案例裁判说理中，无论对主观心理还是对客观行为，都是从违反交通秩序的角度进行描述，继而得出入罪的结论。由此表达了无论是对违反秩序的主观心理还是对违反秩序的客观行为均给予否定性评价的价值导向。

【指导性案例147号】

张某明、毛某明、张某故意损毁名胜古迹案

【案情概述】略（详见正文第284页）。

【裁判说理】裁判文书说理部分这样论述：风景名胜区的核心景区是受我国刑法保护的名胜古迹（法理之一）。三清山风景名胜区列入世界自然遗产、世界地质公园名录，巨蟒峰地质遗迹点是其珍贵的标志性景观和最核心的部分，既是不可再生的珍稀自然资源性资产，也是可持续利用的自然资产，具有重大科学价值、美学价值和经济价值（法理之二）。被告人张某明、毛某明、张某违反社会管理秩序，采用破坏性攀爬方式攀爬巨蟒峰，在巨蟒峰花岗岩柱体上钻孔打入26个岩钉，对巨蟒峰造成严重损毁，情节严重，其行为已构成故意损毁名胜古迹罪，应依法惩处。本案对三被告人的入刑，不仅是对其所实施行为的否定评价，更是警示世人不得破坏国家保护的名胜古迹，从而引导社会公众树立正确的生态文明观，珍惜和善待人类赖以生存和发展的自然资源和生态环境（法理之三）。

【法理应用】该案例综合考虑有关地质遗迹的特点、损坏程度等，认定破坏自然遗产的自然性、原始性、完整性和稳定性的行为，属于故意损毁国家保护的名胜古迹“情节严重”的行为。通过论述名胜古迹所具有的价值，提出希望公民树立正确生态文明观、珍惜善待自然资源和生态环境的倡议，展示司法为环保秩序保驾护航的价值立场。

3. 执行类

【指导性案例2号】

吴某诉四川省眉山西某纸业有限公司买卖合同纠纷案[①]

【案情概述】略（详见正文第78页）。

【裁判说理】裁判文书说理部分这样论述：西某纸业公司对于撤诉的法律后果应当明知（法理之一），即一旦法院裁定准予其撤回上诉，眉山市东坡区人民法院的一审判决即为生效判决，具有强制执行的效力。虽然二审期间双方在自愿基础上达成的和解协议对相关权利义务作出约定，西某纸业公司因该协议的签订而放弃行使上诉权，吴某则放弃了利息，但是该和解协议属于双方当事人诉讼外达成的协议，未经人民法院依法确认制作调解书，不具有强制执行力。西某纸业公司未按和解协议履行还款义务，违背了双方约定和诚信原则（法理之二），故对其以双方达成和解协议为由，主张不予执行原生效判决的请求不予支持。

【法理应用】因西某纸业不履行原被告双方在二审期间签订的和解协议，吴某申请执行原一审判决。眉山市东坡区人民法院支持吴某的申请，西某纸业不服，向眉山市中级人民法院申请执行监督，主张不予执行原一审判决。眉山市中级人民法院法官面临的问题是当双方当事人签订的和解协议得不到履行时，双方的权利义务关系是否能够返回到生效裁判阶段，继续执行原生效判决？对此，法律没有明确规定。该案中，眉山市中级人民法院首先认定原被告在二审诉讼中达成的和解协议的性质属于诉讼外和解协议，依据法律

① 参见最高人民法院案例指导工作办公室编著：《中国案例指导》（总第1辑），法律出版社2015年版，第28页。

关于执行和解协议的规定，推理出和解协议制度既体现了对当事人意思自治的尊重也体现了对诚信原则的坚守。那么，当两种价值出现冲突时，优先适用哪个呢？在本案例中，法官给出了明确的价值指引，即诚信原则的价值高于意思自治原则，此时法律提供的救济手段是赋予当事人请求执行原生效判决。基于此，该案例确定了二审期间达成的和解协议不能履行时，对另一方当事人提出的执行原生效判决的主张予以支持的裁判规则，对此处的法律空白给予补充。

（二）自由

自由在法律上是“做法律所许可的一切事情的权利”[①]。“在这些规范中，自由获得了一种与个人无关的、理论的、不取决于个别人的任性的存在。”[②] 指导性案例通过裁判说理表达了对意思自治、自我管理等自由价值的尊重。

【指导性案例 7 号】

牡丹江市宏某建筑安装有限责任公司诉牡丹江市华某房地产开发有限责任公司、张某增建设工程施工合同纠纷案[③]

【案情概述】略（详见正文第 145 页）。

【裁判说理】裁判文书说理部分这样论述：对于人民检察院抗诉再审的案件，或者人民法院依据当事人申请或依据职权裁定再审的案件，如果再审期间当事人达成和解并履行完毕，或者撤回申诉，且不损害国家利益、社会公共利益的，为了尊重和保障当事人在法定范围内对本人合法权利的自由处分权（法理之一），实现诉讼法律效果与社会效果的统一（法理之二），促进社会和谐（法理之三），人民法院应当根据《最高人民法院关于适用〈中华人民共和国民事诉讼法〉审判监督程序若干问题的解释》第 34 条的规定，裁定终结再审诉讼。

本案中，申诉人华某公司不服原审法院民事判决，在向最高人民法院申

① ［法］孟德斯鸠：《论法的精神》，张雁深译，商务印书馆 1961 年版，第 154 页。

② 《马克思恩格斯全集》第 1 卷，人民出版社 1995 年版，第 176 页。

③ 参见最高人民法院案例指导工作办公室编著：《中国案例指导》（总第 1 辑），法律出版社 2015 年版，第 121 页。

请再审的同时，也向检察机关申请抗诉。在最高人民法院提审期间，当事人达成和解，华某公司向最高人民法院申请撤诉。由于当事人有权在法律规定的范围内自由处分自己的民事权益和诉讼权利（法理之四），其撤诉申请意思表示真实，已裁定准许其撤回再审申请，本案当事人之间的纠纷已得到解决，且本案并不涉及国家利益、社会公共利益或第三人利益（法理之五），故检察机关抗诉的基础已不存在（法理之六），本案已无按抗诉程序裁定进入再审的必要（法理之七），应当依法裁定本案终结审查。

【法理应用】对受理审查抗诉案件时，当事人已撤回再审申请的，检察机关不撤回抗诉的情形，该如何处理，法律没有规定。法院充分尊重当事人对自己权益的处分权，明确了纠纷已经解决的，在不损害国家、社会及他人利益的情况下，当事人申请撤诉的，应当充分尊重当事人意愿，对案件进行终结处理的裁判规则。

【指导性案例10号】

李某军诉上海佳某力环保科技有限公司公司决议撤销纠纷案[①]

【案情概述】略（详见正文第81页）。

【裁判说理】裁判文书说理部分这样论述：根据《公司法》第22条第2款的规定，董事会决议可撤销的事由包括：（1）召集程序违反法律、行政法规或公司章程；（2）表决方式违反法律、行政法规或公司章程；（3）决议内容违反公司章程。从召集程序看，佳某力公司于2009年7月18日召开的董事会由董事长葛某乐召集，三位董事均出席董事会，该次董事会的召集程序未违反法律、行政法规或公司章程的规定。从表决方式看，根据佳某力公司章程规定，对所议事项作出的决定应由占全体股东三分之二以上的董事表决通过方才有效，上述董事会决议由三位股东（兼董事）中的两名表决通过，故在表决方式上未违反法律、行政法规或公司章程的规定。从决议内容看，佳某力公司章程规定董事会有权解聘公司经理，董事会决议内容中“总经理

① 参见最高人民法院案例指导工作办公室编著：《中国案例指导》（总第1辑），法律出版社2015年版，第176页。

李某军不经董事会同意私自动用公司资金在二级市场炒股，造成巨大损失”的陈述，仅是董事会解聘李某军总经理职务的原因，而解聘李某军总经理职务的决议内容本身并不违反公司章程（法理之一）。

董事会决议解聘李某军总经理职务的原因如果不存在，并不导致董事会决议撤销。首先，《公司法》尊重公司自治，公司内部法律关系原则上由公司自治机制调整，司法机关原则上不介入公司内部事务（法理之二）；其次，佳某力公司的章程中未对董事会解聘公司经理的职权作出限制，并未规定董事会解聘公司经理必须要有一定原因，该章程内容未违反公司法的强制性规定，应认定有效（法理之三），因此佳某力公司董事会可以行使公司章程赋予的权力作出解聘公司经理的决定。故法院应当尊重公司自治，无须审查佳某力公司董事会解聘公司经理的原因是否存在，即无须审查决议所依据的事实是否属实，理由是否成立（法理之四）。综上，原告李某军请求撤销董事会决议的诉讼请求不成立，依法予以驳回。

【法理应用】该案例进一步亮明了司法权行使要以法律明确规定为边界的立场。即对公司决议进行司法审查范围要严格遵守法律规定，仅限定在《公司法》明确规定的三类可撤销的公司决议范围内，不可以随意扩展。本案宣扬了司法对公司自治精神的尊重和严格依法司法的价值观念。

（三）正义

1. 民事类

【指导性案例 17 号】

张某诉北京合某华通汽车服务有限公司买卖合同纠纷案[①]

【案情概述】2007 年 2 月 28 日，原告张某从被告北京合某华通汽车服务有限公司（以下简称合某华通公司）购买上海通用雪佛兰景程轿车一辆，价格 138 000 元，双方签有《汽车销售合同》。该合同第 7 条约定：“……卖方保证买方所购车辆为新车，在交付之前已作了必要的检验和清洁，车辆路程表

① 参见最高人民法院案例指导工作办公室编著：《中国案例指导》（总第 2 辑），法律出版社 2015 年版，第 106 页、196 页。

的公里数为18公里且符合卖方提供给买方的随车交付文件中所列的各项规格和指标……”合同签订当日，张某向合某华通公司交付了购车款138 000元，同时支付了车辆购置税12 400元、一条龙服务费500元、保险费6060元。同日，合某华通公司将雪佛兰景程轿车一辆交付张某，张某为该车办理了机动车登记手续。2007年5月13日，张某在将车辆送合某华通公司保养时，发现该车曾于2007年1月17日进行过维修。

审理中，合某华通公司表示张某所购车辆确曾在运输途中造成划伤，于2007年1月17日进行过维修，维修项目包括右前叶子板喷漆、右前门喷漆、右后叶子板喷漆、右前门钣金、右后叶子板钣金、右前叶子板钣金，维修中更换底大边卡扣、油箱门及前叶子板灯总成。送修人系该公司业务员。合某华通公司称，对于车辆曾进行维修之事已在销售时明确告知张某，并据此予以较大幅度优惠，该车销售定价应为151 900元，经协商后该车实际销售价格为138 000元，还赠送了部分装饰。为证明上述事实，合某华通公司提供了车辆维修记录及有张某签字的日期为2007年2月28日的车辆交接验收单一份，在车辆交接验收单备注一栏中注有“加1/4油，此车右侧有钣喷修复，按约定价格销售”。合某华通公司表示该验收单系该公司保存，张某手中并无此单。对于合某华通公司提供的上述两份证据，张某表示对于车辆维修记录没有异议，车辆交接验收单中的签字确系其所签，但合某华通公司在销售时并未告知车辆曾有维修，其在签字时备注一栏中没有“此车右侧有钣喷修复，按约定价格销售”字样。

【裁判说理】裁判文书说理部分这样论述：原告张某购买汽车系因生活需要自用，被告合某华通公司没有证据证明张某购买该车用于经营或其他非生活消费，故张某购买汽车的行为属于生活消费需要，应当适用《消费者权益保护法》(法理之一)。根据双方签订的《汽车销售合同》约定，合某华通公司交付张某的车辆应为无维修记录的新车，现所售车辆在交付前实际上经过维修，这是双方共同认可的事实，故本案争议的焦点为合某华通公司是否事先履行了告知义务。

车辆销售价格的降低或优惠以及赠送车饰是销售商常用的销售策略，也是双方当事人协商的结果，不能由此推断出合某华通公司在告知张某汽车存在瑕疵的基础上对其进行了降价和优惠（法理之二）。合某华通公司提交的有张某签名的车辆交接验收单，因系合某华通公司单方保存，且备注一栏内容由该公司不同人员书写，加之张某对此不予认可，该验收单不足以证明张某对车辆以前维修过有所了解（法理之三）。故对合某华通公司抗辩称其向张某履行了瑕疵告知义务，不予采信，应认定合某华通公司在售车时隐瞒了车辆存在的瑕疵，有欺诈行为，应退车还款并增加赔偿张某的损失（法理之四）。

【法理应用】该案例涉及消费者权益保护。案例对《消费者权益保护法》中规定的消费品、消费者及消费欺诈的具体内涵进行了界定，明确了为家庭生活消费需要购买汽车属于受《消费者权益保护法》保护的消费品；是否构成销售欺诈由商家承担举证责任；消费者是否受到法律保护与其消费行为相关而与其行为动机无关的裁判规则。案例确立的裁判规则弘扬诚信、公正、法治的社会主义核心价值观，体现了维护交易秩序、鼓励诚信经营、保护弱势群体的价值导向。

人权，是现代法最基本的价值之一。尊重和保障人权既是人类文明的标志和法治文明的基本特征，也是现代法区别于传统法的基本标志。司法保护是人权的法律保护体系中的重要环节，也是人权的法律保护的最后一道防线。指导性案例中对于人权价值的尊重和保护多体现在刑事案件、劳动报酬、行政案件中，表现为追求和谐关系、依法行政、正当程序、保护诉权等方面。

【指导性案例 18 号】

中某通讯（杭州）有限责任公司诉王某劳动合同纠纷案①

【案情概述】略（详见正文第 154 页）。

【裁判说理】裁判文书说理部分这样论述：为了保护劳动者的合法权益，构建和发展和谐稳定的劳动关系，《劳动法》《劳动合同法》对用人单位单方解除劳动合同的条件进行了明确限定。原告中某通讯以被告王某不胜任工作，经转岗后仍不胜任工作为由，解除劳动合同，对此应负举证责任（法理之

① 参见最高人民法院案例指导工作办公室编著：《中国案例指导》（总第 2 辑），法律出版社 2015 年版，第 117 页。

一)。根据《员工绩效管理办法》的规定,"C(C1、C2)考核等级的比例为10%",虽然王某曾经的考核结果为C2,但是C2等级并不完全等同于"不能胜任工作"(法理之二),中某通讯仅凭该限定考核等级比例的考核结果,不能证明劳动者不能胜任工作,不符合据此单方解除劳动合同的法定条件(法理之三)。虽然2009年1月王某从分销科转岗,但是转岗前后均从事销售工作,并存在分销科解散导致王某转岗这一根本原因,故不能证明王某系因不能胜任工作而转岗(法理之四)。因此,中某通讯主张王某不胜任工作,经转岗后仍然不胜任工作的依据不足,存在违法解除劳动合同的情形,应当依法向王某支付经济补偿标准二倍的赔偿金。

【法理应用】很多企业等用人单位在单位内部实行"末位淘汰"的管理制度以激励员工努力工作。那么,这种作为企业内部管理手段的"淘汰"和法律意义上的"解除劳动合同"能否等同?该案例依据《劳动合同法》相关规定,通过对用人单位规章制度合法性、"严重违反用人单位的规章制度"中的主观性及"不能胜任工作"的客观性进行解释,明确了员工在单位内部考核体系中的序位不能作为单位解除员工劳动合同的充分条件,通过对劳动者就业权的保护、对用人单位内部规章制度合法性的审查,体现了对劳动者人事劳动权的尊重。

【指导性案例24号】

荣某英诉王某、永某财产保险股份有限公司江阴支公司机动车交通事故责任纠纷案[①]

【案情概述】略(详见正文第85页)。

【裁判说理】裁判文书说理部分这样论述:《侵权责任法》第26条规定:"被侵权人对损害的发生也有过错的,可以减轻侵权人的责任。"《道路交通安全法》第76条第1款第2项规定,机动车与非机动车驾驶人、行人之间发生交通事故,非机动车驾驶人、行人没有过错的,由机动车一方承担赔偿责任;

① 参见最高人民法院案例指导工作办公室编著:《中国案例指导》(总第2辑),法律出版社2015年版,第206页。

有证据证明非机动车驾驶人、行人有过错的，根据过错程度适当减轻机动车一方的赔偿责任（法理之一）。因此，交通事故中在计算残疾赔偿金是否应当扣减时应当根据受害人对损失的发生或扩大是否存在过错进行分析（法理之二）。本案中，虽然原告荣某英的个人体质状况对损害后果的发生具有一定的影响，但这不是《侵权责任法》等法律规定的过错，荣某英不应因个人体质状况对交通事故导致的伤残存在一定影响而自负相应责任（法理之三），原审判决以伤残等级鉴定意见中将荣某英的个人体质状况"损伤参与度评定为75%"为由，在计算残疾赔偿金时作相应扣减属适用法律错误，应予纠正。

从交通事故受害人发生损伤及造成损害后果的因果关系看，本起交通事故的引发系肇事者王某驾驶机动车穿越人行横道线时，未尽到安全注意义务碰擦行人荣某英所致（法理之四）；本起交通事故造成的损害后果系受害人荣某英被机动车碰撞、跌倒发生骨折所致，事故责任认定荣某英对本起事故不负责任，其对事故的发生及损害后果的造成均无过错（法理之五）。虽然荣某英年事已高，但其年老骨质疏松仅是事故造成后果的客观因素，并无法律上的因果关系（法理之六）。因此，受害人荣某英对于损害的发生或者扩大没有过错，不存在减轻或者免除加害人赔偿责任的法定情形（法理之七）。同时，机动车应当遵守文明行车、礼让行人的一般交通规则和社会公德（法理之八）。本案所涉事故发生在人行横道线上，正常行走的宋某英对将被机动车碰撞这一事件无法预见，而王某驾驶机动车在路经人行横道线时未依法减速慢行、避让行人，导致事故发生（法理之九）。因此，依法应当由机动车一方承担事故引发的全部赔偿责任（法理之十）。

根据我国《道路交通安全法》的相关规定，机动车发生交通事故造成人身伤亡、财产损失的，由保险公司在机动车第三者责任强制保险责任限额范围内予以赔偿。而我国交强险立法并未规定在确定交强险责任时应依据受害人体质状况对损害后果的影响作相应扣减，保险公司的免责事由也仅限于受害人故意造成交通事故的情形，即便是投保机动车无责，保险公司也应在交强险无责限额内予以赔偿（法理之十一）。因此，对于受害人符合法律规定的赔偿项目和标准的损失，均属交强险的赔偿范围，参照"损伤参与度"确定损害赔偿责任和交强险责任均没有法律依据（法理之十二）。

【法理应用】该案例明确了受害人的体质状况即便对损害后果有“参与度”，但仅仅属于客观上的介入因素，不影响对交通事故的责任认定，受害人不应负相应责任的裁判规则。案例从原《侵权责任法》《道路交通安全法》《保险法》和《老年人权益保障法》的立法目的，骨质疏松为一般人类生理规律的伦理常情以及对弱势群体的人文关怀等方面进行法理论证，通过倡导文明、和谐的价值观念，澄清司法实践中侵权责任纠纷案件过错责任原则的适用误区。

2. 刑事类

【指导性案例4号】

王某才故意杀人案[①]

【案情概述】略（详见正文第68页）。

【裁判说理】裁判文书说理部分这样论述：上诉人王某才因婚恋不成故意非法剥夺他人生命，其行为构成故意杀人罪，且杀人手段残忍，罪行极其严重，依法应予严惩。鉴于上诉人王某才的犯罪行为系临时起意、激情杀人，归案后能如实供述自己的罪行、赔偿被害人亲属部分经济损失、真诚悔罪，且平时表现较好，其所在单位员工联名请求对其从轻处罚等情节，依法可给其一个悔过自新的机会，对其判处死刑，不立即执行。根据上诉人王某才的犯罪事实、性质、情节和社会危害程度，应对其限制减刑。

【指导性案例12号】

李某故意杀人案[②]

【案情概述】略（详见正文第69页）。

【裁判说理】裁判文书说理部分这样论述：李某杀人手段特别残忍、后果特别严重，又系累犯，应依法从重处罚。但鉴于本案系民间矛盾引发，李某

---

① 参见最高人民法院案例指导工作办公室编著：《中国案例指导》（总第1辑），法律出版社2015年版，第69页。

② 参见最高人民法院案例指导工作办公室编著：《中国案例指导》（总第1辑），法律出版社2015年版，第204页。

的母亲梁某某积极协助公安机关将李某抓获归案，李某的认罪态度较好，对李某可不判处死刑立即执行。根据李某的犯罪情节及其主观恶性、人身危险性等情况，应依法对其限制减刑。

【法理应用】“第 4 号指导性案例‘王某才故意杀人案’和第 12 号指导性案例‘李某故意杀人案’”，两个案例都是因民间纠纷引发故意杀人的案件，都适用了《刑法修正案（八）》关于判处死刑缓期执行但限制减刑的规定。在明确适用死缓限制减刑的实体条件的同时，引导人们树立尊重生命权、重视人权和崇尚社会和谐的价值观，放弃“杀人偿命”传统报应观念和“以牙还牙”“以眼还眼”的同态复仇价值观，更加理性地看待刑法的惩戒功能。

【指导性案例 28 号】

胡某金拒不支付劳动报酬案[①]

【案情概述】略（详见正文第 226 页）。

【裁判说理】裁判文书说理部分这样论述：被告人胡某金拒不支付 20 余名民工的劳动报酬达 12 万余元，数额较大，且在政府有关部门责令其支付后逃匿，其行为构成拒不支付劳动报酬罪。被告人胡某金虽然不具有合法的用工资格，又属没有相应建筑工程施工资质而承包建筑工程施工项目，且违法招用民工进行施工，上述情况不影响以拒不支付劳动报酬罪追究其刑事责任（法理之一）。本案中，胡某金逃匿后，工程总承包企业按照有关规定清偿了胡某金拖欠的民工工资，其清偿拖欠民工工资的行为属于为胡某金垫付，这一行为虽然消减了拖欠行为的社会危害性，但并不能免除胡某金应当支付劳动报酬的责任，因此，对胡某金仍应当以拒不支付劳动报酬罪追究刑事责任（法理之二）。鉴于胡某金系初犯、认罪态度好，依法作出如上判决。

【法理应用】在建筑工程施工、加工制造、餐饮等劳动力密集的领域，一些用工单位恶意欠薪，严重侵犯劳动者合法权益，引发群体事件，形成社会矛盾。该案例明确了即便单位或个人不具备用工主体资格，如果拒不支付民

---

① 参见最高人民法院案例指导工作办公室编著：《中国案例指导》（总第 2 辑），法律出版社 2015 年版，第 266 页。

工报酬，数额较大，经政府有关部门责令支付仍不支付的，以拒不支付劳动报酬罪追究刑事责任。即便在立案前其他单位或个人为其垫付了劳动报酬，不影响对该单位或个人的追责。体现了保护弱势群体、强化用工单位主体责任、维护社会安定和谐、维护社会经济秩序的价值引领。

3. 行政类

【指导性案例 21 号】

内蒙古秋某房地产开发有限责任公司诉呼和浩特市人民防空办公室人防行政征收案[①]

【案情概述】略（详见正文第 125 页）。

【裁判说理】裁判文书说理部分这样论述：《国务院关于解决城市低收入家庭住房困难的若干意见》第 16 条规定，“廉租住房和经济适用住房建设、棚户区改造、旧住宅区整治一律免收城市基础设施配套费等各种行政事业性收费和政府性基金”。建设部等七部委发布的《经济适用住房管理办法》第 8 条规定，“经济适用住房建设项目免收城市基础设施配套费等各种行政事业性收费和政府性基金”。上述关于经济适用住房等保障性住房建设项目免收各种行政事业性收费的规定，虽然没有明确其调整对象，但从立法本意来看，其指向的对象应是合法建设行为（法理之一）。《人民防空法》第 22 条规定，“城市新建民用建筑，按照国家有关规定修建战时可用于防空的地下室”。《人民防空工程建设管理规定》第 48 条规定，“按照规定应当修建防空地下室的民用建筑，因地质、地形等原因不宜修建的，或者规定应建面积小于民用建筑地面首层建筑面积的，经人民防空主管部门批准，可以不修建，但必须按照应修建防空地下室面积所需造价缴纳易地建设费，由人民防空主管部门就近易地修建”。即只有在法律法规规定不宜修建防空地下室的情况下，经济适用住房等保障性住房建设项目才可以不修建防空地下室，并适用免除缴纳防空地下室易地建设费的有关规定（法理之二）。免缴防空地下室易地建设

① 参见最高人民法院案例指导工作办公室编著：《中国案例指导》（总第 2 辑），法律出版社 2015 年版，第 158 页。

费有关规定适用的对象不应包括违法建设行为，否则就会造成违法成本小于守法成本的情形，违反立法目的，不利于维护国防安全和人民群众的根本利益（法理之三）。秋某房地产公司对依法应当修建的防空地下室没有修建，属于不履行法定义务的违法行为，不能适用免缴防空地下室易地建设费的有关优惠规定（法理之四）。

【法理应用】该案例涉及不同的法律法规对某种行为有不同规定时，如何适用的问题。该案例从立法目的出发，通过法理分析明确保障性住房施行优惠行政事业性收费的目的是通过降低保障性住房建设成本鼓励开发商建设保障性住房，满足低收入家庭住房需求。故该行政事业性收费的优惠对象是合法行为产生的收费。《人民防空法》及其相关配套措施规定，建设单位应当建设人防工程而没有修建的，需要缴纳易地建设费。这个费用是因违反法定义务而产生的处罚性收费。所以国家对保障性住房的优惠政策不能适用于非法行为产生的收费，因此该案例明确了因违反《人民防空法》及相关规定产生的具有惩罚性质的行政事业性收费不应在优惠范围内，体现了“任何人不能从其违法行为中获利”的法理。

【指导性案例 22 号】

魏某高、陈某志诉来安县人民政府收回土地使用权批复案[①]

【案情概述】略（详见正文第 127 页）。

【裁判说理】裁判文书说理部分这样论述：根据《土地储备管理办法》和《安徽省国有土地储备办法》以收回方式储备国有土地的程序规定，来安县国土资源行政主管部门在来安县人民政府作出批准收回国有土地使用权方案批复后，应当向原土地使用权人送达对外发生法律效力的收回国有土地使用权通知。来安县人民政府的批复属于内部行政行为，不向相对人送达，对相对人的权利义务尚未产生实际影响，一般不属于行政诉讼的受案范围（法理之一）。但本案中，来安县人民政府作出批复后，来安县国土资源行政主管部门

① 参见最高人民法院案例指导工作办公室编著：《中国案例指导》（总第 2 辑），法律出版社 2015 年版，第 172 页。

没有制作并送达对外发生效力的法律文书，即直接交来安县土地储备中心根据该批复实施拆迁补偿安置行为，对原土地使用权人的权利义务产生了实际影响（法理之二）；原土地使用权人也通过申请政府信息公开知道了该批复的内容，并对批复提起了行政复议，复议机关作出复议决定时也告知了诉权，该批复已实际执行并外化为对外发生法律效力的具体行政行为（法理之三）。因此，对该批复不服提起行政诉讼的，人民法院应当依法受理。

【法理应用】该案例的裁判规则是对内部行政行为不具有可诉性的突破。来安县人民政府作出的《关于同意收回永阳东路与塔山中路部分地块国有土地使用权的批复》虽然属于内部行政行为，但来安县国土资源局没有按照此批复内容下达对外发生法律效力的具有可诉性的通知，而是直接实施了县政府批复，以致内部行政行为对相对人的权利义务产生了直接影响，即内部行政行为外部化。如果固守内部行政行为不可诉的原则，将阻断行政相对人救济途径，并会为行政机关树立一个"不依法依规行政反倒可以躲避监督"的坏榜样，此案例体现了规范行政行为、倡导依法行政、畅通救济渠道、保护当事人诉权的价值引领。

【指导性案例26号】

李某雄诉广东省交通运输厅政府信息公开案[①]

【案情概述】略（详见正文第199页）。

【裁判说理】裁判文书说理部分这样论述：《政府信息公开条例》第24条规定："行政机关收到政府信息公开申请，能够当场答复的，应当当场予以答复。行政机关不能当场答复的，应当自收到申请之日起15个工作日内予以答复；如需延长答复期限的，应当经政府信息公开工作机构负责人同意，并告知申请人，延长答复的期限最长不得超过15个工作日。"本案原告于2011年6月1日通过广东省人民政府公众网络系统向被告提交了政府信息公开申请，申请公开广州广园客运站至佛冈的客运里程数。政府公众网络系统生成了相

① 参见最高人民法院案例指导工作办公室编著：《中国案例指导》（总第2辑），法律出版社2015年版，第223页。

应的电子申请编号，并向原告手机发送了申请提交成功的短信。被告确认收到上述申请并认可原告是基于生活生产需要获取上述信息，却于2011年8月4日才向原告作出《关于政府信息公开的答复》和《政府信息公开答复书》，已超过了上述规定的答复期限。由于广东省人民政府“政府信息网上依申请公开系统”作为政府信息申请公开平台所应当具有的整合性与权威性，如未作例外说明，则从该平台上递交成功的申请应视为相关行政机关已收到原告通过互联网提出的政府信息公开申请（法理之一）。至于外网与内网、上下级行政机关之间对于该申请的流转，属于行政机关内部管理事务，不能成为行政机关延期处理的理由（法理之二）。被告认为原告是向政府公众网络系统提交的申请，因其厅内网与互联网、省外网物理隔离而无法及时发现原告申请，应以其2011年7月28日发现原告申请为收到申请日期而没有超过答复期限的理由不能成立。因此，原告通过政府公众网络系统提交政府信息公开申请的，该网络系统确认申请提交成功的日期应当视为被告收到申请之日，被告逾期作出答复的，应当确认为违法。

【法理应用】该案例涉及通过政府公众网络系统提交申请时，行政机关“收到申请之日”的起算问题。该案例充分平衡当事人举证能力，确定了系统确认的申请人提交政府信息公开申请成功的日期即视为法律规定的“行政机关收到政府信息公开申请之日”的裁判规则。法律规定的“15个工作日”的答复期限已包含了行政机关内部事务的协调沟通时间，行政机关不能再以内部事务的沟通协调需要时间作为延期答复行政相对人申请的合法理由。这体现了对处于相对弱势的行政相对人权益的保障，促使拥有行政权的行政机关主动作为、依法行政、提高工作效率、尊重行政相对人合法权益。

（四）效率

效率是指“以最少的资源消耗取得同样多的效果，或以同样的资源消耗取得最大的效果”①。社会资源的配置和利用使越来越多的人改善境况但没有人因此而境况变坏，这种情况就意味着效率提高。② 指导性案例通过法理论证说

① 参见张文显主编：《法理学》（第四版），高等教育出版社2011年版，第268页。
② 参见张文显主编：《法理学》（第四版），高等教育出版社2011年版，第268页。

理展示了效率价值在增进社会整体公平、实现经济效益和社会效益统一方面的功能。

1. 民事类

【指导性案例34号】

李某玲、李某裕申请执行厦门海某实业（集团）股份有限公司、厦门海某实业总公司执行复议案①

【案情概述】略（详见正文第159页）。

【裁判说理】裁判文书说理部分这样论述：本案申请复议中争议焦点问题是，生效法律文书确定的权利人在进入执行程序前合法转让债权的，债权受让人即权利承受人可否作为申请执行人直接申请执行，是否需要裁定变更申请执行主体，以及执行中如何处理债权转让合同效力争议问题。

一、关于是否需要裁定变更申请执行主体的问题

变更申请执行主体是在根据原申请执行人的申请已经开始了的执行程序中，变更新的权利人为申请执行人（法理之一）。根据《执行规定》第18条、第20条的规定，权利承受人有权以自己的名义申请执行，只要向人民法院提交承受权利的证明文件，证明自己是生效法律文书确定的权利承受人的，即符合受理执行案件的条件。这种情况不属于严格意义上的变更申请执行主体，但二者的法律基础相同（法理之二），故也可以理解为广义上的申请执行主体变更，即通过立案阶段解决主体变更问题（法理之三）。1号答复的意见是，《执行规定》第18条可以作为变更申请执行主体的法律依据，并且认为债权受让人可以视为该条规定中的权利承受人。本案中，生效判决确定的原权利人2234公司在执行开始之前已经转让债权，并未作为申请执行人参加执行程序，而是权利受让人李某玲、李某裕依据《执行规定》第18条的规定直接申请执行。因其申请已经由法院立案受理，受理的方式不是通过裁定而是发出受理通知，债权受让人已经成为申请执行人，故并不需要执行法院再作出变

① 参见最高人民法院案例指导工作办公室编著：《中国案例指导》（总第3辑），法律出版社2016年版，第63页。

更主体的裁定，然后发出执行通知，而应当直接发出执行通知（法理之四）。实践中有的法院在这种情况下先以原权利人作为申请执行人，待执行开始后再作出变更主体裁定，因其只是增加了工作量，而并无实质性影响，故并不被认为程序上存在问题（法理之五）。但不能由此反过来认为没有作出变更主体裁定是程序错误（法理之六）。

二、关于债权转让合同效力争议问题，原则上应当通过另行提起诉讼解决，执行程序不是审查判断和解决该问题的适当程序（法理之七）

被执行人主张转让合同无效所援引的《纪要》第5条也规定：在受让人向债务人主张债权的诉讼中，债务人提出不良债权转让合同无效抗辩的，人民法院应告知其向同一人民法院另行提起不良债权转让合同无效的诉讼；债务人不另行起诉的，人民法院对其抗辩不予支持。关于李某裕的申请执行人资格问题。因本案在异议审查中查明，李某裕明确表示其已经退出债权受让，不再参与本案执行，故后续执行中应不再将李某裕列为申请执行人。但如果没有其他因素，该事实不影响另一债权受让人李某玲的受让和申请执行资格。李某玲要求继续执行的，福建高院应以李某玲为申请执行人继续执行。

【法理应用】权利人为快速实现债权而将债权转让，债权受让人能否直接替代权利人按照生效判决申请执行？考虑到效率是执行程序的基本价值追求，执行程序的制度设计应以迅速实现债权人经过生效法律文书确定的债权为目的，该案例确定了既方便权利人权利实现又方便权利受让人权利实现，亦能简化程序、提高执行效率，减轻法院工作量的裁判规则，体现了维护经济效率的价值引领。

【指导性案例51号】

阿某诉中国东某航空股份有限公司航空旅客运输合同纠纷案[①]

【案情概述】略（详见正文第60页）。

① 参见最高人民法院案例指导工作办公室编著：《中国案例指导》（总第3辑），法律出版社2016年版，第376页。

【裁判说理】裁判文书说理部分这样论述：《瓜达拉哈拉公约》第1条第2款规定："'缔约承运人'指与旅客或托运人，或与旅客或托运人的代理人订立一项适用华沙公约的运输合同的当事人。"第3款规定："'实际承运人'指缔约承运人以外，根据缔约承运人的授权办理第二款所指的全部或部分运输的人，但对该部分运输此人并非华沙公约所指的连续承运人。在没有相反的证据时，上述授权被推定成立。"第7条规定："对实际承运人所办运输的责任诉讼，可以由原告选择，对实际承运人或缔约承运人提起，或者同时或分别向他们提起。如果只对其中的一个承运人提起诉讼，则该承运人应有权要求另一承运人参加诉讼。这种参加诉讼的效力以及所适用的程序，根据受理案件的法院的法律决定。"阿某所持机票，是由国某航空公司出票，故国际航空旅客运输合同关系是在阿某与国某航空公司之间设立，国某航空公司是缔约承运人。东某航空公司与阿某之间不存在直接的国际航空旅客运输合同关系，也不是连续承运人，只是推定其根据国某航空公司的授权，完成该机票确定的上海至香港间运输任务的实际承运人（法理之一）。阿某有权选择国某航空公司或东某航空公司或两者同时为被告提起诉讼；在阿某只选择东某航空公司为被告提起的诉讼中，东某航空公司虽然有权要求国某航空公司参加诉讼，但由于阿某追究的航班延误责任发生在东某航空公司承运的上海至香港段航程中，与国某航空公司无关，根据本案案情，衡量诉讼成本，无须追加国某航空公司为本案的当事人共同参加诉讼（法理之二）。故东某航空公司虽然有权申请国某航空公司参加诉讼，但这种申请能否被允许，应由受理案件的法院决定（法理之三）。一审法院认为国某航空公司与阿某要追究的航班延误责任无关，根据本案旅客维权的便捷性、担责可能性、诉讼的成本等情况，决定不追加国某航空公司为本案的当事人，并无不当（法理之四）。

【法理应用】该案例基于减少当事人诉累、提高效率的审判理念，认为国际航空旅客运输涉及国外的航空公司，如果追加境外当事人，诉讼可能旷日持久，给旅客维权增加难度，并且在旅客起诉实际承运人追求其延误责任的情况下，追加缔约承运人对于查明与延误相关事实并无必要，法院对被诉承运人申请追加另一方承运人参加诉讼的申请不予准许。案例依据诚信原则和符合常理需求原则评判承运人是否采取了"一切必要措施"，遵循公平合理原则来评判航空公司“不得退票、不得转签”的合同条款是否有效。即，如果是由于旅客自身原因导致错过航班，航空公司可以拒绝退票和转签。如果非旅客原因造成航班延误和取消，航空公司不能履行运输合同的，当然有义务接受退票和转签。该案体现了追求实体公正、提高审判效率、维护消费者权益、减少当事人诉累、规范航空运输秩序、引导消费者理性维权的价值导向。

【指导性案例 132 号】

中国生物多样性保护与绿色发展基金会诉秦皇岛方某包装玻璃有限公司大气污染责任民事公益诉讼案[①]

【案情概述】被告秦皇岛方某包装玻璃有限公司（以下简称方某公司）系主要从事各种玻璃包装瓶生产加工的企业，现拥有玻璃窑炉四座。在生产过程中，因超标排污被秦皇岛市海港区环境保护局（以下简称海港区环保局）多次作出行政处罚。2015 年 2 月 12 日，方某公司与无锡格某环保科技有限公司签订《玻璃窑炉脱硝脱硫除尘总承包合同》，对方某公司的四座窑炉进行脱硝脱硫除尘改造，合同总金额为 3617 万元。

2016 年中国生物多样性保护与绿色发展基金会（以下简称中国绿发会）对方某公司提起环境公益诉讼后，方某公司加快了脱硝脱硫除尘改造提升进程。2016 年 6 月 15 日，方某公司通过了海港区环保局的环保验收。2016 年 7 月 22 日，中国绿发会组织相关专家对方某公司脱硝脱硫除尘设备运行状况进行了考察，并提出相关建议。2016 年 6 月 17 日、2017 年 6 月 17 日，环保部门为方某公司颁发《河北省排放污染物许可证》。2016 年 12 月 2 日，方某公司再次投入 1965 万元，为四座窑炉增设脱硝脱硫除尘备用设备一套。

方某公司于 2015 年 3 月 18 日缴纳行政罚款 8 万元。中国绿发会 2016 年提起公益诉讼后，方某公司自 2016 年 4 月 13 日起至 2016 年 11 月 23 日止，分 24 次缴纳行政罚款共计 1281 万元。

---

① 参见最高人民法院案例指导工作办公室编著：《中国案例指导》（总第 11 辑），法律出版社 2022 年版，第 161 页。

2017年7月25日，中国绿发会向法院提交《关于诉讼请求及证据说明》，确认方某公司非法排放大气污染物而对环境造成的损害期间从行政处罚认定发生损害时起至环保部门验收合格为止。法院委托环境保护部环境规划院环境风险与损害鉴定评估研究中心对方某公司因排放大气污染物对环境造成的损害数额及采取替代修复措施修复被污染的大气环境所需费用进行鉴定，起止日期为2015年10月28日（行政处罚认定损害发生日）至2016年6月15日（环保达标日）。

2017年11月，鉴定机构作出《方某公司大气污染物超标排放环境损害鉴定意见》，按照虚拟成本法计算方某公司在鉴定时间段内向大气超标排放颗粒物总量约为2.06t，二氧化硫超标排放总量约为33.45t，氮氧化物超标排放总量约为75.33t，方某公司所在的秦皇岛地区为空气功能区Ⅱ类。按照规定，环境空气Ⅱ类区生态损害数额为虚拟治理成本的3~5倍，鉴定报告中取3倍计算对大气环境造成损害数额分别约为0.74万元、27.10万元和127.12万元，共计154.96万元。

另查明，2015年3月，河北广播网、燕赵都市网的网页显示，因被上诉人方某公司未安装除尘脱硝脱硫设施超标排放大气污染物被按日连续处罚200多万。对于该网页显示内容的真实性，被上诉人方某公司予以认可，故对其在2015年10月28日之前存在超标排污的事实予以确认。

河北省秦皇岛市中级人民法院于2018年4月10日作出（2016）冀03民初40号民事判决：一、方某公司赔偿因超标排放大气污染物造成的损失154.96万元，上述费用分3期支付至秦皇岛市专项资金账户（每期51.65万元，第一期于判决生效之日起7日内支付，第二期、第三期分别于判决生效后第二、第三年的12月31日前支付），用于秦皇岛地区的环境修复。二、方某公司于判决生效后30日内在全国性媒体上刊登因污染大气环境行为的致歉声明（内容须经一审法院审核后发布）。如方某公司未履行上述义务，河北省秦皇岛市中级人民法院将本判决书内容在全国性的媒体公布，相关费用由方某公司承担。三、方某公司于判决生效后15日内支付中国绿发会因本案支出的合理费用3万元。四、驳回中国绿发会的其他诉讼请求。案件受理费80元，由方某公司负担，鉴定费用15万元由方某公司负担（已支付）。宣判后，中国绿发会提出上诉。河北省高级人民法院于2018年11月5日作出（2018）冀民终758号民事判决：驳回上诉，维持原判。

【裁判说理】裁判文书说理部分这样论述：《环境保护法》第1条、第4条规定了保护环境、防治污染，促进经济可持续发展的立法目的，体现了保护与发展并重原则（法理之一）。环境公益诉讼在强调环境损害救济的同时，亦应兼顾预防原则（法理之二）。本案诉讼过程中，方某公司加快环保设施的整改进度，积极承担行政责任，并在其安装的环保设施验收合格后，出资近2000万元再行配备一套环保设施，以确保生产过程中环保设施的稳定运行，大大降低了再次造成环境污染的风险与可能性（法理之三）。方某公司自愿投入巨资进行污染防治，是在中国绿发会一审提出“环境损害赔偿与环境修复费用”的诉讼请求之外实施的维护公益行为，实现了《环境保护法》第5条规定的“保护优先，预防为主”的立法意图，以及环境民事公益诉讼的风险预防功能，具有良好的社会导向作用（法理之四）。人民法院综合考虑方某公司在企业生产过程中超标排污行为的违法性、过错程度、治理污染的运行成本以及防污采取的积极措施等因素，对于方某公司在一审鉴定环境损害时间段之前的超标排污造成的损害予以折抵，维持一审法院依据鉴定意见判决环境损害赔偿及修复费用的数额。

【法理应用】该案中污染企业被行政机关罚款2000多万元，更新设备花费5000多万元，按照相关法律规定，还应当承担对环境造成损害的民事赔偿。尽管行政罚款、企业改造及民事赔偿属于不同的责任承担方式，在法律上并行不悖。基于企业后续发展的考量，法院在综合各因素尤其是污染企业有积极缴纳罚款并进行排污设施升级改造举措的情况下，创新适用《最高人民法院关于审理环境民事公益诉讼案件适用法律若干问题的解释》第23条规定，将被告企业违法排污的部分环境损害赔偿金酌定折抵。二审法院充分考虑环境保护与经济发展之间利益平衡，最大限度地实现经济效益和社会效益统一。

2. 执行类

【指导性案例120号】

青海金某融资担保有限公司与上海金某工程建设发展有限公司、青海三某置业有限公司执行复议案①

【案情概述】青海省高级人民法院（以下简称青海高院）在审理上海金某工程建设发展有限公司（以下简称金某公司）与青海海西家某酒店管理有限公司（后更名为青海三某置业有限公司，以下简称家某公司）建设工程施工合同纠纷一案期间，依金某公司申请采取财产保全措施，冻结家某公司的账户存款1500万元（账户实有存款余额23万余元），并查封该公司32 438.8平方米土地使用权。之后，家某公司以需要办理银行贷款为由，申请对账户予以解封，并由担保人宋某玲以银行存款1500万元提供担保。青海高院冻结宋某玲存款1500万元后，解除对家某公司账户的冻结措施。2014年5月22日，青海金某融资担保有限公司（以下简称金某公司）向青海高院提供担保书，承诺家某公司无力承担责任时，愿承担家某公司应承担的责任，担保最高限额1500万元，并申请解除对宋某玲担保存款的冻结措施。青海高院据此解除对宋某玲1500万元担保存款的冻结措施。案件进入执行程序后，经青海高院调查，被执行人青海三某置业有限公司（原青海海西家某酒店管理有限公司）除已经抵押的土地使用权及在建工程外（在建工程价值4亿余元），无其他可供执行财产。保全阶段冻结的账户，因提供担保解除冻结后，进出款8900余万元。执行中，青海高院作出执行裁定，要求金某公司在3日内清偿金某公司的债务1500万元，并扣划担保人金某公司银行存款820万元。金某公司对此提出异议称，被执行人青海三某置业有限公司尚有在建工程及相应的土地使用权，请求返还已扣划的资金。

青海省高级人民法院于2017年5月11日作出（2017）青执异12号执行裁定：驳回金某公司的异议。金某公司不服，向最高人民法院提出复议申请。

---

① 参见最高人民法院案例指导工作办公室编著：《中国案例指导》（总第10辑），法律出版社2021年版，第84页。

最高人民法院于 2017 年 12 月 21 日作出（2017）最高法执复 38 号执行裁定：驳回金某公司的复议申请，维持青海省高级人民法院（2017）青执异 12 号执行裁定。

【裁判说理】裁判文书说理部分这样论述：《最高人民法院关于人民法院执行工作若干问题的规定（试行）》第 85 条规定："人民法院在审理案件期间，保证人为被执行人提供保证，人民法院据此未对被执行人的财产采取保全措施或解除保全措施的，案件审结后如果被执行人无财产可供执行或其财产不足清偿债务时，即使生效法律文书中未确定保证人承担责任，人民法院有权裁定执行保证人在保证责任范围内的财产。"上述规定中的保证责任及金泰公司所作承诺，类似于担保法规定的一般保证责任（法理之一）。《担保法》第 17 条第 1 款及第 2 款规定："当事人在保证合同中约定，债务人不能履行债务时，由保证人承担保证责任的，为一般保证。一般保证的保证人在主合同纠纷未经审判或者仲裁，并就债务人财产依法强制执行仍不能履行债务前，对债权人可以拒绝承担保证责任。"《最高人民法院关于适用〈中华人民共和国担保法〉若干问题的解释》第 131 条规定："本解释所称'不能清偿'指对债务人的存款、现金、有价证券、成品、半成品、原材料、交通工具等可以执行的动产和其他方便执行的财产执行完毕后，债务仍未能得到清偿的状态。"依据上述规定，在一般保证情形，并非只有在债务人没有任何财产可供执行的情形下，才可以要求一般保证人承担责任，即债务人虽有财产，但其财产严重不方便执行时，可以执行一般保证人的财产（法理之二）。参照上述规定精神，由于青海三某置业有限公司仅有在建工程及相应的土地使用权可供执行，既不经济也不方便，在这种情况下，人民法院可以直接执行金某公司的财产（法理之三）。

【法理应用】在诉讼保全的执行担保中关于"无财产可供执行或其财产不足清偿债务"的规定如何理解，司法实践中有不同的认识。该案以方便实现各方经济利益为价值导向，确定了在被执行人虽有财产但严重不方便执行时，可以执行保证人在保证责任范围内财产的裁判规则。

三、小结

通过以上案例的展示，我们可以看到，法理在发挥价值引领功能时表现出的特点，与发挥解释和补充法律功能相比，有所不同。第一，在发挥价值引领功能时，法理已不仅仅是作为寻找、确定、论证具体法律条文能否作为案件审理大前提的依据，而是作为实现更高层面的公平公正价值的标准应用于案件审理裁判中。第二，法理发挥价值引领功能几乎体现在每一个指导性案例中，不仅与解释法律、补充法律功能相补充，更是与解释法律、补充法律功能相融合。在法官运用法理解释法律和补充法律的过程中，都蕴含着一定的价值引导。第三，法理的价值引领功能把带有个人主观色彩的法官个体价值观上升为具有客观性的司法裁判标准。当法官的价值观经法理证成被赋予理性的光辉，又经过指导性案例程序化规范化生成体系，展现在案例中的价值观已褪去法官主观个人色彩，而具有了司法适用标准的客观性。第四，凸显法理价值引领作用的案例，法官不仅考虑案件审理的法律效果，政治效果、法律效果、社会效果三效果相统一更是其所追求的目标。

第四章

规范法理的案例诠释与应用

从当下中国司法知识生产机制的形式来看，法官在日常司法裁判过程中处理的一个个案件以及基于这些案件处理过程中所展开的司法裁判说理，实际上不仅为最高人民法院指导性案例的生成提供了坚实的基础——日常案件是指导性案例得以遴选、提炼、生成的“蓄水池”，也为指导性案例法理的生产提供了稳定的基石——日常案件的裁判说理是指导性案例法理得以彰显、典型化、普遍化的“智库”。与此同时，就实质而言，当下中国司法知识的再生产尽管在很大程度上依赖生产与再生产机制的顺畅性，但从根本上来说，更加依赖的还是基础知识生产的质量。这意味着，法官在日常司法裁判过程中的“说理”，既为指导性案例的法理的形成奠定了基础，也制约着指导性案例法理的质量与意涵。

的确，法治社会实质上是规则之治、制度之治。因此，无论是指导性案例法理的形成，还是指导性案例法理的再实践，都依赖于法官在日常司法裁判活动中、在裁判文书中适用法理并进行充分完整说理论证。唯有法官在日常司法裁判活动中进行高质量的司法说理，才能确保当事人对司法决策的实质性参与，也能够保障司法权力过程的阳光化，还能够将裁判文书法理应用由合理化发展为制度化，更重要的是能够确保指导性案例法理的形成及其再实践。然而，虽然法学法律界越来越重视通过案例淬炼法理，并且取得了不俗的成绩，最高人民法院指导性案例制度建立了展示法理的平台，使得人们对案例中的法理越来越重视。但总体看，从案例中认识法理、淬炼法理、发展法理仍然做得不够。许多案例中的法理尚未得到归纳、提炼，许多重要的法理命题尚待通过案例进行阐释、完善。

指导性案例作为审理类案时“应当参照”的标尺，不仅仅在于从普通案例中提炼裁判要点。指导性案例真正能够实现统一法律适用的功能，不仅是在对个案的总结梳理上，更深层次的途径应该是通过审判思路、论证方法的统一来达到法律适用的统一。同一类案件适用同一类法理说理论证，同一类法理适用谋达同一类案件的统一审判思路和结果，使得国家司法审判权的行使更加规范和理性。即“类案同理、同理同判”，保障人民群众权益，让正义以看得见的方式实现，提高人民群众对公平正义的感受度。

第一节　正视法理在案例中的诠释和应用问题

从过程和结果的双重意义来看，案例实质上是法官在裁判活动中所生产出的公共产品。因此，法官在司法裁判活动中法理应用的表现，对于案例说理、案例质量起到决定性作用。在某种意义上可以说，法官裁判说理的质量，直接决定着裁判文书的质量。当前，司法实践中存在着几种制约和影响法理应用的因素。

一、部分法官不愿诠释案件所蕴含的法理

裁判文书说理中一个首要瓶颈，是裁判文书的制作者是否愿意说理，“裁判文书的说理不纯粹是一个司法或技术问题，而是一个政治问题和制度问题”。① 裁判文书说理虽然有制度要求，但这些制度能否和其他规范法官司法行为、评价法官业绩、影响法官执业的制度成为一个有机的体系，能够有效激发法官的说理热情，给予法官在裁判文书中充分恰当说理的动力，就现实情况看，似乎并没有达到预期效果。

（一）社会环境因素的综合考量

中国几千年的传统文化，更多的是崇尚人治人情，治国理政“父母官”，除暴安良“青天大老爷”。在规则面前虽有“王子犯法与庶民同罪”的说辞，但权贵阶层特权时有显现。对规则的尊重，对法治的敬畏，对理性的称道，都有一定程度的缺失。法治乃规则之治、理性之治。亚里士多德曾言：“法律可以被定义为不受主观愿望影响的理性。”② 马克思认为：“个别公民服从国家的法律也就是服从他自己的理性即人类理性的自然规律。”③ 随着全面依法治国步伐的迈进，人民群众的法治信仰得到一定程度的提升，司法权威和司法公信力也在增强，但在缺少理性信仰的传统影响下，老百姓解决纠纷时更注重结果，对裁判结果不满，可能会上访告状。上访闹访引发社会问题，影响社

① 胡云腾：《论裁判文书的说理》，载《法律适用》2009 年第 3 期。
② ［古希腊］亚里士多德：《政治学》，商务印书馆 1995 年版，第 1 页。
③ 《马克思恩格斯全集》（第 1 卷），人民出版社 1995 年版，第 228 页。

会稳定，法院的压力、法官的压力可想而知。若法官的大段说理被别有用心的人断章取义，“说理”成为“麻烦”根源和受攻击的“把柄”，更有吃力不讨好之嫌。

（二）来自司法职业的环境因素影响

法院的审判管理会从各个层面进行制度设计，以规范法官司法行为，保证法官能够认真履职，清廉尽责，完成审判任务，实现法院让人民群众在每一个司法案件中感受到公平正义的工作目标。

案件在实体上和程序上的合法性是评估体系中公平指标的主要关注点。具体指标包括改判率和发回率。实践中，案件被改判和发回重审，多因案件结果或程序存在问题，且该问题属于法律规定的情形。例如根据《民事诉讼法》第177条规定的改判或发回重审的情况包括原判“认定事实错误”“适用法律错误”“认定基本事实不清”“严重违反法定程序”。根据《刑事诉讼法》第236条规定的改判或发回重审的情况包括原判“适用法律错误”“量刑不当”“事实不清楚”“证据不足”。作为旨在促进审判质量提高的评估体系，案件的合法性仅仅是审判质量最基本的要求。案件质量的高低，就裁判文书来看，除了刚性的合法性外，柔性的合理性表达更能体现案件审判质量的高低。纵观古今中外，能够让人印象深刻传为经典的、代表一个法官审判水平的、代表一个国家法治进步水平的裁判文书，无不是说理透彻、论证严谨、处处洋溢着法理光辉的裁判文书。然而从法官群体的视角看，既然是否“合法”是评估自己工作业绩的指标，那么注重案件实体和程序的“合法性”属于“规定动作”，至于裁判文书的说理是否完整是否充分，似乎已属于“自选动作”了。

办案效率是评判案件质量的又一重要指标，以法官案件办理时间和在一定时间内的案件办理数量为主要参数。法官的结案数、结案率也是对法官进行年终考核、评定“办案标兵”的重要指标。特别是近年来，在案件数量猛增的情况下，几乎每个法院每个审判业务庭室每月、每季度、每年都会排出每个法官的结案数和未结案数，并绘制成表予以公示，分析态势找到难点督促后进。法官在这种压力下，极有可能把快结案、多结案视为第一压力和任务。法官审理一个案件至少要有五个环节，包括送达、证据交换、开庭、合议、写裁判文书。还有可能会有庭前调解环节、庭前会议环节，开庭也可能不只开一次，等等。据统计，2021年1月1日到2021年8月29日，北京市朝阳区法院239名员额法官结案103 523件，[①] 人均结案433.15件，按照每月22个工作日计算，每天结案2.46件。从这个几乎不可能完成的任务量中，我们起码可以推测出两点，一是法官每月工作时间不止22个工作日，二是法官用于裁判文书的写作时间非常有限。在裁判文书中充分完整地进行法理说理，必然会占用有限的时间和精力。在投入产出比如此显而易见不划算的情况下，放弃对裁判文书精雕细琢的说理，尽可能地多结案、快结案，必然会成为法官的理性选择。

（三）源自法官个体的自我利益权衡

实践中因主观的或客观的原因，作为案例法理淬炼主体的法官，存在与在裁判文书中规范适用法理背道而驰的情形，主要有两类。

第一种类型，是“怕惹麻烦，不愿说理”。有的法官认为，言多必失，说得多错得多。近些年，案件量只增不减，法官压力大，法官很难有时间有精力对裁判文书精雕细琢。在结案压力巨大的情况下，有些法官的专业知识的学习和审判能力的提升都难以有时间保证，裁判文书的说理水平更是难以有实质性的突破和提高。这使得一部分法官以牺牲裁判说理来追求办案高效率，以少说理或不说理来掩饰说理能力不足的问题。

第二种类型，是“固守专业话语，不会说老百姓听得懂的理”。在裁判文书中能够充分完整地辨法析理，不但需要法官具备一定的法学理论功底，还需要法官了解国情民意。现在的很多法官，从法学院校毕业后直接进入法院，科班出身的优势是受过专业系统训练，理论水平较高，劣势是缺少做群众工作的经验，和老百姓打交道的本领不高。裁判文书说理时，有的裁判文书通篇是艰涩难懂的专业术语，老百姓看的是云里雾里，不明白法官说的是什么理。

---

① 《各法院全年案件统计》，载北京法院审判信息网，https：//www.bjcourt.gov.cn/sssp/index.htm；jsessionid= D45D1AC12AE1042D9385D98E37627A8F，最后访问日期：2021年8月29日。

二、部分法官不会诠释案件蕴含的法理

我国的司法裁判文书存在说理不全、说理不透甚至干脆不说理的现象。比如，有的裁判文书对当事人双方的不同意见只罗列不分析，对案件事实的采信不说理论证而直接认定，对裁判结论的生成没有严格的论证说理。裁判文书说理不足，一定程度上削弱了判决的公信力与说服力。[①] 随着司法改革的深入，法官对裁判文书说理有了一定的重视，但在实践中，特别是在运用法理进行论证说理上，还存在一些明显的问题。

（一）向一般条款逃逸型

在部分裁判文书中，存在"向一般条款逃逸"的现象。即指忽略具体法律条文规定，直接适用抽象法律原则的情况。当法官在司法实践中没有明确的恰当的法律规定可用或者法律规定之间存在冲突时，可以法律原则为大前提对案件进行裁判。如前文所述，法律原则在法律适用中起到了解释法律、补充法律的作用。但如果能够以具体法律规定为大前提裁判案件，却径直适用法律原则，会造成法官自由裁量权的实质扩张，影响法律的稳定统一性，降低法律权威。所以适用法律原则时应当注意场景、顺序和方法。即如果存在具体的法律条文，则需要首先适用该具体条文；虽无具体规定，如能够以类推适用等漏洞补充方法予以补充，亦不得适用法律原则；只在依类推适用等漏洞补充方法仍不能解决时，才能适用法律原则。

以诚信原则为例。诚信原则作为民法最为重要的基本原则，被视为民法的"帝王原则"。很多民事法律条款可以看作诚信原则的具体化。司法实践中，诚信原则也是评价很多法律行为的标准，是法官行使自由裁量权的依据。但如果不注意适用该原则的场景、顺序和方法，效果会事与愿违。

（二）生硬僵化型

有部分裁判文书说理简单，从法律规定大前提到具体案情小前提，几乎省略了推理论证过程，直接得出结论，整个过程生硬僵化。单从裁判文书来看，仅仅简单地引用法律条文，对于为何选择此法条而不选择其他法条，没

---

① 参见龙宗智：《刑事判决书应加强判决理由》，载《现代法学》1999年第2期。

有论述说理。对于法律条文与案件事实的涵摄关系，也只是简单比对，没有分析论证。比如某基层法院的一个刑事案件裁判文书的“审理查明”部分，对被告人的行为描述仅有“暴力”两字，未对案情作进一步描述分析。对照抢劫罪的规定，在“本院认为”部分得出“构成抢劫罪”的结论。还有的民事案件中，对当事人提供的证据，采信的理由是“真实、合法”，不采信的理由是“与本案没有关联性”等，这种“高度概括”“含糊其辞”的裁判“说理论证”，缺少逻辑分析和论证，当事人看的是“云里雾里”，裁判结论的可接受性和说服力大打折扣。

第二节 如何规范法理的司法诠释与应用

诠释即应用。从一定意义上来说，法官对于案件中所蕴含法理的诠释，实际上就是一种案例法理的应用过程。但若严格来讲，这两种行为的“对象”稍有不同，这其间重要的还是我们要意识到，法官裁判说理的听众，不仅仅只是案件的当事人，还应当扩大到社会大众。我们要意识到，在这样一个司法公开日益深入广泛的时代，案例中法理的诠释，不仅会及于案件的当事人，还会影响社会大众的日常生活、塑造社会生活的规则。因此，法官裁判说理的过程，实际上既是一个案例法理诠释的过程，也是一个案例法理应用的过程。

一、培养法官法理素养提升法官说理意愿

司法审判需要高度专业化的知识体系和思维方式，辨法析理是法官职业技能的基本要求。法官法理素养的提升是法官愿意说理、说得出理、说恰如其分的理的前提和基础。笔者认为需要从法理思维、法理技能和法理信仰三个层面来提升法官的法理素养。

（一）法理思维养成

法理思维是注重价值导向的思维，这种思维的反思性要求在法律出现模糊、悖反、空白、冲突时，通过论证分析，寻求正当性的解决方案。法理思

维的沟通性，强调法律论证方法的规范、司法权与当事人的交流，以此支撑问题解决方案的正当性，提高裁判结果的说服力和可接受度，提高司法公信力和权威性。法官具有法理思维，自然会在具体案件中围绕立法的目的和保护的法益，来选择法律规范，开展说理论证，追求裁判效果。“法是善良与公正的艺术。”[①]“善良”和“公正”正是一种价值理性。裁判文书是法官法理思维的具体承载，充分、严谨的辨法析理可使人们充分理解法律所追求的价值，当这些具体化的价值逐渐积累，可使人们更明确法官的思维路径和法律中蕴含的法理。

【指导性案例108号】

浙江隆某不锈钢有限公司诉A.P.穆勒－马某基有限公司海上货物运输合同纠纷案

【案情概述】2014年6月，浙江隆某不锈钢有限公司（以下简称隆某公司）由中国宁波港出口一批不锈钢无缝产品至斯里兰卡科伦坡港，货物报关价值为366 918.97美元。隆某公司通过货代向A.P.穆勒－马某基有限公司（以下简称马某基公司）订舱，涉案货物于同年6月28日装载于4个集装箱内装船出运，出运时隆某公司要求做电放处理。2014年7月9日，隆某公司通过货代向马某基公司发邮件称，发现货物运错目的地要求改港或者退运。马某基公司于同日回复，因货物距抵达目的港不足2天，无法安排改港，如需退运则需与目的港确认后回复。次日，隆某公司的货代询问货物退运是否可以原船带回，马某基公司于当日回复“原船退回不具有操作性，货物在目的港卸货后，需要由现在的收货人在目的港清关后，再向当地海关申请退运。海关批准后，才可以安排退运事宜”。2014年7月10日，隆某公司又提出“这个货要安排退运，就是因为清关清不了，所以才退回宁波的，有其他办法吗”。此后，马某基公司再未回复邮件。

涉案货物于2014年7月12日左右到达目的港。马某基公司应隆某公司的要求于2015年1月29日向其签发了编号为6033×××80的全套正本提

① 《学说汇纂》（第1卷），罗智敏译，中国政法大学出版社2008年版，第5页。

单。根据提单记载，托运人为隆某公司，收货人及通知方均为 VENUSSTEEL PVT LTD，起运港中国宁波，卸货港科伦坡。2015 年 5 月 19 日，隆某公司向马某基公司发邮件表示已按马某基公司的要求申请退运。马某基公司随后告知隆某公司涉案货物已被拍卖。

宁波海事法院于 2016 年 3 月 4 日作出（2015）甬海法商初字第 534 号民事判决，认为隆某公司因未采取自行提货等有效措施导致涉案货物被海关拍卖，相应货损风险应由该公司承担，故驳回隆某公司的诉讼请求。一审判决后，隆某公司提出上诉。浙江省高级人民法院于 2016 年 9 月 29 日作出（2016）浙民终 222 号民事判决：撤销一审判决；马某基公司于判决送达之日起 10 日内赔偿隆某公司货物损失 183 459.49 美元及利息。二审法院认为依据《合同法》第 308 条，隆某公司在马某基公司交付货物前享有请求改港或退运的权利。在隆某公司提出退运要求后，马某基公司既未明确拒绝安排退运，也未通知隆某公司自行处理，对涉案货损应承担相应的赔偿责任，酌定责任比例为 50%。马某基公司不服二审判决，向最高人民法院申请再审。最高人民法院于 2017 年 12 月 29 日作出（2017）最高法民再 412 号民事判决：撤销二审判决；维持一审判决。

【裁判说理】裁判文书说理部分这样论述：《海商法》作为调整海上运输关系、船舶关系的特别法，应优先适用（法理之一）。海商法没有规定的，适用合同法等相关法律规定（法理之二）。根据《海商法》第 89 条的规定，船舶在装货港开航前，托运人可以要求解除合同。本案中，隆某公司在涉案货物海上运输途中请求承运人进行改港或者退运，因海商法未就航程中托运人要求变更运输合同的权利进行规定，故本案可适用《合同法》的有关规定（法理之三）。依据《合同法》第 308 条的规定，在承运人将货物交付收货人之前，托运人享有请求变更运输合同的权利，但双方当事人仍要遵循《合同法》第 5 条规定的公平原则确定各方的权利和义务（法理之四）。海上货物运输具有运输量大、航程预先拟定、航线相对固定等特殊性，托运人要求改港或者退运的请求有时不仅不易操作，还会妨碍承运人的正常营运或者给其他货物的托运人或收货人带来较大损害。在此情况下，如果要求承运人无条件服从托运人变更运输合同的请求，显失公平（法理之五）。因此，在海上货物运输合同下，托运人并非可以无限制地行使请求变更的权利，承运人也并非在任何情况下都应无条件服从托运人请求变更的指示。为合理平衡海上货物运输合同中各方当事人利益之平衡，在托运人行使要求变更权利的同时，承运人也相应地享有一定的抗辩权利（法理之六）。如果变更运输合同难以实现或者将严重影响承运人的正常营运，承运人可以拒绝托运人改港或者退运的要求，但应当及时通知托运人不能执行的原因。涉案运输方式为国际班轮运输，载货船舶除运载隆某公司托运的4个集装箱外，还运载了其他货主托运的众多货物。涉案货物于2014年6月28日装船出运，7月12日左右到达目的港，而隆某公司于7月9日才要求马某基公司改港或者退运。在承运船舶距离到达目的港只有两三天时间的情形下，马某基公司主张由于航程等原因无法安排改港，原船退回不具有操作性，客观合理。一审判决支持马某基公司的上述主张，符合公平原则（法理之七），本院予以维持。①

【法理应用】该案被评选为最高人民法院2017年十大典型海事案例。在海上货物运输合同项下，托运人是否可以援用《合同法》第308条主张货物途中变更运输合同的权利，一直争议很大。该案通过严密的逻辑推理，依据《合同法》规定的公平原则，合理平衡合同各方当事人利益，确定了《合同法》第308条在海上货物运输中的适用应当受到一定限制的裁判规则。

（二）法理技能提高

法律是实践性的科学。对于一名优秀的法官来说，办好案件，渊博的知识是基础，高超的说理技能亦不可或缺。阅读一些优秀的裁判文书，我们会发现，善于说理的法官，往往是运用规则游刃有余、裁判思路清晰明了、争议焦点总结到位、文书说理恰如其分，很容易让当事人产生法律意义上的安全感、信任感和亲近感。作出的裁判或处理结果也更容易获得当事人的尊重和认可。相反，如果对当事人说不清法、摆不明理，不仅审判质量不高，办案效率也很低，简单案件办成了复杂案件，甚至把当事人之间的纷争变成了当事人与司法机关的对抗。所以要实现当事人对裁判结果信服接受、案结事

---

① 参见最高人民法院案例指导工作办公室编著：《中国案例指导》（总第9辑），法律出版社2021年版，第66页。

了的效果，不仅要具备渊博的法律知识、良好的法理思维，还需要具有综合运用法学和社会知识处理案件的高超法理技能。比如被收录到《中国共产党百年法治大事记》中的“聂某斌故意杀人、强奸妇女再审案”。

【经典案例 4】

聂某斌故意杀人、强奸妇女再审案

【案情概述】1995 年 4 月 25 日，河北省石家庄市鹿泉县人聂某斌因故意杀人、强奸妇女被判处死刑，剥夺政治权利终身，同年 4 月 27 日被执行死刑。2005 年 1 月 17 日，河南省荥阳市公安局索河路派出所干警抓获河北省公安机关网上通缉逃犯王某金。王某金除承认在广平县实施多起强奸杀人案件外，还供称曾在石家庄某村附近的玉米地内强奸、杀害一名青年女性，此案即原“聂某斌案”。王某金自称其为“聂某斌案”背后凶案真凶的做法，引发社会关注。2014 年 12 月 12 日，最高人民法院指令山东省高级人民法院复查河北省高级人民法院终审的聂某斌故意杀人、强奸妇女一案。2015 年 6 月、9 月和 12 月，聂某斌案复查期限先后延期三个月。2016 年 2 月，山东省高级人民法院决定再次延长复查期限三个月，至 2016 年 6 月 15 日。2016 年 12 月 2 日，最高人民法院第二巡回法庭对原审被告人聂某斌故意杀人、强奸妇女再审案公开宣判，宣告撤销原审判决，改判聂某斌无罪。

【法理应用】笔者作为该案的法官助理，亲历了整个案件的审理和判决书的形成过程。这份判决书承载了社会公众对推进全面依法治国、加强人权司法保障的期望，对全面深化司法改革、健全完善冤错案件防范、纠正机制的期求，对实现个案正义、还当事人及其家人一个公道的期待。① 判决书中多处以“不合常理”来评判原审认定的事实证据，注意运用老百姓认同的常理、道理、情理讲清楚案件的审判思路和证据采信原因。在法律适用和裁判说理方面，注意法理适用和“天理国法人情”相统一，符合人民群众的公平正义观念，实现了政治效果、法律效果和社会效果的统一。

---

① 赵春晓：《我亲历的聂树斌再审案——法官助理手记》，载《记载中国法治进程之典型案件——聂树斌案》人民法院出版社 2019 年版，第 172 页。

（三）法理信仰增强

法理，也意味着法的美德。[①] 法官善良的心体现在司法实践所秉持的公心、爱心和道德感。司法是善良和公正的艺术，善良的心是最好的法律。因此法官要公平公正地处理好当事人之间的争议，除了具备法理素养、法律技能还要有法理信仰，这种信仰是对美德、对正义、对公正的信仰，是让人民群众在每一个司法案件中感受到公平正义的主动追求。司法的基本功能是定分止争，法官裁判案件的过程是一个法律适用的过程，更是一个从实质上化解当事人之间争议，帮助当事人解决问题的过程。法官对案情的判断和对案件的裁决有着一定的自主裁量权。法官具有法理信仰，从主观上追求正义，在个案中践行美德公正合理地进行利益衡量和价值判断。通过对最高人民法院发布的指导性案例的观察，可以感受到法官以实质化解纠纷为目的。既对事实负责、对法律负责，也对当事人负责、对人民负责，从而取得了良好的法律和社会效果。在做好事实、法律、价值、行为判断的基础上，直面法律适用问题，以法理思维为主线，以法理技能为依托，实现“努力让人民群众在每一个司法案件中感受到公平正义”的目标。

【指导性案例98号】

张某福、张某凯诉朱某彪生命权纠纷案

【案情概述】2017年1月9日上午11时许，张某焕由南向北驾驶两轮摩托车行驶至古柳线青坨鹏盛水产门口，与张某来无证驾驶同方向行驶的无牌照两轮摩托车追尾相撞，张某焕跌倒、张某来倒地受伤、摩托车受损，后张某焕起身驾驶摩托车驶离现场。此事故经曹妃甸交警部门认定：张某焕负主要责任，张某来负次要责任。事发当时，被告朱某彪驾车经过肇事现场，发现肇事逃逸行为即驾车追赶。追赶过程中，朱某彪多次向柳赞边防派出所、曹妃甸公安局110指挥中心等公安部门电话报警。报警内容主要是：柳赞镇一道档北两辆摩托车相撞，有人受伤，另一方骑摩托车逃逸，报警人正在跟

① 张文显：《法理：法理学的中心主题和法学的共同关注》，载《法理泛在——法理主题致辞集》，法律出版社2020年版，第17页。

随逃逸人，请出警。朱某彪驾车追赶张某焕过程中不时喊“这个人把人怼了逃跑呢”等内容。张某焕驾驶摩托车行至滦南县胡各庄镇西梁各庄村内时，弃车从南门进入该村村民郑某深家，并从郑某深家过道屋拿走菜刀一把，从北门走出。朱某彪见张某焕拿刀，即从郑某深家中拿起一个木凳，继续追赶。后郑某深赶上朱某彪，将木凳讨回，朱某彪则拿一木棍继续追赶。追赶过程中，有朱某彪喊“你怼死人了往哪跑！警察马上就来了”，张某焕称“一会儿我就把自己砍了”，朱某彪说“你把刀扔了我就不追你了”之类的对话。走出西梁各庄村后，张某焕跑上滦海公路，有向过往车辆冲撞的行为。在被李某波驾驶的面包车撞倒后，张某焕随即又站起来，在路上行走一段后，转向铁路方向的开阔地跑去。在此过程中，曹妃甸区交通局路政执法大队副大队长郑某亮等人加入，与朱某彪一起继续追赶，并警告路上车辆，小心慢行，这个人想往车上撞。张某焕走到迁曹铁路时，翻过护栏，沿路堑而行，朱某彪亦翻过护栏继续跟随。朱某彪边追赶边劝阻张某焕说：“被撞到的那个人没事儿，你也有家人，知道了会惦记你的，你自首就中了。”2017 年 1 月 9 日 11 时 56 分，张某焕自行走向两铁轨中间，51618 次火车机车上的视频显示，朱某彪挥动上衣，向驶来的列车示警。2017 年 1 月 9 日 12 时 02 分，张某焕被由北向南行驶的 51618 次火车撞倒，后经检查被确认死亡。在朱某彪跟随张某焕的整个过程中，两人始终保持一定的距离，未曾有过身体接触。朱某彪有劝张某焕投案的语言，也有责骂张某焕的言辞。另查明，张某来在与张某焕发生交通事故受伤后，当日先后被送到曹妃甸区医院、唐山市工人医院救治，于当日回家休养，至今未进行伤情鉴定。张某焕死亡后其第一顺序法定继承人有二人，即其父张某福、其子张某凯。2017 年 10 月 11 日，大秦铁路股份有限公司大秦车务段滦南站作为甲方，与原告张某凯作为乙方，双方签订《铁路交通事故处理协议》，协议内容为“2017 年 1 月 9 日 12 时 02 分，51618 次列车运行在曹北站至滦南站之间 90 公里 495 处，将擅自进入铁路线路的张某焕撞死，构成一般 B 类事故；死者张某焕负事故全部责任；铁路方在无过错情况下，赔偿原告张某凯 4 万元”。

河北省滦南县人民法院于 2018 年 2 月 12 日作出（2017）冀 0224 民初 3480 号民事判决：驳回原告张某福、张某凯的诉讼请求。一审宣判后，原告张某福、张某凯不服，提出上诉。审理过程中，上诉人张某福、张某凯撤回上诉。河北省唐山市中级人民法院于2018年2月28日作出（2018）冀02民终2730号民事裁定：准许上诉人张某福、张某凯撤回上诉。一审判决已发生法律效力。

【裁判说理】裁判文书说理部分这样论述：本案的焦点问题是被告朱某彪的行为是否具有违法性；被告朱某彪对张某焕的死亡是否具有过错；被告朱某彪的行为与张某焕的死亡结果之间是否具备法律上的因果关系。

首先，案涉道路交通事故发生后张某来受伤倒地昏迷，张某焕驾驶摩托车逃离。被告朱某彪作为现场目击人，及时向公安机关电话报警，并驱车、徒步追赶张某焕，敦促其投案，其行为本身不具有违法性（法理之一）。同时，根据《道路交通安全法》第70条规定，交通肇事发生后，车辆驾驶人应当立即停车、保护现场、抢救伤者，张某焕肇事逃逸的行为违法（法理之二）。被告朱某彪作为普通公民，挺身而出，制止正在发生的违法犯罪行为，属于见义勇为，应予以支持和鼓励（法理之三）。

其次，从被告朱某彪的行为过程看，其并没有侵害张某焕生命权的故意和过失。根据被告朱某彪的手机视频和机车行驶影像记录，双方始终未发生身体接触。在张某焕持刀声称自杀意图阻止他人追赶的情况下，朱某彪拿起木凳、木棍属于自我保护的行为（法理之四）。在张某焕声称撞车自杀，意图阻止他人追赶的情况下，朱某彪和路政人员进行了劝阻并提醒来往车辆。考虑到交通事故事发突然，当时张某来处于倒地昏迷状态，在此情况下被告朱某彪未能准确判断张某来的伤情，在追赶过程中有时喊话传递的信息不准确或语言不文明，但不构成民事侵权责任过错，也不影响追赶行为的性质（法理之五）。在张某焕为逃避追赶，跨越铁路围栏、进入火车运行区间之后，被告朱某彪及时予以高声劝阻提醒，同时挥衣向火车司机示警，仍未能阻止张某焕死亡结果的发生。故该结果与朱某彪的追赶行为之间不具有法律上的因果关系（法理之六）。

综上，原告张某福、张某凯一审中提出的诉讼请求理据不足，不予支持。

【法理应用】该案在“扶不扶”“劝不劝”之后引发社会广泛关注的“追不追”的话题。见义勇为是中华民族传统美德，被人民群众认为是正义的表现。

在民事审判中可否认定见义勇为？如何认定见义勇为？认定的标准是什么？司法如何处理道德和法律的关系？“虽然道德和法律代表着不同的规范性命令，然而它们控制的领域却在部分上是重叠的。”“在那些已成为法律一部分的道德原则与那些仍处于法律范围之外的道德原则之间有一条不易确定的分界线，且这条分界线也不是一成不变的，是受到社会发展影响的。”[①]该案通过司法裁判的方式旗帜鲜明地支持和鼓励见义勇为的行为，符合人民群众正义观，弘扬了社会主义核心价值观，司法公正得到社会广泛认同。

二、把握法理司法诠释与应用的关键时机

根据《最高人民法院关于加强和规范裁判文书释法说理的指导意见》第2条的规定，裁判文书释法说理的“法理”是指，“裁判所依据的法律规范以及适用法律规范的理由”。如果法律规则之间发生矛盾和冲突时；对法律规则有不同理解时；需要有法律对某些案例进行裁决，但没有能够适用的合适的法律规则时，此时的“理由”更显得尤为重要。[②]也即“实在法模棱两可或未作规定的情形下”，出现规则模糊、规则冲突、规则悖反、规则空白四种类型时，[③]是法理司法诠释与应用的关键时机。

（一）规则模糊

法律语言具有不同程度的模糊性。哈特认为，在所有法律规则所包含的事例中，我们都可以区分出清楚的核心事例以及其他事例。这使得所有的规则都有着模糊的边缘。[④]法律规则需要结合具体语境进行理解，对同一个法律术语有不同的理解，不足为奇。有的法律概念外延确定而内涵不确定，比如行为、物、法律等。有的法律概念外延和内涵都不确定，比如公平、合理等。

---

① ［美］E·博登海默：《法理学：法律哲学与法律方法》，邓正来译，中国政法大学出版社2004年版，第391～399页。

② 参见［德］罗伯特·阿列克西：《法律论证理论》，舒国滢译，中国法制出版社2002年版，第2页。

③ 参见陈林林：《裁判的进路与方法——司法论证理论导论》，中国政法大学出版社2007年版，第45～46页。

④ ［英］哈特：《法律的概念》（第二版），许家馨、李冠宜译，法律出版社2011年版，第112页。

法律语言的模糊性有其积极意义，可以增强法律的适应性，即在法律实施过程中，经由某种法律观念的指引，通过综合运用各种法律技术和方法，能够平衡各种法律价值，最大限度地实现法律目的。[①] 法律语言的模糊性也可以增强法律的周延性，周延性强意味着覆盖能力强；周延性差，意味着漏洞较多。法律语言越精准，其覆盖面越窄，覆盖范围越小，越容易出现法律漏洞。相反，法律语言具有一定的模糊性，比较抽象概括，其覆盖面相对较宽，覆盖能力较强，方便应对不断变化的社会生活。

法律语言的模糊性也具有消极的作用。因其抽象概括，解决个案纠纷时，法官具有较大的自由裁量权，如果没有给予有效监督，容易滋生腐败，有损法律的安定性。司法实践中，法官在对具体个案进行裁决时，可以通过文义解释等方法，从语言学的角度对法律词语文义作初步解释，比如平义解释、限缩解释、扩展解释。在文义解释的基础上运用价值判断、利益衡量、社会分析、经济分析等主观裁量的方法对法律规则进行阐释，包括目的解释、合宪性解释等。[②] 并论证因此选择该案件获得了最符合公正的处理。

（二）规则冲突

司法实践中，规则冲突主要表现为两种情况：一种情况表现为同一个法律问题，存在两个或两个以上的法律规则可以适用，并得出不同的裁判结果；另一种情况是两个类似案件适用了不同的法律规则，得到不同的裁判结果。如果法律规则处于不同的位阶，可以利用法律位阶的高低来处理。如果相冲突的法律规则处于同一位阶，那么法官就需要依据法理来确定适用哪个规则处理案件进行裁决。因为每个法律规则背后都有法理的支持。此时需要注意的因素：意欲保护的法益如何实现；意欲让步的法益如何止损；在保护和损害法益之间如何做到最优比例。[③]

---

① 参见周少华：《适应性：变动社会中的法律命题》，载《法制与社会发展》2010年第6期。

② 胡小红：《论法律规则模糊性的成因与法律解释方法——以知识产权法为例》，载《理论建设》2014年第5期。

③ 参见［美］庞德：《通过法律的社会控制法律的任务》，沈宗灵、董世忠译，商务印书馆1984年版，第279～286页。

（三）规则悖反

能够涵摄具体案件事实的法律规则在适用具体案例后会产生不正义的、不符合法律目的的裁判结果，我们称之为规则悖反。其实质是立法目的与法律适用在裁判具体个案时出现悖反，如果法官仍坚持严格规则主义立场，作出明显违背常理和社会大众朴素正义观的裁判结果，将会使得个案正义无法实现，并引发公众对司法公信力的质疑。

如何判断规则悖反，拉德布鲁赫针对实定法与正义冲突的观点是“依据国家权力并正确制定的实证法规则具有优先的地位，即使该规则可能是不公正的，并且违背大众福利。但当规则违背正义达不可容忍的程度以至事实上成为非法的法律时，它必须向正义作出让步”①。立法机关对相关法律规则进行修改，确实可以从源头填补法律漏洞，但对于马上需要解决的个案来说，显然是来不及的。这时法官需要在法律适用的过程中运用法律解释的方法，论证依据具体法理适用个案裁判的正当性，以此提供解决方案，实现个案正义。比如运用德国法学家阿历克西的原则衡量模式，把规则悖反案件中适用的法律规则转换为法律原则，再进一步通过原则衡量模式，按照算数或计算法则，在相冲突的原则之间进行衡量，以决定何者优先适用具体个案。②或者使用传统法律方法目的论限缩，对案件所涉及的法律规则的文字含义进行缩小解释，最终达到法律规则无法涵摄个案事实，进而创设出适合个案的裁判规则，实现个案正义。

（四）规则空白

并非每个需要解决问题的个案事实与法律规则之间都能够相衔接。如果具体案件事实没有法律规则可以对应，即为规则空白。“任何法体系中，一定存在着某些未受法律规范的案件。在这些案件中，从法律无法导出特定的决定，也因此法律乃是部分的不确定（indeterminate）和不完整（incomplete）。”作为不能拒绝审判的法官，在规则空白时依据法律原理结合审判经验，在实

---

①　［德］古斯塔夫·拉德布鲁赫：《法律智慧警句集》，舒国滢译，中国法制出版社 2001 年版，第 161 页。

②　余军、林淡秋：《规则悖反案件的两种论证模式》，载《浙江学刊》2019 年第 1 期。

现立法目的框架内，评价案件事实，作出裁判结论。①

三、掌握法理司法诠释与应用的主要方法

中国共产党第十八届中央委员会第四次全体会议通过的《中共中央关于全面推进依法治国若干重大问题的决定》指出，“法律的生命力在于实践，法律的权威也在于实践”。法理在法律实践中“具有解释分析、推理思维、论证评价”的功能。② 现代社会发展态势复杂多变，由于成文法本身的简洁、滞后性特点，裁判者依据法理来作为案件处理的依据“已不是法官的‘拾遗补阙’”，③ 而是应对各类案件尤其是新型案件、疑难案件的常态。那么法官能否直接适用法律原则、情理、事理、道理等来解决争端呢？也就是说，法理能否直接成为判案依据呢？笔者认为，法理的抽象性的特质决定了它不能像法律规则一样直接适用于案件裁判。正如拉伦茨认为，“虽然法律原则通常具有主导性法律思想的特质，其不能直接适用于裁判个案，毋宁只能借其于法律或者司法裁判的具体化才能获得裁判基准……”④

《最高人民法院关于加强和规范裁判文书释法说理的指导意见》第2条规定，裁判文书释法说理的“法理”是指，“裁判所依据的法律规范以及适用法律规范的理由”⑤。成文法制度下的司法裁判需要把“规范性理由和事实性理由”⑥ 相连接才能得出裁判结果。

在司法实践中，如果法理“蕴含于立法宗旨和目的之中”⑦，以法律原理等

---

① 参见陈林林：《基于法律原则的裁判》，载《法学研究》2006年第6期。

② 张文显：《法理：法理学的中心主题和法学的共同关注》，载《清华法学》2017年第4期。

③ 张文显：《法理：法理学的中心主题和法学的共同关注》，载《清华法学》2017年第4期。

④ ［德］卡尔·拉伦茨：《法学方法论》，陈爱娥译，商务印书馆2003年版，第353页。

⑤ 《最高人民法院关于加强和规范裁判文书释法说理的指导意见》（法发〔2018〕10号）。

⑥ 舒国滢、王夏昊、雷磊：《法学方法论》，中国政法大学出版社2018年版，第169页。

⑦ 张文显：《法理：法理学的中心主题和法学的共同关注》，载《清华法学》2017年第4期。

样态呈现，不具有法条“所必要的确定性和明确性”[①]，法官将抽象的法理与具体个案的事实相连接时，需要采取一些方法将法理具体化、规范化，转化为法律规范。这种转化本身就是法理的一种呈现，是方法论的体现，也是法理推理功能的实现，因为法理不仅仅是“理”，还包括“要解决关于法的方法论问题”。[②]

也即无论是从裁判规则的合理性程度还是裁判规则的获得方法上来说，法理的裁判适用首先应该将法理具体化为一定的规范，进而以此评价案件事实，赋予相应的法律后果。“法律原则没有为法律条款所必要的确定性和明确性。它是塑造法律状态的纲领，需要进一步规范化后才能直接适用于具体的案件事实。需要将法律原则转变为法律规范，借助特定的典型事实将法律原则予以具体地规范化，并且据此将其确认为客观实在的有效法律。”[③]

那么如何将法理具体化呢？换句话说，如何在司法裁判中适用法理呢？有很多学者从方法论上对法理具体化适用进行了研究，大致分为三类。[④]

（一）比附法

当法官需要使用法理来解决个案纠纷时，会首先对法理的内涵作具体解释，并由此连接具体案情，得出裁判结论。我们以最高人民法院指导性案例第89号“北雁云依”案为例。该案涉及公民姓名权问题。按照法律规定，公民姓名权能否实现与是否遵从“公序良俗”原则有关。该案判决书首先就“公序良俗”的内涵进行界定，继而将“公序良俗”原则与姓名权相连接，从国家政策、文化传统、社会管理、价值理念等角度，结合案情具体论述该原则对姓名权的规范，最后得出“北雁云依”的父母自创姓氏的做法，既不有利于社会管理和发展又违背了中华民族的文化传统、伦理秩序和价值观念，

---

① ［德］汉斯·J. 沃尔夫等：《行政法》（第一卷），高家伟译，商务印书馆2002年版，第257页。

② 夏勇主编：《法理学讲义——关于法律的道理与学问》，北京大学出版社2010年版，第1页。

③ ［德］汉斯·J. 沃尔夫等：《行政法》（第一卷），高家伟译，商务印书馆2002年版，第257页。

④ 参见胡玉鸿：《法律原则适用的时机、中介及方式》，载《苏州大学学报》2004年第6期。胡玉鸿教授认为有三种方法，分别是比附、还原和类型化。

最后法院裁决对此种做法给予了否定性的评价。[①] 这种法理具体化的方法比较常见，如在适用诚信原则时，也有很多案例采用这种方法实现诚信原则的具体化，明确内涵后与个案案情连接，得出裁判结论。

（二）价值导向法

这种方法是首先以社会公认的常识和道德标准来评价案件事实，继而引入法理来判定是否合乎法律规定。

【指导性案例51号】

阿某诉中国东某航空股份有限公司航空旅客运输合同纠纷案

【案情概述】略（详见正文第60页）。

【裁判说理】裁判文书说理部分这样论述：《瓜达拉哈拉公约》第1条第2款规定："'缔约承运人'指与旅客或托运人，或与旅客或托运人的代理人订立一项适用华沙公约的运输合同的当事人。"第3款规定："'实际承运人'指缔约承运人以外，根据缔约承运人的授权办理第二款所指的全部或部分运输的人，但对该部分运输此人并非华沙公约所指的连续承运人。在没有相反的证据时，上述授权被推定成立。"第7条规定："对实际承运人所办运输的责任诉讼，可以由原告选择，对实际承运人或缔约承运人提起，或者同时或分别向他们提起。如果只对其中的一个承运人提起诉讼，则该承运人应有权要求另一承运人参加诉讼。这种参加诉讼的效力以及所适用的程序，根据受理案件的法院的法律决定。"阿某所持机票，是由国某航空公司出票，故国际航空旅客运输合同关系是在阿某与国某航空公司之间设立，国某航空公司是缔约承运人。东某航空公司与阿某之间不存在直接的国际航空旅客运输合同关系，也不是连续承运人，只是推定其根据国某航空公司的授权，完成该机票确定的上海至香港间运输任务的实际承运人（法理之一）。阿某有权选择国某航空公司或东某航空公司或两者同时为被告提起诉讼；在阿某只选择东某航空公司为被告提起的诉讼中，东某航空公司虽然有权要求国某航空公司参加诉讼，但由于阿

① 参见最高人民法院案例指导工作办公室编著：《中国案例指导》（总第7辑），法律出版社2019年版，第45页。

某追究的航班延误责任发生在东某航空公司承运的上海至香港段航程中，与国某航空公司无关，根据本案案情，衡量诉讼成本，无须追加国某航空公司为本案的当事人共同参加诉讼（法理之二）。故东某航空公司虽然有权申请国某航空公司参加诉讼，但这种申请能否被允许，应由受理案件的法院决定（法理之三）。一审法院认为国某航空公司与阿某要追究的航班延误责任无关，根据本案旅客维权的便捷性、担责可能性、诉讼的成本等情况，决定不追加国某航空公司为本案的当事人，并无不当（法理之四）。

【法理应用】基于航空公司对于天气延误导致旅客错过中转衔接航班的情况理应明知、对于两地之间航班班次情况理应明知、对于旅客艰难处境理应明知的情况下，没有尽到提醒义务和善良管理人注意义务，确认航空公司的此种行为属于“没有为避免损失采取必要的措施”，不属于《华沙公约》关于承运人免责的情形。[①]

【指导性案例 90 号】

贝某丰诉海宁市公安局交通警察大队道路交通管理行政处罚案

【案情概述】2015 年 1 月 31 日，贝某丰驾驶案涉车辆沿海宁市西山路行驶，遇行人正在通过人行横道，未停车让行。海宁交警大队执法交警当场将案涉车辆截停，核实了贝某丰的驾驶员身份，适用简易程序向贝某丰口头告知了违法行为的基本事实、拟作出的行政处罚、依据及其享有的权利等，并在听取贝某丰的陈述和申辩后，当场制作并送达了公安交通管理简易程序处罚决定书，给予贝某丰罚款 100 元，记 3 分。贝某丰不服，于 2015 年 2 月 13 日向海宁市人民政府申请行政复议。同年 3 月 27 日，海宁市人民政府作出行政复议决定书，维持了海宁交警大队作出的处罚决定。贝某丰收到行政复议决定书后于 2015 年 4 月 14 日起诉至海宁市人民法院。

浙江省海宁市人民法院于 2015 年 6 月 11 日作出（2015）嘉海行初字第 6 号行政判决：驳回贝某丰的诉讼请求。宣判后，贝某丰不服，提起上诉。浙

---

① 参见最高人民法院案例指导工作办公室编著：《中国案例指导》（总第 3 辑），法律出版社 2016 年版，第 370 ~ 380 页。

江省嘉兴市中级人民法院于2015年9月10日作出（2015）浙嘉行终字第52号行政判决：驳回上诉，维持原判。

【裁判说理】裁判文书说理部分这样论述：首先，人行横道是行车道上专供行人横过的通道，是法律为行人横过道路时设置的保护线。在没有设置红绿灯的道路路口，行人有从人行横道上优先通过的权利。机动车作为一种快速交通运输工具，在道路上行驶具有高度的危险性，与行人相比处于强势地位，因此必须对机动车在道路上行驶时给予一定的权利限制，以保护行人（法理之一）。其次，认定行人是否“正在通过人行横道”应当以特定时间段内行人的一系列连续行为为标准，而不能以某个时间点行人的某个特定动作为标准，特别是在该特定动作不是行人在自由状态下自由地作出，而是由于外部的强力原因迫使其不得不作出的情况下（法理之二）。案发时，行人以较快的步频走上人行横道线，并以较快的速度接近案发路口的中央位置，当看到贝某丰驾驶案涉车辆朝自己行走的方向驶来，行人放慢了脚步，以确认案涉车辆是否停下来，但并没有停止脚步，当看到案涉车辆没有明显减速且没有停下来的趋势时，才为了自身安全不得不停下脚步。如果此时案涉车辆有明显减速并停止行驶，则行人肯定会连续不停止地通过路口。可见，在案发时间段内行人的一系列连续行为充分说明行人“正在通过人行横道”。最后，机动车和行人穿过没有设置红绿灯的道路路口属于一个互动的过程，任何一方都无法事先准确判断对方是否会停止让行，因此处于强势地位的机动车在行经人行横道遇行人通过时应当主动停车让行，而不应利用自己的强势迫使行人停步让行，除非行人明确示意机动车先通过，这既是法律的明确规定，也是保障作为弱势一方的行人安全通过马路、减少交通事故、保障生命安全的现代文明社会的内在要求（法理之三）。综上，贝某丰驾驶机动车行经人行横道时遇行人正在通过而未停车让行，违反了《道路交通安全法》第47条的规定。海宁交警大队根据贝某丰的违法事实，依据法律规定的程序在法定的处罚范围内给予相应的行政处罚，事实清楚，程序合法，处罚适当。

【法理应用】该案的裁判文书首先依据常识论证机动车和行人相比居于强势地位，所以为了保护行人需要对机动车予以一定的权利限制，以此解释《道路交通安全法》第47条第1款的立法精神和目的。裁判文书中详细叙述了行人过斑马线的细节和机动车在行人过斑马线时采取的行动，并对机动车予以否定性评判，得出该案机动车的行为违背了立法精神和目的。①

（三）类型借鉴法

拉伦茨认为，经过对某一种“平均的或经常性的类型”案件的归纳总结，能够体现“典型的事件发展”脉络，法官可以此为“法律原则适用的基础”。②以公序良俗为例，为了更准确更适当地适用公序良俗，学界关于公序良俗的内涵类型化研究由来已久，尤其是中外民法学界对公序良俗的分类更是已有不少成熟的研究。梁慧星教授总结了10类违反公序良俗的行为，③迪特尔·梅迪库斯也作出过相应的分类，④这些研究对裁判实践中出现过的公序良俗进行的案后归纳、列举式分类，为后来类似案例的适用提供了指导。又如最高人民法院指导性案例中与消费者有关的案例，整体来看，裁判规则更偏重于对消费者权益的保护。这种或以法理样态为关键词或以当事人为关键词的类型化总结，不仅能为将来案件的裁判思路提供直接、客观的依据，更是确立了法理裁判适用的具体化标准。法官在面对新型案件时，通过对以往同类案件适用法理的借鉴，以类案同理来实现类案同判，选取相关连接点，进而得出合理结论。类型借鉴法不仅可以扩展既有法律规定的调整范围，覆盖新型案件，同时也可以对法官适用法理进行裁判时的自由裁量进行合理规范。⑤

四、明确法理司法诠释与应用的主要立场

法理裁判适用无论是对法律原则内涵的明确还是对个案事实进行的社会

---

① 参见最高人民法院案例指导工作办公室编著：《中国案例指导》（总第7辑），法律出版社2019年版，第57页。

② ［德］卡尔·拉伦茨：《法学方法论》，陈爱娥译，商务印书馆2003年版，第340页。

③ 梁慧星：《市场经济与公序良俗原则》，载梁慧星主编：《民商法论丛》（第1卷），法律出版社1994年版，第10页。十种行为分别是危害国家公序的行为、危害家庭关系的行为、违反性道德的行为、射幸行为、违反人权和人格尊严的行为、限制经济自由的行为、违反公正竞争的行为、违反消费者保护的行为、违反劳动者保护的行为以及暴利行为。

④ ［德］迪特尔·梅迪库斯：《德国民法总论》，邵建东译，法律出版社2000年版，第519～536页。他认为，违反公序良俗的行为“包括违反基本人权、违反职业身份或职业道德、违反社会伦理、滥用权利或明显损害他人利益的行为”。

⑤ 赵春晓：《通过案例淬炼法理》，载《法律适用》2021年第9期。

共识评判，抑或通过类型化提高适用度，都和法官的主观判断分不开，如何对自由裁量权在法理裁判适用具体化过程中进行合理设限，本书认为应从以下几个方面进行分析。

（一）去主观化贴近生活

无论是对法律规则与个案事实的联接还是对法律原则内涵的阐释，抑或对法律条文的选择，法官不可避免地受到自己的世界观、价值观、法律观等主观因素的影响。法官的主观认识是否与社会上的一般公平正义、底线伦理秩序、普通价值规范相符，很大程度上会影响到对案例中法理的阐释和淬炼。此时法官要防止主观的、个性的法律情感和标准的滥用。朱迪斯·雷斯尼克教授曾言，法官如果在某类诉讼中注入太多个人色彩，就会像某些机构那样失去客观立场。以公序良俗为例，公序良俗作为价值类法理的重大原则，法官更要根据在一般民众中起到通识性伦理的观念来阐释该原则。

【经典案例1】

张某英与蒋某芳遗赠纠纷案①

【案情概述】略（详见正文第24页）。

【法理应用】客观上看，遗赠人黄某彬和受遗赠人张某英双方确有感情，张某英在黄某彬生病时给予无微不至的照顾，黄某彬也基于对张某英的感情将财产遗赠与张某英。从表面上看，该遗赠符合法律规定的生效要件，并且该遗赠协议经过公证。如果仅仅按照遗嘱生效的法律要件去评判，该遗赠协议符合协议生效要件。但遗赠人是有妇之夫，两个人的关系是不能够被社会主流文化所接受的伦理关系，与社会上对于婚姻家庭的道德共识相违反，有违公序良俗，法院最后裁决遗赠无效。此案通过公序良俗的价值判断限制法律行为效力发生。作为“中国公序良俗第一案”，当时针对法院的裁判结果引发了广泛的讨论，产生了较大的社会影响。

---

① 参见周江洪、陆青、章程主编：《民法判例百选》，法律出版社2020年版，第7页。

【经典案例 5】

谢某英与黄某林、刘某平民间借贷纠纷案[1]

【案情概述】原告谢某英与被告黄某林因生意往来相识后发展成为不正当男女关系并非法同居，直至 2014 年 6 月分开生活。在非法同居期间，黄某林为了得到谢某英的信任，和谢某英长久保持关系，先后两次出具借条给谢某英，由此形成了债权债务关系。2015 年 1 月，原告谢某英提起诉讼，要求黄某林夫妻偿还借款。

【裁判说理】裁判文书说理部分这样论述：法院认为，合法的民间借贷关系受法律保护。被告黄某林和原告谢某英非法同居期间，为了长期与原告谢某英保持不正当的男女关系，先后两次出具借条给原告，由此形成的债权债务关系，有悖社会公德。且原告谢某英除了借条外，没有其他有效证据佐证该债务实际发生，因此，对于原告要求两被告偿还 100 000 元借款的诉讼请求，依法不予以支持。

【法理应用】在该案例中，虽然从形式要件上看，原被告之间形成了民间借贷关系，但法院并没有支持原告诉求。其中一个理由是该民间借贷关系的形成原因“有悖公德”。

（二）去庙堂化贴近群众

社会生活、法律生活是产生法理的土壤，但不是所有生产出来的法理都具有生命力。只有表达得出去、传播得广泛、了解得深刻、阐释得清楚、共识度高的“法理”，才是具有生命力的法理。鲜活的案例恰恰就是法理传播和阐释的重要媒介和场域。

根据“可接受性论辩理论”，案件裁判结果需要“举出理由来进行正当化

① 参见湖南省资兴市人民法院（2015）资民二初字第 56 号民事判决书。

的论辩”。[①] 且这个“论辩”是以说服“普泛听众”[②] 为目的和标准。《最高人民法院关于加强和规范裁判文书释法说理的指导意见》第1条规定，裁判文书说理的目的是“通过阐明裁判结论的形成过程和正当性理由……努力让人民群众在每一个司法案件中感受到公平正义……”[③]。由此可见，人民群众对公平正义的感受度以及裁判结果的可接受度，是裁判文书说理的目标追求，同样也是在案例中阐释法理的目标追求。

这就要求，作为裁判文书的作者——法官在裁判说理时要贴近群众，获得“普泛听众”的正向的而不是背离的、普遍的而不是个别的“回响”。

在案例中阐释法理要贴近群众，一方面是司法人权的要求。党的十九届四中全会提出要加强人权法治保障。尊重和保障公民权利和人权是我国社会主义法治的基本原则。司法判决有理有据是司法机关认真对待公民权利、尊重保障人权的重要体现。法官用法理对裁判结果进行充分论证，尊重人民群众的知情权，保障人民群众的监督权，提高人民群众对司法公平正义的感受度，让法理通过案例的生动传播和形象表达，起到润化人心、养成惯习，继而形成一种法律文化、社会共识，最后达到提升全民法治意识。另一方面也是规范法官自由裁量权的需要。“法理的案例适用是法官自由裁量权的集中体现，所以，法官也应当承担更多的说理论证义务，约束自由裁量权，增强裁判结果的可接受性。”[④] 法理司法裁判适用确实能够弥补法律规则的漏洞和不足，但由于法理的抽象性和概况性，裁判适用时使得法官有更大的自由裁量权，特别是法官结合法理和个案创制了裁判规则——比如最高人民法院指导性案例裁判规则的“应当参照”的特殊地位，对全国法院审判具有指导作用。

---

① 王国龙：《佩雷尔曼新修辞学与法律论辩思想》，载葛洪义主编：《法律方法与法律思维》（第5辑），法律出版社2008年版，第150页。

② “普泛听众”是佩雷尔曼新修辞学理论的一个核心概念，它暗含了法律论证的不确定性和开放性，也坚持一种实用主义导向的真理共识论。对于佩雷尔曼来说，“普泛听众”不是简单地由演说者的那些演讲对象或者那些读到演说者的论述的人组成的，而是由那些演说者试图用其论辩施以影响的人组成的。参见雷磊：《新修辞学理论的基本立场——以佩雷尔曼的“普泛听众”概念为中心》，载《政法论丛》2013年第2期。

③ 《最高人民法院关于加强和规范裁判文书释法说理的指导意见》(法发〔2018〕10号)。

④ 张文显：《法理学》（第五版），高等教育出版社2018年版，第123页。

所以强化将法官思考外显的说理过程，有利于接受外界监督和自我规范，避免有司法专断之嫌，确立司法权威，提高裁判可接受度，便于裁判结果确定的法律利益和法律责任顺利实现。

（三）去激情化贴近初心

党的十九大报告中，习近平总书记明确要求，要“使社会主义法治成为良法善治”。[①]“良法善治”是现代法治的基本目标，也是在案例中适用法理、阐释法理、淬炼法理的初心和目的。

“法律是治国之重器，良法是善治之前提。”在司法裁判中阐明法理，我们要遵守一个前提，那就是，“法律的稳定性、确定性和一致性”[②]。当有明确的法律规则解决方案，且此法律规则与其背后作为支撑的法理均得出相同的裁判规则时，司法者就应当据此进行裁判，“禁止向一般条款逃逸”，以保持法的安定，维护法的权威。

当法的安定性与合理性在个案裁判中发生冲突时，具体个案适用法律规则得出明显违背常识的结论，或者适用法律规则得出的裁判规则明显不正义，或者法律原则、法律原理等和适用法律规则得出不同的裁判规则时，法官必须要从立法精神、公共政策、社会需求、价值导向、利益衡量等方面充分论证，才能作出裁决。阐释法理不等同于否定法条，阐释法理是维护法律统一和稳定的更高要求。法官在规则和原则出现冲突时，通过阐释法理充分论证调和，克制出离法治框架有违立法意志的主观能动，使得个案裁判符合社会需要、符合法律目的，以此淬炼“裁判型法理”。

“善治”追求在实施“良法”的过程中，正确反映“良法”的精神和目的，“好法用好”“好法办好”。“善治”反对机械的、违反常识的、违背立法目的地适用法律。“盖天下之事，不难于立法而难于法在必行”[③]“善治”更追求实质的“良善”、实践的“良善”，在方法论上更注重法理阐释、利益平衡和价值引导。由“良法”而达“善治”是我们在案例中阐释法理的初心和目的。

---

① 2017年10月18日习近平在中国共产党第十九次全国代表大会上的报告。

② 庞凌：《法律原则的识别和适用》，载《法学》2004年第3期。

③ 张居正：《张太岳集》（卷三十八），《请稽查章奏随事考成以修实政疏》，上海古籍出版社1984年版，第482页。

但以“依法办事之名”行“违背善治之事”的例子，实践中确有发生。

五、强化法理司法诠释与应用的制度保障

单纯从裁判文书说理责任本身进行观察，孤立地探索裁判文书说理改革，难以实现良好的效果。正如《最高人民法院关于全面深化人民法院改革的意见——人民法院第四个五年改革纲要（2014—2018）》所提出的，要“完善裁判文书说理的刚性约束机制和激励机制，建立裁判文书说理的评价体系，将裁判文书的说理水平作为法官业绩评价和晋级、选升的重要因素”。①

就说理责任的界定而言，应当区分最低限度的说理责任和最高目标的说理责任，这就是说理责任的双重核心。最低限度的说理责任，是就说理程序价值目标而言的责任，满足说理程序价值目标，展示司法裁判的程序正义，是裁判文书说理的底线要求，即最低目标责任。最高目标的说理责任，是就说理实体价值目标而言的责任，追求说理实体价值目标，无限接近司法裁判的实体正义，是裁判文书说理的内在要求，即最高目标责任。

无论从理论上分析，还是从实践中观察，裁判文书说理均需要围绕双重核心进行：其一，裁判文书需要围绕“裁判结论”——最高目标责任进行说理，实践中容易达成共识，也早已达成共识；其二，裁判文书需要围绕“争议焦点”——最低目标责任进行说理，最高人民法院“四五改革纲要”已经有了具体的规定，越来越成为法官普遍、自觉的行动。双重核心对应的是说理责任的底线要求和最高追求。其中，围绕“裁判结论”进行说理，对应的是说理责任中的实体正义目标，是说理的最高追求；围绕“争议焦点”进行说理，对应的是说理责任中的程序正义目标，是说理的底线要求。正如有学者指出的，对于越权说理、错误说理、失实说理的现象，应该从责任法定的原则出发追究法官的说理责任。②

就我国当下司法实践而言，法官遵守程序法更显必要。理由是，受立法

① 《最高人民法院关于全面深化人民法院改革的意见——人民法院第四个五年改革纲要（2014—2018）》（法发〔2015〕3号）。

② 参见庄绪龙：《裁判文书“说理难”的现实语境与制度理性》，载《法律适用》2015年第11期。

指导理念和立法技术等影响，“实体法的标准实际上经常处于模糊状态，而合理的程序设置以及完善的说理机制与标准，恰恰可以保证法官运用自己的法律智慧和法律知识公正而不是偏私地处理案件”[①]。说理目标的达成，既要论证裁判结果何以如此得出，又要论证诉辩意见是否成立、是否应予采纳。因而，无论是底线要求、最低标准，还是终极目标、最高标准，都属于说理责任的必要组成部分，都应该在说理责任条款中予以体现。

裁判文书说理责任的外部机制，是保障裁判文书说理责任落到实处、见到实效的必要制度，主要包括以下几个方面。

（一）明确裁判文书说理目标

合法性和正当性是裁判文书说理的基本要求，增强裁判结果的可接受性，便于裁判结果确定的权利义务及时完整实现，是裁判文书说理的目标追求。

根据佩雷尔曼的“可接受性论辩理论”，司法的目的与终点不仅仅是通过对成文法的严格适用来裁判案件和解决纠纷的，更是需要通过法官的“论辩”，来使司法裁判具有正当性。换句话说，“法律问题的解决方式的特殊性就表现在：被宣布的判决并不是在一个给定的前提下由演绎推理法则就能导出结论来，而是需要通过举出理由来进行正当化的论辩判决”[②]。这个“论辩”始终是以“普泛听众”[③]为取向的，论辩者说服“普泛听众”接受其裁判结果是至关重要的。如果某个裁判结果能够在“普泛听众”的范围内达成一个最低程度的认可与共识，那么，它就被认为是具有“可接受性”的。

在司法实践中，法官的“论辩”至少需要面向三种“普泛听众”：一是产生纠纷的各方当事人，二是专业的法律职业者，三是普通民众。任何一个孤立的司法案件都不仅关系到法律领域的专业问题，还具有一定的社会意义。法官在具体裁判时，不仅要考虑各方当事人的感受，还需要考虑大众的感受

① 参见葛洪义：《法官的权力——中国法官权力约束制度研究》，载《中国法学》2003年第4期。

② 王国龙：《佩雷尔曼新修辞学与法律论辩思想》，载葛洪义主编：《法律方法与法律思维》（第5辑），法律出版社2008年版，第150页。

③ 参见雷磊：《新修辞学理论的基本立场——以佩雷尔曼的“普泛听众”概念为中心》，载《政法论丛》2013年第2期。

与直觉。不难发现，在佩雷尔曼的新修辞学理论中，用以衡量法官裁判案件是否公允的标准并非规范性，而是合理性。于是，一种“可接受性”的裁判路径就此形成。按照这种裁判论证思路，法官在裁判案件时，不仅要以合法律性为取向，还要获得“普泛听众”的充分认同与接受。这种认同感不能局限于表面，而要符合或者至少不侵犯普罗大众内心最深层次的社会共同价值理念，“法律人有义务让法律和裁判具有可接受性”①。

（二）制度设计应当以说理公开保障说理责任到位

说理公开，包括事实认定、证据评断、法律适用的公开等核心要素。证据评断的公开是基础，在实践中是一个比较薄弱的环节。“认证公开，尤其是认证结果的公开，要求法官们在裁判文书中对证据的取舍及心证过程进行说明，有利于防止由于法官判决的任意性导致对当事人诉讼权利的损害。”②《最高人民法院关于人民法院在互联网公布裁判文书的规定》第7条规定：“发生法律效力的裁判文书，应当在裁判文书生效之日起七个工作日内在互联网公布。依法提起抗诉或者上诉的一审判决书、裁定书，应当在二审裁判生效后七个工作日内在互联网公布。”③裁判文书公开，可有效限缩和规制法官自由裁量权，阻断权力干预，是评价说理责任的重要尺度。还需要指出的是，裁判文书说理内容的公开，不应仅限于公布于互联网的裁判文书，而应在裁判文书说理制度中对裁判文书公开说理作出全面要求。

（三）制度设计应当以说理权力促进说理主体有为

《最高人民法院关于完善人民法院司法责任制的若干意见》的相关规定，法官在裁判文书上签名权既是其依法裁判职责的体现，也是其审判职权的体现。④由审判委员会讨论的案件，说理权力可以划分为合议庭的权力与审判委员会的权力，也就是说，合议庭成员和审判委员会委员都有说理的职责和权力。虽然裁判文书上只有合议庭成员的签名，但是合议庭成员仅对其汇报的

---

① 李拥军：《合法律还是合情理：“掏鸟窝案”背后的司法冲突与调和》，载《法学》2017年第11期。

② 何家弘：《证据法学》（第五版），法律出版社2013年版，第91页。

③ 《最高人民法院关于人民法院在互联网公布裁判文书的规定》（法释〔2016〕19号）。

④ 《最高人民法院关于完善人民法院司法责任制的若干意见》（法发〔2015〕13号）。

事实负责。虽然裁判文书上没有审判委员会委员的签名，但是审判委员会讨论记录上有其签名，审判委员会委员应对其意见负责。裁判文书说理权力的制度设计应当体现《最高人民法院关于完善人民法院司法责任制的若干意见》上述规定的精神，同时还要站在说理主体的角度，明确说理责任边界，促使相关主体积极履行说理责任。①

（四）制度设计应当以说理目标提升说理整体水平

裁判文书说理要实现的目标，既包括案件的"结果正义"或"结果公正"②也包括案件的程序正义。裁判文书说理结果的正义目标要求将"如实"作为具体的说理标准。裁判文书说理程序正义的目标，要求将"充分"作为具体说理标准。即在裁判文书中充分再现庭审过程，充分表达当事人双方意见。在规范裁判文书说理的制度设计上体现"双核"目标要求，才能为整体提升说理水平奠定基础，才能为全面提高说理质量提供保障。

（五）制度设计应当以考核激励措施调动说理积极性

裁判文书说理考核制度设计，应重点关注裁判文书说理过程，明确具体说理要素的完备度，量化考核参数。结合裁判文书说理目标，按照结果正义和程序正义两个方面来设计考核指标和权重，就目前考核制度基础比较薄弱的现状来看，具体指标和权重需要专门设计、广泛调研、试点试验、逐步推广。至于说理的程度、影响力、社会评价等，可以作为评选优秀裁判文书说理的标准，而不宜将其作为考核说理义务的基础标准。另外，近年来，全国各级法院都很重视优秀文书评选和推介工作，以此为抓手提升审判质量。在评选优秀裁判文书时，可以裁判文书的说理充分完整规范度来作为评选指标，以此来鼓励和引导法官重视裁判文书说理。

（六）制度设计应当以内、外部评价体系促进说理效果实现

加强和规范裁判文书的法理说理，其最终目的是增强裁判文书的可接受度，提高裁判文书的执行效果，实现法律适用统一，树立司法权威和司法

① 参见陈卫东：《以审判为中心：当代中国刑事司法改革的基点》，载《法学家》2016 年第 4 期。

② 参见樊崇义主编：《诉讼原理》，法律出版社 2003 年版，第 177 页。

公信力，最终达到让人民群众在每一个司法案件中感受到公平正义的工作目标。因此，裁判文书适用法理说理的评价体系中，不仅包括法院内部的评价，还要包括人民群众、专家学者、检察官、律师等群体的评价。从某种程度上，第三方评价的加入，对于实现规范裁判文书说理会起到更好的更有效的作用。

参考文献

一、著作类

1. 中共中央马克思恩格斯列宁斯大林著作编译局《马克思恩格斯选集》，人民出版社 2012 年版。

2. 习近平：《习近平谈治国理政》（第一卷），外文出版社 2018 年版。

3. 习近平：《习近平谈治国理政》（第二卷），外文出版社 2017 年版。

4. 习近平：《习近平谈治国理政》（第三卷），外文出版社 2020 年版。

5. 习近平：《论坚持全面依法治国》，中央文献出版社 2020 年版。

6. 中共中央文献研究室编：《习近平关于全面依法治国论述摘编》，中央文献出版社 2015 年版。

7. 习近平：《在庆祝中国共产党成立 100 周年大会上的讲话》（2021 年 7 月 1 日），人民出版社 2021 年版。

8. 习近平：《在庆祝全国人民代表大会成立 60 周年大会上的讲话》（2014 年 9 月 5 日），人民出版社 2014 年版。

9. 张文显：《当代西方法哲学》，吉林大学出版社 1987 年版。

10. 张文显：《当代西方法学思潮》，辽宁人民出版社 1988 年版。

11. 张文显：《法学基本范畴研究》，中国政法大学出版社 1993 年版。

12. 张文显：《二十世纪西方法哲学思潮研究》，法律出版社 1996 年版。

13. 张文显：《法哲学范畴研究》，中国政法大学出版社 2001 年版。

14. 张文显：《法哲学通论》，辽宁人民出版社 2009 年版。

15. 胡云腾主编：《最高人民法院指导性案例参照与适用》，人民法院出版社 2012 年版。

16. 最高人民法院案例指导工作办公室编著：《中国案例指导》（总第 1 辑），法律出版社 2015 年版。

17. 最高人民法院案例指导工作办公室编著：《中国案例指导》（总第 2 辑），法律出版社 2015 年版。

18. 最高人民法院案例指导工作办公室编著:《中国案例指导》(总第3辑),法律出版社2016年版。

19. 最高人民法院案例指导工作办公室编著:《中国案例指导》(总第4辑),法律出版社2017年版。

20. 最高人民法院案例指导工作办公室编著:《中国案例指导》(总第5辑),法律出版社2017年版。

21. 最高人民法院案例指导工作办公室编著:《中国案例指导》(总第6辑),法律出版社2018年版。

22. 最高人民法院案例指导工作办公室编著:《中国案例指导》(总第7辑),法律出版社2019年版。

23. 王利明:《民法疑难案例研究》,中国法制出版社2002年版。

24. 陈树森:《我国案例指导制度研究》,上海人民出版社2017年版。

25. 董皞:《判例解释之变迁与重构:中国判例解释发展与构建之路》,中国政法大学出版社2015年版。

26. 董皞:《司法解释论》,中国政法大学出版社1999年版。

27. 梁慧星主编:《民商法论丛》(第10卷),法律出版社1999年版。

28. 黄卉:《大陆法系判例:制度方法——判例研读沙龙》,清华大学出版社2013年版。

29. 何家弘:《外国司法判例制度》,中国法制出版社2014年版。

30. 何家弘、刘品新:《法治国家建设中的司法判例制度研究》,经济科学出版社2017年版。

31. 陈杭平:《统一的正义:美国联邦上诉审及其启示》,中国法制出版社2015年版。

32. 陈金钊等:《法律方法论研究》,山东人民出版社2010年版。

33. 杨建军:《裁判的经验与方法:民事案例研究》,山东人民出版社2010年版。

34. 王路:《逻辑的观念》,商务印书馆2000年版。

35. 于明:《司法治国:英国法庭的政治史:1154—1701》,法律出版社2015年版。

36. 侯猛:《中国最高人民法院研究:以司法的影响力切入》,法律出版社2007年版。

37. 梁迎修:《判例法的逻辑——兼论我国案例指导制度的构建》,载葛洪义主编:《法律方法与法律思维》,法律出版社2007年版。

38. 徐国栋:《民法基本原则解释》,中国政法大学出版社2001年版。

39. 胡兴东、李杰、黄涛:《判例法的两面:中国古代判例编选》,云南大学出版社2010年版。

40. 汪世荣:《中国古代判例法新探》,中国政法大学出版社1997年版。

41. 朱伟一、董婉月:《美国经典案例解析》,中国法制出版社1999年版。

42. 北京市高级人民法院课题组:《审判前沿问题研究——最高人民法院重点调研课题报告集》,人民法院出版社2007年版。

43. [德]施塔姆勒:《正义法的理论》,夏彦才译,商务印书馆2012年版。

44. [德]马克思·舍勒:《哲学人类学》,刘小枫等主编,魏育青等译,北京师范大学出版社2017年版。

45. [英]约瑟夫·拉兹:《法律的权威》,朱峰译,法律出版社2005年版。

46. [美]朱尔斯·L·科尔曼:《原则的实践》,丁海俊译,法律出版社2006版。

47. [德]格奥尔格·西美尔:《宗教社会学》,曹卫东译,北京师范大学出版社2017年版。

48. [英]H.L.A. 哈特:《法律的概念》(第二版),许家馨、李冠宜译,法律出版社2006年版。

49. [德]卡尔·拉伦茨:《法学方法论》,陈爱娥译,商务印书馆2005年版。

50. [英]H.L.A. 哈特:《法理学与哲学论文集》,支振锋译,法律出版社2005年版。

51. [德]尼古拉斯·卢曼:《法社会学》,宾凯、赵春燕译,上海人民出版社2013年版。

52. [美]E·博登海默:《法理学—法哲学及其方法》,邓正来、姬敬武译,华夏出版社1987年版。

53. [美] 卡多佐:《司法过程的性质》，苏力译，商务印书馆 1998 年版。

54. [美] 沃尔顿:《法律论证与证据》，梁庆寅、熊明辉译，中国政法大学出版社 2010 年版。

55. [德] K · 茨威格特、H · 克茨:《比较法总论》，潘汉典等译，法律出版社 2003 年版。

56. [英] 丹宁勋爵:《法律的训诫》，杨百揆、刘庸安、丁健泽译，法律出版社 1999 年版。

57. [美] 达玛什卡:《司法与国家权力的多种面孔》，郑戈译，中国政法大学出版社 2004 年版。

58. [美] 罗斯科 · 庞德:《普通法的精神》，唐前宏等译，法律出版社 2001 年版。

59. [美] E · 希尔斯:《论传统》，傅铿、吕乐译，上海人民出版社 1991 年版。

60. [法] 勒内 · 达维德:《当代主要法律体系》，漆竹生译，上海译文出版社 1984 年版。

61. [美] 格伦顿等:《比较法律传统》，米健等译，中国政法大学出版社 1993 年版。

62. [美] 埃德蒙斯 · 霍贝尔:《原始人的法》，严存生译，法律出版社 2006 年版。

63. [德] 乌尔弗里德 · 诺伊曼:《法律论证学》，张清波译，法律出版社 2014 年版。

64. [美] A. 麦金太尔:《德性之后》，龚群等译，中国社会科学出版社 1995 年版。

65. [美] 约瑟夫 · R · 斯特拉耶:《欧洲国家形成的历史经验》，载西里尔 · E · 布莱克编:《比较现代化》，杨豫等译，上海译文出版社 1996 年版。

66. [美] 罗纳德 · 德沃金:《认真对待权利》，信春鹰、吴玉章译，上海三联书店 2008 年版。

67. [美] D · 布迪、C · 莫里斯:《中华帝国的法律》，朱勇译，江苏人民出版社 1995 年版。

68. [美] A.L. 考夫曼:《卡多佐》，张守东译，法律出版社 2001 年版。

69. [美] 波斯纳:《法理学问题》，苏力译，中国政法大学出版社 1994 年版。

70. [美] 霍姆斯:《普通法》，冉昊、姚中秋译，中国政法大学出版社 2006 年版。

71. [美] 郝大维、安乐哲:《汉哲学思维的文化探源》，施忠连译，江苏人民出版社 1999 年版。

72. [美] 科塞:《社会冲突的功能》，孙立平译，华夏出版社 1989 年版。

73. [美] 库利:《社会过程》，洪小良等译，华夏出版社 2000 年版。

74. [德] 耶林:《为权利而斗争》，胡宝海译，载梁慧星主编:《为权利而斗争》，中国法制出版社 2000 年版。

75. [美] 博西格诺等:《法律之门》，邓子滨译，华夏出版社 2002 年版。

76. [美] 艾伦 · 沃森:《民法法系的演变与形成》，李静冰、姚新华译，中国法制出版社 2005 年版。

77. [美] 约翰 · 亨利 · 梅里曼:《大陆法系：西欧拉丁美洲法律制度介绍》，顾培东、禄正平译，法律出版社 2004 年版。

78. [英] 格尔达特:《英国法导论》，张笑牧译，中国政法大学出版社 2013 年版。

79. [德] 考夫曼:《法律获取的程序：一种理性分析》，雷磊译，中国政法大学出版社 2015 年版。

80. [德] 尼古拉斯 · 卢曼:《社会的法律》，郑伊倩译，人民出版社 2009 年版。

81. [美] 约翰 · 罗尔斯:《正义论》(修订版)，何怀宏等译，中国社会科学出版社 2009 年版。

82. [法] 皮埃尔 · 布尔迪厄:《区分：判断力的社会批判》，刘辉译，商务印书馆 2015 年版。

83. [德] 托马斯 · 莱塞尔:《法社会学的基本问题》，王亚飞译，法律出版社 2014 年版。

84. [德] 罗伯特 · 阿列克西:《法理性商谈：法哲学研究》，朱光、雷磊译，中国法制出版社2011年版。

85.［美］布赖恩·Z.塔玛纳哈：《法律工具主义：对法治的危害》，陈虎、杨洁译，北京大学出版社2016年版。

86.［日］田中成明：《现代社会与审判》，郝振江译，北京大学出版社2016年版。

87.［美］比克斯等：《法律实证主义》，陈锐编译，清华大学出版社2008年版。

88.［瑞典］亚历山大·佩岑尼克：《法律科学：作为法律知识和法律渊源的法律学说》，桂小伟译，武汉大学出版社2009年版。

89.［美］理查德·瓦瑟斯特罗姆：《法官如何裁判》，孙海波译，中国法制出版社2016年版。

二、期刊论文类

1. 张文显：《法理：法理学的中心主题和法学的共同关注》，载《清华法学》2017年第4期。

2. 张文显：《创新发展中国特色社会主义法治理论的四点认识》，载《法制日报》2018年5月9日，第9版。

3. 张文显：《法理研究：新时代中国法学新常态》，载张文显编：《法理泛在》，法律出版社2020年版。

4. 张文显：《全面推进法制改革，加快法治中国建设——十八届三中全会精神的法学解读》，载《法制与社会发展》2014年第1期。

5. 张文显：《新时代法治改革再出发》，载《法制日报》2019年1月10日，第3版。

6. 张文显：《新时代的人权法理》，载《人权》2019年第3期。

7. 张文显：《社会主义核心价值观与法治建设》，载《中国人大》2019年第19期。

8. 张文显：《国家制度建设和国家治理现代化的核心理论命题》，载《法制与社会发展》2020年第1期。

9. 张文显：《走进法理新时代》，载《中国法律评论》2019年第3期。

10. 何家弘：《完善司法判例制度是法治国家建设的需要》，载《法制与社会发展》2015年第1期。

11. 张晶、何家弘：《法律适用之难与判例制度之善》，载《法律适用》2014年第6期。

12. 陈兴良：《我国司法判例制度功能之考察》，载《法商研究》2012年第2期。

13. 陈兴良：《案例指导制度的规范考察》，载《法学评论》2012年第3期。

14. 聂昭伟：《我国判例制度的建立》，载《法律适用》2004年第5期。

15. 沈宗灵：《当代中国的判例——一个比较法研究》，载《中国法学》1992年第1期。

16. 最高人民法院课题组：《关于德国判例考察情况的报告》，载《人民司法》2006年第7期。

17. 陈景辉：《同案同判：法律义务还是道德要求》，载《中国法学》2013年第3期。

18. 郎贵梅：《中国案例指导制度的若干基本理论问题研究》，载《上海交通大学学报（哲学社会科学版）》2009年第2期。

19. 胡玉鸿：《面对案例指导制度的忧虑》，载《苏州大学学报（哲学社会科学版）》2011年第4期。

20. 万进福：《我国案例指导制度定位的反思与回归》，载《法律适用》2017年第22期。

21. 夏锦文、吴春峰：《法官在判例制度中的需求》，载《法学》2010年第8期。

22. 董皞：《迈出案例通向判例的困惑之门：我国实现法律统一适用合法有效之路径》，载《法律适用》2007年第1期。

23. 刘作翔：《我国为什么要实行案例指导制度》，载《法律适用》2006年第8期。

24. 刘作翔、徐景和：《案例指导制度的理论基础》，载《法学研究》2006年第3期。

25. 魏胜强：《为判例制度正名——关于构建我国判例制度的思考》，载

《法律科学》2011年第3期。

26. 苏泽林、李轩：《论司法统一与案例指导制度的完善》，载《中国司法》2009年第12期。

27. 牛克乾：《中国特色指导性案例制度的实然定位与应然方向》，载《人民司法》2015年第5期。

28. 胡云腾：《案例是什么？》，载《法律适用》2017年第6期。

29. 胡云腾、于同志：《案例指导制度若干重大疑难争议问题研究》，载《法学研究》2008年第6期。

30. 付子堂：《法治中国的“一个中心，两个基本点”》，载《法制与社会发展》2013年第5期。

31. 孙光宁：《“末位淘汰”的司法应对——以指导性案例18号为分析对象》，载《法学家》2014年第1期。

32. 孙海龙、吴雨亭：《指导案例的功能、效力及其制度实现》，载《人民司法》2012年第13期。

33. 张千帆：《先例与理性——也为中国的司法判例制度辩护》，载《河南社会科学》2004年第3期。

34. 王允：《判例在联邦德国法律制度中的作用》，载《人民司法》1998年第7期。

35. 解亘：《日本的判例制度》，载《华东政法大学学报》2009年第1期。

36. 高鸿钧：《论划分法系的方法与标准》，载《外国法译评》1993年第2期。

37. 庞凌：《试论法律渊源的识别》，载《江南社会学院学报》2003年第3期。

38. 刘笃才：《中国古代判例考论》，载《中国社会科学》2007年第4期。

39. 汪世荣：《判例在中国传统法中的功能》，载《法学研究》2006年第1期。

40. 黄亚英：《构建中国案例指导制度的若干问题初探》，载《比较法研究》2012年第2期。

41. 聂昭伟：《我国判例制度的建立》，载《法律适用》2004年第5期。

42. 陆幸福:《最高人民法院司法判例法律效力之证成》，载《法学》2014年第9期。

43. 于同志:《论司法判例的参照适用》，载《人民司法》2013年第7期。

44. 李拥军、周芳芳:《我国判决说理激励机制适用问题之探讨》，载《法制与社会发展》2018年第3期。

45. 李拥军:《当代中国法理学的思维方式与研究路径》，载《法治现代化研究》2018年第4期。

46. 李拥军:《权利研究与中国劳动法观念的更新》，载《当代法学》2005年第5期。

47. 李拥军:《中国古代自然法中的人权思想》，载《人民法院报》2005年12月12日，法治时代B2版。

48. 刘雪斌:《中国特色社会主义法学理论体系的发展途径》，载《法制与社会发展》2013年第2期。

49. 郭琳佳:《参照司法判例的技术和方法》，载《人民司法》2014第17期。

50. 杨知文:《指导性案例编撰中的文本剪辑与要旨著述》，载《河南财经政法大学学报》2015年第2期。

51. 周叶中:《关于“法治中国”内涵的思考》，载《法制与社会发展》2013年第5期。

52. 陈弘毅:《权利的兴起：对几种文明的比较研究》，载《外国法译评》1996年第4期。

53. [日]后藤武秀:《判例在日本法律近代化中的作用》，载《比较法研究》1997年第1期。

附录 1　最高人民法院指导性案例的法理应用展示表（1-100）

最高人民法院指导性案例的法理应用展示表

指导性案例			法理焦点	法理功能			法理形态			
序号	类型	名称		解释法律	补充法律	价值引领	法律原则	法律原理	公序良俗	司法政策
1	民事	上海中某物业顾问有限公司诉陶某华居间合同纠纷案	“跳单”行为的界定	以该行为是否构成法律上的违约为认定标准			诚信原则			
2	民事诉讼	吴某诉四川省眉山西某纸业有限公司买卖合同纠纷案	不履行和解协议			伦理秩序	诚信原则			
3	刑事	潘某梅、陈某受贿案	“合办”公司、低价购房、承诺牟利	细化了新型受贿行为的罪与非罪的界限				以具有权财交易作为认定受贿罪标准的法律原理		
4	刑事	王某才故意杀人案	适用死缓限制减刑的实体条件		立法目的	人权	罪刑法定、罪责刑相适应			有效化解矛盾、促进社会和谐的司法理念

续表

指导性案例			法理焦点	法理功能			法理形态			
序号	类型	名称		解释法律	补充法律	价值引领	法律原则	法律原理	公序良俗	司法政策
5	行政	鲁某（福建）盐业进出口有限公司苏州分公司诉江苏省苏州市盐务管理局盐业行政处罚案	规章参照		冲突协调。依据“上位法优于下位法”的法律原则对于同一事实的不同法律规范之间出现的冲突进行协调适用			“法不溯及既往”的法律原理		
6	行政诉讼	黄某富、何某琼、何某诉四川省成都市金堂工商行政管理局行政处罚案	确定了行政机关作出没收较大数额涉案财产的行政处罚决定的情形是否适用《行政处罚法》第42条		示例完整					依法行政、社会和谐的审判理念
7	民事诉讼	牡丹江市宏某建筑安装有限责任公司诉牡丹江市华某房地产开发有限责任公司、张某增建设工程施工合同纠纷案	如何处理受理审查民事抗诉案件时，当事人已撤回再审申请而检察机关不撤回抗诉的情形			自由				尊重诉权、经济便捷、案结事了的审判理念

续表

指导性案例			法理焦点	法理功能			法理形态			
序号	类型	名称		解释法律	补充法律	价值引领	法律原则	法律原理	公序良俗	司法政策
8	民事	林某清诉常熟市凯某实业有限公司、戴某明公司解散纠纷案	“公司经营管理发生严重困难”的具体标准	从依法保护股东权利和规范公司治理结构角度出发，结合案情对此规定具体细化						依法保护股东权利，规范公司治理结构，达到法律效果和社会效果的统一
9	民事	（失效）								
10	民事	李某军诉上海佳某力环保科技有限公司公司决议撤销纠纷案	明确了法院对公司决议的司法审查范围			自由		公司自治原则		
11	刑事	杨某虎等贪污案	“利用职务上的便利”	明确了土地使用权可以成为贪污罪的对象						深入推进反腐败斗争，依法从严打击腐败犯罪，体现了司法服务党和国家工作大局的审判理念
12	刑事	李某故意杀人案	适用死缓限制减刑的实体条件		立法目的	人权	罪刑法定、罪责刑相适应			有效化解矛盾、促进社会和谐的司法理念

续表

指导性案例			法理焦点	法理功能			法理形态			
序号	类型	名称		解释法律	补充法律	价值引领	法律原则	法律原理	公序良俗	司法政策
13	刑事	王某成等非法买卖、储存危险物质案	氰化钠等剧毒化学品是否属于《刑法》第125条第2款规定的“毒害性”物质		示例完整		罪责刑相适应			
14	刑事	董某某、宋某某抢劫案	“禁止令”具体适用情形	对未成年人因到酒吧上网而诱发犯罪的情况如何适用禁止令，进行了示范性裁判						体现了刑法谦抑原则和法官适用带有法律强制义务规则时的审慎态度
15	民事	徐某集团工程机械股份有限公司诉成都川某工贸有限责任公司等买卖合同纠纷案	我国《公司法》对“关联公司”没有明确界定		立法精神		公平原则、诚信原则	“反向适用”“三角刺破”“揭开姐妹公司的面纱”等法律原理		
16	海事诉讼	中某发展股份有限公司货轮公司申请设立海事赔偿责任限制基金案	“从事”的理解	实际从事或者说正在从事						体现了提高审判效率、统一法律适用、对国内航运业特别保护的审判理念

续表

指导性案例			法理焦点	法理功能			法理形态			
序号	类型	名称		解释法律	补充法律	价值引领	法律原则	法律原理	公序良俗	司法政策
17	民事	张某诉北京合某华通汽车服务有限公司买卖合同纠纷案	消费者购买汽车遭受欺诈有权依《消费者权益保护法》要求增加赔偿			正义、社会主义核心价值观			在对消费者、劳动者权益保护的案例中，公序良俗、社会主义核心价值观体现在对弱势群体的保护上	
18	民事	中某通讯（杭州）有限责任公司诉王某劳动合同纠纷案	因“末位淘汰制”引发的劳动合同解除			人权、就业权				体现了保护劳动者合法权益，维护社会和谐稳定，促进经济健康发展的审判理念
19	民事	赵某明等诉烟台市福某区汽车运输公司、卫某平等机动车交通事故责任纠纷案	套牌车出借人与使用人对交通事故负连带责任			社会安全秩序				体现了司法对秩序、对社会基本安全特殊维护的价值引领
20	民事	（失效）								
21	行政	内蒙古秋某房地产开发有限责任公司诉呼和浩特市人民防空办公室人防行政征收案	人民防空法与保障性住房有关优惠规定的法律适用			正义、“任何人不能从其违法行为中获利”		“不能从违法行为中获益”的法律原理		

续表

指导性案例			法理焦点	法理功能			法理形态			
序号	类型	名称		解释法律	补充法律	价值引领	法律原则	法律原理	公序良俗	司法政策
22	行政诉讼	魏某高、陈某志诉来安县人民政府收回土地使用权批复案	批复作为内部行政行为是否可诉		立法目的	人权、诉权		依据我国行政诉讼法的立法目的即公民私权制约监督国家行政权和外部化的内部行政行为因其对公民个人权利产生了影响具有可诉性的法律原理		
23	民事	孙某山诉南京欧某超市有限公司江宁店买卖合同纠纷案	“消费者”的界定			正义。保护消费关系中处于弱势地位的自然人			在对消费者、劳动者权益保护的案例中，公序良俗、社会主义核心价值观体现在对弱势群体的保护上	
24	民事	荣某英诉王某、永某财产保险股份有限公司江阴支公司机动车交通事故责任纠纷案	“交通事故受害人的体质状况对损害后果的影响”是否属于“可以减轻侵权人责任的法定情形”		立法目的	人权。伦理常情、弱势群体		侵权责任法中过错责任原则中过错主要是指行为人的主观心理状态的法律原理、受害人的特殊体质对损害不具有因果关系的学理通说、“蛋壳脑袋理论”		

续表

指导性案例			法理焦点	法理功能			法理形态			
序号	类型	名称		解释法律	补充法律	价值引领	法律原则	法律原理	公序良俗	司法政策
25	民事诉讼	华某财产保险有限公司北京分公司诉李某贵、天某财产保险股份有限公司河北省分公司张家口支公司保险人代位求偿权纠纷案	保险代位求偿案件的管辖问题		立法目的			保险人代位求偿权由法律规定，而不是保险人与被保险人约定产生，属于法定权利而非约定权利的法律原理		
26	行政	李某雄诉广东省交通运输厅政府信息公开案	行政机关“收到申请之日”的计算标准			人权、诉权、知情权				体现了保护行政相对人诉权、知情权的以人民为中心和促进行政机关依法行政、服务党和国家工作大局的审判理念
27	刑事	臧某泉等盗窃、诈骗	利用网络实施盗窃、诈骗的财产犯罪		发展原则			唯物辩证法中矛盾特殊性原理、我国刑法有关财产犯罪的规定以及我国刑法理论关于诈骗的处分意思必要说的主流观点等法律原理		

续表

指导性案例			法理焦点	法理功能			法理形态			
序号	类型	名称		解释法律	补充法律	价值引领	法律原则	法律原理	公序良俗	司法政策
28	刑事	胡某金拒不支付劳动报酬案	不具备用工主体资格的单位或个人能否以拒不支付劳动报酬罪追究刑事责任			人权。保护弱势群体、维护社会安定和谐、维护社会经济秩序			在对消费者、劳动者权益保护的案例中，公序良俗、社会主义核心价值观体现在对弱势群体的保护上	
29	民事	天津中某青年旅行社诉天津国某国际旅行社擅自使用他人企业名称纠纷案	企业名称简称的保护问题		发展原则		诚信原则			
30	民事	兰某军、杭州某汽车维修科技股份有限公司诉天津市某汽车维修服务有限公司等侵害商标权及不正当竞争纠纷案	“竞争关系”一词的解释	既包括直接竞争关系也包括间接竞争关系		经济秩序	诚信原则			
31	民事	江苏炜某航运股份有限公司诉米某达玫瑰公司船舶碰撞损害赔偿纠纷案	合意违反航行规则发生船舶碰撞事故仍以航行规则认定责任			社会安全秩序				体现了维护法律权威保障社会安全的审判理念

续表

指导性案例			法理焦点	法理功能			法理形态			
序号	类型	名称		解释法律	补充法律	价值引领	法律原则	法律原理	公序良俗	司法政策
32	刑事	张某某、金某危险驾驶案	“追逐竞驶”“情节恶劣”的认定	明确具体认定标准				依据主客观统一原则、证据裁判原则		
33	民事	瑞士嘉某国际公司诉福建金某制油有限公司等确认合同无效纠纷案	债务人与其关联公司恶意串通逃债的转让财产合同效力			伦理秩序			查明案件事实功能	
34	民事诉讼	李某玲、李某裕申请执行厦门海某实业（集团）股份有限公司、厦门海某实业总公司执行复议案	权利承受人可作为申请执行人直接申请执行			效率				体现了公平高效的审判理念
35	民事诉讼	广东龙某投资发展有限公司与广东景某拍卖行有限公司委托拍卖执行复议案	拍卖开始后发现的竞买人妨害拍卖的情况如何处理		冲突协调					体现了追求公平正义、程序正义与实体公平相统一的审判理念
36	民事诉讼	中某信用担保有限公司与海某证券股份有限公司等证券权益纠纷执行复议案	“到期债权”的解释	既包括一般债权也包括生效法律文书确定的债权						体现了公平与效率的审判理念

续表

指导性案例			法理焦点	法理功能			法理形态			
序号	类型	名称		解释法律	补充法律	价值引领	法律原则	法律原理	公序良俗	司法政策
37	民事诉讼	上海金某机械制造有限公司与瑞士瑞某克公司仲裁裁决执行复议案	执行管辖		立法目的					通过法律适用在司法领域维护国家主权和依法保护我国公民合法权益的审判理念
38	行政诉讼	田某诉北京科技大学拒绝颁发毕业证、学位证案	关于学校和学生之间纠纷的性质、纠纷的解决途径以及高校是否可以作为行政诉讼被告的问题，法律没有明确规定		立法目的			坚持行政诉讼对行政行为合法性审查的基本原则、正当程序原则、法律优位原则，从保护当事人诉权、尊重受教育者的基本权利、注意尊重高校学术自治，促进高校依法治校等法律原理		
39	行政诉讼	何某强诉华中科技大学拒绝授予学位案	关于高校以及独立学院、合作办学的学位授予行为的性质、申请人被拒绝授予学位时的救济途径、学位授予类行政诉讼案件司法审查的强度等问题，法律没有明确规定		立法目的			坚持行政诉讼对行政行为合法性审查的基本原则、正当程序原则、法律优位原则，从保护当事人诉权、尊重受教育者的基本权利、注意尊重高校学术自治，促进高校依法治校等法律原理		

续表

指导性案例			法理焦点	法理功能			法理形态			
序号	类型	名称		解释法律	补充法律	价值引领	法律原则	法律原理	公序良俗	司法政策
40	行政	孙某兴诉天津新技术产业园区劳动人事局工伤认定案	“工作场所”“工作原因”的界定	结合案情明确“工作场所”“工作原因”的含义					在对消费者、劳动者权益保护的案例中，公序良俗、社会主义核心价值观体现在对弱势群体的保护上	
41	行政诉讼	宣某成等诉浙江省衢州市国土资源局收回国有土地使用权案	“行政行为适用法律、法规错误”的情形	行政机关在作出具体行政行为时没有引用具体法律条款且在诉讼中不能证明该具体行政行为符合法律具体规定的情形属于适用法律错误的情形						维护党和国家工作大局，政治效果、法律效果、社会效果相统一的审判理念
42	国家赔偿	朱某蔚申请无罪逮捕赔偿案	精神损害赔偿	结合案情对何为造成精神损害的“严重后果”进行了解释				公权力行使职权法定、国家赔偿法上的赔偿法定、国家赔偿归责原则等法律原理		

续表

指导性案例			法理焦点	法理功能			法理形态			
序号	类型	名称		解释法律	补充法律	价值引领	法律原则	法律原理	公序良俗	司法政策
43	国家赔偿	国某君安证券股份有限公司海口滨海大道（天福酒店）证券营业部申请错误执行赔偿案	“确赔合一”“执行错误”	明确《国家赔偿法》第38条中违法侵权情形适用“确赔合一”的程序机制，并结合案情对第38条中的“执行错误”具体涵义予以解释				相当因果关系说的法律原理		
44	国家赔偿	卜某光申请刑事违法追缴赔偿案	《国家赔偿法》没有规定司法机关违法返还财产造成的损失，受害人有取得国家赔偿的权利		示例完整					体现了司法便民、提高司法权威的审判理念
45	民事	北京百某网讯科技有限公司诉青岛奥某网络技术有限公司等不正当竞争纠纷案	不正当竞争行为		示例完整		公平原则、诚信原则			

续表

指导性案例			法理焦点	法理功能			法理形态			
序号	类型	名称		解释法律	补充法律	价值引领	法律原则	法律原理	公序良俗	司法政策
46	民事	山东鲁某实业有限公司诉鄄城县鲁某工艺品有限责任公司、济宁礼某邦家纺有限公司侵害商标权及不正当竞争纠纷案	“商品通用名称”的认定	划清注册商标专用权与商品通用名称合理正当适用的界限					以公序良俗、社会主义核心价值观为裁断标准，通过司法实践保障社会管理的有效、有序	
47	民事	意大利费某罗公司诉蒙某莎（张家港）食品有限公司、天津经济技术开发区正某行销有限公司不正当竞争纠纷案	知名商品	明确知名商品认定的地域因素，特有的包装、装潢的判断标准，以及模仿、借鉴与创新的认定标准						体现了维护合法经营者，规范市场竞争秩序的审判理念
48	民事	北京精某科技有限公司诉上海奈某电子科技有限公司侵害计算机软件著作权纠纷案	“技术保护措施”的认定	结合具体案情明确了受《著作权法》保护的“技术保护措施”的认定标准						

续表

指导性案例			法理焦点	法理功能			法理形态			
序号	类型	名称		解释法律	补充法律	价值引领	法律原则	法律原理	公序良俗	司法政策
49	民事	石某林诉泰州华某电子资讯有限公司侵害计算机软件著作权纠纷案	计算机软件侵权案件中判断侵权行为的认定及举证责任分配问题			经济秩序		依据我国民事诉讼中有关证据制度设立的立法本意，合理运用举证妨碍规则，加强知识产权司法保护的整体司法政策导向		
50	民事	李某、郭某阳诉郭某和、童某某继承纠纷案	通过人工授精出生子女的法律地位问题		立法目的		依据我国对婚生子女推定制度采用混合说，将婚姻关系存续期间受胎或出生的子女均推定为婚生子女的法律原理		增强说理性、说服性和可接受性评价民事行为的效力	
51	民事	阿某诉中国东某航空股份有限公司航空旅客运输合同纠纷案	旅客运输航班延误责任			效率	诚信原则		查明案件事实的功能	减少当事人诉累、提高审判效率的审判理念

续表

指导性案例			法理焦点	法理功能			法理形态			
序号	类型	名称		解释法律	补充法律	价值引领	法律原则	法律原理	公序良俗	司法政策
52	民事	海南丰某粮油工业有限公司诉中国某财产保险股份有限公司海南省分公司海上货物运输保险合同纠纷案	对海上货物运输保险合同条款的解释原则		冲突协调					体现了统一法律适用维护公平正义，保证海上货物运输保险合同纠纷的审判效率，保护海上货物运输合同当事人合法权益的审判理念
53	民事	福建海某银行股份有限公司福州五一支行诉长乐某污水处理有限公司、某市政工程有限公司金融借款合同纠纷案	特许经营权质押以及如何实现	收益权质押				意思自治、契约自由、社会公共利益和公平公正		
54	民事	中国某发展银行安徽省分行诉张某标、安徽某融资担保集团有限公司执行异议之诉纠纷案	金钱质押	对金钱质押的两个条件进行解释				对特定化、移交占有进行学理解释		

续表

指导性案例			法理焦点	法理功能			法理形态			
序号	类型	名称		解释法律	补充法律	价值引领	法律原则	法律原理	公序良俗	司法政策
55	民事	柏某清诉成都某物品营销服务中心等侵害实用新型专利权纠纷案	实用新型专利权侵权对比	对于保护范围明显不清楚的专利权，因无法将其与被诉侵权技术方案进行实质意义的侵权对比，不应认定被诉侵权方案构成侵权		效率		“不保护不应保护或无法保护的专利权”的法律原理		
56	民事诉讼	韩某彬诉内蒙古某药业有限责任公司等产品责任纠纷管辖权异议案	在一审提交答辩状期间未提出，在二审或再审发回重申时提出管辖权异议的，法院不予审查			效率		管辖恒定原则、诉讼程序确定性、公正和效率等法律原理		
57	民事	某银行股份有限公司宁波分行诉浙江创某电器有限公司等金融借款合同纠纷案	未列入贷款合同中的最高额担保合同的担保人是否承担担保责任			秩序。维护交易安全和交易秩序。		默示原则、公平原则、民事权利放弃意思表示有效性等法律原理		

续表

指导性案例			法理焦点	法理功能			法理形态			
序号	类型	名称		解释法律	补充法律	价值引领	法律原则	法律原理	公序良俗	司法政策
58	民事	成都同某福合川桃片有限公司诉重庆市合川区同某福桃片有限公司、余某华侵害商标权及不正当竞争纠纷案	老字号与注册商标权的冲突与平衡		立法目的、冲突协调		诚信原则	在先权益原则		
59	行政诉讼	戴某华诉济南市公安消防支队消防验收纠纷案	消防验收结果通知行为的可诉性		发展原则			行政确认的概念界定		
60	行政	盐城市奥某食品有限公司东台分公司诉盐城市东台工商行政管理局工商行政处罚案	食品标签标注内容要求	结合案例细化违反食品安全法的裁判标准						维护消费者权益，规范行业发展秩序，法律效果和社会效果相统一的审判理念
61	刑事	马某利用未公开信息交易案	利用未公开信息交易罪认定和量刑			秩序				加大打击力度，维护社会秩序，促进经济健康发展的审判理念
62	刑事	王某明合同诈骗罪	数额犯中既遂与未遂并存的量刑规则		立法目的			量刑调节功能		
63	刑事诉讼	徐某富强制医疗案	“有继续危害社会可能”的判断	结合案例对判断标准具体化		人权、秩序				平衡维护社会安全和保障个人人权的审判理念

续表

指导性案例			法理焦点	法理功能			法理形态			
序号	类型	名称		解释法律	补充法律	价值引领	法律原则	法律原理	公序良俗	司法政策
64	民事	刘某捷诉中国某通信集团江苏有限公司某分公司电信服务合同纠纷案	在没有法律明文规定的情况下如何认定格式合同提供方未提示对方注意未在格式条款中出现但以其他方式构成合同条款的限制性条款的性质及责任承担问题		立法目的		公平原则、诚信原则			
65	民事	上海市虹口区某大厦小区业主大会诉上海某实业总公司业主共有权纠纷案	缴纳专项维修资金的诉讼时效	缴纳维修基金不适用诉讼时效制度				诉讼时效制度的设立目的、适用的请求权类型，权利人对专项维修基金请求权的性质，物权请求权、债权请求权等法律理论		

续表

指导性案例			法理焦点	法理功能			法理形态			
序号	类型	名称		解释法律	补充法律	价值引领	法律原则	法律原理	公序良俗	司法政策
66	民事	雷某某诉宋某某离婚纠纷案	原《婚姻法》第 47 条中的“离婚时”解释	“离婚时”是人民法院对违反诚信原则的一方通过财产分配作出惩罚之时，而不是受惩罚一方违反诚信原则行为的发生之时		公平正义	诚信原则	夫妻财产分割的协议优先、惩戒原则等法律原理	社会主义核心价值观。诚实守信，伦理道德，公平正义	
67	民事	汤某龙诉周某海股权转让纠纷案	股权转让合同的合同解除权			秩序。维护交易稳定和安全				案结事了，实质化解纠纷的审判理念
68	民事诉讼	上海欧某生物科技有限公司诉辽宁特某维置业发展有限公司企业借贷纠纷案	虚假诉讼			秩序。依法惩治虚假诉讼，维护正常司法秩序			社会主义核心价值观	

续表

指导性案例			法理焦点	法理功能			法理形态			
序号	类型	名称		解释法律	补充法律	价值引领	法律原则	法律原理	公序良俗	司法政策
69	行政诉讼	王某德诉乐山市人力资源和社会保障局工伤认定案	程序性行政行为的可诉性		立法目的	人权。保障当事人诉权		行政行为可诉性原理、“司法成熟性”原理等		通过司法审查加强对行政权力的监督，防止行政权力滥用，保护行政相对人的合法权益，促进社会和谐
70	刑事	北京某生物技术开发有限公司、习某有等生产、销售有毒、有害食品案	不在司法解释中明确列举的“有毒、有害的非食品原料”的认定	明确了“有毒、有害的非食品原料”的判断标准和方法				罪责刑相适应		提高司法打击食品安全犯罪的“精准度”，遏制食品安全领域的违法犯罪活动，保护人民安全
71	刑事	毛某文拒不执行判决、裁定案	拒不执行判决、裁定行为的起算点	从法院裁判生效时开始起算				法秩序统一性原理、拒不执行判决、裁定罪立法目的等法律原理		加大惩治力度、维护司法权威、维护胜诉当事人合法权益实现
72	民事	汤某、刘某龙、马某太、王某刚诉新疆某房地产开发有限公司商品房买卖合同纠纷案	当事人就同一款项签订借款合同和商品房买卖合同的法律效力	借款合同到期后，经对账清算后签订的商品房买卖合同，不属于“当事人以签订买卖合同作为民间借贷合同的担保”情形				缔约目的、禁止流押、民事法律关系中意思自治、高息不受司法保护等法律原理		

续表

指导性案例			法理焦点	法理功能			法理形态			
序号	类型	名称		解释法律	补充法律	价值引领	法律原则	法律原理	公序良俗	司法政策
73	民事	通州建某集团有限公司诉安徽天某化工有限公司别除权纠纷案	承包人行使优先受偿权期限的起算日		立法目的			法定优先权、别除权		衡平各方利益
74	民事	中国某财产保险股份有限公司江苏分公司诉江苏镇江某集团有限公司保险人代位求偿权纠纷案	保险代位求偿权的适用范围	保险代位求偿权的适用范围不仅限于因侵权而发生的损害赔偿请求权				保险代位求偿权制度设置目的、《保险法》第 60 条第 1 款的文义分析、域外立法参考等法律原理		
75	民事	中国生物多样性保护与绿色发展基金会诉宁夏瑞某科技股份有限公司环境污染公益诉讼案	如何判断社会组织是否具备环境民事公益诉讼原告主体资格	社会组织工作内容、开展活动及起诉事项与环境保护有联系						结合社会发展状况和环境公共利益保护需求，发挥环境民事公益诉讼的制度功能，为生态文明建设这一国家战略发挥司法作用
76	行政	萍乡市某房地产开发有限公司诉萍乡市国土资源局不履行行政协议案	行政机关对行政协议条款的解释是否具有法律约束力		立法目的			合同解释理论、行政优益权等法律原理		

续表

指导性案例			法理焦点	法理功能			法理形态			
序号	类型	名称		解释法律	补充法律	价值引领	法律原则	法律原理	公序良俗	司法政策
77	行政	罗某荣诉吉安市物价局物价行政处理案	行政机关的举报处理行为的可诉性问题	具有可诉性						有利于保护原告的合法利益、节约司法资源、便于案件审理、积极回应群众司法新需求、促进行政机关依法行政
78	民事	北京奇某科技有限公司诉腾某科技（深圳）有限公司、深圳市腾某计算机系统有限公司滥用市场支配地位纠纷案	互联网领域滥用市场支配地位垄断行为的判断		立法目的					司法保护经济健康发展
79	民事	吴某秦诉陕西某网络传媒（集团）股份有限公司捆绑交易纠纷案	垄断企业滥用市场支配地位问题	结合案情对法律规定进行深度诠释				反垄断法立法目的、民事法律关系、请求权等法律原理		
80	民事	洪某远、邓某香诉贵州五某坊食品有限公司、贵州今某民族文化研发有限公司著作权侵权纠纷案	作者是否对民间文学艺术衍生作品的独创性部分享有著作权		立法目的			著作权保护的制度目的、实质相似加接触原则等法律原理		

续表

指导性案例			法理焦点	法理功能			法理形态			
序号	类型	名称		解释法律	补充法律	价值引领	法律原则	法律原理	公序良俗	司法政策
81	民事	张某燕诉雷某和、赵某、山东某音像图书有限公司著作权侵权纠纷案	历史题材的影视作品侵权判断的要件及保护范围	根据同一历史题材创作的作品中具有唯一性或有限性的表达形式不受《著作权法》保护				实质相似加接触原则		
82	民事	王某永诉深圳歌某思服饰股份有限公司、杭州银某世纪百货有限公司侵害商标权纠纷案	恶意取得并行使商标权的行为不受法律保护			秩序。规范市场竞争秩序、遏制商标恶意抢注	诚信原则			实质性解决纠纷、公正效率。合理强化知识产权民事程序在特定情形下优先和决定地位，保障民行交叉案件的民事纠纷实质解决和民事案件审理的公正和效率以及对后续行政纠纷的正确引导

续表

指导性案例			法理焦点	法理功能			法理形态			
序号	类型	名称		解释法律	补充法律	价值引领	法律原则	法律原理	公序良俗	司法政策
83	民事	威海嘉某烤生活家电有限公司诉永康市金某德工贸有限公司、浙江天某网络有限公司侵害发明专利权纠纷案	网络服务提供者自行设置的投诉规则与法律法规的关系			正义。注重知识产权严格保护理念，衡平网络用户和网络服务提供者的合法利益				坚持知识产权“严格保护”原则又充分尊重电子商务市场自生性规则。引导创新商业模式健康发展，激活电子商务知识产权的自我净化机制。实现法律效果和社会效果的统一
84	民事	礼某公司诉常州华某制药有限公司侵害发明专利权纠纷案	被诉侵权药品制备工艺的技术事实查明及确定			正义				率先引入技术调查官参与诉讼。解决了专利案件技术性和专业性强带来的技术事实查明困难的问题，体现了公平正义的审判理念
85	民事	高某股份公司诉浙江健某卫浴有限公司侵害外观设计专利权纠纷案	外观设计创新性和功能性设计特征的认定及其在侵权判断中的考量	明确了对外观设计专利创新性设计特征、功能性特征的确定及侵权判断的考量				外观设计专利制度保护具有美感的创新性工业设计方案的立法目的及“整体观察、综合判断”侵权对比原则等法律原理		

续表

指导性案例			法理焦点	法理功能			法理形态			
序号	类型	名称		解释法律	补充法律	价值引领	法律原则	法律原理	公序良俗	司法政策
86	民事	天津天某种业科技有限公司与江苏徐某种业科技有限公司侵害植物新品种权纠纷案	基于公共利益原则考量的品种权行使限制		立法目的。满足公共利益基本前提下，促进知识产权权利实现，实现利益平衡是知识产权法的价值目标	正义。促进国家粮食战略实施以及维护国家粮食生产安全		社会公共利益原则		兼顾当事人、广大种植农户、国家粮食生产安全等各方利益，实质化解纠纷，维护公共利益
87	刑事	郭某升、郭某锋、孙某标假冒注册商标案	网络销售假冒注册商标产品非法经营数额的认定		立法目的	效率、公平、程序正义		无罪推定原则、举证责任转移、刑事诉讼程序价值等法律原理		提高诉讼效率、公平公正、司法价值引导等审判理念
88	行政	张某文、陶某等诉四川省简阳市人民政府侵犯客运人力三轮车经营权案	行政行为合法性			“情势”判决，对公共利益和个人利益的平衡。保障行政相对人的知情权、选择权		行政行为违法性的继承、正当程序、信赖利益等法律原理		

续表

指导性案例			法理焦点	法理功能			法理形态			
序号	类型	名称		解释法律	补充法律	价值引领	法律原则	法律原理	公序良俗	司法政策
89	行政	“北燕云依”诉济南市公安局历下区分局燕山派出所公安行政登记案	公民选取或创设姓氏是否“有不违反公序良俗的其他正当理由”	仅凭个人喜好和愿望在父姓、母姓之外选取其他姓氏的不属于“有不违反公序良俗的其他正当理由”		秩序			增强说理性、说服性、可接受性。	
90	行政	贝某丰诉海宁市公安局交通警察大队道路交通管理行政处罚案	机动车礼让行人			人权。通行安全与通行效率冲突时价值判断、人身安全价值高于通行效率价值		价值位阶理论		
91	行政	沙某保等诉马鞍山市花山区人民政府房屋强制拆除行政赔偿案	行政强制拆除造成财产损失的赔偿问题	举证责任分配和赔偿数额认定						维护当事人的合法权益，引导当事人理性诉讼，强化行政机关依法行政意识

续表

指导性案例			法理焦点	法理功能			法理形态			
序号	类型	名称		解释法律	补充法律	价值引领	法律原则	法律原理	公序良俗	司法政策
92	民事	莱州市金某种业有限公司诉张掖市富某农业科技有限责任公司侵犯植物新品种权纠纷案	植物新品种权纠纷证明规则			正义。依据民事诉讼证据规则对举证责任重新分配，给予被控侵权方举证空间，合乎情理法		证明责任分配理论		
93	刑事	于某 1 故意伤害案	防卫过当案件系因被害人实施严重贬损他人人格尊严或亵渎人伦的不法侵害引发，量刑时应予充分考虑	明确正当防卫相关法律的适用标准		正义	罪刑法定、罪责刑相适应		社会主义核心价值观、公平正义观	
94	行政	重庆市涪陵志某物业管理有限公司诉重庆市涪陵区人力资源和社会保障局劳动和社会保障行政确认案	见义勇为受到伤害视同工伤		示例完整。《工伤保险条例》第 15 条第 2 项维护国家利益、公共利益活动	正义。鼓励倡导公民积极维护国家利益、公共利益			社会主义核心价值观	

续表

指导性案例			法理焦点	法理功能			法理形态			
序号	类型	名称		解释法律	补充法律	价值引领	法律原则	法律原理	公序良俗	司法政策
95	民事	中国某银行股份有限公司宣城龙首支行诉宣城柏某贸易有限公司、江苏凯某置业有限公司等金融借款合同纠纷案	将最高额抵押权设立前已经存在的债权转入该最高额抵押担保的债权范围，是否需要对最高额抵押权办理变更手续		立法目的		最高额抵押权理论。当事人意思自治原则、最高额抵押权的回溯性、最高额抵押权的危险等理论			
96	民事	宋某军诉西安市大某餐饮有限公司股东资格确认纠纷案	合意股权回购		发展原则		民法意思自治、契约原理			
97	刑事	王某军非法经营再审改判无罪案	严重扰乱市场秩序的非法经营行为	立法目的						政治效果、法律效果、社会效果三效果统一
98	民事	张某福、张某凯诉朱某彪生命权纠纷案	见义勇为行为			秩序、正义			社会主义核心价值观	
99	民事	葛某生诉洪某快名誉权、荣誉权纠纷案	英烈名誉权、荣誉权的侵害			正义			社会主义核心价值观	

续表

指导性案例			法理焦点	法理功能			法理形态			
序号	类型	名称		解释法律	补充法律	价值引领	法律原则	法律原理	公序良俗	司法政策
100	民事	山东登某先锋种业有限公司诉陕西农某种业有限责任公司、山西大某种业有限公司侵害植物新品种权纠纷案	品种权侵权“同一性”的判定规则			效率				维护品种权人权益，提高诉讼效率

附录 2　最高人民法院指导性案例目录（截至 2024 年 12 月）

第 43 批指导性案例

指导性案例 247 号：陈某元申请湖北省汉江监狱怠于履行监管职责致伤赔偿案

指导性案例 246 号：苗某顺等人申请黑龙江省牡丹江监狱怠于履行监管职责致死赔偿案

指导性案例 245 号：杨某城申请江苏省徐州市中级人民法院错误执行赔偿案

指导性案例 244 号：胡某波申请福建省莆田市中级人民法院再审无罪、人身自由损害刑事赔偿案

指导性案例 243 号：邓某华申请重庆市南川区公安局违法使用武器致伤赔偿案

指导性案例 242 号：重庆某广房地产经纪有限公司申请重庆市公安局九龙坡区分局刑事违法扣押赔偿案

指导性案例 241 号：黄某亿申请广西壮族自治区平果县公安局违法使用武器致伤赔偿案

第 42 批指导性案例

指导性案例 240 号：秦某丹诉北京某汽车技术开发服务有限公司劳动争议案

指导性案例 239 号：王某诉北京某文化传媒有限公司劳动争议案

指导性案例 238 号：圣某欢诉江苏某网络科技有限公司确认劳动关系纠纷案

指导性案例 237 号：郎溪某服务外包有限公司诉徐某申确认劳动关系纠纷案

第41批指导性案例

指导性案例236号：环某船舶租赁有限责任公司诉天某财富有限公司船舶碰撞损害责任纠纷案

指导性案例235号：S航运有限公司申请承认外国法院民事判决案

指导性案例234号：南京华某船务有限公司申请设立海事赔偿责任限制基金案

指导性案例233号：常州宏某石化仓储有限公司等诉宁波天某海运有限公司船舶触碰损害责任纠纷案

指导性案例232号：某牧实业股份有限公司诉帕某海运公司海上货物运输合同纠纷案

指导性案例231号：东莞市丰某海运有限公司诉东营市鑫某物流有限责任公司 海难救助纠纷案

指导性案例230号：新某航运有限公司诉中国机某国际合作股份有限公司海上货物运输合同纠纷案

第40批指导性案例

指导性案例229号：沙某某诉袁某某探望权纠纷案

指导性案例228号：张某诉李某、刘某监护权纠纷案

指导性案例227号：胡某某、王某某诉德某餐厅、蒋某某等生命权纠纷案

指导性案例226号：陈某某、刘某某故意伤害、虐待案

指导性案例225号：江某某正当防卫案

第39批指导性案例

指导性案例224号：某美（天津）图像技术有限公司诉河南某庐蜂业有限公司侵害作品信息网络传播权纠纷案

指导性案例223号：张某龙诉北京某蝶文化传播有限公司、程某、马某侵害作品信息网络传播权纠纷案

指导性案例222号：广州德某水产设备科技有限公司诉广州宇某水产科技有限公司、南某水产研究所财产损害赔偿纠纷案

指导性案例 221 号：张某勋诉宜宾恒某投资集团有限公司、四川省宜宾市吴某建材工业有限责任公司等垄断纠纷案

指导性案例 220 号：嘉兴市中某化工有限责任公司、上海欣某新技术有限公司诉王某集团有限公司、宁波王某科技股份有限公司等侵害技术秘密纠纷案

指导性案例 219 号：广州天某高新材料股份有限公司、九江天某高新材料有限公司诉安徽纽某精细化工有限公司等侵害技术秘密纠纷案

指导性案例 218 号：苏州赛某电子科技有限公司诉深圳裕某科技有限公司等侵害集成电路布图设计专有权纠纷案

指导性案例 217 号：慈溪市博某塑料制品有限公司诉永康市联某工贸有限公司、浙江天某网络有限公司等侵害实用新型专利权纠纷案

第 38 批指导性案例

指导性案例 216 号：睢宁县人民检察院诉睢宁县环境保护局不履行环境保护监管职责案

指导性案例 215 号：昆明闽某纸业有限责任公司等污染环境刑事附带民事公益诉讼案

指导性案例 214 号：上海某某港实业有限公司破产清算转破产重整案

指导性案例 213 号：黄某辉、陈某等 8 人非法捕捞水产品刑事附带民事公益诉讼案

指导性案例 212 号：刘某桂非法采矿刑事附带民事公益诉讼案

第 37 批指导性案例

指导性案例 211 号：铜仁市万山区人民检察院诉铜仁市万山区林业局不履行林业行政管理职责行政公益诉讼案

指导性案例 210 号：九江市人民政府诉江西正某环保科技有限公司、杭州连某建材有限公司、李某等生态环境损害赔偿诉讼案

指导性案例 209 号：浙江省遂昌县人民检察院诉叶某成生态破坏民事公益诉讼案

指导性案例 208 号：江西省上饶市人民检察院诉张某明、张某、毛某明

生态破坏民事公益诉讼案

指导性案例207号：江苏省南京市人民检察院诉王某林生态破坏民事公益诉讼案

指导性案例206号：北京市人民检察院第四分院诉朱某良、朱某涛环境污染民事公益诉讼案

指导性案例205号：上海市人民检察院第三分院诉郎某华远固体废物处置有限公司、宁波高新区米某贸易有限公司、黄某庭、薛某环境污染民事公益诉讼案

指导性案例204号：重庆市人民检察院第五分院诉重庆瑜某电力设备制造有限公司等环境污染民事公益诉讼案

指导性案例203号：左某、徐某污染环境刑事附带民事公益诉讼案

指导性案例202号：武汉卓某江海贸易有限公司、向某等12人污染环境刑事附带民事公益诉讼案

第36批指导性案例

指导性案例201号：德某诉上海恩某餐饮管理有限公司、吕某劳务合同纠纷案

指导性案例200号：斯某蜂蜜加工公司申请承认和执行外国仲裁裁决案

指导性案例199号：高某宇与深圳市云某路创新发展基金企业、李某申请撤销仲裁裁决案

指导性案例198号：中国某银行股份有限公司岳阳分行与刘某良申请撤销仲裁裁决案

指导性案例197号：深圳市实某共盈投资控股有限公司与深圳市某局申请确认仲裁协议效力案

指导性案例196号：运某有限公司与深圳市中某城商业投资控股有限公司申请确认仲裁协议效力案

第35批指导性案例

指导性案例195号：罗某君、瞿某珍侵犯公民个人信息刑事附带民事公

益诉讼案

指导性案例 194 号：熊某恒等侵犯公民个人信息案

指导性案例 193 号：闻某等侵犯公民个人信息案

指导性案例 192 号：李某祥侵犯公民个人信息刑事附带民事公益诉讼案

第 34 批指导性案例

指导性案例 191 号：刘某丽诉广东省某市人民政府行政复议案

指导性案例 190 号：王某诉万某信息技术股份有限公司竞业限制纠纷案

指导性案例 189 号：上海熊某互娱文化有限公司诉李某、昆某播爱游信息技术有限公司合同纠纷案

第 33 批指导性案例

指导性案例 188 号：史某振等组织、领导、参加黑社会性质组织案

指导性案例 187 号：吴某等敲诈勒索、抢劫、故意伤害案

指导性案例 186 号：龚某文等组织、领导、参加黑社会性质组织案

第 32 批指导性案例

指导性案例 185 号：闫某琳诉浙江喜某登度假村有限公司平等就业权纠纷案

指导性案例 184 号：马某楠诉北京搜某新动力信息技术有限公司竞业限制纠纷案

指导性案例 183 号：房某诉中美联某大都会人寿保险有限公司劳动合同纠纷案

指导性案例 182 号：彭某翔诉南京市某建设开发（集团）有限责任公司追索劳动报酬纠纷案

指导性案例 181 号：郑某诉霍某韦尔自动化控制（中国）有限公司劳动合同纠纷案

指导性案例 180 号：孙某锋诉淮安某区人力资源开发有限公司劳动合同纠纷案

指导性案例179号：聂某兰诉北京林某兄弟文化有限公司确认劳动关系案

第31批指导性案例

指导性案例178号：北海市乃某海洋科技有限公司诉北海市海洋与渔业局行政处罚案

指导性案例177号：海南临某盈海船务有限公司诉三沙市渔政支队行政处罚案

指导性案例176号：湖南省益阳市人民检察院诉夏某安等15人生态破坏民事公益诉讼案

指导性案例175号：江苏省泰州市人民检察院诉王某朋等59人生态破坏民事公益诉讼案

指导性案例174号：中国生物多样性保护与绿色发展基金会诉某流域水电开发有限公司生态环境保护民事公益诉讼案

指导性案例173号：北京市朝阳区某环境研究所诉中国水电顾问集团新某开发有限公司、中国电建集团某勘测设计研究院有限公司生态环境保护民事公益诉讼案

指导性案例172号：秦某学滥伐林木刑事附带民事公益诉讼案

第30批指导性案例

指导性案例171号：中某建设集团有限公司诉河南恒某置业有限公司建设工程施工合同纠纷案

指导性案例170号：饶某礼诉某物资供应站等房屋租赁合同纠纷案

指导性案例169号：徐某诉某银行股份有限公司上海延西支行银行卡纠纷案

指导性案例168号：某银行股份有限公司东莞分行诉陈某华等金融借款合同纠纷案

指导性案例167号：北京大某燃料有限公司诉山东百某物流有限公司买卖合同纠纷案

指导性案例166号：北京隆某伟业贸易有限公司诉北京城某重工有限公

司合同纠纷案

第 29 批指导性案例

指导性案例 165 号：重庆金某印染有限公司、重庆川某针纺有限公司破产管理人申请实质合并破产清算案

指导性案例 164 号：江苏苏某酒业有限公司及关联公司实质合并破产重整案

指导性案例 163 号：江苏省某工业（集团）进出口有限公司及其五家子公司实质合并破产重整案

第 28 批指导性案例

指导性案例 162 号：重庆某酒业有限公司诉国家知识产权局、第三人重庆市某酒厂（集团）有限公司商标权无效宣告行政纠纷案

指导性案例 161 号：广州王某吉大健康产业有限公司诉加某宝（中国）饮料有限公司虚假宣传纠纷案

指导性案例 160 号：蔡某光诉广州市润某商业有限公司侵害植物新品种权纠纷案

指导性案例 159 号：深圳敦某科技有限公司诉深圳市吉某腾达科技有限公司等侵害发明专利权纠纷案

指导性案例 158 号：深圳市卫某科技有限公司诉李某毅深圳市远程智能设备有限公司专利权权属纠纷案

指导性案例 157 号：左某明舍家居用品（上海）有限公司诉北京中某恒盛木业有限公司、南京梦某家具销售中心侵害著作权纠纷案

第 27 批指导性案例

指导性案例 156 号：王某岩诉徐某君、北京市金某房地产发展有限责任公司案外人执行异议之诉案

指导性案例 155 号：中国某银行股份有限公司怀化市分行诉中国某资产管理股份有限公司湖南省分公司等案外人执行异议之诉案

指导性案例154号：王某光诉中某建设集团有限公司、白某和丰置业有限公司案外人执行异议之诉案

指导性案例153号：永安市燕某房地产开发有限公司诉郑某南、远某（厦门）房地产发展有限公司等第三人撤销之诉案

指导性案例152号：鞍山市某信用担保中心诉汪某、鲁某英第三人撤销之诉案

指导性案例151号：台州德某奥汽车部件制造有限公司诉浙江建某机械有限公司管理人浙江安某律师事务所、中国某银行股份有限公司台州温岭支行第三人撤销之诉案

指导性案例150号：中国某银行股份有限公司温州分行诉浙江山某建筑工程有限公司、青田依某高鞋业有限公司第三人撤销之诉案

指导性案例149号：长沙广某建筑装饰有限公司诉中国工商银行股份有限公司广州粤秀支行、林某武、长沙广某建筑装饰有限公司广州分公司

指导性案例148号：高某诉三亚天某国际酒店有限公司、海南博某房地产开发有限公司等第三人撤销之诉案

第26批指导性案例

指导性案例147号：张某明、毛某明、张某故意损毁名胜古迹案

指导性案例146号：陈某豪、陈某娟、赵某海开设赌场案

指导性案例145号：张某杰等非法控制计算机信息系统案

指导性案例144号：张某木拉正当防卫案

第25批指导性案例

指导性案例143号：北京兰某达光电科技有限公司、黄某兰诉赵某名誉权纠纷案

指导性案例142号：刘某莲、郭某丽、郭某双诉孙某、河南兰某物业管理有限公司信阳分公司生命权纠纷案

指导性案例141号：支某1等诉北京市某管理处生命权、健康权、身体权纠纷案

指导性案例 140 号：李某月等诉广州市花都区梯面镇某山村村民委员会违反安全保障义务责任纠纷案

第 24 批指导性案例

指导性案例 139 号：上海鑫某山建材开发有限公司诉上海市金山区环境保护局环境行政处罚案

指导性案例 138 号：陈某龙诉成都市成华区环境保护局环境行政处罚案

指导性案例 137 号：云南省剑川县人民检察院诉剑川县森林公安局怠于履行法定职责环境行政公益诉讼案

指导性案例 136 号：吉林省白山市人民检察院诉白山市江源区卫生和计划生育局、白山市江源区某医院环境公益诉讼案

指导性案例 135 号：江苏省徐州市人民检察院诉苏州某工艺品有限公司等环境民事公益诉讼案

指导性案例 134 号：重庆市绿色志愿者联合会诉恩施自治州建某磺厂坪矿业有限责任公司水污染责任民事公益诉讼案

指导性案例 133 号：山东省烟台市人民检察院诉王某殿、马某凯环境民事公益诉讼案

指导性案例 132 号：中国生物多样性保护与绿色发展基金会诉秦皇岛方某包装玻璃有限公司大气污染责任民事公益诉讼案

指导性案例 131 号：中华环保联合会诉德州晶某集团振某有限公司大气污染责任民事公益诉讼案

指导性案例 130 号：重庆市人民政府、重庆两江志愿服务发展中心诉重庆藏某阁物业管理有限公司、重庆首某环保科技有限公司生态环境损害赔偿、环境民事公益诉讼案

指导性案例 129 号：江苏省人民政府诉安徽海某化工科技有限公司生态环境损害赔偿案

指导性案例 128 号：李某诉华某置地（重庆）有限公司环境污染责任纠纷案

指导性案例 127 号：吕某奎等 79 人诉山海关某重工有限责任公司海上污

染损害责任纠纷案

第 23 批指导性案例

指导性案例 126 号：江苏天某建设集团有限公司与无锡某房地产开发有限公司执行监督案

指导性案例 125 号：陈某果与刘某坤、广东省某渔业用品进出口公司等申请撤销拍卖执行监督案

指导性案例 124 号：中国某科技学院与某资源教育发展（燕郊）有限公司执行监督案

指导性案例 123 号：于某岩与锡林郭勒盟隆某矿业有限责任公司执行监督案

指导性案例 122 号：河南某实业发展有限公司与赵某军、汝州某观光医疗主题园区开发有限公司等执行监督案

指导性案例 121 号：株洲某实业有限责任公司与某银行股份有限公司长沙市蔡锷支行、湖南省某金属材料有限公司财产保全执行复议案

指导性案例 120 号：青海金某融资担保有限公司与上海金某工程建设发展有限公司、青海三某置业有限公司执行复议案

指导性案例 119 号：安徽省滁州市某安装工程有限公司与湖北追某电气股份有限公司执行复议案

指导性案例 118 号：某电气发展股份有限公司与国家某银行股份有限公司、沈阳某开关有限责任公司等执行复议案

指导性案例 117 号：中某三局第一建设工程有限责任公司与澳某财富（合肥）投资置业有限公司、安徽文某置业有限公司执行复议案

第 22 批指导性案例

指导性案例 116 号：丹东某投资有限公司申请丹东市中级人民法院错误执行国家赔偿案

指导性案例 115 号：某清洗系统公司诉厦门某汽车配件有限公司等侵害发明专利权纠纷案

指导性案例 114 号：某香料公司诉国家工商行政管理总局商标评审委员会商标申请驳回复审行政纠纷案

指导性案例 113 号：乔某与国家工商行政管理总局商标评审委员会、乔某体育股份有限公司“乔丹”商标争议行政纠纷案

第 21 批指导性案例

指导性案例 112 号：阿某有限公司申请设立海事赔偿责任限制基金案

指导性案例 111 号：中国某银行股份有限公司广州荔湾支行诉广东某能源发展有限公司等信用证开证纠纷案

指导性案例 110 号：交通运输部南海救助局诉某投资公司、香港某有限公司上海代表处海难救助合同纠纷案

指导性案例 109 号：安徽省某建设（集团）有限公司诉某置业房地产有限公司保函欺诈纠纷案

指导性案例 108 号：浙江隆某不锈钢有限公司诉 A.P. 穆勒 – 马某基有限公司海上货物运输合同纠纷案

指导性案例 107 号：中某国际（新加坡）有限公司诉某冶金产品有限责任公司国际货物买卖合同纠纷案

第 20 批指导性案例

指导性案例 106 号：谢某军、高某、高某樵、杨某彬开设赌场案

指导性案例 105 号：洪某强、洪某沃、洪某泉、李某荣开设赌场案

指导性案例 104 号：李某、何某民、张某勃等人破坏计算机信息系统案

指导性案例 103 号：徐某破坏计算机信息系统案

指导性案例 102 号：付某豪、黄某超破坏计算机信息系统案

第 19 批指导性案例

指导性案例 101 号：罗某昌诉重庆市彭水苗族土家族自治县地方海事处政府信息公开案

指导性案例 100 号：山东登某先锋种业有限公司诉陕西农某种业有限责

任公司、山西大某种业有限公司侵害植物新品种权纠纷案

指导性案例99号：葛某生诉洪某快名誉权、荣誉权纠纷案

指导性案例98号：张某福、张某凯诉朱某彪生命权纠纷案

指导性案例97号：王某军非法经营再审改判无罪案

第18批指导性案例

指导性案例96号：宋某军诉西安市大某餐饮有限公司股东资格确认纠纷案

指导性案例95号：中国某银行股份有限公司宣城龙首支行诉宣城柏某贸易有限公司、江苏凯某置业有限公司等金融借款合同纠纷案

指导性案例94号：重庆市涪陵志某物业管理有限公司诉重庆市涪陵区人力资源和社会保障局劳动和社会保障行政确认案

指导性案例93号：于某1故意伤害案

第17批指导性案例

指导性案例92号：莱州市金某种业有限公司诉张掖市富某农业科技有限责任公司侵犯植物新品种权纠纷案

指导性案例91号：沙某保等诉马鞍山市花山区人民政府房屋强制拆除行政赔偿案

指导性案例90号：贝某丰诉海宁市公安局交通警察大队道路交通管理行政处罚案

指导性案例89号："北雁云依"诉济南市公安局历下区分局燕山派出所公安行政登记案

指导性案例88号：张某文、陶某等诉四川省简阳市人民政府侵犯客运人力三轮车经营权案

第16批指导性案例

指导性案例87号：郭某升、郭某锋、孙某标假冒注册商标案

指导性案例86号：天津天某种业科技有限公司与江苏徐某种业科技有限公司侵害植物新品种权纠纷案

指导性案例 85 号：高某股份公司诉浙江健某卫浴有限公司侵害外观设计专利权纠纷案

指导性案例 84 号：礼某公司诉常州华某制药有限公司侵害发明专利权纠纷案

指导性案例 83 号：威海嘉某烤生活家电有限公司诉永康市金某德工贸有限公司、浙江天某网络有限公司侵害发明专利权纠纷案

指导性案例 82 号：王某永诉深圳歌某思服饰股份有限公司、杭州银某世纪百货有限公司侵害商标权纠纷案

指导性案例 81 号：张某燕诉雷某和、赵某、山东某音像图书有限公司著作权侵权纠纷案

指导性案例 80 号：洪某远、邓某香诉贵州五某坊食品有限公司、贵州今某民族文化研发有限公司著作权侵权纠纷案

指导性案例 79 号：吴某秦诉陕西广电网络传媒（集团）股份有限公司捆绑交易纠纷案

指导性案例 78 号：北京奇某科技有限公司诉腾某科技（深圳）有限公司、深圳市腾某计算机系统有限公司滥用市场支配地位纠纷案

第 15 批指导性案例

指导性案例 77 号：罗某荣诉吉安市物价局物价行政处理案

指导性案例 76 号：萍乡市亚某房地产开发有限公司诉萍乡市国土资源局不履行行政协议案

指导性案例 75 号：中国生物多样性保护与绿色发展基金会诉宁夏瑞某科技股份有限公司环境污染公益诉讼案

指导性案例 74 号：中国某财产保险股份有限公司江苏分公司诉江苏镇江某集团有限公司保险人代位求偿权纠纷案

指导性案例 73 号：通州建某集团有限公司诉安徽天某化工有限公司别除权纠纷案

指导性案例 72 号：汤某、刘某龙、马某太、王某刚诉新疆某房地产开发有限公司商品房买卖合同纠纷案

指导性案例71号：毛某文拒不执行判决、裁定案

指导性案例70号：北京某生物技术开发有限公司、习某有等生产、销售有毒、有害食品案

第14批指导性案例

指导性案例69号：王某德诉乐山市人力资源和社会保障局工伤认定案

指导性案例68号：上海欧某生物科技有限公司诉辽宁特某维置业发展有限公司企业借贷纠纷案

指导性案例67号：汤某龙诉周某海股权转让纠纷案

指导性案例66号：雷某某诉宋某某离婚纠纷案

指导性案例65号：上海市虹口区某大厦小区业主大会诉上海某实业总公司业主共有权纠纷案

第13批指导性案例

指导性案例64号：刘某捷诉中国某通信集团江苏有限公司某分公司电信服务合同纠纷案

指导性案例63号：徐某富强制医疗案

指导性案例62号：王某明合同诈骗案

指导性案例61号：马某利用未公开信息交易案

第12批指导性案例

指导性案例60号：盐城市奥某食品有限公司东台分公司诉盐城市东台工商行政管理局工商行政处罚案

指导性案例59号：戴某华诉济南市公安消防支队消防验收纠纷案

指导性案例58号：成都同某福合川桃片有限公司诉重庆市合川区同某福桃片有限公司、余某华侵害商标权及不正当竞争纠纷案

指导性案例57号：某银行股份有限公司宁波分行诉浙江创某电器有限公司等金融借款合同纠纷案

第 11 批指导性案例

指导性案例 56 号：韩某彬诉内蒙古某药业有限责任公司等产品责任纠纷管辖权异议案

指导性案例 55 号：柏某清诉成都某物品营销服务中心等侵害实用新型专利权纠纷案

指导性案例 54 号：中国某发展银行安徽省分行诉张某标、安徽某融资担保集团有限公司执行异议之诉纠纷案

指导性案例 53 号：福建海某银行股份有限公司福州五一支行诉长乐某污水处理有限公司、某市政工程有限公司金融借款合同纠纷案

第 10 批指导性案例

指导性案例 52 号：海南丰某粮油工业有限公司诉中国某财产保险股份 有限公司海南省分公司海上货物运输保险合同纠纷案

指导性案例 51 号：阿某诉中国东某航空股份有限公司航空旅客运输合同纠纷案

指导性案例 50 号：李某、郭某阳诉郭某和、童某某继承纠纷案

指导性案例 49 号：石某林诉泰州华某电子资讯有限公司侵害计算机软件著作权纠纷案

指导性案例 48 号：北京精某科技有限公司诉上海奈某电子科技有限公司侵害计算机软件著作权纠纷案

指导性案例 47 号：意大利费某罗公司诉蒙某莎（张家港）食品有限公司、天津经济技术开发区正某行销有限公司不正当竞争纠纷案

指导性案例 46 号：山东鲁某实业有限公司诉鄄城县鲁某工艺品有限责任公司、济宁礼某邦家纺有限公司侵害商标权及不正当竞争纠纷案

指导性案例 45 号：北京百某网讯科技有限公司诉青岛奥某网络技术有限公司等不正当竞争纠纷案

第 9 批指导性案例

指导性案例 44 号：卜某光申请刑事违法追缴赔偿案

指导性案例43号：国某君安证券股份有限公司海口滨海大道（天福酒店）证券营业部申请错误执行赔偿案

指导性案例42号：朱某蔚申请无罪逮捕赔偿案

指导性案例41号：宣某成等诉浙江省衢州市国土资源局收回国有土地使用权案

指导性案例40号：孙某兴诉天津新技术产业园区劳动人事局工伤认定案

指导性案例39号：何某强诉华中科技大学拒绝授予学位案

指导性案例38号：田某诉北京科技大学拒绝颁发毕业证、学位证案

第8批指导性案例

指导性案例37号：上海金某机械制造有限公司与瑞士瑞某克公司仲裁裁决执行复议案

指导性案例36号：中某信用担保有限公司与海某证券股份有限公司等证券权益纠纷执行复议案

指导性案例35号：广东龙某投资发展有限公司与广东景某拍卖行有限公司委托拍卖执行复议案

指导性案例34号：李某玲、李某裕申请执行厦门海某实业（集团）股份有限公司、厦门海某实业总公司执行复议案

指导性案例33号：瑞士嘉某国际公司诉福建金某制油有限公司等确认合同无效纠纷案

指导性案例32号：张某某、金某危险驾驶案

第7批指导性案例

指导性案例31号：江苏炜某航运股份有限公司诉米某达玫瑰公司船舶碰撞损害赔偿纠纷案

指导性案例30号：兰某军、杭州某汽车维修科技股份有限公司诉天津市某汽车维修服务有限公司等侵害商标权及不正当竞争纠纷案

指导性案例29号：某中国青年旅行社诉某国青国际旅行社擅自使用他人企业名称纠纷案

指导性案例 28 号：胡某金拒不支付劳动报酬案

指导性案例 27 号：臧某泉等盗窃、诈骗案

第 6 批指导性案例

指导性案例 26 号：李某雄诉广东省交通运输厅政府信息公开案

指导性案例 25 号：华某财产保险有限公司北京分公司诉李某贵、天某财产保险股份有限公司河北省分公司张家口支公司保险人代位求偿权纠纷案

指导性案例 24 号：荣某英诉王某、永某财产保险股份有限公司江阴支公司机动车交通事故责任纠纷案

指导性案例 23 号：孙某山诉南京欧某超市有限公司江宁店买卖合同纠纷案

第 5 批指导性案例

指导性案例 22 号：魏某高、陈某志诉来安县人民政府收回土地使用权批复案

指导性案例 21 号：内蒙古秋某房地产开发有限责任公司诉呼和浩特市人民防空办公室人防行政征收案

指导性案例 20 号：深圳市某精细化工有限公司诉深圳市某自来水有限公司、深圳市某水处理设备有限公司侵害发明专利权纠纷案（失效）

指导性案例 19 号：赵某明等诉烟台市福某区汽车运输公司、卫某平等机动车交通事故责任纠纷案

指导性案例 18 号：中某通讯（杭州）有限责任公司诉王某劳动合同纠纷案

指导性案例 17 号：张某诉北京合某华通汽车服务有限公司买卖合同纠纷案

第 4 批指导性案例

指导性案例 16 号：中某发展股份有限公司货轮公司申请设立海事赔偿责任限制基金案

指导性案例 15 号：徐某集团工程机械股份有限公司诉成都川某工贸有限责任公司等买卖合同纠纷案

指导性案例 14 号：董某某、宋某某抢劫案

指导性案例13号：王某成等非法买卖、储存危险物质案

第3批指导性案例

指导性案例12号：李某故意杀人案

指导性案例11号：杨某虎等贪污案

指导性案例10号：李某军诉上海佳某力环保科技有限公司公司决议撤销纠纷案

指导性案例9号：上海某贸易有限公司诉蒋某东、王某明等买卖合同纠纷案（失效）

第2批指导性案例

指导性案例8号：林某清诉常熟市凯某实业有限公司、戴某明公司解散纠纷案

指导性案例7号：牡丹江市宏某建筑安装有限责任公司诉牡丹江市华某房地产开发有限责任公司、张某增建设工程施工合同纠纷案

指导性案例6号：黄某富、何某琼、何某诉四川省成都市金堂工商行政管理局行政处罚案

指导性案例5号：鲁某（福建）盐业进出口有限公司苏州分公司诉江苏省苏州市盐务管理局盐业行政处罚案

第1批指导性案例

指导性案例4号：王某才故意杀人案

指导性案例3号：潘某梅、陈某受贿案

指导性案例2号：吴某诉四川省眉山西某纸业有限公司买卖合同纠纷案

指导性案例1号：上海中某物业顾问有限公司诉陶某华居间合同纠纷案